자비도량참법집해
慈悲道場懺法集解

동국대학교 한국불교전서역주사업단
단 장 | 김종욱
편집부 | 김종진, 이대형, 백진순, 박상준, 박인석, 강병화

* 한국불교전서역주 사업은 문화체육관광부의 지원으로
  동국대학교 불교문화연구원에서 추진하는 사업입니다.

한글본 한국불교전서 고려 3
자비도량참법집해

2011년 9월 5일 초판 1쇄 발행
2013년 3월 5일 초판 2쇄 발행

지은이 조구
옮긴이 성재헌
펴낸이 김희옥
펴낸곳 동국대학교출판부

주소 100-715 서울시 중구 필동 3가 26
전화 02-2260-3483~4
팩스 02-2268-7851
Homepage http://www.dgpress.co.kr
E-mail book@dongguk.edu
출판등록 제2-163(1973. 6. 28)
편집디자인 꽃살무늬
인쇄처 서진인쇄

ⓒ 2011, 동국대학교(불교문화연구원)

ISBN 978-89-7801-307-9 93220

값 30,000원

이 책의 무단 전재나 복제 행위는 저작권법 제98조에 따라 처벌받게 됩니다.

한글본 한국불교전서 고려 3

자비도량참법집해
慈悲道場懺法集解

조구祖丘
성재헌 옮김

동국대학교출판부

한글본 한국불교전서를 펴내며

『한국불교전서韓國佛敎全書』(전14책, 동국대학교출판부)는 1700년 역사를 지닌 한국 불교사상의 정수를 담은 책으로서 한국의 사상과 문화의 보고이다. 전서는 삼국시대부터 1900년대 초에 이르기까지 한국에서 찬술된 불교문헌을 집대성한 것으로서 국내외 연구자들에게 한국의 사상과 역사 및 문화를 연구하는 데 활용도가 매우 큰 것으로 인정받고 있다.

이렇듯 정성 들여 수집하고 간행한 전서의 모든 문헌을 이 시대의 언어감각에 맞게 번역하고 이를 간행하여 일반 독자들에게 제공하는 것은 우리 세대의 시대적 과제라 할 수 있다. 이는 한국 문화의 우수성을 우리 스스로 확인하고 이를 바탕으로 새로운 문화를 창조하는 데 필요한 것으로서 우리 시대에 수행해야 하는 문화적 사명임이 분명하다.

이에 동국대학교 불교문화연구원에서는 『한국불교전서』를 역주하여 『한글본 한국불교전서』를 펴내는 바이다. 이를 통해 오랜 세월 동안 묻혀 왔던 보배와 같은 문헌들과 위대한 사상가들이 새롭게 조명되고 일반 독자들에게도 널리 읽히는 계기가 되기를 기대한다. 또한 이를 통해 한국 문화의 우수성을 재발견하고 우리 시대에 새로운 호흡을 불어넣는 가치관을 제시하는 데 밑거름이 될 것으로 기대한다.

사업의 진행과 역서의 출간에 도움을 준 문화체육관광부와 동국대학교 관계자 여러분께 심심한 감사를 드리며, 전서의 번역과 한글본의 완간이 마무리될 때까지 지속적인 성원이 있기를 당부드린다. 아울러 여러 가지 어려운 상황 속에서도 사명감을 가지고 동참해 주신 역자 여러분께 재삼 감사드린다.

2010. 6.

동국대학교 불교문화연구원장

자비도량참법집해 해제

성 재 헌
동국역경원 역경위원

1. 개요

『자비도량참법집해慈悲道場懺法集解』는 고려 말·조선 초의 천태종天台宗 승려 조구祖丘가 『자비도량참법慈悲道場懺法』에 대한 기존 주석들을 요약 정리하고 자신의 해석을 덧붙인 해설서이다. 『한국불교전서』에 수록된 텍스트는 김수온金守溫의 발문이 첨부되어 있는 국립도서관 소장본 『상교정본자비도량참법詳校正本慈悲道場懺法』에 남권희南權熙 소장본 『자비도량참법집해』를 나누어 배치한 것이다. 『자비도량참법집해』에는 간행 장소와 간행 연대가 드러나 있지 않다. 그러나 서문에 '선교통섭禪敎統攝', '국일도대선사國一都大禪師'라는 호칭이 있고, 저자인 조구가 조선 태조 원년에 선교도총섭禪敎都摠攝에 오르고 태조 3년에 국사國師로 책봉된 점으로 미루어 보아 조선 초기에 간행되었던 것으로 추측된다. 이『자비도량참법집해』는 『자비도량참법』에 관한 현존 유일의 주석서로서 매우 중요한 의미를 가진다. 또한 경론經論을 비롯한 수많은 전적에 의거해 글자의 음의音義에서부터 법수法數의 해설, 나아가 문장의 해석 순서와 문장의 대의에 이르기까지 하나하나를 면밀히 고증하고 해설함으로써 고려 말·조선 초의 불교학이 상당한 수준이었음을 입증하고 있다. 뿐만 아니라 서지학적으로도 활자본을 번각飜刻한 목판의 인본印本으로서 우리나라 금속 활자의 인쇄 계통을 보여 주는 소중한 자료라고 하겠다.

2. 저자

조구祖丘에 관한 기사는 『조선왕조실록』에 단편적으로 나타나 있을 뿐 자세한 사항은 알 수 없다. 조구는 천태종 승려로서 고려 말엽인 1310년대 후반에서 1320년 초기 사이에 담양潭陽에서 출생한 것으로 추정된다. 조선 태조 원년(1392)에 선교도총섭에 올랐고, 태조 3년(1394)에 국사로 책봉되었으며, 다음 해인 태조 4년(1395)에 입적하였다. 『조선왕조실록』〈태조 4년 을해(1395) 1월 27일(임술)〉 기사에 "담양현을 군으로 승격하였으니, 국사 조구의 고향인 까닭이었다."고 하고, 〈태조 4년 을해(1395) 11월 14일(갑술)〉 기사에 "국사 조구가 병사하자 조회를 정지하게 하였다."고 한 것으로 보아 태조의 존망과 신임이 돈후했던 것으로 짐작된다. 저서로 『자비도량참법집해』 상·하 2권이 전한다.

3. 서지 사항

『자비도량참법집해』는 활자본을 번각한 목판의 인본으로서 2권 1책(上, 下)으로 구성되어 있으며, 16.9cm(가로)×29.4cm(세로)이다. 사주단변四周單邊이며, 반광半匡은 14.3cm×22.4cm이다. 무계無界 11행行 18~23자(字數不定)이며, 판심版心은 어미무魚尾無, 화구제花口題는 해설이다. 비록 그 저본이 되었을 금속 활자본은 전하지 않지만 조판의 형식이나 글자의 모양 및 크기 등을 비교하여 볼 때 저본의 활자가 현존하는 세계 최고最古의 금속활자 인쇄 도서인『직지直指』(1377년 간행), 즉『백운화상초록불조직지심체요절白雲和尚抄錄佛祖直指心體要節』을 인쇄한 활자인 이른바 '흥덕사자興德寺字'로 추정된다. 이에 간접적으로나마 우리나라 금속 활자 인쇄의 계통을 보여 주는 귀중한 자료이고, 고려 후기와 조선 초기에『직지』외에도 다른 금속활자본이 존재했던 사실을 입증하는 가치가 인정되어 2010년 6월 28일 문화재청이 보물 제1653호로 지정하였다.

4. 내용과 성격

『자비도량참법』은 양 무제梁武帝의 둘째 아들인 남제南齊 경릉왕竟陵王이 동방 보광세계普光世界의 천왕여래天王如來께서 정주정행법문淨住淨行法門을 설하는 꿈을 꾸고서『정주자淨住子』21편 30권을 찬집한 것에서 시작되었다. 양 무제가 그 참문의「육근문六根門」에 의거해 당시의 대덕인 진관眞觀 등으로 하여금 총 10권으로 확충 완비한 것이 현행『자비도량참법』이다. 이후 '양황참梁皇懺'으로도 불린 이 참법이 세간에 널리 유행하여 다양한 판본이 전래되었는데, 이것들을 송나라 때 청량산淸凉山 사문 광균廣鈞이 7년에 걸쳐 대조하고 교정하여 상교정본詳校正本을 간행하였다.

『한국불교전서』에 수록된 텍스트는 김수온의 발문이 수록되어 있는 국립도서관 소장본『상교정본자비도량참법』을 본문으로 채택하고, 남권희 소장본『자비도량참법집해』를 해당하는 본문에 나누어 배치한 것이다.『상교정본자비도량참법』은 첫머리에 강전康戩이 쓴「상교정본자비도량참법서詳校正本慈悲道場懺法序」가 있고, 총 10권으로 구성되어 각권의 말미마다 광균廣鈞이 초록한「음의音義」가 수록되어 있으며, 끝머리에 김수온의 발문跋文이 첨부되어 있다. 공암 화상空菴和尙 조구가 이 상교정본의 서문과 본문, 그리고 음의를 각각 해설하고「집해서集解序」를 첨부한 것이 『자비도량참법집해』이다.

조구가「집해서」에서 "아둔한 자들이 배우기 쉽고 이해하기 쉽도록 여러 학자들의 해석 가운데서 광범위한 해설은 삭제하고 요점만 정리하며, 어려운 해설은 삭제하고 쉬운 설명을 선택해 나의 해석을 덧붙여 집해集解라고 제목을 붙였다."라고 밝혔듯이 집해의 내용은 온릉溫陵 사문 변진辨眞의 찬주, 청량산淸涼山 광균의 사초私鈔 3권, 오파새가烏婆塞迦 각명覺明의 주석, 고려 자은종慈恩宗 국일 미수國一彌授 대사의 술해述解, 동림東林 선사의 약해略解 등 5종의 기존 주석서들을 면밀히 검토하고 요약 정리한 것이 주를 이룬다. 또한 그 형식에 있어서 간간이 대화체가 보이는 점으로 미루어 보아 『자비도량참법』에 대한 강해가 있었고 그 결과물로 『자비도량참법집해』가 편찬된 것으로 짐작된다.

『상교정본자비도량참법』은 크게 3단으로 구성되어 있는데, 그 세부 항목들을 차례에 따라 정리하면 아래와 같다.

1. 제1주(제1권, 제2권)
   1) 삼보에 귀의함
   2) 의심을 끊음
   3) 참회
   4) 보리심을 일으킴
   5) 원을 세움
   6) 회향하는 마음을 일으킴
2. 제2주(제3권~제6권)
   1) 과보를 드러냄
   2) 지옥을 벗어남

3) 맺힌 원한을 풂

4) 발원

3. 제3주(제7권~제10권)

  1) 스스로 축하함

    (1) 삼보를 반연하도록 경책함

    (2) 참주가 대중에게 사죄함

    (3) 다 함께 큰 원을 일으킴

  2) 육도를 위한 예불

    (1) 하늘 세계를 받들고 그들을 위해 부처님께 예배함

    (2) 모든 신선을 받들고 그들을 위해 부처님께 예배함

    (3) 범왕 등을 받들고 그들을 위해 부처님께 예배함

    (4) 아수라 세계의 일체 선신을 받들고 그들을 위해 부처님께 예배함

    (5) 용왕을 받들고 그들을 위해 부처님께 예배함

    (6) 마왕을 받들고 그들을 위해 부처님께 예배함

    (7) 인간 세계를 위해 부처님께 예배함

     ① 국왕을 받들고 그를 위해 부처님께 예배함

     ② 모든 왕을 받들고 그들을 위해 부처님께 예배함

     ③ 부모님을 받들고 그들을 위해 부처님께 예배함

     ④ 과거 부모님을 받들고 그들을 위해 부처님께 예배함

     ⑤ 스승을 받들고 그들을 위해 부처님께 예배함

     ⑥ 시방의 비구와 비구니를 위해 부처님께 예배함

     ⑦ 시방의 과거 비구와 비구니를 위해 부처님께 예배함

    (8) 아비지옥을 위해 부처님께 예배함

    (9) 회하지옥과 철환지옥 등을 위해 부처님께 예배함

    (10) 음동지옥과 탄갱지옥 등을 위해 부처님께 예배함

    (11) 도병지옥과 동부지옥 등을 위해 부처님께 예배함

(12) 화성지옥과 도산지옥 등을 위해 부처님께 예배함

　　(13) 아귀 세계를 위해 부처님께 예배함

　　(14) 축생 세계를 위해 부처님께 예배함

　　(15) 육도를 위한 발원

　　(16) 무상함을 생각하도록 경책함

　　(17) 노고를 마다않고 일한 이들을 위해 부처님께 예배함

　3) 회향

　　(1) 회향을 일으킴

　　(2) 회향법을 설함

　　(3) 보살의 회향법

　4) 발원

　　(1) 안근의 원을 일으킴

　　(2) 이근의 원을 일으킴

　　(3) 비근의 원을 일으킴

　　(4) 설근의 원을 일으킴

　　(5) 신근의 원을 일으킴

　　(6) 의근의 원을 일으킴

　　(7) 입의 원을 일으킴

　　(8) 수행해야 할 모든 법문

　5) 촉루

　이러한 구성에 대해 조구는 "지금 10축의 전체적 구성을 살펴보면 세 단락의 뜻이 있다. 앞의 두 권은 참회와 행원을 바로 밝힌 것으로서 문장과 그 뜻이 오히려 간략하니, 곧 상근기를 위한 것이다. 다음 네 권은 과보를 드러내고 원결을 푸는 것을 아울러 밝힌 것으로서 조금 관대하니, 곧 중근기를 위한 것이다. 뒤의 네 권은 자경自慶과 예불禮佛과 행문行門을

총괄해 보인 것으로서 또한 자세하니, 곧 하근기를 위한 것이다. 하근기는 장애가 두껍기 때문에 반드시 널리 참회해야 한다."는 변진의 해석을 소개하여 자비도량참법이 중생의 근기에 맞춰 갖은 내용을 세 차례에 걸쳐 다른 방식으로 설한 『법화경』의 삼주설법(三周說)과 같은 형식으로 구성되었음을 밝히고 있다. 조구는 기존 주석서를 바탕으로 자구字句의 해석과 음의音義를 상세히 밝힘은 물론이고, 인용된 문구의 전거를 밝히고 수많은 경론經論에 의거해 자신의 견해를 덧붙였다. 그 가운데 주목할 만한 부분을 『자비도량참법』의 편재에 따라 몇 가지 살펴보면 아래와 같다.

자비도량참법 제1권

현재 『고려대장경』과 『대정신수대장경』에 수록되어 있는 『자비도량참법』은 구본舊本이다. 그 구본에는 "양 무제의 황후 치씨가 살아서 육궁六宮을 질투하다가 죽어서 구렁이 몸으로 떨어져 추악한 몸을 벗어나길 바라기에 무제가 그 일로 이 참법을 찬집하게 되었다."는 내용이 수록되어 있는 「자비도량참법전慈悲道場懺法傳」, 즉 「치씨서郗氏序」가 서두에 첨부되어 있다. 조구는 강전康戩의 서문에 대한 해석 말미에서 「치씨서」가 상교정본에서 삭제된 연유와 그 내용의 부당함을 여러 주석에 의거해 밝히고, "부처님께서 '허구에 의거해 사실이라 조작하고 바름을 등지고서 삿됨을 향하는 것은 스스로를 속이고 남도 속이는 것이니 법 가운데 있는 큰 마귀이다'라고 하셨다. 이미 허황된 일임을 알았는데 무엇 때문에 믿고 받아들이며 받들어 행하겠는가."라고 비판하였다. 제목인 '자비도량참법'과 그 후미에 붙어 있는 각주 "이 '자비도량'이란 네 글자를 붙이게 된 것은 꿈속 감응에 기인한 것이다.(立此慈悲道場四字乃因夢感)"에 대한 해석에서는 이 참법이 곧 자씨여래慈氏如來, 즉 미륵彌勒의 현몽으로 이름이 붙여진 것이고, 그 내용도 자비의 화신인 미륵여래의 도량을 건설해 그분께 참회하고 귀의하는 것이 주가 되고 있음을 밝혔다. 또한 『금강반야바라밀경金剛

般若波羅蜜經』에서 인용된 구절인 "금생에 사람들의 업신여김을 받은 까닭에 전생의 죄업이 즉시 줄어들고 소멸할 것이다."를 순현順現·순생順生·순후順後, 종자(種)·이숙(熟)·탈각(脫) 등 유식唯識의 학설을 바탕으로 해석하고 있는 점도 주목할 부분이다. '자비도량'이란 제목이 현몽에 의해 붙여진 정황에 대한 자신의 설명에 한 학인이 "옛 성현께서도 해석하지 않았는데 왜 지금 그런 해석을 덧씌우는 것입니까? 흡사 맹인이 눈이 멀쩡한 자들을 속이는 짓 같군요."라며 반발하자 "요즘 사람의 설명이라도 올바른 이치에 부합한다면 반드시 그것으로 규범을 삼아야 한다."고 꾸짖은 대목에서는 그의 냉철한 비판 정신을 엿볼 수 있다.

자비도량참법 제2권

"십주十住의 업을 만족해 외아들의 지위를 얻는다.(滿十住業得一子地)"에 대한 해석에서 조구는 변진·각명·동림·미수의 주석을 각각 소개하고는 삼현위三賢位의 십주로 해석한 변진·각명 공을 비판하고, 전적에 의거해 십주는 곧 십지十地를 의미하며 외아들의 지위(一子地)는 등각위等覺位임을 밝히고 있다. 회향回向에 대한 해석에서 중생회향衆生回向·보리회향菩提回向·실제회향實際回向의 삼처회향三處廻向을 거론하고 궁극적으로 지향해야 할 바가 일체의 분별을 끊고 무념無念의 일진법계一眞法界에 계합하는 실제회향임을 강조한 부분은 교학 못지않게 선을 중시했던 그의 풍모를 엿볼 수 있는 대목이다. 또한 "무생법신보살과 무루색신보살과 발심보살"의 3위를 별교別教를 기준으로 삼는 경우와 원교圓教를 기준으로 삼는 경우로 나누어 해석한 대목에서는 그가 천태종 승려였음을 새삼 확인할 수 있다. 특정 법수法數를 암기하기 쉽도록 송頌으로 정리한 옛 게송들을 소개하고, "승만 부인의 세 가지 큰 소원" 등에 대해서는 직접 게송을 지은 점 또한 특기할 만하다.

자비도량참법 제3권

'사제四諦'와 같은 기본적인 법수에 대해서도 "여러 스님들이 이에 대해서는 아무도 자세히 해석하지 않았다."고 하며 비유를 들어 고苦·집集·멸滅·도道를 자세히 설명한 부분이 있어 조구의 치밀함과 자상함을 엿볼수 있다. 또한 '법운지法雲地', '화보華報' 등과 관련해 그 의미를 파악할 수 있는 경의 게송을 소개한 점도 주목할 부분이다.

자비도량참법 제4권

십팔지옥에 대해 설명하며 "여기에서 말한 사방의 18간격은 이 세계건 타방 세계건 원래 정해진 처소가 있을 것이다. 하지만 눈으로 볼 수 있는 것이 아닌 까닭에 여러 스님들의 해석이 같지 않고, 딱히 이것이라고 확정지어 취할 만한 것도 없다. 생각건대 내가 오랫동안 머물던 익숙한 곳이겠지만 잠시 벗어났기 때문일 것이다. 나 역시 그들처럼 아득하기만 할 뿐 깨닫지를 못하겠으니, 배우는 이들은 더 찾아보라."고 한 대목에서는 확실하지 않은 사항에 대해 강변하지 않는 학자적 양심을 확인할 수 있을 뿐만 아니라 가벼운 농담을 사양하지 않는 유연함을 느낄 수 있다. 또한 우전왕優塡王이 전단상栴檀像을 조성하게 된 내력을 『조상경造像經』에서 인용해 상세히 설명하고, 문구의 해석 순서에 대한 자기만의 견해를 밝히기도 하였다.

자비도량참법 제5권

"재물이라도 있으면 친척들이 얻으려고 아우성이지만 빈궁한 시절에 보면 애틋한 생각이라곤 애초부터 없었습니다."라는 구절을 설명하면서 "하얀 말에 붉은 끈 색채마저 싱그러울 때는 친할 까닭 없는 자들 억지로 다가와 친구가 되더니, 하루아침에 말이 죽고 황금까지 없어지자 그 친구들 거리를 지나가는 사람들과 진배없네."라는 소진蘇秦의 〈결교음結交吟〉

을 인용하였는데, 이를 통해 효과적인 설득을 위해서는 감성에 호소하는 방법도 마다하지 않은 자상함을 엿볼 수 있다. 또한 『기신론起信論』의 삼세육추三細六麤에 의거해 삼상三相과 삼상을 끊는 과정을 설명하고, 다시 별교別敎와 원교圓敎에 의거해 그 해석의 차이를 밝힌 대목도 주목할 부분이다.

자비도량참법 제6권

'심의식心意識'에 대한 기존 주석서의 해설을 소개하였다. 아울러 규봉圭峯의 『선원제전집도서禪源諸詮集都序』의 설명과 『기신론起信論』의 삼세육추三細六麤, 『성유식론成唯識論』의 팔식八識과 오위백법五位百法, 『백법론百法論』의 설명을 인용해 심·의·식 각각의 개념을 규명하였다. 또한 십이인연十二因緣을 설명하며 『십이인연론十二因緣論』의 게송을 소개하고 삼세양중인과三世兩重因果를 자세히 설명하였다.

자비도량참법 제7권

『잡아비담론雜阿毗曇論』에 의거해 모든 천상의 수명을 논하고, 무상천無想天이 곧 장수천長壽天임을 설명하였다. 『영가증도가永嘉證道歌』·『분주무업선사어록汾州無業禪師語錄』·청량국사淸涼國師의 『화엄경행원품소華嚴經行願品疏』·『금강반야바라밀경金剛般若波羅蜜經』·연수 선사延壽禪師의 『만선동귀집萬善同歸集』 등을 인용해 재공양財供養과 법공양法供養이 다르지 않음을 설명한 대목에서는 선사禪師의 풍모를 확인할 수 있다. 또한 "옛사람은 밥 한 덩이의 은혜에도 감사할 줄 알았다."는 구절은 흔히 있는 일로 여겨 쉽게 지나칠 수 있는 대목임에도 불구하고, 그 고사故事를 조사하여 소개한 점 또한 눈길을 끈다.

자비도량참법 제8권

"보살의 성대한 교화를 하늘과 인간들이 찬양하고 우러르게 하시며"라는 구절을 설명하면서 "양 무제를 지칭한 것이다. 불사를 크게 일으키고 십선으로 만물을 교화했기 때문에 보살이라 칭하였다."고 한 변진 스님의 주석을 소개하여, 양 무제가 생존 당시에 보살로 지칭되었음을 확인시켜 주고 있다. 또한 '회포유포懷抱乳哺'가 "배에 품고(腹懷) 손으로 쓰다듬고(手抱) 젖을 먹이고(乳飮) 음식을 씹어서 먹이다(哺食)"의 축약임을 밝히는 등 쉽게 지나칠 수 있는 자구들을 일일이 분석해 설명하였다.

자비도량참법 제9권

말미에 수록된 회향송廻向頌에 대해 "상교본詳校本에는 삼승三乘과 육도六道 등의 차례에 있어서 앞뒤가 거꾸로 뒤섞여 있는데 아마도 서사書寫한 사람의 착오가 아닐까 생각된다. 구본舊本에 있는 게송의 차례가 합당하니, 학자들은 자세히 살펴보라."고 하였다. 이를 통해 상교정본의 회향송은 재차 검증이 필요함을 알 수 있다.

자비도량참법 제10권

무교가색無敎假色, 즉 무표색無表色에 대해 설명하고, 『선원집禪源集』을 인용해 육념六念 가운데 하나인 염천念天이 곧 염제일의천念第一義天임을 밝혔다. 또한 『천태사교의天台四敎儀』에 의거해 칠방편七方便, 즉 삼자량三資糧과 사가행四加行을 설명하고, 『유마경維摩經』을 인용해 향적세계香積世界를 설명하고, 사제四諦와 십육행관十六行觀의 관계를 설명하였다. '총상摠相'과 '별상別相'에 대한 해석에 있어서 『기신론』에서 거론한 총상과 별상으로 파악하고 진여眞如와 현행現行의 의미로 설명한 각명 공의 주석을 비판하고, 총상념처摠相念處와 별상념처別相念處로 설명한 미수 스님의 주석을 지지한 대목 역시 주목할 부분이다.

5. 가치

『자비도량참법집해』는 여러 면에서 매우 소중한 가치를 지니고 있다. 먼저 그 학문적 가치를 살펴보자면, 『자비도량참법집해』는 『자비도량참법』에 관한 현존하는 유일한 주석서로서 이를 통해 현재는 산실散失되어 버린 변진의 찬주·광균의 사초·각명의 주석·미수의 술해·동림의 약해 등 기존 주석서들의 내용을 일부나마 확인할 수 있다. 또한 조구는 기존의 주석을 소개하는 데 그치지 않고 스스로『옥편玉篇』·『이아爾雅』·『설문說文』·『광운廣韻』·『제승법수諸乘法數』·『조정사원祖庭事苑』·『백법명문百法明門』 등의 사전류,『양서梁書』·『직림職林』·『대송고승전大宋高僧傳』 등의 사서,『능엄경楞嚴經』·『화엄경華嚴經』·『반야경般若經』·『열반경涅槃經』 등의 경전,『성유식론成唯識論』·『유가론瑜伽論』·『대장엄론大莊嚴論』 등의 논서,『능엄경요해楞嚴經要解』·『범망경보살계본소梵網經菩薩戒本疏』·『반야바라밀다심경약소般若波羅蜜多心經略疏』·『화엄경보현행원품별행소초華嚴經普賢行願品別行疏鈔』 등의 경소,『선원제전집禪源諸全集』·『만선동귀집萬善同歸集』·『사교의집해四敎儀集解』·『화엄경기華嚴經記』·『법계차제문法界次第門』 등의 후대 찬술,『장자莊子』 등 제자백가의 설까지 인용하여 간단하게는 글자의 음의音義에서부터 문장의 해석 순서, 나아가 문장의 대의에 이르기까지 하나하나를 면밀히 살펴 고증하고 논증하며 자신의 견해를 덧붙였다. 이를 통해 조구 개인의 탁월한 학문적 역량뿐만 아니라 고려 말·조선 초의 불교학 수준이 상당했음을 확인할 수 있다.

또한 고려 말 충선왕으로부터 국존國尊으로 숭상되었던 법상종法相宗의 대덕 국일 미수國一彌授(1240~1327) 대사가 해설하고, 조선 태조 때 선교도총섭禪敎都摠攝과 국사國師를 지낸 천태종天台宗의 조구가 강해했던 점으로 미루어 보아 당시 우리나라에서『자비도량참법』이 종파에 상관없이 크게 유행하였을 뿐만 아니라 그 중심에 왕권의 후원이 있었음을 짐작할 수 있다. 이는 전란과 분쟁으로 인한 살육이 끊이지 않았던 여말선초麗末鮮初의 시대 상황과도 밀접한 관계가 있다. 새로운 집권 세력은 정권 투쟁의 희생자들과 그 잔여 세력들을 포용하고 통합하는 방안으로 참회懺悔와 발원發願이라는 불교적 방식을 선택했던 것으로 보인다. 이를 통해 참회와 발원이라는 불교 수행법이 개인의 삶의 질을 높이는 데 기여했을 뿐만 아니라 정치적·사회적으로도 과거의 갈등을 해소하고 새로운 관계를 형성하게 함으로써 보다 나은 세계를 구현하는 데 크게 기여하였음을 알 수 있다.

또한 서지학적으로도 큰 가치를 지니고 있다. 현존『자비도량참법집해』는 활자본을 번각한 목판의 인본으로서 그 조판의 형식이나 글자의 모양 및 크기 등을 비교하여 볼 때, 그 저본의 활자가 현존 세계 최고最古의 금속 활자 인쇄 도서인『직지直指』와 같은 활자인 '흥덕사자興德寺字'로 추정된다. 이로써 고려 후기와 조선 초기에『직지』외에도 다른 금속 활자본이 존재했다는 사실을 확인할 수 있다.

이처럼『자비도량참법집해』는 현재 한국의 불교학과 비교해도 전혀 뒤처지지 않을 만큼 논리적이고 치밀한 학술서이며, 불교의 정치적·사회적 역할을 확인케 해 주는 중요한 자료이며, 아울러 우리나라 금속 활자의 인쇄 계통을 보여 주는 문헌으로서 그 가치가 매우 높다고 하겠다.

6. 참고 문헌

남권희,「흥덕사자興德寺字로 찍은 자비도량참법집해慈悲道場懺法集解의 복각본覆刻本에 관한 연구」,『문헌정보학보』제4집(전남대학교 문헌정보학과 창설 10주년 기념논총), 전남대학교 문헌정보학과, 1990.

이만,「고려高麗 미수彌授의 유식사상唯識思想 : 조구祖丘의『자비도량참법집해慈悲道場懺法集解』를 중심으로」, 『한국불교학韓國佛教學』 제20집, 한국불교학회, 1995.

차례

한글본 한국불교전서를 펴내며 / 5
자비도량참법집해 해제 / 7
일러두기 / 25

권상卷上

서문 / 28
상교정본 자비도량참법 서詳校正本慈悲道場懺法序 / 33
서문의 음의 / 49

(제1주)
제1권 50
제1. 삼보에 귀의함 67
제2. 의심을 끊음 93
제3. 참회 125
　자비참법석문慈悲懺法釋文 151
　제1권의 음의 153

제2권 157
제4. 보리심을 일으킴 158
제5. 원을 세움 179
제6. 회향하는 마음을 일으킴 196
　제2권의 음의 220

(제2주)
제3권 221
제1. 과보를 드러냄 222
　제3권의 음의 292

권하卷下

제4권 298
제1. 과보를 드러냄 299
제2. 지옥을 벗어남 316
　제4권의 음의 358

제5권 359
제3. 맺힌 원한을 풂 360
　제5권의 음의 406

제6권 408
제3. 맺힌 원한을 풂 409
제4. 발원 454
　제6권의 음의 464

(제3주)
제7권 466
제1. 스스로 축하함 473
　삼보를 생각하도록 경책함 484
　참주가 대중에게 사죄함 497
　다 함께 큰 원을 일으킴 501
제2. 육도를 위한 예불 508
　하늘 세계를 받들고 그들을 위해 부처님께 예배함 508
　모든 신선을 받들고 그들을 위해 부처님께 예배함 518
　범왕 등을 받들고 그들을 위해 부처님께 예배함 521
　제7권의 음의 525

제8권 527
　아수라 세계의 일체 선신을 받들고 그들을 위해 부처님께 예배함 528

용왕을 받들고 그들을 위해 부처님께 예배함 ……… 531
　　마왕을 받들고 그들을 위해 부처님께 예배함 ……… 534
　　인간 세계를 위해 부처님께 예배함 ……… 536
　　국왕을 받들고 그를 위해 부처님께 예배함 ……… 537
　　모든 왕을 받들고 그들을 위해 부처님께 예배함 ……… 541
　　부모님을 받들고 그들을 위해 부처님께 예배함 ……… 543
　　과거 부모님을 받들고 그들을 위해 부처님께 예배함 ……… 546
　　스승을 받들고 그들을 위해 부처님께 예배함 ……… 550
　　시방의 비구와 비구니를 위해 부처님께 예배함 ……… 554
　　시방의 과거 비구와 비구니를 위해 부처님께 예배함 ……… 557
　　제8권의 음의 ……… 561

제9권 ……… 562
　　아비지옥을 위해 부처님께 예배함 ……… 563
　　회하지옥과 철환지옥 등을 위해 부처님께 예배함 ……… 569
　　음동지옥과 탄갱지옥 등을 위해 부처님께 예배함 ……… 571
　　도병지옥과 동부지옥 등을 위해 부처님께 예배함 ……… 574
　　화성지옥과 도산지옥 등을 위해 부처님께 예배함 ……… 576
　　아귀 세계를 위해 부처님께 예배함 ……… 579
　　축생 세계를 위해 부처님께 예배함 ……… 581
　　육도를 위한 발원 ……… 583
　　무상함을 생각하도록 경책함 ……… 586
　　노고를 마다 않고 일한 이들을 위해 부처님께 예배함 ……… 593

제3. 회향 ……… 597
　　회향을 일으킴 ……… 597
　　회향법을 설함 ……… 601
　　제9권의 음의 ……… 607

제10권 ……… 609
　　보살의 회향법 ……… 610

제4. 발원 617
　먼저 안근眼根의 원을 일으킴 618
　다음, 이근耳根의 원을 일으킴 624
　다음, 비근鼻根의 원을 일으킴 628
　다음, 설근舌根의 원을 일으킴 639
　다음, 신근身根의 원을 일으킴 643
　다음, 의근意根의 원을 일으킴 646
　다음, 입의 원을 일으킴 656
　수행해야 할 모든 법문 660
제5. 촉루 668
　찬불주원讚佛呪願 674
　제10권의 음의 678

　발문 / 680
　시주질施主秩 / 684
　발문 / 687

옮긴이의 말 / 689
찾아보기 / 691

일러두기

1 '한글본 한국불교전서'는 문화체육관광부의 지원을 받아 동국대학교 불교문화연구원에서 수행하고 있는 '한국불교전서역주' 사업의 결과물을 출간한 것이다.

2 이 책의 번역은 『한국불교전서』(동국대학교출판부 간행) 제12책 『자비도량참법집해慈悲道場懺法集解』를 저본으로 하였다.

3 『자비도량참법』의 본문과 『집해』의 해설 내용을 참법 과 집해 로 구분하여 표시하였다. 또한 『참법』의 문맥에 맞게 『집해』의 내용을 재배치하였다.

4 『집해』의 저자인 조구는 『참법』의 내용을 중생의 근기에 따라 크게 셋으로 분류하여 삼주三周로 구성하였다. 이것은 『법화경』의 삼주설법三周說法과 같은 형식을 따른 것으로 보인다. 이에 따라서 이 책에서는 10권으로 편찬된 『참법』의 구성 내용을 삼주와 권수의 대응관계를 살펴 목차에서 간략히 제시하였다.

5 번역문에 이어 원문을 병기하였다. 원문은 『한국불교전서』를 저본으로 했으며, 띄어쓰기를 표시하기 위해 온점(.)을 사용하였다.

6 원문 교감 내용 가운데 ㉠은 『한국불교전서』의 교감 내용을, ㉡은 번역자의 교감 내용을 가리킨다.

7 주석에서 소개한 출전은 약호로 표기하였다. T는 『대정신수대장경大正新脩大藏經』, X는 『신찬대일본속장경新纂大日本續藏經』, H는 『한국불교전서韓國佛敎全書』의 약호이다.

자비도량참법집해 卷上
| 慈悲道場懺法集解 |

선교통섭 전 영원사 겸 불은사 주지
경봉유교수학현의 국일도대선사 공암 화상 조구祖丘가 찬집

禪教統攝。前瑩原寺兼佛恩寺住持。
敬奉遺教修學玄義國一都大禪師。空菴和尚祖丘撰集

서문

이 참법懺法이 세상에 성행하고 있기는 하지만 그 뜻과 법을 해석하는 자는 적고 그저 따라서 행하고 여러 차례 옮겨 적는 자들만 많다. 그 가운데는 문장의 끊어지고 이어짐과 글자의 높고 낮음, 맑고 탁함조차 변별하지 못하는 자들마저 있으니, 소소한 의리義理들이야 말해 무엇 하겠는가. 따라서 법을 비방하는 과실을 저지르고들 있으니, 이미 법을 비방했는데 자신과 타인에게 무슨 이익이 있겠는가. 부처님께서 "독송만 하고 이해하지 못하는 것은 법을 비방하는 여섯 가지 중죄 가운데 하나다."라고 하시고, 영가永嘉[1] 스님은 "무간지옥에 떨어질 죄업을 초래하고 싶지 않다면 여래의 바른 법륜을 비방하지 마라."[2]고 하였다. 그런데도 어리석은 사람들은 이 이치를 돌아보지 않고 그저 현재 자신의 이익만을 도모해 뜻하지 않은 내세를 스스로 초래하고 있다.

이런 이유로 지난날 온릉溫陵의 전교사문傳敎沙門 변진辨眞 스님이 주를

---

[1] 영가永嘉: 법명은 현각玄覺(665~713)이며, 호는 일숙각一宿覺, 자는 명도明道이다. 속성은 대戴씨이고 온주溫州 영가현永嘉縣 출신이다. 『유마경維摩經』과 천태지관天台止觀을 정통한 후 조계曹溪의 혜능慧能을 찾아뵙고 의심을 결단하였다. 당 개원 1년 10월 용흥사 별원에서 나이 49세로 입적하였다. 시호는 무상 대사無相大師·진각 대사眞覺大師이고, 저서로 『선종영가집禪宗永嘉集』·『관심십문觀心十門』·『증도가證道歌』 등이 있다.
[2] 『영가증도가永嘉證道歌』(T48, 395a).

찬하여 그 의미를 소통시킨 적이 있었고, 청량산淸凉山 광균廣鈞 스님이 자세히 교정한 후에 저술한 『사초私鈔』 3권, 오파새가烏婆塞迦[3]인 여남汝南의 각명覺明 공이 저술한 주석, 우리나라 자은종慈恩宗[4] 스님이신 국일 미수國一彌授[5] 대사의 『술해述解』, 선가의 철장哲匠이신 동림東林 스님의 『약해略解』가 있었다.

  하지만 이런 글들이 세상에 널리 유포되지 않았던 까닭에 많은 사람들이 보지 못했고, 비록 봤다 하더라도 그 글의 뜻이 심오하고 광대해 배우는 자들이 그 근원을 잃어버리고 그 끝을 구명할 수 없었다. 거기에 더해 왕왕 이에 대한 사기私記가 있었지만 모두 규범이 되지 못하는 것들이었다. 또한 금세를 살펴보건대 시절의 운이 말세에 해당하여 영리한 근기는 드물고 아둔한 자들만 넘쳐 나고 있다. 영리한 자들은 말을 꺼내자마자 곧바로 이해하고 한 가지를 들으면 천 가지를 깨닫기에 설명해 보이느라 애쓸 필요가 없으니, 세간의 훌륭한 말은 채찍 그림자만 보아도 달리는 것과 같다. 하지만 아둔한 자들은 해가 지고 밤이 새도록 힘들여 설명하고 애써 듣더라도 체득하는 것이 하나도 없는 것이 세간의 맹인이 길잡

---

3 오파새가烏婆塞迦 : 범어 upāsaka의 음역으로 우바새優婆塞·오파삭가烏波索迦·오파삭가鄔波索迦·우파사가優波娑迦라고도 하며, 근사남近事男·근선남近善男·근숙남近宿男·청신사淸信士로 의역하기도 한다. 재가의 남자 불교신자를 일컫는 말이다.
4 자은종慈恩宗 : 계현 논사戒賢論師로부터 인도 유식학파唯識學派의 교설을 수학하고 중국으로 돌아온 현장玄奘(602~664)과 그의 제자 규기窺基(632~682) 등이 자은사慈恩寺를 중심으로 형성한 종파이다. 유식종唯識宗·법상종法相宗이라고도 한다.
5 국일 미수國一彌授 : 고려 스님으로 법명은 자안子安(1240~1327)이었다가 후에 미수彌授로 고쳤다. 속성은 김金씨이고, 13세에 원흥사 종연宗然에게 출가하였다. 19세에 선불장선佛場選에서 상품과에 합격해 국녕사國寧寺에 머물렀고, 29세에 삼중대사三重大師가 되어 『유식론唯識論』을 강의하였다. 웅신사熊神寺에서 수좌首座로 지내다가 장의사莊義寺에 주석하며 승통僧統에 올랐고, 법주사에서 교법을 널리 선양하였으며 92권에 달하는 경론의 해설서를 저술하였다. 이후 중흥사重興寺에서 충선왕으로부터 행지원명대사行智圓明大師라는 법호를 받고 선교도승통禪敎都僧統이 되어 국존國尊으로 숭상되었으며, 고려 충숙왕 14년 법주사에서 세수 88세로 입적하였다. 1341년에 세운 비가 법주사에 전해지고 있다.

이가 가리키는 것을 몰라 바른 길을 밟지 못하는 것과 같으니, 참으로 불쌍하다고 하겠다.

내가 지난날 선과 교를 두루 참구하며 듣고 이해한 바로 이 참법을 해석한다면 그것 역시 심오하고 광대해 아둔한 자들이 들으면 미혹과 번민만 더할 것이다. 따라서 이제 아둔한 자들이 배우기 쉽고 이해하기 쉽도록 여러 학자들의 해석 가운데서 광범위한 해설은 삭제하고 요점만 정리하며, 어려운 해설은 삭제하고 쉬운 설명을 선택해 나의 해석을 덧붙여 집해集解라고 제목을 붙였다. 이를 배우는 모든 이들이 이 글에 의거해 뜻을 취하기를 바라니, 절대로 손가락을 집착해 달이라 여기지는 마라. 아울러 이참理懺[6]과 사참事懺[7] 두 가지를 동시에 행하여 절 한 번에 삼세三世에 지은 오역五逆[8]과 십악十惡[9]의 죄를 제거하고, 한 찰나에 오랜 생애 만겁토록 육도六道를 떠돌았던 허물을 소멸하며, 예법 한 번에 시방세계 모든 부처님의 마음을 느끼고, 뉘우침 한 번에 사생四生[10] 구류九類[11]의 때를 말끔히 씻어 버리기를 바란다.

이와 같이 한다면 한 찰나에 자신과 타인이 청정해질 것이고, 자신과

---

6 이참理懺 : 실상實相의 도리를 관하여 여러 가지 죄를 참회하고 소멸시키는 것을 말한다.
7 사참事懺 : 부처님께 예배하고 경전을 독송하는 등의 행위를 통해 허물을 고백하고 참회하는 것을 말한다.
8 오역五逆 : 무간지옥에 떨어질 다섯 가지 극악한 죄를 말한다. 소승에서는 살부殺父, 살모殺母, 살아라한殺阿羅漢, 파화합승破和合僧, 출불신혈出佛身血을 오역죄라 하고, 대승에서는 탑탑·사寺·경經·상像을 파괴하고 삼보의 재물을 약탈하는 것, 삼승법三乘法을 비방하고 성교聖敎를 업신여기는 것, 스님들을 욕하고 부리는 것, 소승의 오역죄를 범하는 것, 인과의 도리를 믿지 않고 십불선업十不善業을 짓는 것을 오역죄라 한다.
9 십악十惡 : 몸과 입과 생각으로 저지르는 열 가지 죄악인 살생殺生·투도偸盜·사음邪婬·망어妄語·기어綺語·악구惡口·양설兩舌·탐욕貪欲·진에瞋恚·사견邪見을 말한다.
10 사생四生 : 모든 생명체를 태어나는 방식에 따라 네 가지로 분류한 것으로서 태생胎生·난생卵生·습생濕生·화생化生을 말한다.
11 구류九類 : 모든 생명체를 특성에 따라 아홉 가지로 분류한 것으로서 태생胎生·난생卵生·습생濕生·화생化生·유색有色·무색無色·유상有想·무상無想·비유상비무상非有想非無想을 말한다.

타인이 청정해지고 나면 곧 번뇌가 되던 온갖 법들이 생각하는 순간 위없는 깨달음으로 변화할 것이다. 중생이 육도에 윤회하는 것은 진실로 죄장罪障[12]이 마음의 때를 만들기 때문이다. 만약 죄장이 완전히 제거되고 마음의 때가 깨끗이 사라진다면 본래의 밝음은 저절로 드러날 것이니, 본래의 밝음이 저절로 드러나면 비로소 관자재觀自在라 부를 수 있게 된다. 거울을 갈 때에 때가 사라지면 밝음이 드러나는 것처럼 바로 그럴 때 자비도량慈悲道場이 그 자리에 환히 드러날 것이니, 배우는 이들은 자세히 살펴보라.

并序

禪教統攝。前瑩原寺兼佛恩寺住持。敬奉遺敎修學玄義國一都大禪師。空菴和尙祖丘撰集并序。

此懺法者。盛行於世。然解義釋法者少。但循行數墨者多矣。於中。猶有不辨文之斷續字之高低淸濁之者。況乎些些義理也。是故成謗法之失。旣成謗法。焉有自他之利。佛言。唯誦不解。六重謗法之一。永嘉云。欲得不招無間業。莫謗如來正法輪。迷人不顧□□。[1)] □[2)]謀現身之利。自招來世不如意也。由是。昔有溫陵□[3)]敎沙門辨眞師。撰注疏通。淸凉山廣鈞師。詳校後著□[4)]鈔三卷。烏婆塞迦。汝南覺明公。著注。本國慈恩宗師國一彌授大師。述解。禪家哲匠東林師。略解。然此等之文。罕行於世故。多未得見。雖得見者。而其文義深廣。學者。失其源派。未究涯限。仍於往往而有私記之者。皆未爲親。又觀今世。時當末運。罕有利根。多有鈍者。□[5)]者發言卽解。一聞千悟。不勞說示。如世良馬。見鞭影而行。鈍者。終日竟夜。勞說勞聞。一無所得。如世盲者。未知導師之指。不踏正路。眞可憐憫。惟

---

12 죄장罪障 : 죄와 악의 이칭이다. 죄업·악업은 훌륭한 과보를 받지 못하도록 장애하는 요인이 되므로 죄장이라 칭한다.

我往昔。遍叅禪敎。所聞所解釋之。則此亦深廣。鈍者聞之。益加迷悶。故今爲鈍者。易學易解。以諸家所解中。截廣從略。除難取易。兼已所釋。目之曰集解。願諸學者。憑文取義。愼勿執指爲月。理事二懺。行在一時。一拜除三世五逆十惡之罪。一念滅六道多生萬劫之愆。一禮感十方諸佛之心。一懺沐四生九類之垢。如是則。於一刹那。自他淸淨。旣自他淸淨。則塵勞萬法。應念化成。無上知覺。衆生所以輪廻六道者。良由罪障作心之垢穢故也。若罪障悉除。心垢淨盡。則本明自發。若本明自發。則方得名爲觀自在也。比如磨鏡。垢盡明現。當伊麽時。慈悲道場。當處昭然。學者詳焉。

---

1) ㉈ 결락된 글자는 '此理'인 듯하다.   2) ㉈ 결락된 글자는 '但'인 듯하다.   3) ㉈ 결락된 글자는 '傳'인 듯하다.   4) ㉈ 결락된 글자는 '私'인 듯하다.   5) ㉈ 결락된 글자는 '利'인 듯하다.

상교정본 자비도량참법 서
詳校正本慈悲道場懺法序

참법 조산대부朝散大夫 행상서병부원외랑行尙書兵部員外郞 강전康戩[1]이 짓다

朝散大夫。行尙書兵部員外郞。康戩。述。

집해 강전康戩의 서문이다. '전戩'에 대해 광균 스님은 "전剪으로 발음하고 복되다(福)는 뜻이다."라고 하였다. 이 서문에 대한 다른 해설은 보지 못했다. 오직 참회사懺悔師[2]가 저술한 해석만 얻어 여기에 낱낱이 서술한다. 그러나 그 스님이 번잡한 것을 싫어하고 또 쓸모없는 말들이라 여겨 삭제하고 해석하지 않았던 것들을, 이제 보지 못하고 듣지 못한 아둔한 자들을 위해 구절 밖에 억지로 보충 설명을 덧붙여 보고자 한다. 이 또한 뱀을 그리는 사람이 재주가 넘쳐 발을 그려 넣는 것처럼 비루한 언사로 함부로 해석해 그 뜻을 더럽히는 짓이겠지만 여러 현자들께서는 비웃지

---

1 강전康戩 : 고려 사람이나 중국에서 활동한 문신으로 자는 휴우休祐(?~1006)다. 송나라 태조 시절에 중국에 들어가 국학에 입학하였고, 그 뒤 송나라에서 관직을 역임하며 문명文名을 떨쳤다. 1006년(목종9)에 그가 죽자 송나라 진종眞宗이 그의 아들 강희령康希齡을 태상시봉예랑太常寺奉禮郞으로 삼고, 녹봉을 주어 강전의 장례를 치르게 하였다.
2 아래에 '참회사 미수'라고 한 구절이 나온다. 따라서 참회사는 미수 스님을 지칭한 말로 추측된다.

말기 바란다.

'서序'에 대해 그 스님³은 번잡한 부분이라 여겨 삭제하고 해석하지 않았지만 이제 보충해서 설명해 보겠다. 『옥편玉篇』에서 "서序란 전체적 의미를 서술하는 것이다."라고 하였다. 고덕께서는 "즉 세 가지 뜻이 있으니, 차서次序의 뜻, 단서端序의 뜻, 유서由序의 뜻이다."라고 하였다. 첫째 차서의 뜻을 말해 보자면 『선원제전집禪源諸全集』에서 "서란 실마리이다. 누에고치에서 실마리를 찾으면 그 실마리가 고치 하나의 실 전체로 이어지듯 이 책에서 서문을 파악하면 그 서문이 책 한 권의 생각 전체로 이어진다."⁴고 하였으니, 이것이 바로 차서의 뜻이다. 둘째는 단서이다. 『이아爾雅』에서 "서란 동쪽 서쪽의 담장이다. 세상의 담장이 집의 표면에 위치하는 것과 같다."고 하였으니, 곧 서문이 한 가르침의 으뜸이 되는 시초라는 것을 비유한 것이다. 이것이 바로 단서의 뜻이다. 셋째는 유서의 뜻이니, 『설문說文』에서 "서란 까닭이다."라고 하였다. 서문은 시작부터 끝까지를 포괄하고 근본과 지말을 조리 있게 서술하여 한 경문의 뜻을 분명히 드러내 혼란스럽지 않게 하므로 유서라 한다. 유由란 바르다는 뜻이다. 청량 국사清涼國師⁵는 "서란 이마이다. 세간의 길흉사가 이마에 나타나듯 저

---

3 '그 스님' 역시 미수 스님을 지칭한 것으로 추측된다.
4 전거를 『선원제전집』으로 밝히고 있으나 『선원제전집도서禪源諸全集都序』에는 이런 내용이 수록되어 있지 않다. 서序에 대한 이와 가장 유사한 설명은 원나라 보서普瑞가 찬집한 『화엄현담회현기華嚴懸談會玄記』에 수록되어 있다. 다음 문장에서 『이아爾雅』를 인용해 설명한 것 역시 『화엄현담회현기』에 수록되어 있는 점으로 미루어 보아 『화엄현담회현기』를 참조한 것으로 추측된다. 참고로 『화엄현담회현기』 권1(X8, 91a)을 인용하면 다음과 같다. "序者緒也 如繭得緒緒盡一繭之絲 若疏得序序盡一疏之意 又序者 爾雅云 東西墻謂之序(所以序別內外也) 見墻所以別宅舍之淺深 觀序所以知作者之意旨"
5 청량 국사清涼國師 : 당나라 스님으로 법명은 징관澄觀(738~839) 자는 대휴大休이며, 화엄종 제4조로서 청량산에 오래 주석하였기에 청량 국사·화엄보살·화엄소주華嚴疏主 등으로 불렸다. 속성은 하후夏侯씨로서 월주越州 회계會稽 출신이며, 9세에 체진體眞을 은사로 출가하여 선과 교를 두루 섭렵하였다. 남종선과 북종선의 융합을 꾀함은 물론 천태·화엄 등의 교학과 선의 융합을 주장하며 선교일치를 역설하였다. 저서로 『화엄경주소華嚴經註疏』 20권·『화엄경수소연의초華嚴經隨疏演義鈔』 90권·『화엄현담華嚴玄談』

술의 얕고 깊음이 서문에 나타난다."고 하였다. 또 종밀宗密 선사[6]는 『행원별행소초行願別行疏鈔』[7]에서 "서란 담이다. 담이란 동쪽 서쪽의 담장이니, 담장을 보고 그 집의 얕고 깊음을 판별하듯 서문을 보면 그 저술의 얕고 깊음을 알게 된다."[8]고 하였다.

> 康戩序。戩者。鈞師云[音剪。福也]。[1]) 此序文者。未見他解。唯得懺悔師所述之解。具舒于此。然彼師。厭煩亦謂閑辭削而不解者。今爲未及見聞昧鈍之者。當於節外。强欲生枝。又同畫蛇之者。曲巧着足。仍以鄙辭濫解汚之。諸賢莫嗤。序者。彼大師削煩不解。今生枝云。玉篇云[序者。訓舒也。古德云。卽有三義。次序義。端序義。由序義]。一次序義者。禪源諸全集云。序者。緒也。如繭得緒。緒盡一繭之絲。玆集得序。序盡一集之思。是乃次序也。二端序者。爾雅云。序者。東西之墻也。如世墻序。在堂□[2])之表。卽喩序文。冠一敎之端。此乃端序也。三由序義者。說文云。序者。由也。此序文。囊括始終調理本末。使一經文義瀝然不混。謂之由序。

9권 등이 있다.
6 종밀宗密 선사 : 당나라 스님으로 종밀宗密(780~841)은 법명이다. 말년에 섬서성 종남산終南山 규봉圭峰의 초당사草堂寺에 오래 주석하였기에 흔히 규봉 선사라 칭한다. 속성은 하何씨이고 사천성 과주果州 출신이며, 유학儒學을 공부하다 25세에 도원道圓 문하로 출가하였다. 원화元和 3년(808) 증증 율사에게 구족계를 받았고, 도원의 권유에 따라 정중사淨衆寺 신회神會의 제자인 형남 장荊南張을 친견하는 등 참선 수행에 진력하였다. 이후 청량 징관의 제자가 되어 교학연구에 매진하였고, 장경長慶 원년(821)에 초당사로 퇴거하여 저작 활동에 전념하며 교선일치敎禪一致를 고취하였다. 저서로 『원각경찬요圓覺經纂要』 2권·『선원제전집도서禪源諸詮集都序』·『원각경대소圓覺經大疏』 12권·『원인론原人論』 등이 있다.
7 『행원별행소초行願別行疏鈔』 : 완칭은 『대방광불화엄경보현행원품별행소초大方廣佛華嚴經普賢行願品別行疏鈔』이다. 청량 징관의 『별행소別行疏』를 규봉 종밀이 다시 초록한 것이다.
8 전거로 밝힌 『보현행원품별행소초普賢行願品別行疏鈔』의 문장과 정확히 일치하지는 않는다. 참고로 인용하면 다음과 같다. 『대방광불화엄경보현행원품별행소』 권1(X5, 221a), "序者序序 爾雅云入門見屛謂之序 卽東西墻 見墻所以別宅舍之淺深 觀序所以知作者之意旨"

由者。正也。淸凉國師云。序者。額也。如世吉凶。現於額上。述作淺深。
現於序文。又宗密禪師。行願別行疏鈔云。序者。屛也。屛者。東西之墻
也。謂見墻別宅舍之淺深。觀序知述作之淺深。

1) ㉾ 저본에 작은 글자로 처리된 부분을 [ ]로 묶어 본문과 같은 크기의 글자로 표기
하였다. 아래에서도 마찬가지이다. 2) ㉾ 결락된 글자는 '室'인 듯하다.

[참법] 무릇 망명妄明이 홀연히 일어나면 밝음이 그대로 무명이 되는 까
닭에 구계九界가 흥기하고, 참된 지혜가 단박에 밝으면 범부인 그대로 성
인이 되는 까닭에 삼신三身이 작용한다. 이를 미혹한 자는 번뇌의 무더기
에 싸이고 고치 속 누에처럼 꽁꽁 묶이게 되지만 이를 깨닫는 자는 무명
의 껍질을 부수고 재빨리 신발을 벗게 된다. 반드시 생사에서 벗어나 성
현들과 어깨를 나란히 하며 자비의 물결을 격동시키고 참회의 힘을 기울
여 번뇌의 때를 깨끗이 씻고 더러움을 말끔히 없애 육근六根이 빛을 발하
게 하고 십지十地의 계단에 오르고야 말겠다는 것이 곧 자비도량참법, 여
기에서 말하는 것이다.

夫妄明忽起則。卽明無明故。九界興焉。眞智頓明則。卽凡爲聖故。三身作
矣。迷之者。裹煩惱蘊。縛如繩蠒。悟之者。破無明殼。速乎脫屣。必欲脫
免生死。肩隨聖賢。激慈悲水。努懺悔力。浣濯塵勞之垢。盪除愛染之穢。
六根乃瑩十地可階者。卽慈悲道場懺法。斯之謂也。

[집해] '부夫'에 대해 그 스님은 번잡함을 싫어해 해석하지 않았다. 이제
구절에 덧붙여 보충 설명하자면, 『사교의집해四敎儀集解』에서 "부夫 자는
두 사람(二人)을 말하니, 두 사람이 나란히 서 있으면 주고받는 말이 있기
마련이기 때문이다. 발어사다."라고 하였다.
 '망명妄明'에 대해 참회사 미수 대사는 근본불각根本不覺이라고 하였다.

보충 설명을 하자면, 여기에서 망명과 불각不覺과 무명無明은 단어는 비록 셋이지만 그 실체는 하나다.

'즉명무명卽明無明'에 대해 미수 대사는 "무명이 진여眞如를 훈습하여 생사법生死法을 이룬다. 따라서 밝음에 즉한 무명의 힘 때문에 구계가 흥기한다고 하였다."고 하였다.

'구계九界'는 곧 삼계의 구지九地이니, 첫 번째는 오취잡거지五趣雜居地(욕계)이고, 두 번째는 이생희락지離生喜樂地(초선)이고, 세 번째는 정생희락지定生喜樂地(이선)이고, 네 번째는 이희묘락지離喜妙樂地(삼선)이고, 다섯 번째는 사념청정지捨念淸淨地(사선)이고, 여섯 번째는 공무변처지空無邊處地이고, 일곱 번째는 식무변처지識無邊處地이고, 여덟 번째는 무소유처지無所有處地이고, 아홉 번째는 비비상처지非非想處地이다. 두 번째, 세 번째, 네 번째, 다섯 번째 지地는 곧 색계色界이고, 뒤의 넷은 곧 무색계無色界이다. 일설에는 육취六趣와 삼승三乘을 구계라고도 한다. 육취는 지옥·아귀·축생·인간·하늘·아수라이고, 삼승은 성문·연각·보살이다. 등각 이하에서는 모두 생사의 큰 꿈을 깨지 못하므로 '구계가 흥기한다'고 하였다.

'삼신三身'은 첫째가 화신불, 둘째가 보신불, 셋째가 법신불이다.

'각殼'은 각角으로 발음한다. 알껍데기를 말하며, 감추다(藏)라는 뜻이다.

'사屣'는 사似로 발음하고, 신발(鞋)이라는 뜻이다.

'필욕必欲……'에서 욕欲 자를 '가계可階'까지 걸어서 해석한다.

'육근六根'은 안眼·이耳·비鼻·설舌·신身·의意다.

'십지十地'란 환희지歡喜地·이구지離垢地·발광지發光地·염혜지焰慧地·난승지難勝地·현전지現前地·원행지遠行地·부동지不動地·선혜지善慧地이고, 제10지를 법운지法雲地라 한다. '지地'에 대해 보충 설명을 하자면, 비유를 따라 명칭을 수립한 것이니 생장시키고 실어 준다는 뜻이 있기 때문에 '지'라고 한다. 말하자면 온갖 행을 생장시키고 온갖 덕을 실어 주기 때문이다.

夫者[彼師。厭煩不解。今節外生枝曰。四教儀集解中。夫字。二人也。二人並立。必有言談故。發言之端也]。妄明者。懺悔師。彌授大師云。根本不覺也[生枝曰。此中妄明不覺與无明。言雖有三。其體一也]。卽明無明者。授師云。無明熏於眞如。成生死法。故云卽於明之無明力故九界興起也。九界者。卽三界九地。一五趣雜居地(欲界)。二離生喜樂地(初禪)。三定生喜樂地(二禪)。四離喜妙樂地(三禪)。五捨念淸淨地(四禪)。六空無邊處地。七識無邊處地。八無所有處地。九非非想處地。第二三四五地。卽色界也。後四。卽無色界也。一云。六趣及三乘名爲九界也。六趣者。地獄鬼畜人天阿修羅也。三乘者。聲聞緣覺菩薩也。等覺已還。皆不覺於生死大夢。故云九界興焉。三身者。一化身佛。二報身佛。三法身佛。殼[音角]。卵殼。藏也。屣[音似]。鞋也。必欲等者。欲字入可階下。六根者。眼耳鼻舌身意也。十地者。歡喜離垢發光焰慧難勝現前遠行不動善慧地。第十名爲法雲地。地者[生枝曰。從喩立名。有生長荷載之義。故云地。謂生長萬行。荷載衆德故也]。

참법 아, 양梁에서 유전되어 후대의 전철이 되었으니, 그 흥기함은 갑작스러웠고 그 도는 무성하였다. 그리하여 승속(緇素)이 함께 수지하고 현우賢愚가 함께 이익을 얻어 성스러운 땅의 종자를 늘리고 죄스러운 그릇의 희생물을 줄였다. 그러나 세월이 아득히 멀어지고 전수하면서 어긋나고 잘못되어 삼시三豕가 아닐까 의심하고 네 개를 원한 원숭이들처럼 제멋대로 하였으니, 고금을 훤히 꿰뚫고 심오한 이치에 널리 통달한 자가 아니면 그 누가 이를 판별할 수 있었겠는가.

噫。濫觴于梁。成轍後代。其興也勃矣。厥道也蔚然。緇素同持。賢愚共益。增聖地種。耗罪器犧。然年紀綿邈。傳習舛訛。三豕成疑。四狙從欲。若非洞曉古今廣博幽奧者。其孰能辨斯者哉。

집해 '희嚱'는 향香과 의衣의 반절이고 감탄사이다. 광균 스님은 의衣로 발음한다고 하였고, 『수경手鏡』[9]에서는 어於와 기其의 반절이며 아플 때 내는 소리라고 하였다.

'남상濫觴'은 유전되다(流傳)라는 뜻이다. 이 참법은 양대梁代부터 시작되어 후대로 유전되었기 때문에 이렇게 말하였다. 보충 설명을 하자면, 앞 글자는 로勞와 담淡의 반절이고 뒤섞이다(混), 넘치다(溢)라는 뜻이다. 여기에서는 넘치다라는 뜻을 취하였다. 『한서漢書』에 "삼강三江이 아득하지만 그 원류는 술잔에 넘치는 정도일 뿐이다."라고 하였으니, 술잔에 넘치는 것을 말한다. 이것이 바로 미미하고 작은 것에서 시작해 점점 깊고 넓어진다는 것이니, 이 참법 역시 이와 같았다.

'전철이 되었다(成轍)'는 법칙法則이 되었다는 말이다.

'치소緇素'는 승속僧俗이다.

'모耗'는 호呼와 도到의 반절이고, 줄이고 없애다(減敗)라는 뜻이다.

'죄기희罪器犧'의 희犧는 희希로 발음하고, 소 등을 말한다. 참법이 유행한 까닭에 사람마다 살생을 금했기 때문이다.

'연기年紀……'에서 12년을 기紀라 한다.

'천舛'은 창昌과 선選의 반절이고, 어긋나다(乖錯)라는 뜻이다.

'와訛'는 오五와 화禾의 반절이고, 잘못되다(謬)라는 뜻이다.

'삼시성의三豕成疑'는 기해己亥라는 두 글자를 벌레가 갉아먹어 삼시三豕로 변했던 것을 말한다. 따라서 삼시가 아닐까 의심하게 되었다고 한 것이니, 글자가 변해 와전된 것을 말한다. 더 나아가 보충 설명을 하자면, 『한서漢書』에서 "기해도강己亥渡江의 기해己亥 두 글자를 위와 같은 이유로 잘못 읽어 삼시도강三豕渡江이라고 말했기 때문이다."[10]라고 하였다.

---

9 『수경手鏡』: 중국 요나라 성종 15년(997)에 행균行均 스님이 편찬한 자전인 『용감수경龍龕手鏡』으로 추정된다. 고려시대 목판본이 남아 있다.
10 공자의 제자 자하子夏가 위衛나라에 들렀을 때, 그곳에서 사서史書를 읽는 자가 "진나

'사저종욕四狙從欲'은 다음과 같다. 『장자莊子』에 "(상수리를) 아침에 세 개 주고 저녁에 네 개 주겠다고 하자 원숭이들이 모두 화를 냈는데, 아침에 네 개 주고 저녁에 세 개를 주겠다고 하자 원숭이들이 모두 기뻐하였다."고 하였다. 저狙는 곧 원숭이(獼猴)이다. 이는 후대 사람들이 자기들 마음대로 고쳤음을 밝힌 것이다.

'오奧'는 오五로 발음하고, 깊다(深)는 뜻이다.

噫。香衣切。嘆辭也[鈞師云。音衣。手鏡云。於其反。痛傷之聲也]。濫觴者。卽流傳也。此懺法。自梁代起。流傳于後故云也[生枝曰。上勞淡切。混也。溢也。今取溢義。漢書云。三江浩浩。其源濫觴而已。謂濫溢於觴也。此乃初從微小。漸成深廣也。此懺法亦如是也]。成轍者。成法則也。緇素者。僧俗也。耗[呼到反。減敗也]。罪器犧[音希]。牛類也。懺法流行故。人人禁殺故也。年紀等者。十二年曰紀。舛[昌選反]。乖錯也。訛[五禾切]。謬也。三豕成疑者。己亥二字。虫食損故。變成三豕。故云三豕成疑。謂字變吡也。更推[生枝曰。漢書云。己亥渡江。己亥二字如上故。吡云三豕渡江故也]。四狙從欲者。莊子云。朝三暮四。衆狙皆怒。朝四暮三。衆狙皆喜。狙卽獼猴也。此明後人隨自所欲改之也。奧者。音五。深也。

참법 이에 전당의 사문 광균廣鈞이라는 분이 있었으니, 본래 오흥吳興 전씨錢氏의 자손으로 당의 율사 징조澄照[11]의 후예이다. 삼오三吳[12]에 출사

라 군사가 진나라를 치려고 삼시에 하수를 건넜다.(晉師伐秦 三豕渡河)"로 읽는 것을 보고는 "삼시三豕는 기해己亥가 잘못된 것이다."라고 바로잡아 주었다고 한다.
11 징조澄照 : 중국 남산율종南山律宗의 시조인 도선道宣(596~667)의 시호이다. 속성은 전錢씨로서 지수 율사智首律師에게 비구계를 받고 율전律典을 배웠다. 624년(무덕 7) 종남산終南山 방장곡倣掌谷에 들어가 백천사白泉寺를 짓고 계율을 엄하게 지키며 선禪을 닦자 세상 사람들이 남산 율사南山律師라 칭송하였다. 645년(정관 19) 현장玄奘이 귀국하여 홍복사弘福寺에서 역경 사업을 진행할 때, 그 감문가勘文家가 되어 수백 권

하여 정족鼎族이 되고 오패五伯를 보좌하는 배신陪臣이 되어 나라의 책모를 최초로 수립하고 국가의 체계를 아름답게 다듬다가, 홀연히 세간의 복록과 사치스런 영화를 버리고 인륜의 도타운 은애를 단박에 잘라 버리고서 삭발하고 수염을 깎고 분소의로 몸을 가렸다. (그리고는) 청량산淸凉山으로 달려가 성개聖槩에 깃들여 살면서 함장函丈에서 혹독하게 정진하며 『능엄경楞嚴經』의 비밀스런 가르침을 끝까지 밝혔고, 여가에는 배움의 범위를 넓혀 위다圍陁(Veda)의 광대한 전적까지 섭렵하였다. 그러다 이 참법을 열람하게 되었는데 뒤죽박죽인 곳이 많았다. 이에 문장의 흐름을 세밀히 연구하고 속칭俗稱을 자세히 가려내어 그 처음과 끝을 샅샅이 규명하고 참과 거짓을 추적해 캐내고 여러 관화貫花에서 증거를 찾고 저 좀먹은 책들까지 참고하였으며, 아울러 사초私鈔를 지어 심오한 취지를 소통시켰다.

奧[1]有錢塘沙門廣鈞者。本吳興錢氏之子。唐律師澄照之裔。仕三吳爲鼎族。佐五伯爲陪臣。草創邦謀。潤色國體。忽棄世祿侈榮。頓割人倫厚愛。扤髮削鬚。糞掃蔽質。奔詣淸凉。依棲聖槩。函丈苦精。極楞嚴祕誥。餘暇周學。包圍陁廣典。於是覽斯懺也。踳駁尙矣。硏詳文勢。審辨俗稱。而尋究始終。追撫眞僞。徵諸貫花。考彼蠹簡。兼著私鈔。疏通奧趣。

1) ㉠ '奧'는 '粵'인 듯하다.

[집해] '월粵'은 월越로 발음하고, 이에(於)라는 뜻이다.

의 율부를 감수하고 전기를 썼다. 저서로『속고승전續高僧傳』·『광홍명집廣弘明集』·『대당내전록大唐內典錄』·『사분율행사초四分律行事鈔』등이 있다.
12 삼오三吳 : 장강長江 하류 지역 일대를 통칭하는 용어다. 시대에 따라 세 곳의 지명이 달리 거론되었는데 진晉나라 때는 오흥吳興·오군吳郡·회계會稽를 삼오라 하였고, 당唐나라 때는 오흥吳興·오군吳郡·단양丹陽을 삼오라 하였고, 송宋나라 때는 소주蘇州·상주常州·호주湖州를 삼오라 하였다.

'징조지예澄照之裔'는 징조 율사의 후예[13]라는 말이다. 예裔는 곧 자손이다. '정족鼎族'에서 정鼎은 곧 크다(大)는 뜻이다.

'오패를 보좌하는 배신이 되어(佐五伯爲陪臣)'에서 삼오의 군주가 바로 제후諸候이다. 따라서 오패五伯라고 하였다. 패伯는 패佩로 발음한다. 오패는 곧 오후五候다.『효경孝經』에서는 공公·후候·백伯·자子·남男이라 하였다. 배陪는 중첩되다(重)라는 뜻이다. 이는 신하의 신하이기 때문에 배신이라 한 것이다.

'초창草創'은 곧 처음 창립하는 것이다.

'윤색潤色'은 곧 붉고 푸른 색 등으로 장식하는 것이다.

'올발杌髮'에서 앞 글자는 오五와 홀忽의 반절이고, 나무에 가지가 없다(樹無枝)는 뜻이다. 그 머리카락을 빡빡 깎았다는 말이다.

'분소의(糞掃)'는 다음과 같다. 서국西國의 법도에 쥐가 갉거나 소가 씹은 옷은 상서롭지 못하다고 여겨 거름자리에 버렸는데, 부처님께서는 출가자들에게 그것을 주워 세탁하고 염색해 옷을 만들어 입도록 하셨다. 따라서 이렇게 부른다.

'청량淸凉'은 곧 산 이름으로 문수보살이 거주한다는 오대산(臺山)이다.

'성개聖槩'는 곧 성스러운 경계(聖境)이다.

'함장函丈'에서 함函은 용납하다(容)라는 뜻이고, 장丈은 10척이다. 배우고 묻는 상대와 1장의 거리를 두기 때문에 함장이라고 한다. 즉 스승과 제자가 서로 마주하고서 묻고 답하는 장소이다.

'혹독하게 정진하며(苦精)'는 이 스님이 청량산 석덕의 함장에서 혹독할 정도의 정근을 궁극까지 하고서야『능엄경』을 배울 수 있었음을 말한다.

'비밀스런 가르침(祕誥)'은 곧『능엄경』의 비밀스런 문자를 말한다.

'위다圍陁'에 대해 광균 스님은 "범어梵語다. 중국말로 지론智論이라 한

---

13 징조 율사와 속성이 같았던 까닭에 후예라 칭한 것이다.

다. 오명五明 중 내명內明을 제외한 나머지 네 가지를 4위다라 한다. 오명은 내명內明·성명聲明·의방명醫方明·공교명工巧明·주술명呪術明이다. 내명은 여러 불서佛書 등이다."라고 하였다. (이에 대해) 미수 스님은 "틀렸다. 그 오명에 대한 성교聖敎의 설명을 보지 못한 것이다. 이제 『유가론瑜伽論』·『대장엄론大莊嚴論』 등에 의거하건대 오명은 내명·인명因明·성명·의방명·공교명을 말한다."고 하였다.

'준박踳駁'[14]에서 앞 글자는 척尺과 윤尹의 반절이고, 뒷글자는 비比와 각角의 반절이다. 검은 것과 흰 것이 뒤섞인 것을 말한다.

'상尙'은 많다(多)는 뜻이다.

'추척追撫'에서 뒷글자는 적赤으로 발음한다. 또 지之와 야夜의 반절이며, 캐다(採)라는 뜻이다.

'징徵'은 찾아내다(推尋)라는 뜻이다.

'여러 관화(諸貫花)"는 곧 경經을 말한다. 범어 수다라修多羅(sūtra)를 중국말로 관화貫花라 하고 계경契經이라고도 한다.

'두간蠹簡'에서 앞 글자는 도道로 발음하고 책벌레 종류이며, 뒷글자는 간諫으로 발음한다. 벌레 먹은 오래된 세속의 전적들을 말한다.

粤。[1] 音越。於也。澄照之裔者。澄照律師之後裔[裔卽子孫也]。鼎族者。鼎卽大也。佐五伯爲陪臣者。三吳之主是諸候。故云五伯。伯。音佩。五伯。卽五候也。孝經云。公候伯子男。陪者。重也。是臣之臣。故云陪臣。草創者。卽初創立也。潤色者。卽丹靑修飾也。杌髮者。上五忽反。樹無枝也。謂禿去其髮也。糞掃者。西國之法。鼠齧牛嗽等衣。謂爲不祥掃弃於糞土。佛令出家人。收拾浣染。作衣着持。故云爾。淸凉者。卽山之名。文殊所止臺山也。聖槩者。卽聖境也。函丈者。函者。容也。丈者。十尺也。

---

[14] 『참법』에 따라 '준박踳駁'으로 번역하였다. 『집해』의 '준준踳駿'은 오자다.

學問相對容一丈地。故云函丈。卽師資相對問答之所也。苦精者。此師於
淸凉山碩德函丈。苦到精勤窮極。學得楞嚴經也。祕誥者。卽楞嚴祕密文
字也。圍陁者。鈞師云。梵語。此云智論。五明中。除內明。餘四。謂爲四
圍陁。五明者。內明。聲明。醫方明。工巧明。呪術明也。內明。諸佛書等。
授師云。非也。未見聖敎說彼五明。今依瑜伽論大莊嚴論等。五明者。謂
內明。因明。聲明。醫方明。工巧明也。踳駮²⁾者[上尺尹反。下比角反。謂
黑白雜錯]。尙者[多也]。追撼[下音赤。又之夜反。探也]。徵[推尋也]。
諸貫花[卽經也。梵云修多羅。此云貫花。亦云契經]。蠹簡者[上音道。書
魚類。下音諫。虫食古俗典]。

---

1) ㉝『참법』에는 '粵'이 '奧'로 되어 있다. 2) ㉝『참법』에는 '駿'이 '駮'으로 되어 있다.

참법 드디어 근원을 미혹한 자에게 구름을 가르듯 열어 주고 이치에 막
힌 자들에게 얼음이 풀리듯 밝혀 주었으니, 가히 모든 근문根門¹⁵을 깨끗
이 하여 영원히 업장을 제거하고, 일심一心의 땅을 열어 높이 도량을 건립
하며, 천년 동안 캄캄했던 방에 한 생각 사이에 등불을 밝히고, 이 육신을
바꾸지 않고 삼계에 머물지 않게 한 것이라 하겠다. 자비참법의 이익이
과연 위대하지 않은가.

遂使迷原者。豁若雲披。滯理者。渙然氷釋。可謂淨諸根門。永除業障。闢
一心地。高建道場。千年闇室。一念明燈。勿易此身。不居三界。慈悲懺
益。不亦大哉。

집해 '환渙'은 환幻으로 발음하고, 밝다(明)는 뜻이다.
'천년 동안 캄캄했던 방'은 무시무명無始無明을 비유한 것이고, '한 생각

---

15 근문根門 : 외부 대상을 인지하는 통로(門)가 되는 육근六根을 지칭하는 말이다.

사이에 등불을 밝히고'는 참된 지혜의 발현을 비유한 것이다.

渙[音幻]. 明也]. 千年闇室者[喩無始无明]. 一念明燈[喩眞智發明].

참법 그 사문께서 오서伍胥의 사나운 물결을 건너 우회禹會의 옛 도읍으로 찾아와 가져온 글을 나에게 보이며 머리말로 쓸 글을 청하였다. 나 강전은 안으로 마음을 밝히는 것으로써 스스로 행할 바를 삼고 밖으로 불법을 보호하는 것으로써 나의 임무를 삼기에 구태여 여러 차례 사양하지 않았다. 이에 그의 부탁을 허락하고서 그 뜻을 간략히 서술하여 참회문 앞에 붙인다.

때는 송 경덕景德 기원(1004) 대사월大蜡月 재생백才生魄에 회계군재會稽郡齋에서 이렇게 쓴다.

沙門. 越伍胥怒浪. 造禹會古都. 攜文示余. 丐詞冠首. 戡以內明爲自行. 外護爲己任. 固不多讓. 乃可其託. 略叙厥志. 繼于懺右. 時. 有宋. 景德. 紀元. 大蜡月. 才生魄. 在會稽郡齋. 述云爾.

집해 '오서의 사나운 물결(伍胥怒浪)'은 다음과 같다. '전당錢塘'은 곧 항주 땅이다. 전당호錢塘湖는 곧 오왕吳王[16]이 오자서伍子胥를 수장시킨 곳으로 오자서의 분노가 서린 물결이 지금까지도 그치지 않고 있으니, 그 솟구치

---

16 오왕吳王 : 부차夫差를 말한다. 오자서伍子胥는 합려闔閭를 도와 초나라를 정벌하고, 부차를 도와 월나라를 정벌하였다. 오자서는 내실을 다지기 위해 월왕 구천句踐을 죽이고 북방 진출을 멈추라고 극간하였지만 패권의 야욕에 휩싸인 부차는 제나라와 내통하였다는 죄명으로 오자서에게 자살을 명하였다. 오자서는 월나라가 오나라를 파멸시키러 쳐들어오는 것을 보도록 자신의 두 눈을 뽑아 월나라 방향 성문에 걸어 두라는 저주를 남기고 자결하였다. 그 말에 격노한 부차가 오자서를 가죽 자루에 담아 강물에 버렸다고 한다.

는 파랑이 산과 같다. 지금 광균 스님이 전당 남쪽의 바다를 건너 강전이 거주하고 있는 회계군會稽郡으로 찾아왔기에 이렇게 말한 것이다. 옛날 하夏의 우禹 임금이 도산塗山에서 제후들과 큰 모임을 가졌던 까닭에 이 회계군에 우회촌禹會村이 있다.

'조造'는 찾아오다(進)라는 뜻이다.

'계稽'는 해該로 발음하고, 상고하다(考)라는 뜻이다.

'개丐'는 개盖로 발음하고, 구하다(乞)라는 뜻이다.

'글(詞)'은 서문(序辭)을 말한다.

'송宋'은 국호다.

'경덕景德'은 송나라 세 번째 군주인 진종眞宗의 연호다.

'기원紀元'은 원년元年이다.

'대사월大蜡月'에서 사蜡는 사乍로 발음한다. 12월이니, 12월의 제명祭名 이다.[17]

'재생백才生魄'은 16일이다. 재才는 재纔 자와 통용된다. 달의 검은 부분을 백魄이라 한다. 16일이 되면 검은 부분이 생기기 시작하므로 재생백이라 한다.

'회계군재에서(在會稽郡齋)'는 강전康戩의 소재처를 말한다.

또 치씨서郗氏序[18]에 대해 말해 보겠다. 치郗는 치癡 또는 희希로 발음하고, 성姓이다. 동림東林 스님은 다음과 같이 말하였다.

---

17 12월, 즉 섣달에 지내는 제사의 명칭이 삼대에 각기 달랐는데 하나라는 가평嘉平, 은나라는 청사清祀, 주나라는 대사大蜡라 하였다. 『세설신어世說新語』.
18 치씨서郗氏序가 무엇을 지칭하는지 정확히 알 수 없다. 다만 아래에서 양 무제의 황후인 치씨가 구렁이로 환생하였다는 내용의 부당성을 지적한 것으로 보아 「자비도량참법전慈悲道場懺法傳」(T45, 922b)을 말한 것으로 추측된다. 치씨가 구렁이로 환생하여 자신을 위해 공덕을 지어 줄 것을 간청한 인연으로 양 무제가 자비도량참법을 찬집하게 되었다는 내용이 「자비도량참법전」에 나온다. 고려대장경과 신수대장경에 수록된 「자비도량참법」에는 서두에 「자비도량참법전」이 첨부되어 있으나 상교정본에서는 이를 삭제하였다.

"『직림職林』에 실린 「제후비전諸后妃傳」에 '양 무제梁武帝가 치씨를 황후로 삼았는데 황후는 성품이 혹독하고 질투가 심했다. 목숨을 마치게 되자 용으로 화생하여 후궁後宮으로 들어와 무제의 꿈에 나타났는데 무제가 그 형체를 보니 광채가 빛났다. 무제가 불안해 하자 용이 갑자기 물에서 우물 꼭대기로 펄쩍 뛰어올랐기에 매일같이 씻어 주며 온갖 맛있는 음식으로 제사를 지내 주었다.……'고 하였다. 그 글에는 이런 의미만 있을 뿐, 죽어서 구렁이 몸으로 떨어져 추악한 몸을 벗어나기를 바라기에 무제가 그 일로 이 책을 찬집하여 그를 참회시켰다는 내용은 없다. 아, 혹자는 '후대에 한가한 사람들이 죽어서 용이 되었다는 이 기사에 의거해 이런 서문을 짓고 망령되게 장식하여 뒷사람들을 기만하였다'고도 하니, 참으로 크게 웃을 만한 일이다."

나름 말대末代의 아둔한 근기를 가진 부류들을 살펴보건대, 삿되고 허황된 일을 보면 지난한 일인데도 불구하고 쉽게 믿고 행할 수 있다 여기며, 혹 바르고 실다운 법을 보면 쉬운 일인데도 불구하고 믿지 않고 행하기 어렵다고 여기니, 이는 복덕이 적은 까닭이다. 부처님께서 "허구에 의거해 사실이라 조작하고 바름을 등지고서 삿됨을 향하는 것은 스스로를 속이고 남도 속이는 것이니 법 가운데 있는 큰 마귀이다."라고 하셨다. 이미 허황된 일임을 알았는데 무엇 때문에 믿고 받아들이며 받들어 행하겠는가. 따라서 변진辨眞 스님은 말씀하셨다.

"혹자는 '치씨가 살아서 육궁六宮[19]을 질투하다가 죽어서 구렁이 몸으로 떨어져 추악한 몸을 벗어나길 바라기에 무제가 그 일로 이 참법을 찬집하게 되었다'고도 한다. 비록 이런 내용의 서문이 있긴 하지만 어찌 감히 명명命으로 받아들일 수 있겠는가."

광균 스님은 "『양서梁書』에 기재되지 않았고 석전釋典에도 그런 내용의

---

19 육궁六宮 : 후비后妃가 거처하는 궁전이다. 육궁에 있던 다른 비빈妃嬪들을 지칭한다.

글이 없다면 그 일은 이미 허구에 의거한 것이므로 이치상 삭제해야 마땅하기에 다시 기록하지 않는다."고 하였다.

伍胥怒浪者。錢塘。卽抗州之地。錢塘湖。卽吳王沈伍子胥之處。伍胥怒浪。至今未息。浪湧如山。今廣鈞。過錢塘南海。至于康戱所居會稽之郡故云也。昔者夏禹。大會諸侯於塗山故。此會稽郡。有禹會村。言造者[進也]。稽者[音該。考也]。丐者[音盖。乞也]。詞者[序辭]。宋者[國號]。景德者。大宋第三主眞宗年號也。紀元者[元年]。大蜡[音乍]。月者。十二月也。十二月祭名。才生魄。十六日也。才者[纔字同用]。月之黑分。名之爲魄。至十六日魄初生。故云才生魄。在會稽郡齋者。康戱所在處。又郗氏序。郗者[音癡。又希。姓也]。東林師云。職林所載。諸后妃傳云。梁武帝以郗氏爲皇后。后性酷妬及命終。化爲龍。入于後宮。通夢於帝。帝見其形。光彩照灼。帝體不安。龍輒在水。騰躍於井上故。常灌百味祀之云云。而彼文中。但有斯義。而無死墮蟒中。求脫惡形。帝因玆集懺之。意。[1] 或云。後有閑人。憑此成龍之事。妄飾此序。誑惑後人。眞可大笑。竊見。末代鈍根之輩。若見邪虛之事。雖難易信能行。或見正實之法。雖易未信難行。由薄福德之故也。佛言。憑虛作實。背正向邪。自誑誑他。法中大魔。何故。旣知虛事。信受奉行。是故。辨眞師云。或云郗氏。生妬六宮死墮蟒中。求脫惡形。帝因集玆懺。雖有序文。焉敢聞命。廣鈞師云。梁書不載。釋典無文。事旣憑虛。理宜除剪。更不錄之。

---

1) ㉠ '意'는 '噫'인 듯하다.

서문의 음의

전戩 : 전剪으로 발음한다.

탕盪 : 탕蕩으로 발음한다.

희噫 : 의醫로 발음한다.

희犧 : 희義로 발음한다.

천와舛訛 : 앞 글자는 창昌과 연兖의 반절이고, 뒷글자는 오五와 화禾의 반절이다.

월粤 : 월越로 발음한다.

예裔 : 여余와 제制의 반절이다.

오패五伯 : 뒷글자는 패霸로 발음한다.

올杌 : 오五와 홀忽의 반절이고, 나무에 가지가 없는 것을 말한다.

위다圍陁 : 범어이고 중국말로 지론智論이라 한다. 오명五明 중 내명을 제외한 나머지 네 가지를 4위다라 한다. 오명은 내명·성명·의방명·공교명·주술명이다. 내명은 여러 불서 등이다.

준박踆駮 : 앞 글자는 척尺과 윤尹의 반절이고, 뒷글자는 북北과 각角의 반절이다.

척撫 : 척隻으로 발음한다.

두蠱 : 당當과 고故의 반절이다.

사蜡 : 사乍로 발음하고, 12월의 제명이다.

序文音義

戩(音剪)。盪(音蕩)。噫(音醫)。犧(音義)。舛訛(上昌兖切。下五禾切)。粤(音越)。裔(余制切)。五伯(音霸)。杌(五忽切。樹無枝也)。圍陁(梵語。此云智論。五明中。除內明餘四。謂爲四圍陁。五明者。內明。聲明。醫方明。工巧明。呪術明也。內明。諸佛書等)。踆駮(上尺尹切。下北角切)。撫(音隻)。蠱(當故切)。蜡(音乍。十二月祭名)。

상교정본 자비도량참법 권 제1
(이 '자비도량'이란 네 글자를 붙이게 된 것은 꿈속 감응에 기인한 것이다.)
詳校正本慈悲道場懺法卷第一(立此慈悲道場四字乃因夢感)

양조梁朝의 여러 대법사가 찬집하다
梁朝諸大法師集撰

제1권

집해 제목에 대한 해석에서 각명覺明 공은 다음과 같이 말하였다.

"'자비慈悲'는 곧 사무량심四無量心이니 사등심四等心이라고도 한다. 희 喜와 사捨를 말하지 않은 것은 영략법影略法[20]으로 대표적인 것만 언급 한 것이니, 희와 사 역시 포함한다고 하겠다. '자慈'는 성내지 않는 것 으로 본체를 삼고 즐거움을 주는 것으로 작용을 삼으며, '비悲'는 해치 지 않는 것으로 본체를 삼고 고통을 제거해 주는 것으로 작용을 삼는 다. 무릇 불타께서는 과위를 증득하여 삼아승기겁을 뛰어넘으면서 전 체적으로 이 마음에 의뢰하셨고, 살타薩埵[21]도 인지에서 수행하며 오 위五位[22]로 나아가면서 전반적으로 이 힘에 의거한다. '도道'는 곧 이치 (理)이니, 온갖 행을 모두 포섭하여 원인을 갖추고 결과를 꿰뚫는 것 이다. '량場'[23]은 단장壇場을 말하니, 흙을 돋운 것을 단壇이라 하고, 흙 을 깎아 낸 것을 장場이라 한다. 곧 많은 이들이 모여 일을 처리하는 곳 이다. '참懺'은 범어의 약칭이다. 온전히 말하면 참마懺摩(kṣama)로서 중 국말로는 회왕悔往이며, 지난날의 잘못과 근심을 진술하는 것을 말 한다. '법法'은 법칙法則을 말하니, 곧 법도를 유지하다(軌持)라는 뜻이 다. 10축의 문장을 총괄하여 제목을 붙인 것이니, 이것이 죄를 참회하 고 발심하여 올바른 행을 일으키는 모범적인 의례이고 법칙이라는 것 이다. '권卷'이란 거두다(收), 숨기다(秘)라는 뜻으로서 거두고 잘 보관

---

20 영략법影略法 : 영략호현影略互現이라고도 한다. 이는 설명을 적게 하는 하나의 방법 으로, 서로 관계되는 2종의 사실 중에서 각각 1부씩만 말로 표현하고 다른 1부는 줄이 서 사람들로 하여금 미루어 알게 하는 설명 방법이다.
21 살타薩埵 : 범어 sattva의 음역이며 유정有情으로 의역한다. 본래 정식情識을 가진 생 명체를 일컫는 말이나 여기에서는 보리살타菩提薩埵(bodhisattva)의 약칭으로 쓰였다.
22 오위五位 : 보살이 수행을 통해 불과를 증득해 가는 과정에서 거치는 5종의 계위로서 자량위資糧位·가행위加行位·통달위通達位·수습위修習位·구경위究竟位를 말한다.
23 량場 : 중고음 '댱'이 유성음 사이에서 유음화流音化된 것이다. 보디→보리와 같은 음 운 변화에 의해 도당→도량으로 발음한다.

해 잃어버리거나 파손되지 않게 한다는 것이다. '제第'는 차례(次), 두다 (居)라는 뜻이다. '일一'은 숫자의 처음이다. 이 권이 참문懺文 가장 앞에 있기 때문에 '권 제일卷第一'이라 하였다."

변진 스님은 다음과 같이 말하였다.

"'자'는 즐거움을 주는 것이고, '비'는 고통을 제거해 주는 것이다. 부처님의 여러 덕 가운데 자비가 가장 뛰어나니, 항상 중생을 이롭게 하기 위해 즐거움을 주고 고통을 제거해 주셨기 때문이다. '도량'이란 도를 닦는 곳을 도량이라 한다. '참법'이란 죄와 허물을 참회하는 법을 말한다. '참'은 범어로 참마懺摩이며 중국말로 회과悔過라 하는데 또한 이理와 사事에 모두 통하는 말이다. 이참理懺을 말해 보자면, 경에서 '바다와 같은 모든 업장이 다 망상에서 생긴 것이니 이를 참회하고 싶다면 단정히 앉아 실상을 생각하라. 온갖 죄업이 서리나 이슬과 같아 지혜의 태양이 말끔히 없앨 수 있느니'[24]라고 하였다. 죄는 마음으로 말미암아 짓는 것이므로 마음이 사라지면 죄도 없어지니 죄의 성품이 공함을 관하는 것을 이참이라 한다. 사참事懺이란 낮과 밤의 6시[25]에 삼업三業[26]을 청정히 하고서 존상尊像을 마주해 허물과 죄를 터놓고 진술하며 지성으로 참회하는 것이다. 지금 이 참법은 사참을 주로 밝히면서 이참까지 아우른 것이니 해당 문장에 가서 지적하겠다. 예참 의식에 궤칙軌則으로 삼을 만하므로 '법'이라 하였다."

보충 설명을 하자면, 지금 여기에 논의할 만한 것이 있다. 앞에서 "범어로 참마이며 중국말로는 회과다."라고 하였으니, 즉 참회 두 글자는 범어와 한문을 겸하여 거론한 것이 된다. 『별행소』에서는 "참懺은 앞서 저지른 죄를 드러내 진술하는 것이고, 회悔는 지나간 일을 개선하여 다가올 일을

---

24 『관보현보살행법경觀普賢菩薩行法經』(T9, 393b).
25 6시 : 예전엔 하루를 낮 6시와 밤 6시의 12시로 구분하였다.
26 삼업三業 : 인간의 모든 행위를 세 가지로 분류한 신업身業·구업口業·의업意業을 말한다.

닦는 것이다."²⁷라고 하였으니, 이와 같다면 두 글자 모두 한문으로 해석한 것이다. 양쪽 모두 이치에 잘 부합한다. 따라서 지금 여기에서의 참은 바로 범어에 해당하면서 아울러 한자로도 통용되는 것이다.

이참과 사참에 대해 또 『별행소』에서는 "이참은 근본을 제거하는 것이고 사참은 지말을 제거하는 것이다."²⁸라고 하였다. 앞에서 '이참은 단정히 앉아 실상을 생각하는 것이다'라고 하였으니, 따라서 이참理懺과 실상實相은 명칭은 다르지만 본체는 동일함을 알 수 있다. 이미 실상이라 하였는데 어찌 생멸의 모습이 있겠는가. 생성과 소멸이 이미 없다면 진실로 불생불멸인 진여의 청정한 모습이라 하겠다. 이 진여의 청정함을 생각하면 지혜의 태양이 그 자리에 원만히 밝을 것이니, 성품의 공함을 두루 관조하면 망상과 죄의 성품이 서리나 이슬과 똑같아 한순간에 사라지고 두루 소멸하여 오직 하나의 신령스런 밝음일 뿐이다. 망상과 온갖 죄는 그 명칭도 성립하지 않는데 하물며 그 본체와 성품이겠는가. 이를 이참이라 한다. 사참에 대해 말하자면 앞에서 인용한 변진 스님의 설명과 같다.

'두 가지 참회를 동시에 행한다'²⁹고 한 것은 앞에서 말한 것처럼³⁰ 존상을 상대해 향을 사르고 꽃을 뿌리며 예참할 때에 이와 같이 하는 자가 누구인가를 깊이 관하고, 자성이 한결같이 청정하며 공空이고 무소득無所得임을 돌이켜 관조하는 것이니, 이를 사참과 이참 두 가지를 동시에 행하는 것이라 한다. 이렇게 행해지는 작법은 오묘한 궤칙이 되지 않는 것이 없으므로 '법法'이라 하였다. 또 '참懺'에는 다섯 가지가 있으니, 말하자면

---

27 원문은 "懺者 陳露先罪 悔者 改往修來"이다. 『별행소초』 권4(X5, 274c)에는 "懺名 陳露先罪 悔名 改往修來"로 되어 있다.
28 『대방광불화엄경보현행원품별행소초』 권4(X5, 278b).
29 서두에 조구 스님 자신이 쓴 서문에 '이참과 사참 두 가지를 동시에 행하여(理事二懺 行在一時)'라는 구절이 있다. 이에 대한 해석이다.
30 앞에서 말한 것처럼 : 앞쪽에서 "낮과 밤의 6시에 삼업三業을 청정히 하고 존상을 마주해 허물과 죄를 터놓고 진술하며 지성으로 참회한다."고 기술하였다.

참회懺悔·권청勸請·수희隨喜·회향廻向·발원發願이다. 이 다섯 가지 법을 모두 '참'이라 한다. 첫 번째인 참회의 뜻은 이미 해석하였으므로 알 수 있을 것이다. 두 번째 권청에서 (다섯 번째) 발원까지도 참이라고 이름을 붙였는데, 왜 그렇게 말하는가? 범어로는 참마이고 중국말로 회과悔過라 한다고 했으니, 과오를 뉘우쳤다면(悔過) 곧 그것으로 다가올 일을 닦고, 부지런히 행하고, 널리 청하고, 발원하는 일 등을 할 것이므로 모두 참이라 한다. 이 가운데 발원을 뒤에 둔 이유는 발원이 없으면 일을 완수할 수 없기 때문이다. 반드시 원을 일으켜 앞의 네 가지를 이끌어야 하니, 『화엄경』에서는 "만약 발원이 없다면 닦았던 온갖 행이 모조리 마귀의 업이 된다."고 하였다.

'이 자비도량이란 네 글자를 붙이게 된 것은 꿈속 감응에 기인한 것이다(立此慈悲……夢感)'[31]에 대해 변진 스님은 다음과 같이 말했다.

"이 열두 글자를 제목 아래에 주기하여 이런 제목을 붙이게 된 까닭을 제시하였다. 당시 양 무제梁武帝가 명승들을 대대적으로 소집하여 경전을 뒤져 참법을 지었는데 10축이 마무리될 즈음에 이런 가상한 꿈을 꾸었다고 하였으니, 미륵께서 지시해 주신 것이 분명하다. 혹자는 '남제南齊 경릉왕竟陵王이 동방 보광세계普光世界의 천왕여래天王如來께서 정주정행법문淨住淨行法門을 설하시는 꿈을 꾸고서 드디어 『정주자淨住子』 30권[32]을 찬집하였는데, 무제가 그 참문의 「육근문六根門」[33]을 근거로 이 참법을 집성하였다. 또한 이것은[34] 그 참문의 취지에 의거한 것이지 꿈속의 일에 기인

---

31 생략된 부분을 포함해 기술하면 "立此慈悲道場四字乃因夢感"의 열두 글자가 된다.
32 『정주자淨住子』: 완칭은 『정주자정행법문淨住子淨行法門』이다. 『정주자淨住子』·『정주법淨住法』·『정행법문淨行法門』이라고도 한다. 현재 온전한 형태로 전래되고 있지 않으며, 그 내용을 요약한 것이 『광홍명집廣弘明集』 권27에 수록되어 있다.
33 『광홍명집』 권27(T52, 308a)에 의거할 때 「육근문六根門」은 『정주자』 제4 「수리육근문修理六根門」으로 추측된다.
34 "자비도량참법"이라는 제목을 가리킨다.

한 것은 아니다'라고도 하였다."

미수 스님은 "『대송고승전大宋高僧傳』에 준거하면 이 참법 10권은 양나라 때 진관眞觀 스님이 찬집한 것이다."라고 하였다.

각명 공은 "참문을 처음 완성했을 때에는 이런 제목이 없었다. 나중에 미륵께서 지시해 주시는 꿈을 꾼 일로 인해 이런 제목을 붙였다."고 하였다.

보충 설명을 하자면, 어리석은 자들은 이 참문을 처음부터 끝까지 세밀히 살펴보라.

第一卷

釋題中。慈悲者。明公云。卽四無量心。亦云四等心。不言喜捨者。影略擧勝言之。亦攝喜捨。慈以無嗔爲體。與樂爲用。悲以不害爲體。拔苦爲用。夫以佛陁果證越三祇。摠賴斯心。薩埵因修進五位。全憑是力。道卽理也。統攝萬行。該因徹果。場謂壇場。起土曰壇。除土曰場。乃會集辦事之處。懺者。梵語略也。具云懺摩。此云悔往。謂陳悔往日之過患也。法謂法則。卽軌持義。摠目十軸之文。是懺罪發心起行之軌儀法則也。卷者。收也。秘也。收攝秘藏。使不失墜。第者。次也。居也。一者。數之首也。此卷懺文。次居極首。故云卷第一。辨眞師云。慈者。與樂。悲者。拔苦。佛之衆德中。慈悲爲最。恒爲利益衆生與樂拔苦故。言道場者。修道之處名曰道場。言懺法者。懺悔罪過之法。懺者。梵語懺摩。此云悔過。亦通事理。言理懺者。經云。一切業障海。皆從妄想生。若欲懺悔者。端坐念實相。衆罪如霜露。慧日能消除。罪由心造。心滅罪亡。觀罪性空。名理懺。[1] 言事懺者。晝夜六時。三業淸淨。對於尊像。披陳過罪。至誠懺悔。今此懺法。正明事懺。亦兼理懺。至文當指。禮懺儀式可軌則。故名爲法。生枝曰。今有可論。上言梵云懺摩此云悔過。則懺悔二字。梵漢兼擧。別行疏云。懺者。陳露先罪。悔者。改往修來。如是則皆漢言解也。此二義。善符於理。今此懺者。正當於梵. 兼通於漢. 理事懺者. 又別行疏云. 理懺拔根. 事懺除末. 上言理懺者.
端坐念實相. 故知理懺實相. 名異體同. 旣云實相. 焉有生滅之相. 生滅旣
無. 眞可謂不生不滅眞如淸淨之相. 念是眞如淸淨. 惠日當處圓明. 遍照
性空. 妄想罪性. 一如霜露. 乍滅旋消. 唯一靈明. 妄想衆罪. 名亦不立.
何況體性耶. 是名理懺. 言事懺者. 如上眞師所說. 言二懺一時者. 如前對
像. 當於燒香散花禮懺之時. 深觀能如是者是誰. 反觀自性一亘淸淨. 空
無所得. 是名事理二懺行在一時. 斯之所作. 無非妙軌. 故名爲法. 又懺有
五種. 謂懺悔. 勸請. 隨喜. 廻向. 發願. 此五法皆名懺. 一者懺悔之義. 已
釋可知. 二者勸請乃至發願. 亦名懺者. 何謂耶. 梵語云懺摩. 此云悔過.
悔過則應以修來勤行勸請發願等. 是故皆名懺. 此中發願在後者. 若無發
願. 不能成辦. 故須發願. 以導前四. 華嚴經云. 若無發願. 所修萬行. 盡
是[魔業]. 立此慈悲. 至夢感者. 眞師云. 此十二字注題目下. 示立題所以.
于時梁武帝大集名僧. 搜經造懺. 十軸將周. 應斯嘉夢. 必也彌勒指授. 或
云. 南齊竟陵王因夢感東方普光世界天王如來. 說淨住淨行法門. 遂撰淨
住子三十卷. 武帝依彼懺六根門. 集成此懺. 且此雖依彼文立義而非夢事.
授師云. 准大宋高僧傳. 此懺法十卷. 梁時眞觀師撰也. 明公云. 初置懺文
未有此號. 後因夢感彌勒指示. 故立斯題. 生枝曰. 愚詳文始末.

1) ㉮ '懺'은 저본에 'ㅣ'로 되어 있고 그 아래 "이 획은 '懺' 자로 본다."는 주註가
있다. 따라서 편자가 '懺'으로 고쳤다. 아래에서도 마찬가지이다.

참법 미륵 여래·응·정등각께서는 자애를 이 세상에 융성시키고 비애를 후대의 겁까지 미치십니다. 이런 사실에 의거해 제목을 붙인 것이니 감히 바꾸지 마십시오. 이 염력을 받들어 삼보를 수호하고, 마귀들을 숨게 하고, 스스로 대단하다 여기는 증상만增上慢을 가진 자들을 굴복시키고, 선근을 심지 못한 자들은 이제 선근을 심게 하고, 선근을 이미 심은 자들은 이제 더욱 증장케 하고, 얻을 것이 있다고 계탁해 잘못된 여러 견해에 머무는 자들이 모두 버리려는 마음을 내게 하고, 소승법을 좋아하는

자들이 대승법을 의심치 않게 하고, 대승법을 좋아하는 자들이 환희심을 내게 하고자 합니다. 또한 이 자비는 여러 선법 중 왕으로서 모든 중생이 귀의할 곳이니, 낮을 밝히는 해처럼 밤을 밝히는 달처럼 사람의 눈이 되고, 사람의 길잡이가 되며, 사람의 부모가 되고, 사람의 형제가 되며, 함께 도량으로 돌아가는 참된 친구가 됩니다. 자비의 친애親愛는 혈육보다 도타워 세세생생 함께하면서 죽더라도 그 곁을 떠나지 않습니다. 따라서 이런 등심等心에 주목해 위와 같이 제목을 붙였습니다.

彌勒如來應正等覺。慈隆卽世。悲臻後刼。依事題名。弗敢移異。承此念力。欲守護三寶。令魔隱蔽。摧伏自大增上慢者。未種善根者。今當令種。已種善根者。今令增長。若計有所得住諸見者。皆悉令發捨離之心。樂小法者。令不疑大法。樂大法者。令生歡喜。又此慈悲。諸善中王。一切衆生所歸依處。如日照晝。如月照夜。爲人眼目。爲人導師。爲人父母。爲人兄弟。同歸道場。爲眞知識。慈悲之親。重於血肉。世世相隨。雖死不離。故目等心。標號如上。

집해 제1권 첫머리에서 '미륵 여래·응·정등각께서는……'이라고 하고, 또 제10권 끝에 이르러 '미륵 세존께서 현신하사 저를 위해 증명하소서'라고 하였으니, 이는 경전에 분명한 문구가 있다. 또 하물며 첫 번째 문장에서 '자애를 이 세상에 융성시키고 비애를 후대의 겁까지 미친다. 이런 사실에 의거해 제목을 붙인 것이니 감히 바꾸지 마라'고 하고, 또 (제목 아래의) 주에서 '꿈속 감응에 기인한 것이다'라고 하였다. 따라서 미륵께서 지시해 주는 꿈을 꾸고 이런 제목을 붙였다는 것을 알 수 있다. 이 뜻이 명확하니 다른 생각들은 멀리하라. 세 차례나 반복하여 여러 학자들의 해석을 조사해 보았지만 모두들 미륵께서 꿈에 제목을 지시해 준 것으로 해석하고 있다. 유독 광균 스님만 그 문장을 달리 해석하였으니, 제1권 말미의 음의音義에서 다음과 같이 말하였다.

"미륵 여래·응·정등각은 십호 가운데 앞의 세 가지 명호이다. 여래如來는 여실한 도를 타고 오셔서 정각을 이루셨음을 말한다. 응應은 평성平聲과 거성去聲 두 가지 음이 있다. 평성으로 발음하면 마땅하다(當)는 뜻이고, 거성으로 발음하면 받는다(受)는 뜻으로서 바로 응공應供이다. 정등각正等覺[35]은 곧 정변지正遍知이니, 등等은 곧 보편하다(遍)는 뜻이고 각覺은 곧 안다(知)는 뜻이다. 큰 강요가 되는 법 가운데 작은 법수는 3으로 요약한다. 3은 성수成數를 말하기 때문에 셋을 거론하면 나머지 뜻은 따라서 나타난다. 여기에서도 마찬가지로 세 가지 명호를 표명하면 열 가지 명호가 그림자처럼 드러난다."

변진 스님은 말하였다.

"이것은 제목 아래의 뜻을 서술한 것이다. 미륵을 중국말로 자씨慈氏라 하니, 세세생생 자비를 닦았기에 그 자비로움으로 인해 성씨가 되었다. 비록 보처補處[36]에 거처하지만 현세에 이미 자애를 일으켜 그 자취를 보이셨기 때문에 '자애를 이 세상에 융성시켰다(慈隆卽世)'고 하였다. 혹은 포대布袋[37]라 하고 혹은 부공傅公[38]이라 불렀으니, 이것이 바로 그 몸을 응현해

---

35 원문은 '정각正覺'이다. 그러나 앞에서 '彌勒如來應正等覺'이라 하였고, 뒤에서도 정등각正等覺의 '등等' 자와 정변지正遍知의 '변遍' 자를 비교해 설명한 것으로 미루어 보아 '등' 자가 결락된 것이라 추측된다. 따라서 보입補入하였다.

36 보처補處 : 완칭은 일생보처一生補處이다. 보처란 부처님이 입멸하신 그 자리를 보충한다는 뜻이다. 보살의 최후 계위로서 1생만 지내면 성불할 이를 일생보처보살이라 하며 보처존補處尊이라고도 한다. 석가모니 부처님도 사바세계에 태어나기 직전 도솔천에 계셨고, 당래불인 미륵보살 역시 현재 도솔천에 거주하고 계신다.

37 포대布袋 : 당말唐末 5대代 스님인 봉화 포대奉化布袋(?~916)를 말한다. 절강성 명주 영파부 봉화현奉化縣 출신이다. 비대한 몸집에 자루를 메고 저잣거리로 돌아다니며 걸식하였기에 포대 화상이라 불렀다. 세인들이 그를 미륵彌勒의 화신으로 추앙하였다.

38 부공傅公 : 양梁 말엽 진陳 초기의 거사인 무주 선혜婺州善慧(497~569)를 말한다. 무주는 출신 지명이고, 속성은 부傅씨이다. 쌍림대사雙林大士·동양거사東陽居士라고도 한다. 양 무제의 귀의를 받았으며 민중들로부터 관음 또는 미륵의 화신으로 존경받았다.

사람들과 접촉한 사실이다. 또 석가모니 부처님의 법이 멸하고 사람의 수명이 줄어들어 8만 세에 이르는 시기에 하생하여 성불한다 하였으니, 이것이 '비애를 후대의 겁까지 미친다(悲臻後劫)'는 것이다. 지금 '자비'라는 한 단어를 붙인 것은 자애가 융성하고 비애가 끝없이 미쳐 유정을 이롭고 즐겁게 한다는 의미일 것이다. 이런 자비로운 법사法事에 의거해 이 참법에 이름을 붙인 것이니, 감히 글자를 옮겨 변용하거나 그 이름을 고쳐서는 안 된다. '륭隆'은 례豊로 발음하고, 풍성하다(豊)는 뜻이다."

각명 공은 말하였다.

"'즉卽'은 있다(在)라는 뜻이다. '륭隆'은 일으키다(興)라는 뜻이다. '진臻'은 진秦으로 발음하고, 미치다(至)라는 뜻이다. 이 제목이 아무런 까닭도 없이 지어진 것이 아님을 보인 것이다. 석가모니 부처님께서는 상생회上生會[39]에서 말법중생을 이미 미륵에게 부촉하셨다. 따라서 미륵께서는 자애를 일으켜 이미 이 세상에 계시며, 비원으로 중생을 제도함이 곧장 후대의 겁까지 이어진다는 것을 알 수 있다. 범어 겁파劫波(kalpa)는 중국말로 시분時分이다. '후대의 겁(後劫)'은 열 번째 감겁減劫[40] 초기, 즉 미륵께서 하생하여 과위에 오르는 때를 말한다. 미륵彌勒은 범어로 온전히 말하면 미제예예야彌帝曳曳耶(Maitreya) 또는 매달리야每怛利耶 또는 미달리예니彌怛利曳尼이고, 중국말로는 자씨慈氏이니, 말하자면 자애를 왕성히 실행하기 때문이다. '씨氏'란 오랜 옛날부터 백세百世에 이르도록 달라지지 않게 한다는 뜻이다."

'이런 사실에 의거해 제목을 붙인 것이니……(依事題名……)'는 이런 사실

---

39 상생회上生會 : 미륵보살이 거처하는 도솔천에 왕생하는 법을 연설한 법회를 지칭한다. 또는 미륵의 도솔천 상생과 성불을 말씀하신 『관미륵보살상생도솔천경觀彌勒菩薩上生兜率天經』을 말한다.

40 감겁減劫 : 사람의 수명이 백 년마다 한 살씩 늘어 8만 세까지 증가하는 시기를 증겁增劫이라 하고, 수명이 8만 세에서 백 년마다 한 살씩 줄어 10세까지 감소하는 시기를 감겁이라 한다.

에 의거해 성스러운 뜻을 이어받고 꿈속에 감응하여 제목을 붙인 것인데 어찌 감히 망령되게 바꾸겠는가 하는 말이다.

'이 염력을 받들어(承此念力)'에 대해 변진 스님은 말하였다.

"이 자비의 염력을 받든다는 뜻으로서 아래 이어지는 모든 구절에 관통한다. 이런 선법을 항상 사유하는 것을 염念이라 하고, 줄 수도 있고 제거할 수도 있기 때문에 역力이라 한다."

'얻을 것이 있다고 계탁해……(計有所得……)'에서 계計는 집착하다(執)라는 뜻이고, 아我와 아소我所의 두 가지 상相을 얻을 수 있다고 보는 것을 유소득有所得이라 한다.

'견해(見)'에 대해 각명 공은 "신견身見·변견邊見 등의 오견五見[41]과 육십이견을 말한다."고 하였다. 미수 스님은 "얻을 것이 있다고 계탁하는 것이 곧 잘못된 여러 견해에 머무는 것이다."라고 하였다.

'함께 도량으로 돌아가는……(同歸道場……)'에 대해 각명 공은 "도를 이루는 장이 되니, 즉 과위果位이다. 처음 발심에서부터 곧장 과위에 이르기까지 항상 반려伴侶가 되어 서로를 버리거나 떠나지 않는 것이 참된 친구와 같다."고 하였다.

'자비의 친애는……(慈悲之親……)'이란 다음과 같다. 색신色身을 가까이하고 사랑함에 있어서 혈육보다 더한 이들이 없지만 수명이 끝나면 반드시 헤어져야 한다. 법신法身을 가까이하고 사랑함에 있어서는 자비를 뛰어넘는 것이 없으니 만겁토록 함께한다는 것이다.

'따라서 이런 등심에 주목해……(故目等心……)'에 대해 변진 스님은 "자·비·희·사 사무량심을 사등심이라고도 한다. 등等은 평등하다(平等)는 뜻이고, 또 보편하다(遍)는 뜻이다. 희와 사를 포섭하기 때문이다. '위와 같이(如上)'는 '이 자비의 염력을 받들어……' 아래의 뜻을 가리킨 것이

---

41 오견五見 : 신견身見·변견邊見·사견邪見·견취견見取見·계금취견戒禁取見.

다."라고 하였다.

第一卷首初云。彌勒如來應正等覺等。又至第十卷末終云。彌勒世尊。現爲我證。經有明文。又況初文云。慈隆卽世。悲臻後劫。依事題名。不敢移異。又注云。乃因夢感。故知夢感彌勒指示立題。此義明然。餘意踈矣。三復推尋。諸家所解。皆以彌勒夢示題名釋之。唯廣鈞師。別釋其文。見第一卷末音義。彌勒如來應正等覺。十號中前三號也。如來者。謂乘如實道。來成正覺。應者。平去二音。平則當也。去則受也。乃應供也。正覺者。卽正遍知。等則遍也。覺則知也。大綱法中。小數約三。三者謂成數。故擧三則餘義隨現。此亦如是。標三號則。十號影現。眞師云。此舒題下義。彌勒。此云慈氏。世世修慈。因慈立氏。雖居補處。現世已能。興慈示迹。故云慈隆卽世。或爲布袋。或號傅公。應身接物也。又釋迦法滅。人壽減至。八萬歲時。下生成佛。是悲臻後劫。今立慈悲一字。蓋慈隆悲臻。利樂有情。依此慈悲之事。題此懺名。不敢變移改異。隆。豊音。豊也。明公云。卽。在也。隆。興也。臻[音秦。至也]。示此題名。非無所以。釋迦於上生會。末法衆生。已付彌勒。故知彌勒興慈。已在於世。悲願度生。直至後刼。梵云劫波。此云時分。後刼者。謂當第十減劫初。彌勒下生登果時也。彌勒。梵具云彌帝曳曳耶。又每怛利耶。又彌怛利曳尼。此云慈氏。謂盛行慈故。氏者。使故百世不別也。依事題名等者。依是事。禀承聖旨。夢感立題。豈敢妄生改異。承此念力者。眞師云。承此慈悲念力也。貫下諸句。恒思此善。名之爲念。能興能拔。故名力也。計有所得等者。計者。執也。見我我所。二相可得。名有所得。言見者。明公云。謂身邊等五見。及六十二見也。授師云。計有所得。卽住諸見也。同歸道場等者。明公云。爲成道之場。卽果位也。從初發心。直至果位。常爲伴侶。不相捨離。如眞善知友。慈悲之親等者。色身親愛。無過血肉。壽終必離。法身親愛。無越慈悲。萬劫相隨。故目等心者。眞師云。慈悲喜捨四無量心。亦名四等心。等者。平等義。又遍義。喜捨者。

攝入故也。如上者。指承此慈悲念力之下義。

참법 오늘 이 도량의 유형·무형 대중이여, 이 참법을 수립하고 아울러 큰마음을 일으킴에 열두 가지 큰 인연이 있으니, 무엇이 그 열두 가지인가? 첫째는 육도六道를 교화하길 원하는 그 마음이 끝이 없는 것이요, 둘째는 자비로운 은혜에 보답하려는 노력이 끝이 없는 것이요, 셋째는 이 선업의 힘으로 모든 중생이 부처님의 금계를 수지하며 범할 마음을 일으키지 않게 되기를 원하는 것이요, 넷째는 이 선업의 힘으로 모든 중생이 여러 어른들께 교만한 마음을 일으키지 않게 되기를 원하는 것이요, 다섯째는 이 선업의 힘으로 모든 중생이 어느 곳에 태어나건 성내는 마음을 일으키지 않게 되기를 원하는 것이요, 여섯째는 이 선업의 힘으로 모든 중생이 다른 이의 색신에 질투하는 마음을 일으키지 않게 되기를 원하는 것이요, 일곱째는 이 선업의 힘으로 모든 중생이 안팎의 법에 대하여 간탐하는 마음을 일으키지 않게 되기를 원하는 것이요, 여덟째는 이 선업의 힘으로 모든 중생이 자신을 위해서가 아니라 보호받지 못하는 일체를 위해 그 모든 복을 닦게 되기를 원하는 것이요, 아홉째는 이 선업의 힘으로 모든 중생이 자기를 위해 사섭법四攝法을 행하지 않게 되기를 원하는 것이요, 열째는 이 선업의 힘으로 모든 중생이 고독한 자들과 감옥에 갇힌 자들과 질병에 시달리는 자들을 보면 구제하려는 마음을 일으켜 그들에게 안락함을 주게 되기를 원하는 것이요, 열한째는 이 선업의 힘으로 만약 굴복시켜야 마땅한 중생이 있다면 그를 굴복시키고 섭수해야 마땅한 중생이 있다면 그를 섭수하게 되기를 원하는 것이요, 열두째는 이 선업의 힘으로 모든 중생이 어디에 태어나건 보리심을 일으켰던 것을 항상 기억해 그 보리심이 상속하여 끊어지지 않게 되기를 원하는 것입니다.

우러러 원하오니 유형·무형의 범부와 현성 대중이여, 함께 보호하고 함께 섭수하사 아무개(某甲) 등이 [각자 자기 이름을 부른다. 아래에서도 모두 이

예에 따라라.] 뉘우치는 바가 청정해지고 원하는 바가 성취되어 모든 부처님의 마음과 같이 평등해지고 모든 부처님의 서원과 같아지게 하시고, 육도六道 사생四生 모두가 저희를 따라 보리의 대원을 만족하게 하소서.

今日道場。幽顯大衆。立此懺法。并發大心。有十二大因緣。何等十二。一者。願化六道 心無限齊。二者。爲報慈恩。功無限齊。三者。願以此善力。令諸衆生。受佛禁戒。不起犯心。四者。以此善力。令諸衆生。於諸尊長。不起慢心。五者。以此善力。令諸衆生。在所生處。不起恚心。六者。以此善力。令諸衆生。於他身色。不起嫉心。七者。以此善力。令諸衆生。於內外法。不起慳心。八者。以此善力。令諸衆生。凡所修福。不爲自身。悉爲一切。無覆護者。九者。以此善力。令諸衆生。不爲自身。行四攝法。十者。以此善力。令諸衆生。見有孤獨。幽繫疾病。起救濟心。令得安樂。十一者。以此善力。若有衆生。應折伏者。而折伏之。應攝受者。而攝受之。十二者。以此善力。令諸衆生。在所生處。恒自憶念。發菩提心。令菩提心。相續不斷。仰願幽顯。凡聖大衆。同加覆護。同加攝受。令(某甲)等(各自稱名下皆例此)。所悔淸淨。所願成就。等諸佛心。同諸佛願。六道四生。皆悉隨從。滿菩提願。

[집해] '유현대중幽顯大衆'에서 유幽는 곧 부처님과 보살로서 눈앞에 드러나지 않는 대중이고, 현現은 법회에 참석한 동업대중同業大衆이다. 동업同業이란 함께 죄업을 참회한다는 의미이다.

'열두 가지 큰 인연(十二大因緣)'에 대해 광균 스님은 "앞의 두 가지 원을 제외하고 셋째부터 열두째까지는 곧 승만부인勝鬘夫人이 말한 것[42]이다.

---

42 승만부인이 말한 것 : 『승만사자후일승대방편방광경勝鬘師子吼一乘大方便方廣經』 (T12, 217b)에 그 내용이 수록되어 있다.

따라서 셋째 인연 서두에 둔 그 원願 자는 아래 아홉 인연을 모두 관통한다.[43]"고 하였다.

'자비로운 은혜(慈恩)'에 대해 각명 공은 모든 부처님께서 자비롭게 교화해 주신 은혜와 국왕이 자비롭게 다스려 준 은혜와 부모님이 자비롭게 길러 준 은혜와 스승이 자비롭게 가르쳐 준 은혜라 하였다.

'한제限齊'의 뒷글자는 거성去聲이다.

'이 선업의 힘으로(以此善力)'에 대해 변진 스님은 참법을 수립하고 큰마음을 일으킨 선업의 힘이라 하였다.

'안팎의 법(內外法)'에 대해 혹자는 "지혜가 안이고 재물이 밖이다."라고 하고, 혹자는 "재물과 법이 안이고, 무외無畏가 밖이다."라고 하였으며, 미수 스님은 "육신 등이 안이고, 금은 등의 물건이 밖이다."라고 하였다. 배우는 이들은 좋은 것을 따르라.

'사섭법四攝法'은 보시布施·애어愛語·이행利行·동사同事이니, 이것으로 중생을 포섭하고 교화한다.

'고독孤獨'에 대해 변진 스님은 "어려서 아버지를 잃은 것을 고孤라 하고, 늙어서 자식이 없는 것을 독獨이라 한다."고 하였다.

'유계幽繫'에 대해 각명 공은 감옥에 갇힌 것(牢獄)이라 하였다.

'굴복시켜야 마땅한 자(應折伏者)'에서 응應은 마땅하다(當)는 뜻이다. 오만하고 뻣뻣한 자는 위력으로 꺾어 그를 복종시키고, 조화를 이루며 잘 따르는 자는 인자함으로 거두고 보호하며 수용해야 한다.

'모갑某甲'이란 온갖 덕이 진실하고 제일이라는 말이다. 말하자면 나무(木) 위에 있는 달콤한 것(甘)을 과일(實)이라 하고, 갑甲을 첫째(一)라 한다. 온갖 덕이 진실하고 제일가는 것을 칭찬했기 때문이다.

---

43 "셋째는 이 선업의 힘으로 모든 중생이……원하는 것이며(三者願以此善力 令諸衆生……)" 아래 "四者以此善力…… 五者以此善力……" 등에서 '원願' 자가 생략되었음을 말한다.

'뉘우치는 바가 청정해지고(所悔淸淨)'에 대해 미수 스님은 "오늘 이후로 지난 잘못을 고치고 다가올 일을 닦는 것이다."라고 하였다.

'원하는 바가 성취된다(所願成就)'는 것은 앞에서와 같이 일으킨 큰 서원들이 모두 성취된다는 말이다.

幽現[1]大衆[幽卽。佛菩薩不現前衆。現者。在會同業大衆]。同業者[同懺罪業]。十二大因緣。鈞師云。除前之二願。從三至十二。卽是勝鬘夫人所說。故第三頭上。安其願字。貫通下九。慈恩者。明公云。諸佛慈化恩。國王慈理恩。父母慈育恩。師長慈訓恩。限齊[下去聲]。以此善力者。眞師云。懺法及發大心之善力也。內外法者。或云智慧爲內。財物爲外。或云財法爲內。無畏爲外。授師云。身肉等爲內。金銀等物爲外[學士從善]。四攝法者。布施。愛語。利行。同事。以此攝化。孤獨者。眞師云。幼而無父曰孤。老而無子曰獨。幽繫者。明公云。牢獄。應折伏者。應者。當也。憍慢剛強者。以威力折挫。令其順伏。調和善順者。以仁慈攝護容受。某甲者。言衆德實一。謂木上之甘曰實。甲者曰一也。稱衆德之眞實第一故。所悔淸淨者。授師云。從今日去。改往修來。所願成就者。如上所發大願。皆得成就。

1) ㉑『참법』에는 '現'이 '顯'으로 되어 있다.

[참법] 정삼업법(몸을 깨끗이 하는 것은 목욕하는 것이고, 입을 깨끗이 하는 것은 부처님의 공덕을 찬탄하는 것이고, 뜻을 깨끗이 하는 것은 마음을 돌려 참회하는 것이다. 이 세 가지 업을 깨끗이 하고 나서야 삼보와 너무도 자비로우신 아버지께 귀의하는 마음을 드러낼 수 있다.)

淨三業法(淨身。當洗浴。淨口。讚佛功德。淨意。運心懺悔。三業旣淨。乃可標心。歸依三寶大慈悲父。)

[집해] '정삼업법'에 대해 변진 스님은 다음과 같이 말하였다.

"앞에서 참법을 건립한 인연을 이미 서술하였고, 지금부터는 도량에 들어가는 의식儀式을 설명한다. 의식이란 반드시 몸과 입과 뜻을 깨끗이 한 다음에 삼보에 귀의하는 것이다. 몸을 깨끗이 하는 것이란 목욕하는 것이고, 입을 깨끗이 하는 것이란 부처님의 공덕을 찬탄하는 것이고, 뜻을 깨끗이 하는 것이란 마음을 돌려 깨끗이 하는 것이다. 이 세 가지 업이 깨끗해지고 나서야 삼보께 귀의하는 마음을 드러낼 수 있다. 따라서 수행자는 크고 작은 작법에 앞서 삼업부터 깨끗이 한다. 만약 삼업이 깨끗하지 못하면 애써 행하더라도 성취하지 못한다."

淨三業法。眞師云。上來已叙立懺因緣。自下明入道場之儀式。儀式者。要當淨身口意。然後歸依三寶。淨身。當洗浴。淨口。讚佛德。淨意。運心淸淨。三業旣淨。乃可標心。歸依三寶。是故行者。大小作法。先淨三業。若三業不淨。則功行不成。

제1. 삼보에 귀의함

제2. 의심을 끊음

제3. 참회

제4. 보리심을 일으킴

제5. 원을 세움

제6. 회향하는 마음을 일으킴

歸依三寶第一。斷疑第二。懺悔第三。發菩提心第四。發願第五。發廻向心第六。

제1. 삼보에 귀의함
한결같이 찾아가는 것을 귀歸라고 하고, 처음부터 끝까지 의탁하는 것을 의依라 한다.

참법 오늘 이 도량의 동업대중이여, 모든 사람이 각자 깨닫겠다는 마음을 일으키고 세상의 무상함을 생각해야 합니다. 이 몸은 오래가지 못해 젊고 튼튼하던 사람도 반드시 노쇠하나니 용모만 믿고 스스로 더러운 행동에 머물지는 마십시오. 만물이 무상하여 모두 죽음으로 돌아가나니 하늘 위 하늘 아래 누가 변치 않을 수 있는 자입니까. 젊을 때야 안색과 피부가 곱고 윤택하며 그 숨결도 향기롭지만 그것은 이 몸이 보장할 수 있는 것이 아니며, 사람이 태어난다는 것은 합하고 모이는 것이기에 반드시 마멸되고 마나니 생로병사란 기약 없이 찾아오는 법입니다. 누가 나를 위해 그것을 물리쳐 주겠습니까. 재앙이 갑자기 닥치면 누구도 벗어날 수 없습니다. 귀한 자건 천한 자건 모두 이렇게 죽고 나면 온몸이 부풀어 오르고 그 악취가 맡을 수 없을 정도이니, 공연히 사랑하고 아까워한들 사리에 무슨 이익이 있겠습니까. 스스로 훌륭한 업을 부지런히 행하지 않는다면 도저히 벗어날 길이 없습니다.

아무개 등이 스스로 생각해 보건대, 이 몸은 아침 이슬과 같고 이 목숨은 저녁 햇살처럼 빠르며, 세상살이 궁핍하기만 하고 자랑할 만한 덕도 없습니다. 그 지혜에 신이나 성인들 같은 대인의 밝음도 없고, 그 식견에 성인들의 통철洞徹한 비춤도 없고, 그 말에 충성스러움과 온화함과 어짊과 선량함의 아름다움도 없고, 그 행에 나아가고 물러나며 올라가고 내려갈 줄 아는 절개도 없습니다. 그러면서도 외람되게 이런 뜻을 세워 여러분을 피곤하게 하면서 우러러 대중을 청하였으니, 마음 가득히 부끄러움과 두려움이 교차합니다. 법석法席이란 기한이 있기 마련이고 그리워하는 마음은 끝이 없으니, 이 자리에서 한번 이별한 뒤에는 각자 노력하시기 바랍니다. 부지런한 마음으로 아침저녁 직접 받들어 공양하면서 사람들이 더욱 정진한다면 바로 그것이 (저의) 기쁨입니다.
우러러 원하오니, 대중들께서는 각자 그 마음을 가다듬어 인욕의 갑옷을 입고 심오한 법문으로 들어가십시오.

歸依三寶第一(一向投往。名之爲歸。始終憑託。名之爲依。)
今日道場。同業大衆。宜各人人。起覺悟意。念世無常。形不久住。少壯必衰。勿恃容姿。自處汙行。萬物無常。皆當歸死。天上天下。誰能留者。年少顔色。肌膚鮮澤。氣息香潔。是非身保。人生合會。必歸磨滅。生老病死。至來無期。誰當爲我。却除之者。災害卒至。不可得脫。一切貴賤。因而死已。身體胮脹。臭不可聞。空愛惜之。於事何益。自非勤行勝業。無由出離。(某甲)等自惟。形同朝露。命速西光。生世貧乏。無德可稱。智無神聖大人之明。識無聖人洞徹之照。言無忠和仁善之美。行無進退高下之節。謬立斯志。勞倦仁者。仰屈大衆。慙懼交心。旣法席有期。追戀無及。從此一別。願各努力。勤意朝夕。親奉供養。人加精進。唯是爲快。仰願大衆。各秉其心。被忍辱鎧。入深法門。

제1. 삼보에 귀의함

[집해] 모든 보살 등이 논을 짓고 경을 해석할 때 반드시 먼저 삼보에 귀의하는 것은 위신력을 베풀어 주시길 원하고, 서술하는 바가 위로 부처님의 뜻에 부합하기를 바라기 때문이다. 지금 이것도 마찬가지이기 때문에 먼저 삼보에 귀의하였다.

'오汚'는 오烏로 발음하고, 더럽다(穢)는 뜻이다.

'선鮮'은 선先으로 발음하고, 아름답다(美)는 뜻이다.

'택澤'은 택擇으로 발음하고, 윤택하다(潤)는 뜻이다.

'방창胮脹'에서 앞 글자는 필必과 항降의 반절이고, 뒷글자는 장丈으로 발음하고, 또 평성으로 발음한다. 살이 부풀어 오르는 것이다.

'사리에 무슨 이익이 있겠습니까(於事何益)'에 대해 각명 공은 "사事는 사리事理를 말한다. 이 냄새나는 육신을 사랑한들 사리에 있어 무슨 이익이 있겠는가."라고 하였다.

'신이나 성인들 같은 대인(神聖大人)'에서 그 오묘한 작용이 방위를 가리지 않는 자를 신神이라 하고, 통달하지 못하는 것이 없는 자를 성인이라 한다. 대인大人이 곧 신과 성인이다.

'통철洞徹'은 깊이 통달하고 멀리 꿰뚫는 것이다.

'굴屈'은 청하다(請)라는 뜻이다.

'직접 받들어 공양한다(親奉供養)'는 것은 곧 삼보를 공양함이다.

'개鎧'는 개蓋로 발음하고, 갑옷(甲)을 뜻한다. 갑옷을 입은 사람은 병장기나 칼로 해칠 수 없듯이, 인욕하는 사람은 악법이 그를 해칠 수 없다.

歸依三寶第一

諸菩薩等。造論釋經。要先歸依三寶者。願加威力。庶祈所述。上符佛意。今此亦爾。故先歸依三寶。汙[音五。穢也]。鮮[音先。美也]。澤[音擇。潤也]。胅脈[上必降切。下丈音。又平音。肉起發也]。於事何益。明公云。事謂事理。愛此臭身。於事有何所益。神聖大人者。妙用無方曰神。無所不通曰聖。大人卽神聖者。洞徹。謂洞深徹遠。屈者。請也。親奉供養者。卽供養三寶。鎧[音蓋。甲也]。有甲者。兵刃不能傷。忍辱者。惡法不能害。

참법 오늘 이 도량의 동업대중이여, 각자 진중하게 용맹한 마음, 방일하지 않는 마음, 평안히 머무는 마음, 큰마음, 수승한 마음, 매우 자비로운 마음, 선을 좋아하는 마음, 기뻐하는 마음, 은혜에 보답하는 마음, 일체를 제도하는 마음, 일체를 수호하는 마음, 일체를 구제하는 마음, 보살과 같은 마음, 여래와 평등한 마음을 일으켜야 합니다.

일심으로 뜻을 다해 오체투지하며, 국왕과 제주와 토지와 인민과 부모
님과 스승과 상좌·중좌·하좌와 선지식·악지식과 모든 하늘과 모든 신
선과 세상을 보호하는 사천왕과 선을 주지하고 악을 징벌하며 주呪를 총
지하는 자들을 수호하는 오방의 용왕龍王과 용신龍神·팔부八部와 나아가
널리 무궁무진한 시방세계에 있는 영혼을 머금고 식을 품은 물과 육지와
허공의 일체중생을 받들고 그들을 위해

시방 온 허공계 모든 부처님께 귀의합니다. 1배

시방 온 허공계 모든 존귀한 법에 귀의합니다. 1배

시방 온 허공계 모든 현성들께 귀의합니다. 1배

今日道場。同業大衆。宜各殷重。起勇猛心。不放逸心。安住心。大心勝心。
大慈悲心。樂善心。歡喜心。報恩心。度一切心。守護一切心。救護一切心。
同菩薩心。等如來心。一心至意。五體投地。奉爲國王帝主。土地人民。父
母師長。上中下座。善惡知識。諸天諸仙。護世四王。主善罰惡。守護持呪。
五方龍王。龍神八部。廣及十方。無窮無盡。含靈抱識。水陸空界。一切衆
生。歸依十方。盡虛空界。一切諸佛(一拜)。歸依十方。盡虛空界。一切尊
法(一拜)。歸依十方。盡虛空界。一切賢聖(一拜)。

[집해] '용맹한 마음을 일으키다起勇猛心'에서 용맹勇猛이란 겁먹고 물러
남이 없는 것을 말한다.

'방일하지 않는 마음不放逸心'에서 방일放逸이란 망정에 휩쓸려 사물을
쫓으면서 거리낌이 없는 것을 말한다.

'평안히 머무는 마음安住心'이란 수미산처럼 비방과 칭찬에 동요하지
않는 것이다.

'큰마음大心'은 용납하지 않는 것이 없기 때문이다.

'수승한 마음勝心'은 지혜가 빼어나기 때문이다.

'매우 자비로운 마음(大慈悲心)'은 고통을 없애고 즐거움을 주면서 널리 구제하기 때문이다.

'선을 좋아하는 마음(樂善心)'은 악을 혐오해 버리기 때문이다.

'기뻐하는 마음(歡喜心)'은 원수와 친구를 평등하게 대하여 분노하거나 괴롭히는 일이 없기 때문이다.

'은혜에 보답하는 마음(報恩心)'은 과거를 잊지 않기 때문이다.

'일체를 제도하는 마음(度一切心)'은 사생과 육도를 모두 교화해 이롭게 하기 때문이다.

'일체를 수호하는 마음(守護一切心)'은 큰마음으로 안전하게 보호해 위험과 공포가 없게 하는 것이다.

'일체를 구제하는 마음(救護一切心)'은 고통에서 벗어나게 하고는 다시 떨어지지 않도록 잘 보호하는 것이다.

'보살과 같은 마음(同菩薩心)'이란 앞에서 거론한 여러 가지 마음 모두가 바로 보살의 마음이다.

'여래와 평등한 마음(等如來心)'이란 평등하고 위가 없으며 법계에 보편하기 때문이다.

'일심一心'이란 다른 생각이 없는 것이다.

'뜻을 다한다(至意)'는 것은 완전히 집중해 삿된 사념이 없는 것이다.

'오체五體'는 머리와 양 팔꿈치와 양 무릎을 말한다.

'모든 하늘(諸天)'이란 삼계의 모든 하늘이다. 신체가 빛나고 청결하며 신비한 작용이 자유자재한 곳을 하늘이라 한다. 이십팔천이 있다. 여기에 대해 보충 설명을 하겠다. 여러 경에서 다들 "하늘이란 가장 수승하다(最勝), 빛나다(光明)라는 뜻이다."라고 하였다. 첫 번째는 욕계欲界 육천이다. 애욕의 오염을 벗어나지 못했기 때문에 욕계라 한다. 애욕이 미미해지는 것이 점차 나아지기 때문에 여섯 등급이 있는데, 두 개씩 쌍으로 묶으면 셋이 된다. 첫째는 쌍쌍이 서로 관계를 맺어 (임신하는) 두 하늘이니, 사왕천四王天과 도리천忉利天을 말한다. 도리忉利는 중국말로 삼십삼三十三이다. 둘째는 서로 손을 잡으면 (임신하는) 두 하늘이니, 야마천夜摩天과 도솔천兜率天을 말한다. 셋째는 서로 바라보며 웃으면 (임신하는) 두 하늘이니, 화락천化樂天과 타화자재천他化自在天이다. 이를 욕계 육천이라 한다.

두 번째는 색계色界 십팔천이다. 비록 애욕의 오염을 벗어나기는 했지만 물질의 굴레는 벗어나지 못했기 때문에 색계라 한다. 십팔천에서 초선初禪의 세 하늘은 범중천梵衆天·범보천梵輔天·대범천大梵天을 말하니, 이는 이생희락지離生喜樂地이다. 둘째, 제2선의 세 하늘은 소광천小光天·무량광천無量光天·광음천光音天[44]이니, 바로 정생희락지定生喜樂地이다. 셋째, 제3선의 세 하늘은 소정천小淨天·무량정천無量淨天·변정천遍淨天이니, 바로 이희묘락지離喜妙樂地이다. 넷째, 제4선에 아홉 하늘이 있는데, 무운천無雲天·복생천福生天·광과천廣果天의 이 세 하늘이 실질적인 과보로 태어나는 곳이며 확실히 제4선에 속하는 것이므로 제4선을 세 하늘이라고도 한다. 나머지 여섯 하늘은 이 제4선에 포섭되기는 하지만 과보가 각기 다르기 때문이다. 이 제4선의 세 하늘에 사는 대중은 그 이름만 들을 수 있을 뿐 서로 볼 수는 없다. (제4선의) 네 번째는 무상천無想天이니, 곧 외도만 따로 수용하는 곳이다. 다섯 번째는 무번천無煩天, 여섯 번째는 무열천無熱天, 일곱 번째는 선견천善見天, 여덟 번째는 선현천善現天, 아홉 번째는 색구경천色究竟天이다. 이 다섯 하늘은 세 번째 과위[45]인 아나함阿那含을 얻은 사람이 거처하는 곳이므로 오나함천五那含天이라 하고, 청정한 사람이 거처하는 곳이므로 오정거천五淨居天이라고도 한다. 곧 성자들만 따로 수용하는 곳이다. 이들을 똑같이 사념청정지捨念清淨地라 한다.

---

44 '소광천·무량광천·광음천'의 원문은 '小光無量光音'이다. 색계 제2선천의 세 번째 하늘을 극광천極光天 또는 광음천光音天이라 한다. 따라서 '光'과 '音' 사이에 '光' 자 하나가 결락된 것으로 파악하고, 보입하여 번역하였다.
45 '세 번째 과위'란 성문聲聞 사과四果 중 세 번째를 말한다.

세 번째는 무색계無色界 사천이다. 이미 물질의 굴레를 벗어나 수受·상想·행行·식識의 네 가지 음陰만 그곳에 거처하므로 무색계라 한다. 네 하늘은 첫째 공무변처천空無邊處天, 둘째 식무변처천識無邊處天, 셋째 무소유처천無所有處天, 넷째 비비상처천非非想處天이니, 이를 무색계 사천이라 한다. 삼계의 모든 하늘을 다 합하면 이십팔천이 된다.

'모든 신선(諸仙)'에 대해 각명 공은 "인간을 아득히 초월한 자들로서 몸을 바꿀 수 있으며 하늘을 날아 왕래한다. 바다의 섬에 주로 거처하고 그 수명이 천만세나 된다. 따라서 신선이라 한다."고 하였다. 변진 스님은 "다섯 가지 신통을 구족한 신선 등을 말한다."고 하였다. 여기에 보충 설명을 하겠다. 『능엄경楞嚴經』에서 "사람들 중에 정각을 의지하여 삼마지三摩地를 닦지 않고 달리 망념을 닦아 상념을 보존하고 형체를 견고히 하여 인적이 미치지 않는 산림에서 노니는 열 종류의 신선이 있다."[46]고 하였다. 선仙은 옮기다(遷)라는 뜻이며, 사람의 형상과 정신을 변화시킬 수 있어 죽지 않는 자들을 말한다. 따라서 "형체를 견고히 한다.(固形)"고 하였다. 하늘과 비교하면 열등하고 사람과 비교하면 우등하다. 따라서 이들을 [인천人天과] 별도로 분류하여 열 종류로 구별하는데, 그 낱낱을 말하자면 경문에 수록된 바와 같다.[47]

'세상을 보호하는 사천왕(護世四王)'에서 사천왕四天王을 따로 거론하자면 동방에는 제두뢰타提頭賴托니 중국말로 지국持國이라 하고, 남방에는 비루륵차毗樓勒叉니 중국말로 증장增長이라 하며, 서방에는 비루박차毗樓博叉니 중국말로 광목廣目이라 하고, 북방에는 비사문毗沙門이니 중국말로 다문多聞이라 한다. 각기 수미산 중턱의 사면에 거처하며 사주四洲의 인민

---

46 『능엄경楞嚴經』 권8(T19, 145c).
47 『능엄경』에 따르면 열 종류의 신선은 지행선地行仙·비행선飛行仙·유행선遊行仙·공행선空行仙·천행선天行仙·통행선通行仙·도행선道行仙·조행선照行仙·정행선精行仙·절행선絶行仙이다.

을 보호하기 때문에 호세護世라고 한다.

'선을 주지하고 악을 징벌하며(主善罰惡)'에 대해 각명 공은 "주인이 되어 선법을 지키고 악한 자를 징벌하는 것이다."라고 하였다. 또 '주를 총지하는 자들을 수호한다(守護持呪)'에 대해서는 "부처님의 비밀스런 말씀이기 때문에 주呪라 부르는 것이다. 따라서 '주를 총지하는 자들을 보호한다'에서 주呪는 곧 비밀스러운 법(密法)이다."라고 하였다. 변진 스님은 "선을 주지하는 등등의 자들은 곧 아래에 나열한 오방의 용왕과 용신·팔부이니, 이들 모두가 선을 주지하고 악을 징벌하며 아울러 주를 총지하는 자들을 보호하는 자들이다. '선을 주지하고 악을 징벌한다'는 것은 인간 세계를 순찰하며 그들의 선악을 조사한다는 뜻이다. '지持'란 비밀스럽게 총지한다(秘密揔持)는 뜻이다. 주란 대신주大神呪를 말한다. 부처님께서 신과 왕 등에게 주를 총지하는 자들을 수호하라고 부촉하셨다."고 하였다.

'오방의 용왕(五方龍王)'은 동방의 청제青帝, 남방의 적제赤帝, 서방의 백제白帝, 북방의 흑제黑帝, 중앙의 황제黃帝이니, 용왕이다.

'용신·팔부龍神八部'는 다음과 같다. 사천왕은 각기 두 부류를 거느리니, 동방천왕은 건달바乾達婆와 부단나富單那를 거느리고, 남방천왕은 구반다鳩槃茶와 폐례다薜荔多를 거느리고, 서방천왕은 비사사毗舍闍와 독룡毒龍을 거느리고, 북방천왕은 야차夜叉와 나찰羅刹을 거느린다.

미수 스님은 다음과 같이 말하였다.

"아래 제7권에서 변진 스님이 '선을 주지하고 악을 징벌한다는 것은 바로 육재일(六齋)과 팔왕일(八王)[48] 등을 말한다. 주를 총지하는 자들을 보호

---

[48] 육재일과 팔왕일 : 육재일은 사천왕이 천하를 순행하면서 사람의 선악을 살피는 날로서 매달 8·14·15·23·29·30일이다. 팔왕일은 제석천왕의 신하들이 사천하를 순찰하는 날로서 입춘·춘분·입하·하지·입추·추분·입동·동지이다. 팔절일八節日이라고도 한다. 육재일과 팔왕일 모두 특별히 몸가짐과 마음가짐을 깨끗이 하고 재계하는 날이다.

한다는 것은 법을 보호하는 선신善神들을 말한다'고 하였다. 그렇다면 이 두 신은 마땅히 구별되어야 한다."

각명 공은 다음과 같이 말하였다.

"'용신龍神'이란 다음과 같다. 부류마다 각기 왕과 그들이 관할하는 자들이 있다. 용왕龍王은 그 부류 가운데 지배하는 자이고, 용신龍神은 그 부류 가운데 지배를 받는 자들이다. 팔부는 첫째가 하늘, 둘째가 용, 셋째가 야차, 넷째가 건달바, 다섯째가 아수라阿修羅, 여섯째가 가루라迦樓羅, 일곱째가 긴나라緊那羅, 여덟째가 마후라가摩睺羅迦이다. 부部는 그 종류를 말한다."

여기에 대해 보충 설명을 하겠다. 현수국사賢首國師[49]는 "주呪는 바로 모든 부처님의 비밀스러운 말씀이기 때문에 인위因位에서 이해할 수 있는 것이 아니다. 그저 지송하기만 하면 장애를 제거하고 복을 증장시킨다."[50]고 하였다. 『능엄해楞嚴解』[51]에서는 "주를 또한 다라니라고도 하니 중국말로는 총지摠持이다. 즉 모든 부처님의 비밀스러운 말씀이다. 신비한 지혜와 오묘한 작용으로 한량없는 의미를 포괄하고 한량없는 법을 보전하여 삿됨을 꺾고 바름을 세우며 악을 없애고 선을 생기게 하는 비밀스러운 법이다."[52]라고 하였다. 혹자는 "다라니는 비밀스러운 말씀 가운데 긴 문장이고, 주는 비밀스러운 말씀 가운데 핵심이다."라고도 한다.

'물과 육지와 허공(水陸空界)'에서 물은 곧 비늘이 있는 부류들이고, 육지는 곧 털이 달린 부류들이고, 허공은 곧 날개가 있는 부류들이다.

'포식抱識'의 앞 글자는 거성이고, (품는다는 뜻이다.)

---

49 현수국사賢首國師 : 당나라 스님으로 화엄종 제3조이며 법명은 법장(643~712), 호는 향상香象이다.
50 『반야바라밀다심경약소般若波羅蜜多心經略疏』(T33, 555a).
51 『능엄해楞嚴解』 : 송나라 때 계환戒環이 주해한 『능엄경요해楞嚴經要解』를 말한다.
52 『능엄경요해』 권13(X11, 846c).

'귀의歸依'란 한결같이 찾아가는 것을 귀歸라 하고, 처음부터 끝까지 의탁하는 것을 의依라 한다.

起勇猛心。勇猛。謂無退怯。不放逸心。放逸。謂任情逐物無拘忌。安住心。毀譽不動。如須彌山。大心。無不含容故。勝心。智慧迢然故。大慈悲心。拔苦與樂。普洪濟故。樂善心。厭捨惡故。歡喜心。怨親平等。無恚惱故。報恩心。不忘本故。度一切心。四生六道。皆化利故。守護一切心。大心安保。使无危怖。救護一切心。救拔離苦。護持不墜。同菩薩心。惣上諸心。是菩薩心。等如來心者。平等無上。徧法界故。一心者。無異念。至意者。全注無邪思。五體。謂頭及兩肘兩膝。諸天者。三界諸天。身體光潔。神用自在名天。有二十八天。生枝曰。諸經皆云。天者。最勝也。光明也。一欲界六天者。未離欲染。故名欲界。欲微增勝故。有六階降。二二有三。一者。兩兩交會。次二天。謂四王忉利。忉利此云三十三。二者。相把執手。次二天。謂夜摩兜率。三者。相視而笑。次二天。謂化樂他化。是名欲界六天。二。色界十八天。雖離欲染。未出色籠。故名色界。十八天。謂初禪三天。梵衆梵輔大梵天。是離生喜樂地。二二禪三天。謂小光無量光音天。乃定生喜樂地。三三禪三天。小淨无量淨遍淨天。乃離喜妙樂地。四四禪九天。无雲福生廣果。此三天實報受生。定屬四禪故。亦曰四禪三天。餘六天。雖攝在此四禪。果報各別故。此四禪三天衆。但聞其名。不得相見也。四无想天。[1]) 卽外道別受也。五无煩。六无熱。七善見。八善現。九色究竟天。此五天。第三果阿那含人所居。故名五那含天。淨人所居。亦名五淨居天。卽聖者。別受也。同名捨念清淨地。三。無色界四天。已出色籠。但以受想行識四陰居之。故曰無色界。四天者。一空無邊處。二識无邊處。三無所有處。四非非想處天。是名無色四天。三界諸天。共有二十八。諸仙者。明公云。超絶人類。遷形易質。飛昇徃來。多居海島。壽千萬歲。故號爲仙。眞師云。具五通仙等。生枝曰。楞嚴經云。從人。不依正覺。修三摩地。別修妄念。

存想固形。遊於山林。人不及處。有十種仙。仙。遷也。人之形神。能遷而不死者。故曰固形。比天爲劣。比人爲優。故別開十種。具如經文。護世四王。別擧四天王。謂東方提頭賴托。此云持國。南方毗樓勒叉。此云增長。西方毗樓博叉。此云廣目。北方毗沙門。此云多聞。各居須彌山腹四面。護持四洲人民。故名護世。主善罰惡。明公云。主持善法。罰謫惡者。守護持呪。佛之密語。故號爲呪。乃護持呪²⁾者。呪卽密法也。眞師云。主善等者。卽下所列。五方龍王。龍神八部。皆是主善罰惡。及守護持呪者。主善罰惡者。巡察人間。檢校善惡也。持者。秘密揔持也。呪者。大神呪也。佛囑神王等。守護持呪。五方龍王者。東方青帝。南方赤帝。西方白帝。北方黑帝。中央黃帝。龍王也。龍神八部者。四天王。各領二部。東方天王。領乾達婆及富單那。南方天王。領鳩槃茶及薜荔多。西方天王。領毗舍闍及毒龍。北方天王。領夜叉及羅刹。授師云。下第七卷。眞師曰。主善罰惡。是六齋八王等也。守持護呪者。護法善神也。則此二神。應有別也。明公云。龍神者。每類各有王及諸所掌之者。龍王者。類中統領之者。龍神者。類中諸所掌者也。八部。一天。二龍。三夜叉。四乾達婆。五阿修羅。六迦樓羅。七緊那羅。八摩睺羅迦。部謂卽類。生枝曰。賢首國師云。呪者。是諸佛秘密語故。非因位所解。但應誦持。除障增福。楞嚴解云。呪亦曰陀羅尼。此云揔持。卽諸佛密語。神智妙用。揔無量義。持無量法。摧邪立正。殄惡生善之密法也。或云。陁羅尼者。密語中長行也。呪者。密語中心也。水陸空界。水卽鱗介等。陸卽毛羣等。空卽羽族等。抱識[上去聲]。歸依者。一向投往爲歸。始終憑托曰依。

1) ㉿ '天'은 저본에 'ㅣ'로 되어 있고 그 아래 "이 획은 '天'자로 본다."는 주가 있다. 따라서 편자가 'ㅣ'를 '天'으로 고쳤다. 아래에서도 마찬가지이다. 2) ㉿ '呪'는 저본에 'ㅣ'로 되어 있고 그 아래 "이 획은 '呪' 자로 본다."는 주가 있다. 따라서 편자가 'ㅣ'를 '呪'로 고쳤다. 아래에서도 마찬가지이다.

참법 오늘 이 도량의 동업대중이여, 왜 반드시 삼보에 귀의해야만 하는

가? 모든 부처님과 보살님께서는 한계가 없는 큰 비애가 있어 이 세상을 제도하시고, 한계가 없는 큰 자애가 있어 이 세상을 위로하시며, 모든 중생을 외아들처럼 생각해 대자대비로 늘 권태로움 없이 항상 선한 일들을 찾아 일체를 이롭게 하시며, 중생들의 삼독의 불길을 끄고 그들을 교화해 아뇩다라삼먁삼보리를 얻게 하고 중생이 부처가 되지 못한다면 맹세코 정각을 성취하지 않겠다고 서원하신 분들입니다. 이런 의미가 있기 때문에 반드시 귀의해야만 합니다.

또한 부처님께서 중생을 어여삐 여기심은 부모보다 더합니다. 경에서 말씀하셨습니다.

"부모가 자식을 생각하는 자비심은 한 세상에 그치지만 부처님이 중생을 생각하는 자비심은 끝이 없느니라. 또 부모는 자식이 은혜를 배반하고 의리를 저버리는 것을 보면 마음에 분노와 원한이 생겨 그 자비심이 얇아지고 줄어든다. 하지만 모든 부처님과 보살의 자비심은 그렇지 않으니, 경의 가르침을 믿지 않는 그런 중생을 보면 그 자비심을 더욱 도탑게 하며 나아가 무간지옥에 들어가 여러 중생을 대신해 한량없는 고통을 받기도 하느니라."

이로써 부처님과 모든 대보살님의 중생을 어여삐 여기는 마음은 부모보다 더하다는 것을 알 수 있습니다. 그러나 중생들은 무명이 지혜를 가리고 번뇌가 마음을 가려 부처님과 보살님께 귀의할 줄을 모르고, 법을 설해 교화해도 역시 믿고 받아들이지 않으며, 나아가 추악한 말로 비방만 일삼지 발심하여 모든 부처님의 은혜를 생각해 보는 일은 한 번도 없습니다. 그렇게 믿지 않은 까닭에 지옥이나 아귀나 축생의 여러 나쁜 세계에 떨어지고, 그 세 길을 두루 다니면서 한량없는 고통을 받습니다. 그 죗값을 치르고 잠시 인간 세계에 태어나더라도 온전치 못한 육근으로 자신의 몸을 치장하고서 선정의 물도 없고 지혜의 칼도 없게 되나니, 이와 같은 장애들은 다 신심이 없었던 탓입니다.

今日道場。同業大衆。何故。應須歸依三寶。諸佛菩薩。有無限齊大悲。度脫世間。有無限齊大慈。安慰世間。念一切衆生。猶如一子。大慈大悲。常無懈倦。恒求善事。利益一切。誓滅衆生。三毒之火。教化令得。阿耨多羅三藐三菩提。衆生不得佛。誓不取正覺。以是義故。應須歸依。又復諸佛。慈念衆生。過於父母。經言。父母念兒。慈止一世。佛念衆生。慈心無盡。又父母見子。背恩違義。心生恚恨。慈心薄少。諸佛菩薩。慈心不爾。見此衆生。不信經教。悲心益重。乃至入於。無間地獄。代諸衆生。受無量苦。是知諸佛。諸大菩薩。愛念衆生。過於父母。而諸衆生。無明覆慧。煩惱覆心。於佛菩薩。不知歸向。說法教化。亦不信受。乃至麁言。起於誹謗。未曾發心。念諸佛恩。以不信故。墮在地獄。餓鬼畜生。諸惡道中。遍歷三途。受無量苦。罪畢得出。暫生人間。諸根不具。以自莊嚴。無禪定水。無智慧刀。如是等障。由無信心。

[집해] '삼보三寶'란 불·법·승이다. 삼세三世의 귀중품이기 때문에 이를 보배(寶)라 한다.

'아뇩다라삼먁삼보리阿耨多羅三藐三菩提'는 중국말로 무상정등정각無上正等正覺이다.

三寶者。佛法僧。三世之所貴。謂之寶。阿耨多羅三藐三菩提。此云无上正等正覺。

[참법] 오늘 이 도량의 동업대중이여, 믿지 않는 죄가 모든 죄 가운데 으뜸이니, 수행하는 사람들로 하여금 길이 부처님을 보지 못하게 합니다. 다 함께 오늘은 각자 강개慷慨하고 뜻과 정을 꺾어 버리고서 더욱 열심히 하려는 마음을 내고 부끄러워하는 뜻을 일으켜 머리 숙여 애원하며 지나간 죄를 참회합시다. 업의 결박이 다 없어져 안팎이 모두 깨끗해진 다음

에는 생각을 돌려 귀의하고 믿는 문으로 들어갑시다. 이와 같은 마음을 일으키지 않고 이와 같은 뜻을 운용하지 않는다면, 간격이 벌어지고 장애가 가로막아 서로 통하지 못하게 될까 그저 두려울 뿐입니다. 이번에 잃어버리고 저곳으로 향하면 다시는 돌아오지 못하리니, 어찌 사람마다 큰 산이 무너지듯 오체투지하지 않을 수 있겠습니까. 일심으로 귀의하고 믿으며 다시는 의심하지 마십시오.

아무개 등은 오늘 모든 부처님과 보살의 자비하신 힘으로 비로소 깨우침을 입고 부끄러워하는 마음을 깊이 일으켰습니다. 이미 지은 죄를 소멸해 주십사 간청하오니, 아직 짓지 않은 죄는 다시 저지르지 않겠습니다. 오늘부터 보리를 증득하는 그날까지 견고한 믿음을 일으켜 다시는 물러서지 않겠습니다.

아무개 등은 이 몸과 목숨을 버린 후에 지옥에 태어나건 아귀로 태어나건 축생으로 태어나건 인간으로 태어나건 하늘에 태어나건, 그 삼계에서 남자 몸을 받건 여자 몸을 받건 비남非男이나 비녀非女 등의 몸을 받건, 커지고 작아지고 올라가고 내려가며 감당하기 어렵고 참기 어려운 온갖 핍박과 고뇌를 받더라도, 맹세코 그 고통 때문에 오늘의 신심에서 물러서지는 않을 것입니다. 차라리 천겁 만겁토록 갖가지 고통을 받을지언정 맹세코 그 고통 때문에 오늘의 신심에서 물러서지는 않을 것입니다.

우러러 원하오니 모든 부처님과 큰 지위의 보살이시여, 함께 구호해 주시고 함께 섭수해 주소서. 아무개 등의 신심이 견고해 모든 부처님의 마음과 평등하고 모든 부처님의 서원과 같아서 여러 마귀와 외도들이 파괴할 수 없게 하소서.

다 함께 마음을 다해 평등한 일심으로 간절하게 오체투지하며

시방 온 허공계 모든 부처님께 귀의합니다. 1배

시방 온 허공계 모든 존귀한 법에 귀의합니다. 1배

시방 온 허공계 모든 현성들께 귀의합니다. 1배

今日道場。同業大衆。不信之罪。衆罪之上。能令行人。長不見佛。相與今日。各自慷慨。折意挫情。生增上心。起慙愧意。稽顙求哀。懺悔徃罪。業累旣盡。表裏俱淨。然後運想。入歸信門。若不起如是心。運如是意。直恐隔絕。障滯難通。一失斯向。冥然無返。豈得不人人。五體投地。如大山崩。一心歸信。無復疑想。(某甲)等今日。以諸佛菩薩。慈悲心力。始蒙覺悟。深生慙愧。已作之罪。願乞除滅。未作之罪。不敢復造。從今已去。至于菩提。起堅固信。不復退轉。(某甲)等。捨此身命。若生地獄道。若生餓鬼道。若生畜生道。若生人道。若生天道。於三界中。若受男身。若受女身。若受非男非女等身。若大若小。若升若降。受諸迫惱。難堪難忍。誓不以苦故。退失今日信心。寧於千劫萬劫。受種種苦。誓不以苦故。退失今日信心。仰願諸佛。大地菩薩。同加救護。同加攝受。令(某甲)等。信心堅固。等諸佛心。同諸佛願。衆魔外道。所不能壞。相與至心。等一痛切。五體投地。歸依十方。盡虛空界。一切諸佛(一拜)。歸依十方。盡虛空界。一切尊法(一拜)。歸依十方。盡虛空界。一切賢聖(一拜)。

[집해] '강개慷慨'의 앞 글자는 강降으로 발음하고, 뒷글자는 개芥로 발음한다. 『광운廣韻』[53]에서는 정성을 다하다(竭誠)라는 뜻이라 하였고, 『유편類編』[54]에서는 탄식(歎)이라 하였다. 각명 공은 "용맹스러운 큰 뜻"이라 하였다.

---

53 원문에서 '광廣' 한 자만 거론하고 있다. 『광운廣韻』「상성上聲」 제3권 강慷 자에 대한 설명에서 "강개는 정성을 다하다라는 뜻이다. 강은 고와 랑의 반절이다.(慷慷慨慨竭誠也苦朗切)"라고 하였다. 이로 미루어 보아 '광'은 『광운』으로 추측된다. 따라서 '광'을 모두 『광운』으로 번역하였다.
54 원문에서 '유類' 한 자만 거론하였다. 송대宋代에 옥편을 보완하기 위해 만들어진 『유편類編』을 지칭한 것으로 추측된다. 아래에서도 '유'를 모두 『유편』으로 번역하였다.

'이번에 잃어버리고 저곳으로 향하면(一失斯向)'은 사람 몸을 잃어버리고 악도로 향하는 것을 말한다.

'비남非男이나 비녀非女'에 대해 변진 스님은 "다섯 종류의 비남과 비녀를 말한다."고 하였고, 혹자는 축생(異類)이라고 하였다. 여기에 보충 설명을 하겠다. 『제승법수諸乘法數』[55]에서는 "다섯 종류의 비남非男은 생生·건犍·투妬·변變·반半[56]이다. 건犍은 (성기가) 제거된 사람이다. 다섯 종류의 비녀非女는 나螺·근肋·고鼓·각角·맥麥[57]이다."라고 하였다.

'올라가고 내려가다(若昇若降)'에서 올라가면 곧 천상과 인간이고, 내려가면 삼악도이다.

'큰 지위의 보살(大地菩薩)'은 십지의 계위에 있는 자들이다.

'중마衆魔'의 뒷글자는 범어로서 온전히 말하면 마라魔羅(māra)이다. 『능엄해』에서 "중국말로 살자殺者라 하고 탈자奪者라고도 한다. 생명과도 같은 지혜를 죽이고 선법을 탈취하기 때문이다."[58]라고 하였다. 혹자는 장애障碍 또는 은폐隱弊라고도 한다.

'외도外道'는 올바른 이치를 통달하지 못하고서 세간을 벗어나려는 행을 망령되게 닦기 때문에 이렇게 말한다. 서역에 96종이 있다.

---

55 『제승법수諸乘法數』: 고려 일연一然 스님이 편찬한 사전이다.
56 생生·건犍·투妬·변變·반半: 이 다섯 종류의 비남을 음역하면 선차扇搋·류나留拏·이리사伊利沙·반타般咤·박차博叉이다. 생生은 태어나면서부터 남근이 발육되지 못한 자를 말한다. 건犍은 여러 경론에 '건犍'으로 되어 있다. 칼 등으로 남근이 제거된 자를 말한다. 투妬는 남들의 음행을 봐야만 발기하는 자, 변變은 음행을 하다 남근을 상실해 불구가 된 자, 반半은 한 달에 보름 동안은 발기하고 보름 동안은 발기하지 않는 자이다.
57 나螺·근肋·고鼓·각角·맥麥: 여러 경론에 맥麥은 '맥脉' 또는 '맥脈'으로 되어 있다. 맥麥은 오자로 추정된다. 『천태삼대부보주天台三大部補注』 권9(X28, 305b)의 설명에 따르면 나螺는 여근의 형태가 소라처럼 굽은 자, 근肋은 근육 덩어리가 뭉친 자, 고鼓는 여근의 형태가 북처럼 중간이 잘록한 자, 각角은 여근의 형태가 뿔처럼 뾰두름한 자, 맥脉은 겨우 실이 통할 정도로 여근이 작은 자를 말한다.
58 『능엄경요해楞嚴經要解』 권17(X11, 869a).

慷慨[上音降。下音芥]。廣云。竭誠也。類云。歎也。明公曰。勇猛大志。一
失斯向。謂失人身。向惡道。非男非女。眞師云。五種非男非女等。或云異
類也。生枝曰。諸乘法數云。五種非男者。生褰妬變半。褰者除去。五種非
女者。螺肋皺角麥。若昇若降者。昇卽天人。降卽三途。大地菩薩者。十地
位。衆魔。下梵。具云魔羅。楞嚴解云。此云殺者。亦云奪者。謂能殺惠命。
奪善法故。或云障碍。又隱弊。外道者。謂不達正理。妄修出離行故也。西
域有九十六種。

참법 오늘 이 도량의 동업대중이여, 마음을 잘 가다듬고 들으십시오. 무릇 인간과 하늘이란 환상이고 세계는 헛된 것입니다. 그 환상이란 진실이 아닌 까닭에 곧 참된 과보가 없고, 헛된 것은 가볍고 위태로워 변천이 끝이 없습니다. 참된 과보가 없는 까닭에 오랜 세월 생사의 강물에 빠지고, 변천이 있는 까닭에 늘 애욕의 바다를 떠도나니, 이와 같은 중생을 현성은 가엾이 여기십니다. 그러므로 『비화경悲華經』[59]에서 "보살이 성불할 때 각기 본래의 서원을 가지는데 석가모니 부처님께서 장수하는 모습을 보이지 않고 그 수명을 재촉해 단명하셨던 것은 이 중생들이 잠깐 사이에 변화하여 오랜 세월 고통의 바다를 헤매면서 벗어나지 못하는 것을 가엾이 여겼기 때문이다."라고 하였습니다. 그래서 일부러 이 국토에 계시면서 온갖 폐악을 구제하시고, 뻣뻣한 자들을 간절한 말씀으로 가르치고, 고통을 마다하지 않고 중생을 제도하셨던 것이니, 선법의 방편으로 닐리 구제히고 이롭게 하려는 마음으로 하지 않았던 적은 한 번도 없으셨습니다.

---

[59] 아래에 서술된 것들은 경문을 그대로 인용한 것이 아니라 경문의 내용을 요약한 것이다. 『비화경悲華經』 권2(T3, 174c)에서 석가모니 부처님이 적의보살寂意菩薩에게 자신이 정토세계에 거처하지 않고 청정하지 못하고 더러운 세계에서 아뇩다라삼먁삼보리를 증득해 거처하는 까닭을 설명하는 부분에 아래의 내용이 수록되어 있다.

그러므로 『삼매경三昧經』⁶⁰에서 "모든 부처님의 마음은 바로 대자비이니 자비심이 대상으로 삼는 것은 바로 고통받는 중생이다."⁶¹라고 하고, "중생이 고통을 겪는 것을 볼 때면 화살이 심장에 박힌 듯 눈동자가 파괴된 듯 (괴로워하며), 보고 나서는 슬피 울면서 마음이 잠시도 편안치 않아 그들이 안락을 얻도록 그 고통을 제거해 주려고 한다."⁶²고 하였습니다. 또한 모든 부처님은 그 지혜가 평등하고 그 교화가 균등하건만 석가모니에 이르러 유독 용맹하다는 칭호를 붙였던 것은 능히 괴로움을 참아 내며 중생을 제도하셨기 때문입니다. 그러므로 아셔야 합니다. 본사本師⁶³께서는 자비와 은혜가 진실로 도타웠던 까닭에 고뇌하는 중생들 속에서 갖가지 말씀을 설해 일체를 이롭게 하실 수 있었던 것입니다.

우리가 오늘날까지 해탈의 가피를 입지 못해 나아가 일음一音의 지취旨趣를 듣지 못하고 물러나 쌍수雙樹에서 사그라지는 빛을 보지 못했던 것은 진실로 업의 장애가 우리 생각과 부처님의 자비 사이를 가로막았기 때문입니다. 다 함께 오늘 슬피 그리워하는 마음을 일으키니, 여래를 슬피 그리워한 까닭에 선한 마음이 짙어집니다. 이렇게 고통 속에서 여래의 은혜를 생각하자니, 흐느끼며 괴로워하게 되고 부끄러운 얼굴로 목메어 통곡하게 됩니다.

평등한 일심으로 간절하게 오체투지하며, 마음을 다해 국왕과 제주와 토지와 인민과 부모님과 스승과 믿음으로 보시한 단월과 선지식·악지식과 모든 하늘과 모든 신선과 총명하고 정직한 천지허공과 세상을 보호하는 사천왕과 선을 주지하고 악을 징벌하며 주를 총지하는 자들을 수호하

---

60 『삼매경三昧經』: 『관불삼매해경觀佛三昧海經』을 말한다.
61 『관불삼매해경觀佛三昧海經』 권6 「관사무량심품觀四無量心品」(T15, 674b).
62 경문을 그대로 인용한 것은 아니다. 이와 비슷한 내용이 『관불삼매해경』 권6 「관사무량심품」(T15, 674c)에 수록되어 있다.
63 본사本師: 석가모니 부처님을 지칭한다.

는 5방의 용왕과 용신·팔부와 나아가 널리 시방세계의 무궁무진한 일체 중생을 받들고 그들을 위해 거듭

시방 온 허공계 모든 부처님께 귀의합니다. 1배

시방 온 허공계 모든 존귀한 법에 귀의합니다. 1배

시방 온 허공계 모든 현성들께 귀의합니다. 1배

今日道場。同業大衆。善攝心聽。夫人天幻惑。世界虛假。由其幻惑非眞故。卽無實果。虛假浮脆故。遷變無窮。無實果故。所以久滯。生死之流。有遷變故。所以長汎。愛欲之海。如是衆生。聖所悲念。故悲華經云。菩薩成佛。各有本願。釋迦不現長年。促爲短壽。悲此衆生。變化俄頃。長淪苦海。不得捨離。故在此土。救諸弊惡。敎有剛强。苦切之言。不捨於苦。而度衆生。未嘗不以善法方便。弘濟益之心。所以三昧經言。諸佛心者。是大慈悲。慈悲所緣。緣苦衆生。若見衆生。受苦惱時。如箭入心。如破眼目。見已悲泣。心無暫安。欲拔其苦。令得安樂。又諸佛等智。其化是均。至於釋迦。偏稱勇猛。以能忍苦。度脫衆生。當知本師。慈恩實重。能於苦惱。衆生之中。說種種語。利益一切。我等今日。不蒙解脫。進不聞。一音之旨。退不覩。雙樹潛輝。良由業障。念與悲隔。相與今日。起悲戀心。以悲戀如來故。善心濃厚。旣在苦中。憶如來恩。嗚咽懊惱。慙顔哽慟。等一痛切。五體投地。至心奉爲。國王帝主。土地人民。父母師長。信施檀越。善惡知識。諸天諸仙。聰明正直。天地虛空。護世四王。主善罰惡。守護持呪。五方龍王。龍神八部。廣及十方。無窮無盡。一切衆生。重復。歸依十方。盡虛空界。一切諸佛(一拜)。歸依十方。盡虛空界。一切尊法(一拜)。歸依十方。盡虛空界。一切賢聖(一拜)。

참법 '인간과 하늘이란 환상이고'에 대해 변진 스님은 "정보正報인 유정有情을 말한다."고 하였고, '세계는 헛된 것이다'에 대해서는 "의보依報인

기계器界를 말한다."고 하였다.

'취脆'는 취觜로 발음하고, 위태롭다(危)라는 뜻이다.

'폐악弊惡'의 앞 글자는 비非와 제祭의 반절이고, 나쁘다(惡)라는 뜻이다.

'강강剛强'의 뒷글자는 거성이다.

'석가釋迦'는 중국말로 능인能仁이다.

'나아가 일음의 지취를 듣지 못하고 물러나 쌍수에서 사그라진 빛을 보지 못했다(進不聞 退不覩)'에 대해 변진 스님은 "두 가지 뜻이 있다. 첫째는 그 나아가고 물러남을 모두 석가모니를 기준으로 말한 것이고, 둘째는 나아가 미륵께서 하생해 설하는 일음의 지취를 듣지 못하고 물러나 석가모니께서 입멸하는 것을 보지 못했다는 것이다."라고 하였다.

'쌍수雙樹'는 사라娑羅 나무이다. 이 나무 네 그루, 즉 여덟 줄기 아래에서 입멸하셨기 때문이다.

'오인오뇌嗚咽懊惱……'에 대해 각명 공은 "'오인嗚咽'은 소리 내어 슬피 탄식하는 것이다. '오뇌懊惱'는 마음속으로 한스러워하는 것이다. '참안慙顔'은 부끄러워하는 낮빛(赧色)이다. '경哽'은 목이 메는 것(咽)이고, 기가 막힌 모습이다. 곡이 지나친 것을 '통慟'이라 한다."고 하였다.

'등일等一'은 평등한 일심이란 뜻이다.

'단월檀越'에 대해 보충 설명을 하자면, 『조정사원祖庭事苑』에서 "범어로 온전히 말하면 단나檀那(dāna)이고, 중국말로는 시施이다. 월越은 피안으로 건너간다는 뜻이다."[64]라고 하였다.

'총명하고 정직한……(聰明正直……)'에 대해 각명 공은 "총聰은 살피지 못하는 것이 없는 것이고, 명明은 비추지 못하는 것이 없는 것이고, 정正은 판결에 있어 당파에 치우침이 없는 것이고, 직直은 마음에 삿됨이 없는 것이다. (천지허공天地虛空은) 천신天神과 지기地祇와 허공신虛空神을 말

---

[64] 『조정사원祖庭事苑』 권5(X64, 376c).

한다."고 하였다.

人天幻惑。眞師云。正報有情也。世界虛假者。依報器界。脆[音觜。危也]。弊惡[上非祭切。惡也]。剛强[下去聲]。釋迦。此云能仁。進不聞。退不覩。眞師云。有二義。一進退皆約釋迦而說。二進不聞彌勒下生一音之旨。退不覩釋迦入滅。雙樹者。娑羅樹也。此樹四雙八隻之下入滅故也。嗚咽懊惱等。明公云。嗚咽者。出聲悲嘆也。懊惱者。心中悔恨也。慙顏。䩱[1)色也。哽。咽也。氣噎貌。哭過曰慟。等一者。平等一心也。檀越 生枝曰。祖庭云。梵具云檀那。此云施。越謂度越彼岸也。聰明正直等者。明公云。聰。无所不察。明。无所不鑑。正。斷无偏黨。直。心无私曲。天神地祇虛空神也。

---

1) ㉡ '䩱'은 '赧'인 듯하다.

참법 다 함께 지극한 마음으로 무릎을 꿇고 합장하고서 마음속으로 다음과 같이 말씀하십시오.

모든 부처님 대성존
모든 법 남김없이 깨달으시고
하늘과 인간의 위없는 스승이시니
그러므로 귀의합니다.

상주하는 일체 법
청정한 수다라
몸과 마음의 병 없애 주시니
그러므로 귀의합니다.

큰 지위의 모든 보살
집착 없는 네 사문
모든 괴로움 구제하시니
그러므로 귀의합니다.

삼보께서 세간을 구호하시기에
제가 이제 머리 숙여 예배드리며
여섯 세계 모든 중생도
이제 빠짐없이 귀의합니다.

일체중생을 자비로 감싸
모두 안락을 얻게 하시니
중생을 애민하시는 분께
저희들이 함께 귀의합니다.

오체투지하며 각자 마음속으로 다음과 같이 말씀하십시오.
우러러 원하오니 시방의 일체 삼보시여, 자비의 힘과 본원의 힘과 대신통의 힘과 불가사의한 힘과 끝없이 자재한 힘과 중생을 제도하는 힘과 중생을 감싸 보호하는 힘과 중생을 위로하는 힘으로 중생들이 모두 다 깨닫게 하소서.
아무개 등이 오늘 그들을 위해 삼보에 귀의함을 아실 것이니, 이 공덕의 힘으로 모든 중생이 각자 소원을 이루게 하소서. 여러 하늘나라나 여러 신선 세계에 있는 자들은 모든 번뇌(諸漏)가 다하게 하시고, 아수라 세계에 있는 자들은 교만한 버릇을 버리게 하시고, 인간 세계에 있는 자들은 다시는 온갖 괴로움이 없게 하시고, 지옥·아귀·축생 세계에 있는 자들은 곧바로 그곳을 벗어나게 하소서. 또한 오늘 삼보의 이름을 들은 자건 듣지 못한 자건 부처님의 신력으로 모든 중생이 남김없이 해탈을 얻게 하시고, 결국엔 위없는 보리를 성취하여 모든 보살님과 같아져서 함께 정각에 오르게 하소서. 1배

> 相與至心。胡跪合掌。心念口言。作如是說。
> 　　諸佛大聖尊。覺法無不盡。天人無上師。是故爲歸依。
> 　　一切法常住。淸淨修多羅。能除身心病。是故爲歸依。
> 　　大地諸菩薩。無著四沙門。能救一切苦。是故爲歸依。
> 　　三寶護世間。我今頭面禮。六道一衆生。今盡爲歸依。
> 　　慈悲覆一切。皆令得安樂。哀愍衆生者。我等共歸依。
> 五體投地。各自念言。仰願十方一切三寶。以慈悲力。以本願力。大神通力。不思議力。無量自在力。度脫衆生力。覆護衆生力。安慰衆生力。令諸衆生。皆悉覺悟。知(某甲)等。今日爲其。歸依三寶。以此功德力。令諸衆生。各得所願。若在諸天諸仙中者。令盡諸漏。若在阿修羅中者。捨憍慢習。若在人道者。無復衆苦。若在地獄餓鬼畜生道者。卽得免離。又復今日。若聞三寶名。及與不聞。以佛神力。令諸衆生。盡得解脫。究竟成就無上菩提。同諸菩薩。俱登正覺(一拜)。

집해 '모든 부처님 대성존……'은 불보佛寶를 말한다.

변진 스님은 "'상주하는 일체 법(一切法常住)'은 이치로서의 법보(理法寶)이고, '청정한 수다라(淸淨修多羅)'는 가르침으로서의 법보(敎法寶)다. 수다라(sūtra)는 중국말로 계경契經이고, 12부를 모두 포괄한다."고 하였다. 각명 공은 "법이 상주한다고 말한 것은 부처님께서 비록 멸도를 보이셨지만 법의 교화는 영원히 존속하기 때문이다."라고 하였다. 여기에 대해 보충 설명을 하겠다. 『범망경梵網經』에서 "대승의 상주하는 경률(大乘常住經律)"이라 하였는데, 그 『소疏』[65]에서 "설해진 진리를 상주常住라 하고, 설하는 가

르침을 경률經律이라 한다."⁶⁶고 해석하였다.

'몸과 마음의 병 없애 주시니'에서 몸의 병은 살생 등의 악이고, 마음의 병은 탐욕 등의 악이다.

변진 스님은 "'큰 지위의 모든 보살'은 초지初地 이상을 말하니, 이것은 대승의 승보다. '집착 없는 네 사문'은 소승의 승보니, 예류預流·일래一來·불환不還·아라한阿羅漢의 사과四果를 말한다. 이들은 모두 미혹을 끊었기 때문에 무착無著이라 한다. 여기에서는 오직 진실한 승보만 말하고 초지 이전의 보살과 초과향初果向⁶⁷의 번뇌가 있는 승보는 채택하지 않았다."고 하였다. 각명 공과 미수 스님의 설명도 동일하다.

'여섯 세계 모든 중생(六道一衆生)'에 대해 미수 스님은 "즉 일체중생을 말한다."고 하였다. 각명 공 역시 동일하게 설명하였다. 여기에 대해 보충 설명을 하겠다. 끝까지 다(盡際)란 의미의 일一 자인 경우에는 체切 자를 거론하지 않아도 된다. 체切는 널리 미치다(普及)라는 의미이다.

'자비의 힘으로(以慈悲力)'란 즐거움을 주고 괴로움을 없애 주는 것이다.

'본원의 힘(本願力)'에 대해 각명 공은 "즉 사홍서원이다."라고 하였다.

'대신통의 힘(大神通力)'이라 한 것은 한량없는 몸을 나타내 보이기 때문이다.

'불가사의한 힘(不思議力)'이라 한 것은 언어와 사유를 초월하기 때문이다.

'끝없이 자재한 힘(無量自在力)'이라 한 것은 (마음대로) 법계를 거두고 펴며 시간을 늘리고 줄이기 때문이다.

'중생을 제도하는 힘(度脫衆生力)'이라 한 것은 온갖 고통을 벗어버리고 피안에 오르게 하기 때문이다.

'중생을 감싸 보호하는 힘(覆護衆生力)'이라 한 것은 감싸고 보호해 마귀

---

65 당나라 법장法藏이 찬술한 『범망경보살계본소梵網經菩薩戒本疏』를 말한다.
66 『범망경보살계본소』 권5(T40, 638b).
67 초과향初果向 : 예류향預流向을 말한다.

의 장애가 없도록 하기 때문이다.

'중생을 위로하는 힘(安慰衆生力)'이라 한 것은 어루만지고 깨우쳐 주어 재앙과 공포가 없도록 하기 때문이다.

'아수라阿修羅'에 대해 보충 설명을 하겠다. 아수륜阿修倫이라고도 하고 아소락阿素洛이라고도 한다. 중국말로 무천無天이라 하는데, 복덕은 하늘과 같지만 천인의 행이 없고 화를 잘 내기 때문이다. 또 비천非天이라고도 하는데, 그 성질이 포악해 항상 하늘과 전쟁을 벌이고 여러 하늘을 공경하지 않기 때문이다. 또 무단정無端正이라고도 하는데, 이는 남자일 경우에 붙이는 이름이다. 여자를 칭할 때는 단정端正이라고 한다.[68] 또 무주無酒라고도 한다. 겁초에 그 조상이 사천하의 꽃을 꺾어 바다에 담가 바닷물을 발효시켜서 술을 만들어 마시려고 한 적이 있었다. 그런데 물고기와 용 등의 업력 때문에 물맛이 바뀌지 않아 결국 술맛이 나지 않았다. 그래서 술을 끊기로 맹세하였다고 한다. 혹자는 "전생에 주계酒戒[69]를 지켰기 때문에 무주無酒라 한다."고 하였다. 비록 주계를 지켜 선을 실천하기는 했지만 질투심을 품고 선한 일을 했기 때문에 그런 세계에 태어난 것이다. 비록 그런 세계에 태어나긴 했지만 주계를 지키며 선을 닦았기 때문에 태어나는 곳은 매우 아름다운 궁전이다. 따라서 좋은 세계(善趣)로 분류하니, 하품下品의 십선十善으로 그곳에 태어나기 때문이다. 『능엄경』에서는 다음과 같이 말하였다.

"네 종류의 아수라가 있다. 어떤 자는 아귀 세계에서 법을 보호한 힘으로 신통을 얻어 허공으로 들어가니, 이런 아수라는 알에서 태어나고 귀신부류에 속한다. 어떤 자는 하늘나라에서 덕이 줄어들어 떨어지는네 그가 터를 잡고 사는 곳은 해와 달 주변이다. 이런 아수라는 태에서 태어나고

---

68 『능엄경원통소楞嚴經圓通疏』(X12, 835b)에 따르면 아수라 남자는 못생겼고, 여자는 예쁘다고 한다.
69 주계酒戒 : 술에 관한 계율, 즉 불음주계不飮酒戒를 말한다.

사람 부류에 속한다. 또 세계를 손아귀에 집어 들 만큼 기운이 넘치고 두려움이 없어 범왕이나 제석천·사천왕과 권세를 다툴 수 있는 아수라왕이 있다. 이런 아수라는 변화로 인해 존재하며 하늘 부류에 속한다. 아난아, 이외에 한 부류의 하열한 아수라가 있으니, 큰 바다 깊은 곳 수혈구水穴口에서 태어나 아침에는 허공을 돌아다니다가 저녁에는 물로 돌아가 잠을 잔다. 이런 아수라는 습기로 인해 존재하고 축생 부류에 속한다."[70]

'수혈水穴'은 주에서 미려尾閭[71]라 하였으니, 곧 바닷물이 새는 곳이다.

'제루諸漏'에서 뒷글자는 곧 번뇌煩惱를 뜻한다. 번뇌 때문에 두 세계[72]로 떨어졌기 때문이다.

諸佛大聖尊等。佛寶也。一切法常住者。眞師云。理法寶也。淸淨修多羅者。敎法寶也。修多羅。此云契經。通攝十二部也。明公云。法常住者。佛雖示滅。法化常存故也。生枝曰。梵網經云。大乘常住經律。疏中釋云。所說眞理。名爲常住。能說之敎。名爲經律。能除身心病者。身病。卽殺等之惡。心病者。貪等之惡也。大地諸菩薩。眞師云。初地已上。此大乘僧寶也。無著四沙門者。小乘僧寶。預流一來不還阿羅漢四果也。皆斷惑故。名無著。此中唯說。眞實僧寶。不取地前及初果向。有漏僧也。明公授師說同。六道一衆生。授師云。卽一切衆生也。明公亦同。生枝曰。盡際之一。則不擧切字可矣。切者。普及也。以慈悲力者。與樂拔苦也。本願力。明公云。卽四弘願。大神通力。示現無量身故。不思議力。超言慮故。无量自在力。卷舒法界。延促同時故。度脫衆生力。脫於衆苦。登彼岸故。覆護衆生力。覆蔭守護。令無魔障故。安慰衆生力。撫按告諭。令无灾怖。阿修羅者。生枝曰。

---

70 『능엄경』 권9(T19, 146c).
71 미려尾閭: 고대인들은 계속되는 강우에도 바닷물이 늘지 않는 것을 보고 깊은 바다 밑바닥에 해수가 새는 구멍이 있다고 믿었다. 그곳을 미려라 한다.
72 두 세계: 하늘 세계와 신선 세계를 말한다.

亦云阿修倫。亦云阿素洛。此云無天。謂福德等天。而无天行。爲多嗔故。
又云非天。其性暴惡。常與諸天共戰。不敬諸天故。又云無端正。從男。稱
女則端正故。又云無酒。謂劫初上祖。曾採四天下花。納於海中。欲醞海水。
以爲酒飲。由魚龍等業力。水味不變。其酒之味不成。故誓斷酒。或云。由
前世持酒戒。故云無酒。雖持酒戒行善。懷嫉妬心作善故。生彼中。雖生彼
中。持酒戒修善故。所生之處。宮殿嚴飾。是故攝於善趣。以下品十善。得
生故也。楞嚴經中。有四種修羅。若於鬼道。以護法力。昇通入空。此阿修
羅。從卵而生。鬼趣所攝。若於天中。降德貶墜。其所卜居。隣於日月。此
阿修羅。從胎而出。人趣所攝。有阿修羅王。執持世界。力洞无畏。能與梵
王及天帝釋四天王爭權。此阿修羅。因變化有。天趣所攝。阿難。別有一分。
下劣阿修羅。生大海心。沈水穴口。旦遊虛空。暮歸水宿。此阿修羅。因濕
氣有。畜生所攝。水穴。注云。尾閭。卽海水洩處。諸漏者。下卽煩惱也。由
煩惱故。漏墮二途故也。

제2. 의심을 끊음

일체중생이 의혹을 벗어나지 못한 까닭에 법에 많은 장애가 생긴다. 그러므로 지금 반드시 이 의심을 영원히 끊어야 한다.

참법 오늘 이 도량의 동업대중이여, 일심으로 자세히 듣고 모든 의혹을 끊으십시오. 무릇 인과란 그림자나 메아리처럼 감응하여 서로를 발생시키는 것이니, 이는 필연의 도라 이치에 있어 조금도 어긋남이 없습니다. 그러나 모든 중생은 업행業行이 순일하지 않아 선과 악이 번갈아 작용하고, 업행이 순일하지 않은 까닭에 그 과보에 정미롭고 거침이 있어 귀해지기도 하고 천해지기도 하고 선해지기도 하고 악해지기도 하나니, 그런 일은 한 가지가 아니며 그 차별은 만 가지나 됩니다. 이렇게 차별이 있은 뒤에는 과거에 지은 행을 깨닫지 못하고, 깨닫지 못하기 때문에 의혹을 어지럽게 일으킵니다. 혹자는 말합니다.

"정진하며 계를 받들면 오래 살아야 마땅한데 오히려 수명이 짧은 모습을 보이고, 도살하는 사람은 수명이 짧아지는 모습을 보여야 마땅한데 도리어 장수한다. 청렴한 선비는 부귀를 초래해야 마땅한데 오히려 빈곤해지는 모습을 보이고, 탐욕스런 도둑은 곤욕을 당하는 모습을 보여야 마땅한데 도리어 더욱 풍요로워진다."

사람이면 누군들 이런 의혹을 품지 않겠습니까. 하지만 그것이 과거 업으로 심었던 원인의 결과임을 모르고 있습니다. 또, 『반야경般若經』에서 "만일 이 경을 독송하면서 사람들에게 업신여김을 당하는 일이 있다면, 그 사람은 전생의 죄업으로 악도에 떨어져야 마땅했던 것이 금생에 사람들의 업신여김을 받은 까닭에 전생의 죄업이 즉시 줄어들고 소멸할 것이다."[73]라고 밝힌 것과 같습니다. 그런데도 중생들이 경의 말씀을 깊이 믿지 못하고 이렇게 의심하는 까닭은 모두 무명의 미혹 때문에 망령되게 전도를 일으키기 때문입니다.

또, 삼계의 안이 바로 고통이라는 것을 믿지 않고, 삼계의 밖이 바로 즐거움이라는 것을 믿지 않아 세간에 물드는 일들마다 번번이 그것을 즐거움이라고 말합니다. 만일 세간을 즐거움이라고 주장한다면, 무슨 이유로 그 가운데서 다시 괴로움을 느끼는 것입니까? 음식을 과도하게 먹으면 곧 병이 되어 숨이 차 헐떡이게 되고 배가 터질듯 부르면서 죄듯이 아픕니다. 나아가 의복에서도 근심과 걱정이 크게 드러나니, 겨울에 갈포를 얻으면 고마운 줄 모르고 천하게 생각하며, 여름에는 솜옷을 보기만 해도 고뇌가 깊어집니다. 만약 그것을 즐거움이라 주장한다면, 무슨 이유로 고

---

[73] 『금강반야바라밀경金剛般若波羅蜜經』(T8, 750c).

뇌를 일으키는 것입니까? 따라서 음식과 의복도 참으로 즐거움이 아니라는 것을 알 수 있습니다.

또, 권속이 즐거움이 된다고 주장한다면, 늘 서로 즐겁게 어울려 노래와 웃음이 끝이 없어야 마땅한데 무슨 이유로 잠깐 사이에 무상해지고 별안간 떠나는 것입니까? 옛날엔 있다가 지금은 없고 여태 있다가 이제 사라지면 하늘을 우러러 울부짖고 땅을 치며 간과 심장은 마디마디 끊어집니다. 또 태어날 때 어디서 왔고 죽어서 어디로 가는지 알지 못하기에 슬픔을 머금고 서로를 보내며 깊은 산까지 따라가 손을 붙잡고 긴 이별을 하나니, 한번 이별하면 만겁萬劫에 기약이 없습니다. 모든 것이 이처럼 그 고통이 한량없건만 중생들은 미혹한 견해로 그것을 즐거움이라 여기고, 세간을 벗어나는 인행因行을 다들 고통이라 말합니다.

혹자는 정진하며 거친 나물밥을 적은 양으로 때맞춰 먹으면서 가볍고 부드러운 옷을 버리고 분소의糞掃衣를 익숙하게 여기는 것을 보면, 다들 억지로 자신을 괴롭히는 짓이라 말하며 이런 행이 바로 해탈의 길이라는 것은 알지 못합니다. 혹 보시하고 지계하고 인욕하고 정진하고 경행經行하고 예배하고 경전을 외우는 사람들이 발꿈치를 들고[74] 근행하며 게으름을 떨지 않는 것을 보면, 다들 그것을 고통이라 말하며 이런 것들이 출세간의 마음을 닦는 것인 줄은 알지 못합니다.

혹자는 병이 들어 죽을 날이 되어서야 갑자기 의심을 일으키고는 그때부터 종일토록 몸과 마음을 괴롭히며 잠시도 쉬지를 못합니다. 하지만 사람의 기력으로 어떻게 이를 감당하고, 부지런히 노력하지 않았다면 닥치는 괴로움을 어찌 감당하겠습니까. 부질없이 몸과 목숨을 버릴 뿐 이 일에는 아무런 이익도 없습니다.

---

74 발꿈치를 들고 : 용맹정진을 말한다. 부처님 열반 후, 아난이 아라한과를 성취하지 못한 자신을 꾸짖으며 졸음을 쫓기 위해 발꿈치를 들고 경행했던 것에서 유래하였다.

혹자는 또 자기의 주장을 고집해 그것을 진리라 여기면서 결과를 바탕으로 원인을 살필 줄은 모르고 망령되게 자신의 미혹만 구축합니다. 그가 선지식을 만난다면 그 미혹이 제거될 수도 있을 것입니다. 하지만 악지식을 만나면 그 어리석음이 더욱 심해지고 그 의혹이 원인이 되어 삼악도에 떨어질 것이니, 악도에서 후회한들 무슨 소용이 있겠습니까. 따라서 여기에 대해 의혹을 품어서는 안 됩니다.

斷疑第二(一切衆生。未離疑惑。所以於法。多生障礙。是故今須永斷此疑。)
今日道場。同業大衆。一心諦聽。斷諸疑惑。夫因果影響。感應相生。必然之道。理無差舛。而諸衆生。業行不純。善惡迭用。以業不純故。報有精麁。或貴或賤。或善或惡。其事匪一。參差萬品。既有參差。不了本行。以不了故。疑惑亂起。或言。精進奉戒。應得長生。而見短命。屠殺之人。應見促齡。而反延壽。清廉之士。應招富足。而見貧苦。貪盜之人。應見困躓。而更豐饒。如此疑惑。人誰無念。而不知往業植因所致。又如般若所明。若有讀誦此經。爲人輕賤者。是人先世罪業。應墮惡道。以今世人輕賤故。先世罪業。則爲減滅。而諸衆生。所以不能。深信經語。有此疑者。皆由無明惑故。妄起顛倒。又不信三界內是苦。不信三界外是樂。每染世間。皆言是樂。若言樂者。何意於中。復生苦受。飮食過度。便成疾疹。氣息喘迫。鼓脹絞痛。乃至衣服。彌見憂勞。寒得絺綌則。恩薄念淺。熱見重裘則。苦惱已深。若言是樂。何意生惱。故知飮食衣服。眞非是樂。又言眷屬。以爲樂者則。應長相歡娛。歌笑無極。何意俄爾無常。倏焉而逝。適有今無。向在今滅。號天叩地。肝心寸斷。又不知生所從來。死所趣向。街悲相送。直至窮山。執手長離。一辭萬劫。諸如此者。其苦無量。衆生迷見。謂其是樂。出世樂因。皆言是苦。或見進噉蔬澀。節身時食。去於輕頓。習糞埽衣。皆言是等。強自困苦。不知此行。是解脫道。或見布施持戒。忍辱精進。經行禮拜。誦習之人。翹勤不懈。皆言是苦。而不知是等。修出世心。脫有疾病。死亡之日。便起疑心。由其終日。役此心形。無時暫止。人之氣力。何以堪此。若不勤勞。豈當致困。徒喪身命。於事無益。或復自秉其說。理實如之。不知推果尋因。妄搆此惑。若遇善知識。則其惑可除。遇惡知識。則其愚更甚。因疑惑故。墮三惡道。在惡道中。悔何所及。是故於此。不應疑惑。

제2. 의심을 끊음

[집해] 미수 스님은 "일체중생이 의혹을 벗어나지 못한 까닭에 법에 많은 장애가 생긴다. 그러므로 반드시 의심을 끊어야 한다. 의심이란 모든 진리에 대해 머뭇거리는 것이 그 성품이고, 신심信心과 선품善品을 장애하는 것이 그 작용(業)이다."라고 하였다. 신심에 대해 보충 설명을 하자면, 순수하고 참되어 거짓이 없고 선법을 좋아하는 마음이다.

'인과'는 법이다.

'그림자와 메아리'는 비유다.

'차천差舛'에 대해 미수 스님은 "앞 글자는 차叉로 발음하고, 뒷글자는 창昌과 연兗의 반절이다. 서로 어긋나고 어지럽게 뒤섞이는 것을 말한다."고 하였다.

'참치參差'의 앞 글자는 소所와 금金의 반절이고, 뒷글자는 초楚와 의宜의 반절이다.

'지躓'를 『수경』[75]에서는 척陟과 리利의 반절 또는 척陟과 일日의 반절이며, 고달프다(乏), 밟다(踏), 넘어지다(顚)라는 뜻이라 하였다.

'사람들에게 업신여김을 당하는 일이 있다면……(爲人輕賤……)'에 대해 변진 스님은 "'위爲'는 당하다(被)라는 뜻이고, '응應'은 마땅하다(當)라는

---

[75] 원문에는 '경鏡' 한 글자만 표기되어 있다. '수경手鏡'의 약칭이므로 『수경』으로 번역하였다.

뜻이다. 경을 수지하는 그 사람이 전생에 악업을 지어 악도에 떨어져야 마땅한데, 경을 수지한 힘으로 말미암아 금세에 사람들의 업신여김을 당하면서 전생의 죄업이 소멸해 악도에 들어가지 않는다는 뜻이다. 이것이 바로 무거운 죄를 전환해 가볍게 받는다는 것이다."라고 하였다.

여기에 대해 보충 설명을 하겠다. 이 사람이 전생에 지은 죄로 악도에 떨어질 사람인데 악도에 떨어지지 않고 지금 사람의 몸을 받아 사람들에게 업신여김을 당함으로써 전생의 죄를 소멸시키고 보리를 얻는다는 것은 무슨 말인가. 이를 조목으로 분류하자면, 업을 받는 것에 세 종류가 있으니 순현順現과 순생順生과 순후順後[76]이다. 이 사람이 받을 과보는 순후가 분명하니, 경에서 "가령 백천 겁이 지난다 해도 지은 업이 없어지지 않아 인연이 만날 때 그 과보를 스스로 돌려받는다."고 한 것과 같다. 또 선과 악의 두 업에는 종자(種)와 이숙(熟)과 탈각(脫)[77]의 세 단계가 있다. 이 사람이 지은 죄는 전생에 종자를 뿌려 금생에 성숙하고 내생에 그 껍질을 벗을 죄이다. 그런데 금생에 경을 수지한 힘을 얻은 까닭에 무거운 업을 전환해 가벼운 죄로 받게 된 것이다.

물었다.

"순현·순생·순후와 종자·이숙·탈각과 삼세에 걸쳐 과보를 받는 것과 나아가 무거운 죄를 전환해 가볍게 받는다는 뜻은 이해하겠습니다. 하지만 그 사람이 경을 수지한 힘 때문에 많은 사람들의 공경을 받아야 마땅

---

[76] 순현順現과 순생順生과 순후順後 : 인因과 과果, 즉 행위와 결과의 시간차를 셋으로 분류한 것이다. 행위의 결과가 같은 생애에 나타나는 것을 순현, 행위를 한 다음 생에 과보가 나타나는 것을 순생, 그 다음 생 이후에 과보가 나타나는 것을 순후라 한다.

[77] 종자(種)와 이숙(熟)과 탈각(脫) : 업의 결과가 발현하는 과정을 세 단계로 구분해 씨앗의 발아에 비유한 것이다. 업, 즉 행위가 있는 것은 씨앗이 땅에 뿌려진 것과 같고, 그 행위가 여러 인연을 거치면서 조금씩 다른 의미로 해석될 여지가 있는 것은 땅에 떨어진 씨앗이 주변 환경과 반응하며 성숙하는 것과 같고, 그 행위의 결과가 현실로 드러나는 것은 씨앗이 껍질을 벗고 땅 위로 움을 틔우는 것과 같다.

한데 반대로 업신여김을 당하는 것은 무엇 때문입니까?"

대답했다.

"묻는 의도가 매우 훌륭하구나. 그러나 이 사람은 반대로 업신여김을 받는다. 따라서 무거운 죄를 전환해 가볍게 받는다고 말한 것이다."

물었다.

"그 사람이 만약 경을 수지하지 않았다면 업신여김을 받았을까요?"

대답했다.

"받지 않았을 것이다. 무엇 때문인가. 금생에 수지하지 않았다면 업신여김을 당하지 않고 마음대로 악을 행하여 전생 종자의 업을 성숙시키다가 후생에 분명 (악도에) 떨어져 그 껍질을 벗었을 것이다. 금생에 경을 수지한 힘을 얻었기 때문에 내생에 악도에 떨어질 큰 죄를 전환하여 금생에 사람들로부터 업신여김을 당하는 작은 죄를 받았으니, (내세에는) 분명 전생의 큰 죄를 소멸하고 보리를 얻게 될 것이다. 세 번을 반복해 자세히 연구하라."

'과도過度'에 대해 각명 공은 일정한 법도를 잃은 것이라 하였다.

'진疹'은 진軫으로 발음하고, 병病이라는 뜻이다.

'천喘'은 천千과 연衍의 반절이고, 숨 쉬다(息)라는 뜻이다.

'치격絺綌'의 앞 글자는 추抽와 지遲의 반절이고, 뒷글자는 걸乞과 역逆의 반절이다. 갈포로 만들었을 때 고운 것을 치絺라 하고 거친 것을 격綌이라 한다.

'아이俄爾'는 빠른 모양새이다.

'숙언倏焉'의 앞글자는 숙熟으로 발음하고, 빠르다(速)는 뜻이다.

'떠나간다(逝)'는 것은 죽어서 가는 것을 말한다.

'[옛날엔 있다가 지금은 없고(適有今無)'에서] 적適은 시尸와 척尺의 반절이고, 과거(往), 옛날(昔)이란 뜻이다. 옛날엔 있다가 지금은 없다는 것은 내친內親을 두고 한 말이다.

'여태 있다가 이제 사라지면(向在今滅)'은 외친外親을 두고 한 말이다. 향向 역시 옛날이란 뜻이다.

'하늘을 우러러 울부짖고 땅을 치다(號天叩地)'에서 앞 글자 (호號는) 호號로 발음한다. 뒷글자 (고叩는) 고古로 발음하고, 치다(擊)라는 뜻이다.

'손을 붙잡고 긴 이별을 한다(執手長離)'에 대해 보충 설명을 하자면, 슬픔을 머금고 보내고 나면 다시는 서로 손을 잡을 수 없기 때문에 '긴(長)'이라고 하였다.

'정진하며 거친 나물밥을(進噉蔬澀)'에 대해 각명 공은 "진進은 정진精進을 말한다. 감噉은 삼키다(呑服)라는 뜻이다. 소蔬는 채소(菜)다. 삽澀은 거칠고 떫은 것(麁澁)이다."라고 하였다.

'적은 양으로(節身)'의 절節은 적다(儉)라는 뜻이다.

'탈유脫有'에 대해 미수 스님은 "혹或과 비슷하다. 부정사不定辭다."라고 하였다. 혹자는 혹시(儻)라는 뜻이라고도 한다.

'의혹疑惑'은 습기習氣이다. 삼계 밖으로 벗어난 삼승인三乘人도 (완전히) 제거하지는 못한다. 따라서 『화엄경』에서 "보살에게 열 종류의 습기가 있다."고 하였다.

斷疑第二

授師云。一切衆生。未離疑惑。所以於法。多生障碍。故須斷疑。疑者。於諸諦理。猶預爲性。能障信心善品爲業。信心者。生枝曰。純眞無妄。好樂善法。因果者[法也]。影響者[喩也]。差舛[授師云。上音叉。下昌兗反。差互舛雜也]。參差[上所金切。下楚宜切]。躓者[鏡云。陟利切。又陟日反。乏也。踏也。顚也]。爲人輕賤者。眞師云。爲。被也。應。當也。彼持經人。先世造惡。應墮惡道。由持經力故。今世被人輕賤。先罪消滅不入惡道。此是轉重輕受。生枝曰。此人先罪。墮惡道者。不墮惡道。今得人身。被人輕賤。滅先罪。得菩提者。何耶。此有料之。受業有三。謂順現順生順後。

此人受報。必是順後也。如經云。假使百千劫。所作業不亡。因緣會遇時。果報還自受。又善惡二業。有種熟脫三。是人之罪。先世種。今世熟。來世脫。今得持經力故。轉重業。受輕罪。問。現生後種熟[1)]脫。三世受報。及轉重輕受之義。可解。是人持經力故。合得衆人恭敬。反被輕賤[2)]者。何耶。答。問意甚善。然此人反受輕賤。故言轉重輕受。問。是人若不持經。受輕賤不。答。不受。何也。今若不持。不爲輕賤。任運行惡。熟先種業。後世應墮脫之。今得持經力故。轉來世墮惡道之大罪。受今世人輕賤之小罪。滅先世大罪。當得菩提。三復硏詳。過度者。明公云。失其常度。疢[音軫。病也]。喘[千衍切。息也]。絺綌[上抽遲切。下乞逆切]。以葛爲之。細曰絺。麤曰綌。俄爾。疾貌。倏焉[上音熟。速也]。逝者[死去]。適[尸尺反。徃也。昔也]。昔有今無者。內親也。向在今滅者。外親也。向亦昔也。號天叩地[上音號。下音古。擊也]。執手長離者。生枝曰。謂銜悲送後。更不互相執手。故言長也。進噉蔬澀。明公云。進。謂精進。噉。吞服也。蔬。菜也。澀[龜澁也]。節身。上儉也。脫有。授師云。猶或也。不定之辭。或云儻也。疑惑。習氣。三乘人。出三界外。猶未除。故華嚴云。菩薩有十種習氣。

1) ㉯ '熟'은 '熟'인 듯하다.   2) ㉰ '賤'은 저본에 'ㅣ'로 되어 있고 그 아래 "이 획은 '賤' 자로 본다."는 주가 있다. 따라서 편자가 '賤'으로 고쳤다. 아래에서도 마찬가지이다.

참법 오늘 이 도량의 동업대중이여, 무릇 이런 의혹의 인연은 한량이 없습니다. 게다가 이 의혹의 습기는 삼계 밖으로 벗어난 자들도 완전히 없앨 수 없는 것인데 지금 이런 몸으로 어찌 단박에 제거할 수 있겠습니까. 이 생애에 끊지 못하면 다음 생애에는 더욱 승장할 것이기에 대중이 다 함께 바야흐로 먼 여정에 나선 것이니, 스스로 고행을 실천하며 마땅히 부처님 말씀을 의지해 가르침대로 수행해야지 의혹을 품고 고달픔을 사양해서는 안 됩니다. 모든 부처님·성인들께서 생사를 벗어나 피안으로 건너갈 수 있었던 까닭은 진실로 선을 쌓은 공덕 때문이었습니다. 그래서 걸림 없고 자재한 해탈을 얻으셨던 것입니다. 우리가 오늘날까지 생사를 벗어나지 못하고 있는 것이 이미 스스로 슬퍼해야 할 일인데, 어찌 이런 악세에 머물려는 탐욕을 용납할 수 있겠습니까. 지금 다행히 사대四大가 쇠하지 않고 오복五福이 강건하여 다니고 움직이고 오가는 것을 뜻대로 할 수 있습니다. 이런데도 노력하지 않는다면 다시 무엇을 기다리려는 것입니까? 과거에 한평생 이미 진리를 보지 못했고 금생도 헛되이 보내또 증득하는 바가 없다면 오는 세상에서 무엇으로 제도 받겠습니까. 가슴에 손을 얹고 생각하자니 진실로 슬픈 마음 가득해집니다.

대중들께서는 오늘 오로지 권하고 타이르며 노력해 부지런히 수행해야지 "이것도 그만두자, 성인의 길은 너무 멀어 하루아침에 끝내기 어렵다."는 말은 다시는 해서는 안 됩니다. 그렇게 하루를 미루고 또 하루를 미룬다면 어느 시절에 해야 할 일을 완전히 마칠 수 있겠습니까. 요즘 혹자는 경을 독송하고 좌선을 하고 부지런히 행하고 간절하게 행하다가 작은 병이라도 생기면 곧 "외우고 익히고 부지런히 행하고 간절하게 행하다 이렇게 되었다."고 말합니다. 그러면서 이런 행을 하지 않았으면 벌써 죽었어야 하는데 이런 행으로 인해 오늘까지 살 수 있었다는 사실은 모릅니다. 또한 사대가 늘고 줄어 병이 드는 것은 늘 있는 일이며 나아가 늙고 죽음도 피할 수 없는 것이니, 사람이건 세간이건 모였던 것은 돌아가 부서지고 사라집니다.

만약 도를 얻고 싶다면 마땅히 부처님의 말씀을 의지해야 하니, 부처님 말씀을 어기고 도를 얻는다는 것은 있을 수 없는 일입니다. 일체중생은 부처님의 말씀을 어긴 탓에 삼악도를 돌고 돌며 만 가지 고통을 빠짐없이 겪는 것입니다. 부처님 말씀대로 하자면 쉴 틈이란 전혀 없으니, 모든 법에 부지런하기를 머리에 붙은 불을 끄듯이 해야 합니다. 부디 아무런 소득도 없는 일생이 되게 하지 마십시오.

今日道場。同業大衆。凡有此疑。因緣無量。且習氣疑惑。出三界外。尚未
能盡。況在今形。云何頓去。此生不斷。後更復增。大衆相與。方涉長途。
自行苦行。當依佛語。如敎修行。不得疑惑。辭於勞倦。諸佛聖人。所以得
出生死。度於彼岸者。良由積善之功。故得無礙。自在解脫。我等今日。未
離生死。已自可悲。何容貪住。此惡世中。今者幸得。四大未衰。五福康悆。
遊行動轉。去來適意。而不努力。復欲何待。過去一生。已不見諦。今生空
擲。復無所證。於未來世。以何濟度。撫臆論心。實悲情抱。大衆今日。唯
應勸課。努力勤修。不得復言。且宜消息。聖道長遠。一朝難辦。如是一朝。
已復一朝。何時當得。所作已辦。今或因誦經坐禪。勤行苦行。有小疾病。
便言誦習。勤苦所致。而不自知。不作此行。早應殀亡。因此行故。得至今
日。且四大增損。疾病是常。乃至老死。不可得避。人生世間。會歸磨滅。
若欲得道。當依佛語。違而得者。無有是處。一切衆生。違佛語故。所以輪
轉三途。備要萬苦。若如佛語。都無休息。勤於諸法。如救頭然。勿使一生。
無所得也。

[집해] '바야흐로 먼 여정에 나섰으니……(方涉長途……)'에 대해 변진 스님
은 "삼대겁三大劫[78]을 편력하기 때문이다."라고 하였다.

'오복이 강건하여(五福康悆)'에 대해 미수 스님은 "『상서尙書』에서 첫째는
장수, 둘째는 부, 셋째는 건강, 넷째는 도덕 지키기를 낙으로 삼는 것, 다
섯째는 천수를 누림이라 하였다. '여悆'는 예預로 발음하고 또 여余와 서庶
의 반절이며, 기쁘다(悅)는 뜻이다."라고 하였다. 각명 공은 "『덕경德經』에
서 첫째는 큰 부, 둘째는 장수, 셋째는 잘생긴 외모, 넷째는 명예, 다섯째
는 총명한 지혜라 하였다."고 하였다.

'견제見諦'의 뒷글자는 곧 진리(理)라는 뜻이니, 진제眞諦를 말한다.

---

[78] 삼대겁三大劫 : 삼아승기겁이라고도 한다.

'정포情抱'의 뒷글자는 포布로 발음하고, 품다(懷), 지니다(持), 가지다(捉)라는 뜻이다.

'과課'는 훈계하다(誡), 살피다(考), 돕다(助), 가르치다(敎), 시험하다(試)라는 뜻이다.

'소식消息'의 앞 글자는 멈추다(停)라는 뜻이고, 뒷글자는 쉬다(歇)라는 뜻이다.

'사대가 늘고 줄어……(四大增損……)'에 대해 미수 스님은 "사대가 늘고 줆으로 인해 병을 앓게 된다. 이는 일상적인 이치이다."라고 하였다.

'영嬰'은 영盈으로 발음하고, 만나다(遭), 얽히다(纏)라는 뜻이다.

方涉長途等者。眞師曰。歷三大劫故。五福康悆者。授師云。尙書云。一曰壽。二曰富。三曰康寧。四曰攸好德。五曰考終命。悆者[音預。又余庶反。悅也]。明公云。德經中。一者大富。二者長壽。三端正。四名譽。五聰惠。見諦[下卽理也。言眞諦也]。情抱[下音布。懷也。持也。捉也]。課者。誡也。考也。助也。敎也。試也。消息[上停也。下歇也]。四大增損等。授師曰。因四大增減。得疾病。是其常理也。嬰[音盈。遭也。纏也]。

참법 모든 사람이 다 함께 평등한 일심으로 간절하게 큰 산이 무너지듯 오체투지하며, 식신이 있은 이래로 지금 이 몸에 이르기까지 수많은 생애의 부모님과 수많은 겁의 친지와 화상·아사리와 동일한 계단의 존사·증사와 상좌·중좌·하좌와 믿음으로 보시한 단월과 선지식·악지식과 모든 하늘과 모든 신선과 세상을 보호하는 사천왕과 선을 주지하고 악을 징벌하며 주를 총지하는 자들을 수호하는 오방의 용왕과 용신·팔부와 나아가 시방세계의 무궁무진한 일체중생을 받들고 그들을 위해 세간의 너무도 자비로우신 아버지께 귀의합니다.

나무 미륵불

나무 유위불

나무 식기불

나무 수섭불

나무 구류진불

나무 구나함불

나무 가섭불

나무 석가모니불

나무 무변신보살

나무 관세음보살

거듭, 시방 온 허공계 일체 삼보께 귀의합니다. 1배

相與人人。等一痛切。五體投地。如大山崩。奉爲有識神已來。至于今身。經生父母。歷劫親緣。和尙阿闍梨。同壇尊證。上中下座。信施檀越。善惡知識。諸天諸仙。護世四王。主善罰惡。守護持呪。五方龍王。龍神八部。廣及十方。無窮無盡。一切衆生。歸依世間。大慈悲父。南無彌勒佛。南無維衛佛。南無式棄佛。南無隨葉佛。南無拘留秦佛。南無拘那含佛。南無迦葉佛。南無釋迦牟尼佛。南無無邊身菩薩。南無觀世音菩薩。又復。歸依十方。盡虛空界。一切三寶。

집해 '친연親緣'은 육친六親을 말한다.

'화상和尙'은 중국말로 친교사親敎師이고, 역생力生이라고도 한다. 각명 공은 "그 힘이 법신의 공덕을 생장시킬 수 있기 때문이다. 또 스승의 힘에 의지하기 때문에 믿음과 이해가 생긴다."라고 하였다.

'아사리阿闍梨'는 중국말로 궤범사軌範師이다. 미수 스님은 "즉 갈마사羯磨師와 교수사敎授師다."라고 하였다.

'동단존증同壇尊證'에 대해 각명 공은 "동일한 계단의 삼존三尊과 칠증七

證"이라 하였다. 여기에 보충 설명을 하자면, 삼존이란 화상和尚 · 갈마사羯
摩師 · 교수사教受師이고 칠증은 계법을 증명하는 일곱 분이다.
　'나무南無'에 대해 각명 공은 말하였다.
　"『장경음의藏經音義』에서 '무無는 막莫과 호胡의 반절이다. 혹 나모那謨
(namo)라고도 하며, 중국말로는 귀의歸依 또는 귀명歸命이고, 구아救我라고
도 한다'고 하였다."
　여기에 보충 설명을 하겠다. 『홍명집弘明集』에서 "외국인들은 처음 만나
면 나무南無라고 말하는데, 목숨을 맡긴다는 표현이다."라고 하였다. 『법
원주림전法苑珠林傳』에서는 "범어로 바르게 말하면 나무南無이고, 중국말
로는 경례敬禮다. 와전된 범어로 화남和南(vandana)이라 하며, 납모納謨 · 낭
모曩謨라고도 하는데 모두 예배禮拜로 번역하고 또 치경致敬이라고도 한
다."고 하였다. 모謨는 『수경』에서 막莫과 호胡의 반절이라 하였다.
　'미륵불彌勒佛'에 대해 미수 스님은 "범어로 온전히 말하면 미제예례야彌
帝曳隷野이고, 중국말로는 자씨慈氏이다. 꿈속 감응에 기인하여 참법을 세
웠기 때문에 미륵을 첫머리에 두었다."고 하였다. 변진 스님과 각명 공의
해석도 위와 동일하다.
　'유위불維衛佛'에 대해 변진 스님, 각명 공, 미수 스님 모두 비바시毗婆尸
라고도 한다고 하였다. 동림 스님은 "중국말로 승관勝觀이다."라고 하였다.
　'식기式弃'는 시기尸弃라고도 하고, 중국말로는 정계頂契 또는 화정火頂
이다.
　'수섭불隨葉佛'은 비사부毗舍浮라고도 하고, 중국말로는 종종변현種種變現
이다.
　'구류진불拘留秦佛'은 구류손拘留孫이라고도 하고, 중국말로는 작장엄作莊
嚴이다.
　'구나함불拘那含佛'은 혹 구나함모니拘那舍牟尼라고도 하고, 중국말로는
금색선金色仙이다.

'가섭불迦葉佛'은 중국말로 음광飮光이다.

'석가모니불釋迦牟尼佛'은 중국말로 능인적묵能仁寂默이다. 보충 설명을 하자면, 이상이 면면히 이어온 과거칠불이다.

각명 공은 다음과 같이 말하였다.

"매번 불명을 칭할 때마다 모두 앞에다 미륵을 표명하고 뒤에 관음을 나열한 것은 미륵께서 가지加持[79]하여 꿈에 제목을 지시했기 때문이고, 무변신보살과 관음보살이 이 참법의 힘을 유통시켰기 때문이다. 또 이 참법은 본래 자비를 종지로 삼는데, 미륵께서는 세세생생 자비를 닦아 그것에 기인해 성씨를 삼은 분이기 때문이다. 무변신과 관음 두 보살은 곧 무제武帝와 지공志公[80]이 그들이다. 이렇게 하지 않는다면 유통시킨 이들을 어떻게 드러내겠는가."

변진 스님은 다음과 같이 말하였다.

"미륵은 곧 현겁賢劫 제5조[81]이고 석가모니는 제4조인데 지금 미륵을 먼저 표명한 것은 꿈속 감응으로 제목을 붙였던 일에 기인한다. 따라서 첫머리에 두었다. 또 이 경에 이미 '자비慈悲'라고 제목을 붙였으므로 미륵은 자慈를 표현하기 때문에 먼저 표명하고, 석가는 비悲를 표현하기 때문에 다음에 표명한 것이다. 따라서 그 아래에 임시로 이름들을 차용하고 먼저 두 부처님께 예배하였으니,[82] 이는 바로 과인果人[83]의 자비이다. 뒤에

---

79 가지加持 : 가加는 가피加被, 지持는 섭지攝持의 뜻이다. 큰 자비를 베풀어 중생들을 포섭하는 것을 말한다.
80 지공志公 : 보지寶志 또는 보지保誌라고도 한다. 양 무제 때에 활동하였으며, 신비한 이적을 많이 보였다고 전한다.
81 현겁賢劫 제5조 : 과거칠불 가운데 비바시·시기·비사부 세 부처님은 장엄겁莊嚴劫에 차례로 출현하셨다. 현겁賢劫에는 구류손·구나함모니·가섭·석가모니 네 부처님이 차례로 출현하셨고, 다음 차례에 미륵이 예정되어 있다. 따라서 미륵불은 현겁 제5조가 된다.
82 과거칠불을 나열했지만 실질적으로는 미륵불과 석가모니불 두 부처님께 귀의함을 표현했다는 것이다.
83 과인果人 : 과위果位를 증득한 사람, 즉 부처님을 말한다.

나열한 무변신보살과 관음보살은 인인因人[84]의 자비이다. 무변신은 일명 지장地藏이라 하며 '자'를 표현하고, 관음은 관자재觀自在라고도 하며 '비'를 표현하기 때문이다."

동림 스님은 다음과 같이 말하였다.

"미륵께서 현신하여 증명하신 일에 기인했기 때문에 먼저 열거하였다. 앞에서 '미륵여래께서는 자애를 이 세상에 융성시키고……'라고 하고, 마지막 편에 이르러 '미륵세존께서 현신하사 저를 위해 증명하소서'라고 한 것도 이런 이유에서이다. 또 『불장경佛藏經』에서 '미륵이 석가모니보다 앞서 발심하고 40겁이 지난 후에 석가모니가 처음으로 발심하였다'라고 하였다. 이런 많은 뜻에 의거한 까닭에 첫머리에 표명한 것이다."

여기에 보충 설명을 하겠다. 앞에서 여러 스님들이 해석하기를, 미륵은 '자'를 표현하기 때문에 먼저 표명하고 석가모니는 '비'를 표현하기 때문에 다음에 표명하였으며, 나아가 무변신과 관음 두 보살 역시 자와 비를 표현하기 때문이라 하였다. 여러 스님들이 이와 같이 여러 가지 의미로 이를 해석하였는데, 서로의 설명이 동일하지 않기 때문에 그 의미를 확정짓기가 어렵다. 각기 주장하는 바가 있기 때문에 모두 올바른 이치에 잘 부합해 한 점의 흠집도 없긴 하지만 간략히 가려내어 관견管見을 진술해 보고자 청하니, 그것은 무엇인가? 석가여래께서는 교화를 마치고 입멸하려 하실 즈음 상생회上生會에서 제도하지 못한 말법중생을 모두 자씨여래慈氏如來에게 부촉하셨다. 따라서 미륵이 지금 교수사가 되어 모든 중생에게 선법을 닦고 익히도록 가르치며 모든 이들의 근기를 성숙시키고 계신다. 나아가 하생할 때에는 석존께서 부촉하신 중생을 먼저 제도하고 그 다음에 다른 중생을 제도하겠다고 서원하신 대도사大導師이시다. 이런 인연으로 먼저 미륵을 표명하고 다음에 석가를 표명한 것이니, 이는 당대

---

[84] 인인因人 : 인지에 있는 사람, 즉 성문이나 연각이나 보살을 말한다.

當代를 더 존중하기 때문이다. 그 이치가 분명하니, 어찌 그것으로 법法을 표현하려 하였겠는가.[85]

또 "꿈속 감응으로 제목을 붙였던 일에 기인했기 때문에 첫머리에 두었다."고 하였는데, 이것 역시 분명하지 않다. 앞에서 "10축이 마무리될 즈음에 이런 가상한 꿈을 꾸었다."고 하였는데, 그러면 10축이 마무리되기 전에는 어떤 부처님을 첫머리에 표명했을까? 제1권 첫머리에 "미륵여래께서는 자애를 이 세상에 융성시키고 비애를 후대의 겁까지 미친다."고 하였는데, 이 한 구절이 10축 끝에 있는가, 10축 앞에 있는가? 도치되고 서로 어긋나 규범이 될 수 없는 것 같지만 이 의미는 다른 것이 아니다. 혜식惠式 스님은 이 참법을 수립하던 초기에, 자씨여래가 현재 교수사로서 중생을 섭수하고 근기에 따라 성숙시켜 모두 괴로움을 벗어나 즐거움을 얻게 하는 자비로운 주인임을 흠앙하여, 그 부처님께서 인도하시는 힘에 오로지 의지하면서 예배하고 참회하며 가피를 구하였다. 따라서 임시로 "자비도량"이라는 이름을 붙이고 제1권 첫머리에 "미륵여래께서는 자애를 융성시키고 비애를 미친다."는 등등의 사실을 표명하여 자비도량이라고 제목을 붙인 의도를 처음에 밝힌 것이다. 그러나 이렇게 만드는 것이 저 자씨의 거울 같은 지혜에 부합하는지 확신하지 못해 의심하고 두려워하면서 참법을 제작하였다. 그러다 10권이 마무리되었을 때 미륵여래께서 직접 모습을 나타내어 꿈결에 아름다운 이름을 지시해 주고자 하셨고, 혜식은 꿈속에서 가르침을 받아 기뻐하고는 잠에서 깨어나 의심을 해결하고서 고치지 않고 제목을 확정지었던 것이다. 따라서 "꿈속 감응에 기인하였다."고 하고, 또 제10권 끝에서 "미륵세존께서 현신하사 저를 위해 증명하소서."라고 한 것이다. 그 뜻이 분명하니, 배우는 이들은 상세히

---

85 법法은 곧 자비慈悲를 지칭한다. 미륵과 석가가 곧 자와 비를 표현한 것이고, 자와 비의 순서에 따라 미륵과 석가의 이름을 차례로 거론했다는 해설을 비판하고 있다.

살펴보라.

또 무변신은 지장이라고도 하며, 모든 지옥에 끝없는 몸을 나타내 고통받는 중생들을 대신하기 때문에 "죄의 근본을 영원히 소멸시키는 분"이라 호칭한다. 관세음은 모든 세간의 고통받는 소리들을 관하여 고통을 뽑아버리고 즐거움을 주는 분이다. 이 참법의 요점은 오로지 죄의 근본을 참회하고 소멸시킴으로써 괴로움을 벗어나 즐거움을 얻는 것이다. 따라서 이에 의지해 예참하려는 자는 반드시 이 두 보살이 섭수하는 힘에 기대어 가피를 입으려고 원해야 한다. 이것이 이치에 맞으니, 어찌 법을 표현한 것이라고 억지를 부리겠는가. 만약 법을 표현한 것으로 그것을 논한다면 지혜로운 자들이야 (그 의도를) 수긍하겠지만 어리석은 자들은 법을 표현한 것일 뿐이라고만 생각하고 가피는 구하지 않을 것이다. 따라서 죄의 근본을 영원히 소멸시키며, 괴로움을 뽑아버리고 즐거움을 주는 분이라는 뜻을 반드시 논해 뒷사람들을 경책하는 것이 이 참법의 취지에 부합한다.

누군가 힐난하였다.

"그 해석은 그렇다 칩시다. 옛 성현께서도 해석하지 않은 것에 왜 지금 그런 해석을 덧씌우는 것입니까? 흡사 맹인이 눈이 멀쩡한 자들을 속이는 짓 같군요."

답변하였다.

"힐난하는 그 뜻은 훌륭하다. 하지만 그대는 삼대(麻)를 짊어지고 금을 버리는 자[86]와 같다. 고덕께서도 말씀하시지 않았는가, 뛰어나고 뛰어난 사람에게도 어리석은 구석이 있고 못나고 못난 사람에게도 아주 빼어난 지혜가 있다고.[87] 또 '옛사람도 요즘 사람만 못한 구석이 있고 요즘 사람

---

[86] 삼대를 짊어지고 금을 버리는 자 : 어리석은 자를 비유하는 말이다. 어떤 사람이 무거운 삼대를 짊어지고 길을 가다가 금덩이를 발견했는데 먼 길을 지고 온 공이 아까워 금덩이를 버려두고 그냥 삼대를 지고 갔다는 비유가 여러 경론에 나온다.

[87] 이 구절은 원대元代 종보본宗寶本 『육조단경六祖壇經』(T48, 349a3)에 나오는 혜능慧

도 옛사람만 못한 구석이 있다'고 하였고, 또 '옛사람이라고 (무조건) 공경하지 말고 요즘 사람이라고 (무조건) 무시하지 말며, 또한 오래 익혔다고 (무조건) 존중하지 말고 초학이라고 (무조건) 가볍게 여기지 마라'고 하였다. 또 '이 법은 옛날이나 지금의 어느 시점에 있는 것이 아니다'라고 하였다. 요즘 사람의 설명이라도 올바른 이치에 부합한다면 반드시 그것으로 규범을 삼아야 한다. 이 참법의 여러 주해注解 가운데 변진 스님·광균 스님·각명 공 등은 곧 옛 철인들이고, 참회사와 동림 스님 등은 근래의 현인들이다. 이런 요즘 현인들도 저 옛날 철인들의 해석을 꾸짖은 곳이 여러 차례 나온다. 그렇다면 옛날이나 지금, 현명함이나 비루함을 이유로 사양해서는 안 된다. 따라서 '법의 뜻을 논하자면 옛날과 지금을 이유로 서로 사양해서는 안 된다. 사양하면 그 도가 명확해지지 않는다'고 한 것이니, 배우는 이들은 상세히 살펴보라. 미래에는 나 역시 옛사람이 된다."

親緣者[六親也]。和尙。此云親敎師。亦曰力生。明公云。謂力能生長法身功德故。又依師力故。而生信解。阿闍梨。此云軌範師。授師云。卽羯摩師。及敎授師。同壇尊證者。明公云。同一戒壇。三尊七證。生枝曰。三尊者。和尙。羯摩。敎受師。七證者。證明戒法七師也。南無。明公云。藏經音義曰。無。莫胡反。或曰那謨。此云歸依。又歸命。亦曰救我。生枝曰。弘明集云。外國人。初見曰南無。歸命之語。法苑珠林傳云。梵語正云南無。此云敬禮。梵語訛云。和南。亦曰納謨。[1]) 又曩謨。皆翻禮拜。又曰致敬。謨者。鏡曰[莫胡反]。彌勒佛。受師云。梵具云彌帝曳隸野。此云慈氏。因夢感立懺故。以彌勒爲首也。眞師明公所解上同。維衛佛。眞師明公授師並云。亦毗婆尸。東林曰。此云勝觀。式弃。亦尸弃。此云頂契。又火頂。隨葉

能의 말이다.

佛。亦曰毗舍浮。此云種種變現。拘留秦佛。亦曰拘留孫。此云作莊嚴。拘那含佛。或云拘那含牟尼。此云金色仙。迦葉佛。此云飮光。釋迦牟尼佛。此云能仁寂默[生枝曰。已上綿歷七佛]。明公云。每到佛名。皆前標彌勒。後列觀音者。謂彌勒加持。夢示題名故。無邊觀音。流通懺力故。又此懺法本宗慈悲 以彌勒。世世修慈。因玆立氏故。無邊觀音二菩薩。卽武帝志公是也。若不然者。何現流通。眞師云。彌勒卽賢劫第五祖。釋迦第四祖。今先標[2]彌勒者。因夢感立題。故爲首也。又此經。旣以慈悲立題。以彌勒表慈故先標。釋迦表悲故次標。是以此下逐段。先禮二佛。是果人之慈悲。後列無邊觀音。因人之慈悲。无邊身。一名地藏。表慈。觀音。亦名觀自在。表悲故也。東林師云。因彌勒現身作證。是故先列。前云彌力[3]如來。慈隆卽世等。至最後篇云。彌力世尊。現爲我證。是以然也。又佛藏經云。彌力。釋迦前發心。四十劫。釋迦方始發心。依此多義。所以首標。生枝曰。上諸師釋云。彌力表慈故先標。釋迦表悲故次標。乃至无邊觀音二菩薩。亦表慈悲故也。諸師如是。多般之義釋之。互說不同故。難以定之。然各有所主故。皆善符正理。一無瑕玷。然略有料揀。請陳管見。何耶。釋迦如來。化畢欲滅。於上生會。未度末法衆生。皆悉付囑。慈氏如來。故彌勒。今作教授師。敎諸衆生。修習善法。皆令根熟。乃至下生之時。先度釋尊付囑衆生後度他。誓作大導師。以是之緣。先標彌勒。次標釋迦者。當代爲尊故也。其理明然。何以表法。又云。因夢感立題故爲首。此亦未明。上云。十軸將周。應斯嘉夢。十軸未周時。何佛爲首標耶。第一卷首初云。彌勒如來。慈隆卽世。悲臻後劫。此之一句。在十軸末耶。十軸前耶。似乎倒置差違。不可爲規。此義非他。惠式師。立懺之初。欽仰慈氏如來。現今作敎授師。攝受衆生。隨根成熟。皆令離苦得樂。慈悲之主。專憑彼佛接引之力。禮拜懺悔。願求加被。故假立慈悲道場之號。第一卷首初。標彌勒如來慈隆悲臻等事。肇開以慈悲道場立題之意。然猶未詳。斯之所作。格彼慈氏之鑑。疑恐制懺。十卷周時。彌勒如來。欲以現應。夢示佳名。惠式夢中。奉敎歡喜。

覺已決疑。不改定目。故曰。乃因夢感。又第十卷末云。彌勒世尊現爲我證。其義明然[學士當詳]。又無邊身者。亦名地藏。於諸地獄。現無邊身。代苦衆生。故號永滅罪根。觀世音者。觀諸世間。受苦音聲。拔苦與樂。此懺之要。專以懺滅罪根。離苦得樂。依此禮懺之者。須憑此二菩薩攝受之力。願蒙加被。順乎於理。何勞表法。若以表法論之。則智者承當矣。愚者但念表法而已。不求加被。故須論永滅罪根拔苦與樂之旨。警後來者。符此懺法。或難曰。此釋且然。乃古賢不解。何以今蒙釋此耶。恰如盲者欺彼有目者之所行。對曰。難意善哉。然汝同擔麻弃金者也。古德不云乎。上上人有沒意智。下下人有上上智。又云。古人不及今人。今人不及古人。又云。不敬古人。不弃今人。又不重久習。不輕初學。又云。此法不在古今之位。雖今人之說。若符正理。須以爲䂓。此懺注解中。辨眞廣鈞覺明公等。乃古哲也。懺悔師東林師等。今賢也。此等今賢。呵彼古哲之釋。數數有之。然則不以古今賢鄙讓焉。故云。若論法義。不以古今相讓。讓之則。其道不明。學士詳之[於未來世。我亦爲古人也]。

---

1) ㉮ '䛇'는 저본에 'ㅣ'로 되어 있고 그 아래 "이 획은 '䛇' 자로 본다."는 주가 있다. 따라서 편자가 '䛇'로 고쳤다. 아래에서도 마찬가지이다. 2) ㉯ '標'는 저본에 'ㅣ'로 되어 있고 그 아래 "이 획은 '標' 자로 본다."는 주가 있다. 따라서 편자가 '標'로 고쳤다. 아래에서도 마찬가지이다. 3) ㉰ '力'은 '勒'의 간자다. 아래에서도 마찬가지다.

참법 원하옵건대, 자비의 힘으로 모두를 거두어 주시고 신통력으로 감싸 보호하며 건져 주소서. 오늘부터 보리에 이르도록 사무량심과 육바라밀이 항상 앞에 나타나고 사무애지四無碍智와 육신통력이 뜻대로 자재하게 하시며, 보살도를 행하여 부처님의 지혜에 들어가 시방의 중생을 함께 교화해 다 같이 정각에 오르게 하소서. 1배

願以慈悲力。同加攝受。以神通力。覆護拯接。從今日去。至于菩提。四無量心。六波羅蜜。常得現前。四無礙智。六神通力。如意自在。行菩薩道。
入佛智慧。同化十方。俱登正覺(一拜)。

집해 '사무량심四無量心'에서 자와 비 두 마음은 이미 해석하였다. '희사喜捨'는 상대방을 기쁘게 하고, 자신은 그 생각에서 떠나는 것이다. 생각에서 벗어나는 것을 사捨라 한다. 이 네 가지 마음이 끝이 없는 경계를 반연하기 때문에 무량無量이라 한다.

'육바라밀六波羅密'은 보시布施·지계持戒·인욕忍辱·정진精進·선정禪定·지혜智慧이다. 바라밀波羅密은 중국말로 도피안度彼岸이라 한다. 이 여섯 가지 법을 행하면 피안인 열반으로 건너갈 수 있다.

'사무애지四無碍智'에 대해『지도론智度論』에서는 법무애法無尋·의무애義無尋·사무애詞無尋·요설무애樂說無尋라 하였다. 마음에 있으면 지智라 하고, 입으로 말하면 변辯이라 한다.

'육신통六神通'은 천안통天眼通·천이통天耳通·타심통他心通·숙명통宿命通·여의통如意通[88]·누진통漏盡通이다.

四無量心者。慈悲。二心已釋。喜捨者。令彼歡喜。使我離念。離念。謂之名捨。此四心緣罔極境。故名無量。六波羅密。布施。持戒。忍辱。精進。禪定。智慧。波羅密。此云度彼岸。行此六法。則能度涅槃彼岸。四無碍智。智度論云。法无尋。義無尋。詞无尋。樂說無尋。在心曰智。在口曰辯。六神通。天眼。天耳。他心。宿命。如意。漏盡通也。

참법 오늘 이 도량의 동업대중이여, 다시 정성을 다해 마음과 생각을 잘 거두십시오. 다 함께 이미 귀의하고 믿는 문에 들어오게 되었으니, 오

---

88 여의통如意通: 신족통神足通이라고도 한다.

로지 뜻을 가다듬어 나아날 것을 기약하고 내법內法과 외법外法에 다시는 망설이지 말아야 합니다. 만약 본래의 업이 밝지 못하여 스스로 지을 수 없다면 다른 사람이 복을 짓는 것을 보았을 때 권장하기라도 해야 합니다. 밝음으로 나아가는 그의 덕을 찬탄하고 합장해야지, 작정하고서 갖가지 장애를 만들어 저 수행하는 사람으로 하여금 물러날 마음을 먹게 해서는 안 됩니다. 만약 그렇게 해서 물러나지 않는다면, 그 사람은 여전히 나아가므로 그에겐 이미 줄어듦이 없는 것이고 오로지 자신만 손해일 것입니다. 그러니 공연히 시비를 일삼은들 자신에게 무슨 이익이 있겠습니까. 선을 장애하는 일이 전혀 없다면 그를 도에 합하여 힘을 갖춘 대인大人이라 하겠습니다. 만약 지금 장애를 짓는다면 미래 세상에서 어떻게 부처님의 도를 통달할 수 있겠습니까. 이치를 따라 살펴보면 그 손해가 막심하고, 다른 이의 선근을 방해하면 그 죄는 참으로 가볍지 않습니다.

『호구경護口經』[89]에서 말씀하셨습니다.

"어떤 아귀가 있었는데, 그 형상이 추악해 그를 본 사람치고 털을 곤두세우며 두려워하지 않는 자가 없었다. 몸에서는 불덩어리 같은 맹렬한 불길이 치솟고, 입에서는 끝없이 구더기가 쏟아져 나왔으며, 피고름 범벅인 여러 쇠약한 기관으로 그 몸을 장엄하고, 고약한 냄새가 멀리까지 풍겨 가까이 다가갈 수 없었다. 그는 입으로 불꽃을 토하기도 하였고, 뼈마디마다 불길이 일어나 큰소리로 고함을 치고 통곡하며 이리저리 치달리고 있었다.

이때 만족滿足이라는 나한羅漢이 아귀에게 물었다.

'너는 전생에 무슨 죄를 지었기에 지금 이런 고통을 받는 것인가?'

---

[89] 『호구경護口經』이라는 경명은 따로 존재하지 않는다. 아래 인용한 경문은 『출요경出曜經』 권10 「학품學品」(T4, 662c)에 수록되어 있다. 『경률이상經律異相』·『법원주림法苑珠林』·『제경요집諸經要集』에서도 이 부분을 인용하면서 출전을 『호구경』이라 하였다. 구업을 청정히 수호한 사람과 구업을 청정히 수호하지 못한 사람의 과보를 소개한 내용에 의거하여 『호구경』이라는 별명을 붙였거나, 이 부분이 따로 유통되었던 것으로 추측된다.

아귀가 대답하였다.

'저는 전생에 사문이었으나 재산에 연연하여 탐착을 버리지 못하였고, 위의를 보호하지 않고서 추악한 말을 내뱉었으며, 계행을 지키고 정진하는 사람을 보면 곧바로 꾸짖고 욕하면서 눈을 흘기고 쳐다보기도 싫어했습니다. 부유함과 튼튼함을 자신해 영원히 죽지 않을 것처럼 생각하고 불선不善의 근본을 한량없이 저질렀으니, 지금 돌이켜 생각하고 후회한들 무슨 소용 있겠습니까. 차라리 날카로운 칼로 이 혀를 스스로 잘라 이 겁에서 저 겁에 이르도록 달가운 마음으로 고통을 받을지언정 다른 사람의 선善을 비방하는 말은 단 한마디라도 하지 말아야 했습니다. 존자께서 염부제閻浮提로 돌아가시거든 저의 이런 모습으로 여러 비구와 불제자를 깨우쳐 주십시오. 구업의 허물을 잘 보호해 함부로 입 밖에 내지 말며, 계행을 지키는 자를 보건 계행을 지키지 않는 자를 보건 그 덕을 선양할 생각만 하라고 하십시오. 아귀의 몸을 받아 수천 겁 동안 해가 지고 밤이 새도록 온갖 고초를 받았지만, 저는 여기에서 생명이 다하면 다시 지옥에 들어갈 것입니다.'

그때 아귀가 이 말을 마치고는 큰소리로 고함을 치고 통곡하며 큰 산이 무너지듯 스스로 몸을 땅에 던졌다."

今日道場。同業大衆。重復至誠。善攝心念。相與已得入歸信門。唯應秉意。以趣向爲期。於內外法。莫復留難。若本業不明。自不能造。見人作福。唯應獎勸。彈指合掌。明進其德。不宜起心。生諸妨礙。使彼行人。心成阻退。若是不退。彼進如故。彼旣無減。唯當自損。空搆是非。於身何益。若能於善。無有礙者。可謂合道。有力大人。若今作礙者。於未來世。云何能得。通達佛道。就理而尋。損害實重。阻他善根。罪眞不輕。如護口經說。有一餓鬼。形狀醜惡。見者毛竪。莫不畏懼。身出猛燄。猶如火聚。口出蛆虫。無有窮盡。膿血諸衰。以自嚴身。臭氣遠徹。不可親近。或口吐燄。支節火起。舉聲號哭。東西馳走。是時滿足羅漢。問餓鬼曰。汝宿何罪。今受此苦。餓鬼答言。吾徃昔時。曾作沙門。戀著資生。慳貪不捨。不護威儀。出言麁惡。若見持戒。精進之人。輒復罵辱。偏眼惡視。自恃豪強。謂長不死。造諸無量。不善之本。而今追憶。悔無所補。寧以利刀。自截其舌。從劫至劫。甘心受苦。不以一言。誹謗他善。尊者還閻浮提。以我形狀。誡諸比丘及佛弟子。善護口過。勿妄出言。設見持戒。不持戒者。念宣其德。受餓鬼身。經數千劫。終日竟夜。備受楚毒。我此命盡。復入地獄。是時餓鬼。說此語已。舉聲號哭。自投于地。如大山崩。

[집해] '내법과 외법(內外法)'에 대해 변진 스님과 미수 스님은 "안으로 삿된 생각을 일으키지 않고 밖으로 타인을 장애하지 않는 것이다. 자신의 선이 안이 되고 타인의 선이 밖이 되며, 자리自利가 안이 되고, 이타利他가 밖이 된다."고 하였다. 각명 공은 "지혜의 학문(慧學)이 안이 되고 생활 도구(資具)가 밖이 된다. 또 몸으로 안을 삼고 사물로 밖을 삼는다."고 하였다.

'장奬'에 대해 동림 스님은 "돕다(助), 이루다(成), 힘쓰다(勵)라는 뜻이고, 권하다(勸)라는 뜻이기도 하다."고 하였고, "'불의不宜' 두 글자는 '저퇴阻退' 아래까지 걸린다."[90]고 하였다. 여기에 보충 설명을 하자면, 그 문장은 그렇게 해석해도 된다.

'저蛆'는 칠七과 여余의 반절이고, 살 속에 있는 벌레이다.

'만족滿足'은 곧 부루나富樓那(Pūrna)이니, 강이 만수위일 때 태어났기 때문이다.

'나한羅漢'은 범어로 온전히 말하면 아라한阿羅漢(arhat)이고, 중국말로 살적殺賊·무번뇌無煩惱·무생無生·응공應供이다.

---

[90] "不宜起心 生諸妨礙 使彼行人 心成阻退"의 해석에 대한 설명이다.

'편안오시偏眼惡視'에서 편안偏眼의 앞 글자는 평성이고, 똑바로 쳐다보지 않는 것이다. 오시惡視의 앞 글자는 상성이고 오五로 발음하며 싫어하다(厭)라는 뜻이다.

'염부제'에 대해 각명 공은 "이는 주洲의 이름이다. 서역에 아홉 개의 흑산黑山이 있고 그 가운데 아뇩달지阿耨達池가 있는데, 그 못 북쪽에 염부림琰浮林이 있다. 남주南洲라는 이름이 여기에서 기인하였다."고 하였다. 여기에 보충 설명을 하겠다. 섬부수贍部樹라고도 부르는데, 중국말로 번역하면 예수穢樹이다. 이 나무에서 금이 나와 이로 인해 번뇌를 일으키기 때문이다. 다른 지방에는 없다. 또 『능엄해』에서는 "이 큰 바다의 남쪽 언덕에 이 나무가 있으니, 이름이 염부제琰浮提이다."라고 하였다.

물었다.

"이 나무는 한그루뿐입니까, 아니면 많습니까? 왜 있다는 곳이 다릅니까?"

대답하였다.

"아마 두 곳에 다 있을 것이다. 두 가지 모두 근거(文證)가 분명하기 때문이다."

'불제자'는 근사남近事男·근사녀近事女 등을 말한다.

'초독楚毒'의 앞 글자는 곧 아프다(痛)는 뜻이다.

內外法。眞師授師云。內不起邪念。外不障他。自善爲內。他善爲外。自利爲內。利他爲外。明公云。慧學爲內。資具爲外。又以身爲內。以物爲外。奬。東林師云[助也。成也。勸也。亦勸也]。不宜二字。入阻退下[生枝曰。當其文釋之亦可]。蛆[七余切。虫在肉中也]。滿足。卽富樓那。謂江水滿時生故。羅漢者。梵具云阿羅漢。此云殺賊。無煩惱。无生。應供。偏眼惡視。偏眼者。上平聲。不平正視。惡視者。上音五。厭也。琰浮提。[1] 明公云。此洲之名。西域有九黑山中。有阿耨達池。池北有琰浮林。南洲因以名之。生枝曰。亦名贍部樹。此翻穢樹。此樹生金。因此生煩惱故。他方无。又楞嚴解云。此大海南岸。有此樹。名琰浮提。問。此樹爲一爲多。何以在處不同耶。答。疑二處。皆有[二文明故]。及佛第[2)]子。謂近事男女等。楚毒[上卽痛也]。

1) ㉠『참법』에는 '琰浮提'가 '閻浮提'로 되어 있다. 2) ㉠ '第'는 '弟'인 듯하다.

참법 동업대중이여, 경의 말씀처럼 크게 두려워해야 합니다. 겨우 구업의 허물만으로도 억겁의 과보를 받았는데 하물며 그 나머지 불선의 근본들이겠습니까. 이 몸을 버리고 고통을 받는 것은 모두 업을 지었기 때문이니, 원인을 짓지 않았다면 어찌 과보를 받겠습니까. 지은 원인이 있으면 과보는 끝끝내 없어지지 않습니다. 죄와 복이 멀리 있지 않아 자신이 직접 받게 되니, 그림자나 메아리처럼 벗어날 수가 없습니다. 무명으로 말미암아 태어났다가 또 그로 인해 죽어가는 과거·현재·미래의 방일한 사람들, 그런 사람들이 해탈을 얻는 것은 본 적이 없습니다. 수호할 수 있는 자만이 무궁한 복을 받나니, 오늘 대중들은 마땅히 각자 부끄러워해야 합니다. 몸과 마음을 깨끗이 씻고 지난 허물을 참회하여 옛일로 끝내고 더 이상 새로 짓지 않는다면 모든 부처님께서 칭찬하실 것입니다.

다 함께 오늘부터 다른 사람이 선을 닦는 것을 보면 (따라 기뻐해야 합니다.) 그가 성취하건 성취하지 못하건 오래하건 오래하지 못하건, 단 일념이나 한 순간이나 일시나 일각에 그치건, 하루나 한 달이나 반년이나 일 년을 하건 이미 그는 하지 않은 자들보다는 훌륭합니다. 그러므로 『법화경』에서 "마음이 산란한 사람이라도 탑 속에 들어가 '나무불南無佛' 하고 한 번만 칭명하면 모두 이미 불도를 이룬 것이다."[91]라고 하셨으니, 하물며 이와 같이 큰마음을 일으켜 복과 선을 부지런히 닦는 그런 사람이겠습

---

91 『묘법연화경妙法蓮華經』 권1 「방편품方便品」(T9, 8b)

니까. 따라 기뻐하지 않는다면 현성들께서 슬피 여길 것입니다.

아무개 등이 스스로 생각하건대, (우리는) 시작이 없는 생사로부터 오늘에 이르기까지 이미 한량없는 나쁜 마음으로 타인의 훌륭한 선을 방해하였습니다. 그렇다는 것을 어떻게 아는가? 만약 그런 일이 없었다면 왜 오늘 이렇게 여러 선법에 자꾸 망설여지며, 선정을 익히지 못하고, 지혜를 닦지 못하고, 잠시만 예배해도 너무 힘들다고 말하고, 잠깐만 경을 읽어도 바로 싫증을 내며, 종일토록 요란하게 온갖 악업만 일으켜 이 몸이 해탈을 얻지 못하게 하고, 누에가 고치를 짓듯 스스로를 얽어매고 나방이 불길에 달려들듯 밤새도록 애를 태우겠습니까. 이와 같은 장애가 한량없고 끝이 없어 보리의 마음을 장애하고, 보리의 원을 장애하고, 보리의 행을 장애하나니, 이는 모두 악한 마음으로 남의 선을 비방한 탓입니다. 이제야 비로소 깨닫고 크게 부끄러워하는 마음을 일으켜 머리 숙여 애원하며 그 죄를 참회합니다.

오로지 원하옵니다. 모든 부처님과 대보살님이시여, 자비하신 마음으로 모두에게 신력神力을 내려 아무개 등이 참회하는 바를 소멸시켜 주시고 뉘우치는 바를 청정하게 하시어 한량없는 죄업이 지금의 참회로 인해 남김없이 모두 깨끗해지게 하소서.

모든 사람이 다 함께 평등한 일심으로 간절하게 오체투지하며, 세간의 너무도 자비로우신 아버지께 귀의합니다.

나무 미륵불

나무 석가모니불

나무 선덕불

나무 무우덕불

나무 전단덕불

나무 보시불

나무 무량명불

나무 화덕불

나무 상덕불

나무 삼승행불

나무 광중덕불

나무 명덕불

나무 사자유희보살

나무 사자분신보살

나무 무변신보살

나무 관세음보살

거듭, 시방 온 허공계 일체 삼보께 귀의합니다. 1배[92]

今日道場。同業大衆。如經所說。大可怖畏。止以口過。獲報累刼。何況其餘。不善之本。捨身受苦。皆由作業。若不作因。云何得果。若有造因。果終不失。罪福不遠。身自當之。譬如影響。不得捨離。因無明生。亦因而死。去來現在。行放逸者。未見是人。而得解脫。能守護者。受福無窮。今日大衆。宜各慙愧。洗浣身心。懺謝前咎。畢故不造新。諸佛稱歎。相與從今日去。若見人之修善。莫論成與不成。久與不久。但使一念一頃。一時一刻。一日一月。半年一歲。已自勝於。不作者矣。所以法華經言。若人散亂心。入於塔廟中。一稱南無佛。皆已成佛道。而況有人。能發如是大心。勤於福善。不隨喜者。聖所悲念。(某甲)自惟。無始生死已來。至于今日。已應有無量惡心。阻人勝善。何以知然。若無是事。云何今日。於諸善法。多有留難。禪定不能習。智慧不能修。少時禮拜。已言大苦。暫執經卷。復生厭怠。終日勞擾。起諸惡業。使此身形。不得解脫。如蠶作繭。自縈自縛。如蛾赴火。長夜焦然。如是等障。無量無邊。障菩提心。障菩提願。障菩提行。皆

---

[92] 반복되는 문장 형식으로 보아 누락된 것으로 추측되어 '1배'를 보입하였다.

由惡心。誹謗他善。今始覺悟。生大慙愧。稽顙求哀。懺悔此罪。唯願諸佛。諸大菩薩。以慈悲心。同加神力。令(某甲)等。所懺除滅。所悔淸淨。所有障礙。無量罪業。因今懺悔。淨盡無餘。相與人人。等一痛切。五體投地。歸依世間大慈悲父。南無彌勒佛。南無釋迦牟尼佛。南無善德佛。南無無憂德佛。南無栴檀德佛。南無寶施佛。南無無量明佛。南無華德佛。南無相德佛。南無三乘行佛。南無廣衆德佛。南無明德佛。南無師子遊戲菩薩。南無師子奮迅菩薩。南無無邊身菩薩。南無觀世音菩薩。又復。歸依十方。盡虛空界。一切三寶。

[집해] '보리의 마음을 장애하고……'에 대해 변진 스님은 "(보리의 마음은) 곧 인지因地에서 과위果位의 마음을 일으키는 것이다. 원願은 곧 사홍서원이고, 행行은 곧 만행萬行이다. 이 세 가지 법에서 하나라도 빼서는 안 된다."고 하였다.
'선덕불善德佛' 등 십불은 동방 등 시방의 부처님을 차례에 따라 나열한 것이다.

障菩提心等。眞師云。卽因地發果位心。願。卽四弘願。行。卽萬行。此之三法。闕一不可。善德佛等。十佛。如次列東方等十方佛也。

[참법] 다 함께 무릎을 꿇고 합장하고서 각자 자기 이름을 말하고, 마음 속으로 다음과 같이 말씀하십시오.
아무개 등은 시작이 없는 생사로부터 오늘에 이르기까지, 도를 얻지 못하고 이 업보의 몸을 받아 네 가지 일에서 벗어나지 못하였으며, 삼독이 치성하여 탐욕과 분노와 질투로 온갖 악업을 일으켰습니다. 보시하고 지계하는 사람을 보고도 스스로 행하지 못하고 따라서 기뻐하지도 못하였으며, 인욕하고 정진하는 사람을 보고도 스스로 행하지 못하고 따라서 기

뻐하지도 못하였으며, 좌선하고 지혜의 업을 닦는 사람을 보고도 스스로 행하지 못하고 따라서 기뻐하지도 못하였습니다. 한량없고 끝없는 이와 같은 죄악을 오늘 참회하오니, 부디 말끔히 없애 주소서.

또한 시작이 없는 때로부터 오늘에 이르기까지, 선을 행하며 여러 공덕을 닦는 사람을 보고도 따라서 기뻐하지 못하였고, 행주좌와行住坐臥 네 가지 위의威儀에 부끄러워하는 마음이 없었으며, 교만하고 게을러 무상함을 생각지 않았고, 이 몸을 버린 다음에는 지옥에 들어가야 한다는 것도 모르고 다른 이의 몸에 갖가지 악행을 저질렀으며, 삼보를 건립해 높이 드러내고 공양하는 사람들을 장애하고, 일체 공덕을 닦는 사람들을 장애하였습니다. 이와 같은 죄장이 한량없고 끝이 없는 것을 오늘 참회하오니, 부디 말끔히 없애 주소서.

또한 시작이 없는 때로부터 오늘에 이르기까지, 삼보가 바로 귀의할 곳임을 믿지 않아 출가하려는 사람을 장애하고, 지계하는 사람을 장애하고, 보시하는 사람을 장애하고, 인욕하는 사람을 장애하고, 정진하는 사람을 장애하고, 좌선하는 사람을 장애하고, 독경하는 사람을 장애하고, 사경하는 사람을 장애하고, 불상을 조성하는 사람을 장애하고, 재를 베푸는 사람을 장애하고, 공양하는 사람을 장애하고, 고행하는 사람을 장애하고, 도를 실천하는 사람을 장애하였으며, 나아가 다른 사람이 털끝만큼의 선이라도 행하면 모두 장애하였습니다. 출가가 바로 멀리 벗어나는 법이라는 것을 믿지 않고, 인욕이 바로 안락한 행이란 것을 믿지 않고, 평등이 바로 보리의 길이란 것을 모르고, 형상을 잊는 것이 바로 세간을 벗어나는 마음이란 것을 몰라 태어나는 곳마다 온갖 장애가 많았습니다. 이와 같은 죄장罪障이 한량없고 끝이 없음을 오직 모든 부처님과 대보살님만이 남김없이 아시고 남김없이 보십니다. 부처님과 보살님께서 아시고 보시는 바와 같은 그 하고많은 죄들을 오늘 부끄러워하며 드러내 참회하오니, 모든 죄의 원인과 고통스러운 과보를 부디 소멸시켜 주소서.

오늘부터 도량에 앉는 그날까지 보살도를 행하며 싫증내는 일이 없고, 재물과 법의 두 보시가 다함이 없을 것이며, 지혜와 방편으로 하는 일마다 헛되지 않고, 보고 듣는 모든 것에서 해탈하지 못하는 일이 없을 것입니다.

다 함께 마음을 다해 오체투지하며 우러러 원하옵니다. 시방의 일체 모든 부처님과 큰 지위의 보살과 일체 현성이시여, 자비하신 마음으로 함께 신력을 베풀어 주소서. 육도의 일체중생이 지금 이 참법으로 모든 고통을 남김없이 끊어버리고 전도된 인연을 벗어나 나쁜 견해를 일으키지 않으며, 사악취의 업을 버리고 지혜가 생겨서 보살도 행하기를 쉬지 아니하고, 행과 원이 금방 원만해져 빨리 십지十地에 오르고 금강심金剛心에 들어가 등정각等正覺을 성취하게 하소서. 1배

相與胡跪合掌。各自稱名。心念口言。(某甲)等。從無始生死已來。至于今日。未能得道。受此報身。於四事中。未得相離。三毒熾然。貪瞋嫉妬。起衆惡業。見人布施持戒。自不能行。不能隨喜。見人忍辱精進。自不能行。不能隨喜。見人坐禪修智慧業。自不能行。不能隨喜。如是等罪。無量無邊。今日懺悔。願乞除滅。又復無始已來。至于今日。或見人作善。修諸功德。不能隨喜。行住坐臥。於四威儀。心無慙愧。驕慢懈怠。不念無常。不知捨此身形。應入地獄。於他身色。起種種惡。障人建立三寶。興顯供養。障人修習。一切功德。如是罪障。無量無邊。今日懺悔。願乞除滅。又復無始已來。至于今日。不信三寶。是歸依處。障人出家。障人持戒。障人布施。障人忍辱。障人精進。障人坐禪。障人誦經。障人寫經。障人造像。障人齋會。障人供養。障人苦行。障人行道。乃至他人。一毫之善。皆生障礙。不信出家。是遠離法。不信忍辱。是安樂行。不知平等。是菩提道。不知忘相。是出世心。致使生處。多諸障礙。如是罪障。無量無邊。唯有諸佛。諸大菩薩。盡知盡見。如諸佛菩薩。所知所見。罪量多少。今日慙愧。發露懺悔。一切罪因苦果。願乞消滅。從今日去。至坐道場。行菩薩道。無有疲猒。財法二施。無有窮盡。智慧方便。所作不空。一切見聞。無不解脫。相與至心。五體投地。仰願十方。一切諸佛。大地菩薩。一切賢聖。以慈悲心。同加神力。令六道一切衆生。以今懺法。一切衆苦。皆悉斷除。離顚倒緣。不起惡覺。捨四趣業。得智慧生。行菩薩道。不休不息。行願早圓。速登十地。入金剛心。成等正覺(一拜)。

[집해] '네 가지 일에서(四事中)'에 대해 변진 스님은 탐욕(貪)·분노(嗔)·어리석음(癡)·교만(慢)이라 하였고, 각명 공과 미수 스님은 의복(衣)·음식(食)·와구(臥具)·의약품(醫藥)이라 하였다.

'사악취의 업(四趣業)'은 지옥·아귀·축생·아수라에 태어나게 하는 업이다.

'금강심金剛心'은 등각等覺의 최후심이다.

四事中。眞師云。貪嗔癡慢。明公授師云。衣食臥具醫藥也。四趣業。地獄餓鬼畜生修羅。金剛心。等覺後心。

제3. 참회

보리심을 일으키고자 한다면 반드시 참회해야 한다. 따라서 다음 세 번째로 참회법문을 밝혔다.

[참법] 오늘 이 도량의 동업대중이여, 경에서 "범부에게 있으면 속박이라 하고 성인에게 있으면 해탈이라 한다."고 하였으니, 속박은 바로 삼업으로 일으킨 악이요, 해탈 역시 삼업의 걸림 없는 선입니다. 일체 성인께

서는 편안한 마음을 여기에 두고서 신통지혜의 방편과 한량없는 법문으로 중생들이 짓는 선악의 업을 분명히 아십니다. 하나의 몸으로 한량없는 몸을 만들 수도 있고 하나의 형상으로 갖가지 모습을 변화로 나타낼 수도 있으며, 한 겁을 줄여 하루로 만들 수도 있고 하루를 늘려 한 겁으로 만들 수도 있으며, 수명을 정지시키고 싶으면 곧 영원히 사멸하지 않고 무상을 나타내고 싶으면 곧 열반을 보여 주며, 신통과 지혜로 출몰이 자재하고, 날아다니는 것이 적성에 맞는 듯 허공에서 앉고 누우며, 땅처럼 물 위를 걸어도 험난한 꼴을 당하지 않고, 끝끝내 공적함으로 깃들 곳을 삼으며, 만법을 통달하여 공과 유를 함께 밝히고 변재를 성취하며 지혜가 한량없습니다. 이와 같은 법은 악업으로부터 생긴 것이 아니고, 탐욕과 분노와 질투로부터 생긴 것도 아니며, 어리석음과 사견邪見으로부터 생긴 것도 아니고, 나태와 해태로부터 생긴 것도 아니며, 교만과 독선으로부터 생긴 것도 아닙니다. 오직 삼가고 조심하여 온갖 악업을 짓지 않고 선업을 부지런히 행함으로부터 생긴 것입니다. 온갖 선업을 닦으며 부처님 말씀을 따랐는데도 빈궁한 자가 있고, 누추한 자가 있고, 불구에 온갖 병이 들어 자유롭지 못한 자가 있고, 사람들에게 능멸凌蔑당하는 비천한 자가 있고, 무슨 말을 하건 사람들이 신용하지 않는 자가 있다면 그런 사람을 어디에서 보셨습니까? 이제 이 몸으로 보증하리니, 만약 부처님 말씀에 따라 온갖 공덕을 닦으면서 자신만 위하지 않았는데도 나쁜 과보를 받은 자가 단 한 사람이라도 있다면, 차라리 제가 아비지옥에 들어가 갖가지 고통을 받을지언정 이런 사람이 나쁜 과보를 받게 하는 일은 결코 없을 것입니다.

懺悔第三(將欲發菩提心。必須懺悔故。次第三顯懺悔法門。)
今日道場。同業大衆。經言。在凡謂之縛。在聖謂之解。縛卽是三業所起之惡。解亦是三業無礙之善。一切聖人。安心斯在。神智方便。無量法門。明了衆生。善惡之業。能以一身。作無量身。能以一形。種種變現。能促一劫。以爲一日。能延一日。以爲一劫。欲停壽命。則永不滅。欲現無常。則示涅槃。神通智慧。出沒自在。飛行適性。坐臥虛空。履水如地。不見險難。畢竟空寂。以爲棲止。通達萬法。空有俱明。成就辯才。智慧無量。如是等法。不從惡業中生。不從貪瞋嫉妬中生。不從愚癡邪見中生。不從懶惰懈怠中生。不從驕慢自養中生。唯從謹愼。不作衆惡。勤行善業中生。何處見人。修諸善業。隨從佛語。而有貧窮者。有醜陋者。有癃殘百疾不自在者。有卑賤爲人凌蔑者。有所言說不爲人信用者。今以身證。若有一人。隨從佛語。修諸功德。不爲自身。而得惡報者。寧以我身。入阿鼻地獄。受種種苦。使此等人。得惡報者。無有是處。

제3. 참회

집해 '하나의 몸으로……할 수도 있고(能以一身……)' 등은 몸을 하나나 여럿으로 변화시키는 것을 마음대로 하는 것이고, 그 다음 '한 겁을 줄일 수도 있고' 아래는 시간과 겁을 늘리고 줄이는 것을 마음대로 하는 것이며, 그 뒤의 '수명을 정지시키고 싶으면' 아래는 수명을 유지하고 끝내는 것을 마음대로 한다는 것이다.

'신통과 지혜로……'는 묘용妙用이 자재한 것이다.

'날아다니는 것이 적성에 맞다'에서 '땅처럼 물 위를 걷는다'까지는 곧 작용이다. '끝끝내'에서 '깃들 곳을 삼는다'까지는 작용하지만 항상 고요하다는 것이다.

'尫尫'은 풍풍으로 발음하고, 걸음걸이가 바르지 못한 것이다.

'蔑蔑'은 멸멸로 발음하고, 업신여기다(輕)라는 뜻이다.

懺悔第三

能以一身等者。身形一多自在。次能促下。時劫延促自在。後欲停下。壽命住滅自在。神通智慧等。妙用自在。飛行適性至履水如地。卽用也。畢竟至栖止者。用而常寂。癈[音豊。行不正也]。箋[1)][音滅。輕也]。

1) ㉑『참법』에는 '箋'이 '蔑'로 되어 있다.

참법 오늘 이 도량의 동업대중이여, 만약 범부를 버리고 성인의 자리에 들어가고 싶다면 마땅히 부처님 말씀을 의지해 가르침대로 수행해야 합니다. 작은 고통을 토로하며 나태한 마음을 내지 말고, 스스로 노력하고 참회하며 죄를 소멸시켜야 합니다. 경에서 "죄는 인연을 따라 생기고 또 인연을 따라 소멸한다."고 하였습니다. 이미 범부를 면치 못해 부딪치는 곳마다 늘 헤매니, 스스로 이를 바탕으로 참회하지 않는다면 벗어날 길이 없습니다.

다 함께 오늘 용맹한 마음을 일으키고 참회하는 뜻을 일으켜야 합니다. 참회의 힘은 불가사의하니, 그렇다는 것을 어떻게 알 수 있는가? 아사세 왕은 대역죄를 지었지만 부끄러워하고 참회하여 무거운 죄의 고통을 가볍게 받았습니다. 또한 이 참법은 수행하는 모든 사람으로 하여금 안온한 즐거움을 얻게 하는 것입니다. 스스로를 타이르며 온 정성을 다해 노력하고 머리를 깊숙이 조아려 참회하고 귀의하면서 끝까지 하겠다고 다짐할 수 있다면, 모든 부처님을 감동시키지 못한다는 것은 있을 수 없는 일입니다. 악업의 과보는 소리나 메아리처럼 오차가 없으니, 마땅히 두려워하며 간절하게 참회해야 합니다.

今日道場。同業大衆。若欲捨凡入聖者。當依佛語。如教修行。莫辭小苦。生懶惰心。宜自努力。懺悔滅罪。經言。罪從因緣生。亦從因緣滅。既未免凡類。觸向多迷。自非資以懺悔。無由出離。相與今日。起勇猛心。發懺悔意。懺悔之力。不可思議。何以知然。阿闍世王。有大逆罪。慙愧悔責。重苦輕受。又此懺法。令諸行人。得安隱樂。若能自課。努力披誠。至到稽顙。懺悔歸依。畢竟爲期者。而不通感諸佛。未之有也。惡業果報。影響無差。

應當怖懼。苦到懺悔。

집해 '아사세왕阿闍世王'은 중국말로 미생원未生怨이다.

'대역죄를 지었지만(有大逆罪)'은 아버지를 죽이고 어머니를 해쳤던 것을 말한다. 『살다비바薩多毗婆』[93] 등의 논에서 "아사세왕은 대역죄를 저질러 (아비)지옥에 들어가야 마땅했지만 진실한 마음으로 부처님을 찾아간 덕분에 아비지옥의 고통을 면하고 흑승지옥(黑繩獄)에 들어갔으며, 인간 세계로 치면 7일에 해당하는 시간 동안에 중죄가 완전히 소멸하였다."[94]고 하였다. 미수 스님은 『열반경涅槃經』[95]에 준하여 "아사세왕은 아버지를 죽인 후 다시 마음으로 후회하였는데, 그 후회하는 마음의 열기 때문에 온몸에 종기가 생겨 그 냄새가 가까이 다가갈 수 없을 정도였다. 세상의 온갖 약으로도 치료가 되지 않자 기바耆婆는 부처님을 찾아뵙도록 권하였고, 왕은 곧 부처님 앞에 나아가 부끄러워하며 참회하였다. 이에 부처님께서 빛을 놓아 그를 비추자 온몸의 종기가 즉시 치유되었고, 대역죄 역시 소멸하였다."고 하였다.

阿闍世王。此云未生怨。有大逆罪。謂殺父害母也。薩多毗婆等論云。阿闍世王。有逆罪。應入地獄。以誠心向佛。故免阿鼻獄苦。入黑繩獄。如人間七日。重罪卽滅盡。授師云。准涅槃經。闍王。殺父後還心悔。心悔熱故。遍體生瘡。臭不可近。種種世藥。難以療之。耆婆勸往見佛。王卽詣佛前。慙愧懺悔。佛放光照之。身瘡卽愈。逆罪消滅。

참법 각자 마음을 다해 평등한 일심으로 간절하게 오체투지하고, 마음

---

93 『살다비바薩多毗婆』: 『살바다비니비바사薩婆多毘尼毘婆沙』의 약칭이다.
94 『살바다비니비바사薩婆多毘尼毘婆沙』 권1(T23, 504b).
95 『대반열반경大般涅槃經』 권19 「범행품梵行品」(T12, 474a)에 그 내용이 수록되어 있다.

속으로 다음과 같이 말씀하십시오.
　멀리 모든 부처님을 초청하오니, 다 함께 사랑과 연민을 베풀어 주소서.

　저희를 고액에서 구해 주시고
　대비로 일체를 감싸 주소서
　깨끗한 광명을 널리 놓아
　어리석음의 어둠을 없애 주소서.

　곧 지옥의 고통에 얽히게 될
　저희와 일체중생 기억하시고
　저희가 있는 곳으로 꼭 오셔서
　안락을 베풀어 주소서.

　이름만 듣고도 재앙을 구제하시는 분께
　저희 이제 머리 숙여 예배하옵고
　세간의 자비로우신 아버지께
　저희 이제 다 함께 귀의합니다.

　나무 미륵불
　나무 석가모니불
　나무 금강불괴불
　나무 보광불
　나무 용존왕불
　나무 정진군불
　나무 정진희불
　나무 보화불

나무 보월광불
나무 현무우불
나무 보월불
나무 무구불
나무 이구불
나무 사자번보살
나무 사자작보살
나무 무변신보살
나무 관세음보살
거듭, 시방 온 허공계 일체 삼보께 귀의합니다. 1배

오로지 원하오니 꼭 오셔서
저희가 겪는 삼독의 고통 가엾이 여겨
안락을 얻게 하시고
대열반을 베풀어 주소서.

자비의 물로 더러운 때를 말끔히 씻어 주시고, 보리에 이르러 끝끝내 청정하게 하소서. 육도와 사생의 이런 죄업이 있는 자들이 다함께 청정함을 얻어 아뇩다라삼먁삼보리를 성취하고 결국은 해탈하게 하소서.

各各至心。等一痛切。五體投地。心念口言。作如是說。遙請諸佛。同加哀愍。
　　願救我苦厄。大悲覆一切。普放淨光明。滅除癡暗瞑。
　　念我及一切。方嬰地獄苦。必來至我所。施令得安樂。
　　我今稽首禮。聞名救厄者。我今共歸依。世間慈悲父。
南無彌勒佛。南無釋迦牟尼佛。南無金剛不壞佛。南無寶光佛。南無龍尊

王佛。南無精進軍佛。南無精進喜佛。南無寶火佛。南無寶月光佛。南無現
無愚佛。南無寶月佛。南無無垢佛。南無離垢佛。南無師子幡菩薩。南無師
子作菩薩。南無無邊身菩薩。南無觀世音菩薩。又復。歸依十方。盡虛空界。
一切三寶(一拜)。唯願必定來。愍我三毒苦。施令得安樂。及與大涅槃。以
大悲水。洗除垢穢。令至菩提。畢竟清淨。六道四生。有此罪者。同得清淨。
成就阿耨多羅三藐三菩提。究竟解脫。

집해 '저희를 고액에서 구해 주시고' 등의 게송 3수는 『청관세음경請觀世音經』[96]에 나온다.

'금강불괴불' 등은 곧 삼십오불[97] 가운데 앞쪽에 나열된 11불이다.

'대열반大涅槃"에 대해 보충 설명을 하겠다. 중국말로 원적圓寂이라 하니, 갖추지 못한 덕이 없기에 원圓이라 하고, 소멸하지 못한 미혹이 없기에 적寂이라 한다. 또 불생불멸不生不滅로 의역하기도 한다.

願救我苦厄等三頌。出請觀世音經。金剛不壞佛等卽三十五佛之初十一
佛。大涅槃。生枝曰。此云圓寂。德無不備曰圓。惑無不消曰寂。又義翻
云。不生不滅。

참법 다 함께 마음을 다해 평등한 일심으로 간절하게 오체투지하고, 마음속으로 다음과 같이 말씀하십시오.

아무개 등은 시작이 없는 생사로부터 오늘에 이르기까지 무명에 덮이

---

96 『청관세음경請觀世音經』은 『청관세음보살소복독해다라니주경請觀世音菩薩消伏毒害陀羅尼呪經』을 말한다. 『청관세음보살소복독해다라니주경』(T20, 34b)에 이 게송이 수록되어 있으나 완전히 일치하지는 않는다.
97 삼십오불 : 오역죄를 저지른 이가 그 죄를 참회할 때 귀의하는 대상이다. 삼십오불의 명칭은 『불설결정비니경佛說決定毗尼經』(T12, 38c), 『대보적경大寶積經』 권90(T11, 515c) 등에 나온다.

고 애욕이라는 사령에게 포박당하고 분노에 포박당해 어리석음의 그물에 떨어져 삼계를 두루 돌아다니고 육도를 고루 헤매면서 고해에 빠져 스스로 헤어나지 못하였습니다. 지나간 죄업과 과거의 인연을 알지 못해 자신의 청정한 생활법을 파괴하기도 하고 타인의 청정한 생활법을 파괴하기도 하였으며, 자신의 범행을 파괴하기도 하고 타인의 범행을 파괴하기도 하였으며, 자신의 청정한 계를 파괴하기도 하고 타인의 청정한 계를 파괴하기도 하였습니다. 한량없고 끝없는 이와 같은 죄악을 오늘 부끄러워하며 참회하오니, 부디 말끔히 없애 주소서.

相與至心。等一痛切。五體投地。心念口言。(某甲)等。自從無始已來。至于今日。無明所覆。愛使所纏。瞋恚所縛。墮在愚網。經歷三界。備涉六道。沈淪苦海。不能自拔。不識業業。過去因緣。或自破淨命。或破他淨命。自破梵行。破他梵行。自破淨戒。破他淨戒。如是罪惡。無量無邊。今日慙愧懺悔。願乞除滅。

[집해] '애욕이라는 사령에게 포박당하고(愛使所纏)'에 대해 각명 공은 "애욕이 명령을 전달하는 사령이 되어 중생을 추격하기에 자유를 얻지 못하게 된다."고 하였다.

'청정한 생활법(淨命)'에 대해 각명 공과 미수 스님은 똑같이 "청정한 걸식으로 목숨을 이어가는 것이다. 사문이 만약 길흉을 점치거나 물건을 판매하거나 작물을 재배하거나 소나 양 등 가축을 기르거나 재정을 관리해 주거나 의술을 행하거나 국왕의 명을 수행하는 일 등을 한다면 모두 청정하지 못한 생활법이라 한다."고 하였다. 여기에 대해 보충 설명을 하자면 『사교의집해四教儀集解』에서 다음과 같이 말했다.

"청정한 생활법은 네 가지 삿된 생활법이나 다섯 가지 삿된 생활법을 벗어나는 것이다. 네 가지 삿된 생활법은 앙구식仰口食·하구식下口食·방구식方口食·유구식維口食[98]을 말한다. 다섯 가지 삿된 생활법은 이익을 목적으로 신비한 현상을 거짓으로 보이는 것, 이익을 목적으로 사람들에게 설법하는 것, 이익을 목적으로 자기의 공덕을 직접 말하는 것, 이익을 목적으로 큰소리치며 위의를 드러내 사람들에게 두려움을 주는 것, 이익을 목적으로 자신이 얻은 것을 말해 사람들의 마음을 움직이는 것이다."

'범행梵行'에 대해 각명 공은 "청정한 계율을 갖춰 청결히 삼가며 범하는 일이 없는 것이다. 따라서 범행이라 한다."고 하였다. 미수 스님은 "오점이 없는 청정한 업이기 때문에 범행이라 한다. 범은 청정하다(淨)는 뜻이다."라고 하였다. 여기에 대해 보충 설명을 하겠다. 범梵에 대해 『범망소梵網疏』에서는 "범은 온전히 말하면 범람마梵攬摩(brahman)이다. 중국말로는 극정極淨이라 하니, 청정함 가운데 극치이기 때문이다."[99]라고 하였다. 『화엄경』에서도 앞에서는 정행淨行이라 하고 뒤에서는 범행梵行이라 하여 이와 같이 구별하였다.

愛使所纏。明公云。愛爲使命。追逐衆生。不得自在。淨命。明公授師同云。淸淨乞食活命。沙門。若占相吉凶。販賣種植。畜養牛羊。推算醫藥。爲國使命等。皆名不淨活命。生枝曰。四敎儀集解云。淨命離四邪命。五邪命也。四邪命者。謂仰口食。下口食。方口食。惟[1]口食也。五邪命者。爲利養故。詐現奇特。爲利養故。對人說法。爲利養故。自說功德。爲利養故。高聲現威。令人畏懼。爲利養故。說己所得。以動人心。梵行者。明公云。戒足淸淨。謹潔無犯。故名梵行。授師云。無玷白業。故名梵行。梵者。淨

---

98 앙구식은 점성술, 즉 천문학을 생계 수단으로 삼는 것, 하구식은 농경이나 의술을 생계 수단으로 삼는 것, 방구식은 사람 간의 거간 등 말솜씨를 생계 수단으로 삼는 것이다. 유구식은 간방식間方食이라고도 하며, 주술呪術이나 점술 관상 등을 생계 수단으로 삼는 것이다.
99 『범망경보살계본소梵網經菩薩戒本疏』 권1(T40, 604b).

也。生枝曰。梵者。梵網疏云。梵具云梵攬摩。此云極淨。謂淨中之極故。
華嚴。先說淨行。後說梵行。揀別如是也。

1) ㉠ '惟'는 '維'의 오자이다.

참법 아무개 등이 거듭 정성을 다해 오체투지하옵니다. 시작이 없는 생사로부터 오늘에 이르기까지 몸과 입과 뜻으로 열 가지 악업을 저질렀으니, 몸으로는 살생하고 도둑질하고 삿된 음행을 저질렀으며, 입으로는 거짓말하고 꾸며서 말하고 이간질하고 욕하였으며, 뜻으로는 탐욕을 부리고 분노하고 어리석었습니다. 스스로 이런 열 가지 악업을 저지르고, 다른 사람으로 하여금 열 가지 악업을 저지르게 하고, 열 가지 악법을 찬탄하고, 열 가지 악법을 저지르는 사람을 찬탄하여 이렇게 한 생각 사이에 마흔 가지 악을 일으켰습니다. 한량없고 끝없는 이와 같은 죄악을 오늘 참회하오니, 부디 말끔히 없애 주소서.

(某甲)等。重復至誠。五體投地。自從無始已來。至于今日。依身口意。行十惡業。身。殺盜婬。口。妄言綺語兩舌惡罵。意。貪瞋癡。自行十惡。教他行十惡。讚歎十惡法。讚歎行十惡法者。如是一念之間。起四十種惡。如是等罪。無量無邊。今日懺悔。願乞除滅。

집해 '마흔 가지 악(四十種惡)'은 앞에서 말한 "스스로 십악을 저지르고, 다른 사람으로 하여금 십악을 저지르게 하고, 십악법을 찬탄하고……" 등등이다.

四十種惡。上云。自行十惡。教他行十惡。讚歎等。

참법 아무개 등이 거듭 정성을 다해 오체투지하옵니다. 시작이 없는 생사로부터 오늘에 이르기까지 육근六根을 의지하여 육식六識을 행하면서 육진六塵을 취하였습니다. 눈은 빛을 애착하고, 귀는 소리를 애착하고, 코는 향기를 애착하고, 혀는 맛을 애착하고, 몸은 부드러운 감촉을 애착하고, 뜻은 법진法塵을 애착하여 갖가지 업을 일으키고 나아가 8만 4천 번뇌의 문을 열었습니다. 한량없고 끝없는 이와 같은 죄악을 오늘 참회하오니, 부디 말끔히 없애 주소서.

(某甲)等。重復至誠。五體投地。自從無始已來。至于今日。依於六根。行於六識。取於六塵。眼著色。耳著聲。鼻著香。舌著味。身著細滑。意著法塵。起種種業。乃至開八萬四千塵勞門。如是罪惡。無量無邊。今日懺悔。願乞除滅。

집해 '8만 4천 번뇌'에 대해 변진 스님과 미수 스님은 다음과 같이 말하였다.

"『화엄경기華嚴經記』에서 '탐욕의 행이 증장시키는 것이 2만 1천 가지이고, 분노의 행이 증장시키는 것이 2만 1천 가지이고, 어리석음의 행이 증장시키는 것이 2만 1천 가지이고, 등분等分[100]의 행이 증장시키는 것이 2만 1천 가지이다. 여기에서 탐욕의 힘이 증장시키는 2만 1천 가지란 다음과 같다. 십번뇌가 각기 십악을 발생시키므로 곧 100가지가 되고, 유정有情이건 비정非情이건 안팎의 오근五根과 오진五塵 가운데에 각기 100가지를 갖추고 있기 때문에 합하면 1천 가지가 된다. 이것이 십도十度[101]를 장애하면서 각기 종자種子와 현행現行의 위位가 있기 때문에 곧 2만 가지가

---

100 등분等分 : 동분同分이라고도 한다. 인식 기관인 근根과 인식 대상인 경境과 인식 작용인 식識, 이 셋이 서로 교섭하여 하나의 인식(業)을 성립시키는 것을 동분이라 한다.

101 십도十度 : 도度는 범어 바라밀波羅蜜의 의역이다. 곧 십바라밀을 말한다.

되며, 여기에 본래의 1천 가지를 합하면 2만 1천 가지가 된다. 분노의 행과 어리석음의 행 역시 마찬가지이고, 등분 역시 마찬가지이다. 따라서 8만 4천 번뇌가 된다'고 하였다."

八萬四千塵勞煩惱。眞師授師云。華嚴經記云。貪行增者。二萬一千。嗔行增者。二萬一千。癡行增者。二萬一千。等分行者。二萬一千。且貪行增者。二萬一千。謂十煩惱。各發十惡。卽爲一百。情非情。內外五根五塵之中。各具一百。合有一千。此障十度。各有種現。卽成二萬。并本一千共成二萬一千。嗔行癡行亦爾。等分亦爾。故成八萬四千煩惱。

참법 아무개 등이 거듭 정성을 다해 오체투지하옵니다. 시작이 없는 생사로부터 오늘에 이르기까지 몸과 입과 뜻으로 불평등不平等을 행하여 내 몸이 있는 것만 알고 다른 사람 몸도 있다는 것은 몰랐으며, 내 고통이 있는 것만 알고 다른 사람 고통도 있다는 것은 몰랐으며, 내가 안락을 구하는 것만 알고 다른 사람 역시 안락을 구한다는 것은 몰랐으며, 내가 해탈을 구하는 것만 알고 다른 사람 역시 해탈을 구한다는 것은 몰랐으며, 나에게 집과 권속이 있는 것만 알고 다른 사람 역시 집과 권속이 있다는 것은 몰랐습니다. 자기 몸은 조금만 가렵고 조금만 아파도 참을 수 없다는 것만 알고 다른 사람 몸에 심하게 매질하면서는 느끼는 아픔이 심하지 않으면 어쩌나 항상 염려하였으며, 현재 이 몸의 작은 고통만 두려워할 줄 알고 온갖 악업을 지으면 이 몸을 버린 뒤 반드시 지옥에 떨어지고 그 지옥에서 온갖 고통을 골고루 받는다는 것은 두려워할 줄 몰랐으며, 나아가 아귀 세계·축생 세계·아수라 세계·인간 세계·하늘 세계에 갖가지 고통이 있다는 것을 몰랐습니다. 이런 불평등으로 나와 남을 구분하는 마음을 일으키고 원수와 친구를 구분하는 생각을 일으켜 원수로 대한 사람이 육도에 가득합니다. 한량없고 끝없는 이와 같은 죄악을 오늘 참회하오니,

부디 말끔히 없애 주소서.

 아무개 등이 거듭 정성을 다해 오체투지하옵니다. 시작이 없는 생사로부터 오늘에 이르기까지 마음이 전도되고 생각이 전도되고 견해가 전도되어 선지식을 멀리하고 악지식을 가까이하였으며, 팔정도를 등지고 팔사도를 행하였으며, 법이 아닌 것을 법이라 말하고 법을 법이 아니라 말하였으며, 불선을 선이라 말하고 선을 불선이라 말하였으며, 교만의 깃대를 세우고 어리석음의 돛을 펼쳐 무명의 강물을 따라 생사의 바다로 들어갔습니다. 한량없고 끝없는 이와 같은 죄악을 오늘 참회하오니, 부디 말끔히 없애 주소서.

(某甲)等。重復至誠。五體投地。自從無始已來。至于今日。依身口意。行不平等。但知有我身。不知有他身。但知有我苦。不知有他苦。但知我求安樂。不知他亦求安樂。但知我求解脫。不知他亦求解脫。但知有我家眷屬。不知他亦有眷屬。但知自身。一癢一痛。不可抑忍。楚撻他身。恒恐苦毒不深。但自知畏現身小苦。而不知畏。起諸惡業。捨身應墮地獄。於地獄中。備受衆苦。乃至不知。餓鬼道。畜生道。阿修羅道。人道。天道。有種種苦。以不平等故。起彼我心。生怨親想。所以怨對。遍於六道。如是等罪。無量無邊。今日懺悔。願乞除滅。(某甲)等。重復至誠。五體投地。自從無始已來。至于今日。心顚倒。想顚倒。見顚倒。離善知識。近惡知識。背八正道。行八邪道。非法說法。法說非法。不善說善。善說不善。起驕慢幢。張愚癡帆。隨無明流。入生死海。如是罪惡。無量無邊。今日懺悔。願乞除滅。

[집해] '마음의 전도(心顚倒)'에 대해 각명 공 역시 온갖 번뇌라 하였다.
 '생각의 전도(想顚倒)'는 무상한 것을 영원하다고 보는 것 등의 네 가지 망상분별전도妄想分別顚倒를 말한다.

'견해의 전도(見顚倒)'란 사랑스럽다고 인식한 대상에 집착을 굳건히 세우는 것을 말한다.

'팔정도八正道'는 정견正見·정사유正思惟·정어正語·정업正業·정념正念·정정正定·정정진正精進·정명正命이다. 이것에 반대되는 여덟 가지를 '팔사도八邪道'라 한다.

'교만의 깃대를 세운다'는 것은 마음에 교만을 일으켜 높고 잘난 척 자신을 드러낸다는 것이다. 따라서 깃대에 빗대었다.

'어리석음의 돛을 펼친다'는 것은 성품이 너절하고 어리석어 업풍에 나부낀다는 것이다. 따라서 돛에 빗대었다.

'무명의 강물을 따라 생사의 바다로 들어간다'는 것은 무명에 휩쓸리는 것을 강물에 비유하고 생사가 끝없는 것을 바다에 비유한 것이다.

心顚倒。明公亦云。諸煩惱也。想顚倒。無常見常等。四種妄想分別顚倒。見顚[1]倒。認可愛境。建立執著。名見顚倒。八正道。正見。正思惟。正語。正業。正念。正定。正精進。正命。翻此八種。名爲八邪道。起驕慢幢。心起憍慢。自顯高勝。故假於幢。張愚癡帆。性弊愚癡。招鼓業風。故配於帆。隨無明流。入生死海。無明漂泛。喩之於流。生死无邊。比之於海。

1) ㉑ '顚'은 저본에 'ㅣ'로 되어 있고 그 아래 "이 획은 '顚' 자로 본다."는 주가 있다. 따라서 편자가 '顚'으로 고쳤다. 아래에서도 마찬가지이다.

참법 아무개 등이 거듭 간절하게 오체투지하옵니다. 시작이 없는 생사로부터 오늘에 이르기까지 삼불신근으로 시전도를 일으켜 오역죄를 저지르고 십악을 행하였으며, 타오르는 삼독으로 오래도록 팔고를 길러 팔한지옥과 팔열지옥 등 여러 지옥으로 떨어질 원인을 만들고, 8만 4천 격자지옥으로 떨어질 원인을 만들고, 일체 축생으로 떨어질 원인을 만들고, 일체 아귀 세계로 떨어질 원인을 만들고, 인간과 하늘 세계에 태어나 늙고 병들고 죽으며 갖가지 고통을 받을 원인을 만들어 육도六道에서 고통 스러운 과보를 한량없이 받고 있으니, 가히 견디기 어렵고 차마 눈뜨고 볼 수 없을 정도입니다. 한량없고 끝없는 이와 같은 죄악을 오늘 참회하오니, 부디 말끔히 없애 주소서.

(某甲)等。重復苦到。五體投地。自從無始已來。至于今日。以三不善根。起四顚倒。造作五逆。行於十惡。熾然三毒。長養八苦。造八寒八熱。諸地獄因。造八萬四千。鬲子地獄因。造一切畜生因。造一切餓鬼因。造人天生老病死。種種苦因。受於六道。無量苦果。難可堪忍。不可聞見。如是罪惡。無量無邊。今日懺悔。願乞除滅。

[집해] '삼불선근三不善根'에 대해 변진 스님과 각명 공은 모두 "신·구·의 (삼업)이다."라고 하였다. 그러나 미수 스님은 "아니다, 탐·진·치 (삼독) 이다."라고 하였다. 여기에 보충 설명을 하자면 『대집염불삼매경大集念佛三昧經』에서도 탐욕 등 삼독을 삼불선근이라 하였다.

'사전도四顚倒'의 첫째는 괴로움을 즐거움이라고 계탁하는 전도, 둘째는 무상한 것을 영원하다고 계탁하는 전도, 셋째는 영원불멸의 주체가 아닌 것을 영원불멸의 주체라고 계탁하는 전도, 넷째는 청정하지 못한 것을 청정하다고 계탁하는 전도니, 이것이 바로 범부의 네 가지 전도이다. 또 영원한 것을 무상하다고 계탁하고, 즐거움을 괴로움이라고 계탁하고, 영원불멸의 주체를 영원불멸의 주체가 아니라고 계탁하고, 청정한 것을 청정하지 않다고 계탁하는 것이니, 이것이 바로 이승二乘의 네 가지 전도이다.

'오역죄(五逆)'는 아버지를 죽이는 것, 어머니를 죽이는 것, 아라한을 죽이는 것, 부처님 몸에서 피를 흘리게 하는 것, 화합 승가를 파괴하는 것이다.

'팔고八苦'는 태어남, 늙음, 질병, 죽음, 사랑하는 사람과 이별하는 괴로움, 증오하는 사람과 만나는 괴로움, 원하는 것을 얻지 못하는 괴로움, 오음이 왕성한 괴로움이다.

'팔한지옥과 팔열지옥(八寒八熱地獄)'은 여덟 종류의 극도로 춥고 극도로 무더운 대지옥인데, 그 이름은 (일일이) 기록하지 않겠다.

'격자지옥鬲子地獄'은 곧 소지옥이다.

三不善根。眞師明公皆云。身口意。授師云。非也。卽貪嗔癡。生枝曰。大集念佛三昧經中。亦以貪等三毒。爲三不善根。四顚倒者。一於苦計樂顚倒。二於無常計常顚倒。三於無我計我顚倒。四於不淨計淨顚倒。此乃凡夫四顚倒。又於常計無常顚倒。於樂計苦顚倒。於我計无我顚倒。於淨計不淨顚倒。此乃二乘四顚倒。五逆。殺父。殺母。殺阿羅漢。出佛身血。破和合僧。八苦。生。老。病。死。愛別離苦。怨憎會苦。求不得苦。五陰盛苦。八寒八熱地獄者。八種極寒極熱大地獄。名數不錄。言鬲子地獄。卽小地獄。

[참법] 아무개 등이 거듭 간절하게 오체투지하며 애원하고 과오를 참회합니다. 또 시작이 없는 때로부터 오늘에 이르기까지, 삼독의 뿌리로 삼유三有[102] 가운데서 이십오유를 편력하며 곳곳에서 죄악을 일으키고 업풍業風을 쫓으면서도 스스로 깨닫지 못하였습니다. 그래서 계를 지키고 선정을 닦고 지혜를 닦는 사람을 장애하기도 하고, 여러 공덕을 닦고 여러 신통을 닦는 사람들을 장애하기도 하였습니다. 이와 같이 죄장으로 보리의 마음을 장애하고 보리의 원을 장애하고 보리의 행을 장애한 것을 오늘 참회하오니, 부디 말끔히 없애 주소서.

---

102 삼유三有 : 유有는 존재의 뜻으로 존재의 세 가지 형태인 욕유欲有·색유色有·무색유無色有를 말한다. 삼계三界와 같다.

(某甲)等。重復苦到。五體投地。求哀悔過。又復無始已來。至于今日。以三毒根。起於三有中。歷二十五有。處處起諸罪惡。隨逐業風。不自知覺。或障人持戒修正[1]修慧。或障人修諸功德。修諸神通。如是罪障。障菩提心。障菩提願。障菩提行。今日懺悔。願乞除滅。

1) ㉔『자비도량참법』(T45, 927b)에는 '正'이 '定'으로 되어 있다. 통상적으로 계율과 선정과 지혜가 나란히 거론되는 점에서 볼 때, '正'은 '定'의 오자로 추측된다.

집해 '고도苦到'에 대해 미수 스님은 "아픔이 사무치도록 간절한 것이다.(苦切懇到)"라고 하였다.

'이십오유二十五有'에 대해 보충 설명을 하자면, 고덕의 송에서 다음과 같이 말하였다.

사주[103]와 사악취
육욕천과 범천
사선과 사공처
무상천과 나함천

苦到。授師云。苦切懇到。二十五有。生枝曰。古德頌云。四洲四惡趣。六欲幷梵天。四禪四空處。無想及那含。

참법 아무개 등이 거듭 간절하게 오체투지하옵니다. 시작이 없는 때로부터 오늘에 이르기까지 탐욕과 분노의 마음으로 육식六識을 얽어 세우고 육진六塵을 쫓아 수많은 죄를 일으켰으니, 혹은 중생에게 일으키기도 하

---

[103] 사주四洲 : 사대주四大洲라고도 한다. 남쪽을 섬부주贍部洲 또는 염부제閻浮提, 동쪽을 승신주勝身洲 또는 불바제弗婆提, 서쪽을 우화주牛貨洲 또는 구다니瞿陀尼, 북쪽을 구로주瞿盧洲 또는 울단월鬱單越이라 한다.

고, 혹은 중생이 아닌 자에게 일으키기도 하고, 혹은 무루인無漏人에게 일으키기도 하고, 혹은 무루법無漏法에 일으키기도 하였습니다. 이와 같이 탐욕과 분노의 마음으로 일으킨 죄악을 오늘날 참회하오니, 부디 말끔히 없애 주소서.

또 어리석은 마음으로 전도된 행을 일으켜 삿된 스승을 믿고 삿된 말을 받아들여 단멸한다고 집착하고 영원하다고 집착하고 나를 집착하고 견해에 집착하였으며, 어리석음의 작용을 따라 한량없는 죄를 일으켰습니다. 이와 같은 인연으로 보리의 마음을 장애하고 보리의 원을 장애하고 보리의 행을 장애한 것을 오늘 참회하오니, 부디 말끔히 없애 주소서.

(某甲)等。重復苦到。五體投地。自從無始已來。至于今日。以貪瞋心。搆起六識。隨逐六塵。起衆多罪。或於衆生邊起。或於非衆生邊起。或於無漏人起。或於無漏法起。如是貪瞋。所起罪惡。今日懺悔。願乞除滅。又愚癡心。起顚倒行。信於邪師。受於邪說。著斷著常。著我著見。隨癡所行。起無量罪。如是因緣。障菩提心。障菩提願。障菩提行。今日懺悔。願乞除滅。

[집해] '단멸한다고 집착하고(着斷)'에 대해 각명 공은 "모든 법이 모조리 단멸한다고 계탁하는 것이다. '영원하다고 집착한다(着常)'는 것은 일체 모든 법이 실제로 존재한다고 계탁하는 것이다."라고 하였다.

着斷。明公云。計諸法一向斷滅。着常。計一切諸法實有。

[참법] 아무개 등이 거듭 정성을 다해 오체투지하옵니다. 시작이 없는 때로부터 오늘에 이르기까지 몸으로 지은 세 가지 악업과 입으로 지은 네 가지 악업과 뜻으로 지은 세 가지 악업과 무시무명無始無明과 주지번뇌住

地煩惱와 항하 모래알 같은 상번뇌上煩惱와 지상번뇌止上煩惱와 관상번뇌觀上煩惱와 사주지번뇌四住地煩惱와 삼독과 사취四取와 오개五蓋와 육애六愛와 칠루七漏와 팔구八垢와 구결九結과 십사十使, 이와 같은 일체 번뇌 등의 장애가 한량없고 끝이 없어 보리의 마음을 장애하고 보리의 원을 장애하고 보리의 행을 장애한 것을 오늘 참회하오니, 부디 말끔히 없애 주소서.

(某甲)等。重復至誠。五體投地。自從無始已來。至于今日。身三惡業。口四惡業。意三惡業。從無始無明。住地煩惱。恒沙上煩惱。止上煩惱。觀上煩惱。四住地煩惱。三毒四取。五蓋六愛。七漏八垢。九結十使。如是一切。煩惱等障。無量無邊。障菩提心。障菩提願。障菩提行。今日懺悔。願乞除滅。

[집해] '항사상번뇌恒沙上煩惱'에 대해 각명 공은 "'항사恒沙'는 곧 항하恒河의 모래이다. (항하는) 사방 40리의 아뇩달지阿耨達池에서 출원하며 그 모래는 밀가루처럼 곱다. 부처님께서 늘 그곳 가까이에서 설법하시면서 여러 차례 그 모래를 가리키며 끝이 없는 수를 비유해 그렇게 언급하셨다. 여기에서는 번뇌가 많음을 비유하였다."라고 하였다.

'상번뇌上煩惱'에 대해 미수 스님은 "곧 사주지四住持의 현행現行 번뇌다. 종자種子인 상태를 복번뇌伏煩惱라 하고, 현행하면 상번뇌라 한다."고 하였다. 여기에 보충 설명을 하겠다. 사주지의 현행을 지말번뇌枝末煩惱라고도 하니, 현행하면 맹렬하고 날카롭기 때문이다. 앞의 사주지를 거론하자면, 첫째는 견일체처주지見一切處住持니, 곧 견혹見惑이고 초과初果에 끊어지는 것이다. 둘째는 욕애주지欲愛住持고, 셋째는 색애주지色愛住持고, 넷째는 무색애주지無色愛住持이다. 뒤의 세 가지 주지住持를 사혹思惑이라 하니, 곧 계界에 결박되어 사유한다는 뜻이다. 또 구생혹俱生惑이라고도 한다. 제2과와 제3과에서 끊어지는 것이다.

미수 스님은 '지상번뇌止上煩惱'에 대해 "지止를 장애하는 현행의 혹惑이다."라고 하고, '관상번뇌觀上煩惱'에 대해서는 "관을 장애하는 현행의 혹이다."라고 하였다. 변진 스님은 "지관을 닦을 때 일어나는 번뇌를 지관상번뇌止觀上煩惱라 한다."고 하였다. 각명 공과 동림 스님도 모두 이와 같이 말하였는데, 이에 대해 미수 스님은 "틀린 것이 아닌가 싶다."고 하였다. 여기에 대해 보충 설명을 하겠다. 『능엄경』에서 50종 마사魔事를 설명하며 "지관止觀을 닦는 과정에서 오음마五陰魔와 번뇌마煩惱魔가 현행하기 때문이다."라고 하였으므로 변진 스님의 해석도 합당하다.

'사취四取'는 욕탐취欲貪取・견취見取・계금취戒禁取・아어취我語取이다.

'오개五蓋'는 탐개貪蓋・진개瞋蓋・수면개睡眠蓋・도거개掉擧蓋・의개疑蓋이다.

'육애六愛'는 자체애自體愛・고련애顧戀愛・희망애希望愛・경계애境界愛・피피희락애彼彼喜樂愛・후유애後有愛[104]이니, 이는 변진 스님의 해석이다. 미수 스님은 "육근의 육촉六觸에서 생기는 애착을 육애라 한다."고 하였으니, 역시 타당하다.

'칠루七漏'는 욕루欲漏・유루有漏・견루見漏・무명루無明漏・누소인漏所引・누소발漏所發・누소의漏所依이다.

'팔구八垢'는 내구內垢・의구衣垢・재구財垢・탐구貪垢・정구淨垢・부정구不淨垢・섭수구攝受垢・불섭수구不攝受垢이다.

'구결九結'에 대해 각명 공은 해害・한恨・뇌惱・첨諂・광誑・교憍・애愛・유有・의疑라 하였다.

'십사十使'에 대해 미수 스님은 "열 가지 근본번뇌根本煩惱다. 사使는 따

---

104 자체애自體愛는 자기 자신에 대한 애착, 고련애顧戀愛는 그리운 과거에 대한 애착, 희망애希望愛는 바라는 미래에 대한 애착, 경계애境界愛는 마음에 드는 대상에 대한 애착, 피피희락애彼彼喜樂愛는 이런 저런 즐거움에 대한 애착, 후유애後有愛는 다음 생의 존재에 대한 애착이다.

라다니면서 결박한다는 뜻이다. 신身·변邊·견見·계戒·사邪·탐貪·진嗔·
치癡·만慢·의疑를 말한다."고 하였다.

보충 설명을 하자면, 앞에 나열한 여러 법의 뜻은 『법계차제法界次
第』[105]·『제승법수諸乘法數』·『백법명문百法明門』[106] 등에서 찾아보기 바란다.

恒沙上煩惱。明公云。恒沙者。卽恒河之沙。出阿耨達池。周四十里。其沙
細如麵。佛常近此說法。多指沙。喩無盡數言之。此約煩惱之多也。上煩惱
者。授師云。卽四住持之現行煩惱也。種子名伏煩惱。現行名上煩惱。生枝
曰。四住現行。亦曰枝末煩惱。以現行猛利故。稱上四住持者。一見一切處
住持。卽見惑。初果所斷。二欲愛住持。三色愛住持。四无色愛住持。後三
住持曰思惑。卽繫界思。亦曰俱生惑。二三果所斷。止上煩惱。授師云。障
止之現惑。觀上煩惱。障觀之現惑。眞師云。止觀上所起煩惱。名止觀上煩
惱。明公東林師皆如是說。授師云。恐非。生枝曰。楞嚴五十重魔事云。止
觀上五陰魔煩惱魔現行故。眞師所釋。亦當矣。四取。欲貪取。見取。戒禁
取。我語取。五蓋者。貪蓋。嗔蓋。睡眠蓋。掉擧蓋。疑蓋。六愛者。自體愛。
顧戀愛。希望愛。境界愛。彼彼喜樂愛。後有愛。此眞師所釋。授師云。六根六
觸所生愛。名六愛。亦可矣。七漏者。欲漏。有漏。見漏。無明漏。漏所引。
漏所發。漏所依。八垢者。內垢。衣垢。財垢。貪垢。淨垢。不淨垢。攝受垢。
不攝受垢。九結者。明公云。害。恨。惱。諂。誑。憍。愛。有。疑。十使。授
師云。十根本煩惱。使者。隨縛義也。謂身。邊。見。戒。邪。貪。嗔。癡。慢。

---

105 『법계차제法界次第』는 교학을 처음 수학하는 이들을 위해 천태 지의天台智顗가 아비
담의 교의를 법수로 정리해 6권으로 편찬한 『법계차제초문法界次第初門』을 지칭한
것이다.
106 『백법명문百法明門』은 현장玄奘이 648년 12월에 북궐北闕의 홍법원弘法院에서 번역
한 『대승백법명문론본사분중약록명수大乘百法明門論本事分中略錄名數』를 지칭한 것
이다. 일체의 모든 법을 크게 심법心法·심소유법心所有法·색법色法·심불상응행법心
不相應行法·무위법無爲法의 5종으로 나누고 이것을 다시 100법으로 나누어 설명한
책이다. 이 책의 이름을 『대승백법명문론약록』, 『백법론』, 『백법명문론』이라고도 한다.

疑[生枝曰。上之諸法義。請看法界次第。諸乘法數。百法明門等]。

참법 아무개 등이 거듭 정성을 다해 오체투지하옵니다. 시작이 없는 때로부터 오늘에 이르기까지 자비심慈悲心을 닦지 못하고, 희사심喜捨心을 닦지 못하고, 단바라밀檀波羅蜜을 닦지 못하고, 시바라밀尸波羅蜜을 닦지 못하고, 찬제바라밀羼提波羅蜜을 닦지 못하고, 비리야바라밀毗梨耶波羅蜜[107]을 닦지 못하고, 선바라밀禪波羅蜜을 닦지 못하고, 반야바라밀般若波羅蜜을 닦지 못하고, 또 모든 조보리법助菩提法을 닦지 못하였습니다. 이와 같이 방편이 없고 지혜가 없어 보리의 마음을 장애하고 보리의 원을 장애하고 보리의 행을 장애한 것을 오늘 참회하오니, 부디 말끔히 없애 주소서.

(某甲)等。重復至誠。五體投地。自從無始已來。至于今日。不能修慈悲心。不能修喜捨心。不能修檀波羅蜜。尸波羅蜜。羼提波羅蜜。毗梨耶波羅蜜。禪波羅蜜。般若波羅蜜。又不能修一切助菩提法。如是無有方便。無有智慧。障菩提心。障菩提願。障菩提行。今日懺悔。願乞除滅。

집해 '조보리법助菩提法'은 곧 37품(의 조도법)이다. 고인의 송에서 말하였다.

네 가지가 셋, 다섯 가지가 둘
일곱 가지가 하나, 여덟 가지도 하나

네 가지가 셋이란 사념처四念處·사정근四正勤·사신족四神足을 말하고,

---

[107] 이상의 육바라밀을 각각 보시바라밀·지계바라밀·인욕바라밀·정진바라밀·선정바라밀·지혜바라밀이라고도 한다.

다섯 가지가 둘이란 오근五根과 오력五力이다. 일곱 가지가 하나란 칠등각지七等覺支이고, 여덟 가지가 하나란 팔정도이다. 자세한 것은『사교의집해』에 수록된 바와 같다.

'찬제羼提'의 앞 글자는 초初와 한限의 반절이다. 손에 들다(提)라는 뜻이다.

助菩提法。卽三十七品。古人頌曰。

　　三四二五。單七隻八。

三四者。四念處。四正勤。四神足。二五者。五根。五力也。單七者。七等覺支。隻八者。八正道。具如四敎儀集解。羼提[上初限反。提也]。

참법 아무개 등이 거듭 정성을 다해 오체투지하옵니다. 시작이 없는 때로부터 오늘에 이르기까지 삼계를 윤회하고 육도를 편력하며 사생의 몸을 받아 혹은 남자의 몸으로 혹은 여자의 몸으로 혹은 비남이나 비녀의 몸으로 두루 일체 처소에서 한량없는 죄를 일으켰으며, 몸집이 큰 중생이 되어 서로 잡아먹기도 하고, 몸집이 작은 중생이 되어 서로 잡아먹기도 하였습니다. 이와 같은 살생의 업이 한량없고 끝이 없어 보리의 마음을 장애하고 보리의 원을 장애하고 보리의 행을 장애한 것을 오늘 참회하오니, 부디 말끔히 없애 주소서.

(某甲)等。重復增到。五體投地。自從無始已來。至于今日。輪轉三界。備歷六道。受四生身。或男或女。非男非女。遍一切處。起無量罪。或爲大身衆生。更相噉食。或爲細身衆生。更相噉食。如是等殺業。無量無邊。障菩提心。障菩提願。障菩提行。今日懺悔。願乞除滅。

집해 '비남과 비녀'에 대해서는 이미 해석하였다.

'갱상更相'은 두 글자 모두 평성으로 발음한다. 서로(互)라는 뜻이다.

非男非女。已釋。更相者[皆平音。互也]。

참법 아무개 등이 거듭 정성을 다해 오체투지하옵니다. 아무개 등이 식신識神을 갖춘 이래로 오늘에 이르기까지 육도에서 사생의 몸을 받아 그 가운데서 일으킨 죄악이 끝이 없고 다함이 없사오니, 이와 같은 죄는 오직 시방의 일체 부처님과 큰 지위의 보살만이 남김없이 아시고 남김없이 보십니다. 모든 부처님과 보살님께서 아시고 보시는 바와 같은 그 하고많은 죄들을 오늘 마음을 다해 머리 조아리며 애원하고 부끄러워하며 과오를 참회하오니, 이미 지은 죄는 부디 남김없이 소멸시켜 주소서. 아직 짓지 않은 죄는 감히 다시 저지르지 않겠습니다.

우러러 원하옵니다. 시방의 일체 모든 부처님이시여, 대자大慈의 마음으로 아무개 등의 오늘 참회를 받아 주시고, 대비大悲의 물로 아무개 등의 보리를 장애하던 모든 죄업의 때를 씻어 주시어 도량에 이르러 끝끝내 청정하게 하소서.

또 원하옵니다. 시방 일체 모든 부처님이시여, 불가사의한 힘과 본원의 힘과 중생을 도탈시키는 힘과 중생을 보호하는 힘으로 아무개 등이 오늘 서원을 세우고 보리심을 일으키게 하시며, 오늘부터 시작하여 도량에 앉는 그날까지 끝까지 온전해 다시는 물러서지 않게 하시며, 저희의 서원이 모든 보살님께서 행하신 서원과 완전히 같게 하소서.

우러러 원하옵니다. 시방의 일체 모든 부처님과 큰 지위의 보살님이시여, 자비하신 마음으로 함께 섭수하여 아무개 등이 소원대로 보리의 원을 만족케 하시며, 일체중생이 각자 빠짐없이 보리의 원을 만족케 하소서.

(某甲)等。重復至誠。五體投地。(某甲)等。自從有識神已來。至于今日。於六道中。受四生身。於其中間。所起罪惡。無窮無盡。如是等罪。唯有十方。
一切諸佛。大地菩薩。盡知盡見。如諸佛菩薩。所知所見。罪惡多少。今日
至心。稽顙求哀。慙愧懺悔。已作之罪。願盡消滅。未作之罪。不敢復作。
仰願十方。一切諸佛。以大慈心。受(某甲)等。今日懺悔。以大悲水。洗(某
甲)等。能障菩提。一切罪垢。令至道場。畢竟清淨。又願十方。一切諸佛。
以不思議力。以本願力。度脫衆生力。覆護衆生力。令(某甲)等。今日起誓。
發菩提心。從今已去。至坐道場。畢竟成立。不復退轉。所有誓願。悉同菩
薩。所行誓願。仰願十方。一切諸佛。大地菩薩。以慈悲心。同加攝受。令(某
甲)等。得如所願。滿菩提願。一切衆生。各各具足。滿菩提願。

자비도량참법 권 제1
慈悲道場懺法卷第一

[집해] '사생四生'은 태생胎生·난생卵生·습생濕生·화생化生이다.
'불가사의한 힘'에 대해 미수 스님은 여섯 가지 신통력이라 하였다.
'본원의 힘'은 사홍서원이다.
'중생을 도탈시키는 힘'은 대비이다.
'중생을 보호하는 힘'은 대자이다.

四生[胎卵濕化]。不思議力。授師云。六神通力。本願力。四弘願。度脫衆
生力。大悲也。覆護衆生。大慈也。

자비참법석문 慈悲懺法釋文

청량산 사문 광균 지음

『자비도량참법』은 남제 경릉왕(성은 蕭, 이름은 子良이며, 무제의 둘째 아들이다.)이 동방 보광세계의 천왕여래께서 정주정행법문淨住淨行法門을 설하시는 꿈을 꾸고서 드디어 『정주자』21편을 총 30권[108]으로 찬집한 것에서 시작되었다. 양 무제가 그 참문의 「육근문」에 의거해 진관眞觀 등 여러 스님으로 하여금 이 참법을 10권으로 자세히 만들게 함으로써 세상에 성행하게 되었다.

이에 조정의 관료에게 서문을 짓고 지방 관료(貴獲)에게 진위를 가리도록 청하고는, 일부분은 변변찮은 내가 담당해 잘못된 부분을 교감하였다. 이렇게 7년의 세월 동안 문장을 따라 다듬고 정비하다 보니 낱낱에 뜻이 있고 표현이 분명해 그 10축 전체가 자세하면서도 훤히 해석되었다. 이미 3권의 『초문鈔文』이 있지만 이런 이유로 음의音義만 간략히 뽑아 여러 현사께 바치오니, 부디 잘 검토해 주시기 바란다.

慈悲懺法釋文。
淸涼山沙門。廣鈞述。
慈悲道場懺法者。始自南齊竟陵王(姓蕭。名子良。武帝第二子也)。因夢感東方普光世界。天王如來。說淨住淨行法門。遂撰淨住子二十一篇。摠三十

---

[108] 『불조통기佛祖統紀』·『중경목록衆經目錄』·『대당내전록大唐內典錄』 등에서는 20권이라 하였다.

卷。梁武帝。依彼懺六根門。眞觀等諸師。廣成懺法十卷。盛行於世。乃請朝官作序。貴獲眞僞。有分愚也。校勘舛訛。光陰七稔。隨章修整。一一有義有文。其十軸委細通釋。已在三卷鈔文。所以略出義音。呈自衆賢。幸希藻鑑。

제1권의 음의

이 "자비도량"이란 네 글자를 붙이게 된 것은 꿈속 감응에 기인한 것이다(立此 慈悲道場四字乃因夢感) : 이 열두 글자를 제목 아래에 주기한 것은 바로 (이 참법 의) 작자가 경릉왕의 상서로운 꿈을 기록함으로써 이 참법이 의거한 바가 있음을 드러내려고 기술한 것이다. 후대에 이 뜻을 체달하지 못한 자들이 있어 다들 "대 大" 자를 붙여 권 첫머리에 써넣은 것을 지금 바르게 고치니, 배우는 이들은 상세 히 살펴보라.

미륵 여래·응·정등각(彌勒如來 應正等覺) : 응應 자는 평성이다. 이는 십호 가 운데 앞의 세 가지 명호로서 미륵의 삼신三身과 삼덕三德을 표현한다. 이 2구[109] 는 참가懺家의 첫 번째 문장으로서 금릉金陵의 여러 본에도 모두 이와 같이 설명 되어 있다. 또 상주常州 적적 스님도 『참음懺音』에서 첫머리에 이 2구를 표명하 였고 그 주석도 분명하다. 또 참문의 제10권 끝부분에서 "다타아가도多陀阿伽度 · 아라하阿羅訶·삼야삼불타三耶三佛陀"라고 하였으니, 앞의 문장은 바로 중국말 이고, 뒤에는 그 범어를 둔 것이다. 또 『정주법淨住法』 첫째 편에서도 모든 부처 님의 삼신과 삼덕을 이야기하였다. 이 네 가지 전거가 분명히 증명하므로 어떤 의구점도 있을 수 없다. 그런데 후대 사람이 잘못 고쳐 "미륵 세존께서는 이미 자 애를 이 세상에 융성시켰고(彌勒世尊 旣慈隆卽世)"라고 하였으니, 이것은 '기旣' 한 글자로 '응정등각應正等覺' 1구를 바꿔치기한 것이다. 이렇게 오류를 범해 온 지가 오래되었으니, 지혜로운 자들은 그 모두를 자세히 살펴보고 이단異端을 쫓 는 일이 없도록 하라.

열두 가지 큰 인연이 있다(有十二大因緣) : 앞의 두 가지 원을 제외하고 셋째부 터 열두째까지는 곧 승만부인이 말한 것이다. 따라서 셋째 인연 서두에 둔 그 원 願 자는 아래 아홉 인연을 모두 관통한다.

---

[109] 2구는 "미륵 여래·응·정등각"의 원문 "彌勒如來 應正等覺"의 2구를 가리킨다.

한제限齊 : 거성이다. 아래 문장에서도 이에 준하라.

방창胮脹 : 앞 글자는 필疋과 항降의 반절이고, 뒷글자는 장帳으로 발음한다.

류謬 : 미靡와 유幼의 반절이다.[110]

개鎧 : 고苦와 해亥의 반절이다.

지혜의 칼이 없다(無智慧刀) : 도刀 자를 력力 자로 잘못 쓴 지가 오래되었다. 이 문장에 있는 2구[111]는 법法과 비유(喩)를 쌍으로 거론한 것이다. 앞에서 "선정의 물이 없다.(無禪定水)"라고 한 이 구는 법과 비유가 온전하다. 다음 구에서 힘(力)이라 한다면 이것은 비유가 아니기에 지금 력力 자를 도刀 자로 고친다. 따라서 『금광명경金光明經』에서 "지혜의 칼로 번뇌의 그물을 찢는다."[112]고 한 것이니, 력力 자로 쓰는 것은 잘못이다.

좌挫 : 즉則과 와卧의 반절이고, 꺾다(摧)라는 뜻이다.

취脆 : 차此와 예芮의 반절이다.

차천差舛 : 앞 글자는 초初와 아牙의 반절이고, 뒷글자는 창昌과 연兖의 반절이다.

참치參差 : 앞 글자는 초楚와 잠簪의 반절이고, 뒷글자는 초楚와 의宜의 반절이다. 가지런하지 못한 모양이다.

지躓 : 치致로 발음한다.

진疹 : 축丑과 인刃의 반절이다. 병이라는 뜻이다.

천박喘迫 : 앞 글자는 천舛, 뒷글자는 백百으로 발음한다.

고창鼓脹 : 앞 글자는 공公과 호戶의 반절이고, 뒷글자는 지知와 향向의 반절이다.

치격絺綌 : 앞 글자는 축丑과 지知의 반절이고, 뒷글자는 기綺와 극戟의 반절

---

110 미와 유의 반절이면 음이 '무'가 된다. 이는 '무繆' 자와 통용됨을 말한다.
111 2구는 "선정의 물도 없고 지혜의 칼도 없다."의 원문 "無禪定水 無智慧刀"를 가리킨다.
112 『금광명경金光明經』 권1(T16, 340).

이다. 갈포(蕉葛)를 말한다.

여念 : 예預로 발음하고, 기쁘다(悅)는 뜻이다.

척擲 : 직直과 적炙의 반절이고, 던지다(投)라는 뜻이다.

대산大山 : 원래 태산太山이라고 쓰여 있지만 태太는 크다(大)라는 뜻이다. 뒷 사람들이 고인의 훈석訓釋을 잘 알지 못하고서 함부로 동악東岳인 태산太山이라 한 것을 이제 대산大山으로 바로 선택하니, 첫째는 혼란을 피하기 위해서이고, 둘째는 "가수타왕柯輸陁王[113]이 큰 나무가 넘어지듯 예배하였다."고 한 문장이 장경藏經[114]에 있기 때문이다. 이는 모두 대단히 진중하다(殷重)는 뜻을 취한 것이다.

편偏 : 편篇으로 발음하고, 바르지 못한 모습이다.

옛일로 끝내고 새로 짓지 않는다(畢故不造新) : 이 말은 부처님의 말씀인데 장경에서 통용되는 것이다. 『정주법』에도 「필고지신문畢故止新門」[115]이 있다. 근래의 본에서 고故 자를 삭제한 것은 잘못이다.

형상을 잊는 것이······모르다(不知忘相) : (망상忘相을) 이망상離妄想이나 망상妄想으로 쓴 것이 있는데, 모두 잘못이다. 아래 제5권에서도 이에 준하라.

융癃 : 융隆으로 발음한다.

第一卷音義。

立此慈悲道場四字。乃因夢感(此一十二字。注在題下。乃述作者。紀竟陵之嘉夢。顯懺法之有憑。後有不體斯意者。盡作大字。書於卷首。今改從正。學者當詳)。彌勒如來

---

113 가수타왕柯輸陁王의 가수타柯輸陁는 Aśoka의 음역으로 추측된다. 아쇼까는 아육阿育·아서가阿恕伽·아수가阿輸伽로 음역하며, 무우無憂로 의역하기도 한다.
114 장경藏經은 『아육왕경阿育王經』을 지칭한 것으로 추측된다. 『아육왕경』 권3(T50, 140a)에 아육왕阿育王이 큰 나무가 넘어지듯 빈두로賓頭盧 존자의 발에 오체투지하였다는 내용이 수록되어 있다.
115 『광홍명집廣弘明集』 권27(T52, 316a)에 따르면 『정주자』 제21이 「자경필고지신문自慶畢故止新門」이다.

應正等覺(應字平聲。此十號中。前三號也。表彌勒三身三德。此二句。懺家初文。金陵諸本。並同斯說。常州寂師懺音。最初標此二句。注釋分明。懺文於第十卷末云。多陁阿伽度。阿羅訶。三耶三佛陁。前文卽是華言。後乃存其梵語。又淨住法。初篇。便譚諸佛。三身三德。有此四義。明證無何。後人謬改。爲彌勒世尊。旣慈隆卽世者。將旣之一字。換却應正等覺一句。訛來久矣。智者詳悉。無競異端)。有十二大因緣(除前之二願。從三至十二。卽是勝鬘夫人所說。故第三頭上安其願字。貫通下九)。限齊(去聲。下文例此)。脬脹(上疋降切。下音帳)。謬(靡幼切)。鎧(苦亥切)。無智慧刀(刀字。訛作力久矣。此文有兩句。法喩雙擧。上云無禪定水。此句法喩全。下句力。且非喩。今改力爲刀。故金光明云。以智慧刀。裂煩惱網。作力者非)。挫(則臥切。摧也)。脆(此芮切)。差舛(上初牙切。下昌兗切)。參差(上楚簪切。下楚宜切。不齊整㒵)。躓(音致)。疢(丑刃切。病也)。喘迫(上舛。下百)。鼓脹(上公戶切。下知向切)。絺綌(上丑知切。下綺㦸切。蕉葛也)。忿(音預。悅也)。擲(直炙切。投也)。大山(元作太山。太者。大也。後人不善古人訓釋。濫爲東岳太山。今直取大山。一則免濫。二則藏經有文云。柯轆陁王禮拜。如大樹倒。皆取殷重之義)。偏(音篇。不正之㒵)。畢故不造新(此言是佛語。藏經通用。淨住法中。有畢故止新門。近本除故字非)。不知忘相(有作離妄想。或妄想者。俱非。下第五例此)。癃(音隆)。

상교정본 자비도량참법 권 제2
詳校正本慈悲道場懺法卷第二

양조梁朝의 여러 대법사가 찬집하다
梁朝諸大法師集撰

제4. 보리심을 일으킴

보리심은 곧 부처님 마음이다. 큰 서원을 일으켜 이 마음을 운용해야 한다.

참법 오늘 이 도량의 동업대중이여, 다함께 이미 마음의 때를 씻어 버리고 십악의 두꺼운 장애를 남김없이 깨끗이 없애 쌓인 악업이 없어지고 안팎이 모두 정결해졌습니다. 다음은 보살님의 행을 우러러 배우며 바른 도를 수행할 차례이니, 공덕과 지혜는 이로부터 생깁니다. 그래서 모든 부처님께서 매번 "발심이 바로 도량이니 일을 완수할 수 있기 때문이다."라고 찬탄하셨던 것입니다. 부디 대중들이여, 각자 자신의 뜻을 굳건히 해야지 정해진 세월이 있다며 번뇌가 다할 시간만 기다리지는 마십시오. 헛되이 보내서는 안 되니, 나중에는 후회해도 아무런 이익이 없습니다.

다 함께 오늘 좋은 때를 만났으니, 밤낮 번뇌가 마음을 가리게 하지 말고 노력하여 보리의 마음을 일으켜야 합니다. 보리의 마음은 곧 부처님의 마음이니, 그 공덕과 지혜의 양은 헤아릴 수가 없습니다. 한번만 생각해도 (공덕과 지혜가) 그런데 하물며 많이 생각한 경우이겠습니까. 가령 여러 겁 동안 한량없는 복을 닦고, 나아가 금생에 나머지 선법을 빠짐없이 행했다 하더라도 발심(의 공덕과 지혜)에는 만분의 일도 미치지 못하니, 산수算數와 비유로도 다할 수가 없습니다.

또한 복덕만 짓고 보리의 위없는 마음을 일으키지 않는 사람이 있다면 이는 밭을 갈고도 종자를 뿌리지 않은 것과 같나니, 이미 싹이 없는데 어디에서 열매를 얻겠습니까. 이치가 이렇기 때문에 반드시 보리심을 일으키고 인연 따라 증득하여 위로 부처님 은혜에 보답하고 아래로 일체중생을 제도해야 합니다. 그래서 부처님도 여러 천자天子를 찬탄하며 "훌륭하고 훌륭하구나. 그대의 말처럼 일체중생을 이롭게 하려고 보리심을 일으킨다면 그것이 여래에 대한 으뜸가는 공양이다."라고 말씀하셨던 것입니다.

또한 보리심을 일으키는 것은 한 차례에 그칠 것이 아니니, 반드시 자주자주 일으켜 그 보리심이 상속해 끊어지지 않게 해야 합니다. 그러므로 경에서 "나유타那由他 항하의 모래알처럼 많은 수의 부처님 처소에서 크고 훌륭한 서원을 일으켰다."고 하였으니, 이것으로 발심은 그 횟수가 한량없어야 함을 알 수 있습니다.

또한 보리심은 선지식을 만나기만 하면 곧 일으킬 수 있는 것이지, 꼭 모두가 세상에 출현하신 부처님을 만나야 하는 것은 아닙니다. 이는 문수사리가 처음 보리로 향했을 때 여인으로 인해 최초로 마음을 일으켰던 것과 같습니다. 혜식慧式이 못난 품성을 생각지 않고 심지를 가볍게 드러냈으니, 이는 진실로 대승을 간절히 우러르는 까닭에 불법을 욕심스럽게 구하여 여러 경전에 의거하고 세상사에서 비유를 취한 것입니다. 원수와 친구는 차이가 없고 여섯 세계는 하나의 모양이니, 부디 이 선법을 인연하여 다 함께 해탈을 얻으시기 바랍니다. 만약 같이 믿고 이해한다면 희론戲論이 아님을 알 것입니다.

發菩提心第四(菩提心者。卽是佛心。當發大願。宜雲此心。)

今日道場。同業大衆。相與已得。洗浣心垢。十惡重障。淨盡無餘。業果旣遣。內外俱潔。次應仰學菩薩。修行直道。功德智慧。由之而生。所以諸佛每歎。發心是道場。能辦事故。唯願大衆。各堅其志。莫以年命。待時漏盡。勿令空去。後悔無益。相與今日。值遇好時。不應日夜。煩惱覆心。宜當努力。發菩提心。菩提心者。卽是佛心。功德智慧。不可格量。蓋論一念。況復多念。假使歷劫。修無量福。乃至今生。備行餘善。不及發心。萬分之一。算數譬喩。亦不能盡。又有一人。但作福德。不發菩提。無上道心。譬如耕田。不下種子。旣無其芽。何處求實。以是義故。須發菩提心。因緣爲證。上報佛恩。下拔一切。所以佛讚。諸天子言。善哉善哉。如汝所說。爲欲利益。一切衆生。發菩提心。是爲第一。供養如來。又發菩提心。非止一過。

唯應數發。令菩提心。相續不斷。是以經言。於郱由他。恒沙佛所。發大善
願。是知發心。其數無量。又發菩提心。但遇善知識。便得發起。未必皆須。
值佛出世。如文殊師利。始向菩提。乃因女人。以發初心。慧式不惟凡品。
輕標心志。實由渴仰大乘。貪求佛法。依倚諸經。取譬世事。怨親無差。六
道一相。願因斯善。俱得解脫。若同信解。知非戲論。

제2권

제4. 보리심을 일으킴(發菩提心)

[집해] 미수 스님은 "발發은 일으키다(起)라는 뜻이다. 보리菩提는 중국말로 각覺이라 하니, 곧 위없는 부처님의 과보(無上佛果)다. 위없는 정각의 마음을 발기하는 것을 발보리심이라 한다."고 하였다. 각명 공은 "참회하여 이미 청정해졌으므로 마땅히 보리의 마음을 일으켜야 한다. 보리심은 부처가 되기를 구하여 번뇌를 끊고 법을 배워 중생을 제도하는 것이다. 보리菩提(Bodhi)와 불타佛陁(Buddha)는 범어 발음이 약간 다르지만 모두 각覺으로 번역한다."고 하였다.

'마음의 때(心垢)'는 탐욕 등의 여러 번뇌. 미수 스님은 "십악 이외의 여러 불선법이다."라고 하였다.

'정해진 세월이 있다며 번뇌가 다할 시간만 기다리지 마라(莫以年命待時漏盡)'에 대해 각명 공과 변진 스님과 미수 스님은 모두 "자연견自然見을 고집하는 외도들이 있는데, 그들은 일체 중생이 8만 겁을 경과하면 자연히 번뇌가 다해 도를 얻게 된다고 주장한다. 그래서 지금 그 주장을 부정하고 논파하고자 '헛되이 보내서는 안 된다'고 말한 것이다."라고 하였다.

'격량格量'에 대해 변진 스님은 "앞 글자는 고古와 백白의 반절이고, 헤아리다(度)라는 뜻이다."라고 하였다.

'일과一過'에 대해 광균 스님은 "곧 한 차례(一度)라는 뜻이다."라고 하였다.

'문수사리가 여인으로 인해 발심했다'는 등에 대해 설명하자면 『제불요집경諸佛要集經』에서 다음과 같이 말하였다.

"문수가 모든 부처님께서 모인 처소에 도착하였을 때 한 여인이 부처님 자리 가까이에서 삼매에 들어 있었다. 문수가 이에 신족의 힘으로 대천세계를 요동시켰지만 그래도 깨어나지 않았다. 그러나 기제개보살弃諸蓋菩薩이 하방세계에서 찾아와 손가락을 한번 튕기자 여인이 곧 삼매에서 깨어났다. 그때 부처님께서 문수사리에게 '그대는 이 여인으로 인해 처음 보리심을 일으켰고, 이 여인은 기제개보살로 인해 처음 보리심을 일으켰다. 따라서 그대는 깨울 수 없으니, 스승과 제자의 도리에 맞지 않았기 때문이다'라고 말씀하셨다."[116]

범어 문수사리文殊師利는 만수실리鬘須室利(Mañjuśrī)라고도 하며, 중국말로는 묘길상妙吉祥이다. 『수마제경須摩提經』에서는 다음과 같이 말하였다.

"부처님께서 문수에게 '이 수마제녀須摩提女가 너보다 30억 겁 앞서 보리심을 일으켰다. 너는 바로 그에게서 위없는 깨달음을 얻겠다는 뜻을 일으켰으니, 이 여인이 과거 너를 발심시킨 스승이다'라고 말씀하셨다."

'혜식惠式'에 대해 변진 스님은 "곧 당시 이 참법을 찬집한 스님의 이름이다."라고 하였다. 미수 스님은 "이것은 진관 스님의 자字이다. 혹자는 진관과 혜식을 지공志公 스님의 이름이라고도 한다."고 하였다.

'못난 품성을 생각지 않고……'에 대해 미수 스님은 다음과 같이 말하였다.

"법사께서 겸손하게 '평범한 부류의 하찮은 자임을 스스로 생각해 보지 않고 가볍고 경솔하게 큰마음의 뜻을 우뚝 세운 것은 명예와 이익을 구하는 것이 아니다. 진실로 대승을 갈망하고 우러르는 까닭에 불법을 욕심스

---

[116] 경문을 그대로 인용한 것이 아니라 『제불요집경諸佛要集經』 권하(T17, 763a~767c)에 수록된 내용을 요약 정리한 것이다.

럽게 찾고 구한 것이다'라고 말씀하신 것이다."

'세상사에서 비유를 취했다'는 것은 곧 자기 진심을 다해 비유를 들었다는 뜻이다.

'하나의 모양(一相)'이란 평등하다는 뜻이다.

'만약 같이 믿고 이해한다면……'에 대해 미수 스님은 "대중이 만약 같이 믿고 이해한다면 곧 세간의 희론과 같지 않다는 것을 알게 될 것이다."라고 하였다.

第二卷
發菩提心第四
授師云。發者。起也。菩提。此云覺。卽無上佛果也。發起无上正覺之心。名發菩提心。明公云。懺悔旣已淸淨。應當發菩提之心。菩提心者。謂求成佛斷煩惱。學法度生也。菩提。佛陁。梵音小異。皆此云覺。心垢者。貪等諸煩惱也。授師云。十惡外。諸不善也。莫以年命待時漏盡。明公眞師授師皆云。有外道執自然見者言。一切衆生。經八萬劫。自然漏盡得道。故今遮破言。勿令空去。格量[眞師云。上古白切。度也]。一過[鈞師云。卽一度也]。文殊因女發心等者。諸佛要集經云。文殊到諸佛集處。有一女人。近佛座。入於三昧。文殊乃以神足力。動大千界。猶亦不覺。弃諸蓋菩薩。從下方來。彈指一下。女從三昧起。佛告文殊師利。汝因此女人。初發菩提心。此女因弃諸蓋菩薩。初發菩提心。是故汝不能覺。師資之道不合故。梵云文殊師利。亦云鬘須室利。此云妙吉祥。須摩提經云。佛告文殊。是須摩提女。先於汝前三十億刼。發菩提心。汝乃於彼。發無上意。是汝本發心師。惠[1])式。眞師云。卽當時集懺法師之名號也。授師云。應是眞觀師字。或云。眞觀惠式。志公師名字。不惟凡品者。授師云。法師謙云。不自思惟。凡流末品。輕微摽立。大心志者。不求名利。實由渴仰大乘。貪探搜求佛法也。取譬世事者。卽恕己爲喩義也。一相者。平等也。若同信解等者。授師云。

大衆。若同信解者。卽知非同世間戲論。

1) ㉠「참법」에는 '慧'로 되어 있다.

참법 오늘 이 도량의 동업대중이여, 보리심을 발할 때는 반드시 먼저 인연을 맺은 가까운 사람부터 먼저 반연하여 생각(想)을 일으켜야 합니다. 생각을 둘 때에 자기의 부모님과 스승과 권속을 생각하고, 또 지옥·아귀·축생을 생각하고, 또 모든 하늘과 모든 신선과 일체 선신들을 생각하고, 또 인간세계의 일체 인류를 생각하여 고통을 겪는 자가 있으면 "어떻게 구해야 할까."라고 생각해야 합니다. 살피고 나서 생각을 짓고 이런 마음을 일으켜야 하나니, 오직 큰마음이 있어야만 그들의 고통을 없애 줄 수 있습니다.

한 가지 생각이 완성되었으면 두 가지 생각을 일으켜야 하고, 두 가지 생각이 완성된 다음에는 세 가지 생각을 일으켜야 하고, 세 가지 생각이 완성된 다음에는 한 집안을 가득 채우는 생각을 일으켜야 합니다. (그 생각이) 한 집안을 채운 다음에는 1유순을 가득 채워야 하고, 1유순을 가득 채운 다음에는 염부제를 가득 채워야 하고, 염부제를 가득 채운 다음에는 나머지 삼천하三天下를 가득 채워야 하고, 이와 같이 점점 넓혀 시방세계를 가득 채워야 합니다. 동방 세계의 중생을 다 자신의 아버지로 보고, 서방 세계의 중생을 다 자신의 어머니로 보고, 남방 세계의 중생을 다 자신의 형으로 보고, 북방 세계의 중생을 다 자신의 동생으로 보고, 하방 세계의 중생을 다 자신의 누이로 보고, 상방 세계의 중생을 다 자신의 스승으로 보고, 그 나머지 사유四維[117]의 중생을 다 사문과 바라문 등으로 보아야 합니다. 그렇게 보고 나서 이렇게 생각해야 합니다.

"만약 고통을 받을 때 내 생각을 한다면 그 모든 사람이 있는 곳으로 찾

---

117 사유四維 : 네 간방間方을 말한다.

아가리라. 그들의 몸을 쓰다듬어 주고 맹세코 그 고통을 뿌리째 뽑아 주리라. (그들이) 고통에서 벗어난 다음에는 그들을 위해 법을 설하여 부처님을 찬탄하고 보살 대중을 찬탄하리라. 그렇게 찬탄한 다음 기뻐하는 마음을 일으켜 그들이 누리는 즐거움이 내가 누리는 것이나 다름없다고 보리라."

今日道場。同業大衆。發菩提心。必須起想。先緣所親。繫念之時。念己父母。師長眷屬。又念地獄。餓鬼畜生。又念諸天諸仙。一切善神。又念人道。一切人類。有受苦者。當云何救。見已作想。應發是念。唯有大心。能拔彼苦。若一想成。應作二想。二想成已。應作三想。三想成已。滿一室想。一室成已。滿一由旬。一由旬滿已。滿閻浮提。閻浮提滿已。滿三天下。如是漸廣。滿十方界。見東方衆生。盡是其父。西方衆生。盡是其母。南方衆生。悉是其兄。北方衆生。悉是其弟。下方衆生。悉是姉妹。上方衆生。悉是師長。其餘四維。悉是沙門婆羅門等。見已作念。若受苦時。當作我想。詣諸人所。調身按摩。誓拔其苦。得解脫已。爲其說法。讚佛讚法。讚菩薩衆。作是讚已。心生歡喜。見其受樂。如己無異。

[집해] '한 가지 생각이 완성된 다음에는……(一想成已……)'은 대상이 점점 확대되기 때문에 반연하는 마음도 협소함으로부터 점점 넓어지는 것이다. 이런 생각은 유정과 기세간을 통틀어 반연한다.

'한 가지', '두 가지' 등에 대해 변진 스님과 미수 스님은 "한 가지 대상, 두 가지 대상, 세 가지 대상 등이다."라고 하였다.

'한 집안을 가득 채우는 생각(滿一室想)'에 대해 각명 공은 "실室은 집안(家)이다. 친지들이 있는 곳이니, 가까운 인연인 권속을 먼저 제도함을 말한다. 해와 달이 밝다지만 높은 산부터 환해지고, 자비가 보편하다지만 가까운 인연을 먼저 돕는 법이다."라고 하였다.

'유순由旬'에 대해 보충 설명을 하겠다. 의정 삼장義淨三藏은 "유순은 곧 유선나維繕那(yojana)인데 기존에 올바로 번역된 것이 없었다. 그 의미는 중국(東夏)의 1역驛인 30여 리에 해당한다."고 하였다. 따라서 구역에서 유순이라 한 것은 범어를 잘못 축약한 것이니, 범어로 온전히 표기하면 유선나由善那가 된다. 서쪽 나라의 법도에 준하면 4구로사俱盧舍(krośa)가 1유선나이다. 1구로사를 계산하면 8리쯤 되므로 1유순은 곧 32리가 된다. 혹자는 소의 울음소리가 들리는 거리(牛吼量)라 하였고, 혹자는 "24지指가 1주肘가 되니, 곧 1척 5촌이다. 4주가 1궁弓이 되고 500궁이 1구로사가 되니, 곧 3천 척이다. 8구로사가[앞뒤의 주장이 다르다] 1유순이 되니, 곧 2만 4천 척이다."라고 하였다.

'사문沙門'은 범어로 온전히 말하면 사가문낭沙迦門曩(Śramaṇa)이고, 중국말로는 근식勤息이다. 선품善品을 부지런히 닦고 온갖 악을 소멸시키는 자를 말한다. 바라문波羅門(brāhmaṇa)은 중국말로 정행淨行이고, 정지淨志라고도 한다. 다섯 천축국에만 있고 다른 여러 나라에는 없다. 출가를 하건 집에 있건 정행을 닦기 때문이다.

一相[1]成已等者。境漸竟故。能緣之心。從狹漸廣。此想通緣情器。一二等者。眞師授師云。一境二境三境等也。滿一室想。明公云。室。家也。所親在處。謂先度近緣眷屬。日月雖明。高山頓燿。慈悲雖普。近緣先資。由旬。生枝曰。義淨三藏云。由旬卽維繕那。旣無正翻。義當東夏一驛。可三十餘里。舊云由旬者。梵語訛略。若梵具云由善那。准西國俗法。四俱盧[2]舍。爲一由善那。計一俱盧舍。可有八里。則一由旬。卽三十二里也。或云牛吼量。或云二十四指。爲一肘。卽一尺五寸。四肘爲一弓。五百弓爲一俱盧舍。卽三千尺也。八俱盧舍[前後所出不同]。爲壹由旬。卽二萬四千尺也。沙門者。梵具云沙迦門曩。此云勤息。謂勤修善品。息滅諸惡。波羅門者。此云淨行。亦云淨志。唯五天國有諸國無。出家在家。修淨行故。

1) ㉑『참법』에는 '相'이 '想'으로 되어 있다. 2) ㉑ '盧'는 저본에 'ㅣ'로 되어 있고 그 아래 "이 획은 '盧' 자로 본다."는 주가 있다. 따라서 편자가 '盧'로 고쳤다. 아래에서도 마찬가지이다.

참법 오늘 이 도량의 동업대중이여, 보리심을 일으켜 마땅히 이와 같이 괴로움을 마다하지 말고 중생을 제도해야 합니다.

모든 사람이 다 함께 평등한 일심으로 간절하게 오체투지하고, 마음속으로 다음과 같이 서원하십시오.

아무개 등은 오늘부터 도량에 앉는 그날까지 그 사이 어디에 태어나건 선지식을 만나면 항상 위없는 보리의 마음을 일으키고, 삼악도에 있건 팔난八難에 떨어지건 보리의 마음을 일으켰던 것을 항상 기억해 그 보리심이 상속하여 끊어지지 않게 하겠습니다. 1배

今日道場。同業大衆。發菩提心。應當如是。不捨於苦。而度衆生。相與人人。等一痛切。五體投地。心念口言。作是誓願。(某甲)等。從今日去。至坐道場。於其中間。在所生處。値善知識。常發無上。菩提之心。若在三途。及墮八難。常使憶念。發菩提心。令菩提心。相續不斷(一拜)。

집해 '팔난八難'은 첫째가 지옥, 둘째가 아귀, 셋째가 축생이니 이는 삼악도다. 넷째는 북구로주北俱盧洲, 다섯째는 무상천無想天, 여섯째는 맹인·귀머거리·벙어리, 일곱째는 부처님 앞이나 부처님 뒤에 태어나는 것, 여덟째는 세상사에 대한 지혜와 말솜씨가 너무 밝은 것이다. 이 경 제7권의 기록은 이 통상적인 법수와 약간 다르다.

八難者。一地獄。二餓鬼。三畜生。此三途也。四北俱盧洲。五无想天。六盲聾瘖啞。七佛前佛後。八世智辯聰。此經第七卷所在。與此常數小異。

[참법] 오늘 이 도량의 동업대중이여, 마땅히 용맹한 마음, 매우 진중한 마음, 큰 보리의 마음을 일으켜야 합니다.

평등한 일심으로 간절하게 오체투지하며, 세간의 너무도 자비로우신 아버지께 귀의합니다.

나무 미륵불
나무 석가모니불
나무 용시불
나무 청정불
나무 청정광불
나무 파유나불
나무 수천불
나무 견덕불
나무 전단공덕불
나무 무량국광불
나무 광덕불
나무 무우덕불
나무 나라연불
나무 공덕화불
나무 견용정진보살
나무 금강혜보살
나무 무변신보살
나무 관세음보살

거듭 시방 온 허공계 일체 삼보께 귀의합니다.

아무개 등이 이제 시방의 모든 삼보 앞에서 보리심을 일으켰으니, 오늘부터 도량에 앉는 그날까지 보살도를 행하며 맹세코 물러서지 않겠습니다. 항상 중생을 제도하려는 마음을 짓고, 항상 중생을 안정시키려는 마음을 짓고, 항상 중생을 감싸 보호하려는 마음을 지을 것이며, 중생이 부처를 이루지 못한다면 맹세코 먼저 정각을 취하지 않겠습니다.

우러러 원하옵니다. 시방의 일체 모든 부처님과 큰 지위의 보살님과 일체 현성이시여, 현신하사 저를 위해 증명하소서. 아무개 등이 일체 행원行願을 모두 다 성취하게 하소서. 1배[118]

今日道場。同業大衆。當起勇猛心。殷重心。大菩提心。等一痛切。五體投地。歸依世間。大慈悲父。南無彌勒佛。南無釋迦牟尼佛。南無勇施佛。南無淸淨佛。南無淸淨光佛。南無婆留郍佛。南無水天佛。南無堅德佛。南無旃檀功德佛。南無無量菊光佛。南無光德佛。南無無憂德佛。南無那羅延佛。南無功德華佛。南無堅勇精進菩薩。南無金剛慧菩薩。南無無邊身菩薩。南無觀世音菩薩。又復。歸依十方。盡虛空界。一切三寶。(某甲)等。今於十方。一切三寶前。發菩提心。從今已去。至坐道場。行菩薩道。誓不退還。恒作度脫衆生心。恒作安立衆生心。恒作覆護衆生心。衆生不得佛者。誓不先取正覺。仰願十方。一切諸佛。大地菩薩。一切賢聖。現爲我證。令(某甲)等。一切行願。皆悉成就。

집해 '근중勤重'은 매우 열심히 하고 진중하다는 뜻이다.

'용시불勇施佛' 등은 곧 삼십오 불 가운데 중간의 12불이다. 『결정비니경決定毗尼經』에 나온다.

각명 공은 "'중생을 제도하려는 마음(度脫衆生心)'은 모든 재난에서 구제하는 것이고, '중생을 안정시키려는 마음(安立衆生心)'은 무위에 안주해 대도를 세우게 하는 것이고, '중생을 감싸 보호하려는 마음(覆護衆生心)'은 그늘을 드리우고 보호해 마귀의 장애가 없게 하기 때문이다."라고 하였다.

---

118 누락된 것으로 추측되어 '1배'를 보입하였다.

勤重者。殷勤珍重。勇施佛等。卽三十五佛中十二佛也。出決定毗尼經。度
脫衆生心。明公云。濟度諸難。安立衆生心者。安住無爲立大道。覆護衆生
心者。覆蔭守護。無魔障故。

참법 오늘 이 도량의 동업대중이여, 설사 여러 겁 동안 여러 가지 선업을 행하여 인간과 하늘 세계의 화보華報[119]를 얻는다 할지라도, 출세간의 실보實報를 얻지 못한다면 수명이 끝나고 복이 다했을 때 도로 악도에 떨어져 몸이 파괴되고 고통이 닥치는 것을 스스로 면할 수 없습니다. 스스로 사홍서원을 세워 광대한 마음을 일으키지 않는다면 생사의 쇠퇴와 고뇌를 영원히 벗어날 방법은 없습니다.

다 함께 오늘 마땅히 한마음 한뜻으로 모든 부처님을 생각하고, 견고한 뜻을 세우고, 보리심을 일으켜야 합니다. 발심한 공덕은 그 양을 헤아릴 수 없으니, 모든 부처님과 보살님도 다 설명할 수 없을 정도입니다. 이와 같이 선의 힘이 불가사의한데 어찌 마음을 다하지 않을 수 있겠습니까. 배움이란 한 뜻에 있는 것이니, 『대집경大集經』에서 "백 년이나 캄캄했던 방도 등불 하나로 밝힐 수 있다."고 하셨습니다. 그러니 한 생각의 발심을 가볍게 여겨 노력하지 않는 일이 있어서는 안 됩니다.

다 함께 무릎을 꿇고 일심으로 합장하고서 시방의 일체 삼보를 두루 생각하면서 마음속으로 다음과 같이 말씀하십시오.

아무개 등은 이제 시방의 일체 모든 부처님 앞에서, 시방의 일체 존귀한 법 앞에서, 시방의 일체 보살님 앞에서, 시방의 일체 현성들 앞에서, 곧은 마음과 바른 생각으로 매우 진중한 마음, 방일하지 않는 마음, 편안히 머무르는 마음, 선을 좋아하는 마음, 모든 중생을 제도하려는 마음, 모

---

[119] 화보華報 : 실보實報에 상대되는 의미로 쓰였다. 식물이 열매를 맺기 전에 꽃이 피는 것처럼 행업行業의 결과인 과보가 나타나기 이전에 전조 현상으로 나타나는 것을 말한다.

든 중생을 감싸 보호하려는 마음, 모든 부처님과 평등한 마음, 큰 보리심을 일으켰습니다. 아무개 등은 오늘부터 도량에 앉는 그날까지 인간과 하늘의 마음에 집착하지 않고, 성문의 마음을 일으키지 않고, 벽지불의 마음을 일으키지 않을 것이며, 오로지 대승의 마음과 일체종지一切種智를 구하는 마음과 아뇩다라삼먁삼보리를 성취하려는 마음만 일으키겠습니다.

오로지 원하옵니다. 시방 온 허공계 일체 모든 부처님과 큰 지위의 보살님과 일체 현성이시여, 본원의 힘으로 현신하사 저를 위해 증명하시고, 자비의 힘으로 가피를 베풀어 거두어 주소서. 아무개 등이 오늘 일으킨 이 마음이 어느 곳에 태어나건 견고해 물러나지 않게 하소서. 삼악도에 태어나거나 팔난에 떨어져 삼계에서 갖가지 몸을 받고 갖가지 고통을 받아 견디기 어렵고 참기 어렵더라도 맹세코 그 고통 때문에 오늘의 이 큰 마음에서 물러나지는 않을 것입니다. 차라리 무간지옥의 큰 불구덩이 속에 들어가 갖가지 고통을 받을지언정 맹세코 그 고통 때문에 오늘의 이 큰마음에서 물러나지는 않을 것입니다. 이 마음과 이 서원이 모든 부처님의 마음과 같고 모든 부처님의 서원과 같게 하소서.

거듭 정성을 다해 삼보께 머리 숙여 예배합니다. 1배

아무개 등은 오늘부터 성불하는 그날까지 두 가지 법을 버리지 않을 것이니, 일체 법이 공하다는 것을 알고 일체 중생을 버리지 않겠습니다.

今日道場。同業大衆。設使歷刼。行多種善。乃得人天華報。未得出世實果。壽終福盡。還墮惡趣。身壞苦逼。不能自免。自非立弘誓願。發廣大心。無由永離。生死衰惱。相與今日。唯當一心一意。緣念諸佛。起堅固志。發菩提心。發心功德。不可稱量。諸佛菩薩。說不能盡。如是善力。不可思議。豈得不至心。學在一意。大集經言。譬如百年闇室。一燈能破。勿謂一念心輕。而不努力。相與胡跪。一心合掌。徧緣十方一切三寶。心念口言。(某甲)等。今於十方一切諸佛前。十方一切尊法前。十方一切菩薩前。十方一切賢聖前。直心正念。起殷重心。不放逸心。安住心。樂善心。度一切心。
覆護一切心。等諸佛心。大菩提心。(某甲)等。從今日去。至坐道場。不著
人天心。不起聲聞心。不起辟支佛心。唯起大乘心。求一切種智心。成就阿
耨多羅三藐三菩提心。唯願十方。盡虛空界。一切諸佛。大地菩薩。一切聖
賢。以本願力。現爲我證。以慈悲力。加助攝受。令(某甲)等。今日發心。在
所生處。堅固不退。若在三途。及墮八難。於三界中。受種種身。受種種苦。
難堪難忍。誓不以苦故。退失今日大心。寧入無間。大火輪中。受種種苦。
誓不以苦故。退失今日大心。此心此願。等諸佛心。同諸佛願。重復至誠。
頂禮三寶(一拜)。(某甲)等。從今已去。至于成佛。不捨二法。知一切法空。
不捨一切衆生。

[집해] '매우 진중한 마음, 방일하지 않는 마음······' 등에 대해 변진 스님과 미수 스님은 "앞에 있는 두 마음은 계戒로써 본체를 삼고, '편안히 머무르는 마음'은 정定으로써 본체를 삼고, '선을 좋아하는 마음'은 혜惠로써 본체를 삼는다. '모든 중생을 제도하려는 마음'은 비悲이고, '모든 중생을 감싸 보호하려는 마음'은 자慈이다. '모든 부처님과 평등한 마음'은 평등하고 상相이 없어 온 법계에 두루하기 때문이다. '큰 보리심'은 깨달은 마음(覺心)이다."라고 하였다.

'일체종지一切種智'에 대해 변진 스님은 "일체지一切智와 도종지道種智는 이승二乘의 지혜이고, 일체종지는 불승佛乘에 해당한다."고 하였다. 여기에 보충 설명을 하겠다. 앞에서 말한 일체지는 곧 공관지空觀智이고, 도종지는 곧 가관지假觀智이며, 일체종지는 곧 중관지中觀智이다. 변진 스님의 세 가지 지혜(三種智)에 대한 해석은 훌륭한 면도 있지만 아름답지 못한 면도 있다. 무엇 때문인가. 별교(別)와 원교(圓)에 해당하는 대승의 근기는 삼관三觀을 닦아 세 가지 지혜를 드러내니, 이것은 통상적인 규범이다. 이승과 불승에 따로 배속한 것은 하나를 취하고 하나는 버린 것이라 할 수 있다.

'견디기 어렵다(難堪)'는 것은 불가능하다(不能)는 뜻이다.

버리지 않겠다는 '두 가지 법(二法)'은 곧 아래에서 말한 일체 법이 공하다는 진리와 일체 중생이다. 변진 스님과 미수 스님도 이와 같이 설명하였다.

殷重心不放逸心等者。眞師授師云。上心。以戒爲體。安住心。以定爲體。樂善心。以惠爲體。度一切心。悲也。覆護心。慈也。等諸佛心。平等無相。遍法界故。大菩提心。覺心。一切種智。眞師云。一切智。道種智。是二乘智。一切種智。當於佛乘。生枝曰。上言一切智。即空觀智。道種智。即假觀智。一切種智。即中觀智。眞師釋三種智。一則善。一則不美。何耶。別圓大機。修三觀。現三種智。是乃常規。別屬二乘佛乘。可謂取一捨一。難堪者。不能也。言不捨二法者。即下云。一切法空。及一切衆生。眞師授師。並同斯說。

참법 다 함께 마음을 다해 평등한 일심으로 오체투지하고, 마음속으로 다음과 같이 말씀하십시오.

아무개 등은 자신을 위해 위없는 보리를 구하지 않고, 일체 중생을 제도하기 위해 위없는 보리를 성취하겠습니다. 오늘부터 성불하는 그날까지 맹세코 한량없고 끝이 없는 일체 중생을 짊어지고 대자비를 일으켜 미래가 끝날 때까지 하겠습니다. 중생에게 삼악도의 중죄와 육취六趣의 액난이 있다면 아무개 등이 맹세코 모든 고통을 피하지 않고 몸으로 구호하여 그 중생이 안락한 땅을 얻게 하겠습니다.

오로지 원하오니 시방 온 허공계 일체 모든 부처님이시여, 대자비의 힘으로 현신하사 저를 위해 증명하소서. 오늘 보리심을 일으킨 아무개 등이 보살도를 행하여 태어나는 곳마다 빠짐없이 성취하고 이르는 곳마다 일체에서 해탈하게 하소서.

평등한 일심으로 간절하게 오체투지하며 세간의 너무도 자비로우신 아버지께 귀의합니다.

나무 미륵불

나무 석가모니불

나무 연화광유희신통불

나무 재공덕불

나무 덕념불

나무 선명칭공덕불

나무 홍염당왕불

나무 유보공덕불

나무 보화유보불

나무 보련화선주사라수왕불

나무 투전승불

나무 선유보불

나무 주잡장엄공덕불

나무 기음개보살

나무 적근보살

나무 무변신보살

나무 관세음보살

거듭 정성을 다해 오체투지하며 시방 일체 삼보께 머리 숙여 예배합니다. 1배

相與至心等一痛切。五體投地。心念口言。(某甲)等。不爲自身。求無上菩提。爲救濟一切衆生。取無上菩提。從今已去。至于成佛。誓當荷負。無量無邊。一切衆生。起大慈悲。盡未來際。衆生若有。三途重罪。六趣厄難。(某甲)等。誓不避衆苦。以身救護。令此衆生。得安隱地。唯願十方。盡虛

空界。一切諸佛。以大慈悲力。現爲我證。令(某甲)等。今日發菩提心。行
菩薩道。在所生處。具足成就。所到之地。一切解脫。等一痛切。五體投
地。歸依世間大慈悲父。南無彌勒佛。南無釋迦牟尼佛。南無蓮華光遊戲
神通佛。南無財功德佛。南無德念佛。南無善名稱功德佛。南無紅炎幢王
佛。南無遊步功德佛。南無寶華遊步佛。南無寶蓮華善住娑羅樹王佛。南
無鬪戰勝佛。南無善遊步佛。南無周帀莊嚴功德佛。南無棄陰蓋菩薩。南
無寂根菩薩。南無無邊身菩薩。南無觀世音菩薩。重復至誠。五體投地。
頂禮十方一切三寶(一拜)。

[집해] '육취六趣'는 곧 육도六道니, 지옥·아귀·축생·아수라·인간·하늘
을 말한다.

'연화광蓮華光' 등 11불은 곧 삼십오불 가운데 뒤쪽 11불이다. 제1권에
있는 11불과 제2권 앞쪽에 있는 11불과 지금 이 11불에다 미륵불과 석가
모니불을 합하면 총 삼십오불이 된다.

六趣者。卽六道。謂地獄。餓鬼。畜生。修羅。人。天。蓮華光等十一佛。卽
三十五佛中。後十一佛也。第一卷十一佛。次二卷中。前十一佛。今此十一。
幷彌勒釋迦。摠三十五佛也。

[참법] 아무개 등은 자신을 위해 위없는 보리를 구하지 않고, 시방 일체
중생을 제도하기 위해 위없는 보리를 성취하겠습니다. 오늘부터 성불하
는 그날까지 만약 어리석고 캄캄해 정법을 알지 못하고 여러 가지 다른
견해를 일으키는 중생이 있다면, 또 비록 도를 닦기는 하지만 법상法相을
통달하지 못하는 중생이 있다면, 이와 같은 중생이 나아가 미래에 있다
해도 아무개 등이 맹세코 부처님의 힘과 법의 힘과 현성의 힘으로 갖가지
방편을 베풀어 이 중생들이 모두 부처님의 지혜에 들어가 일체종지를 완

전히 성취하게 하겠습니다.

　다 함께 마음을 다해 평등한 일심으로 간절하게 오체투지하며, 시방 온 허공계의 너무도 자비로우신 아버지께 귀의합니다.

　나무 미륵불
　나무 석가모니불
　나무 보광불
　나무 보명불
　나무 보정불
　나무 해덕광명불
　나무 다마라발전단향불
　나무 전단광불
　나무 마니당불
　나무 환희장마니보적불
　나무 일체세간락견상대정진불
　나무 마니당등광불
　나무 혜거조불
　나무 금강뢰강보산금광불
　나무 대강정진용맹불
　나무 대비광불
　나무 자력왕불
　나무 자장불
　나무 혜상보살
　나무 무상불리세보살
　나무 무변신보살
　나무 관세음보살

(某甲)等。不爲自身。求無上菩提。爲度十方一切衆生。取無上菩提。從今已去。至于成佛。若有衆生。愚癡黑闇。不識正法。起諸異見者。復有衆生。雖修道行。不達法相者。如此衆生。乃至未來。(某甲)等誓。以佛力。法力。賢聖力。種種方便。令此衆生。皆入佛慧。具足成就。一切種智。相與至心。等一痛切。五體投地。歸依十方。盡虛空界。大慈悲父。南無彌勒佛。南無釋迦牟尼佛。南無普光佛。南無普明佛。南無普淨佛。南無海德光明佛。南無多摩羅跋栴檀香佛。南無栴檀光佛。南無摩尼幢佛。南無歡喜藏摩尼寶積佛。南無一切世間樂見上大精進佛。南無摩尼幢燈光佛。南無慧炬照佛。南無金剛牢强普散金光佛。南無大强精進勇猛佛。南無大悲光佛。南無慈力王佛。南無慈藏佛。南無慧上菩薩。南無無常不離世菩薩。南無無邊身菩薩。南無觀世音菩薩。

[집해] '다른 견해(異見)'에 대해 변진 스님은 "샛된 견해(邪見)이다."라고 하였다.

'법상을 통달하지 못한다'는 것은 잘못 수행하는 사람을 말한다.

'보광불普光佛' 등 16불은 곧 오십삼불[120] 가운데 앞쪽 16불이다.

異見者。眞師云。邪見。不達法相者。錯修人。普光佛等十六佛。卽五十三佛中。前十六佛也。

[참법] 우러러 원하옵니다. 모든 부처님과 대보살님이시여, 큰 자비의 힘과 큰 지혜의 힘과 불가사의한 힘과 한량없이 자재한 힘과 네 마귀를 항복시키는 힘과 오개를 끊어 없애는 힘과 모든 번뇌를 소멸시키는 힘과 한

---

[120] 오십삼불 : 그 이름을 부르면 태어나는 곳마다 시방의 모든 부처님을 친견하게 되고, 지극한 마음으로 예배하면 사중죄·오역죄가 깨끗이 없어진다고 한다. 『관약왕약상이보살경觀藥王藥上二菩薩經』에 수록되어 있다.

량없이 업의 티끌을 청정히 하는 힘과 한량없이 관지觀智를 개발하는 힘과 한량없이 무루혜無漏慧를 개발하는 힘과 한량없고 끝이 없는 신통의 힘과 한량없이 중생을 제도하는 힘과 한량없이 중생을 보호하는 힘과 한량없이 중생을 안온하게 하는 힘과 한량없이 고뇌를 끊어 없애는 힘과 한량없이 지옥에서 해탈시키는 힘과 한량없이 아귀를 제도하는 힘과 한량없이 축생을 구제하는 힘과 한량없이 아수라를 포섭해 교화하는 힘과 한량없이 인간을 섭수하는 힘과 한량없이 모든 하늘과 신선의 번뇌를 소진시키는 힘과 십지十地를 구족하게 장엄하는 힘과 정토를 구족하게 장엄하는 힘과 도량을 구족하게 장엄하는 힘과 불과佛果의 공덕을 구족하게 장엄하는 힘과 불과의 지혜를 구족하게 장엄하는 힘과 법신을 구족하게 장엄하는 힘과 위없는 보리를 구족하게 장엄하는 힘과 대열반을 구족하게 장엄하는 힘과 한량없고 다함없는 공덕의 힘과 한량없고 다함없는 지혜의 힘, 이와 같이 한량없고 끝없고 자재하고 불가사의한 힘을 본래의 맹세를 어기지 마시고 본래의 소원을 어기지 마시고 그 모두를 시방세계 모든 사생 육도와 오늘 함께 발심한 이들에게 베풀어 주소서. 그러면 반드시 그들 모두 발심이 원만해져 모든 공덕의 힘을 구족하게 성취하고, 보리원菩提願의 힘을 구족하게 성취하고, 보리행菩提行의 힘을 구족하게 성취할 것입니다.

　오늘 시방의 보이지 않는 자와 보이는 자, 원수와 친구와 원수도 친구도 아닌 자, 사생 육도의 인연 있는 자와 인연 없는 자, 미래가 끝나는 날까지의 일체 중생이 이 참법으로 영원히 청정해지고, 어디에 태어나건 소원대로 이루며, 한결같고 견고해 그 마음 물러남이 없고, 여래와 평등해져 함께 정각을 이루게 하소서. 나아가 후세의 일체중생 가운데 그 소원이 다른 이들까지도 모두 다 대원大願의 바다로 들어와 곧바로 공덕과 지혜를 성취하게 하시며, 모든 보살님처럼 십지의 행을 만족하여 일체종지를 구족하고 위없는 보리를 장엄하며 결국은 해탈하게 하소서. 1배

仰願諸佛。諸大菩薩。大慈悲力。大智慧力。不思議力。無量自在力。降伏
四魔力。斷除五蓋力。滅諸煩惱力。無量淸淨業塵力。無量開發觀智力。無
量開發無漏慧力。無量無邊神通力。無量度脫衆生力。無量覆護衆生力。
無量安隱衆生力。無量斷除苦惱力。無量解脫地獄力。無量濟度餓鬼力。
無量救拔畜生力。無量攝化阿脩羅力。無量攝受人道力。無量盡諸天諸仙
漏力。具足莊嚴十地力。具足莊嚴淨土力。具足莊嚴道場力。具足莊嚴佛
果功德力。具足莊嚴佛果智慧力。具足莊嚴法身力。具足莊嚴無上菩提力。
具足莊嚴大涅槃力。無量無盡功德力。無量無盡智慧力。以如是無量無邊
自在不可思議力。不違本誓。不違本願。悉以施與。十方一切。四生六道。
及今日同發心者。必使皆得。發心圓滿。具足成就。諸功德力。具足成就。
菩提願力。具足成就。菩提行力。今日十方。若幽若顯。若怨若親。若非怨
親。四生六道。有緣無緣。窮未來際。一切衆生。以此懺法。永得淸淨。在
所生處。同得如願。一向堅固。心無退轉。等與如來。俱成正覺。乃至後流。
一切衆生。異於願界。皆悉令入。大願海中。卽得成就。功德智慧。同諸菩
薩。滿十地行。具足一切種智。莊嚴無上菩提。究竟解脫(一拜)。

集解 '네 마귀'는 오음마五陰魔・번뇌마煩惱魔・천마天魔・사마死魔다.
 '오개五蓋'는 이미 설명하였다.
 '업의 티끌[을 청정히 하는] 힘[淸淨]業塵力)'에서 업진業塵에 대해 각명
공은 "업의 미혹과 번뇌(業惑塵勞)"라 하였다.
 '관지를 개발하는 힘(開發觀智力)'에서 관지는 곧 관조반야觀照般若다.
 '무루혜를 개발하는 힘(開發無漏惠力)'에서 무루혜는 곧 진여의 청정한
지혜다.
 '아수라'는 이미 설명하였다.
 '모든 하늘과 신선의 번뇌를 소진시키는 힘(盡諸天諸仙漏力)'에서 누漏는
곧 번뇌煩惱다. 번뇌로 인해 악도에 떨어지기 때문이다.

변진 스님과 미수 스님은 "구족하게 장엄하는 등의 여덟 가지 장엄하는 힘은 모두 보살에게 해당되는 것이다. 불과를 장엄하는 힘 등의 뒤에 있는 두 가지, 즉 '한량없고 다함없는 공덕의 힘'과 '한량없고 다함없는 지혜의 힘'은 오직 불위佛位에만 해당된다."라고 하였다.

변진 스님은 "'일체종지를 구족한다'는 것은 반야이고, '위없는 보리를 장엄한다'는 것은 곧 법신이고, '결국은 해탈한다'는 것은 곧 해탈이니, 삼덕三德을 말한 것이다."라고 하였다. 앞에서 말한 일체종지에 대해 각명 공은 "세간법이건 출세간법이건 분명하게 알지 못하는 것이 없기 때문에 일체종지라고 부른다."라고 하였다.

四魔者。五陰魔。煩惱魔。天魔。死魔。五蓋[已釋]。業塵力。明公云。業惑塵勞。觀智力。卽觀照般若。無漏惠力。卽眞如淸淨惠。阿修羅[已釋]。諸仙漏力。漏者。卽煩惱。因煩惱故。漏墮惡趣故。具足莊嚴等。八莊嚴力者。眞師授師云。此皆菩薩。莊嚴佛果等後二。無盡功德智慧。唯明佛位。其足一切種智。眞師云。般若也。莊嚴無上菩提。卽法身也。究竟解脫者。卽解脫。三德也。上言一切種智者。明公云。世出世法。無不了知故。號一切種智。

제5. 원을 세움

[참법] 오늘 이 도량의 동업대중이여, 다 함께 이미 큰마음을 일으켰으니, 솟아오르는 기쁨 한량없습니다. 이제는 다시 다음과 같이 큰 원을 일으켜야 합니다.

평등한 일심으로 간절하게 오체투지하며, 세간의 너무도 자비로우신 아버지께 귀의합니다.

나무 미륵불

나무 석가모니불

나무 전단굴장엄승불

나무 현선수불

나무 선의불

나무 광장엄왕불

나무 금화광불

나무 보개조공자재왕불

나무 허공보화광불

나무 유리장엄왕불

나무 보현색신광불

나무 부동지광불

나무 항복제마왕불

나무 재광명불

나무 지혜승불

나무 미륵선광불

나무 약왕보살

나무 약상보살

나무 무변신보살

나무 관세음보살

원하오니, 불가사의한 힘으로 함께 감싸고 보호하사 저희들이 세운 서원을 모두 성취하게 하시며, 어느 곳에 태어나건 항상 잊지 않아 결국엔 위없는 보리를 얻어 정각을 이루게 하소서. 1배

각자 마음속으로 다음과 같이 말씀하십시오.

아무개 등이 오늘부터 세세생생 어느 곳에 있건 보리심을 일으켰던 것을 항상 기억해 그 보리심이 상속하며 끊어지지 않게 하소서.

아무개 등이 오늘부터 세세생생 어느 곳에 있건 한량없고 끝없는 일체 모든 부처님을 항상 만나 항상 공양하고, 공양할 여러 물품 또한 모두 만족하게 하소서.

아무개 등이 오늘부터 세세생생 어느 곳에 있건 대승과 방등의 일체 모든 경을 항상 호지하고, 공양할 여러 물품 또한 모두 만족하게 하소서.

아무개 등이 오늘부터 세세생생 어느 곳에 있건 시방의 한량없고 끝없는 일체 보살님을 항상 만나고, 공양할 여러 물품 또한 모두 만족하게 하소서.

아무개 등이 오늘부터 세세생생 어느 곳에 있건 시방의 한량없고 끝없는 일체 현성들을 항상 만나고, 공양할 여러 물품 또한 모두 만족하게 하소서.

아무개 등이 오늘부터 세세생생 어느 곳에 있건 감싸 주신 자비로운 은혜에 항상 보답하고, 받들어 올려야 할 물품이 있으면 마음먹는 대로 만족하게 하소서.

아무개 등이 오늘부터 세세생생 어느 곳에 있건 화상과 아사리를 항상 받들어 모시고, 공양해야 할 물품을 생각하는 대로 만족하게 하소서.

아무개 등이 오늘부터 세세생생 어느 곳에 있건 큰 힘을 가진 국왕을 항상 만나고, 그와 함께 삼보를 흥성시켜 단절되지 않게 하소서.

아무개 등이 오늘부터 세세생생 어느 곳에 있건 모든 불국토를 항상 장엄하여 삼독과 팔난이라는 이름조차 없게 하소서.

아무개 등이 오늘부터 세세생생 어느 곳에 있건 사무애지를 얻고 육신통을 구족하여 항상 앞에 나타나고 영원히 잃어버리지 않으며, 그것으로 일체 중생을 교화하게 하소서.

發願第五

今日道場。同業大衆。相與已得。發大心竟。喜踊無量。宜復應發。如是大願。等一痛切。五體投地。歸依世間。大慈悲父。南無彌勒佛。南無釋迦牟尼佛。南無旃檀窟莊嚴勝佛。南無賢善首佛。南無善意佛。南無廣莊嚴王佛。南無金華光佛。南無寶蓋照空自在王佛。南無虛空寶華光佛。南無瑠璃莊嚴王佛。南無普現色身光佛。南無不動智光佛。南無降伏諸魔王佛。南無才光明佛。南無智慧勝佛。南無彌勒仙光佛。南無藥王菩薩。南無藥上菩薩。南無無邊身菩薩。南無觀世音菩薩。願以不思議力。同加覆護。令(某甲)等。所有誓願。皆悉成就。在所生處。常不忘失。究竟無上菩提。成等正覺(一拜)。各自心念口言。(某甲)等。從今日去。願生生世世。在在處處。常得憶念。發菩提心。令菩提心。相續不斷。(某甲)等。從今日去。願生生世世。在在處處。常得奉值。無量無邊。一切諸佛。常得供養。供養衆具。皆悉滿足。(某甲)等。從今日去。願生生世世。在在處處。常得護持。大乘方等。一切諸經。供養衆具。皆悉滿足。(某甲)等。從今日去。願生生世世。在在處處。常值十方。無量無邊。一切菩薩。供養衆具。皆悉滿足。(某甲)等。從今日去。願生生世世。在在處處。常值十方。無量無邊。一切賢聖。供養衆具。皆悉滿足。(某甲)等。從今日去。願生生世世。在在處處。常得奉報。覆蔭慈恩。有所奉給。隨心滿足。(某甲)等。從今日去。願生生世世。在在處處。常得奉值。和尚阿闍梨。所應供養。隨念滿足。(某甲)等。從今日去。願生生世世。在在處處。常得奉值。大力國王。共興三寶。使不斷絶。(某甲)等。從今日去。願生生世世。在在處處。常得莊嚴。諸佛國土。無有三毒。八難之名。(某甲)等。從今日去。願生生世世。在在處處。得四無礙智。具六神通。恒在現前。常不忘失。以此教化一切衆生。

제5. 원을 세움

집해 각명 공은 "앞에서 이미 큰마음의 행상行相을 완전히 밝혔고, 이 문단에서는 행원行願과 기꺼이 구하는 일들을 드러내 보였다. 어떤 수행인이건 위없는 오묘한 과보를 구하고자 한다면 반드시 행行과 원願이 서로 도와야 한다. 따라서 행만 있고 원이 없으면 그 행은 반드시 외롭고, 원만 있고 행이 없으면 그 원은 헛된 시설에 불과하다. 행이 외로우면 그 과보를 상실하고, 원이 허망하면 그 복이 하열하기 때문에 반드시 두 가지 업을 쌍으로 운용해야 비로소 그 도움으로 오묘한 과보를 이룰 수 있다. 따라서 다음에 발원을 밝혔다.

'전단굴梅檀窟' 등 14불은 오십삼불 중 그 다음 14불이다.

'방등方等'에 대해 미수 스님은 "방方은 바르다(正)는 뜻이고, 등等은 평등하다는 뜻이다. 교리가 깊고 넓으며, 진실로 바르고 평등함을 말한다."고 하였다.

'감싸주신 자비로운 은혜'에 대해 각명 공과 변진 스님은 "국왕·부모·스승의 은혜다."라고 하였다.

發願第五
明公云。前已具明。大心行相。此文示現。行願樂求之事。然諸行人。欲求無上妙果。必須行願相扶。是以有行無願。其行必孤。有願無行。其願虛設。行孤則果喪。願虛則福劣。故須二業雙運。方得助成妙果故。次明發願。梅檀窟等十四佛。卽五十三佛中次十四佛也。方等者。授師云。方者正也。等者。平等。謂敎理深廣。眞正平等也。覆陰慈恩者。明公眞師云。國王父母師長之恩。

참법 다 함께 마음을 다해 평등한 일심으로 간절하게 오체투지하며, 세간의 너무도 자비로우신 아버지께 귀의합니다.

나무 미륵불
나무 석가모니불

나무 세정광불
나무 사자후자재력왕불
나무 선적월묘존지왕불
나무 용종상존왕불
나무 일월광불
나무 일월주광불
나무 혜번승왕불
나무 상광당불
나무 관세등불
나무 혜위등왕불
나무 법승왕불
나무 수미광불
나무 수만나화광불
나무 우담발라화수승왕불
나무 아촉비환희광불
나무 대혜력왕불
나무 무량음성왕불
나무 묘음승불
나무 재광불
나무 금해광불
나무 산해혜자재통왕불
나무 대통광불
나무 일체법상만왕불
나무 대세지보살
나무 보현보살
나무 무변신보살

나무 관세음보살

거듭 이와 같은 시방 온 허공계 일체 삼보께 귀의합니다.

받들어 원하오니 모든 부처님과 모든 대보살님과 일체 현성이시여, 대자비의 힘으로 아무개 등이 세운 서원이 어느 곳에 태어나건 마음먹은 대로 자재하게 해 주소서.

아무개 등이 오늘부터 또 세세생생 어느 곳에 있건 저의 몸을 보는 중생이 있으면 곧 해탈을 얻고, (제가) 지옥에 들어가면 모든 지옥이 정토로 변하고 모든 괴로운 인연들이 즐거움을 주는 도구들로 변하게 하소서. 그리하여 모든 중생이 육근이 청정해지고 몸과 마음이 안락해져 제3선처럼 되며, 모든 의심의 그물을 자르고 초무루初無漏를 일으키게 하소서.

아무개 등이 오늘부터 세세생생 어느 곳에 있건 저의 음성을 듣는 중생이 있으면 마음이 곧 안온해져 죄의 때를 말끔히 없애고, 다라니와 해탈과 삼매를 얻으며, 대인大忍을 구족하고, 변재가 끊어지지 않으며, 함께 법운지(法雲)에 올라 정각을 이루게 하소서.

아무개 등이 오늘부터 세세생생 어느 곳에 있건 모든 중생이 저의 이름만 들어도 모두 기뻐하며 미증유를 얻고, (제가) 삼악도로 가면 온갖 고통을 말끔히 끊어 버리고, 인간이나 하늘나라에 있으면 모든 유루有漏를 없애며, 가는 곳마다 자유자재하여 해탈시키지 못하는 일이 없게 하소서.

아무개 등이 오늘부터 세세생생 어느 곳에 있건 일체 중생에게 주거나 뺏는 마음이 없고 원수와 친구라는 생각이 없으며, 삼독의 뿌리를 잘라 버리고 나다, 내 것이다 하는 생각을 벗어나며, 큰 법을 믿고 즐거워하며 평등하게 자비를 행하고, 일체가 화합해 성중聖衆과 같아지게 하소서.

아무개 등이 오늘부터 세세생생 어느 곳에 있건 일체 중생에게 마음이 항상 평등하기가 허공과 같고, 비방과 칭찬에 흔들리지 않아 원수와 친구를 한 모양으로 보며, 깊고 넓은 마음에 들어가 부처님의 지혜를 배우고, 중생을 평등하게 보기를 라후라 보듯이 하며, 십주十住의 업을 만족해 외아들의 지위(一子地)를 얻고, 유와 무를 떠나 항상 중도를 행하게 하소서.
1배[121]

相與至心。等一痛切。五體投地。歸依世尊。大慈悲父。南無彌勒佛。南無釋迦牟尼佛。南無世靜光佛。南無師子吼自在力王佛。南無善寂月妙尊智王佛。南無龍種上尊王佛。南無日月光佛。南無日月珠光佛。南無慧幡勝王佛。南無常光幢佛。南無觀世燈佛。南無慧威燈王佛。南無法勝王佛。南無須彌光佛。南無須曼那華光佛。南無優曇鉢羅華殊勝王佛。南無阿閦毗歡喜光佛。南無大慧力王佛。南無無量音聲王佛。南無妙音勝佛。南無才光佛。南無金海光佛。南無山海慧自在通王佛。南無大通光佛。南無一切法常滿王佛。南無大勢至菩薩。南無普賢菩薩。南無無邊身菩薩。南無觀世音菩薩。又復歸命。如是十方。盡虛空界。一切三寶。願承諸佛。諸大菩薩。一切賢聖。大悲心力。令(某甲)等。所發誓願。所生之處。隨心自在。(某甲)等。從今日去。又願生生世世。在在處處。若有衆生。見我身色。卽得解脫。若入地獄。一切地獄。變爲淨土。一切苦緣。變爲樂具。令諸衆生。六根清淨。身心安樂。如第三禪。斷諸疑網。發初無漏。(某甲)等。從今日去。願生生世世。在在處處。若有衆生。得聞我聲。心卽安隱。滅除罪垢。得陀羅尼。解脫三昧。具足大忍。辯才不斷。俱登法雲。成等正覺。(某甲)等。從今日去。願生生世世。在在處處。一切衆生。得聞我名。皆悉歡喜。得未曾有。若到三途。斷除衆苦。若在人天。盡諸有漏。所向自在。無不解脫。(某甲)等。從今日去。願生生世世。在在處處。於一切衆生。無有與奪之心。無有怨親之想。斷三毒根。離我我所。信樂大法。等行慈悲。一切和合。猶如聖衆。(某甲)等。從今日去。願生生世世。在在處處。於一切衆生。心常平等。猶如虛空。毀譽不動。怨親一相。入深廣心。學佛智

---

121 누락된 것으로 추측되어 '1배'를 보입하였다.

慧。等視衆生。如羅睺羅。滿十住業。得一子地。離於有無。常行中道。

집해 '세정광불世靜光佛' 등은 오십삼불 중 뒤쪽 23불이다.

'제3선第三禪'에 대해 보충 설명을 하자면, 『법계차제』에서 "삼계에서의 즐거움은 제3선이 최고다. 제3선을 떠나 다른 곳에는 온몸에 가득한 즐거움이 없다. 제3선에 세 하늘이 있으니, 말하자면 소정천·무량정천·변정천이다."라고 하였다.

'초무루를 일으키다(發初無漏)'에 대해 미수 스님은 "초견도初見道다."라고 하였다. 여기에 보충 설명을 하겠다. 견도見道는 처음으로 진리를 보는 것을 말한다. 대승과 소승이 각기 달라 여기에 세 종류가 있다. 그래서 동림 스님은 "성문은 곧 초과初果에 무루를 증득하는 것을 견도라 한다. 별교別教 보살은 곧 초지初地에 무루를 증득하는 것을 견도라 한다. 원교圓教 보살은 곧 초주初住에 무루를 증득하는 것을 견도라 한다."고 하였다.

'다라니'는 이미 해석하였다.

'해탈解脫'에 대해 각명 공은 "얽매임을 벗어나는 것을 해解라 하고, 장애를 벗어나는 것을 탈脫이라 한다."고 하였다. 혹자는 "거꾸로 매달린 것을 푸는 것을 해라 하고, 굴레와 그물에서 벗어나는 것을 탈이라 한다."고 하였다.

'삼매三昧'에 대해 보충 설명을 하자면, 『조정집祖庭集』[122]에서 "삼三을 정正이라 하고, 매昧를 정定이라 한다. 또 정수正受라고도 하니, 바른 선정이 산란하지 않아 모든 법을 받아들일 수 있음을 말한다. 또 등지等持라고도 하니, 선정 가운데서 모든 법을 평능하게 수시하기 때문이다."[123]라고 하였다.

---

122 『조정집祖庭集』: 북송의 선향善鄉이 지은 『조정사원祖庭事苑』을 말한다.
123 『조정사원』(X64, 385a).

'대인大忍'은 무생법인無生法忍이다.

'법운法雲'은 제10지이다.

'나와 나의 것(我我所)'에 대해 각명 공은 "나는 곧 임시로 화합한 오온이고, 나의 것은 의보依報가 되는 일체 만물이다."라고 하였다.

'라후라羅睺羅(Rāhula)'는 중국말로 집일執日이다. 부처님이 태자 시절에 회임했던 아들인데 6년 동안이나 태어나지를 않았다. 그래서 집일이라고 이름을 붙였다. 변진 스님은 "중국말로 장폐障弊다. 이는 아수라의 이름과 같다. 즉 아수라가 하늘과 전투를 벌일 때 부처님의 아들이 태어났기 때문에 여기에 기인해 이름을 붙였다."고 하였다. 『열반경』에서 "여래는 일체 중생을 라후라와 똑같이 평등하게 본다."[124]고 했기 때문에 여기에 인용한 것이다.

'십주의 업을 만족해 외아들의 지위를 얻는다(滿十住業得一子地)'에 대해 변진 스님은 "라후라는 본래 십주위十住位의 보살이었다가 부처님의 외아들로 태어났다. 십주는 발심주發心住·치지주治地住·수행주修行住·생귀주生貴住·방편구족주方便具足住·정심주正心住·불퇴주不退住·동진주童眞住·법왕자주法王子住·관정주灌頂住이다."라고 하였다. 각명 공은 "제10주를 관정주라 한다. 외아들의 지위란 곧 관정위灌頂位이다. 전륜성왕에게 천 명의 아들이 있더라도 그 관정위를 잇는 자는 참된 아들 하나인 것과 같다."고 하였다. 이에 대해 동림 스님은 다음과 같이 말하였다.

"이 주석은 아무래도 틀린 것 같다. 십주十住라는 명칭은 삼현三賢의 계위에만 국한되는 것이 아니다. 십지十地 역시 십주라 한다. 여기에 있는 십주는 그 명칭은 비록 삼현위에서 시작된 것이지만 실제로는 십지에 해당한다. 아래 문단 두 곳에도 십주라는 명칭이 있는데 모두 역시 이와 같다. 만약 삼현의 십주로 해석한다면 그 의미에 있어 옳지 않다. 외아들의

---

124 『대반열반경大般涅槃經』 권5(T12, 631a)에서 "如來等視一切衆生猶如一子"라 하였다.

지위란 보살이 머무는 계위의 이름이다. 『열반경』에서 '보살은 자慈·비悲·희喜를 닦고 나서 극애일자極愛一子의 지위에 머물게 되니, 바로 등각等覺이다. 왜 이 지위를 극애라 하고, 또 일자一子라 하는가. 마치 자식이 안온한 것을 보면 부모가 마음으로 크게 기뻐하는 것과 같다. 이 지위에 머무는 보살 역시 마찬가지여서 모든 중생을 외아들과 똑같다고 보고 선을 닦는 자를 보면 크게 기뻐한다. 따라서 극애라 한다'[125]고 하였다."

미수 스님은 "초지인 극희지極喜地를 일자지一子地라 한다. 모든 중생을 외아들처럼 평등하게 관하기 때문이다. 유와 무를 벗어나면 초지에 오른다. 따라서 '유와 무의 집착을 벗어나 항상 중도를 행한다'고 하였다."고 하였다.

여기에 보충 설명을 하겠다. 이 여러 해석 가운데 미수 스님과 동림 스님의 두 해석이 가장 빼어나다. 동림 스님이 십주가 십지를 지칭한 것이라고 한 것은 이치에도 잘 부합한다. 여기에서 몇 가지 가려내 보자면, 위에서 미수 스님은 (일자지가) 극희지로서 바로 초지라 하였다. 동림 스님은 극애지로서 바로 등각이라 하였으므로, 십주의 업을 만족해 외아들의 지위를 얻는다는 것은 십지의 업을 만족해 등각을 얻는 것이 된다. '극애일자'의 뜻은 앞에서 한 해석과 같다. 또 일자一子의 뜻에 대해 여러 학자들이 그 전적에서 다음과 같이 말하였다.

"등각위이다. 근본종자무명根本種子無明 한 가지를 끊지 못했기 때문에 일자지一子地라 한다. 말하자면 42품 무명 중 41품의 무명을 끊었으나 최후의 1품인 미세종자무명微細種子無明을 끊지 못했기 때문에 등각을 일자지라 한다. 이 한 가지 무명종자로 인해 한 차례의 변역생사變易生死가 남아 있고, 한 생의 격차가 있는 것이다. 따라서 대각大覺에 들어가지 못하

---

[125] 『대반열반경』 권16(T12, 458c)에 수록된 내용을 정리하여 인용한 것이다. 문장이 일치하지는 않는다.

고 등각의 지위에 거주하게 된다. 이를 일종자위一種子位라 하니, 곧 십지의 업을 만족하고 얻는 등각이다. 또 일생위一生位라고도 하니, 여러 경에서 일생보처一生補處라 한 것이 바로 이것이다."

이렇게 보면 이 문단에서 십주의 업을 만족하고 외아들의 지위를 얻는다고 한 그 뜻이 분명하다. 동림 스님이 "십주는 십지를 지칭한 것이다."라고 한 그 말씀은 가히 법도로 삼을 만하다.

世靜光佛。卽五十三佛中。後二十三佛也。第三禪。生枝曰。法界次第云。三界之樂。三禪爲最。若離三禪。餘無遍身之樂。三禪有三天。謂小淨无量淨遍淨天也。發初無漏者。授師云。初見道也。生枝曰。見道者。謂初見眞理也。大小乘各異。有三種也。是故東林云。聲聞則。初果證无漏名見道。別敎菩薩則。初地證無漏名見道。圓敎菩薩則。初住證无漏名見道。陁羅尼。已釋。解脫。明公云。出纒名解。離障名脫。或云。釋倒懸名解。出籠羅爲脫。三昧。生枝曰。祖庭集云。三之曰正。昧之曰定。又正受。謂正定不亂。能受諸法。亦云等持。定中等持諸法故。大忍者[无生忍也]。法雲者[第十地也]。我我所。明公云。我則五蘊假者。我所。一切依報之物。羅睺羅。此云執日。佛爲大子時。所姙之子。六年不生。故號執日。眞師云。此云障弊。此同阿修羅名。卽阿修羅。與天鬪時。佛子降生。因以爲名。涅槃經云。如來等視一切。如羅睺羅。故此引云。滿十住業。得一子地者。眞師云。羅睺羅。本十住位菩薩。迹爲佛之一子。十住者。謂發心住。治地住。修行住。生貴住。方便具足住。正心住。不退住。童眞住。法王子住。灌頂住。明公云。第十。名灌頂住。一子地。卽灌頂位。如轉輪王。雖有千子。其紹灌頂位者。其一眞子也。東林云。此注恐非。十住之名。非局三賢之位。十地亦云十住。此中十住名。雖濫於三賢。實爲十地。下文二處。亦有十住之名。皆如是也。若以三賢之十住釋之。則於義不可。一子地者。菩薩所住位名也。如涅槃經云。菩薩修慈悲喜已。得住極愛一子之地。乃等覺也。云何是地。名曰極愛。復名一子。比如父母。見子安隱。心大歡喜。菩薩住是地中。亦復如是。視諸衆生。同於一子。見修善者。生大歡喜。故名極愛。授師云。初極喜地。名一子地。等觀衆生。如一子故。離於有無。登初地。故曰離有無執。常行中道。生枝曰。此中授師東林二釋最妙。然東林。以十住名爲十地。善符於理。此有料揀。上授師言。極喜乃初地。東林言。極愛乃等覺。滿十住業。得一子地者。謂滿十地業。得等覺也。極愛一子之義。如前釋也。又一子之義。諸家錄云。等覺位。未斷一品根本種子無明。故名一子地。所謂四十二品無明之中。斷至四十一品無明。未斷最後一品微細種子無明故。等覺名一子地。由此一分無明種子。潤一分變易生死。隔一生故。未入大覺。居等覺位。此名一種子位。乃滿十地業。得等覺也。亦名一生位。諸經云。一生補處者。此也。此文云。滿十住業。得一子地。其義明然。東林以十住名十地。其言可軌。

참법 다 함께 마음을 다해 평등한 일심으로 간절하게 오체투지하며, 세간의 너무도 자비로우신 아버지께 귀의합니다.

나무 미륵불

나무 석가모니불

나무 보해불

나무 보영불

나무 보성불

나무 보광불

나무 보당번불

나무 보광명불

나무 아촉불

나무 대광명불

나무 무량음불

나무 대명칭불
나무 득대안은불
나무 정음성불
나무 무한정불
나무 월음불
나무 무한명불
나무 월광명불
나무 무구광불
나무 정광불
나무 금강장보살
나무 허공장보살
나무 무변신보살
나무 관세음보살

거듭 이와 같은 시방 온 허공계 일체 삼보께 귀의합니다.

아무개 등과 더불어 사생 육도의 모든 중생이 지금 참회하고 발원한 공덕의 인연으로 오늘부터 보리를 이루는 그날까지 보살도를 행하며 싫증 내는 일이 없고, 재물과 법 두 가지 보시가 다함이 없으며, 지혜와 방편으로 짓는 일들이 헛되지 않고, 근기에 따르고 병에 맞춰 법과 약을 베풀어 보고 듣는 모든 이들이 함께 해탈을 얻게 하소서.

아무개 등이 또 오늘부터 보리에 이르는 그날까지 보살도를 행하며 어떤 망설임도 없고, 이르는 곳마다 항상 큰 불사를 일으켜 도량을 건립하며, 마음이 자재하고, 법이 자재하고, 일체 삼매에 들어가지 못하는 일이 없고, 총지문總持門을 열고, 불과佛果를 드러내 보이며 법운지法雲地에 거주하면서 감로의 비를 내려 중생들의 네 가지 마원魔怨[126]을 말끔히 없애

---

126 네 가지 마원 : 앞에서 거론한 네 마귀(四魔)와 같다. 즉 오음마五陰魔 · 번뇌마煩惱

(그들이) 청정한 법신의 오묘한 과보를 얻게 하소서.

아무개 등이 오늘 세운 많은 서원이 시방의 모든 대보살님께서 일으킨 서원과 같고, 저희의 서원이 시방의 모든 부처님께서 과거에 일으키신 일체 대원과 모두 같아서 넓고 크기가 법의 성품과 같고, 끝까지 다하기가 허공과 같게 하소서.

아무개 등이 소원을 이루고 보리의 원을 만족하며, 일체 중생도 모두 다 따라서 소원을 이루게 하소서.

우러러 원하오니 시방의 일체 모든 부처님과 일체 존귀한 법과 일체 보살님과 일체 현성이시여, 자비의 힘으로 현신하사 저를 위해 증명하소서. 또 일체 천주天主와 일체 선주仙主와 일체 선신善神과 일체 용신龍神이시여, 삼보를 옹호하는 자비와 선근의 힘으로 현신하사 증명해 주소서. 그리하여 모든 행원이 마음먹은 대로 자재하게 하소서. 1배

相與至心。等一痛切。五體投地。歸依世間大慈悲父。南無彌勒佛。南無釋迦牟尼佛。南無寶海佛。南無寶英佛。南無寶成佛。南無寶光佛。南無寶幢幡佛。南無寶光明佛。南無阿閦佛。南無大光明佛。南無無量音佛。南無大名稱佛。南無得大安隱佛。南無正音聲佛。南無無限淨佛。南無月音佛。南無無限名佛。南無月光明佛。南無無垢光佛。南無淨光佛。南無金剛藏菩薩。南無虛空藏菩薩。南無無邊身菩薩。南無觀世音菩薩。又復歸依。如是十方。盡虛空界。一切三寶。願(某甲)等。與四生六道。以今懺悔發願。功德因緣。從今日去。至于菩提。行菩薩道。無有疲猒。財法二施。無有窮盡。智慧方便。所作不空。隨根應病。授以法藥。一切見聞。同得解脫。(某甲)等又願。從今日去。乃至菩提。行菩薩道。無諸留難。所到之處。常能作大佛事。建立道場。得心自在。得法自在。一切三昧。無不能入。開揔持門。

魔·천마天魔·사마死魔이다.

顯示佛果。居法雲地。注甘露雨。滅除衆生。四種魔怨。使得淸淨。法身妙
果。(某甲)等今日。所有衆願。悉如十方。諸大菩薩。所發誓願。所有衆願。
悉如十方諸佛。本時所發。一切大願。廣大如法性。究竟如虛空。願(某甲)
等。得如所願。滿菩提願。一切衆生。皆悉隨從。得如所願。仰願十方。一
切諸佛。一切尊法。一切菩薩。一切賢聖。以慈悲力。現爲我證。又願一切
天主。一切仙主。一切善神。一切龍神。以擁護三寶。慈善根力。現爲證知。
令諸行願。隨心自在(一拜)。

집해 '보해불寶海佛' 등은 170불[127] 가운데 18불이다.
'아촉불阿閦佛'에서 촉閦 자는 족族으로 발음한다.
'마음이 자재하다'에 대해 변진 스님과 미수 스님은 "삼명三明과 육통六通이다."라고 하고, '법이 자재하다'에 대해서는 "백천 법문에 통달하는 것이다."라고 하였다. 각명 공은 "번뇌장煩惱障을 벗어나면 마음이 자재하게 되고, 소지장所知障을 벗어나면 법이 자재하게 된다."고 하였다.
'불과를 드러내 보이며 법운지에 거주하면서……(現示佛果居法雲地……)'에 대해 보충 설명을 하겠다. 여러 스님들의 해석이 각기 다르다. 그 의미가 모두 훌륭하지만 그 글들이 너무 번다해 모두 기록하지는 않겠다. 그러나 몇 가지 가려내 뽑아 보자면 『십왕과보별문十王果報別門』에서 "제10지 보살은 색구경천왕色究竟天王이 되어 성불하는 모습을 보여 준다."고 하였으니 타수용보신他受用報身을 말한다. 『원통참圓通懺』에서 "색구경천의 대보련화大寶蓮華 가운데"라고 한 것이 바로 이것이다. 왜 그런가. 먼저 십지를 표명하고 뒤에 불과를 설명했다면 곧 그 뜻이 차례에 맞았을 것이다. 그런데 지금 이 문장은 먼저 불과를 말하고 뒤에 십지를 말하여 그 문

---

127 현재 문헌이 남아 있지는 않지만 『역대삼보기歷代三寶紀』·『출삼장기집出三藏記集』· 『중경목록衆經目錄』 등에 따르면 『칭양백칠십불명경稱揚百七十佛名經』 1권이 있었다고 전한다.

장이 도치된 듯해 의심이 없을 수 없다. 이는 바로 불과를 드러내 보일 때에 십지에 거처하기 때문에 이와 같이 말한 것이다.

'넓고 크기가 법의 성품과 같다'에 대해 변진 스님은 "가없다는 뜻이다. '끝까지 다하기가 허공과 같다'는 것은 다함이 없다는 뜻이다."라고 하였다.

'감로甘露'에 대해 보충 설명을 하자면, 세간의 맛 중에 최고다. 혹자는 사탕수수(甘蔗)의 즙이라 한다. 『범망경소』에서 "복용하면 사람이 병이 없어지고 장수하며 살이 찌고 건강해진다. 배고플 때 먹으면 배가 부르고, 마시면 갈증이 해소되며, 병에 쓰면 질병을 치료하여 중생의 고달픔을 구제해 준다."128고 하였다. 따라서 고통을 제거해 주고 즐거움을 주는 모든 부처님의 법약法藥을 표현한다.

寶海佛等。卽百七十佛中。十八佛也。阿閦佛[閦字。音族]。心自在者。眞師授師云。三明六通。法自在者。通達百千法門。明公云。離煩惱障。得心自在。離所知障。得法自在。現示佛果居法雲地等者。生枝曰。諸師所解。各各不同。其義俱善。文煩不錄。然有料揀。十王果報別門云。第十地菩薩。作色究竟天王。示現成佛。名他受用報身。圓通懺云。色究竟天上大寶蓮華中者。此也。何耶。先摽十地。後說佛果。則其義當次。今文先說佛果。後說十地。斯文似倒。不無疑矣。此乃現示佛果之時。居十地故。云如是也。廣大如法性者。眞師云。無邊際也。究竟如虛空。無窮盡也。甘露者。生枝曰。世間味中之上。或云。甘蔗汁出也。梵網疏云。服之則令人无病。長壽肥健。當飢充飽。當飮解渴。當病療疾。救生濟乏。故表諸佛拔苦與樂之法藥。

---

128 법장의 『범망경보살계본소』 권1(T40, 606c)에 이런 내용이 수록되어 있으나 문장이 정확히 일치하지는 않는다.

제6. 회향하는 마음을 일으킴

참법 오늘 이 도량의 동업대중이여, 이미 보리심을 일으켰고, 이미 큰 서원을 세웠으니, 다음에는 회향하는 마음을 일으켜야 합니다.

다 함께 마음을 다해 평등한 일심으로 간절하게 오체투지하며, 세간의 너무도 자비로우신 아버지께 귀의합니다.

나무 미륵불
나무 석가모니불
나무 일광불
나무 무량보불
나무 연화최존불
나무 신존불
나무 금광불
나무 범자재왕불
나무 금광명불
나무 금해불
나무 용자재왕불
나무 수왕불
나무 일체향화자재왕불
나무 용맹집지뢰장기사전투불
나무 내풍주광불
나무 무량향광명불
나무 문수사리보살
나무 묘음보살
나무 무변신보살

나무 관세음보살

거듭 시방 온 허공계 일체 삼보께 귀의하오니, 자비의 힘으로 현신하사 저를 위해 증명하소서.

아무개 등이 과거에 일으켰던 일체 선업과 현재에 일으키는 일체 선업과 미래에 일으킬 일체 선업을 많건 적건 가볍건 무겁건 그 모두를 사생육도의 일체 중생에게 돌려 베푸오니, 모든 중생이 다 도심을 얻어 이승으로 향하지 않고 삼유로 향하지 않고 다 함께 위없는 보리로 회향하게 하소서.

또 일체 중생이 (자신이) 일으킨 선업을 과거의 것이건 현재의 것이건 미래의 것이건 각자 돌리고 베풀게 하시고, 이승으로 향하지 않고 삼유로 향하지 않고 다 함께 위없는 보리로 회향하게 하소서.

오늘 이 도량의 동업대중이 다 함께 보리심을 일으켰고, 큰 서원을 일으켰고, 회향하는 마음을 일으켰으니, 그 넓고 크기가 법의 성품과 같고 끝까지 다하기가 허공과 같습니다. 과거·현재·미래의 일체 모든 부처님과 모든 대보살님과 일체 현성이시여, 모두 증명해 주소서. 거듭 정성을 다해 머리 숙여 삼보께 예배합니다. 1배

發廻向心第六

今日道場。同業大衆。已發菩提心竟。已發大誓願竟。次應發廻向心。相與至心。等一痛切。五體投地。歸依世間大慈悲父。南無彌勒佛。南無釋迦牟尼佛。南無日光佛。南無無量寶佛。南無蓮華最尊佛。南無身尊佛。南無金光佛。南無梵自在王佛。南無金光明佛。南無金海佛。南無龍自在王佛。南無樹王佛。南無一切香華自在王佛。南無勇猛執持牢仗棄捨戰鬪佛。南無內豊珠光佛。南無無量香光明佛。南無文殊師利菩薩。南無妙音菩薩。南無無邊身菩薩。南無觀世音菩薩。又復。歸依十方。盡虛空界。一切三寶。願以慈悲力。現爲我證。(某甲)等。願過去已起。一切善業。現前所起。一切善

業。未來當起。一切善業。若多若少。若輕若重。悉以廻施。四生六道。一切
衆生。令諸衆生。皆得道心。不向二乘。不向三有。同共廻向。無上菩提。又
願一切衆生。所起善業。若過去。若現在。若未來。各各廻施。不向二乘。不
向三有。同共廻向。無上菩提。今日道場。同業大衆。相與發菩提心竟。發
大誓願竟。發廻向心竟。廣大如法性。究竟如虛空。去來現在。一切諸佛。
諸大菩薩。一切賢聖。皆爲證明。重復至誠。頂禮三寶(一拜)。

제6. 회향하는 마음을 일으킴

[집해] 각명 공은 "앞의 발심과 발원으로 갖가지 공덕을 갖게 되었는데, 그 과보에 집착하지나 않을까 염려스러워 남김없이 유정에게 회향하고 위없는 불과를 구하는 것이다."라고 하였다.

'회향回向'에 대해 보충 설명을 하자면, 악을 돌려 선으로 향하고, 자신을 돌려 타인으로 향하고, 원인을 돌려 결과로 향하는 것이다. 삼처회향三處廻向이 있으니, 첫째 중생회향衆生回向은 자신의 선근을 돌려 다른 중생으로 향하는 것을 말하고, 둘째 보리회향菩提回向은 자신의 선근을 돌려 타인의 불과로 향하는 것을 말하고, 셋째 실제회향實際回向은 앞의 두 가지 회향에 대해 마음에 집착이 없는 것을 말한다. 여기에서는 앞의 두 가지 회향을 중심으로 밝히면서 실제회향까지 포함하였으므로 3처를 모두 갖추고 있다.

물었다.

"마음에 집착이 없는 것을 왜 실제實際라 합니까?"

답하였다.

"실제實際란 실처實處다. 만약 한 오라기만큼이라도 향하는 바가 있다면 주관(能)과 객관(所)이 구별되는 망념이니, 어찌 실처라 할 수 있겠는가. 여기에서 말한 중생회향과 보리회향 역시 주관이 객관으로 향하는 것이고, 현재(今時)에 떨어져 있는 것이다. 망념妄念은 실처라 부를 수 없으니, 성념聖念 역시 망념이다. 따라서 자성중생自性衆生이란 범부의 망정과 성인의 생각까지 아우르는 것이다. 따라서 고덕께서 '참됨을 구하지 말고 허망도 끊지 마라'[129]고 하고, 또 '열반도 생사도 허공의 꽃이로다'[130]라고 하신 것이니, 그 뜻이 분명하다. 여기에서 말한 '마음에 집착이 없는 자리' 란 한 생각도 향하는 일이 없고 주관과 객관의 마음도 없는 것이다. 이는 하나의 청정한 마음일 뿐 중생과 보리라는 이름조차 성립되지 않으며, 본분本分인 무념無念의 일진법계一眞法界에 계합한 자리이다. 따라서 마음에 집착이 없고 생각을 떠난 자리를 실제라 하는 것이다."

'일광불日光佛' 등은 170불 가운데 그 다음 14불이다.

發廻向心第六

明公云。上來發心發願。所有種種功德。恐着果報。盡廻施向於有情。求無上佛果也。回向者。生枝曰。廻惡向善。回自向他。廻因向果。有三處廻向。眾生回向。謂回[1]自善根。向他眾生。二菩提回向。回此善根。向彼佛果。三實際回向。謂於前二位回向心無所着。此中正明二處回向。攝在實際。故具三處。問。心无所着。何名實際。答。實際者。乃實處也。若有一毫趣向。能所妄念。何名實處。此言眾生菩提回向。亦是能所趣向。落在今時。妄念不名實處。聖念亦是妄念。故自性衆生者。凡情聖念也。故古德云。不求眞不斷妄。又云。涅槃生死是空華。明矣。此言心無所著處。无一念趣向能所之心。但是一清淨心。衆生菩提。名亦不立。契於本分無念一眞法界。是以心无所著。離念之處。名實際。日光佛等。卽百七十佛中。次十四

---

129 영가 현각永嘉玄覺의 『증도가證道歌』에 나오는 구절이다.
130 장졸張拙이라는 수재秀才가 석상 경저石霜慶諸 선사에게 바친 게송에 나오는 구절이다. 참고로 게송을 소개하면 다음과 같다. 『조정사원』(X64, 321c), "光明寂照徧河沙 凡聖含靈共我家 一念不生全體見 六根才動被雲遮 斷除煩惱重增病 趣向真如總是邪 隨順衆緣無罣礙 涅盤生死是空華"

佛也。

1) ㉮ '回'는 저본에 'ㅣ'로 되어 있고 그 아래 "이 획은 '回' 자로 본다."는 주가 있다. 따라서 편자가 '回'로 고쳤다. 아래에서도 마찬가지이다.

참법 아무개 등이 발심하고 발원하는 이 일을 끝내고 나니 솟구치는 기쁨 한량없습니다.

거듭 마음을 다해 오체투지하며, 국왕과 제주와 부모님과 스승과 여러 겁에 가까운 인연을 맺은 일체 권속과 선지식·악지식과 모든 하늘과 모든 신선과 세상을 보호하는 사천왕과 선을 주지하고 악을 징벌하며 주를 총지하는 자들을 수호하는 오방의 용왕과 용신·팔부와 일체 영기靈祇와 과거 현재 미래의 모든 원수와 친구 및 원수도 친구도 아닌 자들과 사생 육도의 일체 중생을 받들고 그들을 위해 세간의 너무도 자비로우신 아버지께 귀의합니다.

  나무 미륵불
  나무 석가모니불
  나무 사자향불
  나무 대강정진맹력불
  나무 과거견주불
  나무 고음왕불
  나무 일월영불
  나무 초출중화불
  나무 세등명불
  나무 휴다이녕불
  나무 보륜불
  나무 상멸도불
  나무 정각불

나무 무량보화명불

나무 수미보불

나무 보련화불

나무 일체중보보집불

나무 법륜중보보집풍영불

나무 수왕풍장불

나무 위요특존덕정왕불

나무 무구광불

나무 월광불

거듭, 과거 수없는 겁 모든 부처님의 큰 스승이신 해덕여래께 귀의합니다.

한량없고 끝없는 온 허공계 무생법신보살께 공경히 예배합니다.

한량없고 끝없는 온 허공계 무루색신보살께 공경히 예배합니다.

한량없고 끝없는 온 허공계 발심보살께 공경히 예배합니다.

정법正法을 흥성시킨 마명대사보살께 공경히 예배합니다.

상법像法을 흥성시킨 용수대사보살께 공경히 예배합니다.

시방 온 허공계 무변신보살께 공경히 예배합니다.

시방 온 허공계 고통을 구제하시는 관세음보살께 공경히 예배합니다.

찬불주원讚佛呪願

대성이신 세존

높고도 당당하셔라

신통과 지혜 통달하시니

성인들 중에서도 왕이로다.

그 형상 육도에 두루하고
그 본체 시방에 산재하시며
정상에는 육계상이요
목에서는 햇살이 빛나도다.

그 얼굴 보름달 같고
오묘한 금빛으로 장엄하시며
그 위용 너무도 빼어나고
가고 멈춤에 편안하고 침착하셔라.

그 위엄 대천세계를 진동하니
온갖 마귀들 치를 떨고
삼달로 환히 비추니
삿된 무리들 종적을 감추도다.

악을 보면 반드시 구해
고통을 구제하는 양식이 되고
생사를 건너 피안으로 건너는
커다란 배가 되어 주시네.

그러므로 그 명호를 여래·응공·정변지·명행족·선서·세간해·무상사·조어장부·천인사·불세존이라 하나니, 한량없는 중생을 제도하여 생사의 고해에서 건져 주시네.

(某甲)等。發心發願。其事已畢。喜踊無量。重復至心。五體投地。奉爲國王帝主。父母師長。歷劫親緣。一切眷屬。善惡知識。諸天諸仙。護世四王。

主善罰惡。守護持呪。五方龍王。龍神八部。一切靈祇。過去現在。窮未來際。一切怨親。及非怨親。四生六道。一切衆生。歸依世間。大慈悲父。南無彌勒佛。南無釋迦牟尼佛。南無師子嚮佛。南無大强精進猛力佛。南無過去堅住佛。南無鼓音王佛。南無日月英佛。南無超出衆華佛。南無世燈明佛。南無休多易寧佛。南無寶輪佛。南無常滅度佛。南無淨覺佛。南無無量寶華明佛。南無須彌步佛。南無寶蓮華佛。南無一切衆寶普集佛。南無法輪衆寶普集豊盈佛。南無樹王豊長佛。南無圍繞特尊德淨王佛。南無無垢光佛。南無月光佛。又復歸依。過去無數刼。諸佛大師。海德如來。敬禮。無量無邊。盡虛空界。無生法身菩薩。敬禮。無量無邊。盡虛空界。無漏色身菩薩。敬禮。無量無邊。盡虛空界。發心菩薩。敬禮。興正法。馬鳴大師菩薩。敬禮。興像法。龍樹大師菩薩。敬禮。十方盡虛空界。無邊身菩薩。敬禮。十方盡虛空界。救苦觀世音菩薩。

　讚佛呪願。
　大聖世尊。巍巍堂堂。神智妙達。衆聖中王。
　形徧六道。體散十方。頂肉髻相。項出日光。
　面如滿月。妙色金莊。儀容挺特。行止安詳。
　威震大千。群魔驚惶。三達洞照。衆邪潛藏。
　見惡必救。濟苦爲粮。度生死岸。爲行舟航。
故號如來。應供。正徧知。明行足。善逝。世間解。無上士。調御丈夫。天人師。佛世尊。度人無量。拔生死苦。

[집해] '사자향불師子嚮佛' 등은 곧 170불 가운데 그 다음 20불이다.
　'모든 부처님의 큰 스승이신 해덕여래(諸佛大師 海德如來)'에 대해 각명공은 "이 부처님은 중생을 교화하여 도를 얻게 하는 것이 특히 뛰어났기에 그분만 유독 해덕이라 칭한다. 모든 부처님의 스승이시다."라고 하였다. 변진 스님은 "바다에는 여덟 가지 공덕이 있으니……시방의 과인果

人¹³¹이 각기 여러 가지 덕을 구족하고 있지만, 삼세의 과인은 똑같은 하나의 법신이다. 여러 부처님이 세상에 응현하신 것은 선후가 있지만 그 도는 똑같다."고 하고, 동림 스님은 『화엄경』「십지품十地品」을 인용하여 "바다에는 열 가지 공덕이 있으니, 첫째 차례차례 점점 깊어지는 것이요, 둘째 죽은 시체를 받아들이지 않는 것이요, 셋째 여러 강물이 그곳으로 흘러들면 본래 가졌던 이름들을 다 잃어버리는 것이요, 넷째 어디건 똑같은 한 맛이요, 다섯째 한량없는 보물을 품고 있음이요, 여섯째 그 바닥에 닿을 자가 없음이요, 일곱째 넓고 크기가 한량없음이요, 여덟째 큰 몸집을 가진 중생들의 거처가 됨이요, 아홉째 조수가 일정한 한계를 넘지 않음이요, 열째 큰 비를 모두 받아들여도 차고 넘치는 일이 없음이다."라고 하였으니, 이 두 스님은 특별히 해석한 바가 없다. 미수 스님은 여기에 대해 전혀 해석하지 않았다.

여기에 보충 설명을 하겠다. 따라서 이는 여래의 이름을 취한 것이 아니라, 증득한 법의 이치가 깊고 넓어 온갖 덕이 원만한 것이 저 바다와 같다는 점을 취한 것일 뿐임을 알아야 한다. 모든 부처님께서 다 이런 이치에서 나왔기 때문에 "모든 부처님의 큰 스승이신 해덕여래"라고 한 것이다. 이는 "모든 부처님의 어머니이신 마하반야"라고 하는 것과 같으니, 이는 법을 따라서 여래라는 이름을 붙인 것이다.

'무생법신보살과 무루색신보살과 발심보살' 이 3위에 대해 보충 설명을 하겠다. 여러 스님들의 해석이 각기 다른데 정확한 지침으로 삼을 만한 것은 딱히 없다. 만약 별교別教를 기준으로 논한다면, 초지 이상에서 무생법신無生法身의 일부를 증득하기 때문에 (십지를) 무생법신보살이라 하고, 십주·십행·십회향의 삼현위에서는 무생법신을 증득하지 못하고 무루법만 수학하며 오묘한 색신으로 장엄하기 때문에 (삼현위

---

131 과인果人 : 수행의 과보를 증득한 사람, 즉 불과佛果를 증득한 부처님을 말한다.

를) 무루색신보살이라 한다. 삼현에서 십주는 이미 기록하였다. 십행十行은 첫째가 환희행歡喜行, 둘째가 요익행饒益行, 셋째가 무위역행無違逆行, 넷째가 무굴요행無屈撓行, 다섯째가 무치난행無癡亂行, 여섯째가 선현행善現行, 일곱째가 무착행無著行, 여덟째가 난득행難得行, 아홉째가 선법행善法行, 열째가 진실행眞實行이다. 십회향十廻向은 첫째가 구호중생회향救護衆生廻向, 둘째가 불괴회향不壞廻向, 셋째가 등일체불회향等一切佛廻向, 넷째가 지일체처회향至一切處廻向, 다섯째가 무진공덕장회향無盡功德藏廻向, 여섯째가 입일체평등선근회향入一切平等善根廻向, 일곱째가 등수순일체중생회향等隨順一切衆生廻向, 여덟째가 진여상회향眞如相廻向, 아홉째가 무박무착해탈회향無縛無著解脫廻向, 열째가 입법계무량회향入法界無量廻向이다. 이 계위에서는 무명으로 훈습된 관행을 조복하기 때문에 현위賢位라 하고, 또 내범위內凡位라고도 한다. 십신위十信位는 보살이 불법 가운데서 대승을 갈앙하여 처음으로 좋아하고 믿는 마음을 일으킨 것이다. 그러나 그 마음이 확고하지 않은 것이 바람 따라 동서로 날리는 가벼운 털과 같아 갑자기 나아갔다가 갑자기 물러나면서 바른 계위에 들어가지를 못한다. 따라서 『화엄경』에서는 십신을 설명하지 않았고, 다른 곳에서도 부정취不定聚라 하였다. 십신을 말해 보자면 첫째가 신信, 둘째가 염念, 셋째가 정진精進, 넷째가 혜惠, 다섯째가 정定, 여섯째가 불퇴不退, 일곱째가 회향廻向, 여덟째가 호법護法, 아홉째가 계戒, 열째가 원願이다. 즉 외범위外凡位로서 삼계의 견혹見惑을 조복한다. 이런 보살을 발심보살이라 한다.

만약 원교圓敎를 기준으로 논한다면, 초주初住에서 무생법신의 일부를 증득하기 때문에 초주 이상을 무생법신보살이라 한다. 또 십신위에서 비록 무생법신을 증득하지는 못하지만 이미 삼계의 견사혹見思惑을 끊었고, 무명을 조복해 무루의 도를 닦으며 오묘한 색신으로 장엄한다. 따라서 십신위를 무루색신보살이라 한다. 또 『능엄경』에서 십신 앞에 설한 삼점차

三漸次¹³²와 천태天台가 설한 오품제자위五品弟子位¹³³ 등 이와 같은 이들을 모두 발심보살이라 부른다.

'정법을 흥성시킨 마명보살'에 대해 변진 스님은 다음과 같이 말하였다.
"이 보살은 거문고 타는 솜씨가 빼어났는데, (그렇게 악기를 연주하며) 법음法音을 베풀면 모든 말들이 그 소리를 듣고 슬피 울면서 음식을 먹지 않았다. 월지국月支國의 왕이 이를 시험해 보고 싶어서 말 일곱 필을 끌어다 놓고 물과 풀을 주지 않고는 7일째 되는 날 널리 공포해 사람들을 모았다. 왕이 직접 예배하고 청하여 보살이 자리에 올라 법을 설하자 (왕은) 대중이 있는 자리에서 풀과 곡식 등을 굶주린 말에게 먹이도록 명하였다. 그러나 말들은 모두 먹지 않았고, 슬피 울고 눈물을 흘리면서 귀 기울여 법음만 들었다. 따라서 마명馬鳴이라 부르게 되었다. 부처님께서 열반하신 후 300년경에 세상에 출현하셨으며, 법을 전한 차례로는 제12조가 된다. 따라서 '정법을 흥성시켰다'고 하였다."

'상법을 흥성시킨 용수(興像法龍樹)'에 대해 변진 스님은 말하였다.
"서천축西天竺의 북쪽에 큰 산이 하나 있고 그 산에 큰 나무가 있는데, 500마리 용들의 처소에 그 그늘을 드리웠기 때문에 그 이름이 용수龍樹였다. 이 보살은 이 나무 아래에서 항상 여러 용들에게 설법해 용수라 불리게 되었다. 혹자는 이렇게도 말한다.

'이 보살이 태어나기 전에 그 부모가 영수제靈樹祭에 함께 참석해 나무의 신에게 기도하고 그를 낳았기 때문에 그로 인해 수생樹生이라는 이름을 갖게 되었다. 나중에 큰 외도가 되어 여래께서 한평생 유통하신 법문을 7일 만에 모조리 암송하고는 오히려 교만한 마음을 일으켜, 여래의 49

---

132 『능엄경』 권8에 삼점차三漸次가 설명되어 있다.
133 천태가 설한 오품제자위 : 천태는 천태 지의天台智顗 대사를 말한다. 오품은 「수희품隨喜品」・「독송품讀誦品」・「설법품說法品」・「겸행육도품兼行六度品」・「정행육도품正行六度品」이다.

년 설법이 이렇게 몇 마디 되지도 않는구나 하며 여래를 공경하지 않았다. 그러다 나중에 일이 있어 바닷가로 원행을 가게 되었다. 이에 대권용왕大權龍王이 그의 마음을 조복시키려고 그를 업고 용궁으로 들어가 (용궁에 비장된) 경함의 제목을 계산하게 하였다. 그러나 3개월 동안 그 숫자도 다 세지 못하자 비로소 부끄러워하는 마음을 내고 참회하였으며, 끝부분의 『화엄경』 10만 게송 61품을 겨우 암송해 인간 세계로 돌아와서 대승법을 유통시켰다. 용의 교화를 입었기 때문에 이로 인해 용龍이라 불리게 되었다. 지금 호칭하는 용수는, 육신은 나무 아래에서 태어나고 법신은 용궁에서 태어나 사도에서 길을 돌려 정법으로 향했다는 것을 말한다.'

이 보살은 여래께서 입멸하신 후 600년경에 출현하여 제14조가 되셨다. 따라서 '상법을 흥성시켰다'고 하였다. 상법像法이란 정법을 닮았지만 그 과위를 증득하는 사람은 적다는 의미이다. 따라서 상법이라 부른다. 『능가경楞伽經』 게송134에서 말하였다.

내가 멸도한 후
남천축국에
대덕 비구가 출현하리니
그 이름을 용수라 하리라.

초지인 극희지에 머물면서
대승의 법을 훌륭히 설하고
유견과 무견을 논파하고는

---

134 『입능가경入楞伽經』과 『대승입능가경大乘入楞伽經』에 아래와 비슷한 내용의 게송이 수록되어 있으나 문장이 정확히 일치하지는 않는다. 참고로 소개하면 『대승입능가경』 권6(T16)에는 "善逝涅槃後 未來世當有 持於我法者 南天竺國中 大名德比丘 厥號爲龍樹 能破有無宗 世間中顯我 無上大乘法 得初歡喜地 往生安樂國"으로 되어 있다.

극락세계에 왕생하리라.

이로 볼 때 부처님께서 이미 그를 예언하신 것이다. 이 보살은 『석론釋論』[135]·『대지도론大智度論』·『중관론中觀論』 등 100권을 저술하였다."
미수 스님은 이 두 조사에 대해 전혀 해석하지 않았다.
'주원呪願'의 앞 글자는 축祝이다.
'외외巍巍'는 높고 큰 모양이고, '당당堂堂'은 존엄한 모양이다.
각명 공은 "'그 형상이 육도에 두루하다'는 것은 화신이 만물에 감응하여 각 부류에 따라 그 형상을 나타낸다는 것이고, '그 본체가 시방에 산재한다'는 것은 법성의 본체가 존재하지 않는 곳이 없다는 의미이고, '목에서 햇살이 빛난다'는 것은 목에서 빛나는 둥근 빛이 태양의 모습과 같다는 것이다."라고 하였다.
'삼달三達'에 대해 미수 스님은 "삼세를 달관한 지혜다."라고 하였다.
'여래如來'에 대해서는 이미 해석하였다.
'응공應供'은 인간과 하늘이 당연히 공양할 분이라는 의미이다.
'정변지正遍知'는 세간법과 출세간법을 참되고 바르며 분명하게 안다는 의미이다.
'명행족明行足'에서 명明은 곧 삼명三明이고, 행行은 곧 지관止觀이 원만하고 밝은 것이다.
'선서善逝'는 위로 가장 높은 곳까지 올라가 다시 돌아오는 일이 없기 때문이다. 즉 훌륭하게 갔다는 의미이다.
'세간해世間解'는 중생세간衆生世間과 기세간器世間을 분명히 깨달았기 때

---

[135] 『석론釋論』: 『대품반야경』의 주석서인 『마하반야바라밀경석론론摩訶般若波羅蜜經釋論』의 약칭이다. 이를 『마하반야석론摩訶般若釋論』·『대혜도경집요大慧度經集要』·『대지도경론大智度經論』·『대지도론大智度論』·『대론大論』·『지도론智度論』·『지론智論』이라고 한다. 따라서 같은 책인 『석론』과 『대지도론』을 병칭한 것은 잘못이라 짐작된다.

문이다.

'무상사無上士·조어장부調御丈夫'는 일체 세간에 그분을 능가할 자가 다시는 없고, 마귀의 군사를 조복시키고 제어하는 매우 강력한 힘을 가지고 계시기 때문이다.

'천인사天人師'는 천상과 인간 세계에 큰 지도자가 되어 주신다는 의미이다.

'불佛'은 범어로 온전히 말하면 불타佛陁이고 중국말로는 각覺이다. 스스로 깨닫고 남들을 깨우쳐 준다는 뜻이니, 그 깨달음과 행이 원만하기 때문이다.

'세존世尊'은 세상 사람들이 모두 존경하기 때문이다.

師子嚮佛等。卽百七十佛。中次二十佛也。諸佛大師。海德如來。明公云。此佛化衆。得道偏勝。獨稱海德。爲諸佛師。眞師云。海有八德云云。十方果人。各具衆德。三世果人。同一法身。雖諸佛應世先後。其道是同。東林師。引華嚴十地品。海有十德。一次第漸深。二不受死屍。三餘水入中皆失本名。四普同一味。五无量珍寶。六無能至底。七廣大無量。八大身所居。九潮不過限。十普受大雨無有盈溢。此二師。別无所釋。授師全不釋之。生枝曰。故知此非取如來之名。但取所證法理深廣。萬德圓滿。如彼大海。諸佛皆從此理而出。故云諸佛大師海德如來也。猶如諸佛本母摩訶般若[此從法名如來]。無生法身菩薩。無漏色身菩薩。發心菩薩。此三位者。生枝曰。諸師所解各異。苟無的指。若約別敎論。則初地已上。證一分無生法身。故名无生法身。菩薩住行向三賢位中。未證無生法身。但修學無漏之法。妙色莊嚴。故名無漏色身菩薩。言三賢者。十住已書。十行者。一歡喜。二饒益。三無違逆。四无屈撓。五无癡亂。六善現。七无著。八難得。九善法。十眞實。十廻向者。一救護衆生。二不懷。[1] 三等一切佛。四至一切處。五無盡功德藏。六入一切平等善根。七等隨順一切衆生。八眞如相。九無縛无著解脫。十入法界無量。此位伏无明習中觀。故名賢位。亦名內凡位。十信位。菩薩於佛法中。渴仰大乘。初發好樂信心。然其心未定。猶如輕毛。隨風東西。乍進乍退。未入正位。故華嚴經中。不說十信。他處云。不定聚。言十信者。一信。二念。三精進。四惠。五定。六不退。七廻向。八護法。九戒。十願。卽外凡位。伏三界見惑。此菩薩名。發心菩薩。若約圓敎論。則初住證一分無生法身故。初住已上。名無生法身菩薩。十信位中。雖未證無生法身。已斷三界見思。伏无明 修无漏道。妙色莊嚴。故十信位。名無漏色身菩薩。楞嚴經中。十信前說。三漸次。天台說。五品弟子位。此等皆名。發心菩薩。興正法馬鳴菩薩。眞師云。此菩薩。善能彈琴。以宣法音。諸馬聞之。悲鳴不食。月支國王。將欲試驗。取馬七匹。絶其水草。至第七日。宣告集衆。王躬禮請。菩薩陞座說法。令於衆中。以草穀等。餧其飢馬。馬皆不食。悲鳴垂淚。諦聽法音。故名馬鳴。佛滅後。三百年間出世。於傳法中。爲第十二祖。故云興正法。興像法龍樹。眞師云。西天竺北有一大山。山有大樹。覆蔭五百大龍所。名龍樹。此菩薩。於此樹下。常爲衆龍說法。名龍樹。或云。此菩薩未生前。父母共詣靈樹祭。而樹神祈禱產之。因名樹生。後作大外道。七日之內。了誦如來一代流通法門。反生慢心。謂如來四十九年說。此小分言耳。不敬如來。後乃因事。行於海邊。大權龍王。爲調伏其心故。負入龍宮。計數經凾之目。三月不盡其數。生慙愧懺悔。唯誦下分華嚴十萬偈。六十一品。還到人間。流通大法。被龍所化。故因名龍。今稱龍樹。謂生身生於樹下。法身生於龍宮。反邪向正。此菩薩。如來滅後。六百年間出。爲第十四祖。故云興像法。像法者。像於正法。小有果證。故名像法。楞伽經偈云。

　　於我滅度後。南天竺國中。有大德比丘。號名爲龍樹。
　　住初極喜地。善說大乘法。能破有無見。徃生極樂國。
以此觀之。佛懸記之。此菩薩造。釋論。大智度論。中觀論。等一百卷。授師。全不釋此二祖也。呪願[上祝]。巍巍。高大皃。堂堂。尊嚴皃。形遍六

道。明公云。化身應物。隨類現形。體散十方。法性之體。无處不有。項出
日光者。項佩圓光。如日輪相。三達。授師云。三世達智。如來[已釋]。應
供者。應人天供。正遍知者。世出世法。眞正了知。明行足者。明卽三明。
行卽止觀圓明。善逝者。上昇最極無退還故。卽好去義。世間解者。了悟衆
生世間器世間故。無上士。調御²⁾丈夫者。一切世間。更无過者。調御魔軍。
有大剛力故也。天人師者。天上人間。作大導師也。佛者。梵具云佛陁。此
云覺。謂自覺覺他。覺行圓滿故。世尊者。世人皆尊敬故。

1) ㉠ '懷'는 '壞'인 듯하다. 2) ㉑ '街'은 '御'인 듯하다.

참법 이렇게 발심한 공덕의 인연으로, 우러러 원하옵건대 지금 현재 주상主上 폐하와 왕태자王太子 전하와 여러 왕들과 그 권속들께서 오늘부터 도량에 앉는 그날까지 살타파륜보살처럼 법을 위해 몸을 잊고, 허공장보살처럼 대자비로 죄업을 멸하며, 유리광보살처럼 멀리에서도 법을 들으러 오고, 무구장보살처럼 난해한 법들을 잘 이해하게 하소서.

또 아무개 등을 낳아 주신 부모님과 여러 겁 동안의 가까운 인연들이 오늘부터 도량에 앉는 그날까지 무변신보살처럼 허공계에 그 형상이 산재하고, 고귀덕왕보살처럼 열 가지 공덕을 구족하며, 무외보살처럼 법문을 들으면 기뻐하고, 대세지보살처럼 신통력을 갖춰 용맹하게 하소서.

또 아무개 등의 화상·아사리와 함께 공부한 권속들과 상좌·중좌·하좌와 가까운 모든 분들이 오늘부터 도량에 앉는 그날까지 사자왕보살처럼 각기 무외無畏를 얻고, 보적보살처럼 그림자나 메아리같이 크게 교화를 드리우며, 관세음보살처럼 소리를 들으면 그 고통을 구제하고, 대가섭처럼 질문을 잘하게 하소서.

또 아무개 등이 출가자로 있거나 재가자로 있을 때 믿음으로 보시한 단월과 선지식·악지식과 그 각각의 권속들이 오늘부터 도량에 앉는 그날까지 구탈보살처럼 온갖 위험과 재앙을 풀어 주고, 문수보살처럼 용모가 단정하며, 기음개보살처럼 업장을 버리고, 순타처럼 최후의 공양을 올리게 하소서.

또 모든 하늘과 모든 신선과 세상을 보호하는 사천왕과 총명하고 정직한 천지허공과 선을 주지하고 악을 징벌하며 주를 총지하는 자들을 수호하는 오방의 용왕과 용신·팔부와 유형·무형의 영기와 그 각각의 권속들이 오늘부터 도량에 앉는 그날까지 아일다보살처럼 큰 자비로 널리 감싸고, 불휴식보살처럼 정진하며 법을 보호하고, 보현보살처럼 멀리서 독송을 증명하고, 약왕보살처럼 법을 위해 그 몸을 사르게 하소서.

또 시방의 일체 원수와 친구 및 원수도 친구도 아닌 자들과 사생 육도의 일체중생과 그 각각의 권속들이 오늘부터 도량에 앉는 그날까지 이의녀처럼 마음에 애욕의 염착이 없고, 승만부인처럼 훌륭한 솜씨로 미묘하게 설법하며, 석가문불처럼 정진을 잘하고, 무량수불처럼 훌륭한 서원을 가지며, 여러 천왕처럼 위력과 신통을 갖추고, 유마힐처럼 불가사의하여 일체 공덕을 각각 성취하고 무량 불토를 모두 장엄하게 하소서.

우러러 원하오니 시방 온 허공계 한량없고 끝없는 모든 대보살님과 일체 현성이시여, 자비하신 마음으로 함께 섭수하시고 보살펴 끌어올려 주소서. (그리하여 저희의) 소원이 원만해지고, 신심이 견고해지며, 덕업이 날마다 원대해지게 하소서. 그 자비로 사생을 외아들처럼 길러 모든 중생이 사무량심을 얻고 육바라밀을 얻게 하시며, 모두가 승만부인처럼 열 가지 수受로 정신을 닦고 세 가지 소원을 널리 베풀며 생각에 감응해 부처님을 뵐 수 있게 하시며, 일체 행원을 끝까지 성취하여 여래와 평등해지고 함께 정각에 오르게 하소서. 1배

以此發心。功德因緣。仰願當今。主上陛下。王太子殿下。諸王眷屬。從今日去。至坐道場。忘身爲法。如薩陀波崙。大悲滅罪。如虛空藏。能遠聽法。如瑠璃光。善解難法。如無垢藏。又願(某甲)等。所生父母。歷劫親緣。從今日去。至坐道場。散形空界。如無邊身。具十功德。如高貴德王。聞法歡喜。猶如無畏。神力勇猛。如大勢至。又願(某甲)等。和尙阿闍梨。同學眷屬。上中下座。一切知識。從今日去。至坐道場。各得無畏。如師子王。影響大化。猶如寶積。聞聲濟苦。如觀世音。善能諮問。如大迦葉。又願(某甲)等。出家在俗。信施檀越。善惡知識。各及眷屬。從今日去。至坐道場。解諸危厄。猶如救脫。相貌端嚴。猶如文殊。能捨業障。如棄陰蓋。設最後供。等於純陁。又願諸天諸仙。護世四王。聰明正直。天地虛空。主善罰惡。守護持呪。五方龍王。龍神八部。幽顯靈祇。各及眷屬。從今日去。至坐道場。大慈普覆。如阿逸多。精進護法。如不休息。遠證讀誦。猶如普賢。爲法焚身。猶如藥王。又願十方。一切怨親。及非怨親。四生六道。一切衆生。各及眷屬。從今日去。至坐道場。心無愛染。如離意女。微妙巧說。如勝鬘夫人。能行精進。如釋迦文。所有善願。等無量壽。所有威神。如諸天王。不可思議。如維摩詰。一切功德。各得成就。無量佛土。皆悉莊嚴。仰願十方。盡虛空界。無量無邊。諸大菩薩。一切賢聖。以慈悲心。同加攝受。救護拯接。所願圓滿。信心堅固。德業日遠。慈育四生。等如一子。令諸衆生。得四無量心。得六波羅蜜。十受修神。三願廣被。應念見佛。皆如勝鬘。一切行願。畢竟成就。等與如來。俱登正覺(一拜)。

상교정본 자비도량참법 권 제2
詳校正本慈悲道場懺法卷第二

참법 '살타파륜薩陁波崙'은 중국말로 상제常啼다. 변진 스님은 다음과 같이 말하였다.

"상제가 항상 슬피 울면서 반야를 구했기 때문이다. 담무갈曇無竭보살이 중향성衆香城에서 반야사상을 설한다는 소식을 들은 이 보살이 그곳으로 찾아가 공양을 올리며 법을 청하고 싶어 한 성에서 '제 몸을 팝니다.

어느 분이 사시겠습니까' 하고 큰소리로 외쳤다. 제석帝釋이 바라문의 모습으로 화현하여 '내가 사람의 심장과 사람의 피와 사람의 골수를 얻고 싶다'고 하자 상제보살은 팔을 잘라 피를 뽑고 그 팔의 살을 발라낸 뒤 뼈를 부수고 골수를 뽑아내 그에게 주었다.……따라서 '법을 위해 몸을 잊는다(亡身爲法)'고 하였다."

'유리광瑠璃光'을 거론한 것은 열반회상涅槃會上에서 이 보살이 동방 만월광명불滿月光明佛의 처소로부터 20항하사 불토를 지나 사바세계로 찾아와 법을 들었기 때문이다.

'무구장無垢藏'은 곧 유마힐維摩詰이니, (그는) 이해하기 어려운 법들을 능숙하게 통달하고 이해하였다.

'고귀덕왕高貴德王'은 『열반경』에서 그의 열 가지 공덕에 대해 이야기하였는데 문장이 번다해 기록하지 않는다.

'무외無畏'를 거론한 것은 열반회상에서 이 보살이 부처님의 설법을 듣고 그 마음의 기쁨이 배나 더했기 때문이다.

'보적寶積'을 거론한 것은 이 보살이 근기에 따르고 병에 맞춰 법과 약을 주어 그림자가 형체를 따르고 메아리가 소리에 응하듯 유정을 교화하고 치료할 수 있었기 때문이다.

'대가섭大迦葉'은 중국말로 대음광大飮光이니, 햇빛과 달빛마저 마셔 버릴 수 있다는 의미이다. 이 보살이 열반회상에서 질문의 단초를 널리 일으켰기 때문이다.

'구탈救脫'을 거론한 것은 이 보살이 모든 병환의 고통을 풀어 줄 수 있기 때문이다.

'기음개弃陰蓋'를 거론한 것은 이 보살이 오음五陰과 오개五蓋를 버리고 모든 업장을 벗어날 수 있기 때문이다.

'순타純陁'는 중국말로 해묘의解妙義이니, 곧 구시나성拘尸那城 공예사의 아들이다. 부처님께서는 열반에 드실 무렵 일체 인간과 하늘이 올리는 공양을 모두 받지 않고 순타가 올린 최후의 공양만 받으셨다. 그리고 부처님께서 "모든 부처님이 열반에 드실 무렵 최후로 공양을 올리면 그 복이 무엇보다 뛰어나다."고 말씀하셨다.

'아일다阿逸多'는 중국말로 무능승無能勝이니, 곧 미륵彌勒의 이름이다. 이 보살은 자비심이 뛰어나기 때문이다.

'불휴식不休息'을 거론한 것은 이 보살의 정진력 때문이다.

'보현보살普賢菩薩'에 대해 『법화경』「권발품勸發品」[136]에서, 이 보살이 사바세계에서 설하는 『법화경』을 동방 보위덕상왕불국寶威德上王佛國에서 듣고 찾아와 증명하면서 "『법화경』을 독송하려는 자가 있다면 제가 그 사람 앞에 나타나 그와 함께 독송하여 그 뜻을 통달하게 하겠습니다."라고 하였다.

'약왕藥王'을 거론한 것은 이 보살이 법화회상에서 그 몸을 태워 일월정명덕불日月淨明德佛께 공양했기 때문이다.

거론한 '이의녀離意女'는 앞서 음행에 탐착하였지만 부처님의 설법을 듣고 삿된 생각이 다시는 없었다.

'승만부인勝鬘夫人'은 바로 말리부인末利夫人의 딸이며, 다문지혜多聞智惠로 심오한 법을 재빨리 이해하고 깨닫게 되었다. 그녀가 미처 부처님을 뵙지 못했을 때 게송으로 다음과 같이 찬탄하였다.

여래의 오묘한 색신
이 세상에 같을 자 없으며
비교할 자 없고 불가사의하나니
그러므로 이제 공경히 예배합니다.

---

[136] 『묘법연화경』 권7 「보현보살권발품普賢菩薩勸發品」(T9, 61a)에 아래 내용이 수록되어 있다.

여래의 색신 다함이 없고
지혜 역시 그러하며
설하신 일체 법 상주하나니
그러므로 이제 공경히 예배합니다.[137]

이렇게 부처님을 게송으로 찬탄하자 부처님께서 허공에 나타났고, 곧 부처님 전에서 갖가지 법을 설하였다.

'석가문불釋迦文佛'을 거론한 것은 그의 정진력 때문에 미륵불을 뛰어넘어 그보다 40겁을 앞서 성불했기 때문이다.

'무량수無量壽'는 곧 아미타阿彌陀이니, 사십팔원을 일으켰기 때문이다.

'여러 천왕처럼(如諸天王)'에서 (여러 천왕은) 곧 사천왕이니, 사대주에 위엄을 떨치고 용과 귀신들을 통치하면서 불법을 수호하고 국토를 지킨다.

'유마힐維摩詰'은 중국말로 정명淨名이고, 무구장無垢藏이라고도 한다. 그 신비한 힘이 불가사의하기 때문이다.

'열 가지 수로 정신을 닦고(十受修神)'에 대해 설명해 보겠다. 『승만경』[138]에서 부처님이 부인에게 "미래에 부처가 될 것이며 그 명호는 보광普光이리라."라고 수기하시자 (승만)부인이 공경히 서서 열 가지 큰 수受를 받으며 "첫째, 저는 오늘부터 보리에 이르는 그날까지 받은 계율에 대해 범하려는 마음을 일으키지 않겠습니다. 둘째, 모든 어른들께 교만한 마음을 일으키지 않겠습니다.……열째, 저는 오늘부터 보리에 이르는 그날까지 정법을 모두 받아들여 끝까지 잃어버리지 않겠습니다."라고 하였다. 이 열 가지 수는 곧 제1권에서 밝힌 열두 가지 인연 가운데 뒤쪽 열 가지

---

137 『승만사자후일승대방편방광경』(T12, 217a).
138 아래 인용한 내용은 『승만사자후일승대방편방광경』「십수장十受章」(T12, 217b)을 참조하라.

이니, 모두 여기에서 취한 것이다. 단 (『승만경』의) 열 번째는 여기에 수록된 바와 차이가 있다. 이 10수로 마음과 정신을 닦고 다스리기 때문에 "열 가지 수로 정신을 닦고"라고 하였다.

또 (승만)부인이 세 가지 큰 소원[139]을 일으켰는데, 내가 게송을 지어 말해 보겠다.

위없는 보리의 원을
세세생생 잊지 않으리다
정법을 항상 섭수하고
모든 중생 제도하리다.

(이 게송의) 아래쪽 반이 바로 (『승만경』의) 뒤쪽 두 가지 큰 소원이다. 따라서 '세 가지 소원을 널리 베풀어'라고 하였다.

또 그 부인이 게송으로 부처님을 찬탄하자 부처님께서 곧 공중에 나타났기 때문에 '생각에 감응해 부처님을 뵐 수 있게 하소서'라고 하였다.

薩陁波崙.[1] 此云常啼. 眞師云. 常啼者. 恒常悲泣. 求般若故也. 此菩薩聞. 曇無竭菩薩. 在衆香城說般若. 思欲往彼供養請法. 於一城中. 高聲唱言. 我自賣身. 誰能買者. 帝釋化作波羅門云. 我欲得人心人血人髓. 常啼菩薩. 刺臂出血. 割其臂肉. 破骨出髓. 與之云云. 故云亡身爲法. 瑠璃光者. 涅槃會上. 此菩薩. 在東方滿月光明佛所. 過二十恒河沙佛土來至娑婆. 聽法故也. 無垢藏者. 卽維摩詰. 善能通解難思法也. 高貴德王者. 涅

---

[139] 『승만사자후일승대방편방광경』「삼원장三願章」(T12, 218a)에 수록된 승만부인의 세 가지 원은 다음과 같다. "以此實願安隱無量無邊衆生 以此善根於一切生得正法智 是名第一大願 我得正法智已 以無厭心爲衆生說 是名第二大願 我於攝受正法捨身命財護持正法 是名第三大願"

槃經云。十種功德[文煩不錄]。無畏者。涅槃會。此菩薩。聞佛所說。倍加心大歡喜故。寶積。此菩薩。能隨機應病。授以法藥。化治有情。如影隨形。如響應聲故也。大迦葉者。此云大飲光。謂能飲日月光明也。此菩薩。於涅槃會中。廣發問端故也。救脫。此菩薩。能解一切病患苦也。弃陰蓋。此菩薩。能捨五陰五蓋。遠離諸業障故。純陁。此云解妙義。乃拘尸那城。工巧之子。佛臨涅槃。一切人天所有供養。皆不受之。唯受純陁。最後供養。佛言一切諸佛。臨涅槃時。最後供養者。其福勝於一切。阿逸多。此云無能勝。卽彌勒字也。此菩薩。慈心勝故。不休息。此菩薩。由精進力故。普賢菩薩。法華經。勸發品云。此菩薩。從東方寶威德上王佛國。遙聞婆²⁾婆世界說法華經。來作證明。白佛言。若欲讀誦法華經者。我現其前。與共讀誦。使通其義。藥王。此菩薩。法華會上。焚燒其身。供養日月淨朋³⁾德佛故也。言離意女。先貪婬事。聞佛說法。一無邪念。勝鬘夫人。是末利夫人之女。多聞智惠。於甚深法。速得解了。未見佛時。說偈讃言。

如來妙色身。世間無與等。无比不思議。是故今敬禮。

如來色無盡。智惠亦復然。一切法常住。是故今敬禮。

偈讃佛已。佛於虛空中現。卽於佛前。種種說法。釋迦文佛。由精進故。超彌勒佛。四十劫在前成佛故。無量壽。卽阿彌陀。發四十八願故。如諸天王。卽四天王。威鎭四洲。統攝龍鬼神。守護佛法。保持國土。維摩詰。此云淨名。亦云無垢藏。神力不思議故。十受修神者。勝鬘⁴⁾經中云。佛授夫人記。當得作佛。號曰普光。夫人敬立。受十大受。一我從今日。乃至菩提。於所受戒。不起犯心。二於諸尊長。不起慢心。云云。十我從今日。乃至菩提。攝受正法。終不忘失。此十種受。卽第一卷。十二因緣中後十段。⁵⁾全取此也。但第十段。⁶⁾與此異也。以此十受。修治心神。故云十受修神。又夫人發三大願。私作頌云。

世世不忘失。無上菩提願。恒攝受正法。度脫諸衆生。

下半是後二大願也。故云。三願廣被。又彼夫人。說偈讃佛。佛卽於空中現。

故云應念見佛。

―――――
1) ㉠ '篃'은 '崙'의 오기다. 『자비도량참법』에도 '崙'으로 되어 있고, 『마하반야바라밀경』·『소품반야바라밀경』 등에도 '崙'으로 되어 있다. 2) ㉡ '婆'는 '裟'인 듯하다. 3) ㉡ '朋'은 '明'인 듯하다. ㉠ 전거로 밝힌 『법화경』에도 '明'으로 되어 있다. 4) ㉡ '慢'은 '鬘'인 듯하다. 5) ㉠ '叚'는 '段'인 듯하다. 6) ㉠ '叚'는 '段'인 듯하다.

제2권의 음의

격량格量 : 앞 글자는 고古와 백百의 반절이다.

일과一過 : 거성去聲이다. 일과는 곧 한 차례(一度)라는 뜻이다.

혜식慧式 : 당시 윤문을 맡았던 법사의 명호다.

즐거움을 누리는 그들을 보면(見其受樂) : 여기에서 수락受樂 두 글자를 이 지역 본에는 모두 애락愛樂(去聲이다)이라 하였다. 이는 이것을 수행하는 사람이 생각을 일으킬 때 "중생이 고통받는 것을 보면 곧 갖가지 방편으로 제거해 주어 모두 재난에서 벗어나게 하고, 그들이 고통을 면하는 것을 보면 마음으로 기뻐하리라."라고 한다는 것이다. 따라서 그 글에서 "즐거움을 누리는 그들이 나 자신과 다름없다고 여긴다.(見其受樂 如己無異)"고 한 것이다. '애락'으로 쓴 것은 잘못이다.

맹세코 먼저 정각을 취하지는 않겠습니다(誓不先取正覺) : 어떤 본에는 (정각正覺이) '정각심正覺心'으로 되어 있으나 경에 심心 자가 없고, 첨가하는 것이 이치에도 맞지 않다. 심 자가 있는 것은 잘못이다.

요선樂善 : 앞 글자는 오五와 교敎의 반절이다.

열 가지 수로 정신을 닦고(十受修神) : (수신修神을) 수선修禪이라 한 것이 있는데 잘못이다.

第二卷音義

格量(古百切)。一過(去聲。一過。卽一度也)。慧式(當時潤文法師名號也)。見其受樂(受樂二字。此方本。並作愛樂(去聲)。斯是行人。作想時。見衆生受苦。卽以種種方便救拔。皆令脫免。見其免苦。心中歡悅。是故文云。見其受樂。如己無異。作愛樂者非)。誓不先取正覺(有本作正覺心。經無心字。添亦無理。有心字者非)。樂善(五敎切)。十受修神(有作修禪者非)。

상교정본 자비도량참법 권 제3
詳校正本慈悲道場懺法卷第三

양조의 여러 대법사가 찬집하다
梁朝諸大法師集撰

제1. 과보를 드러냄
제2. 지옥을 벗어남
제3. 맺힌 원한을 풂
제4. 발원

顯果報第一。出地獄第二。解怨釋結第三。發願第四。

제1. 과보를 드러냄

참법 오늘 이 도량의 동업대중이여, 앞에서 이미 죄악의 허물과 근심을 낱낱이 술회하였습니다. 허물과 근심 때문에 수승한 업과 어긋나고, 수승하지 못한 업 때문에 삼악도에 떨어지고 나쁜 세계를 골고루 다니며, 나아가 인간으로 태어나더라도 온갖 고통스러운 과보를 받게 됩니다. 다들 이렇게 과거에 맞이했던 인연으로 인해 이 몸을 버리고 저 몸을 받으면서 잠시도 멈추거나 쉼이 없습니다. 이런 까닭에 모든 부처님과 모든 대보살님께서는 신통인 천안天眼으로 삼계에 있는 일체중생이 복이 다하면 업을 따라 괴로운 곳에 떨어지는 것을 살피십니다.

(모든 부처님과 모든 보살님께서는) 무색계를 보시나니, 안정된 마음을 즐기고 집착하다가 자기도 모르는 사이 목숨이 끊어져 욕계로 떨어지면 복이 다한 까닭에 금수의 몸을 받습니다. 색계의 여러 하늘 역시 마찬가지니 청정한 곳에서 욕계로 떨어지고, 그런 더러운 곳에서 지내며 다시 욕락欲樂을 누리다가 육욕천六欲天의 복이 다하면 지옥으로 굴러 떨어져 한량없는 고통을 받습니다.

(모든 부처님과 모든 보살님께서는) 또 인간 세계를 보시나니, 십선十善의 힘을 바탕으로 사람 몸을 얻어 인간 세계로 나아가더라도 나쁜 인연이 뒤섞여 다시 수많은 고통이 있게 되고 수명이 다하면 대부분 악도로 떨어집니다.

(모든 부처님과 모든 보살님께서는) 또 축생 세계를 보시나니, 일체중생이 온갖 고뇌를 겪으면서 채찍을 맞고 이리저리 달리며, 무거운 짐을 지고 먼 길을 가 쓰라린 고통에 피로가 극에 달하며, 목이 뚫리고 달군 쇠로 지져지기도 합니다.

(모든 부처님과 모든 보살님께서는) 또 아귀 세계를 보시나니, 늘 굶주림과 갈증에 시달리고 겁이 끝날 때와 같은 사나운 불길이 항상 그를 태웁니다. 미미한 선도 없는 자들은 영원히 그곳을 벗어나지 못하며, 작은 복이나마 있는 자들은 하열한 사람의 몸을 얻지만 많은 병과 짧은 수명으로 스스로를 장엄합니다.

대중이여, 아셔야 합니다. 선과 악의 두 바퀴가 잠시도 멈춘 적이 없고 과보가 고리처럼 이어져 애초부터 휴식이 없었던 것이니, 빈부와 귀천은 행에 따라 생긴 것이지 아무 원인도 없이 허망하게 결과를 초래한 것은 아닙니다. 그러므로 경[140]에 말씀하셨습니다.

"국왕이나 장자처럼 호화롭고 귀한 사람이 된 것은 삼보를 예경하고 섬긴 데서 온 것이고, 큰 부자가 된 것은 보시한 데서 온 것이며, 장수하는 사람이 된 것은 계행을 지킨 데서 온 것이고, 잘 생긴 사람이 된 것은 인욕한 데서 온 것이다. 게으름 없이 부지런히 닦는 사람이 된 것은 정진한 데서 온 것이고, 재주 있고 총명하며 널리 달통한 사람이 된 것은 지혜를 닦은 데서 온 것이며, 목소리가 아름다운 사람이 된 것은 삼보를 노래한

---

[140] 『죄복보응경罪福報應經』을 말한다. 아래에 인용한 경문은 『죄복보응경』(T17, 562bc)에서 발췌하여 요약한 것이다.

데서 온 것이고, 몸이 깨끗하고 병이 없는 사람이 된 것은 자비로운 마음에서 온 것이다.

  키가 크고 몸집이 큰 사람이 된 것은 사람들을 공경했기 때문이고, 키가 작고 몸집도 작은 사람이 된 것은 사람들을 멸시했기 때문이며, 추하고 못난 사람이 된 것은 걸핏하면 화를 냈기 때문이고, 나면서부터 바보는 공부하지 않았기 때문이다. 아둔한 바보가 된 것은 사람들을 가르치지 않았기 때문이고, 벙어리가 된 것은 사람들을 비방했기 때문이며, 하급 일꾼이 된 것은 남에게 빚을 졌기 때문이고, 시커멓고 못난 사람이 된 것은 부처님의 광명을 막았기 때문이다. 나체로 사는 나라에 태어난 것은 가벼운 옷차림으로 나보다 나은 사람과 부딪쳤기 때문이고, 마제국馬蹄國에 태어난 것은 나막신을 신고 나보다 나은 사람을 앞질러 갔기 때문이며, 천흉국穿胸國에 태어난 것은 보시하여 복을 짓고는 아까워하는 마음을 가졌기 때문이고, 사슴 무리에 태어난 것은 사람들을 놀라게 했기 때문이며, 용의 무리에 태어난 것은 곧잘 조롱했기 때문이고, 몸에 지독한 종기가 생긴 것은 중생을 때렸기 때문이며, 사람들이 보고 기뻐하는 것은 사람을 보고 기뻐했기 때문이고, 걸핏하면 관청에 불려가는 것은 중생을 가두고 묶었기 때문이다.

  법문을 들으면서 이간질로 법문을 듣는 다른 사람을 혼란스럽게 하면 다음에 귀가 처진 개로 떨어지고, 법문을 듣고도 마음에 새기지 않으면 다음에 귀가 긴 나귀로 태어나며, 탐욕이 많아 혼자만 먹으면 아귀로 떨어지고 사람으로 태어나더라도 지독한 가난에 굶주리며, 나쁜 음식을 사람에게 먹이면 다음에 돼지나 말똥구리로 태어나고, 남의 물건을 강제로 빼앗으면 다음에 양의 무리에 태어나 사람들이 가죽을 벗겨 그 살을 먹는다. 훔치기를 좋아한 사람은 다음에 소나 말로 태어나고 사람으로 태어나더라도 하급 일꾼이 된다. 곧잘 거짓말로 남의 악함을 퍼뜨린 사람은 죽으면 지옥에 들어가 녹인 구리물이 그 입에 들이부어지고 그 혀가 뽑혀

소가 쟁기질을 하며, 그 죄가 끝나 나오게 되더라도 구각鴝鵒[141]의 무리로 태어나 사람들이 그 소리를 들으면 두려워하지 않는 자가 없어 다들 변괴라 말하면서 죽어 버리라고 저주한다. 술 먹고 취하기를 좋아하면 다음에 비시니리沸屎泥犁[142]에 떨어지며 죄가 끝나 나오게 되더라도 성성猩猩의 무리에 태어나며, 성성의 업이 끝난 뒤에 사람이 되더라도 완악하고 아는 것이 없어 사람들이 나잇값을 쳐주지 않는다. 남의 힘을 탐낸 자는 다음에 코끼리로 태어난다. 부귀한 자리에서 남의 윗사람이 되어 채찍과 몽둥이로 때리고 하소연할 곳이 없게 만들었다면 이와 같은 사람은 죽으면 지옥에 들어가 수천만 년 동안 온갖 고통스러운 과보를 받게 되며, 지옥에서 나오더라도 물소 무리에 떨어져 그 코와 입을 꿰뚫리고서 배를 당기고 수레를 끌며 그 죄를 돌려받고 큰 몽둥이로 얻어맞으며 옛날의 묵은 빚을 갚는다.

더러운 사람은 돼지 무리에서 왔고, 간탐하며 자기 일처럼 생각지 않는 사람은 개에서 왔으며, 사납게 제멋대로 하는 사람은 양에서 왔고, 가볍고 조급해 참을 줄 모르는 사람은 원숭이에서 왔으며, 몸에서 비린내가 나는 사람은 물고기나 자라에서 왔고, 독을 품은 사람은 뱀에서 왔으며, 자비심이 없는 사람은 호랑이에서 온 것이다."

顯果報第一

今日道場。同業大衆。前已具述。罪惡過患。以過患故。乖於勝業。以不勝業。所以隆墮三途。備歷惡趣。及生人間。受諸苦報。皆由過去宿對因緣。捨身受身無暫停息。是以諸佛。諸大菩薩。神通天眼。見三界內。一切衆生。

---

141 구각鴝鵒을 아래 『집해』에서는 구욕鴝鵒이라 하였다. 여러 경론에서 구각鴝鵒과 구욕鴝鵒을 혼용하고 있어 어느 것이 정확한 표현인지 확정하기 어렵다. 참고로 전거가 되는 『죄복보응경』에는 이 부분이 '휴류구욕鴝鵒鸜鵒'으로 되어 있다.
142 비시니리沸屎泥犁 : 똥물이 부글부글 끓어오르는 지옥이다.

福盡隨業。墮於苦處。見無色界。樂著定心。不覺命終。墮於欲界。以福盡故。受禽獸形。色界諸天。亦復如是。從淸淨處。墮在欲界。旣在不淨。還受欲樂。六天福盡。退墮地獄。於地獄中。受無量苦。又見人道。以十善力。資得人身。就人道中。惡緣雜染。復有多苦。壽盡多墮。諸惡趣中。又見畜生道。一切衆生。受諸苦惱。鞭杖驅馳。負重致遠。困苦疲劇。項領穿破。熱鐵燒烙。又見餓鬼。常苦飢渴。恒被火燒。猶如刦盡。若無微善。永不解脫。有片福者。劣得人身。多病短命。以自莊嚴。大衆當知。善惡二輪。未曾暫輟。果報連環。初無休息。貧富貴賤。隨行所生。非有無因。而妄招果。所以經言。爲人豪貴。國王長者。從禮事三寶中來。爲人大富。從布施中來。爲人長壽。從持戒中來。爲人端正。從忍辱中來。爲人勤修。無有懈怠。從精進中來。爲人才明遠達。從智慧中來。爲人音聲淸徹。從歌詠三寶中來。爲人潔淨。無有疾病。從慈心中來。爲人長大。恭敬人故。爲人短小。輕蔑人故。爲人醜陋。喜瞋恚故。生無所知。不學問故。爲人顓愚。不敎他故。爲人瘖瘂。謗毁人故。爲人下使。負他債故。爲人醜黑。遮佛光明故。生在裸國。輕衣搌挾勝己故。生馬蹄國。着履勝己前行故。生穿胸國。布施作福悔惜心故。生獐鹿中。驚怖人故。生墮龍中。喜調戲故。身生惡瘡。鞭撻衆生故。人見歡喜。見人歡喜故。喜遭縣官。籠繫衆生故。聞說法語。於中兩舌。亂人聽受。後墮耽耳狗中。聞說法語。心不湌采。後生長耳驢中。慳貪獨食。墮餓鬼中。出生爲人。貧窮飢餓。惡食飼人。後墮猪狍蜣蜋之中。刦奪人物。後墮羊中。人生剝皮。食噉其肉。喜偸盜人。後生牛馬。爲人下使。喜作妄語。傳人惡者。死入地獄。烊銅灌口。拔出其舌。以牛耕之。罪畢得出。生鳩鴿中。人聞其聲。無不驚怖。皆言變恠。呪令其死。喜飮酒醉。後墮沸屎泥犁之中。罪畢得出。生猩猩中。猩猩業畢。後得爲人。頑無所知。人不齒錄。貪人力者。後生象中。夫處富貴。爲人上者。鞭杖捶打。告訴無地。如是等人。死入地獄。數千萬歲。受諸苦報。從地獄出。墮水牛中。貫穿鼻口。挽舡牽車。還復受之。大杖打扑。償徃宿殃。爲人不淨。

從猪中來。慳貪不恕己者。從狗中來。佷戾自用。從羊中來。爲人輕躁。不能忍事。從獼猴中來。身體鯹臭。從魚鱉中來。爲人含毒。從蛇中來。人無慈心。從虎狼中來。

제3권

[집해] 변진 스님은 다음과 같이 말하였다.

"지금 10축의 전체적 구성을 살펴보면 세 단락의 뜻이 있다. 앞의 두 권은 참회와 행원을 주로 밝힌 것으로서 문장과 그 뜻이 오히려 간략하니, 곧 상근기를 위한 것이다. 다음 네 권은 과보를 드러내고 원결을 푸는 것을 아울러 밝힌 것으로서 약간 자세하니, 곧 중근기를 위한 것이다. 그리고 뒤의 네 권은 자경自慶과 예불禮佛과 행문行門을 총괄해 보인 것으로서 더욱 자세하니, 곧 하근기를 위한 것이다. 하근기는 장애가 두껍기 때문에 반드시 널리 참회해야 한다. 따라서 제1권, 제3권, 제7권의 각 편은 첫머리를 풍부하게 하였으니, 『법화경』의 삼주설법(三周說)[143]과 비슷한 점이 있다.

제1. 과보를 드러냄

'현現'은 보이다(示)라는 뜻이다. '과보果報'는 선업과 악업을 지었을 때 받는 고통스러운 과보와 즐거운 과보를 말한다. 비록 과보를 밝히기는 했지만 지옥을 변론하지 못했기 때문에 다음 편에서 지옥의 모습을 드러내 보였다. 지옥에서 받는 고통은 맺힌 원한에서 생긴 것이므로 그 다음 편에서는 맺힌 원한을 풀었다. 맺힌 원한이 이미 제거되었더라도 아직은 행

---

[143] 『법화경』 삼주설법(三周說) : 천태종의 교설이다. 부처님께서 『법화경』을 설하면서 근기에 상중하의 세 부류가 있어 깨닫는 데 빠르고 더딘 차이가 있음을 알고, 법설주法說周·비유설주譬喩說周·인연설주因緣說周의 세 단계로 정법을 거듭 설명하셨다는 것이다.

문行門이 넓지 못하다. 따라서 발원을 그 다음에 두었다.

'앞에서 이미……낱낱이 술회하였다.……잠시도 멈추거나 쉼이 없다(前已 具述……停息)'에 대해 설명해 보겠다. 앞 권에서 '삼독과 사취四趣,[144] 나아가 8만 4천 번뇌는 죄악의 과오와 재앙 아닌 것이 없고, 그런 과오와 재앙이 있기 때문에 뛰어난 선업과 어긋나며, 선하지 못한 업이 있기 때문에 삼악도에 떨어지고 나아가 아수라를 비롯한 팔난 등이 있는 세계를 돌아다니며 설사 인간으로 태어나더라도 팔고 등의 과보를 받게 되는데 이는 모두 과거에 맞이했던 인연으로 인한 것이다'라고 한 것은 삼장三障을 서술한 것이다. 죄악의 과오와 재앙은 번뇌장煩惱障이고, 선하지 못한 업은 업장業障이며, 삼악도는 보장報障이다. 이 삼장이 서로 밑거름이 되어 윤회가 멈추지 않기 때문에 잠시도 쉼이 없는 것이다.

'금수의 몸을 받는다(受禽獸形)'라는 것은 울두람불鬱頭藍弗이 비비상정非非想定을 닦아 체득하였지만 과보가 다해 목숨이 끊어지자 도로 삵의 몸을 받았던 것이 바로 그것이다.

'십선十善'은 십악十惡의 반대를 십선이라 말한다.

'지지다(燒烙)'에 대해 미수 스님은 "뜨겁게 달군 쇠로 발굽을 지지는 것이다. 락烙은 락洛으로 발음하고, 태우다(燒)라는 뜻이다."라고 하였다. 여기에 다섯 가지 고통이 있으니, 첫째는 채찍을 맞는 괴로움, 둘째는 달려야 하는 괴로움, 셋째는 무거운 짐을 지고 먼 길을 가야 하는 괴로움, 넷

---

[144] 사취四趣는 사악취四惡趣의 약칭으로서 지옥·아귀·축생·아수라를 말한다. 앞에 삼독을 말하고 뒤에 8만 4천 번뇌를 말한 것으로 보아 이 구절은 인간의 무명과 번뇌를 일컫는 용어들이 나열되어야 적당하다. 또한 아래 문장에서 삼악도와 아수라를 비롯한 팔난처에 떨어진다는 내용이 있어 사취四趣가 거듭 거론되고 있다. 이렇게 보았을 때 '사취四趣'는 적당하지 않다. 『참법』 제2권에 삼독三毒·사취四取·오개五蓋·육애六愛·칠루七漏·팔구八垢·구결九結·십사十使 등 무명과 번뇌를 나열한 곳이 있는 것으로 보아 혹 '사취四取'의 오자가 아닐까 추측된다. 사취四取는 욕탐취欲貪取·견취見取·계금취戒禁取·아어취我語取이다.

째는 목이 뚫리는 괴로움, 다섯째는 달군 쇠로 지져지는 괴로움이다.

'철철輟'은 철澈로 발음하고, 멈추다(止)라는 뜻이다.

'초무初無'에 대해 각명 공은 "앞 글자는 완전히(都), 조금도(暫)라는 뜻이다."라고 하였다.

'전전顓'은 전전으로 발음하고, 아둔하고 어리석다(頑癡)는 뜻이다.

'당돌搪揬'의 앞 글자는 당唐으로 발음하고, 뒷글자는 타陀와 골骨의 반절이며 부딪치다(觸)라는 뜻이다.

'극극屐'은 극極으로 발음하고, 나무로 만든 신발이다.

'승기勝己'에 대해 미수 스님은 "곧 어른(尊長)을 말한다."고 하였다.

'조희調戲'의 앞 글자는 거성이고, 가지고 놀다(弄)라는 뜻이다.

'탐이耽耳'의 앞 글자는 정丁과 함숨의 반절이고, 귀가 축 처졌다(耳大垂)는 의미이다.

'손채飡採'는 그 아름다운 뜻을 복용하고 그 의미를 채집한다는 것이다. 나귀는 귀가 크지만 소리를 잘 듣지 못한다.

'사飼'는 사寺로 발음하고, 음식을 대접하다(饋食)라는 뜻이다.

'저돈猪狖'의 뒷글자는 도徒와 곤崑의 반절이고, 작은 돼지 종류(小猪)이다.

'강랑蜣蜋'의 앞 글자는 강江, 뒷글자는 랑郎 또는 량良으로 발음한다. 분뇨에서 사는 벌레다.

'구욕鴝鵒'에 대해 「참법음의」[145]에서는 "앞 글자는 구鉤, 뒷글자는 격格[146]으로 발음한다."고 하였다. 미수 스님과 동림 스님과 변진 스님은 "괴이한 새다. 밤낮으로 돌아다니면서 울면 괴이한 일이 생긴다. 남쪽 지방에서는 구욕鴝鵒이라 하고, 서쪽 지방에서는 휴류鵂鶹라 하고, 북쪽 지방

---

145 제3권 말에 부록된 음의音義를 말한다. 광균 스님이 저술한 것이다.
146 『참법』에는 '구각鴝鵅'으로 되어 있다. 즉 광균 스님은 뒷글자를 "각鵅" 자로 보고 음해音解한 것이다.

에서는 훈호鵟鶘라 하고, 동쪽 지방에서는 훈호䲷鶘라 하여 지방에 따라 이름이 다르다."고 하였으며, 다들 뒷글자를 욕浴으로 발음한다고 하였다. 『수경』과 『옥편』에서도 "앞 글자는 구鉤이고, 뒷글자는 락洛[147]으로 발음한다."고 하고, 모두 휴류의 별명이라 하였다.

'니리泥犁(Niraya)'에 대해 미수 스님은 지옥의 다른 이름이라 하였고, 변진 스님은 "중국말로 무희락처無喜樂處라 한다."고 하였다. 여기에 보충 설명을 하자면, 『조정사원』에서 "중국말로는 불한성不閑城 또는 고구苦具이며, 뜻으로 번역해 지옥地獄이라 한다. 뒷글자는 리梨로 발음한다."고 하였다.

'성성猩猩'에 대해 『참법음의』에서 "음은 생生이고, 말을 하는 짐승이다."라고 하였다. 변진 스님은 "몸은 사람과 흡사하고 발은 짐승과 같다. 긴 머리에 벌거숭이며 술 마시는 것을 좋아한다."고 하였다. 미수 스님은 "음은 생生이고, 말을 할 수 있다. 원숭이와 흡사한데 그 소리는 어린아이 같다."고 하였다. 동림 스님은 "생生과 성星 두 가지로 발음한다. 짐승의 이름이며, 말을 할 수 있다."고 하였다.

'치록齒錄'의 앞 글자 역시 사람으로 쳐주다(錄)라는 뜻이다. 변진 스님과 미수 스님의 설명이 동일하다.

'다음에 코끼리로 태어난다'에 대해 미수 스님은 "남의 힘을 빌리고 보상하지 않은 자가 받는 죄다."라고 하였다.

'타복打扑'의 뒷글자는 복扑으로 발음하고, 때리다(打)라는 뜻이다.

'서기恕己'에 대해 각명 공은 "자기 일처럼 생각하는 것(忖己)이다."라고 하였다.

'한려佷戾'의 앞 글자는 한限, 뒷글자는 려淚로 발음한다. 두 글자 모두

---

147 "『수경』과 『옥편』에서도 역시(鏡玉亦云)"라고 한 것으로 보아 이 두 자전의 설명이 앞서 소개한 미수·동림·변진 세 스님의 설명과 일치한다는 의미로 파악된다. 그렇다면 '락洛'은 '욕浴'이라야 옳다. 혹 오자가 아닐까 의심된다.

마음이 바르지 못하다(曲), 어기다(乖)라는 뜻이고, 또 명을 따르지 않는다(不聽從)는 뜻이다.

'자용自用'에 대해 미수 스님은 "제 마음을 따르는 것을 자용이라 한다."고 하였다.

第三卷
眞師云。今觀十軸之勢。有三節意。前兩卷。正明懺悔行願。文義尙簡。卽被上根。次四卷。兼明現果解怨。稍寬。卽被中根。後四卷。揔示自慶禮佛行門。又廣。卽被下根。下根障重。故須廣懺。是故第一第三第七。寬諸篇首。有類法華三周說也。
現果報第一
現。示也。果報。謂造善惡業。受苦樂報。雖明果報。未辯地獄故。次篇示地獄相。地獄受苦。由怨結生。是以次篇。解釋怨結。怨結已除。行門未普。是故發願。又其次也。前已具述至停息者。前卷所說。三毒四趣。乃至八萬四千塵勞。無非罪惡過患。由有過患故。乖違勝善之業。以有不善業故。墜墮三途。又乃經歷。修羅八難等趣。設生人間。受八苦等報。此等皆由過去宿對也。此敍三障。罪惡過患者。煩惱障也。不善業者。業障也。三途者。報障也。三障相資。輪廻不止。故無暫息。受禽獸形。鬱頭藍弗。修得非非想定。報盡命終。還受狸身。是也。十善者。翻十惡名。名爲十善也。燒烙者。授師云。燒熱鐵以著脚蹄。烙[音洛。燒也]。此有五苦。一鞭杖苦。二驅馳苦。三負重致遠苦。四項領穿破苦。五熱鐵燒烙苦。輟[音澈。止也]。初無者[明公云。上都也。暫也]。顓[音全。頑癡]。搪揬[上音唐。下陀骨切。觸也]。屐[音極。以木作鞋也]。勝已者。授師云。卽尊長也。調戲者[上去聲。弄也]。耽耳者[上丁含反。耳大垂也]。湌採者。湌服其旨。採撫其義。驢雖耳長。不能察聲。飼[音寺。饋食]。猪狁者[下徒崑反。小猪]。蜣蜋。上音江。下音郞。又音良。糞虫也。鳩鴿。懺音云。上鉤。下格。授師東林師眞師云。怪鳥也。晝夜行鳴則爲恠。南方名鴝鵒。西方名鵂鶹。北方名鵽鴰。東方呼馴鵂。隨方名異。皆云下浴。鏡玉亦云。上音鈎。下音洛。皆此鵂鶹別名。泥犁。授師云。地獄異名。眞師云。此云無喜樂處。生枝曰。祖庭中。此云不閑城。又云苦具。義翻地獄。下音梨。猩猩。儴音云。音生。能言之獸。眞師云。身似人。足如獸。長髮裸形。好飮酒也。授師云[音生]。能言似猿。聲如小兒。東林云。生星二音。獸名。能言。齒鍒。上亦鍒也。眞師授師說同。後生象中者。授師云。雇貪人力。不還償者之罪。打扑[下音扑。打也]。恕己者。明公云。忖己也。佷戾者[上音限。下音淚]。皆曲也。乖也。又不聽從也。自用者。授師云。師於心者。名自用也。

참법 오늘 이 도량의 동업대중이여, 사람이 사는 세상은 병도 많고 수명도 짧으며 갖가지 고통은 이루 말할 수 없을 정도입니다. 이는 모두 세 가지 업이 꾸미고 만들어 얻어진 결과이며, 수행자를 삼악도의 과보에 묶이게 만드는 것입니다. 따라서 삼악도가 있게 된 것은 사람에게 탐욕과 분노와 어리석음의 삼독이 있고, 또 입으로 항상 악을 말하고 마음으로 항상 악을 생각하고 몸으로 항상 악을 행한 삼악三惡 탓입니다. 이 여섯 가지가 사람의 몸을 항상 괴롭히고 항상 고뇌하게 하며 쉴 새가 없는 것입니다. 그러다 목숨이 다해 외로운 넋이 되어 홀로 떠나면 자애로운 부모님도 효성스런 자식도 서로를 구할 수가 없습니다. 그렇게 잠깐 사이에 염라의 처소에 다다르면 지옥의 옥졸이 높고 낮음을 묻지 않고 죄를 기록한 문서만 참조해 살았을 때 지은 선악이 얼마나 되는지 심문하나니, 혼백은 자수自首할 뿐 감히 숨기지를 못합니다. 이런 인연으로 업에 따라 괴롭거나 즐거운 곳으로 가게 되나니, 자신이 그 일을 당함에 아득하고 캄캄하기만 하며 오랜 이별에 가는 길이 달라 다시 볼 기약조차 없습니다. 또한 여러 하늘은 사람들의 선과 악을 기록하며 나아가 털끝만큼도 빠뜨리지 않기에 선한 사람은 행한 선으로 복을 받고 장수하며, 악한 사람은 행한 악으로 단명하고 고통은 깁니다. 이와 같이 여기저기를 떠돌다 또 아귀 세계에 떨어지고, 아귀 세계에서 벗어나면 축생 세계에 태어나니, 그 죄의 고통은 참기 어렵고 받아야 할 시간도 끝이 없습니다.

> 今日道場。同業大衆。人生世間。多病短命。種種痛苦。不可具說。皆由三業搆造所得。能令行人。要三途報。所以有三途者。人有三毒。貪恚愚癡。又復三惡。口常言惡。心常念惡。身常行惡。以此六事。能使人身。常苦常惱。無有休息。於此命終。孤魂獨逝。慈親孝子。不能相救。倏忽之間。到閻羅所。地獄獄卒。不問尊卑。但案罪錄。撿校生時。善惡多少。神識自首。不敢隱匿。以是因緣。隨業至趣。苦樂之地。身自當之。杳杳冥冥。別離長久。道路不同。會見無期。又諸天神。記人善惡。乃至毛髮。無片遺漏。善人行善。獲福益壽。惡人行惡。命短苦長。如是輪轉。又墮餓鬼。從餓鬼脫。生畜生中。罪苦難忍。受之無竟。

[집해] '염라焰羅'에 대해 각명 공은 "중국말로 치벌治罰이라 하니, 죄인을 추궁해 판결하고 벌을 주기 때문이다."라고 하였다. 변진 스님은 "염마라焰摩羅(Yama-rāja) 또는 염마라琰摩羅라고 하며 중국말로 쌍왕雙王이라 하니, 이는 오누이를 말한다. 둘 모두 지옥의 주인이 되어 오빠는 남자의 일을 처리하고, 누이는 여자의 일을 처리한다. 혹자는 '고통과 즐거움을 동시에 느끼기 때문에 쌍왕이라 한다'고 하였다."고 하였다. 동림 스님은 "혹자는 차왕遮王이라 하는데, 막아서 악을 저지르지 못하게 하기 때문이다."라고 하였다.

'자수自首'에 대해 변진 스님은 "즉 스스로 죄를 진술하는 것이다. 『설문說文』에 '자신의 잘못을 진술하며 감히 감추지 않는 것이다'라고 하였다."고 하였다. 미수 스님은 "수首는 진술하다(陳)라는 뜻이다."라고 하였다.

言㕌羅者。明公云。此云治罰。治斷罰謫罪人故。眞師云。㕌摩羅。或云琰摩羅。此云雙王。謂姆及妹。皆作地獄主。姆治男事。妹治女事。或曰。苦樂並受故曰雙王。東林師曰。或曰遮王。遮令不造惡故。自首。眞師曰。卽自陳罪也。說文云。陳首自咎。不敢隱匿也。授師曰。首者。陳也。

참법 오늘 이 도량의 동업대중이여, 각자 스스로 깨닫고 부끄러워하는 마음을 일으키십시오. 경에서 "선한 일을 하면 선한 과보를 얻고, 악한 일을 하면 악한 과보를 얻는다."[148]고 말씀하셨습니다. 더구나 오탁악세에서는 악을 저질러서는 안 되니, 선을 행하면 선한 과보를 잃지 않고 악을 행하면 스스로 재앙을 초래하게 됩니다. 별것 아니라 말씀하지 마시고 이 참법을 세우십시오. 경에서 말씀하셨습니다.

작은 선을 가벼이 여겨
복이 없다고 하지 마라
물방울이 비록 미미하나
조금씩 모이면 큰 그릇을 채우나니
작은 선을 쌓지 않으면
성인이 될 방법이 없느니라.
작은 악을 가벼이 여겨
죄가 없다고 하지 마라
작은 악도 쌓이면
몸을 망치기에 충분하니라.[149]

---

148 『도조경兜調經』(T1, 887b)을 비롯한 많은 경에 이 문구가 수록되어 있다.
149 『법구경法句經』 권상(T4, 564c)과 『출요경出曜經』 권18(T4, 707a) 등 여러 경에 이와 유사한 내용의 게송이 수록되어 있다.

대중이여, 아셔야 합니다. 길흉과 화복이 모두 마음으로 짓는 것이니, 만약 인을 짓지 않는다면 과보 역시 받지 않습니다. 재앙이 쌓이고 죄가 큰 것이 육안에 보이지는 않지만 모든 부처님께서 하신 말씀을 누가 감히 믿지 않을 수 있겠습니까. 우리 모두가 일생 동안 강건하다며 다시는 부지런히 배우고 스스로 힘써 선을 행하지 않는다면, 막다른 골목에 다다라 비로소 후회한들 또 무슨 소용 있겠습니까.

이제 모든 과오와 재앙을 다 함께 이미 보았고, 경에서 말씀하신 대로 그 죄를 스스로 알았으니, 어찌 악을 버리고 선을 좇지 않을 수 있겠습니까. 금생에 만약 다시 마음을 가다듬지 못한다면 이 몸을 버릴 때 분명 지옥에 떨어질 것입니다. 어떻게 그것을 아는가? 지금 보면, 죄를 지을 때에는 맹렬한 독기를 머금고 깊은 원한을 품지 않는 적이 없습니다. 어떤 사람을 미워하면 반드시 죽이려 들고, 어떤 사람을 질투하면 그의 잘난 점을 보기 싫어하며, 어떤 사람을 헐뜯으면 반드시 곤경에 빠뜨리고, 어떤 사람을 때리면 하늘에 닿을 만큼 지독한 아픔을 줍니다. 분한 마음으로 해칠 때는 존귀하고 비천한 자를 가리지 않고, 욕을 퍼붓고 추한 말을 내뱉을 때는 높고 낮은 자를 돌아보지 않으니, 그 소리는 우레처럼 진동하고 눈에서는 불꽃이 튑니다. 그러나 복을 지을 때에는 착한 마음이 미약하여 처음에는 많이 지으려 하다가도 얼마 못가 점점 줄며, 처음에는 빨리 실행하려 하다가도 뒤에 가서는 또 그만둡니다. 마음이 이미 간절하지 못해 세월만 미루고, 이와 같이 망설이다 결국엔 나아가려던 뜻마저 잊어버리고 맙니다. 이로써 죄를 지을 때는 마음의 기운이 굳세지만 복을 지을 때는 그 의지가 나약하다는 걸 알 수 있습니다. 이제 약한 선의 인으로 강한 악의 과보에서 벗어나기를 바라지만, 어찌 그것이 망령되게 이루어질 수 있겠습니까.

경에서 "참회하면 없어지지 않는 죄가 없다. 매번 참회할 때마다 반드시 큰 산이 무너지듯 오체투지해야 한다."고 말씀하셨으니, 이 자리에서 신명을 아끼지 말라고 말한 것은 죄의 인연을 없애기 위함 때문입니다. 은근히 독려하나니, 아무개 등은 다 함께 각자 반성해 보십시오. 금생에 태어나 몇 번이나 이렇게 분개하며 자책하였고, 신명을 아끼지 않으며 고단함을 견디고 고통을 참아 내면서 이렇게 참회해 보았습니까. 잠시 예배하고 나서는 "기력이 감당할 수 없다."고 하고, 혹은 잠깐 좌선하다가 다시 "쉬어 줘야만 한다."고 하며, 혹은 "사지를 너무 힘들게 해서는 안 된다. 마땅히 잘 보양해야지 괴롭혀서는 안 된다."고 하고는 한번 다리를 뻗고 잠들면 시체나 진배없으니, "나는 부처님께 예배하고 탑을 쓸고 땅을 고르는 등 하기 어려운 일들을 완수해야 한다."고 다시 기억을 떠올리기나 하겠습니까. 또한 경의 가르침에서 밝혔듯이, 나태와 해태에서 생기는 선善은 하나도 본 적이 없으며, 교만과 방자함에서 얻어지는 선법善法 역시 하나도 본 적이 없습니다.

아무개 등이 오늘 비록 사람의 몸을 얻었지만 마음은 도를 등진 일이 많습니다. 그렇다는 것을 어떻게 아는가? 이제 시험 삼아 살펴보겠습니다. 아침부터 낮까지, 낮부터 저녁까지, 저녁부터 밤까지, 밤부터 새벽까지, 나아가 일시一時·일각一刻·한 생각·한 순간에도 삼보와 사제를 생각하는 마음이 조금도 없었고, 부모의 은혜에 보답하겠다는 마음이 조금도 없었으며, 스승의 은혜에 보답하겠다는 마음이 조금도 없었고, 보시하고 계율을 지키고 인욕하고 정진하고 싶다는 마음이 조금도 없었으며, 선정을 배우고 지혜의 업을 닦고 싶다는 마음이 조금도 없었으니, 맑고 순결한 법은 논할 만한 것이 하나도 없고 번뇌와 두꺼운 장애만 눈앞에 가득합니다. 이렇게 살펴보지 않았을 뿐만 아니라 또한 "나는 공덕이 적지 않다."고 스스로 말하며 조그만 선이라도 있으면 자신만만해 하였으며, "나는 만들 수 있지만 남들은 만들 수 없다."고 말하고 "나는 할 수 있지만 남들은 하지 못한다."고 말하면서 의기양양해 하고 곁에 아무도 없는 것처럼 행동하였습니다. 이런 일들을 더듬어 말씀드리는 것이 진실로 수치

스러운 일이지만 이제 대중 앞에 진심으로 드러내 온갖 죄를 참회하오니,
부디 기쁨을 베푸시어 앞으로는 장애가 없게 하소서.

今日道場。同業大衆。各自覺悟。起慙愧心。經言。作善得善。作惡得惡。
而五濁惡世。不可作惡。善不失善報。爲惡自招殃。莫言輕脫。立此懺法。
經言。
　莫輕小善。以爲無福。水滴雖微。漸盈大器。小善不積。無以成聖。
　莫輕小惡。以爲無罪。小惡所積。足以滅身。
大衆當知。吉凶禍福。皆由心作。若不作因。亦不得果。殃積罪大。肉眼不
見。諸佛所說。誰敢不信。我等相與。生世強健。復不勤學。自力行善。臨
窮方悔。亦何所及。今已共見。一切過患。如經所說。自知其罪。豈得不捨
惡從善。今生若復。不能用心。判捨此形。必墮地獄。何以知之。今見爲罪
之時。未嘗不含毒猛烈。懷恨深重。若瞋一人。必欲令死。若嫉一人。惡見
其好。若毀一人。必陷苦處。若鞭一人。窮天楚毒。忿恚暴害。不避尊卑。
惡罵醜言。無復高下。聲震若雷。眼中火現。至於爲福之時。善心微劣。始
欲爲多。未遂減少。初欲速營。續後且住。心旣不至。日月推遷。如是進退。
遂就忘失。是知作罪之時。心氣剛強。爲福之時。志意劣弱。今以弱善之因。
求離強惡之報。豈可妄得。經云。懺悔則無罪不滅。每至懺悔之時。必須五
體投地。如大山崩。此云不惜身命。爲滅罪因緣故。慇勤督勵。(某甲)等。
相與各省。今生已來。已曾幾過。作此忿責。不惜身命。捍勞忍苦。作此懺
悔。暫時禮拜。已言氣力不堪。或暫端坐。復言應須消息。或言四體不可過
勞。宜應將養不可使困。一伸脚眠。差如不死。何處復憶。我應禮佛。掃塔
塗地。辦所難辦。且經教所明。未見一善。從懶惰懈怠中生。亦未曾見有一
善法。從驕慢自恣中得。(某甲)等。今日雖得其形。心多背道。何以知然。
今試撿按。從旦至中。從中至暮。從暮至夜。從夜至曉。乃至一時一刻。一
念一頃。無有片心。念三寶四諦。無有片心。報父母恩。無有片心。報師長

恩。無有片心。欲布施持戒忍辱精進。無有片心。欲學禪定修智慧業。淸白之法。無一可論。煩惱重障。森然滿目。若不作此撿察。亦自言我功德不少。有小片善而生恃賴。言我能作他不能作。言我能行他不能行。意氣高微。傍若無人。追此而言。實可羞恥。今於大衆前。披誠發露。懺悔衆罪。願布施歡喜。將來無障。

[집해] '경탈輕脫'에 대해 변진 스님과 미수 스님은 "가볍게 여기는 것이다. 뒷글자는 빼앗다(略)라는 뜻이다."라고 하였다.

'궁천窮天'은 하늘에 닿는다(至天)는 뜻이다.

'초독楚毒'에 대해 각명 공은 "앞 글자는 고통(苦)이란 뜻이다."라고 하였다.

'독려督勵'에 대해 미수 스님은 "앞 글자는 독毒으로 발음하고, 권하다(勸), 살피다(察), 통솔하다(率)라는 뜻이다. 뒷글자는 려呂로 발음하고, 열심히 하다(勉)라는 뜻이다."라고 하였다.

'기과幾過'에서 뒷글자는 차례(度)라는 뜻이다.

'한로捍勞'에 대해 각명 공은 "곧 거로拒勞다."라고 하였다.

'의응宜應'에서 뒷글자는 마땅하다(當)는 뜻이다.

'장양將養'에 대해 동림 스님은 "앞 글자는 평성으로 발음하고, 돕다(助), 부지하다(扶)라는 뜻이다."라고 하였고, 미수 스님은 "장將 역시 보양하다(養)라는 뜻이다."라고 하였다. 혹자는 "장차 잘 보양하려고 한다는 의미로 파악해도 된다."고 하였다.

'치여불사差如不死'에 대해 변진 스님은 다음과 같이 말하였다.
"흐트러진 모습이 시체 같지만 죽지는 않은 것이다. 치差는 초楚와 의宜의 반절이고, 또 차叉로 발음하기도 한다. 『당서唐書』에 '장굉張宏이 술에 취해 누워 손과 발을 널브러트린 모습이 시체 같았지만 죽지는 않았다'고 하였다. 어떤 본에서는 알爪[150]이라 했으니, 오五와 할割의 반절이다. 그런데 『이아』에서 '알朩은 나무에 머리 부분이 없는 것이다'라고 하였으므로 이것은 경의 뜻에 계합하지 않는다. 바르게 쓰면 不 자이다."

'하기 어려운 일들을 완수한다(辦所難辦)'는 것은 완수하기 어려운 일들을 완수한다는 것을 말하니, 곧 부처님께 예배하고 탑을 쓰는 등의 만행萬行이다.

'사제四諦'에 대해 보충 설명을 하겠다. 여러 스님들이 끝내 자세히 해석하지 않았다. (사제는) 고苦·집集·멸滅·도道이다. 고는 고뇌가 닥친다는 뜻이고, 집은 끌어 모아 무더기를 이룬다는 뜻이고, 멸은 소멸하여 작위가 없다는 뜻이고, 도는 통할 수 있다는 뜻이다. 고와 집은 세간의 인과이고, 멸과 도는 출세간의 인과이다. 고를 알아 집을 끊고 멸을 바라며 도를 닦는 것을 말하니, 곧 두 번 중복되는 인과(兩重因果)로서 모두 앞이 결과가 되고 뒤가 원인이 된다. 이와 같은 이유는 무엇인가? 말하자면 성인께서 중생을 인도하시기에 편리하기 때문이다. 고를 설해 싫어하는 마음을 일으키게 하면 고통을 벗어나기 위해 집을 끊고, 멸을 설해 환희심을 일으키게 하면 과보를 사모해 도를 닦는다. 진리는 달과 같고, 고와 집은 구름과 같으며, 도는 (그 구름을) 걷어 내는 것과 같고, 멸은 걷어 낸 다음과 같다. 멸로 인해 진제에 회합하는 것이지 멸이 진제는 아니다. 제諦란 매우 진실해 허망하지 않다는 뜻이다.

'오傲'에 대해 변진 스님은 "음은 오五이고, 교만하다(慢)는 뜻이다."라고 하였다.

輕脫者。眞師授師曰。輕可也。下略也。窮天者。至天也。楚毒者。明公曰。上苦也。督勵。授師云[上音毒]。勸也。察也。率也[下音呂。勉也]。幾過

---

150 『집해』에서 사용된 '朩'은 '나무에 머리 부분이 없음'을 뜻하는 글자로 사용되고 있으며, 오五와 할割의 반절인 '알'로 발음된다. 『집해』의 원문에서 '朩' 자는 미세한 자형의 변화가 있으므로, 본문에서 "바르게 쓰면"이라고 하여 자형의 변화를 설명하였다.

者。下度也。捍勞者。明公曰。卽拒勞也。宜應者。下當也。將養者。東林師云。上平音。助也。扶也。授師云。將亦養也。或云。亦可將欲資養也。差如不死者。眞師云。參差似死不死。差楚宜反。又叉音。唐書云。張宏酒醉而臥。手足差著。如死不死。有本云。木。五割反。爾雅。不謂木無頭。然此不契經義。正作不字。辦所難辦者。謂所難辦事辦之也。乃禮佛掃塔等萬行。四諦者。生枝曰。諸師終不細釋。苦集滅道也。苦者。逼惱爲義。集。招聚爲義。滅者。滅無爲義。道者。能通爲義。苦集。世間因果。滅道。出世間因果。謂知苦斷集。望滅修道。卽兩重因果。皆先果後因。如斯者何。謂聖人引物爲便故。說苦令生厭心。爲離苦斷集。說滅令生喜心。慕果修道也。眞理如月。苦集如雲。道如却除。滅如却已。因滅會眞。滅非眞諦。諦者。甚實不虛義。憿。眞師云。音五。慢也。

참법 대중들 역시 스스로 몸과 마음을 씻어야 합니다. 과보의 증거가 빠짐없는 것이 앞에서 말한 바와 같은데, 어찌 자신은 괜찮다며 벗어나기를 구하지 않을 수 있겠습니까. 대중이여, "나는 그런 죄가 없다. 내게 죄가 없는데 왜 꼭 참회해야 하는가."라고 하지 마십시오. 만일 이런 생각이 있다면 곧바로 없애시기 바랍니다. 미미한 작은 실수라 해도 저지르고 나면 큰 허물이 되고, 잠깐의 원한으로 갑자기 일으키는 분노도 습성이 되면 고치기 어렵습니다. 마음을 그냥 풀어 놓아서도 안 되고 뜻을 쾌락에 맡겨서도 안 되니, 억누르고 참을 수 있으면 번뇌를 제거할 수 있지만 그처럼 태만하다면 제도될 기약이 없습니다. 아무개 등이 오늘 모든 부처님의 자비하신 염력과 모든 대보살님이 세우신 과거 서원의 힘을 우러르고 받들어 『죄업보응교화지옥경罪業報應敎化地獄經』을 설하리니, 각자 고요히 사유하며 일심으로 잘 들으십시오.

"이와 같이 나는 들었다. 언젠가 부처님께서는 왕사성의 기사굴산에 머무시면서 보살마하살 및 성문 권속들과 함께하셨으며, 또한 비구·비구니·우바새·우바이 및 여러 하늘과 용과 귀신 등도 모두 다 그 법회에 모였다. 그때 신상信相보살이 부처님께 아뢰었다.

'세존이시여, 지금 지옥·아귀·축생과 노비, 그리고 가난하고 부유하고 귀하고 천한 약간若干의 종류들이 있는데 어느 중생 할 것 없이 부처님의 법문을 들으면 어린아이가 어머니를 만난 듯, 병자가 의사를 만난 듯, 벌거숭이가 옷을 얻은 듯, 어둠 속에서 등불을 얻은 듯 여깁니다. 세존의 설법이 중생에게 이익을 주는 것이 또한 이와 같습니다.'

그때 세존께서 때가 되었음을 관하고, 여러 보살의 권청勸請이 은근함을 아시고는 곧 미간의 백호상白毫相에서 광명을 놓아 시방의 한량없는 세계를 비추시니, 지옥의 고통이 멈춰 편안하게 되었다. 그때 죄를 받던 모든 중생들이 부처님의 광명을 더듬어 부처님이 계신 처소로 찾아와 부처님 주위를 일곱 바퀴 돌고 마음을 다해 예배하였으며, 도의 교화를 널리 펴 모든 중생이 해탈을 얻게 해 달라고 세존께 권청하였다."[151]

大衆亦宜。自浣身心。果報之徵。具如向說。豈得自寬。不求捨離。大衆莫言。我無是罪。我旣無罪。何須懺悔。若有此念。願卽除滅。且幾微小失。已成大咎。瞥然之恨。瞋恚便起。性與習成。難可改革。心不可縱。意不可逞。若能抑忍。則煩惱可除。如其怠惰。未見濟度。(某甲)等。今日。仰承諸佛。慈悲念力。諸大菩薩。本誓願力。說罪業報應敎化地獄經。宜各靜慮。一心諦聽。如是我聞。一時。佛住王舍城耆闍崛山中。與菩薩摩訶薩。及聲聞眷屬俱。亦與比丘比丘尼優婆塞優婆夷。及諸天龍鬼神等。皆悉集會。爾時。信相菩薩。白佛言。世尊。今有地獄餓鬼。畜生奴婢。貧富貴賤。種類若干。凡有衆生。聞佛說法。如孩子得母。如病得醫。如裸得衣。如闇得燈。世尊說法。利益衆生。亦復如是。爾時世尊。觀時已至。知諸菩薩。勸

---

151 『죄업응보교화지옥경罪業應報敎化地獄經』(T17, 450c).

請慇懃。卽放眉間。白毫相光。照于十方。無量世界。地獄休息。苦痛安寧。爾時。一切受罪衆生。尋佛光明。來詣佛所。遶佛七帀。至心作禮。勸請世尊。廣宣道化。令諸衆生。得蒙解脫。

[집해] '징徵'은 증명하다(證), 밝히다(明)라는 뜻이다.
 '기幾'에 대해 미수 스님은 "평성이다. 미미하다(微)는 뜻이다."라고 하였다.
 '별연瞥然'은 (앞 글자가) 보普와 멸滅의 반절이고, 잠깐 눈에 스치는 것이다.
 '령逞'은 축畜과 령領의 반절이고, 통하다(通), 마음대로 쾌락을 누리다(恣快)라는 뜻이다.
 '왕사성王舍城'에 대해 각명 공은 "중인도 마게다국摩揭陁國의 도성 이름이다."라고 하였다. 여기에 보충 설명을 하겠다. 오랜 옛날 이 성에 불이 나 모조리 불타고 왕궁만 남았으며, 다시 온 성 가득 집과 건물을 지었지만 전처럼 모두 타 버리고 왕궁만 남게 되었다. 세 차례나 이렇게 되자 여러 사람들이 논의하고는 "왕의 덕은 매우 위중하니 이 성을 태우지 않을 것이다. 이 성 일대를 모두 왕의 집(王舍)이라는 이름으로 부르자."고 하였다. 그렇게 이름을 붙인 후에는 불이 나지 않아 그것이 이름이 되었다.
 '기사굴산耆闍崛山'은 이 성의 동북쪽 45리에 있다. 이 산에 부처님께서 항상 설법하시던 정사精舍가 있다. 기사굴은 중국말로 영산靈山 또는 취봉鷲峯이라 하며, (두 단어를) 합해 영취靈鷲라고도 한다.
 '비구比丘'에 대해 각명 공은 "악을 파괴하고 마귀를 두렵게 하며 청정한 생활 방식에 따라 걸식하는 자"라고 하였다.
 '니尼'는 곧 여자다.
 '우바새優婆塞·우바이優婆夷'는 중국말로 근사남近事男·근사녀近事女이다. 말하자면 불·법·승을 가까이하며 받들어 섬기기 때문이다.

'약간若干'에 대해 미수 스님은 "많고 적음이 확실하지 않은 숫자이다."
라고 하였다.

'때가 되었음을 관했다(觀時已至)'는 것은 근기가 성숙한 때임을 관했다
는 것이다.

徵者。證也。明也。幾。授師云。平聲。微也。瞥然者。普滅反。暫過目也。
逞者。畜領切。通也。恣快也。王舍城。明公云。中印摩揭陁國都城之號。
生枝曰。上古此城。火出盡燒。唯在王宮。復造滿城家舍。如前盡燒。唯在
王宮。三度如是。衆人議曰。王之德甚重。不燒此城。皆名王舍名。名之後
不燒。因以爲名。耆闍崛山。在此城東北四十五里。此山中有精舍。佛常說
法。耆闍崛。此云靈山。亦云鷲峯。合云靈鷲。比丘。明公云。破惡怖魔。乞
士淨命。尼。卽女也。憂婆塞憂婆夷。此云近事男近事女。謂親近奉事佛法
僧故也。若干者。授師云。多小不定之數。觀時已至。觀根機成熟之時。

참법 오늘 이 도량의 동업대중이여, 제가 지금 정성을 다해 모든 부처
님께 권청하는 것 역시 마찬가지이니, 부디 여러 중생이 함께 해탈을 얻
게 하소서.

다 함께 마음을 다해 평등한 일심으로 간절하게 오체투지하며 시방 온
허공계 일체 모든 부처님께 권청하오니, 대비의 힘으로 모든 고뇌를 구원
해 안락을 얻게 하소서.

세간의 너무도 자비로우신 아버지께 귀의하고 권청합니다.

나무 미륵불

나무 석가모니불

나무 범천불

나무 불퇴전륜성수불

나무 대흥광왕불

나무 법종존불

나무 일월등명불

나무 수미불

나무 대수미불

나무 초출수미불

나무 향상불

나무 위요향훈불

나무 정광불

나무 향자재왕불

나무 대집불

나무 향광명불

나무 향광불

나무 무량광명불

나무 사자유희보살

나무 사자분신보살

나무 견용정진보살

나무 금강혜보살

나무 무변신보살

나무 관세음보살

나무 불타

나무 달마

나무 승가

거듭 이와 같은 시방 온 허공계 일체 삼보께 귀의합니다. 1배

오로지 원하오니, 대자대비로 일체의 고뇌를 구제하여 모든 중생이 곧바로 해탈을 얻게 하소서. 지난 일을 고치고 미래를 닦으며 다시는 나쁜 짓을 저지르지 않아 오늘부터 끝끝내 다시는 삼악도에 떨어지지 않게 하

시며, 몸과 입과 뜻이 깨끗해 다른 사람의 악을 생각지 않고 모든 업장을 벗어나 청정한 업을 얻어 일체 모든 삿됨이 다시는 준동하지 않게 하시며, 항상 사무량심을 행하며 용맹하게 정진하고 온갖 덕의 근본을 심는 그 실천이 한량없어 이 몸을 버리고 다른 몸을 받을 때 항상 복된 땅에 태어나게 하시며, 삼악도의 고통을 기억해 보리심을 일으키고 보살도의 실천을 쉬지도 않고 멈추지도 않아 육바라밀과 사무량심이 항상 앞에 나타나고 삼명三明과 육통六通이 뜻대로 자재하게 하시며, 모든 부처님의 경계에 출입하면서 마음대로 노닐고 보살님과 평등해져 함께 정각을 이루게 하소서.

今日道場。同業大衆。我今至誠。勸請諸佛。亦復如是。願諸衆生。同得解脫。相與至心。等一痛切。五體投地。勸請十方。盡虛空界。一切諸佛。願以慈悲力。救諸苦惱。令得安樂。歸依勸請。世間大慈悲父。南無彌勒佛。南無釋迦牟尼佛。南無梵天佛。南無不退轉輪成首佛。南無大輿光王佛。南無法種尊佛。南無日月燈明佛。南無須彌佛。南無大須彌佛。南無超出須彌佛。南無香像佛。南無圍繞香薰佛。南無淨光佛。南無香自在王佛。南無大集佛。南無香光明佛。南無香光佛。南無無量光明佛。南無師子遊戲菩薩。南無師子舊[1]迅菩薩。南無堅勇精進菩薩。南無金剛慧菩薩。南無無邊身菩薩。南無觀世音菩薩。南無佛陀。南無達摩。南無僧伽。又復歸依。如是十方。盡虛空界。一切三寶(一拜)。惟願大慈大悲。救拔一切苦惱。令諸衆生。卽得解脫。改徃修來。不復爲惡。從今日去。畢竟不復。墮於三途。身口意淨。不念人惡。離諸業障。得淸淨業。一切衆邪。不復更動。常行四等。精進勇猛。植衆德本。所爲無量。捨身受身。恒生福地。念三途苦。發菩提心。行菩薩道。不休不息。六度四等。常得現前。三明六通。如意自在。出入遊戲。諸佛境界。等與菩薩。俱成正覺。

---

1) ㉥ '舊'는 '奮'의 오자이다. 『자비도량참법』(T45, 926a)에 '奮'으로 되어 있다.

[집해] 범천불梵天佛 등은 곧 170불 가운데 그 다음 16불이다.

'불타佛陁'는 범어로 온전히 말하면 불타야佛陁耶이다. 중국말로는 각覺이니, 스스로 깨닫고 타인을 깨우치는 것이 원만하기 때문이다.

'달마達摩'는 범어로 온전히 말하면 달마야達摩耶이다. 중국말로는 통진량通眞量이니, 진여를 통달한 양량이라는 뜻이다.

'승가僧伽'는 (범어로) 온전히 말하면 승가야僧伽耶이다. 중국말로는 화합和合이니, 이理와 사事 두 가지 법을 달리하지 않는다는 뜻이다.

梵天佛等。卽百七十佛中。次十六佛也。佛陁。梵具云佛陁耶。此云覺。謂自覺覺他圓滿故。達摩。梵具云達摩耶。此云通眞量。謂通眞如之量。僧伽。具¹⁾云僧伽耶。此云和合。謂理事二法无二也。

1) ㉮ '具' 앞에 '梵'이 탈락된 듯하다.

[참법] 오늘 이 도량의 동업대중이여, 두려워하는 마음을 일으키고 자비로운 마음을 일으켜 한마음 한뜻으로 귀 기울여 잘 들으십시오.¹⁵²

"그때 세존께서 미간의 백호상에서 광명을 놓아 육도의 일체중생을 두루 비추셨다. 그러자 신상보살이 모든 중생들을 어여삐 여긴 까닭에 곧 자리에서 일어나 부처님 앞으로 다가가 무릎을 꿇고 합장하며 부처님께 여쭈었다.

'세존이시여, 지금 어떤 중생을 여러 옥졸이 그 살을 발라내고 찧으며 그 몸을 자르는데 발부터 자르기 시작해 그 정수리까지 이르고, 그렇게 다 자르고 난 뒤 교풍巧風이 불어 살아나면 또 다시 자릅니다. 이런 고통스러운 과보를 받으며 휴식이 없는 것은 무슨 죄를 지은 결과입니까?'

부처님께서 말씀하셨다.

152 아래에 이어지는 경문 역시 『죄업응보교화지옥경』에서 인용한 것이다.

'그런 모든 중생은 전생에 삼존을 믿지 않으며 공양할 줄 몰랐고, 부모님께 효도하지 않으며 흉악하고 거역하는 마음을 일으켰고, 백정이나 망나니가 되어 중생을 살해한 자들이다. 이런 인연 때문에 그런 죄를 받는 것이다.'

今日道場。同業大衆。起怖畏心。起慈悲心。一心一意。攝耳諦聽。爾時。世尊。放眉間白毫相光。徧照六道一切衆生。時信相菩薩。爲愍念諸衆生故。卽從座起。前至佛所。胡跪合掌。白佛言。世尊。今有衆生。爲諸獄卒。到碓斬身。從足斬之。乃至其頂。斬之已訖。巧風吹活還復斬之。受此苦報。無有休息。何罪所致。佛言。是諸衆生。以前世時。不信三尊。不知供養。不孝父母。興惡逆心。屠兒魁膾。斬害衆生。以是因緣。故獲斯罪。

집해 '교풍巧風'에 대해 변진 스님과 미수 스님은 "업력에 감응한 것을 교巧라 한다. 업풍業風이라고도 한다."고 하였다.
 '좌대剉碓'에 대해 미수 스님은 "앞 글자는 초初와 와臥의 반절이다. 뒷글자는 대對로 발음하고, 절구질(杵臼)이다."라고 하였다.
 '삼존三尊'은 곧 삼보다.
 '도아괴회屠兒魁膾'에서 괴魁는 곧 군사의 우두머리(師首)이고, 회膾는 살을 발라내는 것(截肉)이다. 살을 발라내고 죽이는 일을 주관하는 자를 괴회라 한다. 동림 스님은 "고기 판매를 담당하는 자를 괴라 하고, 생선 판매를 담당하는 자를 회라 한다. 둘 모두 상해를 입히는 자들이다."라고 하였다.

巧風者。眞師授師曰。業力所感名巧。亦名業風也。剉碓。受師云。上初卧反。下音對。杵臼也。三尊者。三寶也。屠兒魁膾。魁卽師首也。膾者。截肉。主其膾殺。名爲魁膾。東林曰。貨肉之典曰魁。貨魚之典曰膾。皆以傷害也。

[참법] '또 어떤 중생은 몸이 뻣뻣하게 마비되고, 눈썹과 수염이 빠졌으며, 온몸에 진물이 흥건합니다. 새들이 깃들고 사슴이 잠자는 인적이 끊어진 곳에 친족들이 내다 버리고 사람들은 보는 것조차 싫어하니, 이와 같은 나쁜 과보를 나병癩病이라 합니다. 무슨 인연으로 이런 죄를 받는 것입니까?'

부처님께서 말씀하셨다.

'그들은 전생에 삼존을 믿지 않고, 부모에게 불효하고, 탑과 절을 파괴하고, 도인의 물건을 몽땅 빼앗고, 현성을 죽이고, 스승에게 상해를 입히고도 뉘우친 적이 없었다. 은혜를 등지고 의를 망각해 항상 개처럼 행동하고, 존경해야 할 자들을 더럽힘에 있어 가까운 이와 소원한 이를 가리지 않으면서도 부끄러워하는 일이 없었다. 이런 인연 때문에 그런 죄를 받는 것이다.'

復有衆生。身體頑痺。眉鬚墮落。舉身洪爛。鳥棲鹿宿。人跡斷絶。親族弃捨。人不喜見。如是惡報。名之癩病。以何因緣。故得此罪。佛言。以前世時。不信三尊。不孝父母。破塔壞寺。剝奪道人。斫射聖賢。傷害師長。嘗無反覆。背恩忘義。常行狗犬。玷汚所尊。不避親踈。無有慙愧。以是因緣。故獲斯罪。

[집해] '비痺'는 비非와 리利의 반절이고, 다리가 습하고 냉한 병이다.

'새들이 깃들고 사슴이 잠자는……'은 의탁하고 잠잘 만한 곳이 없어 새들이 머물고 사슴들이 잠자는 인적이 끊어진 곳에서 지낸다는 것이다.

'도인道人'은 수도자를 말한다.

痺。非利反。脚濕冷病。鳥栖鹿宿等者。無寄宿之處。止鳥栖鹿宿人跡斷處。道人。謂修道者。

참법 '또 어떤 중생은 신체는 장대하나 귀머거리에 아둔하고, 다리가 없어 꿈틀꿈틀 배로 기어 다니며 흙이나 먹고 살아가면서 온갖 작은 벌레들에게 피를 빨리는 먹이가 됩니다. 이렇게 밤낮으로 고통받으며 휴식이 없는 것은 무슨 죄를 지은 결과입니까?'

부처님께서 말씀하셨다.

'전생에 제멋대로 하는 사람이 되어 좋은 말을 믿지 않고, 부모에게 불효하고, 거스르고 어기며 반역했던 것이다. 혹은 지주나 대신, 사방을 진호하는 제후나 주와 군의 수령과 어른이 되어 마을을 감찰하면서 금지하고 보호할 때, 그 위세를 믿고서 백성들의 재산을 침탈하고 도리에 맞지 않게 행하여 백성들을 고달프게 했던 것이다. 이런 인연 때문에 그런 죄를 받는 것이다.'

> 復有衆生。身體長大。聾騃無足。宛轉腹行。唯食泥土。以自活命。爲諸小虫之所嗜食。晝夜受苦。無有休息。何罪所致。佛言。以前世時。爲人自用。不信好言。不孝父母。違戾反逆。或爲地主。及作大臣。四鎭方伯。州郡令長。里禁督護。恃其威勢。侵奪民物。無有道理。使民窮苦。以是因緣。故獲斯罪。

집해 '농애聾騃'에 대해 미수 스님은 "(뒷글자는) 오五와 해海의 반절이고, 어리석다(愚)는 뜻이다.

'참嗜'은 잡帀으로 발음하고, 빨아먹다(哶)라는 뜻이다.

'지주地主'는 국토의 주인을 말한다.

'대신大臣'은 곧 경卿이나 상相이다.

'사진방백四鎭方伯'은 곧 사방을 진호하는 제후를 말한다.

'주군영장州郡令長'은 군현郡縣을 다스리는 수령과 민장民長 등을 말한다.

'이금독호里禁督護'에 대해 각명 공은 "다섯 집을 린隣이라 하고, 다섯 린을 리里라 한다. 독督은 살피다(察)라는 뜻이다. 마을을 감찰하며 완악한 무리를 제지하고 선량한 이들을 보호하는 것을 말한다."고 하였다.

聾駼。授師曰。五海反。愚也。嚶。音匝。唪也。地主者。國土之主。大臣者。卽卿相也。四鎭方伯者。卽鎭四方之伯也。州郡令長者。牧郡縣令民長等也。里禁督護。明公曰。五家爲隣。五隣爲里。督。察也。謂覺察鄕里。禁理頑黨。保護良善。

[참법] '또 어떤 중생은 두 눈이 멀어서 아무것도 보이지 않아 나무에 부딪치기도 하고, 구덩이에 떨어지기도 합니다. 게다가 거기서 죽어 다시 몸을 받더라도 태어나 보면 또 마찬가지니, 무슨 죄를 지은 결과입니까?'
부처님께서 말씀하셨다.
'전생에 죄와 복을 믿지 않고서 부처님의 광명을 막고, 남의 눈을 멀게 하고, 중생을 새장 속에 가두거나 가죽 부대를 머리에 씌워 보지 못하게 했던 것이다. 이런 인연 때문에 그런 죄를 받는 것이다.'"

復有衆生。兩目失明。都無所見。或抵樹木。或墮溝坑。於是死已。更復受身。旣得生已。還復如是。何罪所致。佛言。以前世時。不信罪福。障佛光明。縫闇他眼。籠閉衆生。皮囊盛頭。不得所見。以是因緣。故獲斯罪。

[집해] '저抵'는 저底로 발음하고, 부딪치다(觸)라는 뜻이다.

抵。音底。觸也。

[참법] 오늘 이 도량의 동업대중이여, 경의 말씀처럼 크게 두려워해야 합니다. 우리들 역시 이런 죄를 지었다고 해야 옳을 것이니, 무명에 가려 스

스로 기억하지 못할 뿐입니다. 이와 같은 죄가 한량없고 끝이 없어 미래에는 바야흐로 고통스러운 과보를 받게 될 것입니다. 그러나 오늘 마음을 다해 평등한 일심으로 간절하게 오체투지하며 머리 숙여 애원하고 부끄러워하며 회개한다면 이미 지은 죄는 이 참회로 인해 말끔히 없어지고 아직 짓지 않은 죄는 지금부터 청정해질 것입니다.

우러러 원하옵니다. 시방의 일체 모든 부처님이시여, 대자대비로 구호하고 건져 주시어 모든 중생이 곧바로 해탈을 얻게 하소서. 모든 중생을 위하여 지옥·아귀·축생 등의 업을 말끔히 없애 모든 중생이 끝끝내 다시는 나쁜 과보를 받지 않게 하시고, 모든 중생이 삼악도의 괴로움을 버리고 모두 지혜의 땅에 다다라 궁극의 즐거움이 가득한 곳에서 안온함을 얻게 하소서. 큰 광명으로 모든 어리석음의 어둠을 없애고 깊고 깊은 미묘한 법을 자세히 분별하사 (모든 중생이) 위없는 보리를 구족하고 등정각을 이루게 하소서.

세간의 너무도 자비로우신 아버지께 귀의합니다.
나무 미륵불
나무 석가모니불
나무 개광명불
나무 월등광불
나무 월광불
나무 일월광명불
나무 화광명불
나무 집음불
나무 최위의불
나무 광명존불
나무 연화군불
나무 연화향불

나무 다보불

나무 사자후불

나무 사자음불

나무 정진군불

나무 금강용약불

나무 도일체절중의불

나무 보대시종불

나무 무우불

나무 지력특용불

나무 최용약불

나무 사자작보살

나무 기음개보살

나무 적근보살

나무 상불리세보살

나무 무변신보살

나무 관세음보살

나무 불타

나무 달마

나무 승가

今日道場。同業大衆。如經所說。大可怖畏。我等亦可。已作是罪。無明所覆。不自憶知。如是等罪。無量無邊。於未來世。方受苦報。今日至心。等一痛切。五體投地。稽顙求哀。慚愧改悔。已作之罪。因懺除滅。未作之罪。從今淸淨。仰願十方。一切諸佛。大慈大悲。救護拯接。令諸衆生。卽得解脫。爲諸衆生。滅除地獄餓鬼畜生等業。令諸衆生。畢竟不復。受諸惡報。令諸衆生。捨三途苦。悉到智地。令得安隱。究竟樂處。以大光明。滅諸癡闇。廣爲分別。甚深妙法。使得具足。無上菩提。成等正覺。歸依世間。大慈悲父。南無彌勒佛。南無釋迦牟尼佛。南無開光明佛。南無月燈光佛。南無月光佛。南無日月光明佛。南無火光明佛。南無集音佛。南無最威儀佛。南無光明尊佛。南無蓮華軍佛。南無蓮華響佛。南無多寶佛。南無師子吼佛。南無師子音佛。南無精進軍佛。南無金剛踊躍佛。南無度一切絕衆疑佛。南無寶大侍從佛。南無無憂佛。南無地力特勇佛。南無最踊躍佛。南無師子作菩薩。南無棄陰蓋菩薩。南無寂根菩薩。南無常不離世菩薩。南無無邊身菩薩。南無觀世音菩薩。南無佛陀。南無達摩。南無僧伽。

[집해] '지혜의 땅(智地)'에 대해 변진 스님은 십지十地 등이라 하였다. '궁극의 즐거움이 가득한 곳(究竟樂處)'은 열반의 영원한 즐거움을 말한다. '개광명불開光明佛' 등은 170불 가운데 그 다음 20불이다.

智地。眞師云。十地等。究竟樂處。涅槃常樂也。開光明佛等。卽百七十佛中。依次二十佛。

[참법] 오늘 이 도량의 동업대중이여, 거듭 정성을 다해 일심으로 잘 들으십시오.

"신상보살이 부처님께 여쭈었다.

'세존이시여, 또 어떤 중생은 말더듬이나 벙어리가 되어 입이 있어도 말을 못하고, 설령 말을 한다 해도 명료하게 하지 못하니 무슨 죄를 지은 결과입니까?'

부처님께서 말씀하셨다.

'전생에 삼존을 비방하고, 성인의 도를 업신여겨 헐뜯고, 남의 좋고 나쁨을 논하고, 남의 장단점을 찾아내고, 선량한 사람을 터무니없이 무고하고, 현인을 미워하고 질투했던 것이다. 이런 인연 때문에 그런 죄를 받는

것이다.'

今日道場。同業大衆。重復至誠。一心諦聽。信相菩薩。白佛言。世尊。復有衆生。謇吃瘖瘂。口不能言。若有所說。不能明了。何罪所致。佛言。以前世時。誹謗三尊。輕毀聖道。論他好惡。求人長短。強誣良善。憎嫉賢人。以是因緣。故獲斯罪。

[집해] '건흘음아謇吃瘖瘂'에서 건謇은 거居와 전轉의 반절이고, 말이 떠듬떠듬한 것이다. 흘吃은 거居와 을乙의 반절이고, 말이 중복되는 것이다. 음瘖은 어於와 함숨의 반절이고, 비음鼻音이 나오지 않는 것이다. 아瘂는 오烏와 하下의 반절이고, 후음喉音이 나오지 않는 것이다.
'무誣'는 무務로 발음하고, 속이다(欺)라는 뜻이다.

謇吃瘖瘂。謇。居轉反。語澁也。吃。居乙反。語重也。瘖。於含反。鼻音不通[瘂。烏下反。喉音不發也]。誣。音務。欺也。

[참법] '또 어떤 중생은 배는 큰데 목이 가늘어 음식을 삼킬 수 없고, 설령 삼키는 것이 있더라도 피고름으로 변하니 무슨 죄를 지은 결과입니까?'
부처님께서 말씀하셨다.
'전생에 대중의 음식을 훔치거나 혹은 큰 모임을 위해 준비한 음식에서 개인적으로 깨나 쌀을 훔쳐 으슥한 곳에서 그것을 먹고, 자기 것은 아끼면서 남의 것만 탐내고, 항상 나쁘게 마음을 쓰며 사람들에게 독약을 주어 기운이 통하지 못하게 했던 까닭에 그런 죄를 받는 것이다.'

復有衆生。腹大頸細。不能下食。若有所食。變爲膿血。何罪所致。佛言。以前世時。偸盜衆食。或爲大會。施設餚饍。私取麻米。屛處食之。慳惜己物。但貪他有。常行惡心。與人毒藥。氣息不通。故獲斯罪。

[집해] '깨와 쌀(麻米)'에 대해 미수 스님은 "'깨 한 알과 쌀 한 톨'과 같으니, 그 작음을 말한다."고 하였다.
'병처屛處'의 앞 글자는 거성이고, 숨는다(隱)는 뜻이다. 또한 평성이고, 방어할 수 있는 곳(可防處)이라는 뜻이기도 하다.

麻米。授師云。如一麻子及一粒米。言其小也。屛處。上去聲。卽隱也。又平聲。亦可防處也。

[참법] '또 항상 옥졸이 태우고 지지며 뜨거운 쇳물을 몸에 붓고 쇠못으로 못질을 하는 중생이 있습니다. 못질을 마치고 나면 저절로 불길이 일어나 그 몸을 태우고 모조리 녹여 버리고 마니, 무슨 죄를 지은 결과입니까?'
부처님께서 말씀하셨다.
'전생에 떡하니 앉아 침술사 노릇을 하면서 사람의 신체를 손상하고도 병은 고치지 못하였고, 그러고도 상대를 속이고 재물을 받아 상대를 고통스럽게 했기 때문에 그런 죄를 받는 것이다.'
'또 항상 가마솥 속에 있는 중생이 있는데, 소머리를 한 아방阿房이 손에 철차鐵叉를 들고서 찍어 가마솥 속으로 밀어 넣고 문드러지도록 삶습니다. 그리고는 곧 바람이 불어 살아나면 다시 그를 삶으니, 무슨 죄를 지은 결과입니까?'
부처님께서 말씀하셨다.
'전생에 중생을 도살하면서 끓는 물을 들이부어 털을 뽑은 일이 한량없었던 것이다. 이런 악업 때문에 그런 죄를 받는 것이다.'"

復有眾生。常爲獄卒之所燒炙。熱鐵灌身。鐵釘釘之。釘之旣訖。自然火起。
焚燒其身。悉皆焦爛。何罪所致。佛言。以前世時。坐爲針師。傷人身體。
不能差病。誑他取物。令他痛苦。故獲斯罪。復有眾生。常在鑊中。牛頭阿
旁。手捉鐵叉。叉著鑊中。責之令爛。還卽吹活。而復責之。何罪所致。佛
言。以前世時。屠殺眾生。湯灌搣毛。不可限量。以是惡業。故獲斯罪。

집해 '소적燒炙'의 뒷글자는 적積으로 발음하고, 태우다(燒)라는 뜻이다.

'철정정신鐵釘釘身'에서 앞에 있는 정釘은 평성이고, 뒤에 있는 정釘은 거성이다.

'좌위침사坐爲針師'에서 좌坐는 곧(卽)이라는 뜻이다. 혹자는 "거짓으로 침술사 노릇을 하면서 스스로 대단한 척 편안하게 앉아 있는 것이다."라고 하였다.

'아방阿旁'은 중국말로 무자無慈 또는 무구無救라 한다. 여러 죄인을 다스리면서 불쌍히 여기거나 구제하려는 마음이 전혀 없다는 의미이다.

'멸모搣毛'의 앞 글자는 멸滅로 발음하고, 손으로 뽑는다(手拔)는 뜻이다.

燒炙者。下音積。燒也。鐵釘釘身者[上釘。平聲。下釘。去聲]。坐爲針師。
坐。卽也。或云。妄作針師。自大安坐也。阿旁。此云无慈。又无救。治諸罪
人。全無慈愍救濟之心。搣毛。上音滅。手拔也。

참법 오늘 이 도량의 동업대중이여, 경의 말씀처럼 크게 두려워해야 합니다. 우리가 모르고 있을 뿐, 어느 세계에서 (우리는) 이미 이와 같은 한량없는 악업을 저질렀습니다. 그러니 미래에는 바야흐로 고통스러운 과보에 얽히게 될 것입니다. 또한 현재 이 몸에 그 고통이 나타나 말더듬이나 벙어리가 되어 입이 있어도 말을 못하고, 혹은 또 배는 큰데 목구멍은 작아 음식을 삼킬 수 없게 될 수도 있습니다. 사람의 삶이 어찌 정해져 있겠습니까. 오늘은 비록 평안하다지만 내일을 또 보장하기 힘드니, 과보가 한번 닥치면 벗어날 수가 없습니다. 그러니 모든 사람이 각자 이 뜻을 깨닫고 곧은 마음과 바른 생각으로 다시는 다른 생각을 하지 말아야 합니다.

평등한 일심으로 간절하게 오체투지하며, 오늘 이미 고통을 받고 있거나 아직 고통을 받지 않은 사생 육도의 일체중생을 위하여 세간의 너무도 자비로우신 아버지께 귀의합니다.

나무 미륵불
나무 석가모니불
나무 자재왕불
나무 무량음불
나무 정광명불
나무 보광명불
나무 보개조공불
나무 묘보불
나무 제당불
나무 범당불
나무 아미타불
나무 수승불
나무 집음불
나무 금강보정진불
나무 자재왕신통불
나무 보화불
나무 정월당칭광명불
나무 묘락불
나무 무량당번불

나무 무량번불

나무 대광보편불

나무 보당불

나무 혜상보살

나무 상불리세보살

나무 무변신보살

나무 관세음보살

나무 불타

나무 달마

나무 승가

거듭 이와 같은 시방 온 허공계 일체 삼보께 귀의합니다. 1배

우러러 원하오니 모든 부처님과 모든 대보살님이시여, 대자대비로 고통받는 일체중생을 구호하사 신통력으로 악업을 말끔히 없애 주소서. 그리하여 모든 중생이 끝끝내 고통스러운 곳에 다시는 떨어지지 않고, 청정한 세계를 얻고 청정한 생을 얻어 다할 수 없는 공덕을 만족하며, 이 몸을 버리고 저 몸을 받을 때마다 항상 모든 부처님을 만나 모든 보살님과 똑같아져서 함께 정각에 오르게 하소서. 1배

今日道場。同業大衆。如經所說。大可怖畏。我等不知。在何道中。已作如是。無量惡業。於未來世。方嬰劇報。亦可卽身。應見此苦。瘇吃瘖瘂。口不能言。或復大腹小頸。不能下食。人生何定。今日雖安。明亦難保。果報一來。不可得脫。宜各人人。覺悟此意。直心正念。莫復餘想。等一痛切。五體投地。普爲今日。四生六道。一切衆生。已受苦者。未受苦者。歸依世間大慈悲父。南無彌勒佛。南無釋迦牟尼佛。南無自在王佛。南無無量音佛。南無定光明佛。南無寶光明佛。南無寶蓋照空佛。南無妙寶佛。南無諦幢佛。南無梵幢佛。南無阿彌陀佛。南無殊勝佛。南無集音佛。南無金剛步精進佛。南無自在王神通佛。南無寶火佛。南無淨月幢稱光明佛。南無妙樂佛。南無無量幢幡佛。南無無量幡佛。南無大光普徧佛。南無寶幢佛。南無慧上菩薩。南無常不離世菩薩。南無無邊身菩薩。南無觀世音菩薩。南無佛陁。南無達摩。南無僧伽。又復歸依。如是十方。盡虛空界。一切三寶(一拜)。仰願諸佛。諸大菩薩。大慈大悲。救護一切。受苦衆生。以神通力。滅除惡業。令諸衆生。畢竟不復。墮於苦處。得淸淨趣。得淸淨生。功德滿足。不可窮盡。捨身受身。恒値諸佛。同諸菩薩。俱登正覺(一拜)。

집해 '극劇'은 아프다(痛)는 뜻이다.

'자재왕불自在王佛' 등은 170불 가운데 그 다음 20불이다.

'청정한 세계를 얻는다(得淸淨趣)'는 것은 선처善處를 말한다. 각명 공은 "곧 불토佛土다. '청정한 생(淸淨生)'은 곧 불토에 화생하는 것이다."라고 하였다.

劇者。痛也。自在王佛等。卽百七十佛中。依次二十佛。得淸淨趣者。善處。明公云。卽佛土也。淸淨生。卽佛土化生也。

참법 오늘 이 도량의 동업대중이여, 거듭 마음의 힘을 더하고 귀를 기울여 잘 들으십시오.

"신상보살이 부처님께 여쭈었다.

'세존이시여, 또 화성火城 속에 중생이 있는데, 뜨거운 재가 가슴까지 차고 사방에 문이 열려 있다지만 다가가기만 하면 저절로 닫힙니다. 그렇게 동서로 치달리다 나가지 못하고 불길에 완전히 타버리고 마니, 무슨 죄를 지은 결과입니까?'

부처님께서 말씀하셨다.

'전생에 산과 늪에 불을 지르고, 방죽을 터트리고, 계란을 불에 구워 여

러 중생을 진흙과 잿더미에서 죽게 했던 것이다. 이런 인연 때문에 그런 죄를 받는 것이다.'

今日道場。同業大衆。重加心力。攝耳諦聽。信相菩薩。白佛言。世尊。復有衆生。在火城中。熂煨齊心。四門雖開。到則自閉。東西馳走。不能得出。爲火燒盡。何罪所致。佛言。以前世時。焚燒山澤。決撤陂池。火炮雞子。使諸衆生。淤煨而死。以是因緣。故獲斯罪。

[집해] '당외熂煨'의 앞 글자는 당唐으로 발음하고, 뒷글자는 오烏와 회迴의 반절이다. 뜨거운 재(火灰)를 말한다.

'결철피지決撤陂池'에서 앞 글자는 열다(開), 끊다(斷也), 부수다(破)라는 뜻이다. 철撤은 직直과 렬列의 반절이고, 잃다(去), 없애다(除)라는 뜻이다. 늪을 막은 것을 피陂라 하며, (피陂는) 피皮로 발음한다. (그 가운데) 모양이 둥근 것을 지池라 한다. 이 모두는 물길을 끊어 물에 사는 생물들을 괴롭히고 해치는 것을 말한다.

'포炮'는 박薄과 교交의 반절이고, 무언가를 싸서 굽는 것을 포炮라 한다.

'어외淤煨'의 앞 글자는 의衣와 거居의 반절이고, 또 상성이다. 어淤는 탁한 물의 진흙이고, 외煨는 어語와 위韋의 반절이다. 물에 사는 생물들을 진흙에서 죽게 하고, 닭의 새끼를 잿불에서 죽게 한다는 말이다.

熂煨。上音唐。下烏迴切。火灰。決撤陂池。上開也。斷也。破也。撤。直列反。去也。除也。澤障曰陂。音皮。圓者曰池。皆謂斷絶其水。惱害水族也。炮。薄交反。裹物而燒曰炮。淤煨。上衣居反。又上聲。淤濁水中泥[煨語韋切]。謂以水族淤死。以雞子煨死也。

[참법] '또 항상 설산에서 지내며 차가운 바람에 피부가 벗겨지고 살이 갈

라지는 중생이 있습니다. 죽고 싶어도 죽지 못하고 살고 싶어도 살지 못하며 참을 수 없는 지독한 고통이 만 갈래나 되니, 무슨 죄를 지은 결과입니까?'

부처님께서 말씀하셨다.

'전생에 길을 가로막는 강도가 되어 사람의 옷을 홀라당 빼앗아 자기 살림살이로 삼고, 엄동설한 심한 추위에 남을 벌거숭이로 얼어 죽게 만들고, 소와 양의 가죽을 벗겨 참을 수 없는 고통을 주었던 것이다. 이런 인연 때문에 그런 죄를 받는 것이다.'

復有衆生。常在雪山。寒風所吹。皮肉剝裂。求死不得。求生不得。苦毒萬端。不可堪忍。何罪所致。佛言。以前世時。橫道作賊。剝奪人衣。以自資養。冬月隆寒。裸他凍死。皮剝牛羊。苦痛難忍。以是因緣。故獲斯罪。

[집해] '횡도작적橫道作賊'에 대해 변진 스님은 "횡橫 자는 평성과 거성 두 가지 소리가 있는데, 평성으로 발음하면 곧 종횡으로 길을 끊는다는 의미이고, 거성으로 발음하면 뜬금없이 나타나다라는 의미이다. 내 생각에, 여기서는 평성으로 발음해야 옳다. 곧지 않은 길을 횡도橫道라고도 한다."고 하였다.

'융隆'에 대해 변진 스님은 "음이 풍風이고 왕성하다(盛)는 뜻이다."라고 하였다.

橫道作賊。眞師云。橫字。平去二聲。平聲則。縱橫截路。去聲則。非理而來也。私曰。此從平可矣。非直路曰。橫道也。隆。眞師云。音風。盛也。

[참법] '또 항상 도산刀山과 검수劍樹 꼭대기에서 지내는 중생이 있는데, 뭐라도 붙잡기만 하면 곧 베이고 상처를 입어 사지가 잘리며 그 쓰라린

고통은 견딜 수 없을 정도입니다. 무슨 죄를 지은 결과입니까?'
　부처님께서 말씀하셨다.
　'전생에 도살을 업으로 삼아 중생을 삶아 죽이고 찔러 죽여 벗기고 잘라 뼈와 살을 분리하고는 머리와 다리를 별처럼 흩어 놓거나 높은 나뭇가지에 매달아 놓고서 근수를 달아 팔았으며, 혹은 산 채로 매달아 참을 수 없는 고통을 주었던 것이다. 이런 악업 때문에 그런 죄를 받는 것이다.'

　復有衆生。常在刀山。劍樹之上。若有所捉。卽便割傷。支節斷壞。痛毒辛酸。不可堪忍。何罪所致。佛言。以前世時。屠殺爲業。烹害衆生。屠割剝裂。骨肉分離。頭脚星散。懸於高格。稱量而賣。或復生懸。痛不可忍。以是惡業。故獲斯罪。

　[집해] '성산星散'은 하늘의 별처럼 흩어 놓는다는 의미이다.
　'고격高格'에서 (뒷글자는) 고古와 백百, 고古와 락洛 두 가지 반절로 발음한다. 나뭇가지를 말한다.
　'칭량稱量'에 대해 동림 스님은 "앞 글자는 창昌과 잉孕의 반절이고, 속자로 정正 또는 칭秤으로 쓴다. 저울(權衡)을 뜻한다. 또 평성으로 발음하며 경중을 논하다(論輕重)라는 뜻이다. 뒷글자는 거성으로 발음하며, 무게가 어느 정도인지 계산하는 것이다."라고 하였다.

　星散者。如星而散。高格者。古百。古洛二音反。樹枝。稱量者。東林師云。上昌孕切。俗作正作秤。權衡也。又平音。論輕重也。下去音。計斤兩多小也。

　[참법] '또 오근五根이 온전치 못한 중생이 있으니, 무슨 죄를 지은 결과입니까?'

부처님께서 말씀하셨다.

'전생에 매를 날리고 개를 몰며 새와 짐승에게 활을 쏘았고, 혹은 그 머리를 부수거나 그 다리를 자르거나 그 날개를 산 채로 뽑아 고통을 주었던 것이다. 이런 악업 때문에 그런 죄를 받는 것이다.'"

復有衆生。五根不具。何罪所致。佛言。以前世時。飛鷹走狗。彈射鳥獸。或破其頭。或斷其足。生搣其翼。使受痛苦。以是惡業。故獲斯罪。

[집해] '생멸生搣'에 대해 미수 스님은 "살아 있는 날짐승의 날개를 뽑는 것이다."라고 하였다. 멸搣에 대해서는 이미 설명하였다.

生搣[1]者。授師云生禽搣翼。搣[已釋]。

1) ㉮ '搣'은 저본에 '丨'로 되어 있고 그 아래 "이 획은 '搣' 자로 본다."는 주가 있다. 따라서 편자가 '搣'로 고쳤다. 아래에서도 마찬가지이다.

[참법] 오늘 이 도량의 동업대중이여, 경의 말씀처럼 크게 두려워해야 합니다.

다 함께 마음을 다해 평등한 일심으로 간절하게 오체투지하며, 지금 고통을 받고 있거나 앞으로 고통을 받을 시방의 일체중생을 위하여 세간의 너무도 자비로우신 아버지께 귀의합니다.

나무 미륵불

나무 석가모니불

나무 정광불

나무 보왕불

나무 수근화왕불

나무 유위장엄불

나무 개화보살불

나무 견무공구불

나무 일승도불

나무 덕내풍엄왕불

나무 금강견강소복괴산불

나무 보화불

나무 보월광명불

나무 현최불

나무 보련화보불

나무 괴마라망독보불

나무 사자후력불

나무 비정진불

나무 금보광명불

나무 무량존풍불

나무 무량존이구왕불

나무 덕수불

나무 약왕보살

나무 약상보살

나무 무변신보살

나무 관세음보살

거듭 이와 같은 시방 온 허공계 일체 삼보께 귀의합니다. 1배

대자비로 시방의 일체중생을 구제하사 현재 고통받는 자들은 곧바로 해탈을 얻게 하시고, 앞으로 고통을 받을 자들은 끝까지 깨끗이 없애 끝끝내 다시는 악도에 떨어지지 않게 하소서. 오늘부터 도량에 앉는 그날까지 삼장三障의 업을 제거하고 오포외五怖愄를 소멸하며, 공덕과 지혜를 구족하게 장엄하여 일체 중생들을 거두어 다 함께 위없는 보리에 회향하

고 등정각을 이루게 하소서. 1배

今日道場。同業大衆。如經所說。大可怖畏。相與至心。等一痛切。五體投地。普爲十方。一切衆生。今受苦者。當受苦者。歸依世間大慈悲父。南無彌勒佛。南無釋迦牟尼佛。南無淨光佛。南無寶王佛。南無樹根華王佛。南無維衛莊嚴佛。南無開化菩薩佛。南無見無恐懼佛。南無一乘度佛。南無德內豊嚴王佛。南無金剛堅强消伏壞散佛。南無寶火佛。南無寶月光明佛。南無賢最佛。南無寶蓮華步佛。南無壞魔羅網獨步佛。南無師子吼力佛。南無悲精進佛。南無金寶光明佛。南無無量尊豊佛。南無無量尊離垢王佛。南無德首佛。南無藥王菩薩。南無藥上菩薩。南無無邊身菩薩。南無觀世音菩薩。又復歸依。如是十方。盡虛空界。一切三寶(一拜)。願以大慈悲。救拔十方。一切衆生。令現受苦者。卽得解脫。當受苦者。畢竟斷除。畢竟不復。墮於惡趣。從今日去。至坐道場。除三障業。滅五怖畏。功德智慧。具足莊嚴。攝取一切衆生。同共廻向。無上菩提。成等正覺(一拜)。

[집해] '정광불淨光佛' 등은 곧 170불 가운데 그 다음 20불이다.

'삼장三障'은 업장業障 · 보장報障 · 번뇌장煩惱障이다.

'오포외五怖畏'는 불활외不活畏 · 악명외惡名畏 · 사외死畏 · 악취외惡趣畏 · 처중외處衆畏[153]이다.

淨光佛等。卽百七十佛中。依次二十佛。三障。業障。報障。煩惱障。五怖畏者。不活畏。惡名畏。死畏。惡趣畏。處衆畏。

---

153 불활외不活畏는 생활이 원활히 유지되지 못하면 어쩌나 불안해 하는 것이고, 악명외惡名畏는 비난받으면 어쩌나 불안해 하는 것이고, 사외死畏는 죽으면 어쩌나 불안해 하는 것이고, 악취외惡趣畏는 죽어서 나쁜 세계에 태어나면 어쩌나 불안해 하는 것이고, 처중외處衆畏는 자신이 없어 대중 앞에 서는 것을 두려워하는 것이다.

참법 오늘 이 도량의 동업대중이여, 거듭 더 나아가 일심으로 잘 들으십시오.

"신상보살이 부처님께 여쭈었다.

'세존이시여, 또 조막손이나 절름발이나 곱사등이, 허리와 엉치뼈가 마음대로 움직이지 않거나 다리를 절거나 손이 잘려 제대로 걷지 못하는 중생이 있으니, 무슨 죄를 지은 결과입니까?'

부처님께서 말씀하셨다.

'전생에 무자비한 사냥꾼이 되어 길목에 덫을 놓거나 혹은 주살이나 함정을 설치해 중생들을 빠뜨리고 떨어뜨렸던 것이다. 이런 악업 때문에 그런 죄를 받는 것이다.'

今日道場。同業大衆。重復增到。一心諦聽。信相菩薩。白佛言。世尊。復有衆生。癵躄背僂。腰髖不隨。脚跛手折。不能行步。何罪所致。佛言。以前世時。爲人憯剋。行道安槍。或施戈穽。陷墜衆生。以是惡業。故獲斯罪。

집해 '연벽癵躄'에 대해 변진 스님은 "앞 글자는 려呂와 련連의 반절이고, 손이 굽는 병이다. 뒷글자는 필疋과 역亦의 반절이고, 다리를 저는 것이다."라고 하였다.

'배루背僂'에서 배背는 척추(脊)이고, 루僂는 굽었다(曲)는 뜻이다. 뒷글자는 루漏로 발음한다.

'허리와 엉치뼈가 마음대로 움직이지 않는다(腰髖不隨)'에서 허리는 몸의 중심이고, 엉치뼈는 두 넓적다리(兩股) 사이를 말한다. 고股는 곡曲으로 발음하고, 다리(脚)라는 뜻이다.

'참극憯剋'의 앞글자는 초初와 금禁의 반절이고, 독하다(毒)는 뜻이다. 뒷글자는 극克으로 발음하고, 죽이다(殺), 급하다(急)는 뜻이다.

'과정戈穽'에 대해 미수 스님은 "과戈는 아무래도 익弋 자의 오자인 것 같다. 왜 그런가. 아래에서 '빠뜨리고 떨어뜨린다(陷墜)'고 했기 때문이다. 따라서 과戈 자는 합당하지 않음을 알 수 있다. 익弋은 양羊과 직職의 반절이고, 가는 실이나 비단을 화살에 묶어 날아가는 새를 쏘는 주살을 말한다. 과戈는 고古와 화禾의 반절이고, 끝이 뭉뚝한 창으로서 여기에서 말하는 뜻이 아니다. 뒷글자는 정正으로 발음하고, 땅을 파서 만든 구덩이다."라고 하였다.

癃躄者。眞師云。上呂連反。手曲病。下疋亦反。足跛也。背僂。背脊也。僂曲也。下音漏。腰髖不隨。腰者。身之中也。髖者。兩股間也。股。音曲。脚也。憯剋。上初禁切。毒也。下音克。殺也。急也。戈穽。授師云。戈者。恐弋字之誤也。何者。下云陷墜。故知戈者不合也。弋者。羊職反。謂以細絲羅繫箭。以射飛鳥。戈者。古禾切。平頭戟。非此中義。下音正。掘地爲坑。

참법 '또 여러 옥졸에게 그 몸이 꽁꽁 묶이고 칼과 차꼬에 채여 고통과 재앙을 면치 못하는 중생이 있으니, 무슨 죄를 지은 결과입니까?'
부처님께서 말씀하셨다.
'전생에 그물로 중생을 잡고 여섯 가지 짐승을 가두거나 묶었으며, 혹은 재주宰主나 현령 또는 민장이 되어 백성들의 재물을 탐욕스럽게 착취하고 선량한 이들을 억울하게 체포하여 원통해도 하소연할 곳이 없게 했던 것이다. 이런 악업 때문에 그런 죄를 받는 것이다.'

復有衆生。爲諸獄卒。縶繫其身。枷桁苦厄。不能得免。何罪所致。佛言。以前世時。網捕衆生。籠繫六畜。或爲宰主令長。貪取民物。枉繫良善。冤訴無所。以是惡業。故獲斯罪。

[집해] '집계繫繫'의 앞 글자는 척陟과 립立의 반절이고, 묶다(繫)라는 뜻이다.

'가항枷桁'에 대해 변진 스님은 "앞 글자는 평성으로 발음한다. 목에 채우는 것을 가枷라 하고, 발에 채우는 것을 항桁이라 한다. 항桁은 호胡와 랑郎의 반절이고, 큰 형틀을 항桁이라 한다."고 하였다.

'여섯 가지 짐승(六畜)'은 소·말·개·양·닭·돼지다.

'영장令長'은 현령과 민장民長이다.

繫繫。上陟立切。繫也。枷桁。眞師云。上平音。在項曰枷。在足曰桁。[1]桁
胡郎反。大械曰桁。六畜者。牛馬犬羊鷄豕。令長者。縣令。民長也。

1) ㉠ '桁'은 저본에 'ㅣ'로 되어 있고 그 아래 "이 획은 '桁' 자로 본다."는 주가 있다.
따라서 편자가 '桁'으로 고쳤다. 아래에서도 마찬가지이다.

[참법] '또 정신이 나갔거나 어리석거나 미쳤거나 아둔해서 좋고 나쁜 것도 분별하지 못하는 중생이 있으니, 무슨 죄를 지은 결과입니까?'

부처님께서 말씀하셨다.

'전생에 술을 먹고 만취해 서른여섯 가지 실수를 범하면 다음 생에 바보가 되어 취한 사람처럼 높고 낮음을 분별하지 못하게 된다. 이런 악업 때문에 그런 죄를 받는 것이다.'

復有衆生。或顚或癡。或狂或騃。不別好醜。何罪所致。佛言。以前世時。
飮酒醉亂。犯三十六失。後得癡身。猶如醉人。不別尊卑。以是惡業。故獲
斯罪。

[집해] '서른여섯 가지 실수(三十六失)'에 대해 『지도론』에서 다음과 같이 말하였다.

"첫째는 재물을 헛되이 탕진하고, 둘째는 온갖 병의 단초가 되고, 셋째는 싸움의 근본이 되고, 넷째는 벌거벗고도 부끄러움을 모르고, 다섯째는 추악한 이름으로 나쁘게 표현되고, 여섯째는 지혜가 없어지고, 일곱째는 얻어야 할 것을 얻지 못하고, 여덟째는 얻은 것도 잃어버리고, 아홉째는 숨겨야 할 일을 모조리 발설하고, 열째는 모든 사업을 전폐하고, 열한째는 취기가 근심의 원인이 되고, 열두째는 몸의 힘이 빠지고, 열셋째는 성력이 점점 쇠퇴하고, 열넷째는 부모를 공경하지 않고, 열다섯째는 사문을 공경하지 않고, 열여섯째는 바라문을 공경하지 않고, 열일곱째는 백부와 숙부를 공경하지 않고, 열여덟째는 어른들을 공경하지 않고, 열아홉째는 부처님을 공경하지 않고, 스무째는 법을 공경하지 않고, 스물한째는 스님들을 공경하지 않고, 스물두째는 악인들과 무리 짓고, 스물셋째는 성현들을 멀리하고, 스물넷째는 계를 깨뜨리는 사람이 되고, 스물다섯째는 마음에 부끄러움이 없고, 스물여섯째는 육근(六精)을 지키지 않고, 스물일곱째는 함부로 색욕을 부리면서 게으르고, 스물여덟째는 사람들의 미움을 받고, 스물아홉째는 친지들이 쫓아내고 버리며, 서른째는 불선법을 행하고, 서른한째는 선법을 버리고, 서른두째는 지혜로운 사람들의 신망을 잃고, 서른셋째는 열반과 멀어지고, 서른넷째는 미치광이의 원인이 되고, 서른다섯째는 죽어서 지옥에 들어가고, 서른여섯째는 후세에 바보가 되는 것이다."

三十六失者。智度論云。一財物虛竭。二衆病之門。三鬪諍之本。四裸形无恥。五醜名惡露。六无有智慧。七應得不得。八雖得散失。九匿事盡說。十廢諸事業。十一醉爲愁本。十二身力微小。十三色力漸衰。十四不敬父母。十五不敬沙門。十六不敬[1]波羅門。十七不敬伯叔。十八不敬尊長。十九不敬佛。二十不敬法。二十一不敬僧。二十二朋黨惡人。二十三踈於賢聖。二十四作破戒人。二十五心无慙愧。二十六不守六精。二十七縱色放逸。二十八人所憎惡。二十九親知擯弃。三十行不善法。三十一弃捨善法。三十二智人不信。三十三遠於涅槃。三十四狂癡之因。三十五死入地獄。三十六後世癡駿。

---

1) ㉾ '敬'은 저본에 'ㅣ'로 되어 있고 그 아래 "이 획은 '敬' 자로 본다."는 주가 있다. 따라서 편자가 '敬'으로 고쳤다. 아래에서도 마찬가지이다.

[참법] '또 그 몸은 자그마한데 성기는 무지 커서 그것을 들고 다니느라 온몸이 녹초가 되는 중생이 있습니다. 한걸음 나가고 끌어당기고를 매번 반복해야 하고, 달리고 걷고 앉고 누울 때마다 그것이 방해가 되니, 무슨 죄를 지은 결과입니까?'

부처님께서 말씀하셨다.

'전생에 한평생 장사하면서 자기 물건은 스스로 칭찬하고 남의 재물과 보배는 헐뜯었으며, 됫박을 교묘하게 속이고 앞뒤로 저울대를 밟았던 것이다. 이런 악업 때문에 그런 죄를 받는 것이다.'"

復有衆生。其形短小。陰藏甚大。挽之身疲。皆復進引。行步坐臥。以之爲妨。何罪所致。佛言。以前世時。持生販賣。自譽己物。毀他財寶。巧弄升斗。蹋秤前後。以是惡業。故獲斯罪。

[집해] '음장陰藏'의 뒷글자는 거성이다.

'개부진인皆復進引'에 대해 각명 공은 "손으로 잡아서 당기고, 당기고 난 후에 다시 앞으로 가서 끌어당긴다는 것이다."라고 하였다.

'판販'은 반半으로 발음하고, 팔다(賣)라는 뜻이다.

'예譽'는 예曳로 발음하고, 또 평성이다. 찬양하다(讚)라는 뜻이다.

'섭蹋'은 니尼와 첩輒의 반절이고, 밟다(蹈), 신다(履), 오르다(登)라는 뜻이다.

陰藏者。下去聲。皆復進引者。明公云。以手攀挽。挽訖之後。還復進引。販。音半。賣也。譽。音曳。又平聲。讚也。蹋。尼輒切。蹈也。履也。登也。

참법 오늘 이 도량의 동업대중이여, 경의 말씀처럼 크게 두려워해야 합니다.

다 함께 마음을 다해 평등한 일심으로 간절하게 오체투지하며, 지금 현재 고통받고 있는 일체 중생과 앞으로 고통을 받을 일체 중생과 나아가 육도에서 현재와 미래에 고통받을 일체 중생을 위하여, 또 부모님과 스승과 믿음으로 보시한 단월과 선지식·악지식 및 시방의 일체 중생을 받들고 그들을 위하여 세간의 너무도 자비로우신 아버지께 귀의합니다.

나무 미륵불
나무 석가모니불
나무 무수정진흥풍불
나무 무언승불
나무 무우풍불
나무 월영풍불
나무 무이광풍불
나무 최청정덕보불
나무 역공광명불
나무 최청정무량번불
나무 호제주유왕불
나무 성취일체제찰풍불
나무 정혜덕풍불
나무 정륜번불
나무 유리광최풍불
나무 보덕보불

나무 도보광명탑불

나무 무량참괴금최풍불

나무 문수사리보살

나무 보현보살

나무 무변신보살

나무 관세음보살

거듭 이와 같은 시방 온 허공계 일체 삼보께 귀의합니다. 1배

아무개 등이 오늘 부처님의 힘과 법의 힘과 모든 보살님의 힘을 받들어 그들을 위해 머리 숙여 애원하고 참회합니다. 이미 고통을 받고 있는 자라면 부처님과 보살님의 큰 자비의 힘으로 곧 해탈하게 하시고, 아직 고통을 받지 않은 자라면 오늘부터 도량에 앉는 그날까지 끝끝내 다시는 악도에 떨어지지 않게 하소서. 팔난의 괴로움을 벗어나 팔복八福의 삶을 받고 모든 선근을 얻어 평등을 성취하며, 지혜를 구족하고 청정하고 자재하며 여래와 같아져서 함께 정각에 오르게 하소서. 1배

今日道場。同業大衆。如佛所說。大可怖畏。相與至心。等一痛切。五體投地。爲今日現受苦一切衆生。當受苦一切衆生。乃至六道。現受當受。一切衆生。又奉爲父母師長。信施檀越。善惡知識。廣及十方。一切衆生。歸依世間。大慈悲父。南無彌勒佛。南無釋迦牟尼佛。南無無數精進興豊佛。南無無言勝佛。南無無愚豊佛。南無月英豊佛。南無無異光豊佛。南無最淸淨德寶佛。南無逆空光明佛。南無最淸淨無量幡佛。南無好諦住唯王佛。南無成就一切諸刹豊佛。南無淨慧德豊佛。南無淨輪幡佛。南無流離光最豊佛。南無寶德步佛。南無度寶光明塔佛。南無無量慙愧金最豊佛。南無文殊師利菩薩。南無普賢菩薩。南無無邊身菩薩。南無觀世音菩薩。又復歸依。如是十方。盡虛空界。一切三寶(一拜)。(某甲)等。今日。承佛力。法力。諸菩薩力。爲其稽顙。求哀懺悔。若已受苦者。以佛菩薩。大慈悲力。

令卽解脫。未受苦者。從今日去。至坐道場。畢竟不復。墮於惡趣。離八難苦。受八福生。得諸善根。成就平等。具足智慧。清淨自在。同與如來。俱登正覺(一拜)。

집해 '무수정진불無數精進佛' 등은 170불 가운데 그 다음 16불이다.

'팔복八福'에 대해 변진 스님은 "육욕천六欲天[154]과 범왕천 등이다."라고 하였고, 기基[155] 스님은 "욕계 속산국粟散國[156]의 왕과 신하가 둘이 되고, 거기에 육욕천을 더한 것이다."라고 하였다. 각명 공은 "첫째는 자궁 속으로 들어가지 않는 것, 둘째는 살면서 온갖 괴로움이 없는 것, 셋째는 큰 세력을 가지는 것, 넷째는 큰 재물과 보배를 구족하는 것, 다섯째는 몸의 상호가 단정하고 엄숙한 것, 여섯째는 안락하고 병이 없는 것, 일곱째는 늘 자유로운 것, 여덟째는 부처님을 만나 법을 듣는 것이다."라고 하였다.

無數精進佛等。卽百七十佛中。次十六佛也。八福者。眞師云云。六欲天。梵王等。基師云。欲界粟散王臣爲二。加六欲天。明公云。一不受胎藏。二生無衆苦。三有大勢力。四具大財寶。五身相端嚴。六安樂無病。七常得自在。八遇佛聞法。

참법 오늘 이 도량의 동업대중이여, 더욱 마음을 가다듬고 귀를 기울여 잘 들으십시오.

"신상보살이 다시 부처님께 여쭈었다.

'세손이시여, 또 그 형상이 극도로 추악한 중생이 있습니다. 몸은 칠처

---

154 육욕천六欲天 : 욕락이 가득한 하늘나라인 사왕천四王天·도리천忉利天·야마천夜摩天·도솔천兜率天·화락천化樂天·타화자재천他化自在天을 말한다.
155 기基 : 자은 규기慈恩窺基(632~682)를 지칭한 것이다.
156 속산국粟散國 : 조를 흩어 놓은 것처럼 수많은 나라들이라는 의미이다.

럼 검은데 두 귀는 또 푸른빛이 돌고, 머리와 볼이 모두 불룩하고, 여드름 투성이 얼굴에 코는 납작하고 두 눈은 황적색이며, 이빨은 엉성하고 입에서는 악취가 풍기며, 작은 키에 상처와 종기투성이고, 배는 크고 허리는 가는데다 다리까지 뒤틀렸고, 굽은 척추에 늑골은 불거지고, 떨어진 옷을 입고서 아무거나 집어 먹으며, 악창惡瘡에서는 피고름이 흐르고 수종水腫에 조갈증에 옴에 등창까지 온갖 나쁜 것이란 모두 그 몸에 모여 있습니다. 비록 사람들을 가까이하고 의지하기는 하지만 사람들은 마음에 두지 않으며, 그러다 다른 사람이 죄라도 지으면 그 재앙에 터무니없이 걸려듭니다. 이렇게 영원히 부처님을 보지 못하고, 법을 듣지 못하고, 보살님과 현성들을 알지 못한 채 괴로움으로부터 괴로움으로 들어가며 휴식을 얻지 못하니, 무슨 죄를 지은 결과입니까?'

부처님께서 말씀하셨다.

'전생에 아들이 되어 부모에게 효도하지 않고, 신하가 되어 임금께 충성하지 않고, 윗사람이 되어 아랫사람을 사랑하지 않고, 아랫사람이 되어 윗사람을 공경하지 않고, 벗들에게 그 신의를 보답하지 않고, 이웃을 예의로써 따르지 않고, 조정에서 그 작위에 맞게 행동하지 않고, 일을 판결함에 있어 그 법도대로 처리하지 않았던 것이다. 마음이 전도되고 법도가 전혀 없어 임금과 신하를 살해하고 어른들을 경멸하고, 나라를 벌하고 백성을 약탈하고, 성을 공격하고 읍을 파괴하고, 훔치고 겁탈하고 절도하는 등 그 악업이 한 가지가 아니며, 잘난 체하며 남을 혐오하고, 고아와 노인들을 침탈하고, 어질고 착한 이들을 근거도 없이 비방하고, 스승과 어른들을 업신여기고, 하천한 이들을 기만하는 등 일체 죄업을 골고루 범했던 것이다. 이런 많은 죄업 때문에 그런 죄를 받는 것이다.'

今日道場。同業大衆。宜加用心。攝耳諦聽。信相菩薩。復白佛言。世尊。復有衆生。其形極醜。身黑如漆。兩耳復靑。頭頰俱皁。皰面平鼻。兩眼黃赤。牙齒踈缺。口氣鯹臭。矬短癰腫。大腹小腰。脚復繚戾。僂脊凸肋。費衣健食。惡瘡膿血。水腫乾消。疥癩癰疽。種種諸惡。集在其身。雖親附人。人不在意。若他作罪。橫羅其殃。永不見佛。永不聞法。不識菩薩賢聖。從苦入苦。不得休息。何罪所致。佛言。以前世時。爲子不孝父母。爲臣不忠其君。爲上不愛其下。爲下不恭其上。朋友不賞其信。鄕黨不以義從。朝廷不以其爵。斷事不以其道。心意顚倒。無有其度。殺害君臣。輕凌尊長。罰國掠民。攻城破邑。偸刼盜竊。惡業非一。美己惡人。侵凌孤老。誣謗賢善。輕慢師長。欺詆下賤。一切罪業。悉具犯之。衆罪業故。故獲斯罪。

[집해] '협頰'은 협夾으로 발음하고, 볼(腮)을 뜻한다.

'부阜'는 부父로 발음하고, 높고 두툼하다(高厚)는 뜻이다. 또 구릉丘陵을 뜻한다. 여기에서는 높고 두툼하다는 뜻을 취했다.

'포皰'는 필必과 모暮의 반절이고, 또 파波와 교敎의 반절이며 얼굴에 물집이 생긴 것이다.

'좌단矬短'(의 앞 글자)는 작作과 화和의 반절이고, 키가 작다(短)는 뜻이다.

'옹종癰腫'의 앞 글자는 오烏와 홍紅의 반절이고 몸의 상처(身傷)를 뜻하며, 뒷글자는 지之와 용用의 반절이고 종기(瘡)를 뜻한다.

'요려繚戾'에 대해 미수 스님은 "앞 글자는 료了로 발음한다. 비틀리고 어긋나다(繚繞乖戾)라는 뜻이다. 즉 굽어서 제대로 펴지 못하는 모양이다. '누척僂脊'은 등의 척추가 꾸부정한 것이다. '철륵凸肋'의 앞 글자는 도徒와 결結의 반절이고, 높이 솟았다(高起)는 뜻이다. 뒷글자는 륵勒으로 발음하고, 갈비뼈(脅骨)를 뜻한다."고 하였다. 변진 스님과 동림 스님도 똑같이 설명했다.

'수종水腫'의 뒷글자는 종種으로 발음하고, 병이다.

'개라疥癩'의 앞 글자는 개芥로 발음하고, 뒷글자는 뢰賴로 발음한다. 두 가지 모두 몸에 상처를 내는 병이다.

'옹저癰疽'의 앞 글자는 오烏와 홍紅의 반절이고, 뒷글자는 제諸로 발음한다. 두 가지 모두 몸에 상처를 내고 파괴하는 것이다.

'횡라橫羅'의 앞 글자는 평성과 거성 두 가지로 발음한다. 남의 죄를 엉뚱하게 뒤집어쓰는 것이다.

'붕우불상朋友不賞'에 대해 각명 공은 "동문同門을 붕朋이라 하고, 동지同志를 우友라 한다. 상賞은 곧 보답하다(報)라는 뜻이다."라고 하였다.

'향당鄕黨'에서 250집을 향鄕이라 하고, 500집을 당黨이라 한다.

'의의義'란 예의禮義를 말한다.

'조정朝庭'은 곧 국가國家다. 『석명釋名』에서 "정庭은 머문다(停)는 뜻이다. 사람들이 머물고 모이는 장소이다. 또 만방에서 우두머리로 삼는 것을 조朝라 하고, 균등하고 평등하며 바르고 곧은 것을 정庭이라 한다."고 하였다.

'기도其度'에서 뒷글자는 도道로 발음하고, 법(法)이라는 뜻이다.

'벌국罰國'에서 벌罰은 꾸짖다(謫)라는 뜻이다. 선량한 나라에 죄를 뒤집어씌워 꾸짖는 것이다.

'략掠'은 략略으로 발음한다. 사람과 재산을 겁탈하는 것이다.

'공攻'은 공公으로 발음하고, 파괴하다(破)라는 뜻이다.

'투겁도절偸劫盜竊'을 내가 설명하자면, 투偸는 주인을 피해 몰래 훔치는 것이고, 겁劫은 강한 힘으로 빼앗는 것이고, 도盜는 이치에 맞지 않게 재물에 손실을 입히는 것이고, 절竊은 도적을 통틀어 일컫는 말이다.

'오인惡人'에 대해 각명 공은 "(앞 글자는) 오五로 발음하고, 싫어하다(猒)라는 뜻이다."라고 하였다.

頰[音夾]。腮也。阜[音父。高厚也。又丘陵也。今取高厚義也]。皰[必暮反。又波敎切。面生氣也]。矬短[作和反。短也]。癰腫[上烏紅切。身傷

也。下之用切。瘡也]。繚戾。授師云[上音了。繚繞乖。戾也]。卽屈曲不伸
皃。僂脊者。背脊曲僂。凸肋[上徒結反。高起也。下音勒。脅骨也]。眞師
東林同說。水腫。下種。病也。疥癩[上音芥。下音賴]。皆身傷病也。癰疽
[上烏紅反。下音諸]。皆身傷破也。橫羅[上平去二音]。誤受他罪也。朋友
不賞。明公云。同門曰朋。同志曰友[賞卽報也]。鄕黨。二百五十家爲鄕。
五百家爲黨。義者。禮義也。朝庭。卽國家也。釋名曰。庭停也。人所停集
之處也。又萬方所宗曰朝。均平正直曰庭。其度[下音道。法也]。罰國。
罰。謫也。國中良善。枉謫以罪。掠。音略。劫人財也。攻。音公。破也。偸
劫盜竊者。私曰。偸。避主私竊。¹⁾ 刧。强力欺奪。盜。非理損財。竊。賊之
通名也。惡人。明公云。音五。猒也。

1) ㉮ '竊'은 저본에 'ㅣ'로 되어 있고 그 아래 "이 획은 '竊' 자로 본다."는 주가 있다.
따라서 편자가 '竊'로 고쳤다. 아래에서도 마찬가지이다.

참법 그때 죄를 받던 모든 사람들이 세존께서 하신 이와 같은 말씀을 듣고는 온 대지가 흔들리도록 울부짖고 비 오듯 눈물을 흘리며 부처님께 아뢰었다.

'오로지 원하오니 세존이시여, 오래오래 계시면서 법을 설하고 저희들을 교화해 해탈을 얻게 하소서.'

부처님께서 말씀하셨다.

'내가 이 세상에 오래 머물면 박복한 사람들이 선근을 심지 않을 것이다. 내가 항상 있으리라 여겨 무상함을 생각지 않고 불선의 근본을 한량없이 지지르디기 니중에야 비로소 추억할 것이니, 그때는 뉘우쳐도 아무 소용이 없느니라. 선남자여, 어린아이는 어머니가 항상 곁에 있기에 어머니에 대해 만나기 어렵다는 생각을 하지 않는 것과 같다. 만약 어머니가 떠난다면 그때서야 갈앙하고 사모하는 마음을 낼 것이고, 그러다 어머니가 돌아오면 자식이 비로소 기뻐하게 될 것이다. 선남자여, 지금의 나도 마찬가지니, 여러 중생이 선악의 업연業緣으로 아름답고 추한 과보를 받게 될 것을 아는 까닭에 반열반般涅槃에 드는 것이니라.'
그때 세존께서 곧 죄를 받는 중생들에게 게송으로 말씀하셨다.

흐르는 물도 늘 그득하지는 않고
맹렬한 불길도 오래 타지는 못하니
해는 솟았다 잠깐 사이에 지고
달도 차고 나면 다시 기우네.

존귀하고 영화롭고 부귀한 자들이여
그대들의 덧없음이 이보다 더하나니
이제라도 열심히 정진하리라 마음먹고
위없는 존자께 머리 숙여 예배하라.

爾時一切。諸受罪人。聞佛世尊。作如是說。號泣動地。淚下如雨。而白佛言。唯願世尊。久住說法。化我等輩。令得解脫。佛言。若我久住此世。薄福之人。不種善根。謂我常在。不念無常。造諸無量。不善之本。後方追憶。悔無所及。善男子。譬如嬰兒。母常在側。於母不生。難遭之想。若母去時。便生渴仰。思戀之心。母方還來。息乃生喜。善男子。我今亦復如是。知諸衆生。善惡業緣。受報好醜。故般涅槃。于時世尊。卽於受罪衆生。而說偈言。
　水流不常滿。火猛不久然。日出須臾沒。月滿已復虧。
　尊榮豪貴者。無常復過是。念當勤精進。頂禮無上尊。

집해 '영아嬰兒'에 대해 변진 스님은 "딸을 영嬰이라 하고, 아들을 아兒라 한다. '식내息乃'의 앞 글자는 아들을 뜻한다."고 하였다.
'반열반般涅槃'은 온전한 범어 발음이다. 약칭하면 열반涅槃이라 한다. 중국말로 멸도滅度라 하니, 티끌과 결박을 완전히 없애고 생사를 뛰어넘었다(滅盡塵累 越度生死)는 의미이다. 또 적멸寂滅이라고도 한다.

嬰兒。眞師云[女曰嬰。男曰兒]。息乃者。上子也。般涅槃。此梵具云也。略云涅槃。此云滅度。滅盡塵累。越度生死。亦云寂滅。

참법 그때 세존께서 이 게송을 말씀하시자 모든 죄인들이 슬픔을 머금고 부처님께 여쭈었다.
 '세존이시여, 일체중생이 어떤 선행을 지어야 이런 고통에서 벗어날 수 있겠습니까?'
 부처님께서 말씀하셨다.
 '선남자여, 부모님에게 효도하고, 스승을 공경하고, 삼존을 받들며 보시·지계·인욕·선정·지혜·자·비·희·사를 부지런히 행하고, 원수와 친구를 평등하게 대하여 차별을 두지 말고, 고아와 노인을 업신여기지 말고 하천한 이들을 가볍게 여기지 말고, 다른 사람을 내 몸처럼 보호하며 나쁜 생각을 일으키지 마라. 너희들이 만약 이와 같이 수행할 수 있다면 이것이 곧 이미 부처님의 은혜를 갚은 것이니, 삼악도를 영원히 벗어나 온갖 고통이 다시는 없으리라.'
 부처님께서 이 경을 설하시고 나자 보살마하살들은 곧 아뇩다라삼먁삼보리를 얻었고, 성문과 연각은 곧 육통과 삼명을 얻어 팔해탈八解脫을 구족하였으며, 그 밖의 대중들은 모두 법안정法眼淨을 얻었다. 또 이 경을 들은 중생들은 삼악도와 팔난이 있는 곳에 떨어지지 않게 되었고, 지옥이 휴식하고 고통이 편안해졌다.
 신상보살이 부처님께 여쭈었다.
 '세존이시여, 이 경의 이름을 무엇이라 하며, 보살마하살이 어떻게 받들고 지녀야 합니까?'

부처님께서 신상보살에게 말씀하셨다.

'선남자여, 이 경의 이름은 죄업보응교화지옥경罪業報應教化地獄經이니, 이것을 받들어 지니고 널리 유포하면 그 공덕이 한량없으리라.'

이때 모든 대중이 이 법문을 듣고는 일심으로 기뻐하며 정대頂戴하고 받들어 행하였다." 1배

爾時世尊。說此偈已。諸受罪人。銜悲白佛言。世尊。一切衆生。作何善行。得離斯苦。佛言。善男子。當勤孝養父母。敬事師長。歸奉三尊。勤行布施持戒忍辱精進禪定智慧。慈悲喜捨。怨親平等。無有二相。不欺孤老。不輕下賤。護人猶己。不起惡念。汝等若能。如是修行。則爲已得。報佛之恩。永離三途。無復衆苦。佛說是經已。菩薩摩訶薩。即得阿耨多羅三藐三菩提。聲聞緣覺。即得六通三明。具八解脫。其餘大衆。皆得法眼淨。若有衆生。得聞是經。不墮三途。八難之處。地獄休息。苦痛安寧。信相菩薩。白佛言。世尊。當何名斯經。菩薩摩訶薩。云何奉持。佛告信相菩薩。善男子。此經名爲罪業報應教化地獄經。當奉持之。廣令流布。功德無量。時諸大衆。聞說此法。一心歡喜。頂戴奉行(一拜)。

집해 '유기猶己'의 앞 글자는 같다(如)는 뜻이고, 뒷글자는 기起로 발음하고 자신自身이란 뜻이다.

'성문聲聞'에 대해 보충 설명을 하자면 부처님께서 사제를 설하는 소리를 듣고 도를 깨달았다는 것이고, 연각은 십이 인연十二因緣으로부터 도를 깨달았다는 것이다.

'팔해탈八解脫'에 대해『법계차제』에서 다음과 같이 말하였다.

"무상無常·고苦·무아無我·부정不淨을 근본으로 하며, 최초에 구상九想으로부터 관觀을 일으키고 닦아서 팔해탈에 이른다. (구상의) 첫째는 (시체가) 부풀어 오른다는 생각, 둘째는 푸릇푸릇한 멍울이 진다는 생각, 셋

째는 파괴되기 시작한다는 생각, 넷째는 피가 범벅이라는 생각, 다섯째는 문드러진다는 생각, 여섯째는 벌레들이 갉아 먹는다는 생각, 일곱째는 산산이 흩어진다는 생각, 여덟째는 뼈만 앙상하게 남는다는 생각, 아홉째는 그것마저 타 버린다는 생각이다. 이것으로부터 닦아서 팔해탈에 이른다. 팔해탈은 첫째 내유색상외관색해탈內有色相外觀色解脫이니, (내유색상內有色相이란) 내색內色을 파괴하지 않고 내색에 대한 생각을 없애지 않는 것이고, 외관색外觀色이란 외색外色을 파괴하지 않고 외색에 대한 생각을 없애지 않는 것이다. 그런 상태에서 그것들이 부정하다고 마음으로 외색을 관하는 것이다. 그렇게 하는 이유는 시간에 따라 변하는 모습을 관하기 위해서이다. 최초의 배사背捨[157]에서는 내신內身인 사람의 골격을 괴멸시켜서는 안 된다. 따라서 반드시 부정하다고 여기는 마음으로 외색을 관해야 한다. 둘째는 내무색상외관색해탈內無色相外觀色解脫이니, (내무색상이란) 내색을 파괴하고 내색상을 없애는 것이고, 외관색은 외색을 파괴하지 않고 외색상을 없애지 않는 것이다. 이렇게 그것들이 부정하다고 마음으로 외색을 관한다. 셋째는 정배사신작증해탈淨背捨身作證解脫이니, 정淨은 청정함을 반연한다(緣淨)는 것이다. 따라서 '정'이라고 부른다. 수행자는 외부의 청정하지 못한 상을 배제하고 오직 선정 가운데서 여덟 가지 색깔의 광명만 연마하는데, (그 광명의) 청정하고 교결함이 마치 오묘한 보배의 색깔과 같다. 따라서 청정함을 반연한다고 이름을 붙인다. 신작증身作證이란 느끼고 집착하는 마음 없이 제3선에서 나타나는 온몸에 가득한 희열을 누린다는 것이다. 따라서 신작증이라는 이름을 붙인다. 넷째는 공처해탈空處解脫, 다섯째는 식처해탈識處解脫, 여섯째는 무소유처해탈無所有處解脫, 일곱째는 비비상처해탈非非想處解脫, 여덟째는 멸수상해탈滅受想解脫

---

157 배사背捨 : 팔해탈을 팔배사八背捨라고도 한다. 여덟 가지 관념에 의해 오욕의 경계를 등지고 탐착하는 마음을 버리기 때문에 팔배사라 하고, 또 이것으로 말미암아 삼계의 번뇌를 끊고 해탈하기 때문에 팔해탈이라 한다.

이다."¹⁵⁸

앞에서 말한 내유색상內有色相이란 사람의 골격을 관하는 것이고, 외관색外觀色이란 외부의 여러 색色을 관하는 것이다.

'법안정을 얻었다(得法眼淨)'는 것은 소승의 초과에 해당하고, 종교終敎나 별교別敎에서는 초지初地에 해당하며, 원교圓敎에서는 초주初住에 해당한다.

猶己。上如也。下音起。自身也。聲聞者。生枝曰。謂聞佛說四諦聲悟道。緣覺者。從十二因緣悟道也。八解脫者。法界次第云。以無常苦无我不淨爲根本。初從九想起觀。修至八解脫。一脹想。二靑瘀想。三壞想。四血塗漫想。五膿爛想。六噉想。七散想。八骨想。九燒想。從此修至八解脫。八解脫者。一內有色相外觀色解脫者。不壞內色不滅內色想也。外觀色者。不壞外色不滅外色想也。以是不淨心觀外色。所以然者。爲修流光故。不應初背捨中壞滅內身骨人也。故須不淨心觀外色也。二內无色相外觀色解脫。謂壞內色滅內色想也。外觀色者。不壞外色不滅外色想也。以是不淨心觀外色。三淨背捨身作證解脫。淨謂緣淨。故名淨。行者除外不淨相。但於定中。鍊八色光明。淸淨皎潔。猶如妙寶之色。故名緣淨。身作證者。以无受著心。而受三禪中遍身之樂。故名身作證也。四空處解脫。五識處解脫。六無所有處解脫。七非非想處解脫。八滅受想解脫。上云內有色相者。觀骨人也。外觀色者。觀外諸色也。得法眼淨者。小乘初果。終別敎初地。圓敎初住也。

참법 오늘 이 도량의 동업대중이여, 경의 말씀처럼 크게 두려워해야 합니다. 다 함께 오늘 두려워하는 마음을 일으키고 자비심을 일으켜 모든 부처

---

158 『법계차제』(T48, 677a).

님의 힘을 받들어 보살도를 행하고, 지옥의 고통을 기억해 보리심을 일으키십시오. 오늘 현재 지옥 세계에서 고통받는 일체중생을 위해, 현재 아귀 세계에서 고통받는 일체중생을 위해, 현재 축생세계에서 고통받는 일체중생과 나아가 육도에서 고통받는 자들을 위해, 한마음 한뜻으로 그들을 위해 예배하고 참회하여 그 중생들이 모두 다 해탈을 얻게 해야 합니다. 우리가 방편을 부지런히 행하여 화근을 복으로 바꾸지 않는다면 곧 낱낱의 지옥마다 받아야 할 죄의 몫이 있게 될 것이니, 다 함께 마음을 다해 부모님과 스승과 친척과 권속이 미래에 받게 될 고통스러운 과보를 생각하고, 또한 자신이 미래와 현재에 이런 고통에 얽히게 될 것을 생각해 평등한 일심으로 간절하게 오체투지하며 온 정성을 다하고 온 마음을 쏟아야 합니다.

원하옵건대, 이런 한 생각이 시방의 부처님을 감동시키고, 한 번의 절이 한량없는 고통을 끊게 하소서. 만약 육도에서 이미 고통을 받고 있는 중생이라면 부처님의 힘과 법의 힘과 현성의 힘으로 그 중생들이 곧 해탈을 얻게 하시고, 만약 육도에서 아직 고통을 받지 않은 중생이라면 부처님 힘과 법의 힘과 현성의 힘으로 그 중생들이 영원히 말끔히 없애게 하소서. 그리하여 오늘부터 끝끝내 다시는 악도에 떨어지지 않고, 삼장의 업을 없애 염원대로 왕생하며, 오포외를 소멸하여 자재하게 해탈하고, 부지런히 도업道業을 닦으며 쉬지 않고 오묘한 행으로 장엄하여 법운지法雲地를 뛰어넘고 금강심에 들어가 등정각을 이루게 하소서. 1배

今日道場。同業大衆。如佛所說。大可怖畏。相與今日。起怖畏心。起慈悲心。承諸佛力。行菩薩道。念地獄苦。發菩提心。當爲今日。現受地獄道苦。一切衆生。現受餓鬼道苦。一切衆生。現受畜生道苦。一切衆生。乃至六道現受苦者。一心一意。爲其禮懺。令此衆生。悉得解脫。我等若不。勤行方便。轉禍爲福者。則於一一地獄。皆有罪分。相與至心。當念父母師長。親戚眷屬。未來應受苦報。亦念自身。未來現在。方嬰此苦。等一痛切。五體投地。至誠懇惻。至到用心。願令一念。感十方佛。一拜斷除。無量衆苦。若六道中。已受苦者。以佛力法力賢聖力。令此衆生。卽蒙解脫。若六道中。未受苦者。以佛力法力諸賢聖力。令此衆生。永得斷除。從今日去。畢竟不復。墮於惡趣。除三障業。隨念徃生。滅五怖畏。自在解脫。勤修道業。不休不息。妙行莊嚴。過法雲地。入金剛心成等正覺(一拜)。

[집해] '법운지法雲地'에 대해 『반야경』 게송에서 말하였다.

지혜가 짙은 구름처럼
온 법계에 가득해
널리 감로법을 뿌려 주기에
이름을 법운지라 한다.[159]

法雲地者。般若偈云。
　智惠如密雲。遍滿於法界。普洒甘露法。名爲法雲地。

[참법] 오늘 이 도량의 동업대중이여, 거듭 마음을 쏟고 귀를 기울여 잘 듣고 잘 생각해 보십시오.
『잡장경雜藏經』에서 말씀하셨습니다.
"이때 한 귀신이 목련目連에게 여쭈었다.
'저는 두 어깨에 눈이 있고 가슴에 입과 코가 있으며 머리가 없으니, 무슨 죄를 지은 결과입니까?'
목련이 대답하였다.
'너는 전생에 항상 백정의 제자였다. 사람을 죽일 때마다 네가 항상 기

---

159 『인왕호국반야바라밀다경仁王護國般若波羅蜜多經』 권하(T8, 843a).

뼈하며 줄로 묶고 당겼기에 그 인연으로 이런 죄를 받는 것이다. 하지만 이것도 화보華報[160]일 뿐, 과보는 지옥에 있느니라.'

또 한 귀신이 목련에게 여쭈었다.

'저의 이 몸은 늘 고깃덩어리처럼 손·발·눈·귀·코 등이 없고, 항상 벌레와 새들에게 뜯어 먹힙니다. 이와 같은 고통이 참기 어려울 지경인데, 무슨 죄를 지은 결과입니까?'

목련이 대답하였다.

'너는 전생에 남에게 독약을 주어 여러 중생이 제 명까지 살지 못하게 하였다. 그 인연으로 이런 죄를 받는 것이다. 하지만 이것도 화보일 뿐, 과보는 지옥에 있느니라.'

今日道場。同業大衆。重復用心。攝耳諦聽。善思念之。雜藏經說。時有一鬼。白目連言。我兩肩有眼。胷有口鼻。而無有頭。何罪所致。目連答言。汝前世時。恒作魁膾弟子。若殺人時。汝常歡喜。以繩結挽。以是因緣。故受此罪。此是華報。果在地獄。復有一鬼。白目連言。我此身形。常如塊肉。無有手足眼耳鼻等。恒爲虫鳥之所食噉。如是苦痛。難堪難忍。何罪所致。目連答言。汝前世時。與他毒藥。令諸衆生。命不全活。以是因緣。故獲斯罪。此是華報。果在地獄。

집해 '괴塊'는 구口와 내內의 반절이고, 흙덩어리(土丸)를 뜻한다.
'화보華報'에 대해 경의 게송에서 다음과 같이 말하였다.

원인을 만드는 것은 씨앗을 심는 것과 같고

---

160 화보華報 : 과보果報에 상대되는 말이다. 행업行業의 결과인 과보를 본격적으로 받기에 앞서 일부가 전조 현상처럼 나타나는 것을 말한다. 이를 식물이 열매를 맺기 전에 꽃이 피는 것에다 비유한 것이다.

업을 일으키는 것은 싹이 트는 것과 같으며
과보가 드러나기 시작하는 것은 꽃이 피는 것과 같고
성숙하는 것은 열매가 맺는 것과 같다.

너의 지금 그 업보는
잠깐 드러난 것에 불과하다
다시 또 과보가 있으리니
그것은 지옥에 있다.

塊者[口內反]。土丸也。華報。經偈云。
　造因如下種。發業若生芽。報露似開花。成熟如結果。
　汝今業報。纔是現露。更有果報。在於地獄。

참법 또 한 귀신이 목련에게 여쭈었다.
 '저는 배가 엄청나게 큰데 목구멍은 바늘 같아서 몇 해가 지나도록 음식을 먹지 못하고 있습니다. 무슨 죄를 지은 결과입니까?'
 목련이 대답하였다.
 '너는 전생에 취락의 주인이 되어 부귀함을 믿고는 술을 마시고 비틀거리면서 타인을 업신여기고 그들의 음식을 빼앗아 모든 사람을 굶주림에 시달리게 하였다. 그 인연으로 이런 죄를 받는 것이다. 하지만 이것도 화보일 뿐, 과보는 지옥에 있느니라.'

復有一鬼。白目連言。我腹極大。咽喉如針。窮年卒歲。不得飲食。何罪所致。目連答言。汝前世時。作聚落主。自恃豪貴。飲酒縱橫。輕欺他人。奪其飲食。飢困一切。以是因緣。故獲斯罪。此是華報。果在地獄。

[집해] '취락聚落'에 대해『능엄곡향초楞嚴谷響鈔』[161]에서 "락落은 거주하다(居)라는 뜻이다. 백성들이 모여 거주하기 때문에 취락이라 한다."고 하였다.

聚落者。楞嚴谷響鈔云。落。居也。民之聚居。故名聚落。

[참법] 또 한 귀신이 목련에게 여쭈었다.
'저는 한평생 두 개의 뜨거운 쇠바퀴가 두 겨드랑이 아래에 있어서 온 몸이 타고 익어 버립니다. 무슨 죄를 지은 결과입니까?'
목련이 대답하였다.
'너는 전생에 대중에게 줄 떡을 만들다가 두 개를 몰래 훔쳐 양쪽 겨드랑이 아래에 끼고 있었다. 그 인연으로 이런 죄를 받는 것이다. 하지만 이것도 화보일 뿐, 과보는 지옥에 있느니라.'

復有一鬼。白目連言。我一生來。有二熱鐵輪。在兩腋下。舉身焦爛。何罪所致。目連答言。汝前世時。與衆作餅。盜取二番。挾兩腋下以是因緣。故獲斯罪。此是華報。果在地獄。

[집해] '병餅'은 병丙으로 발음한다.
'번番'은 곧 개介이다.

餅。音丙。番。卽介也。

161『능엄곡향초楞嚴谷響鈔』: 고산 지원孤山智圓 법사의 저술로 완칭은『수능엄경소곡향초首楞嚴經疏谷響鈔』이고, 5권으로 구성되어 있으며,『한거편閑居編』권5(X56, 875a)에 서문만 전한다.『불조통기佛祖統紀』권25(T49, 259b)에 따르면 자신의 저술인『수능엄경소首楞嚴經疏』10권을 재차 풀이한 것이라고 한다.

참법 또 한 귀신이 목련에게 여쭈었다.

'저는 항상 물건을 굴레에다 담아 직접 옷으로 덮고 있는데 누가 와서 죽일까 겁나 마음이 항상 불안합니다. 무슨 죄를 지은 결과입니까?'

목련이 대답하였다.

'너는 전생에 음란하게 외색外色을 범하면서 남들이 볼까 항상 두려하였고, 혹 남편이 알까 겁나 그를 잡아다 때려죽이고는 항상 공포심을 품었다. 그래서 이런 죄를 받는 것이다. 하지만 이것도 화보일 뿐, 과보는 지옥에 있느니라.'"

復有一鬼。白目連言。我常以物。自幪籠頭。畏人來殺。心常怖懼。何罪所致。目連答言。汝前世時。婬犯外色。常畏人見。或畏夫主。捉縛打殺。常懷恐怖。故受此罪。此是華報。果在地獄。

집해 '몽幪'에 대해 변진 스님은 "음은 몽蒙이고, 덮다(覆)라는 뜻이다. 옷으로 덮는 것이다."라고 하였다.

'외색外色'에 대해 미수 스님은 "올바른 부부 관계 외의 삿된 음행이다."라고 하였다.

幪。眞師云。音蒙。覆也。蓋衣也。外色。授師云。正夫婦外邪婬也。

참법 오늘 이 도량의 동업대중이여, 경의 말씀이 이와 같은데 어찌 모든 사람이 큰 두려움을 일으키지 않을 수 있겠습니까. 우리 모두 시작이 없는 때로부터 오늘에 이르기까지 이와 같은 한량없는 죄악을 지었을 것이 분명하니, 이와 같은 죄는 모두 무명에 기인한 것입니다. 자비심도 없이 내가 강하다고 약한 자를 업신여기며 중생을 상해하는 이와 같은 죄를 저질렀고, 나아가 남의 물건을 도둑질하고 미혹하여 도리를 모르고 어질고 착한 이들을 비방하는 등 갖가지 죄를 저질렀으니, 이와 같은 죄의 과보로 악도에 태어나 고통을 받을 것이 분명합니다.

오늘 마음을 다해 평등한 일심으로 간절하게 오체투지하며 널리 육도에서 지금 고통을 받고 있는 자들과 장차 고통받을 자들을 위하여 애원하고 예배하며 참회하고, 부모님과 스승과 일체 권속을 받들고 그들을 위하여 애원하고 예배하며 참회하고, 또한 자신을 위해 애원하고 예배하며 참회하오니, 이미 지은 죄는 부디 말끔히 없애 주소서. 아직 짓지 않은 죄는 감히 다시 저지르지 않겠습니다.

세간의 너무도 자비로우신 아버지께 귀의합니다.

나무 미륵불

나무 석가모니불

나무 연화존풍불

나무 정보흥풍불

나무 전등번왕불

나무 법공등불

나무 일체중덕성불

나무 현번당왕불

나무 일체보치색지불

나무 단의발욕제명불

나무 의무공구위모불수불

나무 사자불

나무 명칭원문불

나무 법명호불

나무 봉법불

나무 법당불

나무 대세지보살

나무 상정진보살

나무 불휴식보살

나무 허공장보살

나무 무변신보살

나무 관세음보살

대자비로 육도에서 현재 고통받고 있거나 장차 고통받을 일체 중생을 구호하사 그 중생들이 곧바로 해탈을 얻게 하소서. 신통력으로 악도와 지옥의 업을 말끔히 없애 모든 중생이 오늘부터 도량에 앉는 그날까지 끝끝내 다시는 악도에 떨어지지 않게 하소서. 고통스런 과보의 몸을 버리고 금강과 같은 몸을 얻어 사무량심(四等)과 육바라밀(六度)이 항상 앞에 나타나고 사무애변(四辯)과 육신통력(六通)이 뜻대로 자재하며, 용맹하게 정진하며 쉬지도 멈추지도 않고, 나아가 더욱 수행하여 십지의 행을 원만히 갖춰서 다시 일체 중생을 제도하게 하소서. 1배

今日道場。同業大衆。如經所說。豈得不人人。生大怖畏。相與無始已來。至于今日。已應作如是。無量罪惡。如是等罪。皆因無明。無慈悲心。以强欺弱。傷害衆生。作如是罪。乃至盜竊他物。迷惑失道。譏謗賢善。作種種罪。如是罪報。於惡道中。必受其苦。今日至心。等一痛切。五體投地。普爲六道。今受苦者。當受苦者。求哀禮懺。奉爲父母師長。一切眷屬。求哀禮懺。亦爲自身。求哀禮懺。已作之罪。願乞除滅。未作之罪。不敢復作。歸依世間大慈悲父。南無彌勒佛。南無釋迦牟尼佛。南無蓮華尊豊佛。南無淨寶興豊佛。南無電燈幡王佛。南無法空燈佛。南無一切衆德成佛。南無賢幡幢王佛。南無一切寶緻色持佛。南無斷疑拔欲除冥佛。南無意無恐懼威毛不豎佛。南無師子佛。南無名稱遠聞佛。南無法名號佛。南無奉法佛。南無法幢佛。南無大勢至菩薩。南無常精進菩薩。南無不休息菩薩。南無虛空藏菩薩。南無無邊身菩薩。南無觀世音菩薩。願以大慈悲。救護六道。現受苦當受苦。一切衆生。令此衆生。卽得解脫。以神通力。斷除惡道。及地獄業。令諸衆生。從今日去。至坐道場。畢竟不復。墮於惡趣。捨苦報身。得金剛身。四等六度。常得現前。四辯六通。如意自在。勇猛精進。不休不息。乃至進修。滿十地行。還復度脫。一切衆生(一拜)。

상교정본 자비도량참법 권 제3
詳校正本慈悲道場懺法卷第三

[집해] '릉欸'은 릉凌으로 발음하고, 침탈하다(侵)라는 뜻이다.
'참讒'은 참毚으로 발음하고, 헐뜯다(譖)라는 뜻이다.
'연화존풍불蓮華尊豊佛' 등은 곧 170불 가운데 그 다음 14불이다.
'치緻'는 모든 스님들이 치値로 발음하고 촘촘하다(密)는 뜻이라 하였다.

欸。音凌。侵也。讒。音毚。譖也。蓮華尊豊佛等。卽百七十佛中。次十四佛也。緻。諸師。皆音値。密也。

자비도량참법집해 권상
慈悲道場懺法卷上

제3권의 음의

전顓 : 전專으로 발음한다.

당돌搪揆 : 앞 글자는 당唐으로 발음하고, 뒷글자는 타陁와 골骨의 반절이다.

극极 : 기奇와 역逆의 반절이고, 짚신이나 나막신(鞋履)이다.

희조현관喜遭縣官 : 앞 글자는 거성이고, 자주(頻)라는 뜻이다.

돈독 : 둔屯으로 발음하고, 작은 돼지(小猪)다.

구각鴝鵒 : 앞 글자는 구鉤, 뒷글자는 격格으로 발음한다.

성성猩猩 : 생生으로 발음한다. 말을 하는 짐승이다.

복박 : 박朴으로 발음하고, 때리다(打)라는 뜻이다.

서기恕己 : (앞 글자는) 상商과 서署의 반절이다. 『열반경』에서 "일체 모든 중생이 목숨을 아끼지 않는 자 없다. 자기 일처럼 여기면 깨닫게 되리니 죽이지 말고 고기도 먹지 마라."[162]라고 하였으니, 그 뜻이 여기에서와 같다.

한恨 : 호胡와 간懇의 반절이다.

조躁 : 즉則과 도到의 반절이고, 움직이다(動)라는 뜻이다.

오惡 : 오汚로 발음한다.

기과幾過 : 앞 글자는 기己로 발음하고, 뒷글자는 거성이다. 과過는 곧 차례(度)라는 뜻이다.

치여불사差如不死 : (앞 글자는) 초楚와 의宜의 반절이다. (팔과 다리가) 따로따로 널브러져 있는 것이 시체 같지만 죽지는 않았다는 의미이다.

오傲: 오五와 도到의 반절이고, 거만하다(倨慢)는 뜻이다.

기미幾微 : (앞 글자는) 거居와 의依의 반절이다. 기幾 역시 미미하다(微)는 뜻이다.

---

162 『대반열반경』에서 인용하였으나 문장이 정확히 일치하지는 않는다. 참고로 인용하면 다음과 같다. 『大般涅槃經』 권10(T12, 426c), "一切畏刀杖 無不愛壽命 恕己可爲喻 勿殺勿行杖"

별별 : 보普와 멸滅의 반절이고, 잠깐 보는 것이다.

라裸 : 랑郞과 과果의 반절이고, 벌거벗다(露)라는 뜻이다.

비痺 : 비毗와 지至의 반절이다.

참眨 : 잡帀으로 발음한다. 여러 본에 삽唼으로 되어 있는데 잘못이다.

건흘謇吃 : 앞 글자는 구九와 배輩의 반절이고, 뒷글자는 거居와 을乙의 반절이다.

차병差病 : (앞 글자는) 초楚와 개介의 반절이고, 병이 낫다(病愈)라는 뜻이다.

멸搣 : 멸滅로 발음하고, 손으로 뽑는 것이다.

영극嬰劇 : 앞 글자는 어於와 영盈의 반절이다. 뒷글자는 기奇와 역逆의 반절이고, 더하다(增)라는 뜻이다.

당외燙煨 : 앞 글자는 당唐으로 발음하고, 뒷글자는 외隈로 발음한다.

철피撤陂 : 앞 글자는 직直과 렬列의 반절이고, 뒷글자는 비碑로 발음한다.

어외淤煨 : 앞 글자는 의依와 거鋸의 반절이고, 뒷글자는 오烏와 회廻의 반절이다. 어淤는 곧 그 위쪽의 "방죽을 터트리다."라는 1구를 거두고, 외煨는 곧 "산과 늪에 불을 지르다." "계란을 불에 굽다."라는 2구를 거두는 것이다. 여러 본에 어애淤燦로 되어 있는데, 잘못이다.

피박우양皮剝牛羊 : 경에 피박皮剝으로 되어 있는 것을 뒷사람이 피박剝剝으로 고쳤다. 아마도 경문에 밝지 못해 그랬을 것이다.

칭량稱量 : 앞 글자는 창昌과 잉孕의 반절이다. 속자로 쓰면 칭秤이다. 무게(斤兩)를 다는 것이다.

연벽攣躄 : 앞 글자는 려呂와 원員의 반절이다. 뒷글자는 벽壁으로 발음하고, 다리를 저는 것이다.

루僂 : 력力과 주主의 반절이고, 허리가 굽는 병으로 고달픈 것이다.

참극憯尅 : 앞 글자는 초初와 금錦의 반절이고, 독하다(毒)는 뜻이다. 뒷글자는 극克으로 발음하고, 죽이다(殺)라는 뜻이다. 저각殂刻 또는 저극殂克으로 쓴 것이 있는데, 모두 잘못이다.

항석 : 호胡와 랑郎의 반절이다.

개부진인皆復進引 : 이 문장은 전부 불경에 있는 것이다. 그 행상에 밝지 못하여 배복진인背伏進引으로 고친 사람이 있는데, 큰 잘못이다.

양이부청兩耳復靑 : (양이兩耳를) 양목兩目으로 쓴 곳이 많은데, 이 문단에 양안황적兩眼黃赤이라는 구절이 있다. 지금 목目 자를 이耳 자로 고치니, 눈이 두 번 거론되는 것은 잘못이기 때문이다.

두협구부頭頰俱阜 : (두협頭頰을) 고협高頰·쌍협雙頰으로 쓴 것이 있는데, 모두 잘못이다.

포皰 : 필匹과 모貌의 반절이다. 얼굴에 기포氣皰가 생기는 것이다.

좌熰 : 작昨과 화禾의 반절이다.

철凸 : 도徒와 결結의 반절이다.

단사斷事 : (앞 글자는) 정丁과 관貫의 반절이고, 결단하다(決斷)라는 뜻이다.

기도其度 : (뒷글자는) 도徒와 고故의 반절이다.

략掠 : 략略으로 발음하고, 사람과 재물을 겁탈하는 것이다.

오인惡人 : (앞 글자는) 오汚로 발음한다.

호號 : 호毫로 발음하고, 울다(哭)라는 뜻이다.

식내생희息乃生喜 : (식내息乃를) 다른 본에는 실내悉乃로 쓴 곳이 많다. 여기에서는 어머니와 한 아들을 대비시켜 논의한 상황이므로 지금 식息으로 쓴 것이니 식은 곧 아들이란 뜻이다. 지금 이런 뜻에서 고쳤다. 비록 (문헌상의) 근거는 찾지 못했지만 문장을 잘 살펴보면 알 수 있을 것이다.

수류불상만水流不常滿 : 이것은 불경에 나오는 게송이다. 수류水流를 수갱水坑으로 쓴 것이 있는데, 잘못이다.

협挾 : 호胡와 협頰의 반절이고, 몰래 지니는 것이다.

액腋 : 역亦으로 발음한다.

몽幪 : 몽蒙으로 발음하고, 덮어 가리다(盖覆)라는 뜻이다.

능약欻弱 : 앞 글자는 릉凌, 뒷글자는 약若으로 발음한다.

第三卷音義

顓(音專)。搪揆(上音唐。下陁骨切)。屐(奇逆切。鞋屐也)。喜遭縣官(上去聲。頻也)。犻(音屯。小猪也)。鴝鵒(上鉤。下格)。猩猩(音生。能言之獸)。扑(音朴打也)。恕己(商署切。涅槃經云。一切衆生。無不愛壽命。當恕己爲喩。勿殺勿食肉。義同於此)。佷(胡懇切)。躁(則到切。動也)。惡(音汚)。幾過(上音己。下去聲。過卽度也)。差如不死(楚宜切。參差似死不死)。傲(五到切。倨慢也)。幾微(居依切。幾亦微也)。瞥(普滅切。暫見也)。裸(郞果切。露也)。痹(毗至切)。嗒(音匝。諸本作唼者。非)。謇吃(上九輦切。下居乙切)。差病(楚介切。病愈也)。搣(音滅。手拔也)。嬰劇(上於盈切。下奇逆切。增也)。燺煖(上音唐。下音煨)。撤陂(上直列切。下音碑)。淤煨(上依鋸切。下烏廻切。淤卽收上決撤陂池一句。煨卽收焚燒山澤火炮雞子二句。諸本作淤燰者。非)。皮剝牛羊(經作皮剝。後人改作剝剝。盖不善於文言耳)。稱量(上昌孕切。俗作秤。正斤兩也)。癰躄(上呂員切。下音壁。跛也)。僂(力主切。僂傴病。困也)。憯尅(上初錦切。毒也。下音克。殺也。有作岨刻岨克者。俱非)。桁(胡郞切)。皆復進引(此文全是佛經。有人不善行相。改作背伏進引。大非)。兩耳復靑(多作兩目。此文有兩眼黃赤。今改目作耳。眼目重用。非)。頭頰俱阜(有作。高頰雙頰。俱非)。皰(四[1]皃切。面生氣皰)。矬(昨禾切)。凸(徒結切)。斷事(丁貫切。決斷也)。其度(徒故切)。掠(音略。刼人材也)。惡人(音汚)。號(音毫。哭也)。息乃生喜(餘本多作悉乃。況是一母一子對論義。今作息。息卽子也。今以義改。雖未得證。詳文可見)。水流不常滿(此是佛經偈。有作水坑者。非)。挾(胡頰切。藏帶也)。腋(音亦)。幪(音蒙。盖覆也)。欸弱(上音凌。下音若)。

---

1) ㉠ '四'는 '匹'의 오자이다. 『집해』의 앞부분에서 "포皰는 필必과 모暮의 반절이다."라고 하였다.

자비도량참법집해 卷下
| 慈悲道場懺法集解 |

공암 화상 조구 찬집*
空菴和尙祖丘撰集

* ㉑ 찬집자의 이름은 편자가 넣었다.

상교정본 자비도량참법 권 제4
詳校正本慈悲道場懺法卷第四

양조의 여러 대법사가 찬집하다
梁朝諸大法師集撰

과보를 드러냄
제3권부터 이 권 서두까지이다.

[참법] 오늘 이 도량의 동업대중이여, 거듭 정성을 다해 일심으로 잘 들으십시오.[1]

"부처님께서 왕사성 가란타 죽원에 계실 때였다. 그때 목련이 좌선하다가 일어나서 항하수 가를 거닐다가 제각기 다른 죄를 받는 여러 아귀들을 보게 되었다. 이때 여러 아귀가 각기 공경하는 마음을 일으켜 목련에게 다가와 과거의 인연을 물었다.

한 아귀가 물었다.

'저는 한평생 굶주림과 목마름을 늘 안고 살았습니다. 뒷간에 가서 똥이라도 집어 먹고 싶지만 뒷간에 기운 센 귀신이 몽둥이로 저를 때리는 바람에 아예 가까이 갈 수도 없습니다. 무슨 죄를 지은 결과입니까?'

목련이 대답하였다.

'너는 사람이었을 때 불도佛圖의 주지로 있었다. 그때 절로 찾아와 음식을 구걸하는 나그네 비구에게 너는 아까워하며 음식을 주지 않았고, 기다렸다가 나그네가 떠난 뒤에 본래 그곳에 머물던 비구들에게만 음식을 돌렸다. 이는 네가 도리도 모르고 대중의 물건을 아까워한 탓이니, 그 인연으로 이런 죄를 받는 것이다. 네가 지금 받는 것도 화보일 뿐, 과보는 지옥에 있느니라.'

顯果報(自三卷。至此卷首。)
今日道場。同業大衆。重加至誠。一心諦聽。佛在王舍城迦蘭陁竹園。爾

---

[1] 아래는 『귀문목련경鬼問目連經』(T17, 535~536)에서 인용한 것이다.

時。目連。從禪定起。遊恒河邊。見諸餓鬼。受罪不同。時諸餓鬼。各起敬心。來問目連。徃昔因緣。一鬼問言。我一生來。恒抱飢渴。欲至厠上。取糞噉之。厠上大力鬼。以杖打我。初不得近。何罪所致。目連答言。汝爲人時。作佛圖主。有客比丘。來寺乞食。而汝慳惜。不與客食。待客去後。乃行舊住。緣汝無道。慳惜衆物。以是因緣。故獲斯罪。汝今華報。果在地獄。

제4권

집해 '가란타 죽원迦蘭陁竹園'에 대하여 변진 스님은 다음과 같이 말하였다.

"가란타迦蘭陀(Kalandaka)는 중국말로 호성好聲이니, 새 이름이다. 그 형상이 까치와 비슷한데, 이 숲에 많이 서식하기 때문이다. 혹자는 서역의 쥐 이름이라고 한다. 옛날에 어떤 왕이 이곳에서 사냥놀이를 하다가 나무 아래에서 쉴 때였다. 어떤 큰 뱀 한 마리가 다가와 왕을 해치려고 할 때, 쥐가 뱀을 보고 깜짝 놀라 달아나다가 그만 왕의 얼굴을 건드리게 되었다. 왕이 그 바람에 깜짝 놀라 정신을 차리고 뱀의 재난을 면하게 되자, 드디어 한 마을을 봉읍으로 정해 이 쥐를 받들게 하였다. 그래서 그 동산이 그런 이름을 가지게 되었다."

각명 공은 다음과 같이 말했다.

"가란타는 장자長者의 이름이다. 이 장자의 음성이 맑고 아름다웠던 까닭에 가란타라고 불렀으니, 중국말로는 호성好聲이다. 이 장자는 이 죽원을 빈바사라頻婆娑羅 왕에게 바쳤고, 그와 함께 정사를 설치하고서 부처님께 설법을 청하였다. 서국西國에서는 절을 원園이라 한다."

'불도佛圖'는 곧 부도浮圖니, 곧 이쪽 지방의 탑塔이다. 변진 스님은 "범어로 온전히 말하면 솔도파窣堵波(Stūpa)이고, 중국말로는 고현처高現處이다. 와전되어 불도佛圖·부도浮圖·탑塔이라 하는데, 중국말로는 방분方墳이다.

'불도의 주지(佛圖主)는 곧 탑사의 주지(塔寺主)다."라고 하였다.

第四卷
迦蘭陀竹園。眞師云。迦蘭陀。此云好聲。鳥名。其形如鵲。多栖此林故也。或云。西域鼠名。徃昔有王。於此遊獵。樹下歇息。有一大蛇來。欲害王時。鼠見蛇。驚忙而走。還觸王面。王乃驚覺。得免蛇難。遂封一村落。以供此鼠。故園得彼名。明公曰。迦蘭陀者。長者之名。此長者。音聲淸好故。號迦蘭陀。此云好聲。此長者。捨此竹園。與頻婆娑羅王。同置精舍。請佛說法。西國呼寺爲園。佛圖。卽浮圖。卽此方塔也。眞師云。梵具云窣堵波。此云高現處。訛云佛圖浮圖塔。此云方墳。佛圖主。卽塔寺主。

참법 또 한 아귀가 목련에게 물었다.

'저는 한평생 어깨에 구리물이 가득한 큰 구리 항아리를 메고 사는데, 국자로 퍼내면 도리어 저절로 정수리에 부어져 그 고통을 참기 힘듭니다. 무슨 죄를 지은 결과입니까?'

목련이 대답하였다.

'너는 사람이었을 때 절의 유나維那로서 대중의 일을 본 적이 있었다. 그때 소酥가 한 항아리가 생기자 그걸 은밀한 곳에 숨기고는 때맞춰 돌리지 않았으며, 기다렸다가 나그네가 떠난 뒤에 본래 그곳에 머물던 비구들에게만 그 소를 돌렸다. 소는 초제招提의 물건이니, 모두에게 그 몫이 돌아가야 하는 것이다. 이는 네가 도리도 모르고 대중의 물건을 아까워한 탓이니, 그 인연으로 이런 죄를 받는 것이다. 네가 지금 받는 것도 화보일 뿐, 과보는 지옥에 있느니라.'

復有一鬼。問目連言。我一生來。肩上有大銅瓶。盛滿烊銅。以杓取之。還自灌頭。痛苦難忍。何罪所致。目連答言。汝爲人時。作寺維那。知大衆事。有一瓶酥。藏著屏處。不依時行。待客去後。乃行舊住。酥是招提之物。一切有分。緣汝無道。慳惜衆物。以是因緣。故獲斯罪。汝今華報。果在地獄。

[집해] '유나維那'에 대해 동림 스님은 말하였다.

"『기귀전寄歸傳』[2]에서 '유維는 강유綱維이고, 중국말이다. 나那는 범어로서 온전히 말하면 갈마타나羯磨陁那이고 중국말로는 열중悅衆이다'라고 하였다. 혹자는 지사知事・지시知時 등이라고도 한다. 위에서 '유나'라고 한 것은 중국말과 범어를 병기한 것이다." 미수 스님은 "차제次第라고도 하니, 승사의 차례를 잘 알고 처리해 대중을 기쁘게 한다는 뜻이다."라고 하였다. 또 유나에 대해 각명 공은 "(두 글자) 모두 범어이고 중국말로는 열중이다."라고 하였다.

'초제招提'[3]에 대해 변진 스님은 "중국말로 공객승처供客僧處라 하고, 또 사방승처四方僧處라고도 한다. 또 이것은 중국말이기도 하니, 초招는 이끌다(引), 제提는 맞이하다(接)라는 뜻이다."라고 하였다.

維那。東林師云。寄歸傳云。維是綱維。[1)] 華言也。那是梵語。具云羯磨陁那。此云悅衆。或云知事知時等。今曰維那者。華梵兼擧也。授師云。亦曰次第。謂知事之次第。令衆悅也。又維那者。明公曰。皆梵語。此云悅衆。招提。眞師云。此云供客僧處。又云四方僧處。又是華言。招。引也。提。

---

2 『기귀전寄歸傳』은 『남해기귀내법전南海寄歸內法傳』을 말한다. 『남해귀기내법전』 권4(T54, 226b)에 인용한 아래 내용이 수록되어 있다. 그러나 그 문장은 『조정사원祖庭事苑』 권8(X64, 431b), 『대송승사략大宋僧史略』 권중(T54, 244c), 『번역명의집翻譯名義集』 권1(T54, 1075a) 등에서 『기귀전寄歸傳』을 전거로 밝히고 유나에 대해 설명한 문장과 더 유사하다. 이로 보아 동림 스님 역시 재인용한 것으로 추측된다.
3 초제招提 : 범어 cāturdiśa의 음역인 척투제사拓鬪提奢의 준말 척제拓提가 와전되어 초제招提가 되었다.

接也。

1) ㉯ '維'는 저본에 'ㅣ'로 되어 있고 그 아래 "이 획은 '維' 자로 본다."는 주가 있다. 따라서 편자가 '維'로 고쳤다. 아래에서도 마찬가지이다.

참법 또 한 아귀가 목련에게 물었다.

'저는 한평생 늘 뜨거운 쇠구슬을 삼킵니다. 무슨 죄를 지은 결과입니까?'

목련이 대답하였다.

'너는 사람이었을 때 사미로 있으면서 깨끗한 물을 길다 사탕 음료수를 만든 적이 있었다. 그때 사탕이 단단하고 크자 너는 훔치려는 마음을 일으켜 그걸 깨뜨려서는 조금 가졌다. 대중이 마시기 전에 네가 한 입 훔쳐 먹은 그 인연으로 이런 죄를 받는 것이다. 하지만 이것도 화보일 뿐 과보는 지옥에 있느니라.'"

復有一鬼。問目連言。我一生來。常呑熱鐵丸。何罪所致。目連答言。汝爲人時。作沙彌子。取淸淨水。作石蜜漿。石蜜堅大。汝起盜心。打取少許。大衆未飮。汝盜一口。以是因緣。故獲斯罪。此是華報。果在地獄。

집해 '사미沙彌'는 중국말로 근책勤策이니, 부지런히 스스로를 독려하며 대계大戒를 수지한 비구들을 받들어 섬기기 때문이다.

'사탕 음료수(石蜜漿)'에 대해 『정법염처경正法念處經』에서 "사탕수수의 즙을 그릇에 담아 불로 끓이면 돌덩어리 같은 설탕이 된다. 따라서 석밀石蜜이라 한다."⁴고 하였다.

沙彌。此云勤策。謂勤自策勵。奉事大戒比丘故。石密¹⁾漿。正法念處經

---
4 『정법염처경』 권3(T17, 17b).

云。甘蔗汁在器中。火煎爲之。成糖似石。故曰石蜜也。

1) ㉑ '密'은 '蜜'인 듯하다.

참법 오늘 이 도량의 동업대중이여, 목련께서 목격하신 것처럼 크게 두려워해야 합니다. 우리 역시 이런 죄를 지었다고 해야 옳을 것이니, 무명에 덮여 스스로 기억하지 못할 뿐입니다.

이와 같은 한량없는 죄업으로 미래에 고통스러운 과보를 받을 분이 아마도 있을 것이기에 오늘 마음을 다해 평등한 일심으로 간절하게 오체투지하며 부끄러워하고 참회하오니, 부디 말끔히 없애 주소서. 또 널리 시방 온 허공계 일체 아귀를 위해 애원하며 참회하고, 또 부모님과 스승을 받들고 그들을 위해 애원하며 참회하고, 또 동일한 계단의 존사·증사와 상좌·중좌·하좌를 위해 애원하며 참회하고, 또 선지식·악지식과 널리 시방의 다함없고 끝없는 사생 육도의 일체중생을 위해 애원하고 참회하오니, 이미 지은 죄를 지금 이 참회로 말끔히 없애 주소서. 아직 짓지 않은 죄는 감히 다시 저지르지 않겠습니다.

평등한 일심으로 간절하게 세간의 너무도 자비로우신 아버지께 귀의합니다.

나무 미륵불

나무 석가모니불

나무 구루손불

나무 구나함모니불

나무 가섭불

나무 사자불

나무 명염불

나무 모니불

나무 묘화불

나무 화씨불

나무 선숙불

나무 도사불

나무 대비불

나무 대력불

나무 숙왕불

나무 수약불

나무 명상불

나무 대명불

나무 염견불

나무 조요불

나무 일장불

나무 월씨불

나무 중염불

나무 선명불

나무 무우불

나무 사자유희보살

나무 사자분신보살

나무 무변신보살

나무 관세음보살

나무 불타

나무 달마

나무 승가

부디 대자비로 시방에서 현재 아귀 세계의 고통을 받고 있는 일체중생을 구원하소서.

또 시방의 지옥 세계와 축생 세계와 인간 세계에 있는 일체중생의 한량없는 고통을 구원하시어 그 중생들이 곧바로 해탈을 얻게 하소서. (그들이) 삼장의 업을 끊고 오포외를 제거하며 팔해탈로 마음을 씻고 사홍서원으로 만물을 감싸게 하시고, 자비로운 존안을 직접 뵙고 오묘한 가르침을 여쭙고 받들어 앉은 그 자리에서 모든 번뇌가 영원히 사라지게 하시며, (그들의) 생각에 따라 굽어 살피시어 모든 부처님 국토를 편력하면서 원과 행이 빨리 원만해져 속히 정각을 이루게 하소서. 1배

今日道場。同業大衆。如目連所見。大可怖畏。我等亦可。經作此罪。無明所覆。不自憶知。脫有如是。無量罪業。於未來世。受苦報者。今日至心。等一痛切。五體投地。慙愧懺悔。願乞除滅。又復普爲十方。盡虛空界。一切餓鬼。求哀懺悔。又奉爲父母師長。求哀懺悔。又爲同壇尊證。上中下座。求哀懺悔。又爲善惡知識。廣及十方。無窮無盡。四生六道。一切衆生。求哀懺悔。已作之罪。因今除滅。未作之罪。不敢復造。等一痛切。歸依世間。大慈悲父。南無彌勒佛。南無釋迦牟尼佛。南無拘樓孫佛。南無拘那含牟尼佛。南無迦葉佛。南無師子佛。南無明燄佛。南無牟尼佛。南無妙華佛。南無華氏佛。南無善宿佛。南無導師佛。南無大臂佛。南無大力佛。南無宿王佛。南無修藥佛。南無名相佛。南無大明佛。南無炎肩佛。南無照曜佛。南無日藏佛。南無月氏佛。南無衆炎佛。南無善明佛。南無無憂佛。南無師子遊戲菩薩。南無師子奮迅菩薩。南無無邊身菩薩。南無觀世音菩薩。南無佛陀。南無達摩。南無僧伽。願以大慈悲。救拔十方。現受餓鬼道苦。一切衆生。又願救拔十方。地獄道畜生道人道。一切衆生。無量衆苦。令諸衆生。卽得解脫。斷三障業。除五怖畏。八解洗心。四弘被物。面奉慈顔。諮承妙敎。不起本處。諸漏永盡。隨念俯應。遍諸佛土。願行早圓。速成正覺(一拜)。

[집해] '경작經作'은 겪었고 또 지었다(經亦作)는 뜻이다. 혹자는 "오랜 겁을

지나오며 이런 죄를 저질렀다는 뜻이다."라고도 한다.

'탈유脫有'에 대해 각명 공은 "앞 글자는 아마도(恐)라는 뜻이다."라고 하였다.

'미륵불'에서 '무우불'까지는 현겁賢刧 천불 중 23불이다. 이 아래로는 모두 현겁 천불이다.

'불기본처不起本處'에 대해 미수 스님은 "자리에서 일어나지 않고(不起于座)라는 뜻이다."라고 하였다.

經作。經亦作也。或云。經刧作此罪也。脫有。明公云。上恐也。彌勒佛至无憂佛。卽賢刧千佛中。二十三佛。此下皆賢刧千佛也。不起本處。授師云。不起于座。

참법 오늘 이 도량의 동업대중이여, 거듭 정성을 다해 일심으로 잘 들으십시오.

"부처님께서 왕사성에 계실 때였다. 성 동남쪽에 못이 하나 있었는데, 똥오줌 등 더러운 오물이 모조리 그곳으로 흘러들어 그 악취가 가까이 갈 수 없을 정도였다. 큰 벌레 한 마리가 그 못에 살았는데 몸 길이가 두 길이나 되고, 손발도 없이 꿈틀거리며 고개를 들었다 내렸다 하였기에 이를 구경하는 사람이 수천 명에 이르렀다. 아난이 가서 보고는 부처님께 그 사실을 낱낱이 말씀드리자 부처님께서 대중과 함께 그 못으로 향하셨다. 이에 대중들은 속으로 '오늘 여래께서 회중들을 위해 그 벌레의 내력을 말씀하시리라'고 하였다.

부처님이 대중에게 말씀하셨다.

'유위불維衛佛께서 니원泥洹에 드신 후였다. 그때 한 탑사塔寺가 있었는데, 500명의 비구가 그 절을 지나가게 되었다. 그 절의 주지는 기뻐하며 공양을 올릴 수 있도록 머물러 달라 청하였고, 온 마음을 다해 음식을 바치면서 조금도 아까워하는 법이 없었다. 그 뒤에 500명의 상인이 바다로 들어가 보물을 채집하고 돌아오는 길에 그 탑사를 지나다가 500비구가 정근하며 도를 실천하는 것을 보고는 다들 제각기 발심하여 기쁜 마음으로 함께 의논하였다. 그들은 복전은 만나기 어려우니 간단한 공양이라도 베풀자며 사람마다 구슬 하나씩을 내놓아 500개의 마니주를 거두었고, 그것을 절의 주지에게 맡겼다. 하지만 절의 주지는 나중에 선량하지 못한 마음이 생겨 독차지하려고 도모하며 공양을 차리지 않았다. 대중이 물었다.

'상인들이 보시한 구슬로 공양을 베풀어야 하지 않습니까?'

그러자 절의 주지가 대답했다.

'그 구슬은 나에게 준 것이다. 진주를 뺏으려 한다면 당신들에게 똥이나 주리라. 지금 당장 떠나지 않으면 당신들의 팔과 다리를 잘라 똥구덩이에 던져 버리겠다.'

대중들은 그의 어리석음을 생각하면서 묵묵히 각자 그곳을 떠났다. 그 죄업을 인연해 이런 벌레의 몸을 받게 된 것이며, 나중에는 지옥에 들어가 또 온갖 고통을 받을 것이다.'"[5]

今日道場。同業大衆。重復至誠。一心諦聽。爾時。佛在王舍城。城東南。有一池水。屎尿汚穢。盡入其中。臭不可近。有一大虫。生此水中。身長數丈。無有手足。宛轉伍昻。觀者數千。阿難徃見。具以啓佛。佛與大衆。共詣池所。大衆念言。今日如來。當爲衆會。說虫本末。佛告大衆。維衛佛泥洹後。時有塔寺。有五百比丘。經過寺中。寺主歡喜。請留供養。盡心供饌。無有遺惜。後有五百商人。入海采寶。還過塔寺。見五百比丘。精勤行道。並各發心。欣然共議。福田難遇。當設薄供。人捨一珠。得五百摩

---

5 인용한 경문은 『경률이상經律異相』 권48(T53, 258a)과 『법원주림法苑珠林』 권28(T53, 490a)에 수록되어 있는데, 모두 『비유경譬喻經』 제4권에서 발췌하였다고 하였다.

尼珠。以寄寺主。寺主後時。生不善心。圖欲獨取。不爲設供。大衆問言。
賈客施珠。應當設供。寺主答言。是珠施我。若欲奪珠。糞可與汝。若不時
去。割汝手足。投之糞坑。衆念其癡。默然各去。緣是罪惡。受此虫身。後
入地獄。又受衆苦。

집해 '앙昂'은 앙央으로 발음하고, 우러르다(仰)라는 뜻이다.

'유위불維衛佛'은 곧 비바시불毗婆尸佛이다.

'니원泥洹'은 곧 열반涅槃이다.

'마니주摩尼珠'는 중국말로 여의如意이며, 또 무구無垢라고도 한다.

'도圖'는 도모하다(謀)라는 뜻이다.

'고賈'에 대해 보충 설명을 하자면, 고古로 발음한다. 『능엄해』에서 "다니면서 판매하는 사람을 상商이라 하고, 한 자리에 앉아 판매하는 사람을 고賈라 한다."고 하였다. 또 가可로 발음하면 성姓이다.

昂。音央。仰也。維衛佛。卽毗婆尸佛。泥洹[卽涅槃也]。摩尼珠。此云如
意。又云無垢。圖者[謀也]。賈。生枝曰。音古。楞嚴解云。行賣曰商。居賣
曰賈。又音可。姓也。

참법 "부처님께서 왕사성에 계실 때였다. 또 혀가 길고 넓은 한 중생을 보았는데, 쇠못을 그 혀에다 박자 불이 활활 타올랐으며 해가 지고 밤이 새도록 온갖 고초를 골고루 겪고 있었다. 이에 목련이 부처님께 여쭈었다.

'이 사람은 무슨 죄의 과보로 지금 이런 고통을 겪는 것입니까?'

부처님께서 목련에게 대답하셨다.

'이 사람은 과거에 절의 주지를 지낸 적이 있는데, 욕을 퍼부으며 여러 나그네 비구를 쫓아내면서 음식도 주지 않고 함께 공양하지도 않았다. 그

인연으로 이런 죄를 받는 것이다.'

또 신체가 장대한 어떤 중생이 불이 활활 타는 가마솥을 머리에 이고 있었는데, 그 속에 가득한 구리물이 사방으로 튀어 그의 몸으로 흘러내리고 있었다. 그렇게 허공을 날아다니면서 잠시의 휴식도 없었다. 목련이 부처님께 여쭈었다.

'이 사람은 무슨 죄로 지금 이런 고통을 겪는 것입니까?'

부처님께서 목련에게 대답하셨다.

'이 사람은 과거에 절의 지사知事로 있으면서 단월이 보내온 기름을 여러 나그네 비구에게는 나눠 주지 않고, 기다렸다가 나그네가 떠난 뒤에 본래 그곳에 머물던 비구들에게만 나눠 주었다. 그 인연으로 이런 죄를 받는 것이다.'

佛在王舍城。又見一衆生。其舌長大。鐵釘釘舌。熾然火起。終日竟夜。備受楚痛。目連問佛。此何罪報。今受此苦。佛答目連。此人昔時。經作寺主。呵罵驅遣。諸客比丘。不與飮食。不同供養。以是因緣。故獲斯罪。又有衆生。身體長大。頭上有鑊。熾然火燒。滿中烊銅。從四面出。灌其身上。乘虛而行。無有休息。目連問佛。此何等罪。今受此苦。佛答目連。此人昔時。作寺知事。檀越送油。不以分與。諸客比丘。待客去後。乃分舊住。以是因緣。故獲斯罪。

[집해] 보냈다는 '기름(油)'은 소유酥油이다.

送油者[酥油]。

[참법] 또 한 중생은 활활 타는 쇠구슬이 몸 위로 들어갔다가 몸 아래로 나오는 모습으로 허공을 날아다니고 있었는데, 그 고통이 참기 힘들어 보

였다. 목련이 부처님께 여쭈었다.
'이 사람은 무슨 죄로 지금 이런 고통을 겪는 것입니까?'
부처님께서 목련에게 대답하셨다.
'이 사람은 과거에 사미로 있으면서 대중의 동산에서 과일 일곱 개를 훔쳐 먹고는 죽어서 지옥에 들어가 한량없는 고통을 받았다. 그러고도 남은 업이 다하지 않아 이런 죄를 받는 것이다.'
또 큰 물고기 한 마리를 보았는데, 몸은 하나에 머리가 백 개였고 머리마다 모양이 각기 달랐다. 그것이 누군가의 그물에 걸린 것을 세존께서 보시고 자심慈心 삼매에 들어 그 물고기를 부르자 물고기가 즉시 응답하였다. 세존께서 '너의 어머니는 어디에 있느냐?'고 묻자 물고기는 '어머니는 뒷간에서 벌레가 되었습니다'라고 하였다. 이에 부처님께서 비구들에게 말씀하셨다.
'이 큰 물고기는 가섭불 시절에 삼장 비구였지만 나쁜 말을 한 까닭에 머리가 많은 과보를 받았고, 그 어머니는 그때 그의 이양利養을 받은 인연으로 뒷간의 벌레가 되었다.'
부처님께서 비구들에게 말씀하셨다.
'이런 과보를 받게 된 것은 모두 중생으로 있을 때 추하고 험악한 나쁜 말들을 하고, 이 사람 저 사람에게 말을 옮겨 두 집안을 싸우게 했던 탓이다. 죽어서 지옥에 들어가면 옥졸들이 속까지 벌겋게 달군 쇠꼬챙이로 그의 혀를 지지고, 다시 칼날처럼 날카로운 날이 세 개나 되는 뜨거운 쇠갈고리로 그의 혀를 자르며, 다시 보섭으로 그의 혀를 쟁기질하고, 다시 쇠공이를 달구어 그의 목구멍을 찌를 것이다. 그렇게 수천만 겁을 지내고 죄가 끝나 벗어나게 되더라도 새나 짐승으로 태어나게 될 것이다.'
부처님께서 말씀하셨다.
'만일 그 군주나 부모님이나 스승에 대해 그 시비를 논하는 중생이 있다면 그 죄는 이보다 심하니라.'"

又一衆生。熾然鐵丸。從身上入。從身下出。乘虛而行。苦痛難忍。目連問佛。此何等罪。今受此苦。佛答目連。此人徃昔。作沙彌子。盜衆園中。果子七枚。死地入獄。受無量苦。餘業未盡。故獲斯罪。又見大魚。一身百頭。頭頭各異。墮他網中。世尊見已。入慈三昧。乃喚此魚。魚卽時應。世尊問言。汝母何在。答言。母在厠中作虫。佛語諸比丘。此大魚者。迦葉佛時。作三藏比丘。以惡口故。受多頭報。其母爾時。受其利養。以是因緣。作厠中虫。佛言。得此報者。皆由衆生。惡口麁强。宣傳彼此。鬪亂兩家。死入地獄。獄卒燒熱鐵鏡。表裏洞赤。以烙其舌。復燒鐵鉤。鉤有三刃。利如鋒鋩。以斷其舌。復以牛犂。耕破其舌。復燒鐵杵。刾其咽中。數千萬刼。罪畢乃出。生鳥獸中。佛言。若有衆生。論說君主。父母師長。其罪過是。

　[집해] '매枚'는 매埋로 발음하고, 낱개(箇)를 뜻한다.
　'대중의 동산(衆園)'에 대해 각명 공은 승사僧寺라 하였다.
　'물고기가 즉시 응답하였다'는 것은 부처님께서 신통력으로 그 물고기가 응답하도록 한 것이다.
　'삼장三藏'은 곧 경經·율律·논論이다.
　'비鏡'는 비卑로 발음하고, 보습(犂)이다. 또 도끼 종류(斧屬)라고도 하고, 또 화살촉(箭鏃)이라고도 하고, 또 차꼬(釵)라고도 하고, 또 비녀(簪)라고도 하여 출처마다 같지 않은데, 모두 고통을 주는 도구이다.
　'구鉤'에 대해 동림 스님은 검劒 종류라 하였다.
　'봉망鋒鋩'의 앞 글자는 봉封, 뒷글자는 망亡으로 발음한다. 두 글자 모두 날카로운 칼날이다.
　'리犂'는 리離로 발음하고, 밭을 가는 도구이다.

　　　枚[音埋。箇也]。衆園[明公云。僧寺]。魚卽時應。以佛神力。使魚應也。

三藏。卽經律論。鏱。音卑。犁也。又斧屬。又箭鏃也。又釫也。又簪也。出處不同。皆苦具。鉤。東林師云。劍屬也。鋒鋩。上音封。下音亡。皆利刃也。犁。音離。耕田之具也。

참법 오늘 이 도량의 동업대중이여, 부처님의 이런 말씀을 듣고 크게 두려워해야 합니다. 이제 선과 악의 두 길이 너무도 분명해 환히 볼 수 있고 죄와 복의 과보를 살피고 깨달아 의심할 여지가 없으니, 마땅히 노력하여 부지런히 참회해야 하고 다 함께 경전을 펼쳐 이런 일들을 낱낱이 살펴야 합니다. 만일 노력하지 않고 쪼끔 하고는 다시 나태해져 물러선다면 우리가 지금 하려는 일을 무슨 수로 완수하겠습니까? 마치 궁핍한 사람이 온갖 맛있는 음식에 온통 마음을 쏟더라도 그 굶주림의 고뇌를 해결하는 데는 끝내 아무런 도움도 되지 않는 것과 같습니다. 그러므로 아셔야 합니다. 훌륭하고 오묘한 법을 구하고자 하고, 중생을 구제하고자 한다면 마음만 먹어서는 안 됩니다. 이미 마음먹은 일이라면 스스로 노력하고 부지런히 그것을 실천해야 마땅합니다.

다 함께 마음을 다해 평등한 일심으로 간절하게 오체투지하며 지옥 세계·아귀 세계·축생 세계·인간 세계의 일체중생을 위하여 애원하며 참회하고, 또 부모님과 스승과 선지식·악지식과 자신 일체 권속을 위하여 애원하고 참회하오니, 이미 지은 죄를 부디 말끔히 없애 주소서. 아직 짓지 않은 죄는 감히 다시 저지르지 않겠습니다.

평등한 일심으로 간절하게 세간의 너무도 자비로우신 아버지께 귀의합니다.

나무 미륵불

나무 석가모니불

나무 제사불

나무 명요불

나무 지만불
나무 공덕명불
나무 시의불
나무 등요불
나무 흥성불
나무 약사불
나무 선유불
나무 백호불
나무 견고불
나무 복위덕불
나무 불가괴불
나무 덕상불
나무 라후불
나무 중주불
나무 범성불
나무 견제불
나무 불고불
나무 작명불
나무 대산불
나무 금강불
나무 장중불
나무 무외불
나무 진보불
나무 사자번보살
나무 사자작보살
나무 무변신보살

나무 관세음보살

부디 자비의 힘과 지혜의 힘과 불가사의한 힘과 한량없이 자재한 힘으로 육도의 모든 중생을 제도하시고, 육도의 모든 고통을 말끔히 없애 주소서. 그리하여 모든 중생이 다 삼악도의 죄업을 끊게 되어 끝끝내 오역죄와 십악을 저질러 삼악도에 또 떨어지는 일이 다시는 없도록 하소서. (그들이) 오늘부터 고통스러운 과보의 삶을 버리고 정토의 삶을 얻게 하시며, 고통스러운 과보의 생활을 버리고 지혜의 생활을 얻게 하시며, 고통스러운 과보의 몸을 버리고 금강 같은 몸을 얻게 하시며, 악도의 괴로움을 버리고 열반의 즐거움을 얻게 하시며, 악도의 괴로움을 기억하고 보리심을 일으키게 하소서. 사무량심과 육바라밀이 항상 앞에 나타나고 사무애변과 육신통력이 뜻대로 자재하게 하시며, 용맹하게 정진하며 쉬지도 멈추지도 않게 하소서. 나아가 더욱 열심히 수행하여 십지의 행을 만족하고는 다시 일체 중생을 제도할 수 있게 하소서. 1배

今日道場。同業大衆。聞佛此言。大可怖畏。今善惡二途。皎然可見。罪福果報。諦了無疑。唯應努力。勤行懺悔。相與披經。具見此事。若不努力。小復懈退。我今所作。何由得辦。譬如歉乏之人。心注百味。於其飢惱。終無濟益。故知。欲求勝妙法。欲度脫衆生者。不可止在於心。旣在心事。宜自努力。勤而行之。相與至心。等一痛切。五體投地。爲地獄道餓鬼道畜生道人道。一切衆生。求哀禮懺。又爲父母師長。善惡知識。幷及自身。一切眷屬。求哀禮懺。已作之罪。願乞除滅。未作之罪。不敢復作。等一痛切。歸依世間。大慈悲父。南無彌勒佛。南無釋迦牟尼佛。南無提沙佛。南無明曜佛。南無持鬘佛。南無功德明佛。南無示義佛。南無燈曜佛。南無興盛佛。南無藥師佛。南無善濡佛。南無白毫佛。南無堅固佛。南無福威德佛。南無不可壞佛。南無德相佛。南無羅睺佛。南無衆主佛。南無梵聲佛。南無堅際佛。南無不高佛。南無作明佛。南無大山佛。南無金剛佛。

南無將衆佛。南無無畏佛。南無珍寶佛。南無師子幡菩薩。南無師子作菩
薩。南無無邊身菩薩。南無觀世音菩薩。願以慈悲力。智慧力。不思議力。
無量自在力。度脫六道。一切衆生。滅除六道。一切衆苦。令諸衆生。皆得
斷除。三途罪業。畢竟不復造。五逆十惡。更墮三途。從今日去。捨苦報
生。得淨土生。捨苦報命。得智慧命。捨苦報身。得金剛身。捨惡趣苦。得
涅槃樂。念惡趣苦。發菩提心。四等六度。常得現前。四辯六通。如意自在。
勇猛精進。不休不息。乃至進修。滿十地行。復能度脫。一切衆生(一拜)。

[집해] '체諦'는 살피다(審)라는 뜻이다.
 '겸歉'은 『참음』에서 "고古와 점點의 반절이고, 먹었지만 배는 부르지 않
다(食不飽)는 뜻이다."라고 하였다.
 '지재止在'에 대해 각명 공은 "그칠 뿐(止只)이라는 의미이다."라고 하였다.
 '제사불提沙佛' 등은 곧 현겁 천불 가운데 그 다음 차례 25불이다.

諦。審也。歉。懺音云。古點切。食不飽也。止在。明公云。止只也。提沙佛
等。卽賢刼千佛中。依次二十五佛也。

제2. 지옥을 벗어남

앞에서 이미 인연과 그 과보, 선하지 못한 업으로 악도에 떨어지는 것을 낱낱이 서술하
였다. 따라서 다음에 이어서 지옥의 문을 드러낸다.

[참법] 오늘 이 도량의 동업대중이여, 비록 만 가지 법이 각각 다르고 그
작용이 한결같지는 않지만 밝음과 어둠으로 상대시켜 보면 오직 선과 악
일 뿐입니다. 선한 것을 말해 보라면 인간과 천상의 수승한 과보요, 악을

말해 보라면 삼악도의 고통스러운 과보입니다. 이 두 가지 일은 세상에 널려 있어 너무도 분명하고 거짓이 아닌데도 어리석어 이를 미혹한 자들은 많은 의심과 이단을 일으킵니다. 혹자는 "인간과 천상도 거짓으로 만들어 낸 것이요, 지옥도 참말이 아니다."라고 말하면서 원인을 미루어 결과를 증명할 줄도 모르고, 결과를 바탕으로 원인을 찾아낼 줄도 모릅니다. 이렇게 원인과 결과도 분별하지 못하면서 각기 세간의 이해를 고집하여 공空을 말하고 유有를 말할 뿐만 아니라 책으로 엮고 논문을 쓰기까지 합니다. 훌륭한 선을 마음에 등지고도 한 번도 잘못이라 말하는 법이 없으며, 설사 보여 주고 가르쳐 준다 해도 더욱 단단히 고집만 부립니다. 이와 같은 사람은 스스로 악도에 뛰어드는 것이니, 쏜살처럼 지옥에 떨어지면 자애로운 부모님도 효성스러운 아들도 구할 수가 없습니다. 오직 앞으로만 갈 수 있어 벌건 가마솥으로 들어가면 몸과 마음이 산산이 부서지고 정신이 고통스러울 것이니, 그때를 당해 후회한들 또 무슨 소용이 있겠습니까.

出地獄第二(向已具述因緣果報。以業不善。墮在惡道。故復相續。顯地獄門。)

今日道場。同業大衆。雖復萬法差品。功用不一。至於明闇相形。唯善與惡。語善則人天勝果。述惡則三途劇報。二事列世。皎然非虛。而愚惑之者。多起疑異。或言。人天是妄造。地獄非眞說。不知推因驗果。不知驗果尋因。旣因果不分。各執世解。非但言空談有。乃亦題篇造論。心乖勝善。未曾云謬。設使示誨。執固益堅。如是等人。自投惡道。如射箭頃。墮在地獄。慈親孝子。不能相救。唯得前行。入於火鑊。身心摧碎。精神痛苦。當此之時。悔復何及。

제2. 지옥을 벗어남

[집해] 변진 스님은 "앞 편에서는 업을 지어 과보를 받는 것을 전체적으

로 밝혔다. 지금 이 문단에서는 지옥의 고통스러운 과보만 밝혀 극심한 고통을 알게 하였으니, 마땅히 '지옥을 보이다(示地獄)'로 해야 한다."고 하였다. 미수 스님은 "출出은 드러내 보이다(現示)라는 뜻이다."라고 하였다. '지옥地獄'에 대해 각명 공은 "범어로 날락가捺落迦(Naraka)이고 중국말로는 극고처極苦處이다."라고 하였다. 혹자는 "고통을 주는 도구들이 땅 밑에 있기 때문에 지옥이라 칭한다."고도 한다.

'극보劇報'의 앞 글자는 극極으로 발음하고, 아프다(苦)는 뜻이다.
'형形'에 대해 변진 스님은 상대하다(對)라는 뜻이라 하였다.
'험과驗果'의 앞 글자는 검劒으로 발음하고, 증명하다(證)라는 뜻이다.
'전행前行'은 곧 앞으로 가다(進行)이다.

出地獄第二
眞師云。前篇通明。造業受報。今文但明。地獄苦果。令知極苦。應云示地獄。授師云。出者。現示之義。地獄者。明公云。梵云捺落迦。此云極苦處。或云。苦具在地之下。故稱地獄。劇報。上音極。苦也。形者。眞師云。對也。驗果。上音劒。證也。前行。卽進行。

참법 오늘 이 도량의 동업대중이여, 선과 악의 영향은 그림자나 메아리와 같고 죄와 복은 거처를 달리해 옛날에도 앞으로도 엄연히 유지될 것이니, 부디 분명히 믿고 의심을 두는 일이 없도록 하십시오. 왜 지옥이라 하는가? 경에서 말씀하셨습니다.

"삼천대천세계의 두 철위산鐵圍山 사이 캄캄한 곳을 지옥이라 한다. 쇠로 된 그 성은 가로 세로가 1천600만 리이고 성 안은 8만 4천 간격(鬲)이며, 아래에는 쇠로 된 땅이 있고 위에는 쇠로 된 그물이 쳐져 있다. 불길이 타오르는 이 성은 안팎이 모두 시뻘겋고, 위에서 타는 불은 바닥까지 닿으며 아래에서 타는 불은 꼭대기까지 닿는다. 그 이름은 곧 중합지옥衆

合地獄·흑암지옥黑闇地獄·도륜지옥刀輪地獄·검림지옥劒林地獄·철기지옥鐵機地獄·자림지옥刺林地獄·철망지옥鐵網地獄·철굴지옥鐵窟地獄·철환지옥鐵丸地獄·첨석지옥尖石地獄·탄갱지옥炭坑地獄·소림지옥燒林地獄·호랑지옥虎狼地獄·규환지옥叫喚地獄·확탕지옥鑊湯地獄·노탄지옥爐炭地獄·도산지옥刀山地獄·검수지옥劒樹地獄·화마지옥火磨地獄·화성지옥火城地獄·동주지옥銅柱地獄·철상지옥鐵牀地獄·화차지옥火車地獄·화륜지옥火輪地獄·음동지옥飮銅地獄·토화지옥吐火地獄·대열지옥大熱地獄·대한지옥大寒地獄·발설지옥拔舌地獄·정신지옥釘身地獄·이경지옥犁耕地獄·부작지옥斧斫地獄·도병지옥刀兵地獄·도렬지옥屠裂地獄·회하지옥灰河地獄·비시지옥沸屎地獄·한빙지옥寒氷地獄·어니지옥淤泥地獄·우치지옥愚癡地獄·제곡지옥啼哭地獄·농맹지옥聾盲地獄·음아지옥瘖瘂地獄·철구지옥鐵鈎地獄·철취지옥鐵嘴地獄이며, 또 크고 작은 니리泥犁와 아비지옥阿鼻地獄이 있다.”

今日道場。同業大衆。善惡相資。猶如影響。罪福異處。宿預嚴持。幸各明信。無措疑心。何謂地獄。經言。三千大千世界。鐵圍兩山。黑闇之間。謂之地獄。鐵城縱廣。一千六百萬里。城中八萬四千鬲。下以鐵爲地。上以鐵爲網。火燒此城。表裏洞赤。上火徹下。下火徹上。其名則有。衆合。黑闇。刀輪。劒林。鐵機。刺林。鐵網。鐵窟。鐵丸。尖石。炭坑。燒林。虎狼。叨[1]喚。鑊湯。爐炭。刀山。劒樹。火磨。火城。銅柱。鐵牀。火車。火輪。飮銅。吐火。大熱。大寒。拔舌。釘身。犁耕。斧斫。刀兵。屠裂。灰河。沸屎。寒氷。淤泥。愚癡。啼哭。聾盲。瘖瘂。鐵鈎。鐵嘴。復有大小泥犁。阿鼻地獄。

1) ㉘『자비도량참법』(T45, 939a)에는 '叨'가 '叫'로 되어 있다.

[집해] '숙예宿預'의 앞 글자는 옛날(古)이라는 뜻이다.
'조措'는 조造로 발음하고, 두다(置)라는 뜻이다.

'삼천대천세계三千大千世界'에 대해 변진 스님은 "하나의 사천하四天下를 1계界로 삼았을 때 그 세계 1천 개를 소천세계小千世界라 하고, 또 소천세계를 1계로 삼았을 때 그 세계 1천 개를 중천세계中千世界라 하며, 또 중천세계를 1계로 삼았을 때 그 세계 1천 개를 대천세계大千世界라 한다."고 하였다.

'두 철위산(鐵圍兩山)'에 대해 각명 공은 "삼천대천세계 내 낱낱의 사천하마다 그 바깥을 각기 대철위산과 소철위산이 두르고 있어 세계를 고리처럼 에워싸고 있다. 그 (두 산) 사이는 해와 달의 드높은 광명도 비출 수 없는 곳으로 지옥이 대부분 그곳에 있기 때문에 항상 캄캄하다."고 했다.

'종광縱廣'에 대해 각명 공은 "종縱은 길이(長), 광廣은 너비(闊)다."라고 하였고, 변진 스님과 미수 스님은 "남북을 종이라 하고, 동서를 광이라 한다."고 하였다. 동림 스님은 다음과 같이 말했다.

"『기세인본경起世因本經』에서 부처님께서 여러 비구에게 말씀하셨다.[6]

'네 개의 큰 주(四大洲) 안에 8만 개의 작은 주가 있고, 수미산須彌山 밖에는 칠금산七金山 등 여러 큰 산이 있는데, 이들은 모두 세계 안에 있는 것이다. 이 사주세계四洲世界 바깥에 따로 산이 하나 있으니, 그 이름이 작가라斫迦羅(중국말로는 철위鐵圍)이다. 높이는 680만 유순이고 가로 세로 역시 680만 유순이며, 금강金剛으로 이루어져 있다. 이 산 바깥에 또 한 겹이 있으니, 이를 대철위산이라 하며 높이와 너비 등은 (철위산과) 똑같다. 그 두 산 사이는 극도로 캄캄하며 해와 달의 광명이 전혀 비치지 않는데, 그 두 산 사이에 16대지옥과 여러 소지옥이 있느니라.'

(또 말씀하셨다.)[7]

---

[6] 『기세인본경起世因本經』에서 인용하였다고 밝혔으나 실제로는 『기세경起世經』 권2(T1, 320b)에 수록된 바와 더 유사하다. 『기세인본경』(T1, 337a)에도 작가라산斫迦羅山과 지옥에 대한 언급이 있지만 그 크기의 수치 등이 일치하지 않는다.
[7] 앞뒤 경문이 이어지는 것이 아니라 각기 다른 부분에서 발췌한 것이다. 이를 명확히

'비구들이여, 이곳과 저곳 두 세계 사이에 또 여러 바람이 있으니 그 이름이 열뇌熱惱 등이니라. 그 여러 바람이 만약 이 사주세계까지 불어닥친다면 이 수미산 꼭대기도 산산이 파괴되고 여기 살고 있는 중생들의 몸도 모두 다 산산이 파괴될 것이다. 대철위과 소철위산이라는 두 개의 산이 막아 주고 있기 때문에 그 바람이 이곳까지 들어오지 못하는 것일 뿐이니라.'"

'8만 4천 간격(八萬四千鬲)'은 여러 지옥을 말한다. '격鬲'에 대해 각명 공은 "곧 간격間鬲이다."라고 하였다. 변진 스님과 미수 스님은 "격鬲 자로 쓴 곳이 있는데 잘못이니, 격隔 자로 써야 옳다. 막다(塞)라는 뜻이다."라고 하였다.

'통적洞赤'의 앞 글자는 통痛으로 발음하고, 꿰뚫다(徹)라는 뜻이다.

'정신釘身'의 앞 글자는 거성이다.

'취觜'는 곧 취嘴 자의 이체자다.

'크고 작은 니리(大小泥犁)'에서 큰 것은 팔한八寒과 팔열八熱 등의 지옥을 말하고, 작은 것은 앞에 나열한 44지옥이다. 또한 두 종류의 팔대지옥은 각각 다시 그 주변을 에워싸고 있는 16개의 소지옥을 권속으로 삼고 있는데, 그 16개의 지옥들은 모두 가로 세로가 500유순이다.

宿預。上卽古義。措[音造。置也]。三千大千界者。眞師云。從一四天下爲一界。至於千。名小千界。又小千爲一界。至於千。名中千界。又以中千界爲一。至於千。名大千界。鐵圍兩山。明公云。三千大千世界內。一一四天下外。各大小鐵圍山。周匝環繞世界。中間。日月威光。所不能照。地獄多居是中。故常黑闇。縱廣。明公云。縱。長。廣。闊。眞師授師云。南北曰

하기 위해 역자 임의로 '또 말씀하셨다'를 삽입하였다. 아래 내용은 『기세경』 권2(T1, 329c)에 수록되어 있다.

縱。東西曰廣。東林師云。起世因本經云。佛告諸比丘。四大洲內八萬小
洲。須彌山外。七金山等。諸餘大山。皆在世界內。此四洲世界外。別有一
山。名斫迦羅。此云鐵圍。¹⁾ 高六百八十萬由旬。縱廣亦六百八十萬由旬。
金剛所成。此山之外。復有一重。大鐵圍山。高廣正等。其兩山之間。極大
黑闇。无有日月光明。此兩山間。有二八大地獄。及諸小地獄。諸比丘。彼
此二界中間。復有諸風。名曰熱惱等。彼等諸風。若來至此四洲世界者。
此須彌山頂破散。所有衆生。一切身分。皆悉散壞。但以鐵圍大小二山所
障故。彼風不得入來。八萬四千鬲者。諸地獄也。鬲。明公云。卽間鬲²⁾也。
眞師授師云。有作鬲字者。非也。作隔字者。是也。塞也。洞赤。上音痛。
徹也。釘身。上去聲。嘷啕。觜字別作也。大小泥犁。大謂八寒八熱等。小
上列四十四地獄。及二八大地獄。各各復有十六小地獄。周匝圍繞。而爲
眷屬。是諸十六地獄。悉皆縱廣。五百由旬。

---

1) ㉮ '此鐵圍'가 『한불전』에는 앞뒤 본문과 같은 크기의 활자로 되어 있다. 그러나 내용상 간주에 해당하며, 『기세경』 권2(T19, 320b)에도 "前代舊譯云鐵圍山"이라는 간주로 처리되어 있다. 따라서 간주로 처리하여 번역하였다. 2) ㉯ '鬲'은 저본에 'ㅣ'로 되어 있고 그 아래 "이 획은 '鬲' 자로 본다."는 주가 있다. 따라서 편자가 '鬲'으로 고쳤다. 아래에서도 마찬가지이다.

참법 부처님께서 아난에게 말씀하셨습니다.⁸

"왜 아비지옥이라 하는가? 아阿는 없다(無)이고 비鼻는 막음(遮)이며, 아는 없다(無)이고 비는 구원(救)이니, 합하면 막음이 없다, 구원이 없다는 뜻이다. 또 아는 무간無間이고 비는 무동無動이며, 아는 극열極熱이고 비는 극뇌極惱이다. (또) 아는 불한不閑이고 비는 부주不住이니, 한가하지도 않고 머물지도 못하는 곳을 아비지옥이라 한다. 또 아는 큰 불길이고 비는 맹렬猛熱이니, 맹렬한 불길이 심장까지 파고드는 곳을 아비지옥이라 하느

---

8 아래에 이어지는 경문들은 『관불삼매해경觀佛三昧海經』 권5(T15, 668b 이하)에서 인용한 것이다.

니라."

부처님께서 아난에게 말씀하셨습니다.

"아비지옥은 가로 세로가 똑같이 32만 리에 쇠로 된 성이 일곱 겹이요, 쇠로 된 그물이 7층이다. 그 아래에 있는 18간격은 일곱 겹으로 에워싸여 있으며 그곳에는 모두 칼의 숲이 있고, 일곱 겹의 성안에도 다시 검의 숲이 있으며, 아래 18간격은 8만 4천 겹으로 막혀 있다.

그 네 모퉁이에 큰 구리 개(銅狗)가 네 마리 있으니, 그 몸집이 어마어마해 1만 6천 리요, 눈은 번갯불을 끌어당기듯 하고, 어금니는 검의 나무 같고, 이빨은 칼의 산 같고, 혀는 쇠 가시 같으며, 몸의 모든 털마다 맹렬한 불길을 뿜는데 그 연기의 지독한 악취는 세간의 오물로도 비유할 수 없느니라.

또 열여덟 옥졸이 있으니, 머리는 나찰의 머리와 같고, 입은 야차의 입과 같으며, 예순네 개의 눈이 있고, 눈에서 쇠구슬이 쏟아져 나오는데 10리 크기의 수레와 같으며, 개처럼 송곳니가 위로 솟았는데 그 높이가 160리이다. 그 송곳니 끝에서 흘러내린 불길이 이전의 쇠수레를 태워 쇠수레바퀴의 낱낱 바퀴 테를 1억 개의 불 칼로 변화시키면 칼날과 검과 창이 모두 불꽃 속에서 솟아 나오고, 이와 같은 불길이 아비성阿鼻城을 태워 아비성을 벌건 구리물처럼 만드느니라.

옥졸의 머리 위에는 여덟 개의 소머리가 있고, 낱낱의 소머리에 열여덟 개의 뿔이 있는데 그 낱낱의 뿔마다 불덩어리가 쏟아져 나오며, 불덩어리는 다시 열여덟 개의 불 바퀴 테로 변화하고, 불 바퀴 테가 또 수레바퀴만 한 큰 칼 바퀴로 변화해 그 바퀴들이 차례차례 불꽃 속에 쌓여 온 아비지옥을 가득 채운다.

구리 개가 입을 벌려 혀를 내밀면 땅에 닿는데 그 혀가 쇠 가시와 같으며, 혀가 나오는 순간 한량없는 혀로 변화해 온 아비성을 가득 채운다. 일곱 겹의 성안에는 일곱 개의 쇠 당간이 있으며, 그 당간 끝에서는 끓어오르는 샘처럼 불길이 용솟음쳐 그 쇳물이 사방으로 흘러 온 아비성을 가득 채운다. 아비지옥의 네 문에는 문지방에 열여덟 개의 가마솥이 있고, 끓는 구리물이 용솟음쳐 문으로부터 넘쳐흘러 온 아비성을 가득 채운다. 낱낱 간격마다에는 쇠로 된 큰 구렁이가 8만 4천 마리나 있어 독기를 토하고 불을 토하면 그 몸이 온 성에 가득 차고, 그 구렁이가 하늘의 우렛소리처럼 울부짖으면 큰 쇠구슬이 비 오듯 쏟아져 온 아비성을 가득 채운다. 이 성의 괴로운 일들은 8만억천 가지나 되니, 고통 중생에도 지독한 고통들만 이 성에 모아 놓은 것이다.

또 500억 마리의 벌레가 있고 벌레마다 8만 4천 개의 부리가 있어 그 부리 끝에서 흘러내린 불길이 비처럼 쏟아져 온 아비성을 가득 채운다. 이 벌레들이 내려올 때면 아비지옥의 맹렬한 불꽃은 매우 치성해져 그 붉은 불꽃이 336만 리나 비추며, (그 불꽃이) 아비지옥으로부터 위로 큰 바다에 뻗치면 옥초산沃燋山 아래로 큰 바닷물이 수레 굴대만 한 크기로 방울져 떨어지면서 커다란 쇠바늘이 되어 온 아비성을 가득 채운다."

佛告阿難。云何名阿鼻地獄。阿者。言無。鼻者。言遮。阿者。言無。鼻者。言救。合言。無遮無救。又阿者。言無閒。鼻者。言無動。阿言極熱。鼻言極惱。阿言不閑。鼻言不住。不閑不住。名阿鼻地獄。又阿言大燄。鼻言猛熱。猛火入心。名阿鼻地獄。佛告阿難。阿鼻地獄。縱廣正等。三十二萬里。七重鐵城。七層鐵網。下十八鬲。周帀七重。皆有刀林。七重城內。復有劍林。下十八鬲。鬲八萬四千重。於其四角。有四大銅狗。其身長大。萬六千里。眼如掣電。牙如劍樹。齒如刀山。舌如鐵刺。一切身毛。皆出猛火。其煙臭惡。世間臭物。無以爲譬。又有十八獄卒。頭如羅刹頭。口如夜叉口。六十四眼。眼散迸鐵丸。如十里車。狗牙上出。高百六十里。牙頭火流。燒前鐵車。令鐵車輪。一一輪輞。化爲一億火刀。鋒刃劍戟。皆從火炎中出。如是流火。燒阿鼻城。令阿鼻城。赤如融銅。獄卒頭上。有八牛頭。

一一牛頭。有十八角。一一角頭。皆出火聚。火聚復化。成十八火輞。火輞復變。作大刀輪。如車輪許。輪輪相次。在火炎間。滿阿鼻獄。銅狗張口。吐舌在地。舌如鐵刺。舌出之時。化無量舌。滿阿鼻城。七重城內。有七鐵幢。幢頭火涌。如沸涌泉。其鐵流迸。滿阿鼻城。阿鼻四門。於門閫上。有十八釜。沸銅涌出。從門漫流。滿阿鼻城。一一鬲間。有八萬四千。鐵蟒大虵。吐毒吐火。身滿城內。其虵哮吼。如天震雷。雨大鐵丸。滿阿鼻城。城中苦事。八萬億千。苦中苦者。集在此城。又有五百億虫。虫八萬四千嘴。嘴頭火流。如雨而下。滿阿鼻城。此虫下時。阿鼻猛火。其炎大熾。赤光火炎。照三百三十六萬里。從阿鼻地獄。上衝大海。沃焦山下。大海水涕。如車軸許。成大鐵尖。滿阿鼻城。

집해 '무차無遮'에 대해 변진 스님은 "들어가는 것을 막을 수 없고 고통을 막을 수 없다는 의미이다. '무간無間'이란 받을 죄와 고통을 주는 기구와 몸의 크기와 겁수와 수명, 이 다섯 가지가 모두 간격이 없다는 것이다. '무동無動'이란 수명이 한번 예정되면 변동이 없다는 의미이다. '불한不閑'은 고통이 한가하지 않다는 것이고, '부주不住'는 편안히 머물지 못한다는 것이다. 모두 아비阿鼻의 뜻을 말한 것이다."라고 하였다.

'18간격은 ……칼의 숲이 있고(十八鬲……刀林)'에 대해 변진 스님과 미수 스님은 "18간격 가운데 모두 칼의 숲이 있어 일곱 겹으로 에워싸고 있다는 뜻이다."라고 하였다.

'체掣'는 제制로 발음하고, 끌어당기다(曳)라는 뜻이다.

'나찰羅利'은 중국말로 가외可畏다.

'야차夜叉'는 중국말로 경첩輕捷[9]이다.

---

9 경첩輕捷 : 법장의 『화엄경탐현기華嚴經探玄記』 권2(T35, 144b)에서 "북방 다문주는 2부를 거느린다. 하나는 야차이니 중국말로는 경첩귀이고, 또 하나는 나찰이니 중국말로는 가외귀이다.(第十六北方多聞主領二部 一夜叉此名輕捷鬼 二羅剎此名可畏鬼)"라고 하였다.

'10리 크기의 수레(十里車)'에 대해 각명 공은 "눈빛이 흩어져 큰 쇠구슬이 되는데, 그것이 땅에 떨어지면 10리 크기의 수레바퀴와 같다."고 하였다.

'이전의 쇠수레를 태운다'는 것은 앞에서 눈으로 쏟아 냈던 수레 같은 쇠구슬을 태운다는 말이다.

'열여덟 개의 불 바퀴 테'는 변화로 만들어진 바퀴 테를 말한다.

'염炎'은 곧 염焰이다.

'만漫'은 막莫과 관官의 반절이고, 물이 그득한 모양이다.

'옥초산沃焦山'에 대해 보충 설명을 하자면『능엄해』에서 다음과 같이 말했다.

"큰 바닷물이 새는 곳을 미려尾閭라 하고, 그 아래에 있는 산을 옥초沃焦라 한다. 지옥의 불길이 위로 이 산까지 뻗치면 대해의 물이 아래에 있는 그 산으로 쏟아지고, 바닷물이 수레 굴대만 한 크기로 응결해 그 지옥으로 방울져 떨어진다."

'제渧'에 대해『수경』에서는 "적滴 자의 속자다. 또 체涕로 발음하고, 물방울(滴水)이란 뜻이다."라고 하였다.

'첨尖'은 첨僉으로 발음하고, 예리하다(銳)는 뜻이다. 바닷물이 응결되면서 뾰족해져 죄인을 찌르고 상해를 입힌다는 것이다.

无遮者。眞師云。入無遮。苦無遮也。无間者。受罪。苦具。身量。劫數。壽命。五者。皆無間。無動者。一期壽无動。不閑者。苦不閑也。不住者。不安住也。皆義云也。十八鬲至刀林者。眞師授師云。十八鬲中。皆有刀林。周匝七重也。掣者[音制。曳也]。羅刹。此云可畏。夜叉。此云輕捷。[1] 十里車。明公云。眼光迸散。成大鐵丸落地。如十里車輪。燒前鐵車者。燒前眼迸鐵丸之車。十八火輞。化成輪輞。炎[即焰也]。漫。莫官切。水廣大皃。沃焦山。生枝曰。楞嚴解云。大水洩處。名尾閭。下有山。名沃焦。地獄之火。上衝其山。大海之水。下注其山。海水凝結。如車軸許。滴彼獄中。渧者。鏡云。滴字俗作。又音涕。滴水也。尖。音斂。銳也。海水凝結成尖。刺害罪人。

---

1) ㉠ '捷'은 '捷'의 오자인 듯하다.

참법 부처님께서 아난에게 말씀하셨습니다.

"만일 부모님을 살해하거나 육친六親을 모욕한 중생이 있다면, 이런 죄를 지은 자가 죽을 때에 구리 개가 입을 벌려 열여덟 채의 수레를 변화로 만들어 낼 것이니, 그 모양은 황금 수레와 같고 보배 일산이 그 위에 있으며 모든 불꽃은 옥녀玉女로 변화할 것이다. 그러면 죄인이 멀리서 이를 보고는 기뻐하는 마음을 내어 '나는 저기로 가고 싶다, 나는 저기로 가고 싶다. 칼바람이 온 몸을 가르고 지독한 추위에 절로 소리를 지르게 되니, 저 따스한 불을 얻어 수레 위에 앉아 직접 쬘 수 있으면 얼마나 좋을까'라고 생각한다. 이렇게 생각하고 나면 곧 목숨이 끝나 눈 깜짝할 사이에 이미 황금 수레에 앉아 있게 되고, 옥녀들을 돌아보면 모두가 쇠도끼를 들고서 그의 몸을 마디마다 잘라 빙빙 도는 불 바퀴와 같은 불길이 몸 아래에서 일어나게 된다. 그렇게 힘센 장사가 팔을 굽혔다 폈다 할 사이에 곧장 아비대지옥으로 떨어져 위에 있는 간격으로부터 빙빙 도는 불 바퀴처럼 아래에 있는 간격까지 이르러 그 몸이 간격 안을 가득 채우면 구리 개가 컹컹거리며 달려들어 뼈를 물어뜯고 골수를 빨아 먹으며, 옥졸과 나찰이 큰 철차鐵叉를 가져와 그 철차 끝으로 일으켜 세우면 온 몸에 화염이 일어나 아비섯을 가득 채우고 쇠 그물에서 칼이 비처럼 쏟아져 털구멍에 박힌다. 그때, 화현한 염라왕이 큰소리로 호령한다.

'어리석은 사람아, 지옥의 종자야. 네가 세상에 있을 때 부모님에게 불효하고 오만무도하더니, 네가 지금 태어난 곳은 아비지옥이다. 너는 은혜도 모르고 부끄러움도 전혀 없어 이런 고뇌를 받게 된 것이 즐거운가?'

이렇게 말하고는 곧 사라져 보이지 않게 된다. 그러면 그때 옥졸들이 다시 죄인을 아래에 있는 간격부터 위의 간격까지 몰고 가는데, 8만 4천 겹 가운데를 지나갈 때는[10] 그 몸을 끌고 통과해 쇠 그물까지 다다르니, 하루 낮 하루 밤이면 그렇게 한 바퀴 돌게 된다. 아비지옥의 하루는 이곳 염부제 시간으로 60소겁小劫이니, 이와 같은 (시간으로) 수명이 1대겁大劫이 끝날 때까지이니라.

부끄러움도 없이 오역五逆을 저지른 자는, 그 오역죄 때문에 죽을 때 열여덟 가지 칼바람이 뜨거운 쇠수레처럼 그의 몸을 갈기갈기 찢게 된다. 그러면 그 뜨거움을 견디다 못해 곧 이렇게 말한다.

'아름다운 빛깔의 꽃이 만발한 시원한 큰 나무 그늘이 있어 그 아래에서 놀면 얼마나 좋을까.'

이런 생각을 할 때, 아비지옥에 있는 8만 4천 그루의 여러 무서운 검들의 숲이 꽃과 과일이 무성한 보배나무로 변화해 그의 앞에 줄을 지어 늘어서고, 뜨거운 불꽃이 연꽃으로 변화해 그 나무 아래에 있게 된다. 죄인이 이를 보고 '내가 원하던 것을 이제 얻었구나'라고 말하면, 이런 말을 하기가 바쁘게 소나기보다 빠르게 그 연꽃 위에 앉게 된다. 그러나 앉고 나면 곧바로 쇠 부리를 가진 온갖 벌레들이 불 연꽃에서 나와 뼈를 뚫고 골수로 들어가며, 심장을 꿰뚫고 뇌까지 파고든다. 그래서 나무를 잡고 올라가면 검으로 된 모든 가지가 살을 자르고 뼈를 뚫으며, 한량없는 칼의 숲이 위에서 내려오고 불 수레와 화로의 숯불 등 열여덟 가지 괴로운 일들이 한꺼번에 닥친다. 이런 현상이 나타날 때 땅 속으로 떨어지게 되면 아래 간격 바닥에 그 몸이 꽃잎처럼 널브러져 아래 간격을 가득 채우게 된다. 아래 간격에서 일어나 맹렬하게 타오르는 불꽃을 피해 위의 간격으로 가면, 위 간격에 다다른 다음에는 또 그 몸이 그곳에 가득 차 너무도 덥고

---

10 '8만 4천 겹 가운데를 지나갈 때는'의 원문은 '經歷八萬四千鬲中'이다. 『집해』의 해석에 따라 '격鬲'을 '중重'의 오자로 파악하고 '겹'으로 번역하였다.

답답해 눈을 부릅뜨고 혀를 빼물게 된다. 이 사람은 지은 죄 때문에 만억의 구리물과 백천의 칼 바퀴가 공중에서 내려와 머리로 들어가서 발로 나오게 되니, 온갖 고통스러운 일들이 앞에서 말한 것의 백천만 배나 된다. 오역죄를 모두 저질렀다면, 그 사람은 5겁이 다 차도록 죄를 받느니라.

佛告阿難。若有衆生。殺父害母。罵辱六親。作是罪者。命終之時。銅狗張口。化十八車。狀如金車。寶蓋在上。一切火炎。化爲玉女。罪人遙見。心生歡喜。我欲徃中。我欲徃中。風刀解身。寒急失聲。寧得好火。在車上坐。然火自爆。作是念已。卽便命終。揮霍之間。已坐金車。顧瞻玉女。皆捉鐵斧。斬截其身。身下火起。如旋火輪。譬如壯士。屈伸臂頃。直墮阿鼻。大地獄中。從於上鬲。如旋火輪。至下鬲際。身遍鬲內。銅狗大吼。齧骨噆髓。獄卒羅刹。捉大鐵叉。叉頭令起。遍體火炎。滿阿鼻城。鐵網雨刀。從毛孔入。化閻羅王。大聲告勑。¹⁾ 癡人獄種。汝在世時。不孝父母。邪慢無道。汝今生處。名阿鼻地獄。汝不知恩。無有慚愧。受此苦惱。爲樂不耶。作是語已。卽滅不現。爾時獄卒。復驅罪人。從於下鬲。乃至上鬲。經歷八萬四千鬲中。捽身而過。至鐵網際。一日一夜。爾乃周遍。阿鼻地獄。一日一夜。此閻浮提。日月歲數。六十小刦。如是壽命。盡一大刦。五逆罪人。無慚無愧。造作五逆。五逆罪故。臨命終時。十八風刀。如鐵火車。解截其身。以熱逼故。便作是言。得好色華。淸凉大樹。於下遊戲。不亦樂乎。作此念時。阿鼻地獄。八萬四千。諸惡劍林。化作寶樹。華果茂盛。行列在前。大熱火炎。化爲蓮華。在彼樹下。罪人見已。我所願者。今已得果。作是語時。疾於暴雨。坐蓮華上。坐已須臾。鐵嘴諸虫。從火華起。穿骨入髓。徹心穿腦。攀樹而上。一切劍枝。削肉徹骨。無量刀林。當上而下。火車爐炭。十八苦事。一時來迎。此相現時。陷墜地下。從下鬲上。身如華敷。遍滿下鬲。從下鬲起。火炎猛熾。至於上鬲。至上鬲已。身滿其中。熱惱急故。張眼吐舌。此人罪故。萬億鎔銅。百千刀輪。從空中下。頭

入足出。一切苦事。過於上說。百千萬倍。具五逆者。其人受罪。足滿五
刼。

1) ㉠ '叔'는 '㤀'의 이체자다.

[집해] '육친六親'은 부父 · 모母 · 형兄 · 제弟 · 자姉 · 매妹다.
'칼바람(風刀)'에 대해 각명 공은 "차가운 바람이 몸에 스며들어 사대四大
를 갈가리 저미는 그 통증이 칼로 자르는 것과 같아 극심한 추위의 고통
에 자기도 모르게 소리를 지르게 된다는 말이다."라고 하였다.
'휘곽揮霍'의 뒷글자는 홀忽과 곽郭의 반절이고, 짧은 시각(頃刻)을 뜻한다.
'그 몸이 간격 안을 가득 채운다(身遍鬲內)'에 대해 각명 공은 "처음 위의
간격에 떨어지면서 사방으로 흩어져 그곳을 가득 채우고, 아래 간격 끝까
지 미친다."라고 하였다.
물었다.
"만약 한 유정의 몸이 간격 내부를 가득 채운다면 다른 자들을 어떻게
수용합니까?"
답했다.
"유정의 업력에 기인했기 때문에 자신의 업력에 따라 경계가 나타나는
것이므로 서로 장애가 되지 않는다. 하나의 방에 천 개의 등을 밝혔을 때
각각의 불빛들이 어우러지면서 서로를 방해하지 않는 것과 같다.
'설齧'은 혈血로 발음하고, 물어뜯는다(齕)는 뜻이다.
'참嘈'은 잡匝으로 발음하고, 빨아 먹다(唼)라는 뜻이다.
'철차 끝으로 일으켜 세운다(叉頭令起)'에 대해 각명 공은 "차叉는 날이
세 개인 창이다. 철차 끝으로 몸을 찔러 일으켜 세워서는 죄인을 태운다
는 것이다."라고 하였다.
'화현한 염라왕(化焰羅王)'에 대해 각명 공은 "(염라는) 범어로 온전히 말
하면 염마라琰摩羅이고, 중국말로는 정식淨息이다. 비증보살悲增菩薩은 지

옥의 왕으로 화현하여 깨우쳐 주고 권유하고 훈계해 과거에 범한 죄를 알아 그 마음을 쉬고 새로운 업을 일으키지 않게 하며, 지난 잘못을 뉘우쳐 묵은 업이 깨끗해진 다음에야 비로소 지옥에서 내보낸다. 따라서 정식이라 한다.

'고칙告勅'이란 왕의 말을 칙勅이라 한다.

'왕으로 화현했다'는 것에 대해 변진 스님은 "죄인의 업에 감응해 그 몸을 나타내는 것이므로 똑같지는 않다."고 하였다.

'경력팔만사천격중經歷八萬四千鬲中'에 대해 보충 설명을 하겠다. 앞 문단에서 이미 '18간격에 각기 8만 4천 겹이 있다(十八鬲各有八萬四千重)'고 하고서 지금 이 문단에서는 또 '8만 4천 겹 가운데를 지나간다(經歷八萬四千鬲中)'고 했으니, 앞뒤에 서로 어긋남이 있는 것 같다. 아마도 글을 쓴 사람의 착오일 것이다. 여기에서의 격鬲 자는 중重 자라야 한다. 따라서 미수 스님도 "이 격鬲 자는 중重 자의 오자다."라고 하였다.

'율신律身'에 대해 변진 스님은 "륵勒과 몰沒의 반절이고, 빨리 달리다(速疾)라는 뜻이다."라고 하였고, 각명 공은 "데리고 가다(將)라는 뜻이다."라고 하였고, 동림 스님은 "밀다(推), 끌다(曳)라는 뜻이다."라고 하였다.

'60소겁'에 대해 변진 스님은 "겁劫은 범어로서 온전히 말하면 겁파劫波(kalpa)이고, 중국말로는 시분時分이다. 연월일시를 통틀어 시분이라 한다."고 하였다. 각명 공은 "1증감겁增減劫을 1소겁이라 하고, 2증감겁을 중겁中劫이라 하고, 천지의 처음과 끝을 대겁大劫이라 한다."고 하였다.

'1대겁이 끝날 때까지이다'에 대해 미수 스님은 "중겁을 임시로 대겁이라 칭한 것이다."라고 하였다. 기基 스님은 "무간지옥 유성의 수명은 1중겁이다. (수명이) 8만 4천 세에서 10세까지 줄어드는 것을 1감겁減劫이라 하니, 100년마다 한 살씩 줄어듦을 말한다. (수명이) 이 10세에서 10년마다 한 살씩 늘어 점점 8만 4천 세까지 늘어나는 것을 1증겁增劫이라 한다. 이 1증겁과 1감겁을 합해 1중겁이라 하고, 80중겁을 대겁이라 한다."

고 하였다. 여기에 보충 설명을 하겠다. 이 중겁의 햇수에 대한 여러 스님의 해석이 같지 않으니, 배우는 이들은 다른 곳에 나오는 설명들도 조사해 보라. 그렇긴 하지만 통괄해서 논해 보자면, 1증겁이나 1감겁을 1소겁이라 하고, 이 1감겁과 1증겁을 합해 1중겁이라 한다. 성成·주住·괴壞·공空을 기준으로 하면 각각에 20증겁과 20감겁이 있어 1대겁이 된다. 따라서 4대겁이라 한다. 하지만 이는 인간 세계의 겁수劫數이다. 여러 스님들이 인간 세계의 증겁·감겁과 대겁·중겁·소겁으로 지옥 세계의 대겁·중겁·소겁을 나눈 것은 아무래도 잘못인 것 같다. 이 문단에서 "아비지옥의 하루 낮 하루 밤은 이곳 염부제 시간으로 60소겁이다."라고 하였으니, 의심을 두지 마라. "오역죄를 모두 저지른 자는 5겁이 다 차도록 죄를 받는다."고 했는데, 나는 아무래도 인간 세계의 겁이 아닐 것이라 생각된다.

六親。父母兄弟姊妹。風刀。明公云。冷風入體。解折四大。痛如刀割。寒痛之急。不覺失聲。揮霍。下忽郭切。頃刻也。身遍鬲內。公云。初墮上鬲。旋散遍滿。及下鬲際。問。若一有情。身滿鬲內。何容餘者。答。由有情惡業力故。隨自境現。互不相碍。如一室千燈。光光涉入。不相防碍。㿠。音血。乾也。嚃[音匝]。唼也。叉頭令起者。明公云。叉。三刃戟也。以叉頭刺體。令起燒罪人也。化燄羅王。明公云。梵具云琰摩羅。此云淨息。謂悲增菩薩。化作獄王。曉諭勸誡。令知昔犯之罪。止息其心。不起新業。悔過前非。久業旣淨。方出地獄。故云淨息。告勅。王言爲勅。化作王者。眞師云。罪人業惑。現身不一。經歷八萬四千鬲中者。生枝曰。上文旣曰。十八鬲。各有八萬四千重。今文又曰。經歷八萬四千鬲中者。似有前後差倒。恐書之者錯耳。此云鬲字。乃重字也。故授師云。此鬲字者。重字之誤也。聿身。眞師云。勒沒反。速疾也。明公云。將¹⁾也。東林云。推也。曳也。六十小劫者。眞師云。劫。梵具云劫波。此云時分。年月日時。通名時分。明公曰。一增減劫。名一小劫。二增減劫。名中劫。天地始終。名大劫。盡

一大劫者。授師云。中劫。假名大劫。基師云。无閒有情。壽一中劫。從八
萬四千歲。減至十歲。爲一減劫。謂過百歲。減一年也。從此十歲。過十
年。增一年。漸增至八萬四千歲。爲一增劫。合此一增一減。名一中劫。
八十中劫。方名大劫。生枝曰。此中劫數。諸師所釋不同。學士校他所出。
然若通論。則或一增劫。或一減劫。名爲一小劫。合此一減劫一增劫。名
一中劫。約成住壞空。各各二十增二十減。爲一大劫。故云四大劫。此乃
人閒劫數也。諸師以人閒增減劫大中小。配地獄大中小劫。恐非。此文
云。阿鼻地獄。一日一夜。此熖浮提。日月歲數。六十小劫。无措疑心。具
五逆者。足滿五劫者。我恐非人閒中劫也。

1) ㉑ '將'은 '捋'인 듯하다.

참법 또 부처님의 금계를 깨뜨리고도 신도의 보시를 함부로 먹으며 비방과 사견을 일삼고, 인과를 알지 못하고 반야를 배우지도 않으며, 시방 부처님을 헐뜯고 불법의 물건을 훔치며, 온갖 더럽고 청정하지 못한 행을 일으키고도 부끄러운 줄을 모르며, 가까운 이들까지 욕보이며 온갖 나쁜 짓을 저지른 중생이 있다면, 이런 사람은 그 죄의 과보로 죽을 때 칼바람이 그 몸을 갈라 심하게 두들겨 맞은 것처럼 앉을 수도 누울 수도 없게 되고, 그 마음이 거칠고 산만해져 발광하며 어리석은 생각을 하게 되고, 자기 집과 남녀노소 모두가 부정한 물건이요 똥과 오줌이 밖으로 넘쳐흐르는 곳이라고 보게 된다. 그때 죄인은 곧 이렇게 말한다.

'왜 이곳에는 아름다운 성곽이나 아름다운 산림이 없어 나를 이처럼 더러운 물건들이 가득한 곳에서 노닐게 할까?'

이런 말을 하자마자 옥졸과 나찰이 큰 철차로 아비지옥과 여러 칼 숲들을 꿰어다가 보배나무와 맑고 시원한 못으로 변화시키니, 불꽃은 잎이 금인 연꽃으로 변하고, 쇠 부리를 가진 벌레들은 오리와 기러기로 변하며, 지옥의 통곡 소리는 노랫소리처럼 들린다. 이에 죄인이 이 소리를 듣고

'저렇게 좋은 곳에서 내가 노닐어야겠다'라고 생각하면 즉시 불 연꽃에 앉게 된다. 그러면 쇠 부리를 가진 온갖 벌레가 털구멍으로 그의 몸을 빨아먹고, 백천 개의 쇠바퀴가 정수리로 들어가고, 항하 모래알처럼 많은 철차가 그의 눈동자를 뽑고, 지옥의 구리 개가 백억 마리 무쇠 개로 변해 앞다투어 그의 몸을 찢고 염통을 꺼내 먹는다. 그러면 잠깐 사이에 몸이 무쇠 꽃이 되어 18간격을 가득 채우는데, 낱낱의 꽃잎이 8만 4천이나 되고 낱낱의 꽃잎마다 손발과 팔다리가 있어 각기 하나의 간격에 있게 된다. 그러면 지옥이 크지 않고 그 몸이 작지 않아 이와 같이 대지옥이 가득 차게 된다.

이러한 죄인들은 이 지옥에 떨어져 8만 4천 대겁을 지내야 하고, 이 니리(지옥)가 소멸하면 다시 동쪽 18간격으로 들어가 예전처럼 고통을 받아야 하는데, 이런 아비지옥이 남쪽에도 18간격이고 서쪽에도 18간격이며 북쪽에도 18간격이다. 방등경方等經을 비방하고, 오역죄를 짓고, 현성을 파괴하고, 모든 선근을 끊어 온갖 죄를 골고루 저지른 이와 같은 죄인들은 그 몸이 아비지옥에 가득하고 그 사지가 또 18간격에 가득할 것이니라.

이 아비지옥에서는 이와 같이 지옥종자 중생만 태우는데, 그 겁이 끝나려 할 때면 동쪽 문이 열리고 동문 밖으로 맑은 샘과 흐르는 시내와 꽃과 과일이 무성한 숲 등 온갖 아름다운 모습들이 한꺼번에 나타난다. 그러면 모든 죄인이 아래 간격에서 이를 보고는 눈의 불꽃이 잠깐 쉬어 아래 간격에서 일어나 굼틀굼틀 배로 기어서 몸을 끌고 위로 달린다. 그러나 위의 간격에 이르러 손으로 칼 바퀴를 잡는 순간 허공에서 뜨거운 쇠구슬이 비처럼 쏟아지고, 동문으로 달려가 문턱에 다다랐다 해도 옥졸과 나찰이 손에 철차를 들고 있다가 그의 눈을 찌르고 구리 개가 심장을 물어뜯어 기절해 죽어 버리고 만다. 그렇게 죽은 뒤에 다시 살아나면 남문이 열린 것을 보게 되나 앞서와 다르지 않으며, 서문과 북문 또한 이와 같으니, 이렇게 보내는 시간이 반 겁이나 되느니라.

아비지옥에서 죽으면 다시 한빙지옥에 태어나고, 한빙지옥에서 죽으면 흑암지옥에 태어나 8천만 년 동안 아무것도 보지 못하고, 큰 벌레의 몸을 받아 꿈틀거리면서 배로 기어 다니고, 모든 감관이 캄캄하고 꽉 막혀 아는 것이 아무것도 없고, 백천 마리 여우와 이리에게 찢어발겨 잡혀먹고, 죽은 뒤에는 다시 축생으로 태어나 5천만 년 동안 새나 짐승의 몸을 받는다. 이렇게 하여 죄가 끝나 다시 사람으로 태어나더라도 귀먹고 눈멀고 벙어리가 되며, 옴에 등창까지 있고 빈궁하고 하천하며 온갖 못난 점들로 자신을 단장하게 된다. 이렇게 천한 몸을 받으며 500생을 보낸 뒤에는 다시 아귀세계에 태어나게 되고 아귀세계에서 선지식을 만나게 되니, 여러 대보살님이 그들을 이렇게 꾸짖는다.

'너는 전생에 한량없는 세월 동안 끝없는 죄를 지으며 비방하고 믿지 않았던 까닭에 아비지옥에 떨어졌으니, 그곳에서 겪은 온갖 고뇌는 말로 다할 수 없을 정도였다. 너는 이제라도 자비심을 일으켜야만 한다.'

그때 여러 아귀가 이 말을 듣고 '나무불' 하고 칭명하고 부처님의 은혜와 힘을 찬탄하면 그들은 곧 명을 마치고 사천왕천에 태어날 것이며, 그 하늘에 태어난 뒤 잘못을 뉘우치고 스스로를 꾸짖으며 보리심을 발할 것이다.

모든 부처님의 마음 광명은 라후라를 보듯 이런 자들을 버리지 않고 이런 무리들을 섭수하고 이런 자들을 사랑하며, 눈을 아끼듯이 지옥에 들어가는 것을 피하라고 가르치느니라."

부처님께서 내왕에게 말씀하셨습니다.

"부처님의 마음 광명이 비추는 곳을 알고 싶습니까? 이처럼 빈틈이 없고 구원할 사람도 없이 고통받고 있는 모든 중생을 항상 비춥니다. 부처님의 마음이 반연하는 곳을 알고 싶습니까? 이러한 극악한 중생들을 항상 반연하나니, 부처님의 마음과 힘으로 스스로를 장엄한 까닭에 헤아릴 수 있는 겁을 뛰어넘어 그런 악인들로 하여금 보리심을 발하게 하는 것입니다."

復有衆生。破佛禁戒。虛食信施。誹謗邪見。不識因果。斷學般若。毀十方佛。偸佛法物。起諸穢汚。不淸淨行。不知慙愧。毀辱所親。造衆惡事。此人罪報。臨命終時。風刀解身。偃臥不定。如被楚撻。其心荒越。發狂癡想。見已室宅。男女大小。一切皆是。不淨之物。屎尿臭處。盈流于外。爾時罪人。卽作是語。云何此處。無好城郭。及好山林。使吾遊戲。乃處如此。不淨物間。作是語已。獄卒羅刹。以大鐵叉。擎阿鼻獄。及諸刀林。化作寶樹。及淸凉池。火炎化作。金葉蓮華。諸鐵嘴虫。化爲鳧鴈。地獄痛聲。如詠歌音。罪人聞已。如此好處。吾當遊中。念已尋時。坐火蓮華。諸鐵嘴虫。從身毛孔。噆食其軀。百千鐵輪。從頂上入。恒沙鐵叉。挑其眼睛。地獄銅狗。化作百億鐵狗。競分其身。取心而食。俄爾之間。身如鐵華。滿十八鬲。一一華葉。八萬四千。一一葉頭。身手支節。在一鬲間。地獄不大。此身不小。遍滿如此。大地獄中。此等罪人。墮此地獄。經歷八萬四千大刧。此泥犁滅。復入東方。十八鬲中。如前受苦。此阿鼻獄。南亦十八鬲。西亦十八鬲。北亦十八鬲。謗方等經。具五逆罪。破壞賢聖。斷諸善根。如此罪人。具衆罪者。身滿阿鼻獄。四支復滿。十八鬲中。此阿鼻獄。但燒如此。獄種衆生。刧欲盡時。東門卽開。見東門外。淸泉流水。華果林樹。一切俱現。是諸罪人。從下鬲見。眼火暫歇。從下鬲起。宛轉腹行。捽身上走。到上鬲中。手攀刀輪。時虛空中。雨熱鐵丸。走趣東門。旣至門閫。獄卒羅刹。手捉鐵叉。逆刺其眼。銅狗齩心。悶絶而死。死已復生。見南門開。如前不異。如是西門北門。亦皆如此。如此時間。經歷半劫。阿鼻獄死。復生寒氷獄中。寒氷獄死。生黑闇處。八千萬歲。目無所見。受大虫身。宛轉腹行。諸情闇塞。無所解知。百千狐狼。牽掣食之。命終之後。生畜生中。五千萬歲。受鳥獸形。如是罪畢。還生人中。聾盲瘖瘂。疥癩癰疽。貧窮下賤。一切諸衰。以自莊嚴。受此賤形。經五百身。後復還生。餓鬼道中。餓鬼道中。遇善知識。諸大菩薩。呵責其言。汝於前身。無量世時。作無限罪。誹謗不信。墮阿鼻獄。受諸苦惱。不可具說。汝今應當。發慈悲心。時諸餓鬼。聞是語已。稱南無佛。稱佛恩力。尋即命終。生四天處。生彼天已。悔過自責。發菩提心。諸佛心光。不捨是等。攝受是輩。慈哀是等。如羅睺羅。教避地獄。如愛眼目。佛告大王。欲知佛心。光明所照。常照如此。無間無救。諸苦眾生。佛心所緣。常緣此等。極惡眾生。以佛心力。自莊嚴故。過算數刼。令彼惡人。發菩提心。

[집해] '황월荒越'의 뒷글자는 어지럽다(亂)는 뜻이다.

'심尋'은 곧바로(即)라는 뜻이다.

'이 니리가 소멸하면(此泥犂滅)'에 대해 변진 스님과 미수 스님은 다음과 같이 말하였다.

'겁이 끝나 갈 때 이 지옥이 먼저 소멸하면 다른 방위에 있는 무간지옥으로 옮겨간다. 『반야경』에서 '반야를 비방하면 시방의 무간지옥을 편력하게 된다'고 하였다."

'남쪽에도 18간격이고……(南亦十八扇……)'에 대해 변진 스님은 "지옥성의 네 문이 각각 18간격이다."라고 하였다. 미수 스님은 "문장의 흐름으로 볼 때 남쪽·서쪽·북쪽 등은 타방 세계의 무간지옥이다."라고 하였다. 각명 공은 "지옥의 사방에 모두 이와 같은 간격 수가 갖춰져 있고, 유정이 이곳에 떨어지면 두루 편력하면서 고통을 받게 된다."고 하였다. 여기에 보충 설명을 하겠다. 여기에서 말한 사방의 18간격은 이 세계건 타방 세계건 원래 정해진 처소가 있을 것이다. 하지만 눈으로 볼 수 있는 섯이 아닌 까닭에 여러 스님들의 해석이 같지 않고, 딱히 이것이라고 확정지어 취할 만한 것도 없다. 생각건대 내가 오랫동안 머물던 익숙한 곳이겠지만 잠시 벗어났기 때문일 것이다. 나 역시 그들처럼 아득하기만 할 뿐 깨닫지를 못하겠으니, 배우는 이들을 더 찾아보라.

'겁이 끝나려 할 때'란 죄를 받는 겁수가 끝날 때를 말한다. 변진 스님은 "옥종중생獄種衆生 네 자가 겁욕劫欲 앞에 있는데 뒤로 가야 의미에 맞다."¹¹고 하였다. 보충 설명을 하자면, 앞에 있어도 괜찮다.

변진 스님은 '생흑암처生黑闇處'에 대해 "흑암지옥黑闇地獄에 태어나는 것이다."라고 하고, '아무것도 보지 못한다(無所見)'에 대해서는 "죄를 받은 후에 다시 벌레의 몸을 받는다는 것이다."라고 하였다.

'여러 대보살이 꾸짖는다'에 대해 각명 공은 "오랜 겁 전에 선근을 심은 적이 있었기 때문에 죄가 끝나고 비로소 만나게 된 것이다. 다른 해석들은 잘못된 것이다."라고 하였다.

'부처님께서 대왕에게 말씀하셨다'고 한 것은 『관불삼매경觀佛三昧經』이 부처님께서 정반왕淨飯王에게 설한 것이기 때문이다. 변진 스님은 부처님께서 부왕에게 설한 것이라 하였다.

荒越。下卽亂也。尋者[卽也]。此泥犂滅者。眞師授師云。劫盡之時。此獄先滅。移入他方。無間地獄。般若經云。若謗般若。歷入十方。無間地獄。南亦十八鬲等者。眞師云。獄城四門。各十八鬲。授師云。准文相。南西北等者。他方無間獄。明公云。地獄四方。皆具如是鬲數。有情墮此。循歷受苦。生枝曰。此四方十八鬲者。此方他方。元有定處。非眼見故。諸師所解不同。一無定取。惟我久住之熟處。暫得出離故。我亦同彼。猶昏未曉。學徒更推。劫欲盡時者。受罪劫數盡時也。眞師云。獄種衆生四字。在劫欲上。屬下有義。生枝曰。屬上亦得。生黑闇處等者。眞師云。生黑闇地獄也。無所見。受罪後。復受虫身也。諸大菩薩呵嘖等者。明公云。由多劫前。曾植善根故。罪畢方得遇也。餘者。卽非也。佛告大王者。觀佛三昧經。佛告淨飯王說故。眞師云。佛對父王告也。

---

11 변진 스님이 거론한 부분의 원문은 "此阿鼻獄但燒如此獄種衆生刧欲盡時……"이다.

참법 오늘 이 도량의 동업대중이여, 부처님 세존께서 앞에서 설하신 여러 고통들을 들었으니, 마땅히 더욱 마음을 가다듬어야지 방일해서는 안 됩니다. 만약 거듭 방편을 부지런히 닦아 보살도를 실천하지 못한다면 곧 낱낱의 지옥마다 받아야 할 죄의 몫이 있게 될 것입니다.

오늘 다 함께 현재 아비지옥 등에서 고통받는 일체중생과 미래에 아비지옥 등에서 고통받을 일체중생을 위하여, 또 널리 시방의 모든 지옥에서 현재 고통받고 있고 미래에 고통받을 다함없고 끝없는 일체중생을 위하여, 평등한 일심으로 간절하게 오체투지하며 세간의 너무도 자비로우신 아버지께 귀의합니다.

나무 미륵불
나무 칠불
나무 시방십불
나무 이십오불
나무 삼십오불
나무 오십삼불
나무 백칠십불
나무 장엄겁천불
나무 현겁천불
나무 성수겁천불
나무 시방보살마하살
나무 십이보살
나무 무변신보살
나무 관세음보살

거듭, 시방 온 허공계의 한량없는 형상과 우전왕優塡王의 금상金像과 전단상栴檀像, 아육왕阿育王의 동상銅像, 오吳 땅의 석상石像, 사자국師子國의 옥상玉像과 여러 국토에 있는 금상金像·은상銀像·유리상瑠璃像·산호상珊

瑚像 · 호박상琥珀像 · 자거상硨磲像 · 마노상瑪瑙像 · 진주상眞珠像 · 마니보상摩尼寶像 · 자마상색염부단금상紫磨上色閻浮檀金像께 귀의합니다. 1배

今日道場。同業大衆。聞佛世尊。說上諸苦。宜加攝心。莫生放逸。若復不能。勤修方便。行菩薩道。則於一一地獄。皆有罪分。今日同爲。現受阿鼻地獄等苦。一切衆生。當受阿鼻地獄等苦。一切衆生。廣及十方一切地獄。現受當受。無窮無盡。一切衆生。等一痛切。五體投地。歸依世間大慈悲父。南無彌勒佛。南無七佛。南無十方十佛。南無二十五佛。南無三十五佛。南無五十三佛。南無百七十佛。南無莊嚴劫千佛。南無賢劫千佛。南無星宿劫千佛。南無十方菩薩摩訶薩。南無十二菩薩。南無無邊身菩薩。南無觀世音菩薩。又復。歸依十方。盡虛空界。無量形像。優塡王金像。旃檀像。阿育王銅像。吳中石像。師子國玉像。諸國土中。金像。銀像。瑠璃像。珊瑚像。琥珀像。硨磲像。瑪瑙像。眞珠像。摩尼寶像。紫磨上色閻浮檀金像(一拜)。

집해 '장엄겁천불'이란 겁초에 만물이 생성될 때 폭우가 쏟아져 풍륜風輪 위를 가득 채우자 그 물에서 천 송이 연꽃이 솟았는데 여러 하늘이 "이 겁에 천불이 세상에 출현하여 세계를 장엄하리라."고 찬탄하였기에 장엄겁莊嚴劫이라 한다. (천불은) 곧 화광불華光佛부터 비사부불毗舍浮佛까지가 그분들이다.

'현겁천불'이란 앞에서와 같이 물에서 천 송이 연꽃이 솟자 하늘이 "천 명의 현인이 세상에 출현하리라."고 찬탄하였기 때문에 현겁賢劫이라 한다. (천불은) 곧 구류손불拘留孫佛부터 루지불樓至佛까지가 그분들이다.

'성수겁천불'이란 이 역시 앞에서와 같이 하늘이 "별들이 하늘을 수놓듯 천 명의 성인이 서로 계승하며 세상을 비추리라."고 찬탄할 것이기 때문에 성수겁星宿劫이라 한다. (천불은) 일광불日光佛부터 수미상불須彌相佛까

지가 그분들이다.

'한량없는 형상(無量形像)'은 여러 국토에 두루 퍼져 있는 모든 부처님의 형상을 말한다.

'우전왕의 금상과 전단상'에 대해 각명 공은 다음과 같이 말했다.

"우전왕은 곧 중인도 국경 지역 구섬미국拘睒彌國의 왕이다. 부처님께서 처음 도를 이루시고 도리천궁忉利天宮으로 올라가 어머니를 위해 설법하느라 3개월 동안 돌아오지 않자, 왕과 신하들이 사모하는 마음에 금으로 부처님의 형상을 주조하였다. 또 목련에게 전단나무로 부처님의 진형을 모방해 좌상을 조성해 안치할 수 있도록 신통력을 써서 장인을 데리고 천궁으로 올라가 달라고 청하였다. 작업이 끝나 돌아와 모시니 높이가 5척이었고, 지금도 남아 있다."

보충 설명을 하겠다. 『조상경造像經』에 다음과 같이 말하였다.

"비수갈마천毗首羯摩天은 천상의 솜씨 좋은 장인이다. 왕이 부처님을 사모해 나라 안의 여러 장인들에게 불상을 조성하게 하였지만 여러 장인들이 해낼 수가 없었다. 왕이 이에 비탄에 잠겼는데 그 정성스러운 마음이 하늘에 닿았다. 비수갈마가 그 정성스러운 마음을 알고 왕궁으로 내려와 왕에게 말했다.

'내가 불상을 만들고 싶구나.'

왕이 크게 기뻐하며 전단나무를 드리자 하늘이 왕을 위해 불상을 만들었으니, 삼십이상 가운데 31상을 구족하였고 오직 범음상梵音相만 결여되었다. 그 존상을 부좌에 안치하고 왕과 신하들은 밤낮으로 마음을 다해 공양을 올렸다. 석가모니께서 하늘에서 내려오시자, 그때서야 왕과 신하들은 모두 (불상을) 등지고 멀리까지 마중을 나갔고, 석가모니께서 왕궁에 다다르시자 나무불상이 성문을 나와 그분을 맞았다. 석가모니께서 문에 다다라 양보하였다.

'나는 오래지 않아 멸도에 들 것이다. 그대는 열반에 들지 않고 오래도

록 세상에 머물며 중생을 이롭게 하는 주인이니, 그대가 먼저 들어가라.'
이에 불상이 먼저 들어가 자리에 앉았다. 사부대중이 이와 같은 모습을 보고는 일찍이 없던 일이라며 감탄하면서 일심으로 흠앙하고 귀의하였다."

여기서 상像이란 곧 진신상眞身像이다. 출처가 같지 않지만 두 가지 상이 모두 존재한다.

'아육왕의 동상'에 대해 각명 공은 "(아육왕은) 부처님께서 멸도하신 후 철륜왕鐵輪王이 되어 남주세계南洲世界를 다스리면서 불탑과 불상을 널리 조성하였다."고 하였다.

'오 땅의 석상'은 곧 이쪽 지방인 강동江東의 오나라를 말한다. 강 상류에서 발견한 두 석불상의 등에 명문이 있었으니, 한 분은 유위불維衛佛이고 다른 한 분은 가섭파불迦葉波佛이다.

'사자국의 옥상'에 대해 말해 보겠다. 이 나라는 남해에 있고, (그 나라에) 옥불상이 있었는데 높이가 4척 2촌이었다. 진晉의 무제武帝가 이 소식을 듣고 사문 담억曇抑을 파견하여 하사품을 가지고 찾아뵙게 하였는데, 길에서 10여 년을 보내고서야 중국에 도달할 수 있었다.

'여러 국토에 있는 금상·은상⋯⋯염부단금상'은 여러 칠보로 조성한 불상이다. 염부단금閻浮檀金에 대해 말해 보자면, 남해안에 염부단淡浮檀이 있는데 단檀은 곧 나무다. 『능엄해』에서 "염부단 열매의 즙이 물의 모래와 바위에 스며들면 금이 되는데, 그 금은 붉은빛이 감돌아 금 가운데서도 최고다."라고 하였다.

> 莊嚴劫千佛者。劫初成時。降注洪雨。滿風輪上。於此水上。千蓮花出。諸天讚云。此劫當有。千佛出世。莊嚴世界。名莊嚴劫。卽華光佛。至毗舍浮佛。是也。賢劫千佛者。如前水上。出千枝蓮花。天讚千賢出世。故名賢劫。卽拘留孫至樓至佛。是也。星宿劫千佛者。此亦如前天讚。千聖相繼

照世。如星麗天。名星宿劫。日光佛乃至須彌相佛。是也。无量形像。遍諸國土。諸佛形像。優塡王金像。栴檀像。明公云。卽中印土境。拘睒彌國王也。佛初成道。昇忉利天宮。爲母說法。三月不還。王臣思慕。鑄金爲像。又請目連。運神通力。接工匠人。上㤀天宮。以栴檀木。摸佛眞形。造坐相安之。工畢還返。立高五尺。至今存焉。生枝曰。造像經云。毗首羯摩天。天上巧匠。王思佛。使國內諸匠造佛。諸匠不能。王乃悲嘆。誠意至天。毗首羯摩。知其誠意。來下王宮。告王。我欲造像。王大歡喜。以栴檀木賜之。天爲王造之。三十二相中。具三十一相。唯欠梵音相。以此尊像。安于寶座。王臣晝夜。至心供養。釋迦自天下降之時。王臣皆背而遠迎。釋迦將至王宮。木像出門迎之。釋迦至門相讓曰。我不久入滅不住世間。仁者。不入涅槃。久住於世。利生之主。故須先入。像乃先入安座。四流見其如是。歎未曾有。一心欽歸。像則眞身。出處不同。二像俱存矣。阿育王銅像。明公云。佛滅度後。爲鐵輪王。治南洲世界。廣造塔像。吳中石像。卽此方江東吳國也。江上所得。二石佛像。背有銘文。一維衛佛。二迦葉波佛。師子國玉像。此國在於南海。有玉佛像。高四尺二寸。晋武帝聞之。遂遣沙門曇抑賚詣。在路十餘年。方達中國。諸國土中。金像。銀像。至檀金像。此諸七寶造像也。閻浮檀金者。南海岸有琰浮檀。檀卽樹也。楞嚴解云。琰浮檀果汁。入水沙石成金。其金紫赤。金中最勝也。

참법 거듭, 시방 여래의 일체 발탑髮塔과 일체 치탑齒塔과 일체 아탑牙塔과 일체 조탑爪塔과 임체 정상골탑頂上骨塔과 일체 신중사리탑身中舍利塔과 가사탑袈裟塔과 시발탑匙鉢塔과 조병탑澡瓶塔과 석장탑錫杖塔과 이와 같은 불사를 한 이들에게 목숨 바쳐 귀의합니다. 1배

거듭, 모든 부처님의 생처탑生處塔과 득도탑得道塔과 전법륜탑轉法輪塔과 반열반탑般涅槃塔과 다보불탑多寶佛塔과 아육왕이 조성한 8만 4천 탑과 천상탑과 인간탑과 용왕의 궁에 있는 일체 보탑에 목숨 바쳐 귀의합니다. 1배

거듭, 시방 온 허공계 모든 부처님께 귀의합니다. 1배

시방 온 허공계 모든 존귀한 법에 귀의합니다. 1배

시방 온 허공계 모든 현성들께 귀의합니다. 1배

우러러 원하오니, 함께 자비의 힘과 중생을 편안케 하시는 힘과 한량없이 자재한 힘과 한량없는 큰 신통의 힘으로 섭수하소서. 오늘 이 도량에서 다 함께 아비대지옥에서 고통받는 일체중생과 나아가 말로 다할 수 없는 시방의 일체 지옥 중생을 위해 참회하고, 부모님과 스승과 일체 권속을 위해 오늘 참회하오니, 큰 자비의 물로 오늘 현재 아비지옥 등과 여타 지옥 등에서 고통받는 일체중생의 죄의 때를 씻어 깨끗하게 하시고, 오늘 이 도량에서 함께 참회하는 이들과 나아가 그들의 부모님·스승·일체 권속의 죄의 때를 씻어 깨끗하게 하시고, 또 육도의 일체중생의 죄의 때를 씻어 도량에 다다르는 그날까지 끝끝내 청정하게 하소서.

오늘부터 도량에 앉는 그날까지 모두가 아비지옥의 고통과 시방 온 허공계의 말로 다할 수 없고 말로 다할 수 없는 온갖 지옥의 고통을 완전히 끊고서 끝끝내 다시는 삼악도에 떨어지지 않고, 끝끝내 다시는 지옥에 떨어지지 않고, 끝끝내 다시는 십악업과 오역죄를 저질러 온갖 고뇌를 받는 일이 없게 하시고, 부디 일체 모든 죄가 소멸하게 하소서. 지옥의 삶을 버리고 정토의 삶을 얻으며, 지옥의 생활을 버리고 지혜의 생활을 얻으며, 지옥의 몸을 버리고 금강의 몸을 얻으며, 지옥의 고통을 버리고 열반의 즐거움을 얻도록 지옥의 고통을 기억해 보리심을 일으키게 하소서. (그리하여) 사무량심과 육바라밀이 항상 앞에 나타나고, 사무애변과 육신통력이 뜻대로 자재하며, 지혜를 구족해 보살도를 실천하며 용맹하게 정진하면서 쉬지도 멈추지도 않게 하소서. 나아가 더욱 열심히 수행하여 십지의 행을 만족하고 금강심金剛心에 들어가 정각을 이루고는 다시 시방의 일체중생을 제도하게 하소서. 1배

又復歸命十方如來一切髮塔。一切齒塔。一切牙塔。一切爪塔。一切頂上骨塔。一切身中。諸舍利塔。袈裟塔。匙鉢塔。澡瓶塔。錫杖塔。如是等爲佛事者(一拜)。又復歸命諸佛生處塔。得道塔。轉法輪塔。般涅槃塔。多寶佛塔。阿育王所造八萬四千塔。天上塔。人間塔。龍王宮中。一切寶塔(一拜)。又復歸依十方盡虛空界一切諸佛(一拜)。歸依十方盡虛空界一切尊法(一拜)。歸依十方盡虛空界一切賢聖(一拜)。仰願同以慈悲力。安慰衆生力。無量自在力。無量大神通力。攝受。今日道場。同爲阿鼻大地獄受苦一切衆生懺悔。乃至十方不可說一切地獄衆生懺悔。及父母師長。一切眷屬。今日懺悔。以大悲水。洗除今日現受阿鼻地獄等及餘地獄等苦一切衆生罪垢。令得淸淨。洗除今日道場同懺悔者及其父母師長一切眷屬罪垢。令得淸淨。又洗除六道一切衆生罪垢。乃至道場。畢竟淸淨。從今日去。至坐道場。皆得斷除阿鼻地獄苦。及十方盡虛空界不可說不可說諸地獄苦。畢竟不復入於三途。畢竟不復墮於地獄。畢竟不復爲十惡業造五逆罪受諸苦惱。一切衆罪。願盡消滅。捨地獄生。得淨土生。捨地獄命。得智慧命。捨地獄身。得金剛身。捨地獄苦。得涅槃樂。念地獄苦。發菩提心。四等六度。常得現前。四辯六通。如意自在。具足智慧。行菩薩道。勇猛精進。不休不息。乃至進修。滿十地行。入金剛心。成等正覺。還度十方。一切衆生(拜一)。

집해 '탑塔'은 범어를 잘못 축약한 것이다. 바르게 말하면 솔도파窣堵波이고, 중국말로는 고현高現이다 탑塔은 중국말로 방분方墳이다. 사리가 모셔져 있으면 탑이라 하고, 사리가 모셔져 있지 않으면 지제支提라 한다. (지제는) 중국말로 가공양처可供養處이며, 불보佛寶께 공양할 때 사용하는 물품을 보관하는 곳이다.

혹자는 여기에서 말한 아탑牙塔이 대치탑大齒塔이라고도 한다.

'아육왕阿育王'은 중국말로 무우無憂이고, 마갈제摩竭提 국왕의 아들이다.

부처님께서 "내가 멸도한 후 백 년쯤에 너는 철륜왕이 되어 남주를 다스리면서 귀신들을 부려 8만 4천 금탑을 조성하고, 이 귀신들을 시켜 여러 국토에 부처님의 사리를 안치할 것이다."라고 예언하셨다.

'지옥의 고통을 기억하고 보리심을 일으킨다'에 대해 보충 설명을 하겠다. 이 문구는 (문장의) 맨 앞인 '지옥의 삶을 버리고' 앞에 있어야 마땅한데 거꾸로 '열반의 즐거움을 얻는다' 뒤에 있어 어리석은 나로서는 의심이 없을 수가 없다. 이것은 아마도 영략법으로 서로 나타낸 것(影略互現)인 듯하다. 왜 그런가? '지옥의 고통을 기억하고 보리심을 일으켜 지옥의 삶을 버리고 정토의 삶을 얻으며, 또 지옥의 고통을 기억하고 보리심을 일으켜 지옥의 생활을 버리고 지혜의 생활을 얻으며'이어야 하기 때문이다. 이 아래도 이에 준하면 된다. 문장이 번다한 까닭에 법사께서 문장을 교묘하게 만든 것일 뿐이다.

塔。梵語訛略。正云窣堵波。此云高顯。塔¹⁾者。此云方墳。有舍利名塔。無舍利名支提。此云可供養處。佛寶供養之具入盛所也。或云。此中言。牙塔者。大齒也。阿育王。此云無憂。摩竭提國王之子。佛記云。我滅後。百年間。汝爲鐵輪王。治南洲。役使鬼神。造八萬四千金塔。使此鬼神。諸國土中。安佛舍利。念地獄苦發菩提心者。生枝曰。此文宜在最初捨地獄生之前。倒在得涅槃樂之後。愚不無疑義。此恐影略互現。何也。念地獄苦。發菩提心。捨地獄生。得淨土生。又念地獄苦。發菩提心。捨地獄命。得智慧命。此下例此。文煩故。法師巧制耳。

1) ㉮ '塔'은 저본에 'ㅣ'로 되어 있고 그 아래 "이 획은 '塔' 자로 본다."는 주가 있다. 따라서 편자가 '塔'으로 고쳤다. 아래에서도 마찬가지이다.

[참법] 오늘 이 도량의 동업대중이여, 여러 여타 지옥에서 받는 온갖 고통스러운 과보 역시 기록할 수 없을 정도이니, 이와 같이 한량없는 이름

들과 혹독한 고통들은 다 함께 경을 열람하여 그 일들을 낱낱이 살피십시오. 경에서 말씀하셨습니다.[12]

"염라왕은 한 생각의 악으로 옥사獄事를 도맡게 되었으며, 자신이 받는 고통 역시 이루 말할 수 없느니라. 염라대왕은 옛날 비사국왕毗沙國王이었다. 그는 유타시왕維陁始王과 싸우면서 병력이 딸리자 이 일로 '내가 다음 생에는 지옥의 주인이 되어 이 죄인들을 다스리게 하소서' 하며 서원을 세웠고, 18대신과 백만 대중도 모두 같은 원을 세웠다. 비사국왕은 지금의 염라대왕이고, 18대신은 지금의 18옥왕獄王이고, 백만 대중은 지금의 소머리를 한 아방牛頭阿傍 등이니, 이 관속들은 모두 북방 비사문천왕의 노예이니라."

『장아함경長阿含經』에서 말씀하셨습니다.[13]

"염라대왕이 머무는 처소는 염부제 남쪽 금강산 안에 있는데, 그 왕궁은 가로 세로가 6천 유순이다.(『地獄經』에서는 지옥에 거처하며 궁성은 가로 세로가 3만 리이고 구리와 철로 만들어졌다고 하였다.)[14] 밤낮으로 세 번씩 구리물이 가득 담긴 큰 구리 솥이 저절로 앞에 나타나고, 대옥졸大獄卒이 있다가 왕을 뜨거운 쇠 평상에 눕히고는 쇠갈고리로 입을 벌려 구리물을 들이붓는다. 그러면 목구멍부터 아래로 내려가면서 타지 않는 것이 없으니, 그곳의 모

---

12 아래 인용문은 『경률이상經律異相』 권49(T53, 258c)에 수록된 내용과 일치한다. 『경률이상』에서 출전을 『문지옥경問地獄經』으로 밝히고 있지만 현존하지 않는 경이다.

13 아래 인용문은 『장아함경長阿含經』 권19 「세기경世記經」〈지옥품地獄品〉(T1, 126b)에 그 내용이 수록되어 있다. 하지만 그 문장은 『경률이상』 권49(T53, 258c)에 수록된 바와 더 유사하다. 『경률이상』의 간수까지 이곳에 기재된 것으로 보아 『자비도량참법』을 편찬한 이가 실질적으로 참조한 것은 『장아함경』이 아니라 『경률이상』일 것으로 추측된다.

14 "『지옥경』에서는……만들어졌다고 하였다"의 원문 "地獄經云 住地獄間 宮城縱廣三萬里 銅鐵所成 晝夜三時"이 『한불전』과 『신수대장경』 등에 수록된 『자비도량참법』에는 모두 본문과 같은 크기의 활자로 처리되어 있다. 그러나 문맥이 맞지 않는 점을 고려하고, 『경률이상』 권49(T53, 258c)를 참조해 봤을 때 간주라야 옳다. 따라서 간주로 처리하였다.

든 대신들 역시 이와 마찬가지이다."

18옥왕은 다음과 같습니다.[15]

"첫째는 이름이 가연迦延이니 니리옥泥犁獄을 맡고, 둘째는 그 이름이 굴존屈尊이니 도산옥刀山獄을 맡고, 셋째는 그 이름이 비수沸壽니 비사옥沸沙獄을 맡고, 넷째는 그 이름이 비곡沸曲이니 비시옥沸屎獄을 맡고, 다섯째는 그 이름이 가세迦世니 흑이옥黑耳獄을 맡고, 여섯째는 그 이름이 합사嗑傞니 화차옥火車獄을 맡고, 일곱째는 그 이름이 탕위湯謂니 확탕옥鑊湯獄을 맡고, 여덟째는 그 이름이 가연迦然[16]이니 철상옥鐵床獄을 맡고, 아홉째는 그 이름이 악생惡生이니 합산옥嗑山獄을 맡고, 열째는 그 이름이 신음呻吟이니 한빙옥寒氷獄을 맡고, 열한째는 그 이름이 비가毗迦니 박피옥剝皮獄을 맡고, 열두째는 그 이름이 요두遙頭니 축생옥畜生獄을 맡고, 열셋째는 그 이름이 제박提薄이니 도병옥刀兵獄을 맡고, 열넷째는 그 이름이 이대夷大니 철마옥鐵磨獄을 맡고, 열다섯째는 그 이름이 열두悅頭니 한빙옥寒氷獄[17]을 맡고, 열여섯째는 그 이름이 천골穿骨이니 철동옥鐵笧獄[18]을 맡고, 열일곱째는 그 이름이 신身이니 저충옥蛆蟲獄을 맡고, 열여덟째는 그 이름이 관신觀身이니 양동옥烊銅獄을 맡는다."

이와 같은 각각에게 한량없는 지옥들이 있어 권속으로 삼고 각각의 옥마다 옥주獄主를 한 명씩 두었으니, 곧 소머리를 한 아방들입니다. 그들은

---

15 아래 18옥왕에 관한 사항은 『경률이상』 권49(T53, 258c)에 수록되어 있고, 『경률이상』에서 출전을 『문지옥경』으로 밝히고 있다.
16 가연迦然이 『신수대장경』에 수록된 『자비도량참법』(T45, 941a)과 『경률이상』 권49(T53, 259a)에는 철가연鐵迦然으로 되어 있다.
17 앞에서 이미 신음呻吟이 담당하는 지옥을 한빙옥寒氷獄이라 하였다. 따라서 한빙옥은 중복되어 기재되었다. 『신수대장경』에 수록된 『자비도량참법』(T45, 941a)에도 "한빙옥寒氷獄"으로 되어 있고, 『경률이상』 권49(T53, 259a)에도 같은 의미인 "빙지옥氷地獄"으로 되어 있어 정확히 근거를 밝힐 수는 없지만 두 번 기재된 한빙옥 중 하나는 오기가 아닐까 추측된다.
18 『경률이상』 권49(T53, 259a)에는 '鐵笧獄'으로 되어 있다.

성질이 흉학해 자비나 인욕이라고는 눈곱만큼도 없으니, 여러 중생이 이런 나쁜 과보 받는 것을 보고도 고통스럽지 않으면 어쩌나 근심하고 아프지 않으면 어쩌나 걱정할 뿐입니다. 누군가 옥졸에게 '중생들이 고통받는 것을 매우 불쌍하게 생각해야 하는데 왜 늘 혹독한 생각만 품고 조금도 자비심이 없느냐'고 묻자 옥졸이 대답했습니다.

"이와 같이 죄악을 짓고 고통을 받는 모든 자들은 부모에게 불효하고, 부처님을 비방하고, 법을 비방하고, 현성들을 비방하고, 육친을 꾸짖고, 스승을 업신여기고, 일체를 모함하고, 욕설과 이간질로 왜곡하고 질투하고 남의 친척을 이간하고, 분노하여 살해하고, 탐욕으로 속이고, 삿된 생활을 하고, 삿된 욕구를 품고, 삿된 견해를 가지고, 게으름을 부리고 방일하면서 온갖 원결怨結을 저지른 자들입니다. 이와 같은 사람들이 이곳으로 와 고통을 받다가 사면되는 날이 될 때마다 '이곳의 극심한 고통은 인내忍耐할 수 있는 것이 아니다. 너는 이제 나가게 되었으니 다시는 (죄를) 짓지 마라'고 항상 권유합니다. 하지만 이 죄인들은 애초에 회개하려는 생각조차 없어 오늘 나갔다가는 금방 다시 돌아오고 이리저리 윤회하면서도 괴로운 줄을 모릅니다. 공연히 내 근력筋力만 피곤하게 하는 이런 중생들을 이 겁에서 저 겁에 이르도록 상대해야 하기에 나는 죄인들에게 한 조각의 자비심도 없습니다. 일부러 혹독하게 다루어 이들이 고통을 알고 부끄러움을 알고 수치를 알아 다시는 돌아오지 않기를 희망해 보지만, 이 중생들은 관찰해 보건대 괴로움이 닥칠 수 있는 일은 끝내 피하려 들지 않고 곧장 니원泥洹으로 가는 선善은 절대 닦지 않으니, 아무리 무지한 놈들이라지만 고통을 피하고 즐거움을 구할 줄도 모릅니다. 그래서 인간 세계보다 배나 더한 극심한 고통을 주는 것이니, 이런 놈들에게 무슨 자비심이 생기겠습니까?"

今日道場。同業大衆。諸餘地獄。雜受苦報。不復可記。如是名號。楚毒無量。相與披覽。具見其事。經云。閻羅王。一念之惡。便摠獄事。自身受苦。亦不可論。閻羅大王。昔爲毗沙國王。與維陁始王共戰。兵力不如。因立誓願。願我後生爲地獄主。治此罪人。十八大臣。及百萬衆。皆悉同願。毗沙王者。今閻羅王是。十八大臣。今十八獄王是。百萬之衆。今牛頭阿旁等是。而此官屬。悉隸北方毗沙門天王。長阿含經云。閻羅大王所住之處。在閻浮提南金剛山內。王宮縱廣六千由旬。地獄經云。住地獄間。宮城縱廣三萬里。銅鐵所成。晝夜三時。有大銅鑊。滿中烊銅。自然在前。有大獄卒。卧王熱鐵牀上。鐵鉤擘口。烊銅灌之。從咽徹下。無不焦爛。彼諸大臣。亦復如是。十八獄王。一曰迦延。典泥犁獄。二名屈尊。典刀山獄。三名沸壽。典沸沙獄。四名沸曲。典沸屎獄。五名迦世。典黑耳獄。六名嵯傜。典火車獄。七名湯謂。典鑊湯獄。八名迦然。典鐵牀獄。九名惡生。典嶷山獄。十名呻吟。典寒氷獄。十一毗迦。典剝皮獄。十二遙頭。典畜生獄。十三提薄。典刀兵獄。十四夷大。典鐵磨獄。十五悅頭。典寒氷獄。十六穿骨。典鐵笴獄。十七名身。典蛆虫獄。十八觀身。典烊銅獄。如是各有。無量地獄。以爲眷屬。獄有一主。牛頭阿旁。其性兇虐。無一慈忍。見諸衆生。受此惡報。唯憂不苦。唯恐不毒。或問獄卒。衆生受苦。甚可悲念。何故常懷酷毒。無慈愍心。獄卒答言。如此罪惡。諸受苦者。不孝父母。謗佛謗法。謗諸賢聖。罵辱六親。輕慢師長。毀陷一切。惡口兩舌。諂曲嫉妬。離他骨肉。瞋恚殺害。貪欲欺詐。邪命邪求。及以邪見。懈怠放逸。造諸怨結。如是等人。來此受苦。每至免脫之日。恒加勸諭。此中劇苦。非可忍耐。汝今得出。勿復更造。而此罪人。初無改悔。今日得出。俄頃復還。展轉輪廻。不知痛苦。令我筋力疲。此衆生。從劫至劫。與其相對。以是事故。我於罪人。無片慈心。故加楚毒。望其知苦。知慙知耻。不復更還。觀此衆生。乃可至苦。終不肯避。決不修善。直趣泥洹。旣是無知之物。不知避苦求樂。所以痛劇。倍於人間。何容於此。而生慈愍。

[집해] '비사국왕과 유타시왕'에 대해 변진 스님은 "두 나라 모두 중인도中印土에 있다."고 하였다.

'예隸'는 예曳로 발음하고, 부속되다(附)라는 뜻이다. 노복奴僕 부류를 말한다.

'비사문천왕毗沙門天王'은 중국말로 다문多聞이다. 북주北洲를 진호하며 아울러 지옥까지 섭정한다.

'금강산金剛山'에 대해 각명 공은 "소철위산小鐵圍山이다. 염라왕이 머무는 처소가 『아함경阿含經』과 『지옥경地獄經』, 이 두 가지 경에 약간 다르게 되어 있는 것은 모두 역경사와 사경자의 오류다."라고 하였다. 여기에 보충 설명을 하겠다. 금강산 안에 여러 지옥이 있고, 이 지옥들 사이가 염라왕이 머무는 곳이다. 왕궁의 가로 세로 길이에 대해서도 두 경이 역시 다르지만 32리를 1유순으로 하면 3만 리는 6천 유순에 가깝다. 상상력을 따라 말한 것이기 때문에 같지 않은 것이다. 다른 경에도 이와 같은 설명들이 파다하다.

'아함阿含'은 중국말로 법귀法歸이니, 모든 법이 귀의하는 곳을 말한다. 또 무비無比라고도 한다.

'벽구擘口'의 앞 글자는 벽辟으로 발음하고, 잡고 벌리다(拘開)라는 뜻이다.

'전典'은 곧 주관하다(主)라는 뜻이다.

'합사嗑傞'의 앞 글자는 고苦와 합合의 반절이고, 뒷글자는 칠七과 하何의 반절이다.

'동狪'을 미수 스님은 도徒와 동冬의 반절이라 하였다.

'내耐'는 내乃로 발음하고, 참다(忍)라는 뜻이다.

'근筋'은 근斤으로 발음하고, 힘(力)이라는 뜻이다.

毗沙國王。維陁始王。眞師云。二國。皆中印土。隸。音曳。附也。奴僕之

類。毗沙門天王。此云多聞。鎭護北洲。兼攝地獄。金剛山。明公云。小鐵
圍也。琰王住處。阿含經。地獄經。此二經。小異不同。皆譯寫者所誤。生
枝曰。金剛山內。有諸地獄。於此地獄間。閻王所住也。王宮縱廣之數。二
經亦不同。然三十二里。爲一由旬。則三萬里。近六千由旬[追想所說故不
同。他經中如此之說。頗多]。阿含。此云法歸。謂諸法所歸。又云無比。擘
口[上音辟。拘開也]。典卽主也。嵯佉。上苦合切。下七何反。笴。受師云。
徒冬切。立知。上卽也。耐。音乃。忍也。筋[音斤。力也]。

참법 오늘 이 도량의 동업대중이여, 이제 세간의 감옥과 비교하면 곧 알 수 있을 것이니, 진실로 헛되게 떠벌리는 것이 아닙니다. 만일 세 번을 감옥에 들어간 사람이 있다면 그 친족들조차 돌아서며 측은함을 두지 않을 것입니다. 하물며 나갔다 싶으면 다시 돌아와 고통에 얽히는 일이 끝없는 이런 중생을 보는 소머리를 한 아방이겠습니까. 이미 지옥을 면해 벗어났으니, 마땅히 마음을 닦고 그 습관을 바꿔야만 합니다. 회개하지 않으면 괴로운 곳에 영원히 잠기고 그 가운데 떨어져 차례차례 그곳을 거칠 것이며, 이 고통에서 나와 저 고통으로 들어가면서 휴식이 없을 것이기 때문입니다. 삼세에 원한으로 대하며 원인과 결과를 서로 일으켜 선과 악의 두 고리가 잠시도 멈춘 적이 없으니, 그 보응報應의 증거를 분명하게 볼 수 있습니다. 악한 짓을 하면 고통을 받고 다시 그 과보로 지옥에서 해가 다하고 겁이 끝나도록 극심한 고통을 빠짐없이 겪을 것입니다. 지옥의 죄가 끝나면 다시 축생으로 떨어지고, 축생의 죄가 끝나면 다시 아귀로 태어나 이와 같이 한량없는 생사와 한량없는 고통을 거칠 것이니, 어찌 모든 사람이 지금 당장 도를 실천하지 않아서야 되겠습니까.

다 함께 오늘 평등한 일심으로 간절하게 오체투지하며 널리 시방에 있는 지옥 세계의 옥왕과 대신과 소머리를 한 아방과 그 각각의 권속들을 위하여, 아귀 세계의 아귀신餓鬼神 등과 그 각각의 권속들을 위하여, 축생 세계의 축생신畜生神 등과 그 각각의 권속들을 위하여, 나아가 널리 시방의 다함없고 끝없는 일체중생을 위하여 애원하고 참회합니다. 지난 잘못을 고쳐 미래를 닦으면서 다시는 악을 저지르지 않겠사오니, 이미 지은 죄를 부디 말끔히 없애 주소서. 아직 짓지 않은 죄는 감히 다시 저지르지 않겠습니다.

오로지 원하오니 시방의 일체 모든 부처님이시여, 불가사의하고 자재하신 신통의 힘으로 함께 구호하고 어여삐 섭수하사 모든 중생들이 즉시 해탈하게 하소서.

세간의 너무도 자비로우신 아버지께 귀의합니다.

나무 미륵불

나무 석가모니불

나무 화목불

나무 군력불

나무 화광불

나무 인애불

나무 대위덕불

나무 범왕불

나무 무량명불

나무 용덕불

나무 수왕풍장불

나무 위요특존덕정불

나무 견보불

나무 불허견불

나무 정진덕불

나무 선수불

나무 환희불

나무 불퇴불

나무 사자상불

나무 승지불

나무 법씨불

나무 희왕불

나무 묘어불

나무 애작불

나무 덕비불

나무 향상불

나무 관시불

나무 운음불

나무 선사불

나무 사자번보살

나무 사자작보살

나무 무변신보살

나무 관세음보살

부디 자재하신 신통의 힘으로 지옥 세계의 옥왕과 대신과 소머리를 한 아방과 그들의 모든 권속들, 18격자 지옥과 이와 같은 18격자 지옥에 각기 딸린 지옥 등 모든 지옥 세계의 일체 지옥에 있는 소머리를 한 아방과 그곳에서 고통받는 일체중생을 구제하사 이 중생들이 오늘 함께 해탈을 얻게 하시고, 죄의 원인과 고통스러운 과보가 동시에 소멸하게 하소서. 오늘부터 끝나는 그날까지 지옥 세계의 업을 영원히 끊어 끝끝내 다시는 삼악도에 떨어지지 않게 하소서. 지옥의 삶을 버리고 정토의 삶을 얻으며, 지옥의 생활을 버리고 지혜의 생활을 얻으며, 지옥의 몸을 버리고 금강의 몸을 얻으며, 지옥의 고통을 버리고 열반의 즐거움을 얻도록 지옥의 고통을 기억해 보리심을 일으키게 하소서. (그리하여) 사무량심과 육바라밀이 항상 앞에 나타나고 사무애변과 육신통력이 뜻대로 자재하게 하시며, 용맹하게 정진하며 쉬지도 멈추지도 않게 하소서. 나아가 더욱 열심히 수행하여 십지의 행을 만족하고는 다시 끝없는 일체중생을 제도하고, 금강심에 들어가 정각을 이루게 하소서. 1배

今日道場。同業大衆。今以世間。牢獄比校。便可立知。信非虛唱。若使有人。三淪獄戶。雖是親族周旋。已無惻愴。況牛頭阿旁。見此衆生。得出復入。嬰苦事長。旣得免離。唯應修心。變其所習。若不改悔。永沈苦處。墮在其中。次第經歷。從苦入苦。無有休息故。三世怨對。因果相生。善惡二環。未曾暫輟。報應之徵。皎然可見。爲惡得苦。還以報之。在地獄中。窮年極劫。具受劇苦。地獄罪畢。復墮畜生。畜生罪畢。復生餓鬼。如是經歷。無量生死。無量苦痛。豈可不人人。及時行道。相與今日。等一痛切。五體投地。普爲十方地獄道。獄王大臣。牛頭阿旁。各及眷屬。餓鬼道。餓鬼神等。各及眷屬。畜生道。畜生神等。各及眷屬。廣及十方。無窮無盡。一切衆生。求哀懺悔。改往修來。不復爲惡。已作之罪。願乞除滅。未作之罪。不敢復造。唯願十方。一切諸佛。以不思議。自在神力。同加救護。哀愍攝受。令諸衆生。應時解脫。歸依世間。大慈悲父。南無彌勒佛。南無釋迦牟尼佛。南無華目佛。南無軍力佛。南無華光佛。南無仁愛佛。南無大威德佛。南無梵王佛。南無無量明佛。南無龍德佛。南無樹王豊長佛。南無圍繞特尊德淨佛。南無堅步佛。南無不虛見佛。南無精進德佛。南無善守佛。南無歡喜佛。南無不退佛。南無師子相佛。南無勝知佛。南無法氏佛。南無喜王佛。南無妙御佛。南無愛作佛。南無德臂佛。南無香象佛。南無觀視佛。南無雲音佛。南無善思佛。南無師子幡菩薩。南無師子作菩薩。南無無邊身菩薩。南無觀世音菩薩。願以自在神力。救拔地獄道。獄王大臣。牛頭阿旁。及諸眷屬。十八鬲子地獄。如是十八鬲子地獄。各有眷屬等獄。盡地獄道。一切地獄。牛頭阿旁。及受苦一切衆生。令此衆生。

今日俱得解脫。罪因苦果。同得消滅。從今日去。畢竟永斷。地獄道業。畢
竟不復。墮於三途。捨地獄生。得淨土生。捨地獄命。得智慧命。捨地獄
身。得金剛身。捨地獄苦。得涅槃樂。念地獄苦。發菩提心。四等六度。常
得現前。四辯六通。如意自在。勇猛精進。不休不息。乃至進修。滿十地
行。還度無邊。一切衆生。入金剛心。成等正覺(一拜)。

상교정본 자비도량참법 권 제4
詳校正本慈悲道場懺法卷第四

집해 '입지立知'에서 앞 글자는 곧(卽)이라는 뜻이다.[19]

'옥왕獄王'은 염라왕을 말한다.

'대신大臣'은 18옥왕獄王을 말한다.

'18격자扇子'는 곧 아비지옥에 딸린 지옥들이다.

'구발救拔' 두 글자에 대해 미수 스님은 "일체중생一切衆生까지 걸린다."
고 하였다.[20]

'모든 지옥 세계의……(盡地獄道)'에 대해 변진 스님과 미수 스님은 "앞
에서 나열한 격자지옥과 그 권속 및 여러 대지옥과 그 여러 지옥의 아방
과 모든 중생을 통틀어 거론한 것이다."라고 하였다.

獄王者[閻王也]。大臣者[十八獄王也]。十八扇子。卽阿鼻地獄眷屬獄

---

19 "'입지立知'에서 앞글자는 곧(卽)이라는 뜻이다."의 원문 "立知 上卽也"가 『집해』에는
"耐 音乃 忍也. 筋 音斤 力也" 앞에 있다. 이는 "곧 알 수 있을 것이니(便可立知)"에 대
한 설명으로서 『집해』의 앞뒤 순서가 잘못된 것이다. 『집해』 원문은 그대로 두고 번역에
서만 문장의 위치를 수정하였다.
20 해석에 관한 설명이다. 원문 "願以自在神力 救拔地獄道 獄王大臣 牛頭阿旁 及諸眷屬
十八扇子地獄 如是十八扇子地獄 各有眷屬等獄 盡地獄道 一切地獄 牛頭阿旁 及受苦
一切衆生"의 해석에 있어서 술어인 '救拔'의 목적구가 '救拔' 다음인 '地獄道'부터 '一切
衆生'까지라는 것을 지적한 것이다.

也。救拔。二字。授師云。入一切衆生下。盡地獄道等者。眞師授師云。合擧前所列。鬲子及眷屬。并諸大獄取。諸獄之阿旁。及諸衆生。

제4권의 음의

병처屛處 : (앞 글자는) 병餠으로 발음한다.

철비鐵錍 : (뒷글자는) 변邊과 해奚의 반절이다.

겸歉 : 고苦와 점簟의 반절이고, 먹었지만 배는 부르지 않다(食不飽)는 뜻이다.

그 작용이 한결같지 않다지만(功用不一) : (공용功用이) 근래 본에는 공과功過로 되어 있는데, 잘못이다.

취嘴 : 혹 취觜로도 쓴다. 자子와 위委의 반절이다.

박爆 : 박博으로 발음한다. 불을 쬐는 것이다. 폭暴으로 쓰는 것은 잘못이다.

률신挵身 : (앞 글자는) 력力과 몰沒의 반절이다.

합사嶅偨 : 앞 글자는 고苦와 랍臘의 반절이고, 뒷글자는 칠七과 하河의 반절이다.

열두悅頭 : (열悅을) 황悅으로 쓰는 것은 잘못이다.

철동鐵𦥑 : (뒷글자는) 도徒와 동冬의 반절이다.

第四卷音義

屛處(音餠)。鐵錍(邊奚切)。歉(苦簟切。食不飽)。功用不一(近本作功過者。非)。嘴(或作觜。子委切)。爆(音博。迫於火。作暴。非)。挵身(力沒切)。嶅偨(上苦臘切。下七河切)。悅頭(作悅者。非)。鐵𦥑(徒冬切)。

상교정본 자비도량참법 권 제5
詳校正本慈悲道場懺法卷第五

양조의 여러 대법사가 찬집하다
梁朝諸大法師集撰

제3. 맺힌 원한을 풂

참법 오늘 이 도량의 동업대중이여, 일체중생에게는 다 원한으로 대한 일이 있으니, 어떻게 그것을 아는가? 만일 원한으로 대한 일이 없다면 악도惡道도 없어야 할 것입니다. 그러나 지금 악도가 쉬지 않고 삼도三途가 늘 들끓고 있으니, 이것으로 원한으로 대한 일이 끝이 없음을 알 수 있습니다. 경에서 말씀하셨습니다.[21]

"일체중생이 모두 마음이 있고, 마음이 있는 자는 다 부처님이 될 수 있건만 중생들의 마음과 생각이 전도되어 오랜 세월 삶과 죽음의 침상에서 깨어날 줄을 모르고, 세간에 탐착하여 벗어나는 요령을 알지 못하며, 고통의 근본을 세워 원한의 근본만 성장시킨다. 그래서 삼유三有에 윤회하고 육도六道에 왕래하면서 이 몸을 버리고 저 몸을 받으며 잠시도 쉬지 못하는 것이다."

어쩌다 이렇게 되었을까요? 일체중생이 시작이 없는 때로부터 혼미한 식이 서로 이어지면서 무명에 덮이고 애욕에 빠져 근본이 되는 삼독을 일으키고 사전도를 일으켰으며, 근본인 삼독으로부터 십번뇌十煩惱를 일으키고 신견身見을 의지해 오견五見을 일으켰으며, 오견을 의지해 육십이견을 일으키고 몸과 입과 뜻을 의지해 십악十惡을 일으켰으니, 몸으로는 살생하고 도둑질하고 삿된 음행을 저질렀으며 입으로는 거짓말하고 꾸며서 말하고 이간질하고 욕하였으며 뜻으로는 탐욕을 부리고 분노하고 어리석었습니다. 스스로 이런 열 가지 악업을 저지르고, 다른 사람으로 하여금 열 가지 악업을 저지르게 하고, 열 가지 악법을 찬탄하고, 열 가지 악법을

---

21 아래는 경문을 직접 인용한 것이 아니라 '일체중생 실유불성一切衆生悉有佛性'을 주창한 『대반열반경』의 내용을 요약 정리한 것이다.

저지르는 사람을 찬탄하여 이렇게 몸과 입과 뜻에 의지해 마흔 가지 악을 일으켰던 것입니다. 또 육정六情을 의지하여 육진六塵을 탐착하고 나아가 8만 4천 진로塵勞의 문을 널리 열었던 것입니다.

한 생각 사이에 육십이견을 일으키고, 한 생각 사이에 마흔 가지 악을 자행하고, 한 생각 사이에 8만 4천 진로의 문을 여는데 하물며 하루에 일으킨 온갖 죄와 한 달, 일 년, 한 평생, 오랜 겁 동안 일으킨 온갖 죄이겠습니까. 이와 같은 죄악이 한량없고 끝이 없어 원한으로 대하며 서로를 찾는 것이 끝이 없는 것입니다. 그런데도 중생들은 어리석음과 함께하면서 무명으로 지혜를 가리고 번뇌로 마음을 가려 스스로 깨닫지 못하고 있습니다. 마음과 생각이 전도되어 경의 말씀을 믿지 않고, 부처님의 말씀을 의지하지 않으며, 원한을 풀 줄 모르고, 해탈을 바라지도 않아 서로 원한을 원한으로 갚을 뿐이니 어느 세월에 해탈하겠습니까. 불길로 달려드는 나방처럼 스스로 악도에 몸을 던져 오랜 겁 긴 세월 동안 한량없는 고통을 받고, 가령 업보가 끝나 인간 세계로 돌아오게 된다 해도 이와 같은 악인들은 끝내 고칠 줄을 모릅니다. 그래서 모든 현성들께서 바로 원한으로 대하는 이와 같은 중생들을 위해 큰 자비를 일으키신 것입니다.

우리 다 함께 보리심을 일으켜 보살도를 행합시다. 보살마하살께서는 고난을 구제하는 것으로 양식을 삼고 원한을 푸는 것으로 요긴한 행을 삼아 중생을 버리지 않고 괴로움을 참는 것으로 근본을 삼습니다. 우리도 오늘 그분들과 마찬가지로 용맹한 마음을 일으키고 자비로운 마음을 일으켜 여래와 평등한 마음으로 모든 부처님의 힘을 받들어 도량의 깃발을 세우고 감로의 북을 울리며 지혜의 활을 잡고 견고한 화살을 들고서 널리 사생 육도의 삼세 원수와 부모님과 스승과 육친과 권속을 위해 맺힌 원한을 풉시다. 이미 지은 죄는 모두 버리고, 아직 일으키지 않은 원한은 끝끝내 맺지 맙시다.

우러러 원하오니 모든 부처님과 모든 대보살님이시여, 자비의 힘과 본원의 힘과 신통의 힘으로 함께 감싸고 보호하며 절복시키고 섭수하사 삼세의 한량없는 온갖 원수들이 오늘부터 보리에 이르는 그날까지 맺힌 원한을 풀고 다시는 원한으로 대하는 일이 없어 일체 모든 고통이 완전히 끊어지게 하소서.

다 함께 마음을 다해 평등한 일심으로 간절하게 오체투지하며, 하늘과 인간과 육도에 있는 삼세의 모든 원수와 부모님과 스승과 일체 권속을 받들고 그들을 위해 세간의 너무도 자비로우신 아버지께 귀의합니다.

나무 미륵불
나무 석가모니불
나무 선의불
나무 이구불
나무 월상불
나무 대명불
나무 주계불
나무 위맹불
나무 사자보불
나무 덕수불
나무 관석불
나무 혜취불
나무 안주불
나무 유의불
나무 앙가타불
나무 무량의불
나무 묘색불
나무 다지불
나무 광명불

나무 견계불

나무 길상불

나무 보상불

나무 연화불

나무 나라연불

나무 안락불

나무 지적불

나무 덕경불

나무 견용정진보살

나무 금강혜보살

나무 무변신보살

나무 관세음보살

거듭 이와 같은 시방 온 허공계 일체 삼보께 귀의합니다. 1배[22]

解怨釋結第三

今日道場。同業大衆。一切衆生。皆有怨對。何以知之。若無怨對。則無惡道。今惡道不休。三途長沸。是知怨對。無有窮已。經言。一切衆生。悉皆有心。凡有心者。皆得作佛。而諸衆生。心想顚倒。長寢生死。不能覺悟。貪着世間。不知出要。建立苦本。長養怨根。所以輪廻三有。徃來六道。捨身受身。無暫停息。何以故爾。一切衆生。無始已來。闇識相傳。無明所覆。愛水所溺。起三毒根。起四顚倒。從三毒根。起十煩惱。依於身見。起於五見。依於五見。起六十二見。依身口意。起十惡行。身殺盜婬。口妄言綺語兩舌惡罵。意貪嗔癡。自行十惡。教他行十惡。讚歎十惡法。讚歎行十惡法者。如是依身口意。起四十種惡。復依六情。貪着六塵。乃至廣

---

22 누락된 것으로 추측되어 '1배'를 보입하였다.

開。八萬四千塵勞之門。一念之間。起六十二見。一念之頃。行四十種惡。一念之間。開八萬四千塵勞之門。況復一日所起衆罪。一月一年。終身歷劫。所起衆罪。如是罪惡。無量無邊。怨對相尋。無有窮已。而諸衆生。與愚癡俱。無明覆慧。煩惱覆心。不自覺知。心想顚倒。不信經說。不依佛語。不知解怨。不望解脫。怨怨相報。何時解脫。自投惡道。如蛾赴火。歷劫長夜。受無量苦。假使業報有終。得還人道。如是惡人。終不改革。是以衆聖。起大慈悲。正爲如是。怨對衆生。我等相與。發菩提心。行菩薩道。菩薩摩訶薩。救苦爲資粮。解怨爲要行。不捨衆生。忍苦爲本。我等今日。亦復如是。起勇猛心。起慈悲心。等如來心。承諸佛力。建道場幡。擊甘露鼓。秉智慧弓。執堅固箭。普爲四生六道。三世衆怨。父母師長。六親眷屬。解怨釋結。已作之罪。一切捨施。未起之怨。畢竟不造。仰願諸佛諸大菩薩。以慈悲力。以本願力。以神通力。同加覆護。折伏攝受。令三世無量衆怨。從今日去。乃至菩提。解怨釋結。無復怨對。一切衆苦。畢竟斷除。相與至心。等一痛切。五體投地。奉爲天人六道。三世衆怨。父母師長。一切眷屬。歸依世間。大慈悲父。南無彌勒佛。南無釋迦牟尼佛。南無善意佛。南無離垢佛。南無月相佛。南無大名佛。南無珠髻佛。南無威猛佛。南無師子步佛。南無德樹佛。南無觀釋佛。南無慧聚佛。南無安住佛。南無有意佛。南無鶩伽陁佛。南無無量意佛。南無妙色佛。南無多智佛。南無光明佛。南無堅戒佛。南無吉祥佛。南無寶相佛。南無蓮華佛。南無那羅延佛。南無安樂佛。南無智積佛。南無德敬佛。南無堅勇精進菩薩。南無金剛慧菩薩。南無無邊身菩薩。南無觀世音菩薩。又復歸依。如是十方。盡虛空界。一切三寶。

제5권

[집해] '맺힌 원한을 풂(解冤釋結)'에 대해 변진 스님은 "앞 편에서는 고통스러운 과보를 제시하여 염증을 일으키게 하였고, 이 편에서는 악한 원

인(惡因)을 제시하여 끊게 하였다. 원수로부터 벗어나 결박을 풀어 버리기 때문에 해원석결解寃釋結이라 하였다."고 하였다. 미수 스님은 "원한으로 상대함으로 말미암아 악한 원인을 짓고, 악한 원인으로 말미암아 삼악도가 쉬지 않는다. 따라서 맺힌 원한을 풀어 악한 원인을 끊는 것이다."라고 하였다.

'경에서 말씀하셨다'는 것은 곧 『열반경』을 말한다.

'암식闇識'이라 한 것은 심성이 어둡고 어리석기 때문이다.

'십번뇌十煩惱'는 곧 십사번뇌十使煩惱니, 이미 해석하였다.

'오견五見'은 곧 십사번뇌 가운에 앞의 오리사五利使[23]이니, 신견身見 등이다.

'육십이견六十二見'은 다음과 같다. 과거의 오음五陰 각각에 대해 첫째는 "영원하다." 둘째는 "무상하다." 셋째는 "영원하면서 무상하다." 넷째는 "영원한 것도 아니고 무상한 것도 아니다."라는 4구(의 견해)가 있으니, 이를 모두 계산하면 20견이다. 현재의 오음에 대해서도 앞과 마찬가지로 20견이 있고, 미래의 오음에 대해서도 앞과 마찬가지로 20견이 있다. 여기에 근본이 되는 단견斷見과 상견常見 두 가지를 합하면 모두 육십이견이다. 이런 견해는 외도나 사견을 가진 자들의 망령된 견해로서 사견이 없는 평범한 부류들과는 상관없는 것이다.

'몸과 입과 뜻을 의지해 십악을 일으킨다'는 이것이 바로 사견이 없는 보통 부류가 짓는 업이다.

'꾸며서 하는 말(綺語)'에 대해 각명 공은 "화려하고 아름다운 말을 끌어 모아 비단처럼 자신의 허물을 가려서 사람들로 하여금 기뻐하고 사랑하게 하는 것이다."라고 하였다.

---

23 오리사五利使 : 이리는 예리銳利, 사사는 구사驅使의 뜻이다. 십사 중 예리한 성격을 가진 다섯 가지를 말한다. 곧 신견사身見使·변견사邊見使·사견사邪見使·견취사見取使·계취사戒取使이다.

'육정六情'은 곧 육식六識이다.

'8만 4천'은 이미 해석하였다.

'마흔 가지 악'은 이미 해석하였다.

'도량의 깃발을 세우고(建道場幡)'에서 변진 스님은 "치장을 드러내는 것을 번幡이라 한다."고 하였고, 각명 공은 다음과 같이 말했다. "'번幡'은 깃발(旗幡)을 말하는데 그 형상이 약간 다르다. 세상법에서는 '기'라 부르고 불법에서는 '번'이라 부르는데, 모두 대중을 모으고 인도하는 의식에 사용하는 물품으로서 그 위용을 표현해 마귀와 적을 위협하고 복종시킨다."고 하였다.

『유마경維摩經』 게송에서 말하였다.

번뇌의 적을 쳐부수는
그 용맹함 비유할 수 없나니
네 무리 마귀를 항복시키고
승리의 깃발을 도량에 세우시네.[24]

'감로의 북을 울린다(擊甘露鼓)'는 것은 법은 그 맛이 감로와 같아 복용하면 시원함을 느끼고, 법의 음성은 북소리와 같아 들으면 모두 기뻐한다는 것이다. 변진 스님은 "'북을 울린다'에서 군중의 미혹을 경각시킬 수 있기에 '북'이라 하고, 근기를 알고 격동시키기에 '울리다'라고 표현하였다."고 하였다.

'지혜의 활을 잡고(秉智慧弓)'에서 병秉은 잡다(執)라는 뜻이다. 세상의 활이 자신을 보호하고 적을 방어하듯이 지혜 역시 그러하여 원한의 적들을

---

[24] 『유마힐소설경維摩詰所說經』 권중(T14, 549c)에서 인용하였으나 문장이 정확히 일치하지는 않는다. 참고로 유마경의 게송을 소개하면 다음과 같다. "摧滅煩惱賊 勇健無能踰 降伏四種魔 勝幡建道場"

쳐부술 수 있다.

'견고한 화살'이란 화살이 시위를 벗어나 한번 날아가면 돌아오지 않듯이 도심道心이 견고해 곧장 보리로 나아간다는 말이다.

第五卷
解寃釋結。眞師云。前篇示苦果令猒。此篇示惡因令斷也。解脫寃讎。釋散有結縛。故云解寃釋結。授師云。由寃對。造作惡因。由惡因故。三途不息。故解寃結斷惡因。經言[卽涅槃經也]。闇識者[心性昏昧故]。十煩惱[卽十使煩惱。已釋]。五見者。卽十使煩惱中。前五利使。身見等。六十二見者。過去五陰。各。一常。二無常。三亦常亦無常。四非常非无常。等四句。并計二十。現在五陰。同前二十未來五陰。如前二十。根本斷常二見合計。六十二見也。此見者。乃外道邪見者之妄見也。不論无邪見之凡類也。依身口意起十惡者。此乃無邪見常流之造業。綺語。明公云。積執華美之言。飾於已過。猶如錦綺。令人悅愛也。六情[卽六識也]。八萬四千[已釋]。四十種惡[已釋]。建道場幡。眞師云。現餙名幡。明公云。幡謂旗幡。形狀小異。世法稱旗。佛法稱幡。皆招引導衆之儀物。表其威猛震伏魔寇。維摩經偈云。摧滅煩惱賊。勇猛無能喩。降伏四魔衆。勝幡建道場。擊甘露鼓。法味如甘露。服者得淸涼。法音如擊鼓。聞者皆歡喜。眞師云。擊鼓者。能警羣迷。爲鼓。知機而動。名擊。秉智慧弓。秉。執也。如世之弓。護身禦寇。智慧亦爾。能破寃敵。堅固箭。如箭離絃。一去不返。道心堅固。直趣菩提。

참법 이와 같은 삼세의 모든 원수가 오늘 육도에 있으면서 이미 원한으로 상대하고 있다면, 부처님의 힘과 법의 힘과 성현들의 힘으로 이 중생들이 모두 해탈을 얻게 하소서. 만일 육도에서 (원한으로) 상대할 것이 분명하지만 아직 상대하지는 않았다면 끝내 다시는 악도에 들어가지 않고, 끝내 다시는 나쁜 마음으로 서로를 대하지 않고, 끝내 다시는 서로에게 쓰라린 아픔을 주지 않게 하소서. 모든 것을 털어 버리고 원수나 친구라는 생각 없이 일체 허물을 각자 소멸하고 일체 원한에서 모두 해탈하여 물과 젖처럼 한마음으로 화합하고 초지初地처럼 모든 것에서 기뻐하게 하소서. 수명이 무궁해지고 몸과 마음이 항상 즐겁다가 천궁과 정토에 뜻대로 왕생하여 옷을 생각하면 옷이 나타나고 음식을 생각하면 음식이 나타나 원한으로 대하며 통곡하는 소리가 다시는 없게 하소서. 사지가 변화와 동요에 침해받지 않고 오정五情이 티끌과 미혹에 물들지 않아 모든 선이 다투어 모여들고 온갖 악은 다투어 소멸하게 하시며, 대승의 마음을 일으켜 보살의 행을 닦고 사무량심과 육바라밀 등 일체를 구족하여 생사의 과보를 버리고 함께 정각을 이루게 하소서. 1배[25]

如是三世。一切衆怨。今日在六道中。已受怨對者。願以佛力法力賢聖力。令此衆生。悉得解脫。若於六道中。應受對未受對者。畢竟不復。入於惡趣。畢竟不復。惡心相向。畢竟不復。楚毒相加。一切捨施。無怨親想。一切罪咎。各得消除。一切怨對。皆得解脫。同心和合。猶如水乳。一切歡喜。猶如初地。壽命無窮。身心永樂。天宮淨土。隨意往生。念衣衣來。想食食至。無復怨對。哭泣之聲。四體不爲。變動所侵。五情不爲。塵惑所染。衆善競會。萬惡爭消。發起大乘。修菩薩行。四等六度。一切具足。捨生死報。同成正覺。

[집해] '물과 젖'에 대해 각명 공은 "물과 젖은 본성이 잘 화합해 우유에 물을 타도 색과 맛이 변하지 않는다. '초지'에 대해 말해 보자면 보살이 초지에 들어가면 도를 보고 진실을 증득하기 때문에 마음에서 기쁨이 일어

---

25 누락된 것으로 추측되어 '1배'를 보입하였다.

난다. 따라서 환희지歡喜地라 한다."고 하였다.

'사지는……침해받지 않고(四體……所侵)'에 대해 변진 스님은 "견고한 몸을 보호해 사지가 변화하지 않는다는 뜻이다."라고 하였다.

'오정五情'은 전오식前五識이다.

水乳。明公云。水與乳。本性和合。加水於乳。色味不變。初地。菩薩入于初地。見道證眞。心生歡喜。故名歡喜地。四體至所侵者。眞師云。護堅固身。四支不變。五情[前五識也]。

참법 오늘 이 도량의 동업대중이여, 무엇이 원한의 뿌리이고 고통의 근본일까요? 눈으로 빛깔을 탐하고, 귀로 소리를 탐하고, 코로 향기를 탐하고, 혀로 맛을 탐하고, 몸으로 보드라움을 탐하여 항상 오진五塵에게 속박당하는 까닭에 아득한 겁 오랜 세월 동안 해탈하지 못하는 것입니다. 또 육친과 일체 권속 모두가 바로 우리의 삼세 원한의 근본이니, 원한으로 대하는 모든 일들은 다 가까이함에서 생기는 것입니다. 만약 가까이함이 없다면 원수처럼 여기는 일도 없을 것이니, 친구를 멀리할 수 있다면 곧 그것이 원수를 멀리하는 것입니다. 왜 그런가? 만약 서로가 거처를 달리해 다른 고장에 멀리 떨어져 있다면 이와 같은 두 사람은 끝내 원한의 마음을 일으키지 못할 것입니다. 원한을 일으키게 되었다면 그것은 다 가까이하면서 삼독의 뿌리로 서로를 괴롭힘에서 비롯된 것이니, 그 괴롭힘 때문에 다들 원한의 마음을 일으키는 것입니다. 그래서 친척과 권속들 간에 책망하는 일이 잦고, 혹은 부모가 자식을 책망하기도 하고 자식이 부모를 책망하기도 하며 형제건 자매건 모두가 그러하여 서로서로 책망하고 서로서로 미워하며 조금만 뜻에 안 맞아도 곧 성을 내는 것입니다.

재물이라도 있으면 친척들이 얻으려고 아우성이지만 빈궁한 시절에 보면 애틋한 생각이라곤 애초부터 없었습니다. 또 얻었다 해도 그것을 적다 여기고 더 많이 얻을수록 더 부족하게 생각하며, 백 번을 구해 백 번을 얻어도 은혜로 여기지 않다가 한 번만 마음에 들지 않으면 곧 이전보다 더 성을 내고 원망합니다. 이렇게 되면 사람들이 나쁜 생각을 품고 드디어 다른 마음까지 먹게 됩니다. 그래서 원수지간이 되어 재앙이 이어지며 대대로 끝이 없는 것입니다. 이로 미루어 말하건대, 삼세에 원수로 대하는 이들은 사실 다른 사람이 아니라 모두가 바로 친척과 권속들입니다.

권속이 곧 원수들임을 아셔야 하니, 어찌 모든 사람이 과오를 은근히 뉘우치지 않을 수 있겠습니까. 마땅히 마음을 다해 오체투지하며, 식신識神이 있은 이래로 오늘에 이르기까지 여러 생의 부모님이나 오랜 겁의 친척으로서 육도에서 원한을 맺었던 분들, (이미 원한으로) 상대하고 있건 아직 상대하지 않았건, (그 원한이) 가볍건 무겁건, 지금 지옥 세계에 있는 분이건 축생 세계에 있는 분이건 아귀 세계에 있는 분이건 아수라 세계에 있는 분이건 인간 세계에 있는 분이건 하늘 세계에 있는 분이건 신선 세계에 있는 분이건 오늘 현재 권속 가운데 있는 분이건, 이와 같은 삼세의 일체 모든 원수와 그 각각의 권속들을 받들고 위해야 합니다.

아무개 등이 오늘 자비로운 마음으로 원수나 친구라는 생각 없이 모든 부처님과 평등한 마음으로, 모든 부처님의 똑같은 서원으로, 널리 그들 모두를 받들고 그들을 위해 세간의 너무도 자비로우신 아버지께 귀의합니다.

  나무 미륵불
  나무 석가모니불
  나무 범덕불
  나무 보적불
  나무 화천불
  나무 선사의불
  나무 법자재불

나무 명문의불

나무 요설취불

나무 금강상불

나무 구이익불

나무 유희신통불

나무 이암불

나무 명천불

나무 미루상불

나무 중명불

나무 보장불

나무 극고행불

나무 제사불

나무 주각불

나무 덕찬불

나무 일월명불

나무 성수불

나무 일명불

나무 사자상불

나무 위람왕불

나무 복장불

나무 기음개보살

나무 적근보살

나무 무변신보살

나무 관세음보살

거듭 이와 같은 시방 온 허공계 일체 삼보께 귀의합니다. 1배

부디 부처님의 힘과 법의 힘과 큰 지위에 계신 보살님의 힘과 일체 현

성의 힘으로, 아무개 등이 육도에서 원한으로 대한 적이 있었던 부모님과 친척과 그 각각의 권속들이 모두 동시에 이 도량에 모여 함께 지난 죄를 참회하고 맺힌 원한을 풀게 하소서.

만약 몸이 장애가 되어 올 수 없는 분이 있다면 부디 삼보의 힘을 받들어 그들의 정신이나마 거둬 빠짐없이 함께 참석하게 하시고, 아무개 등의 오늘 참회를 받아들여 일체 원한에서 해탈하게 하소서. 1배[26]

今日道場。同業大衆。何者。怨根苦本。眼貪色。耳貪聲。鼻貪香。舌貪味。身貪細滑。常爲五塵之所繫縛。所以歷劫長夜。不得解脫。又復六親。一切眷屬。皆是我等。三世怨根。一切怨對。皆從親起。若無有親。亦無有怨。若能離親。卽是離怨。何以故爾。若各異處。遠隔他鄕。如是二人。終不得起。怨恨之心。得起怨恨。皆由親近。以三毒根。自相觸惱。以觸惱故。多起恨心。所以親戚眷屬。亟生責望。或父母責望於子。或子責望父母。兄弟姊妹。一切皆然。更相責望。更相嫌恨。小不適意。便生瞋怒。若有財寶。親戚競求。貧窮之日。初無愛念。又得者愈以爲少。愈得愈爲不足。百求百得。不以爲恩。一不稱心。便增忿憾。是則人懷惡念。遂起異心。故結讎連禍。世世無窮。推此而言。三世怨對。實非他人。皆是我等。親緣眷屬。當知眷屬。卽是怨聚。豈不人人。懇懃悔過。宜各至心。五體投地。奉爲有識神已來。至于今日。經生父母。歷劫親緣。於六道中。結怨對者。若對非對。若輕若重。今日若在地獄道者。若在畜生道者。若在餓鬼道者。若在阿脩羅道者。若在人道者。若在天道者。若在仙道者。今日現前在眷屬中者。如是三世。一切衆怨。各及眷屬。(某甲)等今日。以慈悲心。無怨親想。等諸佛心。同諸佛願。普皆奉爲。歸依世間。大慈悲父。南無彌勒佛。南無釋迦牟尼佛。南無梵德佛。南無寶積佛。南無華天佛。南

---

26 누락된 것으로 추측되어 '1배'를 보입하였다.

無善思議佛。南無法自在佛。南無名聞意佛。南無樂說聚佛。南無金剛相佛。南無求利益佛。南無遊戲神通佛。南無離闇佛。南無名天佛。南無彌樓相佛。南無衆明佛。南無寶藏佛。南無極高行佛。南無提沙佛。南無珠角佛。南無德讚佛。南無日月明佛。南無星宿佛。南無日明佛。南無師子相佛。南無違藍王佛。南無福藏佛。南無棄陰蓋菩薩。南無寂根菩薩。南無無邊身菩薩。南無觀世音菩薩。又復歸依。如是十方。盡虛空界。一切三寶(一拜)。願以佛力法力。大地菩薩力。一切賢聖力。令(某甲)等。父母親緣。於六道中。有怨對者。各及眷屬。皆悉同時。集此道場。共懺先罪。解諸怨結。若有身形拘礙。不得到者。願承三寶力。攝其精神。皆悉同到。受(某甲)等。今日懺悔。一切怨對。願蒙解脫。

집해 '친척親戚과 권속眷屬'에 대해 각명 공은 "가까운 이들을 친親이라 하고, 먼 이들을 척戚이라 한다. 또 내족內族을 친이라 하고, 외족外族을 척이라 한다."고 하였다.

'기亟'는 거去와 리吏의 반절이고, 여러 차례(數數)라는 뜻이다. 또 자주(頻)라는 뜻이다.

'갱상更相'의 앞 글자는 평성이고, 서로(互)라는 뜻이다.

'애틋한 생각은 애초에 없었다(初無愛念)'를 설명하자면 소진蘇秦의「결교음結交吟」에서 다음과 같이 말하였다.

"하얀 말에 붉은 끈 색채마저 싱그러울 때는
친할 까닭 없는 자들 억지로 다가와 친구가 되더니
하루아침에 말이 죽고 황금까지 없어지자
그 친구들 거리를 지나는 사람들이나 진배없다."

'유愈'는 유有로 발음하고, 더하다(益), 더하다(加), 많다(多), 보다 낫다(足勝)는 뜻이다.

'감憾'은 원망하다(恨)라는 뜻이다.

親戚眷屬。明公云。近曰親。遠曰戚 又內族名親。外族名戚。亟者。去吏切。數數也。又頻也。更相[上平聲。互也]。初無愛念者。蘇秦結交吟云。白馬紅纓衫色新。不因親者強來親。一朝馬死黃金盡。親者如同陌路人。愈[音有。益也。加也。多也。足勝也]。憾者。恨也。

참법 도량의 대중이여, 모든 사람이 각자 마음속으로 다음과 같이 말씀하십시오.

아무개 등은 시작이 없는 때로부터 식신을 갖춘 이래로 오늘에 이르기까지 여러 생의 부모님과 여러 겁의 친척과 고모·이모·백부·숙부와 내외 권속들에게 삼독의 뿌리로 십악업을 일으켰습니다. 혹은 알지 못해, 혹은 믿지 못해, 무명 때문에 부모님과 권속들에게 온갖 원한을 일으켰고, 나아가 육도에 원한으로 대한 분들이 있습니다. 한량없고 끝없는 이와 같은 죄악을 오늘 참회하오니, 부디 말끔히 없애 주소서.

또 시작이 없는 때로부터 오늘에 이르기까지 혹은 진에瞋恚로, 혹은 탐애貪愛로, 혹은 우치愚癡로, 삼독의 뿌리로부터 갖가지 죄를 저질렀습니다. 한량없고 끝없는 이와 같은 죄악을 부끄러워하며 참회하오니, 부디 말끔히 털어 버리소서.

또 시작이 없는 때로부터 오늘에 이르기까지 혹은 농사를 위해, 혹 가택을 위해, 혹 재물을 위해 원한으로 대하는 업을 일으켰고 권속 가운데는 저에게 살해를 당한 사람까지 있습니다. 이와 같은 갖가지 죄들이 다 말씀드릴 수 없을 정도이기에 일으킨 원한이 끝날 기약이 없습니다. 오늘 부끄러워하며 드러내 참회하오니, 부디 부모님과 육친과 일체 권속이시여, 자비로운 마음으로 저의 참회를 받아들여 일체를 털어버리고 다시는 원망하는 생각을 갖지 마소서.

나아가 도둑질하고 삿된 음행을 하고 거짓말하고 오역죄를 저지르고 십악을 빠짐없이 저질렀으며, 망상으로 전도되어 여러 경계를 반연해 온갖 죄를 저질렀으니, 이와 같은 죄가 한량없고 끝이 없습니다. 혹은 부모님에게 혹은 형제자매에게 혹은 고모·이모·백부·숙부에게 나아가 식신이 있은 때로부터 오늘에 이르기까지 육친에게 일으킨 이와 같은 등등의 원인인 죄와 결과인 고통, 원한으로 대한 겁수劫數, 맺힌 원한의 많고 적음은 오직 시방의 일체 모든 부처님과 큰 지위의 보살님만이 남김없이 아시고 남김없이 보십니다. 모든 부처님과 보살님께서 아시고 보시는 바와 같은 그 하고많은 양의 죄와 원한으로 대한 겁수와 오는 세상에서 받게 될 원망을, 아무개 등이 오늘 부끄러운 얼굴로 목메어 통곡하며 슬픔을 머금고 자책합니다. 지나간 일을 고치고 감히 다시는 짓지 않으리니, 부디 부모님과 친척과 권속들이여, 부드러운 마음과 화평한 마음과 선을 좋아하는 마음과 기뻐하는 마음과 수호하는 마음과 여래와 같은 마음으로 아무개 등의 오늘 참회를 받아들여 일체를 털어버리고 원수나 친구라는 생각을 갖지 마소서.

또 (아무개 등의) 부모님과 친척과 일체 권속들이 원한으로 대했던 분이 육도 가운데 계시다면, 부디 육도의 일체중생들께서도 역시 다 함께 털어버려 삼세의 원결을 일시에 소멸시키소서. 오늘부터 도량에 앉는 그 날까지 영원히 삼악도를 벗어나고 사취四趣의 고통을 끊어 버리고는 물과 젖처럼 일체가 화합하고 허공처럼 일체가 걸림이 없이 영원히 법의 친척이 되고 자비의 권속이 되어 각기 한량없는 지혜를 닦고 익혀 일체 공덕을 구족하게 성취하소서. 용맹하게 정진하며 쉬지도 멈추지도 말고 보살도를 실천하며 지치는 일 없이, 모든 부처님과 평등한 마음으로 모든 부처님과 똑같은 서원으로 부처님의 삼밀三密을 얻고 오분법신(五分身)을 구족해 결국에는 무상보리를 얻고 등정각을 이루소서. 1배[27]

---

[27] 누락된 것으로 추측되어 '1배'를 보입하였다.

道場大衆。宜各人人。心念口言。(某甲)等。從無始有識神已來。至于今
日。於經生父母。歷劫親緣。姑姨伯叔。內外眷屬。以三毒根。起十惡業。
或以不知。或以不信。以無明故。起諸怨結。於父母眷屬。乃至六道。亦有
怨對。如是等罪。無量無邊。今日懺悔。願乞除滅。又復無始已來。至于今
日。或以瞋恚。或以貪愛。或以愚癡。從三毒根。造種種罪。如是罪惡。無
量無邊。慚愧懺悔。願乞捨施。又復無始已來。至于今日。或爲田業。或爲
舍宅。或爲錢財。起怨對業。於眷屬中。備加殺害。如是種種。不可具說。
所起怨對。無有罷期。今日慚愧。發露懺悔。願父母六親。一切眷屬。以
慈悲心。受我懺悔。一切捨施。無復恨想。乃至盜竊邪婬妄語。五逆十惡。
無不備作。妄想顛倒。攀緣諸境。造一切罪。如是等罪。無量無邊。或於父
母。或於兄弟姉妹。或於姑姨伯叔眷屬。乃至有識神已來。至于今日。於
六親邊。起如是等罪因苦果。受對劫數。怨結多少。唯有十方。一切諸佛。
大地菩薩。盡知盡見。如諸佛菩薩。所知所見。罪量多少。怨對劫數。於
未來世。方受對者。(某甲)等今日。慚顏哽慟。銜悲自責。改往修來。不敢
復作。唯願父母親緣眷屬。以柔軟心。調和心。樂善心。歡喜心。守護心。
等如來心。受(某甲)等。今日懺悔。一切捨施。無怨親想。又願父母親緣。
一切眷屬。若有怨對。在六道中者。亦願六道一切衆生。同共捨施。三世
怨結。一時俱盡。從今已去。至坐道場。永離三途。絶四趣苦。一切和合。
猶如水乳。一切無礙。等如虛空。永爲法親。慈悲眷屬。各各修習。無量智
慧。具足成就。一切功德。勇猛精進。不休不息。行菩薩道。無有疲倦。等
諸佛心。同諸佛願。得佛三密。具五分身。究竟無上菩提。成等正覺。

[집해] '고이백숙姑姨伯叔'에서 아버지의 누나나 여동생을 고姑라 하고, 어
머니의 형제를 이姨라 하고, 아버지의 형을 백伯이라 하고, (아버지의) 남
동생을 숙叔이라 한다. 혹은 친가 외가를 막론하고 (촌수로) 삼촌 가운데
(아버지나 어머니보다) 손위 남자를 백이라 하고, 삼촌 가운데 손아래 남

자를 숙이라 하며, 또 삼촌 가운데 손위 여자를 고라 하고, 손아래 여자를 이라 한다.

'사시捨施'에 대해 미수 스님은 "곧 말끔히 없앤다는 뜻이다."라고 하였다.

'비가備加'의 뒷글자는 당하다(被)라는 뜻이다.

'파罷'는 파破로 발음하고, 끝나다(終)라는 뜻이다.

'자매姊妹'에서 손위를 자姊라 하고, 손아래를 매妹라 한다.

'참안慙顔'은 (얼굴이) 벌겋다는 뜻이다.

'경통哽慟'의 앞 글자는 슬픔으로 터져 나오는 소리를 머금는 것이고, 뒷글자는 슬퍼하다(悲)라는 뜻이다.

'사취四趣'는 육도 가운데 앞쪽 사악취四惡趣를 말한다.

'법친法親'은 법 가운데서의 친척이란 뜻이다.

'삼밀三密'에 대해 변진 스님은 "부처님의 삼업三業이다."라고 하였다.

'오분五分'은 계戒 · 정定 · 혜惠 · 해탈解脫 · 해탈지견解脫知見이다.

姑姨伯叔。父之姉妹曰姑。母之兄弟曰姨。父之兄曰伯。弟曰叔。或曰內外勿論。約三寸丈男曰伯。約三寸末男曰叔。又約三寸丈女曰姑。又約三寸末女曰姨。捨施者。授師云。卽除滅義。備加[下。被也]。罷[音破。終也]。姉妹。[1] 丈曰姉。末曰妹。慙顔[赤也]。哽慟[上口含悲聲。下悲也]。四趣[六道前四惡趣也]。法親者[法中親屬也]。三密[眞師云。佛之三業也]。五分者。戒。定。惠。解脫。解脫知見也。

---

1) ㉾ '妹'는 저본에 'ㅣ'로 되어 있고 그 아래 "이 획은 '妹' 자로 본다."는 주가 있다. 따라서 편자가 '妹'로 고쳤다. 아래에서도 마찬가지이다.

참법 오늘 이 도량의 동업대중이여, 다 함께 이미 부모님과 (친척 권속과) 원한을 풀었으니, 다음은 스승과 맺은 원한을 풀어야 합니다.

대성大聖 이하는 각체가 아직 완전히 원만하지는 못하고, 무생법인에 이르렀더라도 여전히 삼상三相으로 변천하고 소멸합니다. 그래서 여래마저도 오히려 쓰디쓴 말씀을 빌려 악한 중생들이 이로 인해 도를 깨닫게 하셨습니다. 밝은 덕으로 중생을 교화하는 이도 그런 표현을 쓰셨는데 하물며 범부이겠습니까. 이치에 있어서야 절대적이고 청정한 경계지만 현실적으로는 선과 악이 뒤섞여 명백하게 구분할 수도 없으니, 어찌 삼업의 실수를 단박에 벗어날 수 있겠습니까.

만약 가르침을 들었다면 반드시 부끄러워해야 합니다. 스승의 은덕에 깊이 스스로 뉘우치고 책망해야지 놀라거나 의심하면서 나쁜 생각을 품어서는 안 됩니다. 경에서 "비록 출가했더라도 번뇌를 다 없애지 못하고 아직 해탈을 얻지 못했다면 '다시는 온갖 악이 없을 것이다'라고 쉽게 말해서는 안 되고, 세속에 사는 사람이라고 '그런 선이 전혀 없다'고 쉽게 말해서도 안 된다."고 말씀하셨습니다.

이런 일은 차치하고라도 경에서 다음과 같이 말씀하셨습니다.

"부처님께서 대중에게 말씀하셨다. '너희는 스승의 은혜를 늘 생각해야 한다. 부모님이 비록 낳아서 기르고 가르친다고는 하나 삼악도를 벗어나게 하지는 못한다. 그러나 스승은 큰 자비로 몽매한 어린아이를 권유하여 출가시키고 구족계를 받게 하니, 이는 곧 아라한의 태를 회임하여 아라한의 과를 낳고 생사의 괴로움을 벗어나 열반의 낙을 얻게 하는 것이니라.'"

스승에게 이미 이와 같은 출세간의 은덕이 있으니, 누가 잘 보답할 수 있을까요. 설령 종신토록 도를 행할지라도 그건 스스로를 이롭게 하는 것은 될 수 있을지언정 스승의 은혜에 보답하는 것은 아닙니다. 부처님께서 "천하의 좋은 벗으로 스승보다 나은 이는 없다."고 말씀하셨습니다.

今日道場。同業大衆。相與已解。父母怨竟。次復應解。師長怨結。自大聖已還。體未圓極。至於無生法忍。猶爲三相遷滅。在乎如來。尙假苦言。令惡衆生。因妓悟道。而德明化物。猶現此辭。況復凡愚。理絶淨境。今善惡雜糅。明白未分。豈能頓離。三業之失。若聞所說。正當慙愧。師長恩德。深自悔責。不得驚疑。人懷惡念。經言。雖復出家。未盡煩惱。未得解脫。不得便言無復諸惡。在俗之人。不得便言都無其善。且置是事。如經所說。佛告大衆。汝當緣念。師長之恩。父母雖復。生育訓誨。而不能使離於三途。師長大慈。誘進童蒙。使得出家。禀受具戒。是卽懷羅漢胎。生羅漢果。離生死苦。得涅槃樂。師長旣有。如是出世恩德。誰能上報。若能終身行道。正可自利。非報師恩。佛言。天下善友。莫過師長。

집해 '체미원극體未圓極'은 견해가 원만하지 못하고 이치에 나아감이 궁극에 다다르지 못했다는 의미이다.

'무생법인無生法忍'에 대해 변진 스님은 "등각 마지막 찰나에 무생법인을 증득한다."고 그것을 해석하였다. 미수 스님은 "이 해석은 (무생법인을) 불과로 본 설명이다. '대성으로부터 그 이하는'이라는 문장에 위배되므로 여기에서는 8지 이상으로 해석해야 한다."고 하였다.

'삼상三相'은 생상生相·멸상滅相·주이상住異相이다. 각명 공은 "'대성 이하는 각체가 끝까지 원만하지 못하다(大聖已還 體未圓極)'에서 대성은 곧 부처님이고, 환還은 아래(下)라는 뜻이다. 부처님 이하 여러 성현의 법신은 모두 그 원만함이 극도에 이르지는 못했다."고 하였다. 여기에 보충 설명을 하겠다. 변진 스님은 (체體를) 체해體解로 해석하였고, 각명 공은 신체身體로 해석하였다. 두 가지 뜻이 모두 훌륭하다.

'무생법인'과 '삼상' 등에 대해 각명 공은 다음과 같이 말하였다.

"7지·8지·9지가 무생법인에 해당한다. 삼상은 생상生相·이상異相·멸상滅相을 말한다. 혹 무위無爲와 혼동하면 어쩌나 걱정되어 주상住相은 언급하지 않은 것이다. 이 지위의 보살들은 분단생사分段生死는 없지만 아직

도 변역생사變易生死가 남아 있다."

동림 스님은 다음과 같이 말하였다.

"『인왕경仁王經』에서 오인五忍을 설하였으니 첫째는 복인伏忍이고, 둘째는 신인信忍이고, 셋째는 순인順忍이고, 넷째는 무생인無生忍이고, 다섯째는 적멸인寂滅忍이다. 이에 대해 『묘종초석妙宗鈔釋』에서는 '만약 별교別敎에 의지한다면 십신이 곧 복인이고, 십주가 곧 신인이고, 십행과 십회향이 바로 순인이고, 십지가 바로 무생인이고, 묘각妙覺이 곧 적멸인이다. 만약 원교를 기준으로 한다면 오품위五品位가 곧 복인이고, 십신이 곧 신인과 순인의 2인이고, 초주初住에서 등각等覺까지가 곧 무생인이고, 묘각이 곧 적멸인이다'라고 하였다. '삼상三相으로 변천하고 소멸한다(三相遷滅)'는 것은 곧 생·주·이·멸 사상四相을 말한다. 혹은 업상業相·전상轉相·현상現相의 삼상을 말한다. 『지세경持世經』에서 '유위有爲의 삼상은 생상生相·멸상滅相·주이상住異相이다. 무위無爲의 삼상은 무생상無生相·무멸상無滅相·무주이상無住異相이다'[28]라고 하였다. 따라서 주住와 이異를 합해 1상으로 한 것이다. 또 규봉圭峯이 『원각초圓覺鈔』에서 '8지 이상의 보살도 삼세三細가 완전히 제거되지는 않았으니, 습기習氣가 흐르기 때문이다'[29]라고 하였으니, (삼상을) 삼세라고 해도 역시 옳다."

삼상에 대한 여러 스님들의 해석이 각각 주장하는 바가 있지만 이치에 있어서는 서로 방해가 되지 않는다. 그 가운데서도 동림 스님의 해석이 빼어나고 묘하다. 어리석은 내가 관견管見으로 저 대공大空의 삼상과 무생無生을 기만해 보겠다. 만약 『기신론起信論』을 기준으로 한다면 생상은 업상業相을 말하니, 오직 부처님이라야 비로소 끊을 수 있다. 주상은 전상轉相·현상現相·지상智相·상속상相續相을 말하니, 초지부터 등각에 이르는

---

28 『지세경持世經』 권4(T14, 663b).
29 『원각경대소석의초圓覺經大疏釋義鈔』 권4(X9, 555b).

과정에서 끊어진다. 이상은 집취상執取相·계명자상計名字相을 말하니, 이 승의 삼현위에서 끊어진다. 멸상은 기업상起業相을 말하니, 십신의 범부위에서 끊어진다. 이것은 종교終敎와 별교別敎에 의거해 거칠고 미세한 번뇌를 닦고 끊는 차제를 논한 것이다. 따라서 전후가 있는 것 같지만, 만약 원교圓敎에 의거해 논한다면 사상四相이 곧 동시同時이고 모두 스스로 성립될 수 없는 것이기에 본래 평등하고 동일한 원각圓覺일 뿐이다. 최초 일념에서 불각심不覺心이 일어나면 한 조각 공空한 무더기가 동시에 성립되는 것이니, 어찌 앞뒤나 가로세로에 떨어질 수 있겠는가. 처음 생상이 있게 되는 순간에 곧 주상·이상·멸상이 있는 것이니, 이 한 조각 허공은 생하면 곧 일시에 생하고, 멸하면 곧 일시에 멸하는 것이다. 따라서 원교를 배우는 사람은 십신위에서 삼상을 원만하게 조복하고, 초주에 들어가 삼상을 처음으로 원만하게 끊고 삼덕三德의 무생無生을 처음으로 원만하게 증득한다. 제2주부터 십지에 이르는 과정에서 각 지위마다 삼상을 원만히 끊는 것을 점진적으로 더해 가고 삼덕의 무생을 원만히 증득하는 것을 점진적으로 더해 가다가 등각의 최후심最後心에 이르러 삼상을 완전히 끊고 삼덕의 무생을 완전히 증득하고는 묘각妙覺에 들어가 비로소 정각을 이룬다. 따라서 여기에서 말한 삼상은 생상·주이상·멸상이라고 해도 되고, 또 생상·이상·멸상이라고 해도 되고, 또 삼세인 업상·전상·현상이라고 해도 된다.『능엄별해楞嚴別解』에서 "무생법인無生法忍은 곧 진여의 이치(眞如理)다. 인忍은 곧 지혜(智)다."라고 하였다.

'밝은 덕(德明)'은 만 가지 덕이 원만하고 밝다(萬德圓明)는 뜻이다.

'이절정경理絶淨境'에 대해 미수 스님은 "도의 이치는 절대적이고 아득한 청정한 경계이다."라고 하였다.

'유糅'는 녀女와 구口의 반절이고, 섞이다(雜)라는 뜻이다.

'실失'은 곧 허물(咎)이다.

'인회악념人懷惡念'에서 인人은 이而 자의 오자이다. 사경자의 착오일 뿐이다.

'동몽童蒙'에 대해 보충 설명을 하자면『능엄장수소楞嚴長水疏』[30]에서 "나이가 어린 것을 동童이라 하고, 식정이 어두운 것을 몽蒙이라 한다."[31]고 하였다.

'품수구계稟受具戒'에서 앞 글자는 품품으로 발음하고, 받다(承)라는 뜻이다. 구계具戒는 이백오십계를 말한다.

'회나한懷羅漢'에서 (나한은) 범어의 약어다. 온전히 말하면 아라한阿羅漢이고, 중국말로는 무번뇌無煩惱이다. 여기서 말하는 것은, 스승이 구족계를 수여하고 제자가 청정한 계를 수지해 말씀대로 번뇌를 여의면 곧 성인의 태를 머물게 하여 결국은 성인의 과위를 이루게 된다는 것이다. 따라서 "아라한의 태를 회임하여 아라한의 과를 낳는다."고 하였다.

體未圓極。見解未圓。造理未極也。無生法忍。眞師云。等覺後位。證無生忍。釋之。授師云。此釋約佛果說。違於大聖已還之文。今解八地已上也。三相者。生相。滅相。及住異相。明公云。大聖已還。體未圓極者。大聖。卽佛也。還。下也。自佛已下。諸聖法身。皆未圓極。生枝曰。眞師以體解爲釋。明公以身體釋之。二義俱善。無生法忍。三相等。明公云。七八九地。當無生忍。三相。謂生異滅。恐濫无爲故不言住。此地菩薩。雖無分段。[1)] 猶有變易。東林云。仁王經說。五忍。一伏忍。二信忍。三順忍。[2)] 四無生忍。五寂滅忍。妙宗鈔釋云。若依別敎。十信是伏忍。十住是信忍。十行十向是順忍。十地是无生忍。妙覺是寂滅忍。若約圓敎。五品位。是伏忍。十信。是信順二忍。初住至等覺。是無生忍。妙覺。是寂滅忍。三相遷滅者。卽生住異滅。四相也。或業轉現。三相也。持世經云。有爲三相。所

---

30 송나라 때 장수長水 사문 자선子璿이 집해한『수능엄의소주경首楞嚴義疏注經』을 말한다.
31『수능엄의소주경』권8(T39, 934a).

謂。生相。滅相。住異相。无爲三相。所謂。無生相。无滅相。无住異相。故合住異爲一相。又圭峯。圓覺鈔云。八地已上菩薩。三細未除。習氣流注故。三細亦可。三相上。諸師所釋。各有所主。理無防碍。於中東林師釋。殊妙。愚以管窺。欺彼大空。三相及無生者。若約起信論則。生相謂業相。唯佛方斷。住相謂轉相現相智相相續相。從初地至等覺所斷。異相謂執取相計名字相。二乘三賢所斷。滅相謂起業相。十信凡夫所斷。此約終別教論修斷麤細次第。故似有前後。若約圓教論。則四相同時。皆無自立。本來平等。同一圓覺。最初一念。不覺心起。一叚[3]空聚。同時而成。何得前後橫竪落耶。始有生相之時。卽有住異滅相。此一叚[4]空。生卽一時生。滅則一時滅。是以圓人。十信位。圓伏三相。入初住。初圓斷三相。初圓證三德無生。從二住。乃至十地。位位漸增。圓斷三相。漸增圓證三德无生。至於等覺後心。究竟斷三相。究竟證三德无生。入於妙覺。方成正覺。是故今言三相者。生相住異相滅相亦得。又生異相滅相亦得。又業相轉相現相三細亦得。楞嚴別解云。無生法忍者。卽眞如理也。忍。卽智也。德明者。萬德圓明也。理絕淨境者。受師云。道理絕遠清淨境也 糅[女口反。雜也]。失。卽咎也。人懷惡念。人字。而字之誤也。但寫者錯爾。童蒙。生枝曰。楞嚴長水疏云。幼小曰童。情昧曰蒙。禀受具戒。上音品。承。具戒者。二百五十戒也。懷羅漢。梵語略也。具云阿羅漢。此云无煩惱。今謂師長授與具戒。弟子若持淨戒。如說離煩惱。則使住聖胎。終成聖果。故云。懷羅漢胎。生羅漢果。

---

1) ㉮ '叚'는 '段'의 오자이다. 2) ㉯ '忍'은 저본에 'ㅣ'로 되어 있고 그 아래 "이 획은 '忍' 자로 본다."는 주가 있다. 따라서 편지가 '忍'으로 고쳤다. 아래에서도 마찬가지이다. 3) ㉰ '叚'는 '段'의 오자이다. 4) ㉱ '叚'는 '段'의 오자이다.

참법 오늘 이 도량의 동업대중이여, 부처님의 말씀처럼 스승에게 이와 같은 은덕이 있건만 스승의 은혜에 보답하려는 생각은 한번도 일으킨 적이 없었습니다. 혹은 게다가 가르치고 타일러도 믿고 받아들이지도 않았으며, 나아가 거친 말로 비방을 일삼고 함부로 시비를 일으켜 불법을 쇠락하게 하였으니, 이와 같은 등등의 죄를 어떻게 면할 수 있겠습니까. 이런 행동의 고통스러운 과보는 대신할 자가 없습니다.

죽을 때가 닥쳐 즐거움이 떠나고 괴로움이 돌아와 정신이 참담하고 뜻이 혼미해지면, 육식은 총명하지 못하고 오근은 쇠망하여 가고 싶어도 발을 움직일 수 없고 앉고 싶어도 몸이 혼자 설 수가 없습니다. 설사 법문을 듣고 싶어도 다시는 귀에 들리는 것이 없고, 훌륭한 경계를 보고 싶어도 다시는 눈에 보이는 것이 없습니다. 그와 같은 때를 당해 다 함께 오늘과 같은 예참을 그리워한들 이런 기회를 어찌 다시 얻을 수 있겠습니까. 지옥의 한량없는 온갖 고통만 있을 뿐이니, 이와 같은 고통스러운 과보는 스스로 지어 스스로 받은 것입니다. 그러므로 경에서 말씀하셨습니다.

"어리석고 제멋대로이며 앙화殃禍를 믿지 않아 스승을 비방하고, 스승을 헐뜯고, 스승을 미워하고, 스승을 질투하는 이와 같은 사람들은 법 가운데 큰 마귀요 지옥의 종자이니, 스스로 원한을 맺어 다함없는 과보를 받느니라. (이는 다음의 예와 같다.) 법요를 잘 설하는 화광華光 비구에게 한 제자가 있었다. 그는 항상 교만을 품고서 화상이 말씀을 해도 전혀 믿고 받아들이지 않으면서 곧잘 이렇게 말했다.

'나의 대화상은 전혀 지혜가 없고 그저 공허한 일들만 찬탄할 뿐이니, 다음 생애에는 다시 보고 싶지 않은 것이 내 소원이다.'

이에 그 제자는 법을 법이 아니라 말하고 법이 아닌 것을 법이라 말하였으니, 비록 금계를 지키며 범하는 일은 없었지만 잘못 이해했던 까닭에 목숨을 마친 뒤에는 쏜살같이 아비지옥에 떨어져 80억 겁 동안 항상 큰 고통을 받았다."

今日道場。同業大衆。如佛所說。師長有如此恩德。而未曾發念報師長恩。或復敎誨。亦不信受。乃至麁言。起於誹謗。橫生是非。使佛法衰落。如是等罪。何當免離。此之苦報。無人代者。及其捨命。樂去苦歸。神情慘惱。意用惛迷。六識不聰。五根喪敗。欲行足不能動。欲坐身不自立。假使欲聽法言。則耳無所復聞。欲視勝境。則眼無所復見。當如此時。共思今日禮懺。豈可復得。但有地獄。無量衆苦。如是苦報。自作自受。故經言。愚癡自恃。不信殃禍。謗師毀師。憎師嫉師。如是等人。法中大魔。地獄種子。自結怨對。受報無窮。如華光比丘。善說法要。有一弟子。恒懷憍慢。和上爲說。都不信受。卽作是言。我大和上。空無智慧。但能讚歎。虛空之事。願我後生。不復樂見。於是弟子。法說非法。非法說法。雖持禁戒。無有毀犯。以謬解故。命終之後。如射箭頃。墮阿鼻獄。八十億劫。恒受大苦。

집해 '횡생橫生'에 대해 각명 공은 "앞 글자는 거성이고, 이치에 맞지도 않는데 무고하는 것을 횡이라 한다. 스승의 가르침을 받아들이지 않기 때문에 '불법이 쇠락한다'고 하였다."라고 하였다.

'고귀苦歸'에 대해 미수 스님은 "괴로운 경계가 곧 찾아온다는 말이다. 귀歸는 오다(來)라는 뜻이다. 마魔는 범어로 온전히 말하면 마라魔羅이다. 뜻으로 번역하면 장애障碍니, 선법善法을 장애하기 때문이다."라고 하였다. 여기에 보충 설명을 하자면, 『능엄환해楞嚴環解』[32]에서 "중국말로 살자殺者라 하고 또 탈자奪者라고도 하니, 말하자면 혜명惠命을 죽이고 선법善法을 빼앗을 수 있기 때문이다."[33]라고 하였다.

'화광 비구華光比丘' 등에 대해서는 『관불삼매경觀佛三昧經』에서 다음과

---

32 송나라 사문 계환戒環의 해석인 『수능엄경요해首楞嚴經要解』를 지칭한다.
33 『수능엄경요해』 권17(X11, 869a).

같이 말하였다.³⁴ "보개등왕여래寶盖燈王如來의 상법 시대에³⁵ 덕화德華³⁶라는 비구가 있었는데, 그는 예전부터 반야의 가르침을 훌륭히 설하였던 자였다. 또 쾌견快見이라는 제자가 있었는데, 그는 왕자王子라는 신분을 믿고 마음에 교만驕慢을 일으켰다. 화광華光³⁷ 비구가 항상 반야 대공大空의 이치를 설했지만 쾌견은 이해하지 못하고서 드디어 '나의 스승은 지혜가 없고 그저 공허한 일들만 말한다'고 비방하고, '이후로 다시는 보지 않겠다'고 맹세하였다."

橫生。明公云。上去聲。非理而誣曰橫。不受師敎。故云佛法衰落。苦歸。授師云。苦境卽來也。歸者。來義。魔。梵具云魔羅。義翻云。障碍。障碍善法故。生枝曰。楞嚴環解云。此云殺者。亦奪者。謂能殺惠命。奪善法故。華光比丘等。觀佛三昧經云。寶盖燈王如來法中。有比丘名德華。先善說般若之敎。弟子名快見。恃爲王子故。心生驕慢。華光比丘。常說般若。大空之義。快見不解。遂生謗云。我師無智。唯說虛空之事。誓言。後不復見。

참법 오늘 이 도량의 동업대중이여, 경의 말씀이 이와 같거늘 어찌 사람마다 큰 두려움을 일으키지 않을 수 있겠습니까. 화상에게 나쁜 말을 한마디 내뱉은 것만으로도 80억 겁을 아비지옥에 떨어졌는데, 하물며 출가 이래로 오늘에 이르기까지 화상에게 일으킨 악업이겠습니까. 그 죄가 한량없으니 이 몸을 버리게 되면 그와 같을 것은 의심의 여지가 없습니

---

34 아래는 경문을 그대로 인용한 것이 아니라『관불삼매해경觀佛三昧海經』권6(T15, 677a)에 수록된 내용을 요약한 것이다.
35 '상법 시대에'에 해당하는 원문은 '法中'이다.『관불삼매해경』을 참조하여 '像法中'으로 이해하고 번역하였다.
36 『관불삼매해경觀佛三昧海經』에서는 비구의 이름을 덕화광德華光이라 하였다.
37 화광華光 역시 동일 인물로 덕화광德華光을 말한다.

다. 무엇 때문에 그러한가? 화상과 아사리께서 항상 가르치고 타일러도 법답게 수행하는 법이 없고, 여러 스승을 거역하는 일은 많습니다. 게다가 혹은 물품을 나눠 주어도 만족하는 법이 없기도 하고, 스승이 제자에게 화를 내기도 하고, 제자가 스승을 원망하기도 하면서 삼세에서 기쁨과 노여움이 한량없으니, 이과 같은 등등의 죄는 다 계산할 수도 없습니다. 경에서 "한 번 진심을 일으키면 원한으로 대함이 한량이 없다."고 하였습니다. 이와 같이 원한으로 대하는 일은 육친뿐만이 아니니, 스승과 제자 간의 혐오와 원한 역시 심합니다.

또 같은 방에서 함께 거주하는 상좌·중좌·하좌도 마찬가지입니다. 출가는 곧 멀리 벗어나는 법임을 깊이 믿지 못하고, 인욕이 곧 안락한 행임을 알지 못하고, 평등이 곧 보리의 길임을 알지 못하고, 상을 잊음이 곧 세간을 벗어난 마음임을 알지 못하기에 스승과 제자가 같은 방에 함께 지내면서도 맺은 업을 다하지 못하고 서로 어긋나 서운해 하며 다투려는 마음이 분분히 어지럽게 일어납니다. 그래서 세세생생 화합하지를 못합니다.

또 출가한 사람이라도 혹 학업을 같이 닦거나 같은 스승을 섬기던 사람이 견해가 같지 않아 지위가 올라가기라도 하는 날이면 문득 독을 품고 진심을 품지 "전생에 익힌 지혜 덕분에 저 사람은 복덕을 얻었지만 나는 선근이 없다."고 스스로 말하지는 않습니다. 다른 사람의 영달을 듣고는 안온하지 못한 성품과 유루의 마음으로 높다 낮다는 생각을 자주 하고 다툼을 일삼으면서 화합하지를 못합니다. 다른 이를 후하게 평가하고 자신은 박하게 평가하지 못해 서로서로 혐오하고 원망하며, 자기의 잘못은 살피지 않고 오로지 타인의 단점만 입에 담습니다. 혹은 삼독으로 서로서로를 모함하고 비방하면서 충직한 믿음의 마음도 없고 공경하는 뜻도 없으니, 어디에서 "내가 부처님의 계율을 어겼구나." 하고 다시 생각이나 하겠습니까.

나아가 큰소리치고 크게 떠벌리고 악독하게 꾸짖고 추한 말을 퍼부으

면서 스승의 가르침과 타이름을 조금도 믿고 받아들이지 않았으며, 상
좌·중좌·하좌에게 각기 원한을 품었고 원한을 품은 까닭에 서로 시비를
일삼았습니다. 악도에서 원한을 품고 대하는 자들이 많다면 그들은 모두
우리의 스승이거나 제자거나 함께 공부하고 함께 생활했던 상좌·중좌·
하좌들입니다. 그들에게 한번 원한의 마음을 일으켰기 때문에 원한으로
대함이 한량없는 것입니다. 그래서 경에서 "금생에 원망하는 마음으로 조
금만 미워해도 내생에는 점점 심해져 결국 큰 원수가 된다."고 말씀하셨
던 것이니, 하물며 종신토록 일으킨 악업이겠습니까.

今日道場。同業大衆。如經所說。豈得不人人起大怖畏。止於和上。發一
惡言。墮阿鼻獄。八十億劫。何況出家已來。至于今日。於和上邊。所起
惡業。其罪無量。判捨身形。同彼無疑。何以故爾。和上闍梨。恒加訓誨。
而未曾如法修行。於諸師長。多生違逆。或復給與。而無厭足。或師瞋弟
子。或弟子恨師。於三世中。喜怒無量。如是等罪。不可稱計。經言。起一
瞋心。怨對無量。如是怨對。非但六親。師徒弟子。嫌恨亦甚。又復同房共
住。上中下座。不能深信。出家是遠離法。不知忍辱。是安樂行。不知平
等。是菩提道。不知忘相。是出世心。師及弟子。同房同住。結業未盡。互
相違恨。忿諍之心。紛然亂起。所以世世。不得和合。又出家人。或同學
業。或復共師。見解不等。昇進之日。便含毒懷瞋。而不自言。宿習智慧。
彼有福德。我無善根。聞見他榮。不安隱性。有漏之心。亟生高下。多起鬪
諍。少能和合。不能推厚居薄。更相嫌恨。不省己非。唯談他短。或以三
毒。更相讒謗。無忠信心。無恭敬意。何處復念。我違佛戒。乃至高聲大
語。惡罵醜言。師長教誨。都無信受。上中下座。人各懷恨。以懷恨故。更
相是非。於惡道中。多有怨對。皆是我等。師徒弟子。同學共住。上中下
座。起一恨心。怨對無量。所以經言。今世恨意。微相憎嫉。後世轉劇。至
成大怨。何況終身。所起惡業。

집해 '지어止於'의 앞 글자는 오히려 뿐인데도(猶只)라는 뜻이다.

'판判'은 곧 되다(成)라는 뜻이다.

'맺은 업(結業)'은 번뇌로 맺은 업을 말한다.

'추후거박推厚居薄'에 대해 미수 스님은 "덕이 후하다며 타인을 추천하고 자신은 덕이 박하다고 자칭하지 못하는 것이다."라고 하였다.

止於者[上猶只也]。判[即成也]。結業者。煩惱結業也。推厚居薄者。授師云。不能推他德厚自居德薄。

참법 오늘 이 도량의 동업대중이여, 어느 어느 세계에서 여러 스승과 상좌·중좌·하좌에게 온갖 원한을 맺었다는 사실을 각자가 스스로 모르고들 있습니다. 이와 같은 원한이 끝이 없고 마주할 형상도 없고 겁수도 없기에 고통을 받아야 할 때가 되면 참고 견딜 수가 없습니다. 그래서 보살마하살은 원수나 친구라는 마음을 버리고 원수나 친구라는 생각을 벗어나 자비로운 마음으로 평등하게 섭수하는 것입니다.

다 함께 오늘 보리의 마음을 일으키고 보리의 원을 일으켰으니, 마땅히 보살의 행인 사무량심과 육바라밀과 사섭법과 사홍서원을 익히고 실천해 부처님과 보살님이 실천한 행과 같아져야 합니다. 우리도 오늘 역시 원수와 친구를 평등하게 대하며 일체에 걸림 없는 마음을 익히고 실천해, 오늘부터 보리에 이르는 그날까지 일체중생을 구호하여 그 모든 중생이 결국은 일승에 이르게 하겠다고 맹세해야 합니다.

나 함께 마음을 내해 오체투시하며, 식신이 있은 이래로 여러 생에 출가하면서 화상이나 아사리가 되었던 분들 가운데 원한으로 대한 적이 있었던 분들, 같은 계단의 존사와 증사 가운데 원한으로 대한 적이 있었던 분들, 함께 공부한 권속과 상좌·중좌·하좌 가운데 원한으로 대한 적이 있었던 분들, 그럴 만한 인연이 있었건 그럴 만한 인연이 없었건 (그들을 받들고 위하십시오.) 나아가 널리 사생 육도의 삼세 여러 원수들을, 지금 상대하고 있건 아직 상대하지 않았건 (그 원한이) 가볍건 무겁건, 그 각각의 권속들까지 받들고 그들을 위하십시오.

아무개 등이 육도의 일체중생에게 원한으로 대한 적이 있다면, 미래나 현재에 원한으로 상대할 것이 분명하다면, 오늘 참회하오니 부디 말끔히 없애소서. 육도의 일체중생 각각에게 원한으로 대했던 분이 계시다면, 아무개 등이 오늘 자비로운 마음으로 원수나 친구라는 생각 없이 널리 삼세의 일체 원수를 위해 애원하며 참회하오니, 부디 모두 털어버리고 다시는 나쁜 마음으로 서로를 공격하거나 독을 품고 서로를 향하지 마소서. 부디 육도의 일체중생이 다 함께 털어 버리고 일체에 기쁨을 일으켜 지금부터 맺힌 것을 풀고 다시는 성내거나 원망하지 마소서.

각자 공경하며 은혜에 보답하는 마음을 품고 모든 부처님과 평등한 마음으로, 모든 부처님과 똑같은 서원으로, 각각 마음을 다해 세간의 너무도 자비로우신 아버지께 귀의합니다.

나무 미륵불
나무 석가모니불
나무 견유변불
나무 전명불
나무 금산불
나무 사자덕불
나무 승상불
나무 명찬불
나무 견정진불
나무 구족찬불
나무 이외불
나무 응천불

나무 대등불

나무 세명불

나무 묘향불

나무 지상공덕불

나무 이암불

나무 사자협불

나무 보찬불

나무 멸과불

나무 지감로불

나무 인월불

나무 희견불

나무 장엄불

나무 주명불

나무 산정불

나무 명상불

나무 법칭불

나무 혜상보살

나무 상불리세보살

나무 무변신보살

나무 관세음보살

거듭 이와 같은 시방 온 허공계 일체 삼보께 귀의합니다. 1배[38]

今日道場。同業大衆。各不自知。在何道中。於諸師長。上中下座。起諸怨結。如是怨對。無有窮盡。無形之對。亦無劫數。當受苦時。不可堪忍。

---

38 누락된 것으로 추측되어 '1배'를 보입하였다.

所以菩薩摩訶薩。捨怨親心。離怨親想。以慈悲心。平等攝受。相與今日。
已得發菩提心。發菩提願。宜應習行。菩薩所行。四無量心。六波羅蜜。四
攝法。四弘誓。如諸佛菩薩。所行之行。我等今日。亦應習行。怨親平等。
一切無礙。從今已去。至于菩提。誓當救護。一切衆生。令諸衆生。究竟一
乘。相與至心。五體投地。奉爲有識神已來。經生出家。和上闍梨。有怨對
者。同壇尊證。有怨對者。同學眷屬。上中下座。有怨對者。有緣無緣。廣
及四生六道。三世衆怨。若對非對。若輕若重。各及眷屬。(某甲)等。若於六
道。一切衆生。有怨對者。於未來現在。應受對者。今日懺悔。願乞除滅。
若六道中。一切衆生。各各有怨對者。(某甲)等今日。以慈悲心。無怨親想。
普爲三世。一切衆怨。求哀懺悔。願悉捨施。無復惡念相加。懷毒相向。願
六道一切衆生。同共捨施。一切歡喜。從今解結。無復瞋恨。各自恭敬。念
報恩心。等諸佛心。同諸佛願。各各至心。歸依世間。大慈悲父。南無彌勒
佛。南無釋迦牟尼佛。南無見有邊佛。南無電明佛。南無金山佛。南無師子
德佛。南無勝相佛。南無明讚佛。南無堅精進佛。南無具足讚佛。南無離畏
佛。南無應天佛。南無大燈佛。南無世明佛。南無妙香佛。南無持上功德
佛。南無離暗佛。南無師子頰佛。南無寶讚佛。南無滅過佛。南無持甘露
佛。南無人月佛。南無喜見佛。南無莊嚴佛。南無珠明佛。南無山頂佛。南
無名相佛。南無法稱佛。南無慧上菩薩。南無常不離世菩薩。南無無邊身
菩薩。南無觀世音菩薩。又復歸依。如是十方。盡虛空界。一切三寶。

집해 '무형지대無形之對'란 딱히 마주할 만한 상대의 형체가 없지만 반드시 스스로 받아야 한다는 것이다.

'유연무연有緣無緣'에서 (유연은) 원한을 가질 만한 인연이 있어서 고의로 지었다는 것이고, 원한의 인연이 없다는 것은 실수로 저질렀다는 것을 말한다. 또 유연은 이미 서로 부딪친 자를 말하고, 무연은 아직까지는 서로 간여하지 않은 자를 말한다.

無形之對者。無他形逼對須自受之。有緣無緣者。謂有怨因緣乃故作也。
无怨因緣者。乃誤作也。又有緣。謂曾經契合者。无緣。謂曾不相干者。

참법 부디 부처님의 힘과 법의 힘과 큰 지위에 계신 보살님의 힘과 일체 현성의 힘으로 지금 상대하고 있거나 아직 상대하지 않은 저 삼세의 한량없는 여러 원수들과 온 허공계의 일체 중생이 모두 함께 참회하여 맺힌 원한을 풀고, 일체를 털어 버려 원수나 친구라는 생각이 없게 하소서. 물과 젖처럼 일체가 화합하고, 초지보살처럼 일체에 기뻐하고, 허공처럼 일체에 장애가 없어 오늘부터 보리에 이르는 그날까지 영원히 법의 친척이 되어 나와 다르다는 생각이 없게 하시고, 항상 보살님의 자비로운 권속이 되게 하소서.

또 오늘 예배하고 참회하여 맺힌 원한을 푼 공덕 인연으로, 화상·아사리와 같은 계단의 존사·증사와 함께 공부한 제자들과 상좌·중좌·하좌와 일체 권속 가운데 (제가) 원한으로 대했던 분이 계시다면, 나아가 사생 육도의 중생 각자에게 아직 해탈하지 못한 삼세의 여러 원수가 있다면, (그분들이) 지금 하늘 세계에 있는 분이건 신선 세계에 있는 분이건 아수라 세계에 있는 분이건 지옥 세계에 있는 분이건 아귀 세계에 있는 분이건 축생 세계에 있는 분이건 인간 세계에 있는 분이건 오늘 현재 저의 권속 가운데 있는 분이건, 이와 같은 시방 삼세의 지금 상대하고 있거나 아직 상대하지 않은 모든 원수와 그 각각의 권속들이 오늘부터 보리에 이르는 그날까지 일체 죄장을 모두 말끔히 없애고 일체 원한에서 끝까지 해탈하게 하소서. 결박과 습기와 번뇌가 영원히 청정해져 사취와 길이 이별하고 자재하게 삶을 받게 하시며, 생각마다 법으로 흘러들고 마음마다 자재하여 육바라밀을 구족하게 장엄하고 십지의 행과 원을 끝까지 다하지 못하는 일이 없게 하시며, 부처님의 십력을 얻고 신통이 무애하며 아뇩다라삼먁삼보리를 빨리 구족하여 등정각을 이루게 하소서. 1배

願以佛力法力。大地菩薩力。一切賢聖力。令彼三世。無量衆怨。若對非對。盡空法界。一切衆生。皆同懺悔。解怨釋結。一切捨施。無怨親想。一切和合。猶如水乳。一切歡喜。猶如初地。一切無礙。猶如虛空。從今已去。至于菩提。永爲法親。無別異想。常爲菩薩。慈悲眷屬。又以今禮拜懺悔。解怨釋結。功德因緣。願和上闍梨。同壇尊證。同學弟子。上中下座。一切眷屬。有怨對者。乃至四生六道。各有三世衆怨。未解脫者。今日若有在天道者。在仙道者。在阿脩羅道者。在地獄道者。在餓鬼道者。在畜生道者。在人道者。今日現在眷屬中者。如是十方。三世衆怨。若對非對。各及眷屬。從今已去。至于菩提。一切罪障。皆得除滅。一切怨對。畢竟解脫。結習煩惱。永得淸淨。長辭四趣。自在受生。念念法流。心心自在。六波羅蜜。具足莊嚴。十地行願。無不究竟。得佛十力。神通無礙。早具阿耨多羅三藐三菩提。成等正覺(一拜)。

집해 '염념법류念念法流'에 대해 변진 스님은 "생각 생각이 끊어지지 않고 법의 강물로 흘러든다는 것이다."라고 하였다. '생각마다(念念)'와 '마음마다(心心)'는 말은 다르지만 뜻은 같다.

念念法流。眞師云。念念不斷。入法流水也。念念。心心者[名異義同]。

참법 오늘 이 도량의 동업대중이여, 지금까지는 타인과의 관계에서 삼세의 원수들과 맺은 원한을 푸는 일에 대해 개괄하였습니다. 지금부터는 자신을 깨끗이 하여 그 마음을 살펴야 합니다. 우리는 오늘 무엇 때문에 생사의 몸을 받아 해탈하지 못하며, 나아가 (부처님의) 얼굴을 직접 뵙고서 그 앞에서 수기를 받지 못하고 물러나 일음의 연설을 듣지 못하는 것일까요? 그것은 진실로 죄업이 심중하고 맺힌 원한이 견고한 탓입니다. 앞의 부처님과 뒤의 부처님과 보살님과 현성을 뵙지 못할 뿐만 아니라 메아리처럼 전해진 십이분교의 말씀을 듣고도 영원히 마음에서 멀리할까 두렵기까지 하니, 악도와 원한에서 벗어날 길이 없습니다. 이 몸과 목숨을 버리고 나면 바야흐로 들끓는 바다에 빠져 삼악도를 윤회하며 나쁜 세계를 골고루 다닐 것이니, 어느 세월에 이런 사람의 몸을 다시 얻을 수 있을까요. 이런 마음을 가지면 진실로 격한 슬픔이 치밀고, 이런 생각을 하면 저도 모르게 가슴이 아픕니다.

다들 이미 부처님의 교화를 흠모하여 사랑을 끊고 친지와 이별하고 영화를 버리고 세속을 버리고 다른 인연마저도 없는데, 어찌 시간을 다투지 않고 각기 편안함만 구할 수 있겠습니까. 만약 그 뜻을 견고히 하여 고단함을 견디고 고통을 참아 내며 슬픔을 머금고 정성을 다하지 않는다면, 홀연히 그 몸에 죽을병이 들어 중음中陰의 모습이 나타날 때 옥졸인 나찰과 소머리를 한 아방 등이 기이한 형상을 하고 하루아침에 찾아와 바람칼로 온몸을 가를 것입니다. (그때는) 공포에 떠는 어지러운 마음으로 권속들의 이름을 통곡하며 불러 보아도 아무도 알아차리지 못할 것입니다. 그런 때를 당해 오늘처럼 한 조각 선심을 일으켜 오체투지하면서 부처님께 예배하고 참회하고 싶어 한들 어떻게 또 그럴 수 있겠습니까. 삼악도의 한량없는 고통만 기다리고 있을 뿐입니다.

오늘 대중들께서는 각자 노력하며 시간을 다투어야 합니다. 만약 망정에 맡기고 뜻에 따른다면 진리에 나아감이 더딜 것이며, 고단함을 견디고 아픔을 참는다면 보리심으로 나아감이 빠를 것입니다. 따라서 경에서 "자비가 곧 도량이니 피로와 괴로움을 참기 때문이요, 원행을 일으키는 것이 곧 도량이니 일을 이루기 때문이다."[39]라고 말씀하신 것입니다.

그러므로 아셔야 합니다. 만 가지 선을 장엄함에 있어서 부지런히 하지 않는다면 의탁할 곳이 없습니다. 큰 바다를 건너려 한다면 배가 아니고

---

[39] 『유마힐소설경維摩詰所說經』(T14, 542c).

어디에 의지하겠습니까. 원하고 좋아하는 마음이 있다 하더라도 원하고 좋아하는 일을 실천하지 않는다면 그 원은 반드시 공허해 그 결과를 보지 못할 것이니, 양식이 떨어진 사람이 백 가지 음식에 마음을 두더라도 그 굶주림의 고뇌를 해결하는 데는 끝내 아무런 도움도 되지 못하는 것과 같습니다. 마땅히 아셔야 합니다. 수승하고 묘한 과보를 구하고 싶다면 반드시 마음과 일을 함께 실천해야 합니다. 다 함께 때를 만났을 때 훌륭한 마음을 내고 부끄러워하는 뜻을 품고서 참회하여 죄를 멸하고 여러 맺힌 원한들을 풀어야 합니다. 혹시라도 다시 어둠에 처한다면 명료하게 깨달을 기약이 없으니, 남들 다 해탈하고 나중에 후회하지 마십시오.

각각 마음을 다해 평등한 일심으로 간절하게 오체투지하며 세간의 너무도 자비로우신 아버지께 귀의합니다.

나무 미륵불

나무 석가모니불

나무 정의불

나무 시원불

나무 보중불

나무 중왕불

나무 유보불

나무 안은불

나무 법차별불

나무 상존불

나무 극고덕불

나무 상사자음불

나무 요희불

나무 용명불

나무 화산불

나무 용희불

나무 향자재불

나무 대명불

나무 천력불

나무 덕수불

나무 용수불

나무 선행의불

나무 인장엄불

나무 지승불

나무 무량월불

나무 보어불

나무 일명불

나무 약왕보살

나무 약상보살

나무 무변신보살

나무 관세음보살

거듭 이와 같은 시방 온 허공계 일체 삼보께 귀의합니다. 1배[40]

아무개 등은 쌓은 죄장罪障이 대지보다 두껍고 무명에 덮인 긴긴 밤이 밝을 줄 몰라 항상 삼독을 따라 원한의 인연을 지었기에 삼유에 빠져 헤매면서 영원히 나올 기약이 없었습니다. 오늘 모든 부처님과 보살님의 너무도 자비하신 힘으로 비로소 깨우침을 입었기에 부끄러워하는 마음을 내고 정성을 다해 애원하면서 허물을 드러내 참회하오니, 모든 부처님과 모든 보살님이시여, 자비로 섭수하사 큰 지혜의 힘과 불가사의한 힘과 한량없이 자재한 힘과 네 마귀를 항복시키는 힘과 모든 번뇌를 소멸시키는

---

[40] 누락된 것으로 추측되어 '1배'를 보입하였다.

힘과 모든 맺힌 원한을 푸는 힘과 중생을 제도하는 힘과 중생을 편안하게 하는 힘과 지옥에서 해탈시키는 힘과 아귀를 제도하는 힘과 축생을 구제하는 힘과 아수라를 교화하는 힘과 인간을 섭수하는 힘과 모든 하늘과 모든 신선의 번뇌를 소진시키는 힘과 한량없고 가없는 공덕의 힘과 한량없고 다함없는 지혜의 힘으로 사생 육도의 모든 원수들이 함께 이 도량으로 모여 아무개 등의 오늘 참회를 받아들이게 하소서. (그리하여) 일체를 털어버리고 원수나 친구라는 생각이 없어져 맺었던 원한의 업에서 함께 해탈하고, 팔난을 영원히 벗어나며, 사취의 괴로움이 없게 하소서. 항상 부처님을 만나 법을 듣고 도를 깨달아 보리심을 일으키고, 출세간의 업을 실천하여 사무량심과 육바라밀을 깊은 마음으로 닦아 익히고, 일체의 행원이 십지와 그 계위가 같아져서 금강심에 들어가 함께 정각을 이루게 하소서. 1배

今日道場。同業大衆。前是摠相。爲他三世衆怨。解諸怨結。此下自淨。宜督其心。我等今日。何故受生死身。不得解脫。進不覩面前授記。退不聞一音演說。良由罪業深厚。怨結牢固。非唯不見前佛後佛菩薩賢聖。而亦將恐。十二分敎。聞聲傳響。永隔心路。惡道怨對。無從得免。捨此形命。方沈沸海。輪轉三途。備歷惡趣。何時當復。得此人身。發如是意。實有切情之悲。運如是想。不覺痛心之苦。相與已得。仰湌風化。割愛辭親。捨榮棄俗。更無異緣。豈得不與時競。各求所安。若不堅強其志。捍勞忍苦。銜悲惻愴者。忽使身被篤疾。中陰相現。獄卒羅刹。牛頭阿旁。殊形異狀。一朝而至。風刀解身。心懷怖亂。眷屬號泣。無所覺知。當此之時。欲求今日。起一善心。五體投地。禮佛懺悔。豈可復得。但有三途。無量衆苦。今日大衆。各自努力。與時馳競。若任情適意。則進趣理遲。捍勞忍苦。則趣向心疾。故經言。悲是道場。忍疲苦故。發行是道場。能辦事故。故知萬善莊嚴。不勤無託。欲度巨海。非舟何寄。若有願樂之心。而不行願樂之事。其願必虛。未見其果。如絶粮之人。心存百味。於其飢惱。終無濟益。當知。欲求勝妙果報。必須心事俱行。相與及時。生增上心。懷慙愧意。懺悔滅罪。解諸怨結。脫更處闇。開了未期。人皆解脫。莫追後悔。各各至心。等一痛切。五體投地。歸依世間大慈悲父。南無彌勒佛。南無釋迦牟尼佛。南無定義佛。南無施願佛。南無寶衆佛。南無衆王佛。南無遊步佛。南無安隱佛。南無法差別佛。南無上尊佛。南無極高德佛。南無上師子音佛。南無樂戲佛。南無龍明佛。南無華山佛。南無龍喜佛。南無香自在佛。南無大名佛。南無天力佛。南無德鬚佛。南無龍手佛。南無善行意佛。南無因莊嚴佛。南無智勝佛。南無無量月佛。南無寶語佛。南無日明佛。南無藥王菩薩。南無藥上菩薩。南無無邊身菩薩。南無觀世音菩薩。又復歸依。如是十方。盡虛空界。一切三寶。(某甲)等。積集罪障。深於大地。無明覆蔽。長夜不曉。常隨三毒。造怨對因。致使迷淪三有。永無出期。今日以諸佛菩薩。大慈悲力。始蒙覺悟。心生慙愧。至誠求哀。發露懺悔。願諸佛菩薩。慈悲攝受。以大智慧力。不可思議力。無量自在力。降伏四魔力。滅諸煩惱力。解諸怨結力。度脫衆生力。安隱衆生力。解脫地獄力。濟度餓鬼力。救拔畜生力。攝化阿脩羅力。攝受人道力。盡諸天諸仙漏力。無量無邊功德力。無量無盡智慧力。令四生六道。一切衆怨。同到道場。受(某甲)等。今日懺悔。一切捨施。無怨親想。所結怨業。同得解脫。永離八難。無四趣苦。常值諸佛。聞法悟道。發菩提心。行出世業。四等六度。深心修習。一切行願。等階十地。入金剛心。俱成正覺(一拜)。

집해 '독독'은 독독으로 발음하고, 살피다(察)라는 뜻이다.

'진부도進不覩' 등은 이미 앞에서 해석하였다.

'비유불견非唯不見'은 석가(能仁)와 미륵(慈氏)을 뵙지 못할 뿐만 아니라라는 뜻이다.

'십이분교十二分敎'는 십이부十二部라고도 한다. 고덕의 송에서 말하였다.

계경과 응송과 수기
풍송과 자설과 연기
본생과 본사와 방광
미증유와 비유와 논의

이 십이부 가운데 수다라修多羅가 제1부이다. 따라서 일체 경교를 그 제1부를 들어 수다라라고 하는 것이다. (수다라는) 중국말로 계경이니, 말하자면 이치에 계합하고 근기에 계합하기 때문이다. 십이부는 경에 있는 문장의 뜻을 살펴 낱낱의 부로 구분한 것이다.

'앙손풍화仰飡風化'에 대해 변진 스님은 "인왕仁王의 교화를 맛보다라는 뜻이다."라고 하였다.

'중음의 모습이 나타난다'는 것은 곧 중유신中有身을 말한다. 『능엄해楞嚴解』에서 "이 오음이 이미 멸하고, 저 오음에 아직 도달하지 못한 것을 중음이라 한다."고 하였다. 각명 공은 "세속의 선비들은 이것을 혼령魂靈이라 한다."고 하였다.

변진 스님은 '진취리進趣理'(의 이리)를 진리眞理라 하고, '취향심趣向心'(의 심심)을 보리심菩提心이라 하였다.

'비시悲是'에서 (비悲는) 자비慈悲이다.

'발행發行'의 뒷글자는 거성이고 원행願行을 말한다.

'탁託'과 '기寄'를 변진 스님은 모두 의거하다(憑)라는 뜻이라 하였다.

'마음과 일(心事)'은 원하고 좋아하는 마음과 원하고 좋아하는 일이다.

'탈脫'에 대해 미수 스님은 "혹시라도(設儻)라는 뜻이다."라고 하였다.

'개료開了'는 명료하게 깨닫는다는 것이다.(開悟明了)

督[音毒。察也]。進不覩等[已釋]。非唯不見者。非但不見能仁慈氏。十二
分敎者。亦云十二部。古德頌云。契經應誦與授記。諷誦自說及緣記。本

生本事亦方廣。未曾比喩幷論議。此十二部中。修多羅者。第一部。是故
一切經教。擧第一部。云修多羅。此云契經。謂契理契機故。十二部者。
見經中文義。揀別一一部也。仰浪風化者。眞師云。浪仁王風化。中陰相
現者。卽中有身也。楞嚴解云。此五陰已盡。彼五陰未到。謂之中陰。明公
云。俗士謂之魂靈也。進趣理者。眞師云。眞理。趣向心者。菩提心。悲是
者。慈悲。發行[下去聲。願行也]。託及寄者。眞師云。皆憑義。心事者。願
樂之心。願樂之事。脫者。授師云。設黲之義。開了者。開悟明了。

참법 오늘 이 도량의 동업대중이여, 무릇 원한으로 대하며 서로를 찾는 것은 모두 삼업이 수행자를 장엄하여 여러 고통스러운 과보가 얽힌 탓입니다. 이것이 온갖 고통의 근본이라는 걸 다들 이미 알았으니, 마땅히 용맹하게 그것을 꺾어 버리고 소멸시켜야 합니다. 고통을 소멸시키는 요긴한 방법은 오직 참회뿐입니다. 그러므로 경에서도 세상의 두 건아健兒를 칭찬하셨으니, 첫째는 죄를 짓지 않는 자요, 둘째는 (지었다면) 능히 참회하는 자입니다.

대중이 오늘 참회하려 한다면 그 마음을 깨끗이 하고 그 용모를 정숙히 하고서 안으로 부끄러움을 품고 슬픔을 밖으로 드러내야 합니다. 두 가지 마음을 일으키면 소멸시키지 못할 죄가 없으니, 무엇이 그 두 가지 마음인가? 첫째는 참慚이요, 둘째는 괴愧입니다. 참은 하늘을 우러러 부끄러워함이요 괴는 사람에게 부끄러워함이며, 참은 스스로 참회하여 온갖 원한을 소멸시키는 것이요 괴는 온갖 결박을 풀도록 다른 사람을 가르치는 것이며, 참은 온갖 선을 짓는 것이요 괴는 (선을 짓는 것을) 보고 따라 기뻐하는 것이며, 참은 안으로 스스로 수치스럽게 여기는 것이요 괴는 사람들에게 드러내 밝히는 것이니, 이 두 가지 법이 수행자로 하여금 걸림 없는 즐거움을 얻게 합니다.

다 함께 오늘 큰 참괴慚愧를 일으키고 큰 참회를 행하여 사생 육도에게 마음을 다해 애원합시다. 왜 그래야 하는가? 경에서 "일체중생이 모두 곧 친지의 인연이었으니, 혹은 과거에 부모였고, 혹은 과거에 스승이었으며 나아가 형제자매였으니, 일체 모두가 다 그렇다. 그러나 무명의 그물에 떨어져 서로 알아보지 못하고, 이미 서로 알아보지 못하기에 괴롭힘을 자주 일으키며, 그 괴롭힘 때문에 원한으로 대함이 끝이 없다."고 말씀하셨습니다. 대중들께서는 오늘 이런 이치를 깨달아서 정성을 다하고 간절하게 마음을 쏟아 반드시 한 생각으로 시방의 부처님을 감동시키고, 한 번의 절로 한량없는 원한을 끊어 없애야 합니다.

평등한 일심으로 간절하게 오체투지하며 거듭 세간의 너무도 자비로우신 아버지께 귀의합니다.

나무 미륵불

나무 석가모니불

나무 정의불

나무 무량형불

나무 조명불

나무 보상불

나무 단의불

나무 선명불

나무 불허보불

나무 각오불

나무 화상불

나무 산주왕불

나무 대위덕불

나무 변견불

나무 무량명불

나무 보천불

나무 주의불

나무 만의불

나무 상찬불

나무 무우불

나무 무구불

나무 범천불

나무 화명불

나무 신차별불

나무 법명불

나무 진견불

나무 덕정불

나무 문수사리보살

나무 보현보살

나무 무변신보살

나무 관세음보살

거듭 이와 같은 시방 온 허공계 일체 삼보께 귀의합니다. 1배[41]

우러러 원하오니 삼보시여, 함께 섭수하사 아무개 등이 참회하는 바를 말끔히 없애 주시고, 뉘우치는 바를 청정하게 해 주소서.

또 오늘 함께 참회한 분들이 오늘부터 보리에 이르는 그날까지 일체의 원한을 모두 소멸하고 일체 온갖 고통에서 끝끝내 해탈하게 하소서. 결박과 습기와 번뇌가 영원히 청정해져 사취를 길이 이별하고 자재하게 삶을 받게 하시며, 모든 부처님을 직접 모시고 면전에서 세존의 수기를 받들게 하시며, 육바라밀과 사무량심을 빠짐없이 실천하여 사무애변을 구족하고 부처님의 십력을 얻어 훌륭한 상호로 그 몸을 장엄하고 신통이 무애하게

---

[41] 누락된 것으로 추측되어 '1배'를 보입하였다.

하시며, 금강심에 들어가 등정각을 이루게 하소서. 1배[42]

今日道場。同業大衆。夫怨對相尋。皆由三業。莊嚴行人。嬰諸苦報。相與既知。是衆苦之本。宜應勇猛。挫而滅之。滅苦之要。唯有懺悔。故經稱歎。世二健兒。一不作罪。二能懺悔。大衆今日。將欲懺悔。當潔其心。整肅其容。內懷慙愧。悲暢於外。起二種心。則無罪不滅。何者二種心。一慙。二愧。慙者慙天。愧者愧人。慙者自能懺悔。滅諸怨對。愧者能敎他人。解諸結縛。慙者能作衆善。愧者能見隨喜。慙者內自羞恥。愧者發露向人。以是二法。能令行人。得無礙樂。相與今日。起大慙愧。作大懺悔。至心求哀。四生六道。何以故爾。經言。一切衆生。皆是親緣。或經爲父母。或經爲師長。乃至兄弟姊妹。一切皆然。良由墮無明網。不復相知。旣不相知。多起觸惱。以觸惱故。怨對無窮。大衆今日。覺悟此意。至誠懇惻。苦切用心。必令一念。感十方佛。一拜斷除。無量怨對。等一痛切。五體投地。重復歸依世間。大慈悲父。南無彌勒佛。南無釋迦牟尼佛。南無定意佛。南無無量形佛。南無照明佛。南無寶相佛。南無斷疑佛。南無善明佛。南無不虛步佛。南無覺悟佛。南無華相佛。南無山主王佛。南無大威德佛。南無徧見佛。南無無量名佛。南無寶天佛。南無住義佛。南無滿意佛。南無上讚佛。南無無憂佛。南無無垢佛。南無梵天佛。南無華明佛。南無身差別佛。南無法明佛。南無盡見佛。南無德淨佛。南無文殊師利菩薩。南無普賢菩薩。南無無邊身菩薩。南無觀世音菩薩。又復歸依。如是十方。盡虛空界。一切三寶。仰願三寶。同加攝受。令(某甲)等。所懺悔除滅。所悔淸淨。又願今日。同懺悔者。從今已去。乃至菩提。一切怨對。皆得消滅。一切衆苦。畢竟解脫。結習煩惱。永得淸淨。長辭四趣。自在受生。親侍諸佛。面奉尊記。六度四等。無不備行。具四辯才。得佛十力。相

---

42 누락된 것으로 추측되어 '1배'를 보입하였다.

好嚴身。神通無礙。入金剛心。成等正覺。

상교정본 자비도량참법 권 제5
詳校正本慈悲道場懺法卷第五

集解 '건아健兒'의 앞 글자는 용감하다(勇), 씩씩하다(壯)는 뜻이다. (죄를) 짓지 않는 것이 으뜸이고, 참회할 줄 아는 것이 그 다음이다.

'하자何者'는 따져 묻는 말이다.

'참慙'과 '괴愧'는 단어는 다르지만 뜻은 동일하다. 지금 달리 해석한 것은 두 가지 뜻에 따라 설명한 것일 뿐이다. 따라서 달리 구별하여 말함으로써 사람들을 경책한 것이다.

'모든 부처님의 십력(諸佛十力)'은 올바른 것과 올바르지 못한 것을 아는 힘(是處非處智力)·과거와 미래의 업보를 아는 힘(過現未來業報智力)·모든 근기의 우열을 아는 힘(諸根勝劣智力)·중생들의 갖가지 판단을 아는 힘(種種解智力)·중생들의 갖가지 소질을 아는 힘(種種界智力)·모든 해탈과 삼매에 대해 아는 힘(諸禪解脫三昧智力)·행위의 결과로 다다르게 되는 일체 세계를 아는 힘(一切至處道智力)·천안으로 죽음 뒤의 세계를 걸림 없이 아는 힘(天眼無碍智力)·과거세의 일들을 걸림 없이 아는 힘(宿命無碍智力)·일체 번뇌가 사라진 것을 아는 힘(一切漏盡智力)이다.

健兒者。上勇也。壯也。不作爲上。能懺爲次。何者。徵問之辭。慙愧者。言異義同。今別釋者。但從二義說。故別異而言警人。諸佛十力者。是處非處智力。過現未來業報智力。諸根勝劣智力。種種解智力。種種界智力。諸禪解脫三昧智力。一切至處道智力。天眼無碍智力。宿命無碍智力。一切漏盡智力。

제5권의 음의

기亟 : 거去와 리吏의 반절이고, 자주(頻數)라는 뜻이다.

갱상경상更相 : (앞 글자는) 경庚으로 발음한다. 아래 문장에서도 이 예에 준하라.

유愈 : 이以와 주主의 반절이고, 많다(多)는 뜻이다.

분감忿憾 : 앞 글자는 부敷와 문吻의 반절이고 노하다(怒)라는 뜻이며, 뒷글자는 호胡와 감紺의 반절이고 원망하다(恨)라는 뜻이다.

선죄先罪 : 앞 글자는 소酥와 전電의 반절이다.

경통哽慟 : 앞 글자는 경耿, 뒷글자는 통洞으로 발음한다.

유糅 : 녀女와 구救의 반절이다.

상패喪敗 : 앞 글자는 거성이고 망하다(亡)라는 뜻이다.

참慘 : 칠七과 감感의 반절이고, 슬퍼하다(慼)라는 뜻이다.

분紛 : 분分으로 발음하고, 이리저리 어지럽다(紛紜亂)라는 뜻이다.

독督 : 동冬과 독毒의 반절이다.

시경時競 : (뒷글자는) 거渠와 경敬의 반절이고, 다투다(爭), 굳세다(强)라는 뜻이다. 시간을 헛되이 보내지 말라는 의미이다.

독질篤疾 : (앞 글자는) 동冬과 독毒의 반절이다. 중병(重疾)을 뜻한다.

참은 스스로 참회하는 것이다(慙者自能懺悔) : 이 한 구절의 문장은 참慙과 괴愧 두 글자를 해석한 것이니, 즉 고친다(改革)는 뜻이다. 다른 본에서는 네 개의 불不 자가 있는데, 도리어 참괴의 뜻을 성립시키지 못한다. 문체가 분명하니, 자세히 살피면 알 수 있다. 불不 자가 있는 것은 잘못이다.

려悢 : 랑郞과 계計의 반절이다.

第五卷音義

亟(去吏切。頻數也)。更相(音庚。下文例此)。愈(以主切。多也)。忿憾(上敷吻切。怒也。下胡紺切。恨也)。先罪(酥電切)。哽慟(上音耿。下音洞)。糅(女救切)。喪敗(上去聲。亡也)。慘(七感切。感也)。紛(音分。紛紜亂也)。督(冬毒切)。時競(渠敬切。爭也。强也。意云不空過時)。篤疾(冬毒切。重疾也)。慙者自能懺悔(此一節文。解慙愧二字。卽改革爲義。餘本有四箇不字。却不成慙愧義。文相分明。詳之可見。有不字者非)。悷(郎計切)。

상교정본 자비도량참법 권 제6
詳校正本慈悲道場懺法卷第六

양조의 여러 대법사가 찬집하다
梁朝諸大法師集撰

맺힌 원한을 풂
제5권부터 이 권 서두까지이다.

참법 오늘 이 도량의 동업 대중이여, 먼저 사생 육도를 향해 몸으로 지은 악업을 참회하십시오. 경에서 "이 몸이 있으면 괴로움이 생기고 몸이 없으면 괴로움이 소멸한다."고 말씀하셨으니, 이 몸은 온갖 괴로움의 근본이요 삼악도의 고통스러운 과보는 모두 이 몸으로 말미암아 얻은 것입니다. 타인이 짓고 내가 받거나 내가 짓고 타인이 받는 것을 보지 못했으니, 스스로 그 원인을 짓고 스스로 그 결과를 받는 것입니다. 한 가지 업만 지어도 그 죄가 끝이 없는데 하물며 종신토록 일으킨 악업이겠습니까. 지금껏 내 몸이 있는 것만 알고 다른 사람 몸도 있다는 것은 몰랐으며, 내 고통이 있는 것만 알고 다른 사람 고통도 있다는 것은 몰랐으며, 내가 안락을 구하는 것만 알고 다른 사람 역시 안락을 구한다는 것은 몰랐으며, 이런 어리석음 때문에 나라는 생각을 일으키고 원수나 친구라는 생각을 일으켰습니다. 이런 까닭에 원한으로 대한 이들이 육도에 가득하니, 그 맺힘을 풀지 않는다면 육도에서 어느 세월에 벗어나겠습니까. 이 겁에서 저 겁에 이를 것이니, 어찌 원통하지 않겠습니까. 다 함께 오늘 용맹한 마음을 일으키고, 크게 부끄러워하는 마음을 일으키고, 크게 참회하여 반드시 한 생각으로 시방의 부처님을 감동시키고, 한 번의 절로 한량없는 원한의 매듭을 끊어 없애야 합니다.

평등한 일심으로 간절하게 오체투지하며 세간의 너무도 자비로우신 아버지께 귀의합니다.

나무 미륵불
나무 석가모니불
나무 월면불

나무 보등불

나무 보상불

나무 상명불

나무 작명불

나무 무량음불

나무 위람불

나무 사자신불

나무 명의불

나무 무능승불

나무 공덕품불

나무 월상불

나무 득세불

나무 무변행불

나무 개화불

나무 정구불

나무 견일체의불

나무 용력불

나무 부족불

나무 복덕불

나무 수시불

나무 광의불

나무 공덕경불

나무 선적멸불

나무 재천불

나무 대세지보살

나무 상정진보살

나무 무변신보살

나무 관세음보살

거듭 이와 같은 시방 온 허공계 일체 삼보께 귀의합니다. 1배

부디 부처님의 힘과 법의 힘과 모든 보살님의 힘과 일체 현성의 힘으로 사생 육도의 일체 모든 원수가 이 도량에 모이게 하소서.

解怨結(自五卷。至此卷首。)

今日道場。同業大衆。先向四生六道。懺身惡業。經言。有身則苦生。無身則苦滅。而此身者。衆苦之本。三途劇報。皆由身得。未見他作我受。我作他受。自作其因。自受其果。若一業成。罪無邊際。何況終身。所起惡業。今唯知有我身。不知有他身。唯知有我苦。不知有他苦。唯知我求安樂。不知他亦求安樂。以愚癡故。起吾我心。生怨親想。所以怨對。遍於六道。若不解結。於六道中。何時免離。從劫至劫。豈不痛哉。相與今日。起勇猛心。起大慚愧。作大懺悔。必使一念。感十方佛。一拜斷除。無量怨結。等一痛切。五體投地。歸依世間。大慈悲父。南無彌勒佛。南無釋迦牟尼佛。南無月面佛。南無寶燈佛。南無寶相佛。南無上名佛。南無作名佛。南無無量音佛。南無違藍佛。南無師子身佛。南無明意佛。南無無能勝佛。南無功德品佛。南無月相佛。南無得勢佛。南無無邊行佛。南無開華佛。南無淨垢佛。南無見一切義佛。南無勇力佛。南無富足佛。南無福德佛。南無隨時佛。南無廣意佛。南無功德敬佛。南無善寂滅佛。南無財天佛。南無大勢至菩薩。南無常精進菩薩。南無無邊身菩薩。南無觀世音菩薩。又復歸依。如是十方。盡虛空界。一切三寶(一拜)。願以佛力法力。諸菩薩力。一切賢聖力。令四生六道。一切衆怨。同到道場。

제6권

집해 '몸으로 지은 악업을 참회한다(懺身惡業)'는 것은 삼업三業 가운데

신업身業이 맨 앞에 있기 때문에 먼저 참회하는 것이다.

'이 몸이 있으면……(有身……)'에 대해 각명 공은 "몸이 있다는 것은 범부의 오온五蘊을 말하고, 몸이 없다는 것은 법성인 진공眞空을 말한다."고 하였다.

第六卷
懺身者。三業之中。身業居先故。先懺也。有身等者。明公云。有身。凡夫五蘊。无身。法性眞空。

참법 각각 참회하며 마음속으로 다음과 같이 말씀하십시오.

아무개 등은 시작이 없는 무명주지無明住地로부터 오늘에 이르기까지 몸의 악업으로 혹은 하늘 세계와 인간 세계에서 온갖 원한을 맺기도 하고, 혹은 아수라 세계와 지옥 세계에서 온갖 원한을 맺기도 하고, 혹은 아귀 세계와 축생 세계에서 온갖 원한을 맺기도 하였습니다. 부디 부처님의 힘과 법의 힘과 보살님의 힘과 일체 현성의 힘으로 이런 사생 육도의 삼세 여러 원수들이, (지금 원한으로) 상대하고 있건 아직 상대하지 않았건 (그 원한이) 가볍건 무겁건, 지금 이 참법으로 뉘우치는 바를 말끔히 없애고 고치려는 바를 청정히 하여 삼계의 고통스러운 과보를 영원히 다시 받지 않고, 어디에 태어나건 항상 모든 부처님을 만나게 하소서.

또 오늘 함께 참회하는 이들은 시작이 없는 생사 이래로 오늘에 이르기까지 몸의 악업을 인연하여 악도에서 골고루 원한을 맺었습니다. 혹은 진에瞋恚로, 혹은 탐애貪愛로, 혹은 우치愚癡로, 삼독의 뿌리로부터 열 가지 악행을 저질러 짐승들을 죽이기를 좋아하고 소와 양 등의 목숨을 끊었습니다. 혹은 농사를 위해, 혹은 가택을 위해, 혹은 재물을 위해 서로를 살해하였습니다. 또 시작이 없는 때로부터 오늘에 이르기까지 혹은 이익을 위해 중생을 속여 죽이기도 하고, 혹은 거짓으로 의사가 되어 백성들에게 침을 놓고 뜸을 뜨기도 하였습니다. 이와 같은 등의 죄를 저지르며 원한으로 대함이 한량없었던 것을 오늘 참회하오니, 부디 말끔히 없애 주소서.

또 시작이 없는 때로부터 오늘에 이르기까지 혹은 중생을 굶주리게도 하고, 혹은 남의 양식을 빼앗기도 하고, 혹은 중생에게 혹독한 고통을 주기도 하고, 혹은 사람들이 마시는 물과 음료수를 끊어 버리기도 하였습니다. 이와 같은 갖가지 악업을 저지르며 원한으로 대했던 것을 오늘 참회하오니, 부디 말끔히 없애 주소서.

또 시작이 없는 때로부터 오늘에 이르기까지 혹은 중생을 살해하여 그 고기를 먹기도 하고, 혹은 멋대로 삼독을 부려 중생을 때리기도 하고, 혹은 독이 든 음식을 먹여 중생을 죽이기도 하였습니다. 이와 같이 원한으로 대함이 한량없고 끝이 없었던 것을 오늘 참회하오니, 부디 말끔히 없애 주소서.

또 시작이 없는 때로부터 오늘에 이르기까지 밝은 스승을 멀리하고 나쁜 벗을 가까이 하며 몸의 세 가지 업으로 갖가지 죄를 일으키고, 방자한 마음으로 살해하여 죄 없는 자들을 억울하게 요절케 하였습니다. 혹은 둑을 트고 도랑을 막아 물에 사는 고기와 다른 작은 벌레들까지 해치기도 하고, 혹 산과 들에 불을 놓거나 긴 그물을 설치해 물과 뭍의 중생들을 골고루 살해하기도 하였습니다. 이와 같이 원한으로 대함이 한량없고 끝이 없었던 것을 오늘 참회하오니, 부디 말끔히 없애 주소서.

또 시작이 없는 때로부터 오늘에 이르기까지 자비로운 마음 없이 평등한 행을 어기면서 됫박을 속이고 저울을 농간하여 하열한 이들을 침략하고 능멸하였습니다. 혹은 다른 성읍을 파괴하여 노략질하며 겁탈하기도 하고, 혹은 남의 재물을 훔쳐 자신이 사용하기도 하고, 진실한 믿음 없이 서로를 살해하였습니다. 이와 같이 원한으로 대함이 한량없고 끝이 없었던 것을 오늘 참회하오니, 부디 말끔히 없애 주소서.

또 시작이 없는 때로부터 오늘에 이르기까지 자비로운 마음이 없고 자비로운 행동이 없어 육도에 있는 일체중생에게 골고루 혹독한 고통을 주었습니다. 혹은 그 도리에 맞지 않게 권속들을 매질하기도 하고, 혹은 매달기도 하고 묶기도 하고 형틀을 채워 유폐시키기도 하고, 혹은 샅샅이 뒤져 약탈하면서 곁에 세워 두고는 칼로 찌르고 활을 쏘아 상해를 입히기도 하고, 혹은 베고 잘라 손상시키고 해치며 벗기고 지져 태우고 삶기도 하였습니다. 이와 같이 원한으로 대함이 한량없고 끝이 없었던 것을 오늘 참회하오니, 부디 말끔히 없애 주소서.

또 시작이 없는 때로부터 오늘에 이르기까지 몸으로 짓는 세 가지 악업과 입으로 짓는 네 가지 악업과 뜻으로 짓는 세 가지 악업과 네 가지 중죄와 다섯 가지 역죄와 여타 선하지 못한 업들을 골고루 저지르지 않은 것이 없습니다. 나이를 자신하며 귀신도 두려워하지 않고, 오직 내가 남보다 잘나지 못하면 어쩌나 걱정하면서 남들은 나보다 못하다고 여겼습니다. 혹은 명문거족임을 내세워 오만하게 행동하고 사람들을 능멸하는 이와 같은 원한을 일으키기도 하고, 혹은 많은 지식과 달통한 식견을 내세워 사람들을 능멸하고 오만하게 행동하는 이와 같은 원한을 일으키기도 하고, 혹은 시와 문장 기술과 예술을 내세워 사람들을 능멸하고 오만하게 행동하는 이와 같은 원한을 일으키기도 하고, 혹은 과장된 호기와 사치로 사람들을 능멸하고 오만하게 행동하는 이와 같은 원한을 일으키기도 하고, 혹은 입담과 날카로운 말솜씨를 내세워 사람들을 능멸하고 오만하게 행동하는 이와 같은 원한을 일으키기도 하였습니다. 이와 같은 여러 원한을 혹은 존상尊像이나 복전福田에 일으키기도 하고, 혹은 화상이나 아사리에게 일으키기도 하고, 혹은 함께 거주하는 상좌·중좌·하좌에게 일으키기도 하고, 혹은 함께 공부하는 권속들에게 일으키기도 하고, 혹은 부모님이나 친척들에게 일으키기도 하였습니다. 이와 같이 원한으로 대함이 한량없고 끝이 없었던 것을 오늘 참회하오니, 부디 말끔히 없애 주소서.

또 시작이 없는 때로부터 오늘에 이르기까지 혹은 하늘 세계와 인간 세계에서 온갖 원한을 일으키기도 하고, 혹은 아수라 세계와 지옥 세계에서 온갖 원한을 일으키기도 하고, 혹은 축생 세계와 아귀 세계에서 온갖 원한을 일으키기도 하고, 나아가 시방의 일체중생에게 온갖 원한을 일으키기도 하였습니다. 한량없고 끝없는 이와 같은 죄악을 오늘 참회하오니, 부디 말끔히 없애 주소서.

아무개 등은 또 시작이 없는 때로부터 오늘에 이르기까지 혹은 질투하기도 하고 혹은 아첨하고 왜곡하기도 하면서 스스로 윗자리에 오르기를 구하였고, 혹은 명예를 위해 혹은 이익을 위해 삿된 소견을 쫓으면서도 부끄러움이 없었습니다. 이렇게 맺은 원한의 가볍고 무거움, 원인인 죄와 결과인 고통, 그 수량의 많고 적음은 오직 모든 부처님과 보살님만이 남김없이 아시고 남김없이 보십니다. 모든 부처님과 보살님께서는 자비롭게 저를 생각해 주소서. 만약 제가 시작이 없는 생사로부터 지은 온갖 죄, 스스로 저질렀건 남에게 저지르도록 시켰건 저지르는 것을 보고 따라 기뻐하였건, 삼보의 물건을 스스로 훔쳤건 남에게 훔치라고 시켰건 훔치는 것을 보고 따라 기뻐하였건, 혹은 덮어 감춘 것이 있건 혹은 감추지 않았건, 모든 부처님과 보살님께서 알고 보시는 바와 같은 그 하고많은 죄로 지옥·아귀·축생이나 여타 나쁜 세계와 변두리와 하천한 곳에 떨어져 원한의 앙갚음을 받아야만 한다면, 오늘 모두 참회하오니 부디 말끔히 없애 주소서.

부처님의 신력은 불가사의하오니, 부디 자비로운 마음으로 일체를 구호하사 아무개 등이 오늘 사생 육도의 부모님과 스승과 일체 권속에게 시난 죄를 참회하고 맺은 원한을 푸는 것을 받아주소서. (그리하여) 육도의 원수들이 각각 기뻐하며 일체를 털어 버리고 원수나 친구라는 생각이 없어 허공처럼 모든 것에 걸림 없게 하소서. 오늘부터 보리에 이르는 그날까지 결박과 습기와 번뇌를 끝까지 끊어 없애 삼업이 청정해지고 온갖 원한이 영원히 사라지게 하소서. 하늘 궁전의 보배 전각에 뜻대로 왕생하게 하시고, 사무량심과 육바라밀을 항상 수행하여 백 가지 복으로 그 몸을 장엄하고 만 가지 선을 구족하게 하시며, 수능엄삼매에 머물면서 금강 같은 몸을 얻어 한 생각 사이에 육도에 두루 응현하여 한 사람도 빠뜨림 없이 서로를 제도해 함께 도량에 앉아 등정각을 이루게 하소서. 1배

各各懺謝。心念口言。作如是說。(某甲)等。從無始無明住地已來。至于今日。以身惡業因緣。或於天道人道。起諸怨結。或於阿脩羅道地獄道。起諸怨結。或於餓鬼道畜生道。起諸怨結。願以佛力。法力。諸菩薩力。一切賢聖力。令四生六道。三世衆怨。若對非對。若輕若重。以今懺法。所懺除滅。所悔淸淨。三界苦果。永不復受。在所生處。常値諸佛。又復今日。同懺悔者。從無始生死已來。至于今日。以身惡業因緣。於惡道中。備起怨結。或以瞋恚。或以貪愛。或以愚癡。從三毒根。造十惡行。好殺禽獸。斷牛羊等。或爲田業。或爲舍宅。或爲錢財。更相殺害。又無始已來。至于今日。或爲利養。謬刺衆生。或欺妄作醫。針灸百姓。如是等罪。怨對無量。今日懺悔。願乞除滅。又無始已來。至于今日。或飢餓衆生。或奪人粮食。或逼衆生醎苦。或斷人水漿。如是種種。惡業怨對。今日懺悔。願乞除滅。又無始已來。至于今日。或殺害衆生。噉食其肉。或縱三毒。鞭打衆生。或以毒食飼。殺衆生。如是怨對。無量無邊。今日懺悔。願乞除滅。又無始已來。至于今日。遠離明師。親近惡友。從身三業。起種種罪。肆情殺害。枉夭無辜。或發撤湖池。壅塞溝渠。惱害水性。諸餘細蟲。或焚燒山野。或設網張羅。水陸衆生。備加殺害。如是怨對。無量無邊。今日懺悔。願乞除滅。又無始已來。至于今日。無慈悲心。乖平等行。斗秤欺誑。侵凌下劣。或破他城邑。抄掠劫奪。或偸盜他財。以自供給。無有誠信。更相殺害。如是怨對。無量無邊。今日懺悔。願乞除滅。又無始已來。至于今日。無慈悲心。無慈悲行。在六道中。於一切衆生。備加楚毒。或鞭打眷屬。不以其

道。或繫或縛。鏁械幽閉。或考掠側立。刺射傷毀。或斬截殘害。剝炙燒
煮。如是怨對。無量無邊。今日懺悔。願乞除滅。又無始已來。至于今日。
身三惡業。口四惡業。意三惡業。四重五逆。諸餘不善。無不備作。自恃年
命。不畏神鬼。唯恐我不勝人。人莫及我。或以華門望族。傲物凌人。作如
是怨。或以多聞達識。凌人傲物。作如是怨。或以篇章技藝。凌人傲物。作
如是怨。或以誇豪奢侈。凌人傲物。作如是怨。或以辯口利辭。凌人傲物。
作如是怨。如是衆怨。或於尊像。福田邊起。或於和尚。闍梨邊起。或於同
住上中下座邊起。或於同學眷屬邊起。或於父母親戚邊起。如是怨對。無
量無邊。今日懺悔。願乞除滅。又復無始已來。至于今日。或於天道人道。
起諸怨結。或於阿脩羅道地獄道。起諸怨結。或於畜生道餓鬼道。乃至十
方一切衆生邊。起諸怨結。如是罪惡。無量無邊。今日懺悔。願乞除滅。(某
甲)等。又復無始已來。至于今日。或爲嫉妬。或爲諂曲。自求升進。或爲名
譽。或爲利養。隨逐邪見。無有慙愧。如是怨結。若輕若重。罪因苦果。數
量多少。唯有諸佛菩薩。盡知盡見。諸佛菩薩。當慈念我。若我自從無始
生死已來。所作衆罪。若自作。教他作。見作隨喜。若三寶物。自取。教他
取。見取隨喜。或有覆藏。或不覆藏。如諸佛菩薩。所知所見。罪量多少。
應墮地獄。餓鬼畜生。及諸惡趣。邊地下賤。受怨對者。今皆懺悔。願乞除
滅。諸佛神力。不可思議。願以慈悲心。救護一切。受(某甲)等今日。向四
生六道。父母師長。一切眷屬。懺悔往罪。解怨釋結。願令六道怨對。各
各歡喜。一切捨施。無怨親想。一切無礙。猶如虛空。從今日去。至于菩
提。結習煩惱。畢竟斷除。三業清淨。衆怨永盡。天宮寶殿。隨意往生。四
無量心。六波羅蜜。常能修行。百福嚴身。萬善具足。住首楞嚴三昧。得
金剛身。以一念頃。遍應六道。更相濟度。使無遺餘。同坐道場。成等正
覺(一拜)。

[집해] '무명주지'는 오주지번뇌五住持煩惱[43] 중 다섯 번째다.

'소참제멸소회청정所懺除滅所悔清淨'에 대해 보충 설명을 하겠다. 제1권 제목을 해석하면서 "참懺은 범어로 온전히 말하면 참마懺摩이고, 중국말로는 회과悔過다. 범어와 한문을 겸하여 거론해 참회懺悔라 한다."고 하였다. 만약 지금 이 문장에서 '참회' 두 글자를 이렇게 해석하면 뜻에 맞지 않는다. 도리어 "참懺은 앞서 저지른 죄를 드러내 진술하는 것이고, 회悔는 지나간 일을 개선하여 다가올 일을 닦는 것이다."라는 뜻으로 이를 해석해야 바르고 결함이 없다.

'혹위전업或爲田業' 등의 위爲 자는 거성이다.

'사정肆情'의 앞 글자는 마음대로 하다(恣), 펴다(布)라는 뜻이다.

'왕요무고枉夭無辜'에 대해 각명 공은 "억울하게 죽는 것을 왕枉이라 하고, 단명하는 것을 요夭라 한다. 고辜는 죄罪다."라고 하였다. 미수 스님은 "요夭는 어於와 조趙의 반절이고, 꺾다(折)라는 뜻이다. 고辜는 고高로 발음하고, 역시 죄다."라고 하였다.

'철撤'은 철哲로 발음하고, 제거하다(除去)라는 뜻이다.

'초략抄掠'에 대해 변진 스님은 "강제로 빼앗는 것을 초抄라 하고, 강제로 훔치는 것을 략掠이라 한다. (략掠은) 략略으로 발음한다. 또 력力과 양釀의 반절이고, 빼앗다(奪)라는 뜻이다.

'겁劫'은 조서를 내려 겁을 주는 것(勅怖)이다.

---

43 오주지번뇌五住持煩惱 : 오주지번뇌五住地煩惱라고도 하며 무명無明의 번뇌를 5종에 나눈 것이다. 이 다섯 가지가 근본이 되고 의지처가 되어 여타 부수적인 번뇌들을 일으키므로 주지住地라 한다. 첫째는 견일처주지見一處住地로서 일체견주지一切見住地라고도 하는데 견見은 욕계·색계·무색계의 견혹이다. 지적智的인 미혹으로서 견도見道에 들어갈 때 일시에 끊어지므로 견일처라 한다. 둘째는 애욕주지愛慾住地로서 욕은 욕계欲界, 애는 탐애貪愛를 의미하며 곧 욕계의 사혹이다. 셋째는 색애주지色愛住地로서 색계의 사혹思惑이고, 넷째는 유애주지有愛住地로서 무색계의 사혹이다. 다섯째는 무명주지無明住地로서 온갖 번뇌의 근본이 되는 우치하고 암둔한 마음 자체를 말한다.

'고략측립考掠側立'에 대해 미수 스님은 "고략考掠은 곧 침탈侵奪이다. 탐나는 물건을 샅샅이 뒤져 노략질하면서 상대방을 곁에 세워 두는 것이다. '측립側立'은 불편하게 서 있는 것이다. 또 고考는 추궁하다(窮推)라는 뜻이고, 나머지 뜻은 앞과 같다."고 하였다.

'참절잔해斬截殘害……'에 대해 각명 공은 "머리를 베고 신체를 잘라 형체를 손상시키고 목숨을 해치며, 껍질을 벗기고 살을 지져 불에 태우고 끓는 물에 삶는다."는 의미라고 하였다.

'네 가지 중죄'는 사음·살인·도둑질·거짓말이다.

'나이를 자신하며……(自恃年命……)'에 대해 말해 보자면, 자신이 한창 때임을 자신해 운명에 너무도 태연하니 온갖 악업을 저지르며 어찌 귀신을 두려워하겠는가.

'화문망족華門望族……'에서 화문華門은 영화롭고 관직이 높은 가문을 말하고, 망족望族은 곧 강하고 귀한 종족이다. 호협豪俠한 세력에 의지해 오만을 떨고 사람들을 능멸하며 욕보인다는 것이다. 변진 스님과 미수 스님은 "화문은 귀한 문호(貴門)이고, 망족은 우러러보는 호족(望豪族)이다. 능凌은 가볍게 보고 기만하다(輕欺)라는 뜻이다. 오傲는 거만하다(慢倨)는 뜻이고, 오五로 발음한다."고 하였다.

'편장기예篇章伎藝'는 시편詩篇·문장文章·기술伎術·육예六藝이다.

'과誇'는 과장하다(誇張)라는 뜻이고, '호豪'는 강하다(强)는 뜻이고, '사奢'는 지나치다(逸)는 뜻이고, '치侈'는 척尺과 씨氏의 반절로 교만 방자하다(憍恣)는 뜻이다. 각명 공은 "스스로 자랑하는 것을 과誇라 하고, 무리를 뛰어넘는 것을 호豪라 하며, 화려함이 심한 것은 사奢라 하고, 씀씀이가 심한 것을 치侈라 한다."고 하였다.

'친척親戚'에 대해 변진 스님은 "아버지 쪽 친지가 친親이고, 어머니 쪽 친지가 척戚이다. 또 가까운 친지가 친親이고 먼 친지가 척戚이다."라고 하였다.

'혹위질투혹위첨곡或爲嫉妬或爲諂曲'의 두 개의 위爲 자는 평성이고, '혹위명예혹위이양或爲名譽或爲利養'의 두 개의 위爲 자는 거성이다.

'백 가지 복(百福)'에 대해 보충 설명을 하자면, 『사교의四敎儀』에서 "백 가지 복을 닦으면 여래 삼십이상 가운데 1상을 성취한다. 대천세계 맹인을 치료하면 한 가지 복이 된다."[44]고 하였다.

'수능엄首楞嚴'[45]은 중국말로 일체사필경견고一切事畢竟堅固 또는 건상분별健相分別이라 한다. '삼매三昧'는 이미 해석하였다.

無明住持者。五住持中第五。所懺除滅所悔淸淨者。生枝曰。第一卷釋題中云。懺者。梵具云懺摩。此云悔過。梵漢兼擧云懺悔。若此懺悔二字。解釋今文。則於意不可。却以懺者。陳露先罪。悔者。改往修來之意。釋之則。正无瑕玷。或爲田業等。爲字。去聲。肆情者[上恣也。布也]。枉夭无辜。明公云。屈死曰枉。短命曰夭。辜。罪也。授師云。夭。於趙反。折也。辜[音高。亦罪也]。撤。音哲。除去也。抄掠。眞師云。强取曰抄。强盜。掠。音略。又力釀反。奪也。劫者。刜怖也。考掠側立者。授師云。考掠。卽侵奪也。考掠貪物。使他側立。側立者。不平住也。又考者。窮推也。餘義如前。斬截殘害等。明公云。斬頭截體。殘形害命。剝皮炙肉。火燒湯煑。四重。婬殺盜妄。自恃年命等。恃己盛年。運命通泰。造衆惡業。何畏鬼神。華門望族等者。華門。謂榮祿之家。望族。卽豪貴之種。倚豪俠勢。憍慢情物。凌辱於人。眞師授師云。華門者。貴門也。望族者。望豪族。凌者。輕欺也。傲者。慢倨也。音五。篇章伎藝者。詩篇。文章。伎術。六藝。誇者。誇張也。豪者。强也。奢。逸也。侈。尺氏反。憍恣也。明公云。自矜

---

44 『천태사교의天台四敎儀』(T46, 776).
45 수능엄首楞嚴 : 범어 Śūragama의 음역이다. 이를 건상건상健相 · 견고堅固 · 용건勇健 · 건행健行 등으로 의역하기도 하는데, 이때의 건健은 곧 건사健士의 약자이며 십지 보살을 의미한다.

曰誇。越衆曰豪。華甚曰奢。費甚曰侈。親戚者。眞師云。內親外戚。又近親。遠戚也。或爲嫉鬪等。二爲字。平聲。或爲名等。二爲字。去聲。百福者。生枝曰。四敎儀云。修百福。於如來三十二相中成一相。大千盲人治差。爲一福也。首楞嚴。此云一切事畢竟堅固。又健相分別。三昧已釋。

참법 오늘 이 도량의 동업대중이여, 다 함께 이미 몸으로 지은 죄를 참회하여 신업은 비록 청정해졌지만 남은 입의 허물이 다시 일체 원한과 재앙의 문이 됩니다. 따라서 모든 부처님께서 "이간질하거나 욕을 하거나 거짓말하거나 꾸며서 말해서는 안 된다."고 경계하셨습니다. 아셔야 합니다. 왜곡하고, 화려한 말을 늘어놓고, 이리저리 부추기고, 시비하기 때문에 그 재앙 가볍지 않고 초래하는 과보가 실로 무거운 것입니다. 무릇 사람이 세상을 살아가면서 마음에 독한 생각을 품고, 입으로 독한 말을 하고, 몸으로 독한 행동을 하여 이런 세 가지 일로 중생에게 해를 끼치면 중생은 그 독해를 입고 곧 원한을 맺어 보복하겠다고 마음에 맹세하고는 혹 현세에 그 소원을 이루기도 하고, 혹은 죽은 뒤에 뜻을 이루기도 합니다. 이와 같이 원한을 맺고 육도에 골고루 거처하면서 서로 보복하며 끝날 날이 없으니, 이는 모두 전생을 말미암은 것이지 공연히 그리된 것은 아닙니다. 그러니 몸과 입이 진실로 모든 악의 근원이란 것을 아셔야 합니다. 세속에 사는 사람이 충과 효를 실천하지 않으면 죽어서 태산泰山에 들어가 곧 끓는 물과 타는 불의 참혹한 고통을 받게 되고, 출가한 사람이 불법을 좋아하지 않으면 태어나는 곳마다 항상 나쁜 일과 얽히게 되나니, 이와 같이 나쁜 일과 마주하게 되는 것은 다 삼업을 바탕으로 한 것입니다. 그 삼업 중에서도 구업이 가장 무겁고, 나아가 받아야 할 과보에도 온갖 지독한 고통이 골고루 갖춰져 있건만 새벽이 밝아 오기 힘든 밤이라 깨닫지 못하고 알지를 못합니다.

今日道場。同業大衆。相與已得。懺悔身罪。身業雖淨。所餘口過。復是一切。怨禍之門。故諸佛誡。不得兩舌惡口。妄言綺語。當知。諂曲華辭。搆扇是非。故爲患不輕。招報實重。夫人處世。心懷毒念。口施毒言。身行毒業。以此三事。加害衆生。衆生被毒。卽結怨恨。誓心欲報。或現世獲願。或歿後從心。如是怨結。備居六道。更相報復。無有窮盡。皆由宿命。非空所得。當知。身口實衆惡之源。處俗者。不行忠孝。死入泰山。便有湯火之酷。出家者。不樂佛法。所生之處。常與惡會。如此惡對。皆資三業。三業之中。口業實重。乃至獲報。備諸楚毒。難曉之夜。不覺不知。

집해 변진 스님은 "'왜곡하다(諂曲)'는 거짓말(妄語)이고, '화려한 말을 늘어놓는 것(華辭)'은 꾸미는 말(綺語)이고, '이리저리 부추기는 것(搆扇)'은 이간질(兩舌)이고, '시비하는 것(是非)'은 욕(惡口)이다."라고 하였다.

'위환爲患' 이하는 (구업의) 결과다.

'태산泰山'에 대해 변진 스님은 "지옥 이름이다. 합산지옥(嵯山獄)이라고도 한다."고 하였다.

'새벽이 밝아오기 힘든 밤(難曉之夜)'은 삼악도의 캄캄한 밤을 말한다.

諂曲。眞師云。妄語也。華辭。綺語也。搆扇。兩舌也。是非者。惡口也。爲患下。結。泰山者。眞師云。地獄名也。或云嵯山獄。難曉之夜。三途闇夜。

참법 오늘 이 도량의 동업대중이여, 우리가 육도에 윤회하는 까닭은 모두 구업 때문입니다. 혹은 다시 경솔한 말과 방자한 말 보드라운 입담과 교묘한 언사로 가볍고 허황되게 거짓으로 꾸미고 말과 행동이 서로 달랐으니, 스스로 초래할 그 과보는 여러 겁을 지난다 해도 면할 수 없습니다. 어찌 사람마다 두려워하며 더욱 정성을 다해 이런 허물을 참회하고 씻지 않을 수 있겠습니까. 다들 식신識神이 있는 이래로 오늘에 이르기까지 구업이 선하지 못하여 사생 육도의 부모님과 스승과 일체 권속에게 퍼붓지 않은 악이 없으니, 내뱉는 말은 거칠고 사나웠으며, 말만 했다 하면 곧바로 헐뜯었습니다. 벗들과 어울려 무리지어 떠들고 의미 없는 말들을 늘어놓았으니, 공한 것을 가리켜 있다고 하고 있는 것을 가리켜 공하다고 하며, 보았으면서 보지 못했다고 말하고 보지 못했으면서 보았다고 말하며, 들었으면서 듣지 못했다고 말하고 듣지 못했으면서 들었다고 말하며, 했으면서 하지 않았다고 말하고 하지 않았으면서 했다고 말하였습니다. 이와 같이 전도되어 하늘과 땅을 뒤집으면서 자신은 이익을 챙기고 남들에겐 손해를 끼치며 서로 비방하였으니, 자기 얘기를 하자면 (자신에게) 돌아오지 않는 덕이 없고 남 얘기를 하자면 어떤 악인들 (그에게) 돌아가지 않겠습니까. 나아가 성현을 품평하고 임금님과 부모님을 재고 스승을 나무라고 선지식을 비방하면서 도리도 없고 의리도 없고 재난을 돌아보는 법도 없었으니, 현세에는 뜻하지 않은 액난이 있어 몸을 상하고 목숨을 잃을 것이며, 미래에는 혹독한 고통을 받으며 영겁토록 과보에 얽힐 것입니다. 짧은 농담만으로도 곧 한량없는 무거운 죄를 구족하게 되는데 하물며 쓰디쓴 말을 일체 중생에게 가한 경우이겠습니까.

다 함께 시작이 없는 때로부터 오늘에 이르기까지 나쁜 구업으로 하늘 세계와 인간 세계에서 원한으로 대한 자가 있다면, 아수라 세계와 지옥 세계에서 원한으로 대한 자가 있다면, 아귀 세계와 축생 세계에서 원한으로 대한 자가 있다면, 만약 부모님과 스승과 일체 권속에게 원한으로 대한 자가 있다면, 아무개 등이 자비심으로 보살의 행과 똑같이 보살의 원과 똑같이 널리 모두를 받들고 그들을 위해 너무도 자비로우신 아버지께 목숨 바쳐 귀의하고 공경히 예배합니다.

나무 미륵불
나무 석가모니불
나무 정단의불

나무 무량지불

나무 묘락불

나무 불부불

나무 무주불

나무 득차가불

나무 중수불

나무 세광불

나무 다덕불

나무 불사불

나무 무변위덕불

나무 의의불

나무 약왕불

나무 단악불

나무 무열불

나무 선조불

나무 명덕불

나무 화덕불

나무 용덕불

나무 금강군불

나무 대덕불

나무 적멸의불

나무 향상불

나무 나라연불

나무 선주불

나무 불휴식보살

나무 묘음보살

나무 무변신보살

나무 관세음보살

거듭 이와 같은 시방 온 허공계 일체 삼보께 귀의합니다. 1배

今日道場。同業大衆。我等所以。輪廻六道者。皆由口業。或復輕言肆語。脆口利辭。浮虛假飾。言行相乖。自招其報。歷劫無免。豈得不人人悚然。增到懺洗此過。相與從有識神已來。至于今日。口業不善。於四生六道。父母師長。一切眷屬邊。靡惡不宣。出言麁獷。發語毀暴。朋遊聚話。無義而說。指空爲有。指有爲空。見言不見。不見言見。聞言不聞。不聞言聞。作言不作。不作言作。如是顚倒。反天易地。自利傷物。更相讒謗。言己則靡德不歸。說他則何惡不往。乃至品詳聖賢。裁量君父。譏說師長。謗善知識。無道無義。無所顧難。世有幽厄。傷形喪命。未來楚痛。永劫嬰報。直戱笑之頃。便能具足無量重罪。何況苦言。以加一切衆等。相與無始已來。至于今日。以惡口業。於天道人道。有怨對者。於阿脩羅道地獄道。有怨對者。於餓鬼道畜生道。有怨對者。若於父母師長。一切眷屬。有怨對者。(某甲)等。以慈悲心。同菩薩行。同菩薩願。普皆奉爲。歸命敬禮。大慈悲父。南無彌勒佛。南無釋迦牟尼佛。南無淨斷疑佛。南無無量持佛。南無妙樂佛。南無不負佛。南無無住佛。南無得叉迦佛。南無衆首佛。南無世光佛。南無多德佛。南無弗沙佛。南無無邊威德佛。南無義意佛。南無藥王佛。南無斷惡佛。南無無熱佛。南無善調佛。南無名德佛。南無華德佛。南無勇德佛。南無金剛軍佛。南無大德佛。南無寂滅意佛。南無香象佛。南無那羅延佛。南無善住佛。南無不休息菩薩。南無妙音菩薩。南無無邊身菩薩。南無觀世音菩薩。又復歸命。如是十方。盡虛空界。一切三寶(一拜)。

집해 '경언사어輕言肆語' 등에서 무겁지 않은 것을 경輕이라 하고, 방자한

것을 사肆라 하고, 요설로 근심하는 척하며 남의 일을 들춰 폭로하는 것(訐露人事)을 취구脆口라 한다. 알訐은 『옥편』에서 "음은 갈羯이고, 말로 사람을 배척하는 것이다."라고 하였고, 『수경』에서도 마찬가지이다. 교묘한 말로 왜곡하고 아첨하는 것을 '이사利辭'라 한다. "가볍고 허황되게 거짓으로 꾸민다."는 것은 앞의 네 구[46]를 묶어서 표현한 것이다.

'증도增到'에 대해 각명 공은 "증增은 곧 더하다(加)라는 뜻이고, 도到는 곧 다하다(至)라는 뜻이다. 더욱 정성을 다한다는 말이다."라고 하였다.

'거칠고 사납다(麤獷)'는 것은 악구惡口다. 광獷은 고古와 맹猛의 반절이고, 강하다(强)는 뜻이다.

'말만 했다 하면 곧바로 헐뜯었다(發語毁暴)'는 것은 양설兩舌이다.

'벗들과 어울려……(朋遊……)'는 망어妄語와 기어綺語를 합해서 말한 것이다.

'하늘과 땅을 뒤집는다(反天易地)'에 대해 변진 스님은 "하늘을 돌리고 땅을 뒤집는 것이다(廻天翻地)"라고 하였다.

'품상品詳'에 대해 미수 스님은 "품品은 헤아리다(量), 상詳은 평가하다(評)라는 뜻이다. 평가하는 것이 곧 헤아리는 것이다."라고 하였다.

각명 공은 "재裁는 헤아리다(度)라는 뜻이고, 량量은 비교하다(校)라는 뜻이다. 임금님과 부모님의 덕업을 이리저리 재고 비교하는 것을 말한다."고 하였다.

'기설譏說'은 그의 행동을 비방하고 그의 과거 잘못을 떠벌리는 것이다.

'재난을 돌아보는 법이 없다(無所顧難)'에 대해 변진 스님은 "현세의 재앙과 후세 삼악도의 고통을 돌아보지 않는 것이다."라고 하였다.

'하늘 세계와 인간 세계에서 원한으로 대한 자가 있다면……'에 대해 보충 설명을 하겠다. 육도를 일반적인 차례대로 거론하지 않고, 먼저 삼선

---

[46] 네 구는 곧 경언輕言·사어肆語·취구脆口·이사利辭를 말한다.

취三善趣를 거론하고 뒤에 삼악취三惡趣를 거론하였으며, 또 모두 즐거움과 괴로움이 두드러진 곳을 먼저 표명하였다. 따라서 삼선취에서 하늘 세계를 먼저 거론하고, 삼악취에서 지옥을 첫머리에 거론한 것이다.

輕言肆語等者。不重曰輕。縱恣曰肆。饒舌忉忉。訐露人事曰脆口。訐。玉篇云。音羯。以言斥人。手鏡亦同。巧言曲媚曰利辭也。浮虛假飾。結上四句。增到者。明公云。增。卽加也。到。卽至也。謂增加至誠。麤獷者。惡口也。獷[古猛切。强也]。發語毀暴者。兩舌。朋遊等者。合名妄語及綺語也。反天易地者。眞師云。廻天翻地。品詳者。授師云。品者。量也。詳者。評也。評者。亦量也。明公云。裁者。度也。量。校也。謂裁度校量。君父德業。譏說者。欺謗其行。說其過非。無所顧難者。眞師云。不顧現世之厄。後世三途之苦。於天道人道有冤對者等。生枝曰。六道不擧常次。先擧三善趣。後擧三惡趣。皆先標樂苦勝處。故於三善趣。先擧天道。又於三惡趣。首擧地獄也。

참법 부처님의 힘과 법의 힘과 보살님의 힘과 현성의 힘으로 사생 육도의 일체 중생이 거듭 깨닫고 함께 도량으로 모이게 하소서. 만약 몸이 장애가 되어 마음은 있지만 올 수 없는 자가 있다면, 부처님의 힘과 법의 힘과 현성의 힘으로 그들의 정신을 거두어 일체가 함께 와서 아무개 등이 구업으로 지은 죄의 참회를 받게 하소서. 시작이 없는 무명주지로부터 오늘에 이르기까지 입으로 지은 악업을 인연하여 육도에서 골고루 원한을 맺었으니, 삼보의 신비한 힘으로 사생 육도의 삼세 원수들이 참회하는 바를 끊어 없애고 뉘우치는 바를 영원히 소멸시키게 하소서.

 아무개 등은 시작이 없는 때로부터 오늘에 이르기까지 혹은 진에瞋恚로, 혹은 탐애貪愛로, 혹은 우치愚癡로 이런 근본이 되는 삼독으로부터 열 가지 악행을 저질렀으니, 입으로 짓는 네 가지 악으로 한량없는 죄를 일으켰습니다. 혹은 욕설로 부모님과 일체 권속을 어지럽히기도 하고, 혹은 부모님에게 거짓말하는 업을 일으키기도 하고, 혹은 친척과 권속에게 거짓말하는 업을 일으키기도 하고, 혹은 스승에게 거짓말하는 업을 일으키기도 하고, 혹은 여러 중생에게 거짓말하는 업을 일으키기도 하였습니다. 혹은 또 보았으면서 보지 못했다고 말하고 보지 못했으면서 보았다고 말하기도 하고, 들었으면서 듣지 못했다고 말하고 듣지 못했으면서 들었다고 말하기도 하고, 혹은 알면서 모른다고 말하고 모르면서 안다고 말하기도 하고, 혹은 교만을 부리면서 혹은 질투하면서 거짓말하는 업을 일으키기도 하였습니다. 한량없고 끝없는 이와 같은 죄악을 오늘 참회하오니, 부디 말끔히 없애 주소서.

또 시작이 없는 때로부터 오늘에 이르기까지 이간질하는 업을 일으켰습니다. 남이 하는 나쁜 말을 들으면 덮어 두지 못해 저 사람에게 이 사람 말을 하고 이 사람에게는 저 사람 말을 하여 사람들을 헤어지게 하고, 타인을 괴로움에 얽히게 하였습니다. 혹은 농담으로 양쪽 집안을 싸우게 하고, 터무니없는 참언으로 임금과 신하를 어지럽혀 일체를 요란하게 하고, 골육지간을 이간질하여 남의 권속을 파괴하기도 하였습니다. 한량없고 끝없는 이와 같은 죄악을 오늘 참회하오니, 부디 말끔히 없애 주소서.

또 시작이 없는 때로부터 오늘에 이르기까지 말을 꾸며서 하는 죄를 저질렀습니다. 아무런 의미도 없고 이익도 없는 말들을 늘어놓으며 혹은 부모님을 괴롭히기도 하고, 혹은 스승을 괴롭히기도 하고, 혹은 같이 공부하는 이들을 괴롭히기도 하였으며, 나아가 육도의 일체 중생 모두를 괴롭혔습니다. 이와 같이 구업으로 일으킨 원한이 한량없고 끝이 없는 것을 오늘 참회하오니, 부디 말끔히 없애 주소서.

부디 부처님의 힘과 법의 힘과 보살님의 힘과 일체 현성의 힘으로 아무개 등의 오늘 참회를 받아 주소서. 그리하여 사생 육도의 삼세 여러 원수들이 일체 원한을 끝까지 해탈하고, 일체 죄업을 모두 다 끊어 없애 여러 원한을 일으켜 다시 삼악도에 들어가는 일이 끝끝내 다시는 없게 하시고, 육도에서 혹독한 고통을 서로에게 가하는 일이 끝끝내 다시는 없게 하소서. 오늘부터 모든 것을 털어 버리고 원수나 친구라는 생각 없이 물과 젖처럼 일체와 화합하고 초지初地처럼 모든 것에 기뻐하며 영원히 법의 친척이 되고 자비의 권속이 되게 하소서. 오늘부터 보리에 이르는 그날까지 삼계의 과보를 영원히 다시는 받지 않고, 삼장三障의 업業을 끊고 오포외五怖畏를 없애게 하소서. 사무량심과 육바라밀을 각자 깊이 닦아 대승의 도를 실천하게 하시고, 부처님의 지혜에 들어가 바다와 같은 일체 원願을 모두 만족하고 육통六通과 삼달三達에 명료하지 않는 것이 없게 하시며, 부처님의 삼밀三密을 얻고 오분법신을 구족하여 금강의 지혜에 올라 불과佛果인 일체종지를 이루게 하소서. 1배

願以佛力。法力。菩薩力。賢聖力。令四生六道。一切衆生。重使覺悟。同到道場。若有身形拘礙。有心不得到者。願以佛力。法力。賢聖力。攝其精神。一切同到。受(某甲)等。懺口業罪。從無始無明住地已來。至于今日。以口惡業因緣。於六道中。備起怨結。願以三寶神力。令四生六道。三世怨對。所懺除斷。所悔永滅。(某甲)等。從無始已來。至于今日。或以瞋恚。或以貪愛。或以愚癡。從三毒根。造十惡行。以口四惡。起無量罪。或以惡口。惱亂父母。及一切眷屬。或於父母。起妄語業。或於親戚眷屬。起妄語業。或於師長。起妄語業。於諸衆生。起妄語業。或復見言不見。不見言見。或聞言不聞。不聞言聞。或知言不知。不知言知。或爲憍慢。或爲嫉妬。起妄語業。如是罪惡。無量無邊。今日懺悔。願乞除滅。又無始已來。至于今日。起兩舌業。受他惡言。不能覆藏。向彼說此。向此說彼。使人離散。令他嬰苦。或因戱笑。鬪諍兩家。讒亂君臣。忩擾一切。離人骨肉。破他眷屬。如是等罪。無量無邊。今日懺悔。願乞除滅。又無始已來。至于今日。造綺語罪。說無義語。無利益語。或惱父母。或惱師長。或惱同學。

乃至六道。一切衆生。皆起惱害。如是口業。所起怨對。無量無邊。今日懺
悔。願乞除滅。願以佛力。法力。諸菩薩力。一切賢聖力。受(某甲)等。今
日懺悔。令四生六道。三世衆怨。一切怨結。畢竟解脫。一切罪業。皆悉斷
除。畢竟不復。起諸怨結。更入三途。畢竟不復。於六道中。楚毒相加。從
今日去。一切捨施。無怨親想。一切和合。猶如水乳。一切歡喜。猶如初
地。永爲法親。慈悲眷屬。從今已去。乃至菩提。三界果報。永不復受。斷
三障業。無五怖畏。四無量心。六波羅蜜。各自深修。行大乘道。入佛智
慧。一切願海。皆能滿足。六通三達。無不明了。得佛三密。具五分身。登
金剛慧。成種智果(一拜)。

참법 오늘 이 도량의 동업대중이여, 다 함께 이미 몸과 입으로 지은 죄를 참회하였으니, 다음에는 다시 의업意業을 청정하게 해야 합니다. 일체중생이 생사에 윤회하면서 해탈하지 못하는 것은 다 의업이 단단히 얽힌 탓이니, 십악업과 오역죄는 반드시 의업을 말미암아 짓게 됩니다. 따라서 부처님께서 "탐욕과 진에와 우치와 사견을 가져서는 안 되니, 나중에 지옥에 떨어져 끝없는 고통을 받게 된다."고 경계하셨던 것입니다.

오늘 다 함께 마음이 모든 식識을 부리는 것이 또한 임금이 그 신하들을 관리하며 다그치는 것과 같아, 입으로 나쁜 말을 하고 몸으로 중죄(重)와 역죄(逆)를 저질러 육도에서 혹독한 과보를 초래한다는 것을 보아야 합니다. 몸을 망치는 일은 마음을 말미암아 저지르는 것임을 알아야 하니, 이제 뉘우치고 행동을 고치고 싶다면 먼저 그 마음(心)을 꺾고 다음에 그 뜻(意)을 꺾어야 합니다. 무엇 때문에 그런가? 경에서 "한 곳만 제어하면 이루지 못할 일이 없다."[47]고 하셨으니, 아셔야 합니다. 마음을 청결히 하는 것이 바로 해탈의 근본이고 뜻을 청정히 하는 것이 앞으로 나아가는 터전

---

47 『불수반열반약설교계경佛垂般涅槃略說教誡經』(T12, 1111a).

이니, (그렇게 하면) 삼도의 혹독한 과보는 오지 않고 악도의 고통으로 가지 않게 됩니다.

그러나 몸과 입의 업은 거칠어서 없애기가 쉽지만 뜻은 미세해서 제거하기가 어렵습니다. 대성인이신 여래와 일체지一切智를 얻은 분들이라야 그 뜻을 비로소 보호하지 않아도 되는데, 하물며 어리석은 범부가 지키고 삼가지 않아서야 되겠습니까. 꺾지 않으면 그 선善을 볼 수 없기에, 경에서는 "뜻을 성처럼 방어하고, 입을 병처럼 지켜라."⁴⁸라고 말씀하셨습니다.

다 함께 시작이 없는 세계로부터 이 한 몸에 이르기까지, 무명이 애욕을 일으켜 생사를 증장시키고 또한 열두 가지 괴로운 일과 팔사도(八邪)와 팔난을 구족해 삼악도와 육도를 거치지 않는 곳 없이 두루 윤회하며 이와 같은 여러 곳에서 한량없는 고통을 받을 수 있었던 것은 모두 의업意業을 말미암은 것입니다. (그 의업이) 원한을 일으키고는 생각 생각에 반연하며 잠시도 버린 적이 없고, 육정六情을 선동해 오체를 부리면서 가볍고 무거운 악업을 빠짐없이 저질렀기 때문입니다. 혹 몸과 입으로 뜻대로 성취하지 못하면 마음에 독한 분노를 더했다가 조금의 연민도 없이 서로를 살해하고, (자신은) 통증이 조금만 있어도 누르고 참지 못하면서 비슷한 것이 남에게 있으면 오로지 혹독함이 심하지 않으면 어쩌나 걱정하고, 남의 허물을 보면 널리 퍼트리고 싶어 안달이면서 자기에게 있는 과실은 남들이 듣는 것을 싫어하니, 이와 같은 마음이 있다면 진실로 부끄러워해야 합니다.

또 뜻에서 일으키는 분노는 대도大道의 원수 같은 도적입니다. 그러므로 경에서 "공덕을 겁탈하는 도적으로 진에보다 더한 것은 없다."⁴⁹고 하

---

48 『법구경法句經』 권상(T4, 563a).
49 『대승이취육바라밀다경大乘理趣六波羅蜜多經』 권8(T8, 901a).

셨던 것입니다. 또 『화엄경』에서 "불자佛子가 만약 한 번의 진에심瞋恚心을 일으킨다면 모든 악 가운데서 이 악보다 더한 것은 없다. 무엇 때문에 그런가? 한 번 진에심을 일으키면 백천 가지 장애를 받게 되나니, 말하자면 보리를 보지 못하는 장애, 법을 듣지 못하는 장애, 악도에 태어나는 장애, 병이 많은 장애, 비방을 받는 장애, 캄캄하고 둔한 세상에 태어나는 장애, 바른 생각을 잊어버리는 장애, 지혜가 적은 장애, 악지식을 가까이 하는 장애, 어진 이를 좋아하지 않는 장애, 바른 견해를 멀리하는 장애, 부처님의 바른 가르침을 멀리하는 (장애), 마귀의 경계로 들어가는 (장애), 선지식을 뵙지 못하는 (장애), 여러 기관이 온전치 못한 (장애), 나아가 나쁜 직업에 종사하는 집안에 태어나는 (장애), 변두리에 태어나는 (장애이다.)"[50] 라고 말씀하셨으니, 이와 같은 등등의 장애는 이루 말할 수도 없습니다.

우리에게는 시작이 없는 때로부터 오늘에 이르기까지 한량없고 끝이 없는 진에의 나쁜 마음이 있었음이 분명합니다. 나아가 분노를 일으킴에 있어 친족도 피하지 않았을 것인데 하물며 육도의 여러 중생들이겠습니까. 그 맹렬하고 독한 번뇌에 미쳐서도 스스로는 전혀 알아차리지 못하였을 것입니다. 그저 일이 뜻대로 되지 않는 것만 마음에 둔다면 무슨 생각인들 하지 못하겠으며, 만약 마음대로 이루어지게 한다면 누가 곤욕을 당하지 않겠습니까. 그러므로 천자天子가 한번 노하면 엎어진 시체가 만리요, 항복시킨 이후에도 공연히 스스로 분란을 일으켜 채찍으로 갈기고 결박하고 때리면서 온갖 죄와 고통을 줍니다. 그런 때를 당해 "나는 선한 계율을 위반하였다."는 말을 어디에서 하겠습니까. 오로지 혹독한 고통이 심하지 않고 중하지 않으면 어쩌나 걱정할 뿐입니다. 이런 뜻으로 짓는 악은 식신이 있는 자들에게 공통된 것이니, 지혜로운 자도 어리석은 자도 이를 면하지 못하며 귀한 자도 천한 자도 함께 가지고 있습니다. 그런데

---

50 『대방광불화엄경』 권33 「보현보살행품普賢菩薩行品」(T9, 607a).

도 단 하루도 부끄러워하고 뉘우치며 고치려 한 적이 없습니다.

오늘 이 도량의 동업대중이여, 진에 번뇌와 뜻의 사려는 은밀하고 깊은 것입니다. 비록 버리려고 마음먹었다 해도 경계만 대하면 발동하고 움직였다 하면 악과 함께하여 생각 생각에 촉발되니, 어느 세월에 이 재난을 면할 수 있겠습니까. 대중이여, 다 함께 이미 그런 죄를 알았으니, 어찌 태연하게 지내며 회개하지 않을 수 있겠습니까. 다 함께 오늘 간절하게 정성을 다하여 이 죄를 참회해 소멸시키십시오.

모든 사람이 각자 평등한 일심으로 간절하게 오체투지하며 세간의 너무도 자비로우신 아버지께 귀의합니다.

나무 미륵불

나무 석가모니불

나무 무소부불

나무 월상불

나무 전상불

나무 공경불

나무 위덕수불

나무 지일불

나무 상찰불

나무 수미정불

나무 치원적불

나무 연화불

나무 응찬불

나무 지차불

나무 이교불

나무 나라연불

나무 상락불

나무 불소국불

나무 천명불

나무 견유변불

나무 심량불

나무 다공덕불

나무 보월불

나무 사자상불

나무 요선불

나무 무소소불

나무 유희불

나무 사자유희보살

나무 사자분신보살

나무 무변신보살

나무 관세음보살

거듭 이와 같은 시방 온 허공계 일체 삼보께 귀의합니다. 1배

今日道場。同業大衆。相與已得懺身口罪竟。次復應須淸淨意業。一切衆生。輪轉生死。不得解脫者。皆由意業。結集牢固。十惡五逆。必由意造。故佛誡言。不得貪欲瞋恚愚癡邪見。後墮地獄。受苦無窮。今日相與共見。心之驅役諸識。亦猶君之摠策其臣。口發惡言。身行重逆。於六道中。能招劇報。當知。滅身事。由心造。今欲改悔。先挫其心。次折其意。何以故爾。經言。制之一處。無事不辦。當知。潔心。是解脫之本。淨意。是進趣之基。三途劇報不來。惡道苦受不佳。然身口業麁易遣。意地微細難除。如來大聖。一切智人。於其意地。始得不護。況凡惑愚夫。而不守愼。若不折挫。未見其善。經云。防意如城。守口如瓶。相與無始世界已來。及此一形。無明起愛。增長生死。亦能具足。十二苦事。八邪八難。三途六道. 輪廻流轉. 無不經歷. 如是諸處. 受無量苦. 皆由意業. 搆起怨對. 念念攀緣. 未曾暫捨. 扇動六情. 馳役五體. 輕重惡業. 無不備造. 或身口不遂. 心增忿毒. 更相殺害. 無憐愍心. 若微有痛癢. 不可抑忍. 比至在他. 唯恐楚毒. 不深見人之過. 意願宣說. 自有愆失. 不喜他聞. 有如是心. 實可慙愧. 又意地起瞋. 大道怨賊. 所以經言. 劫功德賊. 無過瞋恚. 又華嚴經云. 佛子. 若起一瞋恚心. 一切惡中. 無過此惡. 何以故爾. 起一瞋恚心. 則受百千障礙. 所謂不見菩提障. 不聞法障. 生惡道障. 多疾病障. 被謗毀障. 生闇鈍障. 失正念障. 少智慧障. 近惡知識障. 不樂賢善障. 遠正見障. 離佛正敎. 入魔境界. 不見善知識. 諸根不具. 乃至生惡業家. 生於邊地. 如是等障. 不可具說. 我等無始已來. 至于今日. 應有無量無邊. 瞋恚惡心. 乃至起瞋. 不避親族. 何況六道. 諸衆生等. 及其煩惱猛毒. 不復自知. 但事不得爲心想則. 何所不念. 若使得遂心意則. 誰不被困. 故天子一怒. 伏屍萬里. 降斯已還. 空自紛擾. 鞭楚捶縛. 有諸罪苦. 當此之時. 何處應言. 我違善戒. 唯恐苦酷. 不深不重. 是意地惡. 通於有識. 智愚不免. 豪賤共有. 未嘗一日. 慙愧改悔. 今日道場. 同業大衆. 瞋恚煩惱. 意慮幽深. 雖復欲捨. 對境以發. 動與惡俱. 念念相觸. 何時當得. 免離斯患. 大衆. 相與旣知其罪. 豈得晏然而不改悔. 相與今日. 懇到披誠. 懺滅此罪. 宜各人人. 等一痛切. 五體投地. 歸依世間. 大慈悲父. 南無彌勒佛. 南無釋迦牟尼佛. 南無無所負佛. 南無月相佛. 南無電相佛. 南無恭敬佛. 南無威德守佛. 南無智日佛. 南無上利佛. 南無須彌頂佛. 南無治怨賊佛. 南無蓮華佛. 南無應讚佛. 南無知次佛. 南無離憍佛. 南無那羅延佛. 南無常樂佛. 南無不少國佛. 南無天名佛. 南無見有邊佛. 南無甚良佛. 南無多功德佛. 南無寶月佛. 南無師子相佛. 南無樂禪佛. 南無無所少佛. 南無遊戲佛. 南無師子遊戲菩薩. 南無師子奮迅菩薩. 南無無邊身菩薩. 南無觀世音菩薩. 又復歸依. 如是十方. 盡虛空界. 一切三寶 (一拜).

[집해] '마음이 모든 식을 부리는 것이……'에 대해 변진 스님은 "마음이 군주가 되고 모든 식은 신하와 같다. 마음이 모든 식을 부리는 것이 임금이 신하를 부리는 것과 같다. 안으로 마음과 뜻을 움직이면 밖으로 몸과 입으로 드러나게 된다. 따라서 '입으로 나쁜 말을 하고……'라고 하였다. '중역重逆'은 십중죄(十重)와 오역죄(五逆)이다."라고 하였다. 미수 스님은 "팔식八識 가운데 뒤의 삼식이 심心이고, 전오식前五識이 식識이다."라고 하였다.

'당지멸신사유심조當知滅身事由心造'에서 멸신滅身은 곧 몸을 망치다(敗身)라는 뜻이다. 몸을 망치는 일은 모두 마음이 짓는 것이다.

'먼저 그 마음을 꺾고……'에서 마음(心)과 뜻(意)을 어떻게 나누는가? 이 참법을 만들 때에는 대승 팔식의 교설은 아직 성행하지 못하였고 소승교만 세상에 성행하고 있었다. 따라서 여기에서 말하는 마음과 뜻은 소승의 교설에 의지한 것이다. 여러 소승교에서는 의식意識을 기준으로 심心·의意·식識을 분류하였다. 과거의 의식을 의意라 하였으니, 현재 식의 의지처가 되기 때문이다. 미래의 의식을 심心이라 하였으니, 반연하는 사려가 있을 것이기 때문이다. 현재의 의식을 식識이라 하였으니, 깨닫고 분별하기 때문이다. 이와 같다면 '먼저 그 마음을 꺾는다'는 것은 미래에 악을 일으키려는 마음을 먼저 꺾는다는 것이니, 곧 미래를 닦는 것에 해당한다. '다음에 그 뜻을 꺾는다'는 것은 과거에 업을 지었던 뜻을 꺾는 것이니, 곧 과거를 고치는 것에 해당한다.

각명 공은 다음과 같이 말하였다.

"'의업을 청정하게 한다'는 것에 대해 설명하자면 신업身業과 구업口業이 가지가 되고, 의업이 뿌리가 된다. 가지는 거칠기 때문에 쉽게 제거할 수 있지만 뿌리는 깊기 때문에 제거하기 어려우므로 반드시 참회하고 씻어 내야만 한다.……심·의·식 삼성三性은 본래 한 곡조이지만 나누면 세 가지 마음이 되니, 인지하는 식識의 기능과 분별하는 의意의 기능과 대상화하는 상想의 기능이다."

동림 스님은 "마음은 제6식을 말하고, 뜻은 제7식을 말한다. 제6식이 거칠게 드러나므로 마음의 어리석음을 먼저 꺾는다."라고 하였다.

여기에 대해 보충 설명을 하겠다.

이 문단에 나오는 심의식心意識은 하나라고 논할 수도 없고 구별된다고 논할 수도 없다. 무엇 때문인가? 이 문단 첫머리에서 '십악업과 오역죄는 반드시 의업을 말미암아 짓게 된다'고 하였고, 그 다음에 '마음이 모든 식을 부리는 것이……몸을 망치는 일은 마음을 말미암아 저지르는 것이다'라고 하였고, 뒤에서 '먼저 그 마음을 꺾고 다음에 그 뜻을 꺾는다'고 하였다. 앞과 중간과 뒤의 3단의 말씀이 갈래가 다른 듯도 하고, 여러 스님들의 해석도 각기 다르며 적확한 것이 없어 쉽게 들어갈 만한 문이 없다. 그렇지만 각기 주장하는 바가 있기 때문에 모두 훌륭하다고 하겠다. 어리석은 나도 이를 파헤쳐 보겠다. 규봉圭峯은 『선원집禪源集』에서 다음과 같이 말하였다.

"여러 경에서는 혹 마음이 곧 도적이라고 폄훼하면서[51] 제지하여 끊어 없애게 하기도 하고, 혹은 마음이 곧 부처라고 찬양하면서 권유하여 닦고 익히게 하기도 하였다. 혹은 착한 마음과 악한 마음, 청정한 마음과 때 묻은 마음, 탐착하고 성내는 마음과 자비로운 마음을 말하기도 하였다. 혹은 경계를 의탁해 마음이 생긴다고도 하고 마음을 말미암아 경계가 나타난다고도 하고, 혹은 적멸심寂滅心과 연려심緣慮心을 말하기도 하며 나아가 갖가지로 서로 어긋나니, 만약 드러내 지시해 주지 않는다면 경을 보는 자들이 어떻게 이를 판별하겠는가. 이를 많은 종류의 마음이라고 해야 할까, 아니면 단지 한 가지 마음일 뿐이라고 해야 할까? 이제 그 명칭

---

[51] '마음이 곧 도적이라 폄훼하면서'에 해당하는 원문은 '壞心是賊'이다. 그러나 『선원제전집도서禪源諸詮集都序』 권상(T48, 401)에는 '毁心是賊'으로 되어 있다. 이를 참조하여 번역하였다.

과 본체를 간략히 지시해 보이겠다. 흔히 말하는 마음(心)이란 것을 간략히 정리하면 네 종류가 있는데, 범어梵語가 각기 다르고 그 번역 역시 다르다. 첫째는 흘리다야紇利陁耶(Hrdaya)이고 중국말로는 육단심肉團心이니, 이는 곧 신체의 오장五藏 가운데 심장이다. 둘째는 연려심緣慮心이다. 이는 곧 팔식이니, (그 각각이) 모두 자기 몫의 경계를 반연해 사려하기 때문이다. 말하자면 색色은 곧 안식眼識의 경계이고, 나아가 육근六根·유정신有情身·종자種子·기세계器界는 곧 아뢰야식의 경계이니, 각자 한 부분을 반연하기 때문에 자기 몫(自分)이라 한다. 이 여덟 가지에 각각 심왕心王과 심소心所, 선과 악의 차이가 있다. 여러 경에서 여러 심소를 지목해 마음이라고 이름을 붙이는데, 말하자면 착한 마음, 악한 마음 등이다. 셋째는 질다야質多耶(citta)이고 중국말로는 집기集起라 한다. 오직 제8식에만 소속되니, 종자를 쌓고 모았다가 현행現行을 일으키기 때문이다. 외도들은 이를 신아神我라 계탁한다. 넷째는 건률타야乾栗陀耶이고 중국말로는 견실심堅實心 또는 진실심眞實心이라 한다. 이것이 바로 진심眞心이다.……"⁵²

이 문단 첫머리에서 말한 '의意'와 뒤에서 말한 '의意' 이 두 개의 의는 모두 제7 말나식末那識을 지칭한 것이다. 이 식은 육추六麤 가운데 첫 번째인 지상智相으로서 사랑스럽다, 사랑스럽지 않다고 분별하는 것이다. 그 다음에 말한 '마음(心)'은 육근 각각의 심왕을 지칭한 것으로서 안식眼識·이식耳識 내지 의식意識을 말하고, '모든 식(諸識)'은 그 육근 각각의 심소를 지칭한다. 심소에는 총 쉰한 가지가 있는데, 근根에 따라 많고 적음이 있어 동일하지 않다. 말하자면, 제8 아뢰야식阿賴耶識은 칠식의 우두머리가 되므로 (팔식) 전체의 심왕이라고 명칭을 붙인다. 여기에 다섯 종류의 심소가 있으니, 첫째는 작의作意, 둘째는 촉觸, 셋째는 수受, 넷째는 상想, 다섯째는 사思이다. 그 뜻을 해석하자면 본론本論과 같다. 이를 오변행五遍行

---

52 『선원제전집도서』 권상(T48, 401).

이라 한다. 제7 말나식에는 18심소心所가 있으니, 송으로 말해 보겠다.

변행의 다섯과 별경의 혜
탐, 만, 무명, 사견과 대수번뇌

대수혹에 여덟 가지가 있다.
이 제7식 이하의 낱낱 모든 근에도 각기 심왕과 심소가 있다. 제6 분별사식分別事識은 51심소를 구족하고 있고, 안식·이식·신식의 세 식은 34심소가 있다. 이를 송으로 말해 보겠다.

변행과 별경 각각 다섯과 선법 열하나
탐진치와 중수혹, 대수혹

말하자면, 변행의 5심소와 별경別境의 5심소와 선법善 11심소와 중수혹中隨惑 2심소와 대수혹大隨惑 8심소와 삼독심소 등이다. 비식과 설식 두 식은 위의 법수에 의거하여 선법 열하나에서 경안輕安을 뺀 것이다. 따라서 33심소가 된다. 이 모두를 송으로 말해 보겠다.

제8식은 다섯, 제7식은 열여덟
제6식은 일체를 구족하고
세 식은 서른넷
두 식은 서른셋

앞에서 말한 51심소의 첫 번째 변행遍行의 다섯 가지는 앞에 이미 기록하였다. 두 번째 별경別境의 다섯 가지는 첫째가 욕欲, 둘째가 승해勝解, 셋째가 염念, 넷째가 정定, 다섯째가 혜惠이다. (별경이라 하는 까닭은) 각기 특별한 경계를 반연해야만 생길 수 있기 때문이다. 세 번째 선善의 열한 가지는 첫째가 신信, 둘째가 정진精進, 셋째가 참慚, 넷째가 괴愧, 다섯째가 무탐無貪, 여섯째가 무진無嗔, 일곱째가 무치無癡, 여덟째가 경안輕安, 아홉째가 불방일不放逸, 열째가 행사行捨, 열한째가 불해不害이다. 이 세상에서건 저 세상에서건 모두 이익이 따르기 때문이다. 네 번째 근본번뇌根本煩惱의 여섯 가지는 첫째가 탐貪, 둘째가 진嗔, 셋째가 무명無明, 넷째가 만慢, 다섯째가 의疑, 여섯째가 부정견不正見이다. 말하자면 자성이 매우 심중해 여러 미혹을 일으킬 수 있기 때문에 근본根本이라고 이름을 붙인 것이다. 다섯 번째 수번뇌隨煩惱 스물한 가지에는 대·중·소의 분위 차별이 있다. (근본번뇌에 수반되어) 함께 흐르는(等流) 성품 때문에 수번뇌라고 한다. 소수번뇌小隨煩惱에 열 가지가 있으니, 첫째가 분忿, 둘째가 한恨, 셋째가 뇌惱, 넷째가 부覆, 다섯째가 광誑, 여섯째가 첨諂, 일곱째가 교憍, 여덟째가 해害, 아홉째가 질嫉, 열째가 간慳이다. 각기 하나씩 따로 일어나기 때문에 소수小隨라고 한다. 중수번뇌中隨煩惱 두 가지는 첫째가 무참無慚, 둘째가 무괴無愧이다. 모든 불선심不善心에 변재하기 때문에 중수中隨라고 한다. 대수번뇌 여덟 가지는 첫째가 불신不信, 둘째가 해태懈怠, 셋째가 방일放逸, 넷째가 혼침昏沈, 다섯째가 도거掉擧, 여섯째가 실념失念, 일곱째가 부정지不正知, 여덟째가 산란散亂이다. 모든 악에 변재하면서 (선을) 가림이 있기 때문에 대수大隨라 한다. 여섯 번째 부정不定에는 네 가지가 있으니, 첫째가 수면睡眠, 둘째가 악작惡作, 셋째가 심尋, 넷째가 사伺이다. (선악 등의) 성품(性)도 (그것을 일으키는) 심왕(心)도 (그것이) 있는 곳(地)도 모두 정해져 있지 않기 때문에 부정이라고 한다. 이것이 바로 51심소이다.

이 51종은 항상 심왕(心)을 의지하여 일어나고, 심왕과 상응하며, 심왕에 속박되어 있다. 따라서 심소라고 하니, 마음을 주인으로 삼아야 비로소 생길 수 있기 때문이다. 따라서 "심왕(心)은 소연所緣에서 오직 총상總相만 취하지만 심소는 그 소연에서 별상別相 역시 취하여 마음의 작용을 돕고 완성하므로 심소라는 명칭을 얻는다. 이는 화공인 스승이 본을 뜨면 그 제자가 색채를 메우는 것과 같다.……"[53]라고 하였다.

이 육근의 식이 각기 심왕이 되어 제각기 심소를 부리면서 바깥의 육진에 대해 맹렬하게 현행하며 여러 업을 짓는다. 따라서 본문에서 '마음이 모든 식을 부리는 것이 또한 임금이 그 신하들을 관리하며 다그치는 것과 같다'고 한 것이다. 그러므로 이 문단에서 말한 '마음(心)'은 육식 각각의 심왕이고, '모든 식'은 51심소라는 것을 알아야 한다. 이 심왕과 심소 등은 함께 같은 대상을 반연하여 여러 업을 짓기 때문에 모두 다 제7 말나식에 부속된다. 이 식은 육추 가운데 지상智相에 해당한다. 저 선악의 경계를 받아들여 모으면서 잃어버리지 않고 제8식에 간직하며, 경계에 의지해 사랑스럽다, 사랑스럽지 않다고 분별하면서 항상 살피고 사량해 여러 업을 증장시킨다. 따라서 이 문단에서 '먼저 그 마음을 꺾는다'고 한 것은 육식의 심왕을 두고 한 말이고, '다음에 그 뜻을 꺾는다'고 한 것은 제7식인 의意를 두고 한 말이다. 만약 마음과 뜻을 꺾어 버린다면 곧 51심소가 고요해 찾을 길이 없을 것이니, 만약 심소가 고요해진다면 뜻(意地)이 무엇을 하겠는가. 따라서 이와 같이 말한 것이다. 여기에 나온 마음과 뜻에 대해서는 간략하게나마 이와 같이 이미 설명하였다.

만약 심·의·식에 대해 보편적으로 논하자면 『백법론百法論』에서 다음과 같이 말하였다.

"집기集起를 심心이라 하면 오직 제8식만 (여기에) 속한다. 말하자면 모든 법의 종자를 모아 현행을 일으키기 때문이다. 연려緣慮를 심이라 하면 팔식 모두를 심이라고 부를 수 있다. 팔식 모두에 반연하여 사려하는 작용이 있기 때문이다. 사량思量을 의意라 하면 오직 제7식만 (여기에) 속한다. 항상 살피고 사량하는 작용이 여타의 식보다 수승하기 때문이다. 의

---

[53] 『성유식론』 권5(T31, 26c).

지依止를 의라 하면 팔식 모두를 의라고 부를 수 있다. 팔식 모두에 그 다음을 이끌어내는 작용이 있기 때문이다. 요추了麁를 식識이라 하면 오직 제6식만 (여기에) 속한다. 경계의 상相에서 거친 부분을 요별하기 때문이다. 요별了別을 식이라 하면 팔식 모두를 식이라고 부를 수 있다. 팔식 모두에 요별하는 작용이 있기 때문이다."

또 말하였다.

항상 작용하지도 않고 살피지도 않는 것은 전5식
살피지만 항상 작용하지는 않는 것은 제6식
항상 작용하고 살피는 것은 제7식
항상 작용하지만 살피지는 않는 것은 제8식.

이것이 바로 4구로 정리해 뽑은 것이다. 따라서 다음과 같이 말한다.

전6식은 사이에 끊어짐 있고
그 의지처를 따라 이름을 붙인 것이며
제7식과 제8식은 항상 작용하고
그 본체를 지목해 이름을 붙인 것이다

['삼도의 혹독한 과보는 오지 않고 악도의 고통으로 가지 않게 된다(三途劇報不來 惡道苦受不往)'에서] '삼도三途'와 '악도惡道'에 대해 미수 스님은 "서로 바꿔가며 말한 것일 뿐이다."라고 하였고, '오지 않는다(不來)'와 '가지 않는다(不往)'에 대해서는 "멀리 벗어난다는 의미이다."라고 하였다.
'대성인이신 여래와……'는 오직 모든 부처님만 지목한 것이다. 오직 부처님만 삼업三業을 보호하지 않아도 된다. 따라서 '비로소 보호하지 않아도 된다'고 하였다.

'뜻을 성처럼 방어하라'에 대해 각명 공은 "의근意根은 제어하기가 어렵다. 따라서 성으로 도적을 방어하는 것과 같다고 비유한 것이다."라고 하였다.

'입을 병처럼 지켜라'를 설명해 보겠다. 병은 급하게 물을 쏟아 내지 않는다. 침묵하는 것 역시 마찬가지다. 변진 스님은 "덕병德瓶을 보호하듯이 하라는 것이다. 옛날에 한 가난한 사람이 있었는데, 항상 제석帝釋을 섬기며 복락을 구하였다. 그러자 제석이 그를 불쌍히 여겨 원하는 모든 것이 병의 주둥이에서 나오는 덕병 하나를 주면서, '이 일을 다른 사람에게는 말하지 마라' 하고 일러두었다."라고 하였다.

'열두 가지 괴로운 일(十二苦事)'에 대해 변진 스님과 여러 스님들은 십이인연十二因緣이라 하였다. 여기에 보충 설명을 하겠다. 이 법은 삼세양중인과三世兩重因果이다. 고덕의 송에서 말하였다.

번뇌는 첫째와 여덟째 아홉째
업은 둘째 그리고 열째
나머지 일곱을 고라 하니
이 셋으로 십이지를 포섭한다.[54]

이는 잡염송雜染頌이다. 또 송에서 말하였다.

세 가지에서 두 가지가 나오고
두 가지에서 다시 일곱 가지가 나오고
일곱 가지에서 다시 세 가지 나오니
따라서 바퀴가 구르는 것과 같다.[55]

---

54 『십이인연론十二因緣論』(T32, 480c).
55 『십이인연론』(T32, 480c).

이는 윤전송輪轉頌이다. 또 송에서 말하였다.

무명의 망령된 바람이
홀연히 마음 바다를 뒤흔드니
열두 파랑이
아득히 끝이 없구나.

십이 인연이란 구르고 굴러 과보를 감득하는 것을 인因이라 하고, 서로 의지하고 돕는 것을 연緣이라 한다. 첫째는 무명無明이니, 지혜가 없어 밝음이 없는 것을 말한다. 둘째는 행行이니, 변화하면서 흐른다는 뜻으로 업을 짓는 것을 멈추지 않는 것이다. 즉 업도業道다. 이 두 가지는 과거에 속한다. 셋째는 식識이다. 태에 의탁할 때의 한 부분의 기식氣息이니, 바로 탁태 초위初位에 해당한다. 이는 현재에 속한다. 넷째는 명색名色이다. 명名은 곧 마음이니, 마음은 이름만 있기 때문이다. 색色은 곧 질애質碍다. 태에 들어간 모양이다. 즉 태중오위胎中五位로서 7일마다 한 번씩 변화한다. 다섯째는 육입六入이니, 육근이 모양을 갖춘 것이다. 태내의 마지막 단계다. 여섯째는 촉觸이니, 태를 나와 육근이 육진과 접촉하는 것이다. 일곱째는 수受이니, 좋고 나쁨과 앞의 경계 등을 인지해 받아들이는 것이다. 식부터 여기까지를 현재오과現在五果라 한다. 여덟째는 애愛이니, 남녀와 금은 등의 물건에 애착하는 것이다. 이는 번뇌에 속한다. 아홉째는 취取이니, 일체 경계를 보기만 하면 모두 취착하는 마음을 내는 것이다. 이것 역시 번뇌이다. 열째는 유有이니, 집착해 붙잡고서는 버리지 않는 것이다. 이것이 곧 업도다. 이 애·취·유 세 가지는 현재인現在因에 속한다. 열한째는 생生이니, 원인인 업이 이미 성립했기 때문에 삶을 받게 된다. 열두째는 노사老死이니, 이미 삶을 받았으므로 결국 늙고 죽게 된다. 생과 노사 이 두 가지는 미래과未來果에 속한다. 따라서 "과거의 무명과 행이라는 2인으로 식·명색·육입·촉·수라는 현재오과를 받고, 애·취·유라는 현재삼인現在三因으로 생과 노사라는 미래이과未來二果가 있게 된다."고 말한다. 따라서 삼세양중인과라 하고, 미혹을 일으켜 업을 짓고 업이 원인이 되어 괴로움을 받는다고 한다. 이 법을 십이인과법十二因果法이라 하니, 말하자면 원인의 원인(因因)이고 결과의 결과(果果)이다. 따라서 "원인이기도 하고 원인의 원인이기도 하며, 결과이기도 하고 결과의 결과이기도 하다."라고 말한다. 또 12중성十二重城·12견련十二牽連·12구쇄十二拘鏁·12극원十二棘園·12고사十二苦事라고도 한다. 비록 명칭과 뜻은 여러 갈래지만 혹惑·업業·고苦 세 가지일 뿐이다.

'팔사도(八邪)'는 팔정도를 멈추는 것이다.

'팔난八難'은 이미 해석하였다.

'억抑'은 누르다(按)라는 뜻이다.

'비比'는 평성이고, 가까이 붙이다(近觸)라는 뜻이다.

'생암둔장生闇鈍障'에 대해 동림 스님은 "캄캄하고 둔한 곳에 태어나는 장애다."라고 하였다.

心之驅役諸識等者。眞師云。心爲君主。諸識如臣。心役諸識。如君使臣。內動心意。外形身口。故言口發惡言等。重逆者。十重。五逆也。授師云。八識之中。後三識爲心。前五識爲識。當知滅身事由心造者。滅身。卽敗身義。敗身之事。皆心造也。先挫其心等者。云何分爲心及意耶。造此懺時。大乘八識之敎。未能盛弘。唯小乘敎。盛行於世。是故此云。心及意者。依小敎說。諸小乘中。約意識。分心意識也。過去意識。名之爲意。爲今識之所依故也。未來意識。名心。以當有緣慮故。現在意識。名之爲識。以了別故。是則先挫¹⁾其心者。先挫當來。欲起惡心。卽修來也。次折其意。折其過去。造業之意。卽改往也。明公云。淸淨意業者。身口爲枝。意業爲根。枝麁易遣。根深難除。當須懺洗。又云。心意識三性。本是一曲。

分爲三心。能了知識。能分別意。能緣想。東林師云。心謂第六識。意謂第七識。第六麁現故。無[2]挫心愚。生枝曰。此文中。心意識者。不可論一。不可論別。何耶。此文初說。十惡五逆。必由意造。次云。心驅役諸識。滅身事由心造。後云。先挫其心。次折其意。初中後。三段之說。似乎異端。諸師所釋。各異無的。易入无門。然各有所主故俱善。愚亦質之。圭峯禪源集云。諸經或壞心是賊。制令斷除。或讚心是佛。勸令修習。或云善心惡心。淨心垢心。貪嗔心。慈悲心。或云託境心生。由心現境。或云寂滅心。緣慮心。乃至種種相違。若不現示。則看經者。何以辨之。爲當多種心。爲復只是一般心耶。今且略示名體。汎言心者。略有四種。梵語各別。翻譯亦殊。一紇利陁耶。此云肉團心。此是身中五藏心也。二緣慮心。此是八識。俱能緣慮。自分境故。謂色是眼識境。乃至根身種子器界。是賴耶識之境。各緣一分。故云自分。此八各有。心王心所。善惡之殊。諸經中。目諸心所名心。謂善心惡心等。三質多耶。此云集起。唯屬第八識。積集種子。生起現行故。外道計爲神我。四乾栗陀耶。此云堅實心。亦云眞實心。此是眞心也。云云。此文初言意後言意。此之二意者。皆言第七末那識。此識於六麁中。第一智相。分別愛與不愛。次言心者。各六根之心王。謂眼識耳識乃至意識也。諸識者。各各六根之心所也。心所。摠有五十一心所。隨根增減不同。謂第八阿賴耶識。冠七識故。摠名心王。有五種心所。一作意。二觸。三受。四想。五思。釋義如本論。此名遍行五。第七末那。十八心所。頌云。

　　遍行五與別境惠。貪慢無明見大隨。

大隨者。有八。此第七下。一一諸根。各有心王心所。第六分別事識。貝[3]五十一心所。眼耳身三識。三十四心所。頌云。

　　遍別各五善十一。貪嗔癡及中大隨。

謂遍行五心所。別境五心所。善十一心所。中隨二心所。大隨八心所。三毒心所等。鼻舌兩識。依上數。於善十一除輕安。是故三十三心所也。都頌云。

心五意十八。第六一切具。三識三十四。二識三十三。
上言五十一心所。一遍行五者。前已書之。二別境五者。一欲。二勝解。三念。四定。五惠。緣別別境。而得生故。三善十一者。一信。二精進。三慙。四愧。五無貪。六无嗔。七無癡。八輕安。九不放逸。十行捨。十一不害。此世他世。俱順益故。四根本煩惱六者。一貪。二嗔。三无明。四慢。五癡。[4)] 六不正見。謂自性尤重。能生諸惑。名爲根本。五隨煩惱二十者。有大中小。分位差別。等流性故。名隨煩惱。小隨煩惱有十。一忿。二恨。三惱。四覆。五誑。六諂。[5)] 七憍。八害。九嫉。十慳。各一別起。故名小隨。中隨煩惱二者。一無慙。二無愧。遍不善心。故名中隨。大隨煩惱八者。一不信。二懈怠。三放逸。四昏沈。五掉擧。六失念。七不正知。八散亂。遍惡有覆。故名大隨。六不定有四者。一睡眠。二惡作。三尋。四伺。於性心地。皆不定故。名不定。此乃五十一心所也。此五十一種。恒依心起。與心王相應。繫屬於心王。故名心所。要心爲主。方得生故。故云。心於所緣。唯取揔相。心所於彼。亦取別相。助成心事。得心所名。如畫師資。作模塡彩云云。於此六根之識。各作心王。各使心所。於外六塵。勇猛現行。造作諸業。故文云。心之驅役諸識。亦猶君之揔策其臣。故知。此文云心者。各六識之心王。言諸識者。五十一心所也。此心王心所等。共相同緣。所造諸業。皆悉傳付第七末那。此識。於六麤中作智相。受彼善惡境。聚集不失。藏於第八識。依境分別。愛與不愛。恒審思量。增長諸業。故此文云。先挫其心者。六識心王也。次折其意者。第七意。若折心意。則五十一心所。寂然无路。若心所寂然。意地何爲。故如是說也。此中心意。略如已釋。若也通論心意識者。百法論云。集起名心。唯屬第八。謂集諸法種子。起現行故。緣慮名心。八皆名心。八識皆有。緣慮用故。思量名意。唯屬第七。恒審思量。勝餘識故。依止名意。八皆名意。八識皆有。引後用故。了䑛名識。唯屬第六。了境相䑛故。了別名識。八皆名識。八識皆有。了別用故。又。

恒非審前五識。審而非恒第六識。亦恒亦審第七識。恒而非審第八識。此乃四句料揀。故云。

前六間斷。從依得名。七八常恒。當體得名。

三途惡道者。授師云。互說耳。不來不往者。遠離也。如來大聖等。唯目諸佛。唯佛有三業不護。故云始得不護。防意如城。明公云。意根難制。故喩如城防寇。守口如瓶者。瓶之不急瀉。口默亦然。眞師云。如護德瓶。昔有貧人。常事帝釋。求其富樂。帝釋愍之。遺一德瓶。一切所求。從瓶口出。帝釋敎云。此事不向他說。十二苦事者。眞師諸師云。十二因緣也。生枝曰。此法者。三世兩重因果。古德頌云。

煩惱初八九。業二及與十。餘七說爲苦。三攝十二支。

此雜染頌也。又頌云。

從三故生二。從二復生七。從七復生三。是故如輪轉。

此輪轉頌也。又頌云。

無明妄風。忽動心海。十二波浪。浩然無際。

言十二因緣者。轉轉感果爲因。互相由借曰緣。一無明。謂未有智惠。無所明也。二行。以遷流爲義。造業不停。卽業道。此二支。屬過去三識。託胎時。一分氣息。乃託胎初位也。此屬現在。四名色。名是心。心但有名故。色是質碍。乃入胎之相也。卽胎中五位。七日一變。五六入。六根成相。在胎之極。六觸。出胎六根。觸六塵也。七受。領納好惡前境等。從識至此。名現在五果。八愛。愛著男女。金銀等物。此屬煩惱。九取。凡見一切境。皆生取著心。此亦煩惱。十有。執取不捨。此是業道。此愛取有三支。屬現在因。十一生。業因旣成。故得受生。十二老死。旣已受生。終爲老死。此生老死二支。屬未來果。故云。過去无明行。二因。受[6]識名色六入觸受。現在五果。愛取有。現在三因。生老死。未來二果。故云三世兩重因果。起惑造業。因業受苦。此法名。十二因果法。謂因因果果。故云亦因亦因因。亦果亦果果也。又云十二重城。十二牽連。十二拘鏁。十二棘園。
十二苦事。雖名義多端。但惑業苦三也。八邪者[止八正道也]。八難者[已
釋]。抑者[按也]。比[平聲。近觸也]。生闇鈍障。東林師云。闇鈍處障也。

1) ㉮ '挫'는 저본에 'l'로 되어 있고 그 아래 "이 획은 '挫'자로 본다."는 주가 있다.
따라서 편자가 '挫'로 고쳤다. 아래에서도 마찬가지이다. 2) ㉯ '無'는 '先'인 듯하다.
3) ㉮ '貝'는 '其'인 듯하다. 4) ㉮ '癡'는 '疑'인 듯하다. 5) ㉯ '諂'는 '諂'인 듯하다. 6)
㉮ '受'의 뜻은 미상이다. 아마도 연자인 것 같다. ㉯ '受'는 문맥상 현재오과를 '받는
다'는 동사로 쓰였다.

참법 아무개 등이 오늘 사생 육도의 부모님과 스승과 일체 권속들을 향해 뜻으로 일으킨 일체 원한을 참회하오니, 자비의 힘과 한량없고 가없이 자재하신 힘으로 받아주소서. (지금) 상대하고 있건 (아직) 상대하지 않고 있건 (그 원한이) 가볍건 무겁건, 이미 일으킨 원한을 부디 이 참회로 말끔히 없애 주소서. 아직 일으키지 않은 원한은 감히 다시 짓지 않겠습니다.

우러러 원하오니, 삼보의 힘으로 함께 섭수하사 불쌍히 여기고 감싸 보호해 해탈을 얻게 하소서. 아무개 등은 시작이 없는 때로부터 오늘에 이르기까지 뜻으로 지은 악업의 인연으로 사생 육도의 부모님과 스승과 일체 권속에게 온갖 원한을 일으켰습니다. (그 원한이) 가볍건 무겁건, 오늘 부끄러워하며 드러내 밝히고 참회하오니 일체 원한을 부디 말끔히 없애 주소서.

또 시작이 없는 때로부터 오늘에 이르기까지 근본인 삼독을 의지하여 탐심을 일으키고, 탐욕의 결사(貪使)로 인하여 탐욕의 업을 일으켜 온 허공계의 유형·무형 여러 타인의 소유물에 대해 "내가 저것을 가지리라."는 나쁜 생각을 일으켰습니다. 나아가 부모님이나 스승의 물건, 일체 권속의 물건, 일체중생의 물건, 모든 하늘과 모든 신선들의 물건 등 이와 같은 일체의 물건들을 모두 내 것으로 만들려고 생각하였습니다. 한량없고 끝없는 이와 같은 죄악을 오늘 참회하오니, 부디 말끔히 없애 주소서.

또 시작이 없는 때로부터 오늘에 이르기까지 분노의 업을 일으켜 밤낮
으로 타오르면서 일분일초 잠시도 쉬는 법이 없었습니다. 조금만 마음에
안 들어도 곧 크게 화를 내며 여러 중생을 잡아다가 갖가지로 괴롭히고
해쳤으니, 혹은 채찍을 갈기기도 하고, 혹은 물에 빠뜨리기도 하고, 나아
가 구박하며 굶주리게 하거나 묶어서 매달거나 묶어서 가두기도 하였습
니다. 이와 같은 분노의 죄로 한량없이 원한으로 대했던 것을 오늘 참회
하오니, 부디 말끔히 없애 주소서.

또 시작이 없는 때로부터 오늘에 이르기까지 무명을 쫓아 어리석음의
업을 일으켜 저지르지 않은 악이 없고, 바른 지혜가 전혀 없어 삿된 말을
믿고 삿된 법을 받아들였습니다. 이와 같은 어리석음의 업으로 일으킨 온
갖 원한이 한량없고 끝이 없는 것을 오늘 참회하오니, 부디 말끔히 없애
주소서.

願以慈悲力。無量無邊自在力。受(某甲)等今日。向四生六道。父母師長。
一切眷屬。懺意所起。一切怨對。若對非對。若輕若重。已起之怨。願懺除
滅。未起之怨。不敢復作。仰願以三寶力。同加攝受。哀慜覆護。令得解
脫。(某甲)等。從無始已來。至于今日。以意惡業因緣。於四生六道。父母
師長。一切眷屬。起諸怨對。若輕若重。今日慙愧。發露懺悔。一切怨對。
願乞除滅。又無始已來。至于今日。依三毒根。起於貪心。因於貪使。起於
貪業。若幽若顯。盡空法界。他所有物。起於惡念。我當取之。乃至父母師
長物。一切眷屬物。一切衆生物。諸天諸仙物。如是一切。皆念屬已。如
是罪惡。無量無邊。今日懺悔。願乞除滅。又無始已來。至于今日。起於瞋
業。晝夜燒然。一時一刻。無暫休息。小不適意。便大瞋怒。取諸衆生。種
種惱害。或加鞭杖。或復沈溺。乃至駈迫飢餓。懸縛幽擊。如是瞋罪。無量
怨對。今日懺悔。願乞除滅。又無始已來。至于今日。隨逐無明。起於癡
業。無惡不造。無有正慧。信於邪言。受於邪法。如是癡業。造諸怨對。無

量無邊。今日懺悔。願乞除滅。

참법 또 시작이 없는 때로부터 오늘에 이르기까지 열 가지 사도邪道를 행하여 맺지 않은 원한이 없고 저지르지 않은 업이 없으며, 생각 생각에 반연하며 잠시도 버리지 못해 육정六情을 선동하여 온갖 결박하는 업을 일으켰습니다. 혹은 몸과 입으로 그 일을 성취하지 못하면 마음을 더욱 독하고 사납게 먹었으며, 나아가 농담으로 시비를 일으키고 정직한 마음으로 사람을 모시지 않았으며, 항상 아첨하고 왜곡하려는 생각을 품으면서도 부끄러움이 없었습니다. 육도에서 큰 고뇌를 받아야 할 한량없고 끝없는 이와 같은 죄악을 오늘 참회하오니, 부디 말끔히 없애 주소서.

아무개 등은 시작이 없는 때로부터 오늘에 이르기까지 선하지 못한 신업身業으로, 선하지 못한 구업口業으로, 선하지 못한 의업意業으로, 이와 같은 악업으로 부처님께 일체 죄장을 일으키고, 법에 일체 죄장을 일으키고, 모든 보살님과 현성들에게 일체 죄장을 일으켰습니다. 이와 같은 죄장이 한량없고 끝이 없는 것을 오늘 정성을 다해 애원하며 참회하오니, 부디 말끔히 없애 주소서.

또 시작이 없는 때로부터 오늘에 이르기까지 몸의 세 가지 악업과 입의 네 가지 악업과 뜻의 세 가지 악업으로 오역죄와 사중죄 등 저지르지 않은 죄가 없습니다. 오늘 참회하오니, 부디 말끔히 없애 주소서.

또 시작이 없는 때로부터 오늘에 이르기까지 육근·육진·육식이 망상에 전도되어 모든 경계를 반연하면서 온갖 죄를 저질렀습니다. 오늘 참회하오니, 부디 말끔히 없애 주소서.

또 시작이 없는 때로부터 오늘에 이르기까지 섭대위의계攝大威儀戒와 섭선법계攝善法戒와 섭중생계攝衆生戒를 훼손하고 범한 적이 많으니, 몸이 파괴되고 목숨이 끝나면 삼악도에 떨어질 것입니다. 지옥에서 항하의 모래알처럼 한량없고 끝없는 고통을 받을 것이며, 또 아귀에 떨어져 아는 사람이 하나도 없고 항상 굶주림과 목마름을 안고 살며 추위와 더위의 시달림을 받을 것이며, 또 축생에 떨어져 한량없는 고통을 받고 음식은 더러우며 굶주림과 추위에 괴로울 것입니다. 또 그것을 벗어나 인간으로 태어나더라도 삿된 견해를 가진 집안에 떨어져 항상 아첨하고 왜곡하는 마음으로 삿된 말을 믿고 바른 도를 잃기에 생사의 바다에 빠져 영원히 벗어날 기약이 없을 것입니다. (이처럼) 삼세에 온갖 악을 지어 원한으로 대한 것이 계산할 수도 없을 정도이니, 오직 모든 부처님만이 남김없이 아시고 남김없이 보실 것입니다. 모든 부처님께서 아시고 보시는 바와 같은 그 하고많은 죄의 과보를 오늘 참회하오니, 부디 말끔히 없애 주소서.

  부디 모든 부처님의 큰 자비의 힘과 큰 신통의 힘과 여법하게 모든 중생을 조복하는 힘으로 아무개 등이 오늘 참회한 모든 원한이 곧 말끔히 없어지게 하소서. 육도 사생에서 오늘 이미 (원한으로) 상대하고 있는 자이건 아직 상대하지 않은 자이건, 부디 모든 부처님과 큰 지위의 보살님과 일체 현성의 큰 자비의 힘으로 이런 모든 원수들이 끝끝내 해탈하여 오늘부터 보리에 이르는 그날까지 일체 죄장이 끝까지 청정하게 하소서. 악도의 삶을 버리고 정토의 삶을 얻으며, 원한의 생활을 버리고 지혜의 생활을 얻으며, 원한의 몸을 버리고 금강의 몸을 얻으며, 악도의 고통을 버리고 열반의 즐거움을 얻도록 악도의 고통을 기억하고 보리심을 일으키게 하소서. 사무량심과 육바라밀이 항상 앞에 나타나고 사무애변과 육신통력이 뜻대로 자재하게 하시며, 용맹하게 정진하며 쉬지도 멈추지도 않게 하소서. 나아가 더욱 열심히 수행하여 십지의 행을 만족하고는 다시 끝없는 일체 중생을 제도하게 하소서. 1배[56]

  又無始已來。至于今日。行十邪道。無怨不結。無業不造。念念攀緣。未曾

---

56 '1배'가 누락된 것으로 추측되어 보입하였다.

暫捨。扇動六情。起諸結業。或身口。不遂其事。而心增毒厲。乃至戲笑。
搆起是非。不以直心。與人從事。恒懷諂曲。無有慚愧。如是等罪。無量無
邊。於六道中。受大苦惱。今日懺悔。願乞除滅。(某甲)等。從無始已來。至
于今日。以身業不善。口業不善。意業不善。如是惡業。於佛邊起。一切罪
障。於法邊起。一切罪障。於一切菩薩賢聖邊起。一切罪障。如是罪障。無
量無邊。今日至誠。求哀懺悔。願乞除滅。又無始已來。至于今日。身三口
四。意三惡業。五逆四重。無罪不作。今日懺悔。願乞除滅。又無始已來。
至于今日。六根六塵六識。妄想顛倒。攀緣諸境。造一切罪。今日懺悔。願
乞除滅。又無始已來。至于今日。於攝大威儀戒。攝善法戒。攝衆生戒。
多有毀犯。身壞命終。墮三惡道。在地獄中。受無量無邊。恒沙等苦。又墮
餓鬼。無所識知。恒抱飢渴。受寒熱惱。又墮畜生。受無量苦。飲食不淨。
飢寒困苦。又出生人中。墮邪見家。心常諂曲。信於邪言。失於正道。沒生
死海。永無出期。三世一切。衆惡怨對。不可稱計。唯有諸佛。盡知盡見。
齊如諸佛。所知所見。罪報多少。今日懺悔。願乞除滅。願以諸佛。大慈悲
力。大神通力。如法調伏諸衆生力。令(某甲)等。今日懺悔。一切怨對。卽
得除滅。六道四生。今日已受對者。未受對者。願以諸佛大地菩薩一切賢
聖大慈悲力。令此衆怨。畢竟解脫。從今日去。至于菩提。一切罪障。畢竟
清淨。捨惡道生。得淨土生。捨怨對命。得智慧命。捨怨對身。得金剛身。
捨惡道苦。得涅槃樂。念惡道苦。發菩提心。四等六度。常得現前。四辯六
通。如意自在。勇猛精進。不休不息。乃至進修。滿十地行。還度無邊。一
切衆生。

집해 '려厲'는 려呂로 발음하고, 사납다(猛), 악하다(惡)는 뜻이다.
　'섭대위의계攝大威儀戒'에 대해 보충 설명을 하자면, 다른 곳에서는 섭률
의계攝律儀戒라 하였으니, 불살생不殺生 등을 말한다. 이 세 가지 계가 바
로 삼취청정계三聚淸淨戒이다.

'제여齊如'의 앞 글자는 거성이고, 엄숙히 공경하는 모습이다.

'악도의 고통을 기억하고 보리심을 일으키게 하소서(念惡道苦發菩提心)'는 앞에서 해석한 것과 같으니[57] 영략법으로 서로 나타낸 것(影略互現)이다.

厲。音呂。猛也。惡也。攝大威儀戒者。生枝曰。他處云。攝律儀戒。謂不殺生等。此三戒。是三聚清淨戒。齊如[上去聲。□□□[1)]。念惡道苦發菩提心者。如前釋。影略互現也。

---
1) ㉮ 결락된 글자는 '嚴敬皃'인 듯하다.

제4. 발원

참법 오늘 이 도량의 동업대중과 과거 현재의 사생 육도와 미래 끝까지의 일체 중생이 지금 이 참법으로 함께 청정을 얻고, 함께 해탈을 얻고, 지혜를 구족하고, 신통력이 자재하시기를 바랍니다. 모든 중생이 오늘부터 보리에 이르는 그날까지 시방 온 허공계 모든 부처님의 법신을 항상 친견하고, 모든 부처님의 삼십이상과 자마금색의 몸을 항상 친견하고, 모든 부처님의 팔십종호와 형체를 분산해 시방을 가득 채우고서 중생들을 구제하시는 몸을 항상 친견하고, 모든 부처님께서 미간 백호의 큰 광명

---
57 『집해』 권4에서 설명하였다. 조구 스님의 설명에 따라 이를 해석하면 "악도의 고통을 기억하고 보리심을 일으켜 악도의 삶을 버리고 정토의 삶을 얻으며, 악도의 고통을 기억하고 보리심을 일으켜 원한의 생활을 버리고 지혜의 생활을 얻으며, 악도의 고통을 기억하고 보리심을 일으켜 원한의 몸을 버리고 금강의 몸을 얻으며, 악도의 고통을 기억하고 보리심을 일으켜 악도의 고통을 버리고 열반의 즐거움을 얻게 하소서."가 된다.

으로 널리 비추어 지옥의 고통을 구제하시는 것을 항상 친견하기를 바랍니다.

또 오늘 이 도량의 동업대중께서 지금 참회한 청정한 공덕 인연으로 오늘부터 이 몸을 버리고 다른 몸을 받을 때, 확탕鑊湯과 노탄鑪炭에서 형체를 태우고 신체를 삶으며 녹인 구리물을 입에 들이붓는 지옥 세계의 고통을 경험하지 않고, 바늘만 한 목구멍에 북만 한 배로 굶주림과 목마름을 품고 사는 아귀 세계의 고통을 경험하지 않고, 빚과 목숨 값을 갚느라 이리저리 부림을 당하다 요리사에게 죽임을 당하는 축생 세계의 고통을 경험하지 않으시기를 바랍니다. 만약 인간 세계에 있게 된다면 404병이 몸을 침노하는 고통을 경험하지 않고, 큰 더위와 큰 추위의 참기 힘든 고통을 경험하지 않고, 칼이나 몽둥이나 독약으로 해치는 고통을 경험하지 않고, 굶주리고 목마른 궁핍의 고통을 경험하지 않으시기를 바랍니다.

또 대중께서 오늘부터 계를 청정히 받들며 더럽히려는 마음이 없고, 항상 인의仁義를 수행하며 은혜에 보답하려는 마음을 가지고, 세존을 우러르듯 부모님을 공양하고, 모든 부처님을 대하듯 스승을 받들어 공경하고, 참된 법신처럼 국왕을 공경하며 소중히 여기고, 여타 일체중생을 모두 자신처럼 여기시기를 바랍니다.

또 대중께서 오늘부터 보리에 이르는 그날까지 법의 뜻을 깊이 통달하여 그 지혜가 두려움이 없고, 대승을 환히 이해하고 정법을 분명히 보아 다른 사람의 깨우침 없이도 곧 스스로 깨닫고 이해하며, 한결같고 견고하게 불도를 구하는 뜻을 세워 다시 가없는 일체중생을 제도하고, 여래와 평등해져 함께 정각을 이루시기를 바랍니다.

發願第四

今日道場。同業大衆。過去現在。四生六道。窮未來際。一切衆生。願以今懺法。同得淸淨。同得解脫。具足智慧。神力自在。願諸衆生。從今日去。

至于菩提。常見十方。盡虛空界。諸佛法身。常見諸佛。三十二相。紫磨
之身。常見諸佛。八十種好。分形散體。遍滿十方。救衆生身。常見諸佛。
眉間白毫。大光普照。濟地獄苦。又願今日道場。同業大衆。以今懺悔。淸
淨功德因緣。從今日去。捨身受身。不經地獄道。鑊湯鑪炭。焦形爛體。烊
銅灌口之苦。不經餓鬼道。針咽皷腹。懷飢抱渇之苦。不經畜生道。償債
酬命。駈馳宰割之苦。若在人道。不經四百四病。觸身之苦。不經大熱大
寒。難耐之苦。不經刀杖毒藥。加害之苦。不經飢渇困乏之苦。又願大衆。
從今日去。奉戒淸淨。無玷汚心。常修仁義。念報恩心。供養父母。如視世
尊。奉敬師長。如對諸佛。敬重國王。如眞法身。於餘一切。皆如己想。又
願大衆。從今日去。乃至菩提。達深法義。智無所畏。明解大乘。了見正
法。卽自開解。不由他悟。一向堅固。志求佛道。還度無邊。一切衆生。等
與如來。俱成正覺。

참법 '삼십이상三十二相'은 발바닥이 판판한 모양(足下平安相)부터 정수리
가 높고 둥근 모양(頂相高圓相)까지인데 문장이 번다해 기록하지 않는다.
이는 곧 화신의 모습이다.

'자마지신紫摩之身'은 생략된 말이다. "자마금색지신紫摩金色之身"이라고
해야 한다.

'팔십종호八十種好'는 형상에 수반된 팔십종의 아름다움이다. 이것 역시
화신의 모습이다.

'형체를 분산한다(分形散體)'는 것은 세속과 동화되어 부류에 따라 그 몸
을 화현한다는 것이다.

'404병'에 대해 『지론智論』에서는 "사대四大가 몸을 이루고는 항상 서로
를 침해하는데, 낱낱의 대에서 101병이 일어난다."[58]라고 하였다. 또 『보

---
58 『대지도론』 권58(T25, 469c).

적경寶積經』에서는 "이 몸에는 다시 101황병黃病과 101풍병風病과 101담병痰病이 있고, (이 세 가지가) 화합하여 함께 일으키는 것에 또 101가지가 있다. 이와 같은 404병이……"[59]라고 하였다.

'참된 법신처럼'에 대해 말해 보자면 『시왕과보별문十王果報別門』에서 "초지보살은 염부제의 왕이 되는 경우가 많고, 2지보살은 전륜성왕이 되는 경우가 많고, 3지보살은 육욕천왕六欲天王이 되는 경우가 많다."고 하였다.

三十二相。初從足下平安相。至頂相高圓相。文煩不書。卽化身相也。紫摩之身者。言略。應云紫摩金色之身。八十種好者。八十種隨形之好也。此亦化身相也。分形散體者。同塵隨類化身也。四百四病。智論云。四大爲身。常相侵害。一一大中。一百一病。又寶積經云。此身復有。百一黃病。百一風病。百一疾[1)]病。和合共起。復有百一。如是四百四病。如眞法身者。十王果報別門云。初地菩薩。多作閻浮提王。二地菩薩。多作輪王。三地菩薩。多作六欲天王。

1) ㉘ '疾'은 '痰'인 듯하다. 『대보적경』 권55(T11, 325c)에 '百一痰病'으로 되어 있다.

참법 오늘의 이 도량의 유형·무형의 대중이여, 오늘 일으키는 이 미미한 소원을 증명하소서.

아무개 등이 진정 원하오니, 부디 성인들이 거주하시는 처소에 태어나 항상 도량을 건립하고 높이 공양하여 일체 중생을 위해 큰 이익을 짓게 하시고, 항상 삼보의 자비로운 섭수를 입게 하시고, 항상 세력을 갖춰 교화를 행할 수 있게 하시고, 항상 닦고 정진하며 세상의 즐거움에 집착하지 않고 일체 법이 공함을 알아 모든 원수와 친구를 똑같이 선으로 교화하게 하소서. 나아가 보리에 이를 때까지 마음에 물러남이 없게 하시고,

---

59 『대보적경』 권55(T11, 325c).

오늘부터 터럭 하나만큼의 선이라도 있으면 모두 원력에 보탬이 되게 하소서.

아무개 등이 만약 사람으로 태어난다면 선행을 닦는 집안에 태어나 항상 자비도량을 건립해 삼보를 공양하게 하시고, 터럭 하나만큼의 선이라도 있으면 일체중생에게 모두 베풀게 하시며, 항상 화상·아사리와 헤어지지 않게 하시고, 자연스런 나물밥으로 애욕에 물든 마음을 끊고 처자를 필요로 하지 않게 하시며, 충성스럽고 믿음직스럽고 맑고 정직하게 하시고, 어질고 너그럽고 온화하고 공평하게 하시며, 손해를 감수하고 만물을 구제하면서 명예와 이익을 구하지 않게 하소서.

아무개 등이 만약 이 몸을 버리고 해탈을 입지 못해 귀신으로 태어난다면, 부디 큰 힘을 갖추고 법을 보호하는 선신善神이나 고난을 구제하는 선신이 되게 하시고, 옷과 음식을 필요로 하지 않아도 저절로 따뜻하고 배가 부르게 하소서.

아무개 등이 만약 이 몸을 버리고 해탈을 입지 못해 축생으로 떨어진다면 항상 깊은 산에 살면서 풀을 먹고 물을 마시면서 어떤 괴로운 일도 없게 하시고, 그곳을 나와도 상서로운 짐승으로 여겨져 갇히거나 묶이는 일을 당하지 않게 하소서.

아무개 등이 만약 이 몸을 버리고 해탈을 입지 못해 아귀로 떨어진다면, 부디 몸과 마음이 안락하여 어떤 심한 괴로움도 없게 하시고, 같은 괴로움을 겪는 이들을 교화해 모두 허물을 뉘우치고 보리심을 일으키게 하소서.

아무개 등이 만약 이 몸을 버리고 해탈을 입지 못해 지옥에 떨어진다면 스스로 전생을 알고 같은 괴로움을 겪는 이들을 교화해 모두들 허물을 뉘우치고 보리심을 일으키게 하소서. 아무개 등이 또한 보리심을 기억해 보리심이 상속하며 끊어지지 않게 하소서.

우러러 원하오니 시방의 일체 모든 부처님과 큰 지위의 보살님과 일체 성인이시여, 자비로운 마음으로 현신하사 저를 위해 증명하소서. 또한 모든 하늘과 모든 신선과 세상을 보호하는 사천왕과 선을 주지하고 악을 징벌하며 주呪를 총지하는 자들을 수호하는 오방의 용왕과 용신·팔부시여, 함께 증명하소서.
　거듭 정성을 다해 삼보께 귀의합니다. 1배

　찬불주원讚佛呪願

　　대성이신 세존이시여
　　높고도 당당하셔라
　　삼달로 훤히 비추시니
　　성인들 중에서도 왕이로다.

　　몸을 분산해 만물을 제도하면서
　　현재 도량에 앉아 계시니
　　하늘과 인간들 우러러 귀의하며
　　복용하고 받들기 끝이 없어라.

　　팔음이 멀리까지 울리자
　　여러 마귀들 깜짝 놀라 허둥대고
　　그 위엄 대천세계를 진동하니
　　자비로운 교화의 향기 퍼지도다.

　　자비로운 힘으로
　　시방을 널리 섭수하사
　　영원히 팔고를 여의게 하시고

보리의 고향에 다다르게 하시네.

그러므로 그 명호를 여래·응공·정변지·명행족·선서·세간해·무상사·조어장부·천인사·불세존이라 하나니, 한량없는 중생을 제도하여 생사의 고통을 없애 주시네.

지금 참회하고 청정하게 부처님을 찬탄한 공덕 인연으로, 사생 육도의 일체 중생이 오늘부터 보리에 이르는 그날까지 부처님의 신력으로 마음대로 자재하게 하소서.

今日道場。幽顯大衆。賜爲證明。今日所發微願。(某甲)等正願。願生聖人所居之處。常能建立道場。興顯供養。爲一切衆生。作大利益。常蒙三寶慈悲攝受。常有勢力。化導得行。常修精進。不着世樂。知一切法空。於諸怨親。同以善化。乃至菩提。心無退轉。從今日去。一毫之善。悉資願力。(某甲)等又願。若生人中。生修善家。恒立慈悲道場。供養三寶。一毫之善。悉施一切。恒與和上闍梨。不相捨離。自然蔬食。絶愛染心。不須妻子。忠信淸直。仁恕和平。損己濟物。不求名利。(某甲)等又願。若捨此身。不蒙解脫。生鬼神中。願爲大力。護法善神。濟苦善神。不須衣食。自然溫飽。(某甲)等又願。捨此身命。不蒙解脫。墮畜生中。常處深山。食草飮水。無諸苦事。出則爲瑞。不被籠縶。(某甲)等又願。捨此身命不蒙解脫。墮餓鬼中。願身心安樂。無諸熱惱。化諸同苦。皆令悔過。發菩提心。(某甲)等又願。捨此身命。不蒙解脫。墮在地獄。自識宿命。化諸同苦。皆令悔過。發菩提心。(某甲)等亦自憶菩提心。令菩提心。相續不斷。仰願十方。一切諸佛。大地菩薩。一切聖人。以慈悲心。現爲我證。又願諸天諸仙。護世四王。主善罰惡。守護持呪。五方龍王。龍神八部。同爲證明。重復至誠。歸依三寶(一拜)。

讚佛呪願。

大聖世尊。巍巍堂堂。三達洞照。衆聖中王。
分身濟物。現坐道場。天人歸仰。湌禀未央。
八音遠被。羣魔驚惶。威震大千。慈化流芳。
以慈悲力。普攝十方。長辭八苦。到菩提鄕。
故號如來。應供。正遍知。明行足。善逝。世間解。無上士。調御丈夫。天人師。佛世尊。度人無量。拔生死苦。以今懺悔。淸淨讚佛。功德因緣。願四生六道。一切衆生。從今日去。至于菩提。以佛神力。隨心自在。

상교정본 자비도량참법 권 제6
詳校正本慈悲道場懺法卷第六

[집해] '항상 세력을 갖춘다'에 대해 변진 스님은 "세력이 아니면 교화를 펼 수가 없다."고 하였고, 각명 공은 "세력이 없으면 장애가 있게 된다."고 하였다.

'충신청직忠信淸直……'에서 진심으로 사람을 위하는 것을 충忠이라 하고, 말과 행동에 속임이 없는 것을 신信이라 하고, 그 행동이 만물을 범하지 않는 것을 청淸이라 하고, 반듯해 삿되거나 왜곡됨이 없는 것을 직直이라 하고, 성품이 선해 불쌍히 여기는 것을 인仁이라 하고, 자기 일처럼 만물을 생각하는 것을 서恕라 하고, 대중들과 함께 있어도 다툼이 없는 것을 화和라 하고, 사사四事[60]를 균등히 분배하는 것을 평平이라 한다.

'처자를 필요로 하지 않는다(不須妻子)'는 것은 재가자의 경우를 두고 한 말이다.

'고난을 구제하는 선신(濟苦善神)'은 험난한 곳에서 중생을 제도하기 때문이다.

---

60 사사四事 : 생활 필수품인 음식·의복·침구·의약품을 말한다.

'칩섭繫'은 척陟과 립立의 반절이고, 묶다(繫)라는 뜻이다. 기린이나 봉황 종류는 국가의 상서가 된다.

'스스로 전생을 안다(自識宿命)'는 것은 전생에 어떤 업을 짓고 지옥에 떨어졌는지를 스스로 안다는 것이다.

'대성이신 세존이시여'에서 '성인들 중에서도 왕이로다'까지의 이 1송은 제2권 말의 찬송과 거의 같다.

'손품飡禀'은 감로법을 복용하며 받들고 계승하기를 끝없이 한다는 의미이다. 앙央 역시 다하다(盡)라는 뜻이다.

'팔음八音'을 송으로 말하면 다음과 같다.

심오하고, 우아하고, 분명하며
귀를 즐겁게 하고, 심장에 꽂히고, 환희심을 일으키며
알기 쉽고, 질리지 않는 이 여덟 가지를 갖춘 음성
중생들 이 음성으로 마음이 열리고 깨닫네.

'자비로운 교화의 향기 퍼지도다(慈化流芳)'에 대해 변진 스님은 "자비를 드리워 만물을 교화해 아름다운 향기를 유포하신다."고 하였고, 각명 공은 "자비로 교화를 펴는 곳에 향기가 세간에 널리 흐른다."고 하였다.

'팔고八苦'에 대해서는 이미 해석하였다.

'십호十號'에 대해서도 이미 해석하였다.

常有勢力者。眞師云。非勢力。不能行化。明公云。若無勢力。則有障阻。忠信淸直等者。眞心爲人曰忠。言行不欺曰信。行不犯物曰淸。正無私曲曰直。性善哀愍曰仁。忖己度物曰恕。在衆無諍曰和。四事均濟曰平[不須妻子者。處在家也]。濟苦善神。當於險處。濟衆生故。縶。陟立切。繫也。鄰鳳之屬。爲國之瑞也。自識宿命者。自知宿世。作何業緣。墮此獄中。大聖尊至中王者。此一頌。與第二卷末。讚頌大同。湌禀者。湌服甘露法。禀承無央盡。央。亦盡也。八音者。頌云。

　　深遠和雅與分明。悅耳入心發歡喜。

　　易了無厭是八音。衆生以此心開悟。

慈化流芳者。眞師云。垂慈化物。流布芳美。明公云。慈悲行化處。流通芳世間。八苦[已釋]。十號[已釋]。

제6권의 음의

왕요무고枉夭無辜 : 앞 글자는 우紆와 왕往의 반절이고, 뒷글자는 고孤로 발음한다. 말하자면 마음대로 살육을 자행하며, 일처리에 있어서 바른 기준이 없기 때문에 이렇게 말한 것이다.

계械 : 호胡와 계戒의 반절이고, 나무를 발에 채우는 것이다.

사치奢侈 : 앞 글자는 식式과 차碴의 반절이고, 뒷글자는 척尺과 이尓의 반절이다.

존상복전尊像福田 : (존상을) 존장尊長이라 한 것이 있는데 잘못이다.

취구脆口 : (앞 글자는) 차此와 예芮의 반절이다.

광獷 : 고古와 맹猛의 반절이고, 강하다(强)는 뜻이다.

포暴 : 박薄과 보報의 반절이고, 갑자기(卒), 급하다(急)는 뜻이다.

품상현성品詳聖賢 : (품상품詳이) 품소품訴나 평품評品으로 되어 있는 본이 있는데 모두 잘못이다.

직희소直戱笑 : 곧 농담만으로도(單戱笑)라는 뜻이다. (직直을) 차且로 쓴 것은 잘못이다.

억抑 : 어於와 극棘의 반절이고, 굽히다(屈)라는 뜻이다.

건愆 : 거去와 건乾의 반절이고, 허물(過)이라는 뜻이다.

불요不樂 : (뒷글자는) 오五와 교敎의 반절이다. 좋아하지 않는다는 뜻이다.

제여齊如 : 거성이다.

난내難耐 : (뒷글자는) 노奴와 대代의 반절이고, 참다(忍)라는 뜻이다. 뒤에서도 이에 준하라.

롱칩籠縶 : (뒷글자는) 척陟과 립立의 반절이고, 묶다(繫)라는 뜻이다.

거渠 : 강强과 어魚의 반절이다.

第六卷音意

枉夭無辜(上紆往切。下音孤。所謂肆情殺戮。事在無端故。此云也)。械(胡戒切。以木加足也)。奢侈(上式碑切。下尺尓切)。尊像福田(有作尊長者。非)。脆口(此芮切)。獷(古猛切。强也)。暴(薄報切。卒也。急也)。品詳聖賢(有本品訴評品。俱非)。直戲笑(卽單戲笑。作且者。非)。抑(於棘切。屈也)。愆(去乾切。過也)。不樂(五敎切。不好也)。齊如(去聲)。難耐(奴代切。忍也。後例此)。籠繫(陟立切。繋也)。渠(强魚切)。

상교정본 자비도량참법 권 제7
詳校正本慈悲道場懺法卷第七

양조의 여러 대법사가 찬집하다
梁朝諸大法師集撰

> **참법** 오늘 이 도량의 동업대중이여, 무릇 지극한 덕은 아득하여 본래 말도 없고 설명도 없습니다. 그렇지만 말은 덕의 표현 수단이요 도의 지름길이며, 설명은 진리에 이르는 계단이요 성스러운 도의 길잡이입니다. 따라서 말을 빌려야 진리가 드러나지만 진리란 원래 말이 아니고, 진리를 말미암아 말로 밝히지만 그 말은 진리를 뛰어넘지 못합니다. 비록 말과 진리가 서로 어긋나는 것이 선과 악이 전혀 다른 것과 같긴 하지만 그림자나 메아리처럼 서로 부합하여 일찍이 어긋나거나 넘친 적이 없습니다. 초학의 지위에 있다면 반드시 말을 의지해야 도에 합할 수 있으니, 무학에 이르러야 비로소 진리에 계합해 말을 잊게 됩니다.

스스로 생각건대, (저는) 어리석은 범부라 혼매한 미혹에 업장은 두터워 모든 법문에서 아직까지 말을 버리지 못하였으며, 지금도 정식이 거친 까닭에 그 오묘함을 끝까지 밝히지 못하고 견해가 천박한 까닭에 그 궁극에 다다르지 못하고 있습니다. 따라서 말은 스스로 쉽게 하지만 그것을 실행하기는 진실로 어려우니, 오직 성인만이 성인과 더불어 빠짐없이 거행할 수 있을 것입니다. 이제 이렇게 힐난할 분도 계실 것입니다.

"자신도 바르게 하지 못하면서 어떻게 남을 바르게 한단 말인가. 그대 자신도 삼업이 혼탁한데 왜 다른 사람에게 청정히 하라고 권하는가? 자신은 청정하지 않으면서 남을 청정하게 하려는 것은 있을 수 없는 일이다. 이미 견고하지 못한데 어떻게 남들에게 권하겠는가. 지금 그런 말과 행동을 부질없이 늘어놓는 것은 곧 남들을 괴롭히는 것이다. 남들이 이미 괴로워하는데 왜 그만두지 않는가. 돌이켜 찬찬히 살펴본다면 어찌 스스로 부끄럽지 않겠는가. 내가 선지식이기에 이런 말을 꺼내는 것이다."

이렇게 말씀하시면 의복을 단정히 하고서 얼굴빛을 거두고 감히 대꾸하지 못할 것입니다. 이제 선지식의 이런 말씀을 듣는다면, 마음이 부끄럽고 스스로 깊은 허물을 알기에 감히 성인을 속이고 비방하면서 그 허물을 감출 수는 없을 것입니다. 그래서 이제 이것을 헐어 없애 버리자니 혹이로 인하여 복덕이 증가할 사람이 있을까도 싶고, 그냥 두자니 또 이로 말미암아 비방을 일으킬 사람이 있을까 싶어 나아가지도 물러서지도 못하고 그저 망설이면서 어찌할 바를 모르겠습니다.

하지만 일단 참법을 수립한 그 마음이 이미 선하고 선법善法에 장애가 없으니, 그저 부지런히 노력해야지 이런 생각에 매달려서는 안 될 것입니다. 이제 감싸고 보호하며 섭수하시는 세간의 너무도 자비로우신 아버지께 오로지 의지하면서 이미 이런 말들을 하였으니, 이는 훼손하고 없앨 것이 아니라 바로 부끄러워해야 할 것에 해당합니다. 대중들께서 부디 괴롭히는 일이 없기를 바라며, 만약 조금이라도 이치에 합당하다면 다 함께 이 참법을 의지해 지나간 일을 고치고 다가올 일을 닦으며 선지식이 되어주십시오. 설령 대중의 마음에 맞지 않더라도 부디 기쁨을 베풀어주시기 바랍니다. 그러면 악지식이 되지 않고 오히려 보리의 권속이 될 것입니다.

今日道場。同業大衆。夫至德渺漠。本無言無說。然言者。德之詮。道之筌。說者。理之階。聖之導。所以籍言而理顯。理故非言。由理而言彰。言不越理。雖理兩乖。善惡殊絕。然影響相符。未曾差濫。在於初學。要憑言以會道。至於無學。乃合理而忘言。自惟凡愚。惛惑障重。於諸法門。未能捨言。今識愧故。不盡其妙。見淺故。不臻其極。然言之自易。行之實難。唯聖與聖。乃得備舉。今有難言。自不能正。云何正他。汝自三業穢濁。云何勸人清淨。自不清淨。欲使他清淨。無有是處。既不堅固。何以勸人。今言行空說。便成惱他。他既生惱。何不且止。反覆尋省。寧不自愧。余是善知識。故發此言。於是整理衣服。歛¹⁾容無對。今聞善知識此辭。心情慙惡。自知深過。不敢欺誑聖人。隱覆其失。今欲毀除。恐脫有人。因此增福。適欲存之。復恐有人。由斯生謗。進退廻遑。不知所措。且立懺法。心既是善。善法無礙。但應努力。不得計此。今唯憑世間。大慈悲父。覆護攝受。既已有其言。不容毀滅。正當慙愧。大衆。願無觸惱。若微與理合。

相與因此懺法。改往修來。爲善知識。如其不會衆心。願布施歡喜。不成
惡知識。猶爲菩提眷屬。

1) ⓔ『자비도량참법』(T45, 950b)에는 '歙'이 '斂'으로 되어 있다.

제7권

[집해] 변진 스님은 다음과 같이 말하였다.

"앞의 두 권은 상근기를 대상으로 한 것이고, 그 다음 네 권은 중근기를 대상으로 한 것이며, 이 권부터 네 권은 하근기를 위한 것이다. 이 가운데[61] 첫머리에 두 개의 총서摠序가 있고, 다음에는 5편篇을 나열하였으며, 그 다음에 자세히 해석하였다.

'무릇 지극한 덕은……(夫至德……)'에서 지극한 덕은 지극한 도를 말한다. 즉 진실하고 여여한 실제의 이치(眞如實際之理)에는 언어의 길이 끊어졌기 때문에 말도 설명도 없다. '말이란 덕의 표현 수단이다'라는 것은 통발로 고기를 잡듯이 말로 진리를 표현한다는 것이다. 또한 말로 표현된 가르침을 말미암아야 도에 다다를 수 있다. 따라서 '도의 지름길이다'라고 하였다. 또한 지극한 이치에 이르는 계단과 성스러운 도의 길잡이가 된다."

또 각명 공은 다음과 같이 말하였다.

"'지극한 덕'이란 곧 진리眞理이다. '묘막渺漠'은 큰 강이 흐르는 모양이니, 곧 깊고 넓다는 뜻이다. 말하자면 진여의 이치는 지극히 아득하고, 지극히 묘하고, 지극히 깊고, 지극히 넓어서 정견情見을 초월하였기에 언어적 담론과 표현이 소용없고 마음으로 헤아릴 길이 끊어졌다는 것이다. '본래 말도 없고 설명도 없다'는 것에서 말(言)은 직설적으로 표현하는 것이고, 설명(說)은 에둘러 분석하는 것이다. 진여의 체에는 설명할 법法이

---

61 '이 가운데'는 하근기를 위한 후반부 4권을 말한다.

없다. '연然'은 부정하는 말이다(縱奪之辭). '말은 덕의 표현 수단이다'에서
덕은 곧 진여眞如다. 진리는 비록 형상이 없지만 반드시 언어라는 수단으
로 드러내야 한다. '도의 지름길이다(道之逕)'에서 도道 역시 진리이고, 경
逕은 지름길(路逕)을 말한다. 말이 진리로 통하는 지름길이 된다는 것이다.
'설자이지계說者理之階'는 설명이 진리로 올라가는 계단이 된다는 것이다.
'성지도聖之導'는 설명이 성인이 되는 길잡이가 된다는 것이다."

'소이所以'는 앞을 이어서 뒤의 내용을 일으키는 말이다.

'자언이이현籍言而理現'은 말을 빌려야지만 진리가 비로소 드러난다는
것이다.

'진리란 원래 말이 아니다'라는 것은 논[62]에서 말한 이언설상離言說相이
다.

'유리이언창언불월리由理而言彰言不越理'에서 창彰은 밝다(明)는 뜻이다.
진리가 비록 말로 인하여 명료해지긴 하지만 말 역시 진리를 초월하지는
못한다는 것이다.

'수언리양괴선악수절雖言理兩乖善惡殊絶'은 말과 진리가 서로 어긋난 것
이 선과 악이 전혀 다른 것과 같다는 의미이다. 미수 스님은 "'선과 악이
전혀 다르다(善惡殊絶)'는 여기에서 요긴하게 서로 관련된 설명은 아니다."
라고 하였다. 또 각명 공은 "'연영향상부미증차람然影響相符未曾差濫'에서
연然은 부정하는 말이다. 앞에서 '말과 진리가 서로 어긋난다'고 한 것을
일단 수긍했다가 '말과 진리가 서로 계합해 어긋나거나 넘친 적이 없다'고
지금 그것을 부정한 것이다"라고 하였다.

여기에 보충 설명을 하겠다. 앞에서 '비록 말과 진리가 서로 어긋나기는

---

62 논은 『대승기신론大乘起信論』이나 『석마하연론釋摩訶衍論』으로 추정된다. 두 논서 모
두에 "是故一切法 從本已來 離言說相 離名字相 離心緣相 畢竟平等 無有變異 不可破壞 唯
是一心 故名眞如"라는 말이 나온다. 『대승기신론』(T32, 576a), 『석마하연론』 권2(T32,
605b, 641b).

한다'고 한 것은 '본래 말도 없고 설명도 없다'는 것을 재차 거론하여 해석한 것이고, '그림자나 메아리처럼 서로 부합한다'는 것은 '진리를 말미암아 말로 밝힌다' 등의 뜻을 재차 거론하여 해석한 것이다.

각명 공이 말하였다.

"'재어초학요빙언이회도在於初學要憑言以會道'는 범부인 초학初學은 반드시 말을 빌려야 이치에 합할 수 있다는 것이다. '지어무학내합리망언至於無學乃合理忘言'을 설명하자면, 학문이 깊어져 진리에 이르면 성품을 깨닫고 배움을 끊게 된다. 따라서 무학無學이라 부르니, 가히 고기를 잡고 통발을 잊는 것이라 하겠다."

'부진不臻'의 뒷글자는 이르다(至)라는 뜻이다.

'유성여성唯聖與聖……'은 오직 성인만이 성스러운 도에 계합하여 행용行用을 구족할 수 있다는 것이다. 혹자는 "두 성인이 상대해 논해야지만 비로소 온전히 거론할 수 있다는 의미이다."라고도 한다.

'자신도 바르게 하지 못하면서……'는 자신도 오히려 향기를 쫓으면서 삿된 길을 헤매는데 어떻게 다른 사람을 바른 길로 돌아가게 할 수 있겠냐는 의미이다.

'뉵忸'에 대해 변진 스님은 "녀女와 륙六의 반절이고, 부끄럽다(恥)는 뜻이다."라고 하였다.

'망諺'은 비방하다(謗)라는 뜻이다.

'그 마음이 이미 선하고……'에 대해 각명 공은 "이 참법을 말미암아 마음을 이끌어 선으로 돌아간다면 선법의 문에서 무엇을 통달하지 못하겠는가."라고 하였다.

'이미 이런 말들을 하였으니……'에 대해 변진 스님은 "이미 이 참법을 설립했으니 훼손하고 없애서는 안 된다는 것이다."라고 하였다.

'보시환희布施歡喜'는 곧 기쁨을 두루 펴라는 의미이다.

第七卷

眞師云。初二卷。被上根。次四卷。被中根。此下四卷。爲下根。於中有二初摠序。次列五篇。次廣釋。夫至德者。至德謂至極之道。卽眞如實際之理。言語道斷。故無言說也。言者德之詮。如因筌得魚。因言現理。亦由言敎。能至於道。故云道之逕也。亦爲至理之階漸。聖道之前導。又明公云。至德者。卽眞理也。渺漠者。大水貌。卽深廣義。謂眞如之理。至極。至妙。至深。至廣。超情越見。言談辭喪。心思路絶。本無言無說者。言謂直現。說謂曲分。眞如之體。無法可說。然。縱奪之辭。言者德之詮。德卽眞如。理雖無相。須言詮現。道之逕。1) 道亦理也。逕謂路逕。言爲通理之路逕。說者理之階。說爲昇理之階梯。聖之導。說爲趣聖之導首。所以。承前起後。籍言而理現。假借於言。而理方現。理故非言。論云離言說相。由理而言彰。言不越理。彰。明也。理雖因言。而得明了。言亦不超於理。雖言理兩乖善惡殊絶者。言與理兩乖。如善之與惡殊別。授師云。善惡殊絶者。此中非要相連說耳。又明公云。然影響相符未曾差濫。然者。奪辭。前縱言理兩乖。今奪言理相契何曾差濫。生枝曰。上云雖言理兩乖者。再擧本無言無說。釋之。影響相符者。再擧由理言彰等義。釋之。明公云。在於初學要憑言以會道者。凡夫初學。須假言合理。至於無學乃合理忘言者。學深至理。悟性絶學。故號無學。可謂得魚忘筌。不臻[下至也]。唯聖與聖等者。唯聖人與聖道合。乃得具足行用。或云。兩聖相對而論。則乃得備擧。自不能正者。自尙尋芳迷於邪逕。云何使他得歸正路。恧者[眞師云。女六反。耻也]。詷者[謗也]。心旣是善等。明公云。由此懺法。引心歸善。善法門中。何所不通。言旣已有其言等者。眞師云。旣已有立此懺法之言。不容毁滅。布施歡喜者。卽歡喜遍布也。

1) ㉛ '逕'은 저본에 'ㅣ'로 되어 있고 그 아래 "이 획은 '逕' 자로 본다."는 주가 있다. 따라서 편자가 '逕'으로 고쳤다. 아래에서도 마찬가지이다.

제1. 스스로 축하함
제2. 육도를 위한 예불
제3. 회향
제4. 발원
제5. 촉루

自慶第一。爲六道禮佛第二。廻向第三。發願第四。囑累第五。

제1. 스스로 축하함
여기에서는 스스로 축하하는 큰 뜻을 간략히 진술하였다. 그 가운데 경사스러운 일로 스스로 장엄함이다.

참법 오늘 이 도량의 동업대중이여, (삼보께) 귀의한 이래로 지극한 덕에 의지할 만하다는 것을 알아 의심을 끊고 참회하였으니, 죄업과 미혹이 함께 없어졌을 것입니다. 이어서 발심하고 아울러 실천할 것을 권장하였으니, 맺힌 원한이 이미 풀어져 소요자재하며 장애 될 것이 없을 것입니다. 그러니 어찌 사람마다 펄쩍펄쩍 뛰며 기뻐하지 않을 수 있겠습니까. 마땅히 스스로 축하해야 할 일이기에 이제 그 뜻을 말해 보겠습니다.

　경에서 팔난八難을 말씀하셨으니, 첫째는 지옥에 태어나는 것이요, 둘째는 아귀로 태어나는 것이요, 셋째는 축생으로 태어나는 것이요, 넷째는 변두리에 태어나는 것이요, 다섯째는 장수천長壽天에 태어나는 것이요, 여섯째는 비록 사람의 몸은 얻었지만 불구에 온갖 질병으로 시달리는 것이요, 일곱째는 삿된 견해를 가진 집안에 태어나는 것이요, 여덟째는 부처님 앞이나 부처님 뒤에 태어나는 것입니다. 이런 팔난이 있는 까닭에 중생이 생사에 윤회하며 벗어나지 못한다 하셨습니다.

우리가 비록 태어나 부처님을 뵙지는 못했지만 그래도 여래의 상법像法 가운데 있으니, 경사慶事가 많지 않다고 말해서는 안 됩니다. 무릇 재난(難)이란 말은 죄가 마음에 있다는 것이니, 만약 마음에 의심이 생기면 재난이 아닌 것도 재난이 되고, 마음에 만약 의심이 없으면 재난도 재난이 되지 않습니다. 어떻게 그렇다는 것을 아는가. 여덟째 재난에서 부처님 앞에 태어나거나 혹은 부처님 뒤에 태어나는 것, 이것을 재난이라고 하였습니다. 하지만 성 동쪽에서 살던 노모는 부처님과 한 세상에서 함께 살고 한 처소에 같이 있었지만 부처님을 보지 않았습니다. 따라서 마음으로 의심하는 것이 바로 재난이지, 다른 세상에 태어났다고 다 재난이라 할 것만은 아니라는 것을 알 수 있습니다. 또 파순波旬은 악을 품었기에 산 채로 지옥에 떨어졌고, 용녀龍女는 법문을 듣고 곧바로 도를 깨쳤으니, 천상이나 인간에 태어났다고 난이 아니라고 쉽게 말할 것만은 아니라는 것을 아셔야 합니다. 마음이 진실로 선하지 못하다면 받아야 할 과보는 다를 것 없으니, 육천六天의 귀한 몸으로도 지옥에 떨어졌고, 축생의 천한 몸으로도 도량에 뛰어올랐습니다. 이로 미루어 보건대 마음이 삿되면 가벼운 재난도 무겁게 되고, 마음이 바르면 무거운 재난도 장애가 되지 않습니다.

오늘 이 도량의 동업대중이여, 마음으로 의심하기 때문에 부딪치는 곳마다 재난이 되는 것이니, 마음을 바르게 할 수 있다면 곧 재난도 재난이 되지 않습니다. 이 한 조목을 마음에 새긴다면 어디에 있건 순응할 수 있습니다. 따라서 부처님 앞과 부처님 뒤라도 정법 아닌 때가 없고, 변두리와 축생도 도를 닦는 곳이 아니라고 하지 못한다는 것을 알 수 있습니다. 지금 만약 마음을 바르게 한다면 곧 팔난이 다시는 없을 것이요, 만일 여기에 의혹을 품는다면 곧 한량없는 재난이 생길 것입니다. 이와 같이 스스로 축하할 일이 실로 적지 않건만 대중이 날마다 사용하면서도 그 공을 알지 못하기에 이제 관견을 간략히 진술하여 스스로 축하해야 할 일들을 지시하겠습니다. 대중들께서 만약 스스로 축하할 일이라는 것을 알게 된다면 다시 모름지기 세간을 벗어날 마음을 닦아야만 합니다.

　무엇이 스스로 축하할 일인가? 부처님께서 지옥을 면하기 어렵다고 말씀하셨으나 다들 이미 이 고난을 면했으니, 이것이 첫 번째 스스로 축하할 일입니다. 아귀를 벗어나기 어렵다 하셨으나 다들 이미 이 고난을 면했으니, 이것이 두 번째 스스로 축하할 일입니다. 축생을 면하기 어렵다 하셨으나 다들 이미 그런 과보를 받지 않았으니, 이것이 세 번째 스스로 축하할 일입니다. 변두리에 태어나면 인의仁義를 모를 것인데 다들 도법이 유행하고 직접 묘전妙典을 받드는 이런 나라에 이미 함께 머물고 있으니, 이것이 네 번째 스스로 축하할 일입니다. 장수천에 태어나면 복을 심을 줄 모를 텐데 다들 이미 거듭 (복의) 원인을 수립하였으니, 이것이 다섯 번째 스스로 축하할 일입니다. 사람 몸은 얻기 어려워 한번 잃으면 다시 만나지 못하는데 다들 이미 이런 사람 몸을 얻었으니, 이것이 여섯 번째 스스로 축하할 일입니다. 육근이 온전치 못하면 선근(을 심는 자리)에 참여하기 어려운데 다들 청정하여 깊은 법문을 얻었으니, 이것이 일곱 번째 스스로 축하할 일입니다. 세상사에 너무 밝고 말 잘하고 총명하면 도리어 재난이 되는데 다들 일심으로 정법에 귀의하였으니, 여덟 번째 스스로 축하할 일입니다. 부처님 앞이나 부처님 뒤에 태어나는 것을 또 재난이라 하고 혹은 부처님을 직접 뵙지 못하는 것이 더 큰 재난이라고들 하지만, 다들 미래세에 맹세코 중생을 구제하겠다며 이미 원대하고 훌륭한 원을 일으켰으니 여래를 뵙지 못하는 것을 재난으로 여겨서는 안 됩니다. 그저 색상色像을 한번 뵙고 정법을 한번 들을 때마다 스스로 그 옛날 녹야원에서 처음 설법하시던 자리에 참석한 것처럼 여겨 존귀한 분을 받들며 죄를 멸하고 인간의 복된 업을 일으켜야지, 부처님을 뵙지 못한다고 해서 재난이라 칭해서는 안 됩니다. 부처님께서 부처님 뵙기가 어렵다고 말씀하셨으나 다들 이미 존상尊像을 마주해 우러르고 있으니, 이것이 아홉 번째 스스로 축하할 일입니다. 부처님께서 법문 듣기가 또한 어렵다고 하셨으나 다들 이미 감로법을 복용하였으니, 이것이 열 번째 스스로 축하할 일입니다. 부처님께서 출가하기가 어렵다고 말씀하셨으나 다들 이미 친지를 이별하고 애정을 자르고서 귀의하여 불도로 들어왔으니, 이것이 열한 번째 스스로 축하할 일입니다. 부처님께서 스스로를 이롭게 하기는 쉽지만 남을 이롭게 하기는 어렵다고 말씀하셨으나 다들 오늘 한 번의 절과 한 번의 예마저 널리 시방의 일체중생에게 회향하고 있으니, 이것이 열두 번째 스스로 축하할 일입니다. 부처님께서 힘써 노력하며 괴로움을 참기는 어렵다고 말씀하셨으나 다들 오늘 각자가 스스로 발꿈치를 들고 정근하며 선을 닦고 게으름 떨지 않았으니, 이것이 열세 번째 스스로 축하할 일입이다. 부처님께서 경을 독송하기가 어렵다고 말씀하셨으나 우리는 지금 경전을 열람하고 독송하고 있으니, 이것이 열네 번째 스스로 축하할 일입니다. 부처님께서 좌선하기가 어렵다고 말씀하셨으나 우리는 또 때때로 마음을 쉬고 뜻을 안정시키고 있으니, 이것이 열다섯 번째 스스로 축하할 일입니다.

오늘 이 도량의 동업대중이여, 이와 같이 스스로 축하할 일은 한없이 많으며, 또 이런 변변치 못한 말솜씨로 남김없이 말할 수 있는 것도 아닙니다. 무릇 사람이 세상을 살다 보면 괴로운 일은 많고 즐거운 일은 적어 한 차례의 흔쾌함과 한 차례의 기쁨도 오히려 만나기가 어렵습니다. 그런데도 이제 다들 많이 가지고 있고 장애가 없으니, 이렇게 장애가 없게 된 것은 모두 시방에 계신 삼보의 위력 덕분입니다.

그러므로 각자 마음을 다해 이 은혜를 기억하고 평등한 일심으로 간절하게 오체투지하며, 국왕과 제주와 국토와 인민과 부모님과 스승과 상좌·중좌·하좌와 믿음으로 보시한 단월과 선지식·악지식과 모든 하늘과 모든 신선과 세상을 보호하는 사천왕과 총명하고 정직한 천지허공과 선을 주지하고 악을 징벌하며 주를 총지하는 자들을 수호하는 오방의 용왕과 용신·팔부와 모든 대마왕大魔王과 오제대마五帝大魔와 일체 마왕과 염라왕과 태산부군泰山府君과 오도대신五道大神과 18옥왕과 그 모든 권속들과 나아가 정식情識을 포함하고 불성이 있는 삼계 육도의 끝없고 다함없는 중생들을 받들고 그들을 위해야 합니다.

정성을 다해 시방 온 허공계 일체 삼보께 귀의하오니, 부디 자비로운 마음으로 함께 섭수하사 불가사의한 신력으로 감싸고 보호해 건져 주소서. 그리하여 모든 하늘과 모든 신선과 일체 신과 왕과 나아가 널리 삼계 육도의 일체중생이 오늘부터 생사의 바다를 뛰어넘어 열반의 언덕에 다다르게 하시고, 행원行願이 빨리 원만해져 함께 십지에 오르게 하시며, 금강심에 들어가 정각을 이루게 하소서. 1배

自慶第一(此略申自慶大意。其中慶事。隨自莊嚴。)
今日道場。同業大衆。從歸依已來。知至德可憑。斷疑懺悔。則罪惑俱遣。續以發心。勸奬兼行。怨結已解。逍遙無礙。豈得不人人。踊躍歡喜。所應自慶。今宣其意。經云八難。一者地獄。二者餓鬼。三者畜生。四者邊地。五者長壽天。六者雖得人身。癃殘百疾。七者生邪見家。八者生在佛前。或生佛後。有此八難。所以衆生。輪廻生死。不得出離。我等雖生不值佛。猶在如來像法之中。其爲慶事。不云不多。凡難之爲語。罪在於心。若心生疑。非難成難。心若無疑。是難非難。何以知之。第八難云。生在佛前。或在佛後。是名爲難。而城東老母。與佛同生。一世共在一處。而不見佛。故知心疑是難。未必異世。皆云是難。波旬懷惡。生陷地獄。龍女聞法。便得悟道。當知不必。在於人天。便言非難。心苟不善。禀報不殊。六天之貴。墜在地獄。畜生之賤。超登道場。是則心邪故。輕難成重。心正故。重難無礙。今日道場。同業大衆。以心疑故。觸向成難。心能正者。則難非難。擧此一條。在處可從。故知佛前佛後。無非正法。邊地畜生。莫非道處。今若正心。則無復八難。如其疑惑。則難成無量。如是自慶。事實不少。大衆曰用。不知其功。今略陳管見。示自慶之端。大衆若能知自慶者。則復應須。修出世心。何者自慶。佛言。地獄難免。相與已能。免離此苦。是一自慶。餓鬼難脫。相與已能。免離此苦。是二自慶。畜生難捨。相與已能。不受其報。是三自慶。生在邊地。不知仁義。相與已得。共住此國。道法流行。親承妙典。是四自慶。生長壽天。不知種福。相與已得。更復樹因。是五自慶。人身難得。一失不返。相與已能。獲此人身。是六自慶。六根不具。不預善根。相與淸淨。得深法門。是七自慶。世智辯聰。反成爲難。相與一心。歸憑正法。是八自慶。佛前佛後。復謂爲難。或云面不覩佛。又爲大難。相與已能。發大善願。於未來世。誓拔衆生。不以不覩。如來爲難。但一見色像。一聞正法。自同在昔。鹿苑初唱。事貴滅罪。生人福業。不以不見佛故。稱之爲難。佛言。見佛爲難。相與已得。瞻對尊像。是九自慶。佛言。聞法復難。相與已得。湌服甘露。是十自慶。佛言。出家爲難。相與已得。辭親割愛。歸向入道。是十一自慶。佛言。自利者易。利他爲難。相與今日。一拜一禮。普爲廻向。十方一切。是十二自慶。佛言。捍勞忍苦爲難。相與今日。各自翹勤。爲善不懈。是十三自慶。佛言。讀誦爲難。我今時得。閱誦經典。是十四自慶。佛言。坐禪爲難。我亦有時。息心定意。是十五自慶。今日道場。同業大衆。如是自慶。事多無量。非復弱辭。所能宣盡。凡人處世。苦多樂少。一欣一喜。尙不可諧。況今相與。有多無礙。得此無礙。皆是十方。三寶威力。宜各至心。懷憶此恩。等一痛切。五體投地。奉爲國王帝主。土境人民。父母師長。上中下座。信施檀越。善惡知識。諸天諸仙。護世四王。聰明正直。天地虛空。主善罰惡。守護持呪。五方龍王。龍神八部。諸大魔王。五帝大魔。一切魔王。閻羅王。泰山府君。五道大神。十八獄王。并諸官屬。廣及三界六道。無窮無盡。含情抱識。有佛性者。至誠歸依十方。盡虛空界。一切三寶。願以慈悲心。同加攝受。以不可思議神力。覆護拯接。令諸天諸仙一切神王廣及三界六道一切衆生。從今日去。越生死海。到涅槃岸。行願早圓。俱登十地。入金剛心。成等正覺(一拜)。

제1. 스스로 축하함

[집해] 각명 공은 "경慶은 기뻐하다(喜)라는 뜻이다. 스스로 마음에서 기쁨을 일으키기 때문에 자경自慶이라 하였다. 여기에 세 문단이 있으니, 첫째는 삼보를 반연하도록 경책함(警緣三寶)이고, 둘째는 참주가 대중에게 사죄함(懺主謝大衆)이고, 셋째는 다 함께 큰 원을 일으킴(摠發大願)이다."라고 하였다.

'귀의한 이래로……'는 제1권부터 제6권까지 실행한 법을 지목한 것이다.

'성 동쪽에서 살던 노모는……'에 대해 변진 스님이 다음과 같이 말하였다.

"사위성舍衛城 동쪽에 살았던 수달장자須達長者 노비의 늙은 어머니를 말한다. 그녀가 사견을 가지고 불법을 믿지 않자 부처님께서 그 어리석음을 불쌍히 여겨 그를 교화해 마음을 돌리게 하려고 하셨다. 이에 부처님께서 그 집의 동문으로 들어가자 노모는 서문으로 달아나고, 부처님께서 서문으로 찾아가시자 노모는 남문으로 달아났다. 그러나 남문에도 역시 부처님이 계시고 북문 역시 마찬가지였다. 노모가 얼굴을 허공으로 향하자 허공에서 부처님이 나타나고, 노모가 곧 고개를 숙이자 아래쪽에서 부처님이 나타나고, 양손으로 얼굴을 가리자 열 손가락에서 부처님이 나타나고, 눈을 감자 마음에서 돌연 나타났다. 그러자 그 노모는 '이놈의 원수야' 하며 고함을 쳤다. 세존께서는 이와 같이 갖가지 방법으로 교화하고도 그를 제도할 수 없었다. 나중에 부처님께서는 라후라로 하여금 그 노모를 교화하게 하셨고, 그녀는 수다원과를 증득하였다. 여래는 곧 과거에 화광비구華光比丘였고, 라후라는 곧 과거에 부사副使 아사리였다. 노모는 곧 과거에 그 제자 쾌견快見이었으나 사견의 업이 남아 노모가 되어 부처님을 믿지 않았던 것이다."

'파순波旬(Pāpiyas)'은 중국말로 악자惡者이다. 타화자재천에 대마왕이 있으니, 이름이 파순이다. 악심을 품고 부처님을 비방한 까닭에 산 채로 지옥에 떨어졌다.

'용녀는 법문을 듣고……'는 법화회상法華會上에서 여덟 살짜리 용녀가 법화경을 듣고 곧바로 정각을 이룬 일을 말한다.[63]

'육천六天[64]의 귀한 몸으로도……'는 곧 앞에서 말한 파순의 예를 말한다.

'축생의 천한 몸으로도……'는 곧 앞에서 말한 용녀의 예를 말한다.

'장수천長壽天'에 대해 『잡아비담론雜阿毗曇論』에서 다음과 같이 말하였다.[65]

"사천왕천四天王天은 인간의 50년으로 하루를 삼아 이런 날수로 계산해 그 수명이 500세이다. 도리천忉利天은 인간의 100년으로 하루를 삼아 그 수명이 1천 세이다. 야마천夜摩天은 인간의 200년으로 하루를 삼아 그 수명이 2천 세이다. 도솔천兜率天은 인간의 400년을 하루로 삼아 그 수명이 4천 세이다. 화락천化樂天은 인간의 800년으로 하루를 삼아 그 수명이 8천 세이다. 타화자재천他化自在天은 인간의 1천 년으로 하루를 삼아 그 수명이 1만 6천 세이다. 범중천梵衆天은 인간의 3천200년을 하루로 삼아 그 수명이 반 겁이다. 범보천梵輔天은 인간의 6천400년을 하루로 삼아 그 수명이 1겁이다. 대범천大梵天은 인간의 1만 2천800세를 하루로 삼아 그 수명이 1겁 반이다. 소광천小光天은 앞의 두 배로 하루를 계산하여 그 수명이 2겁이고, 무량광천無量光天은 수명이 4겁이고, 광음천光音天은 8겁이고, 소정천小淨天은 16겁이고, 무량정천無量淨天은 32겁이고, 변정천遍淨天은 64겁이고, 복애천福愛天은 125겁이고, 복생천福生天은 250겁이고, 광과천廣果天은 500겁이고, 무상천無想天 역시 500겁이고, 무번천無煩天은 1천 겁

---

63 용녀가 성불한 기사는 『묘법연화경妙法蓮華經』 권4 「제바달다품提婆達多品」(T9, 35c)에 수록되어 있다.
64 파순은 욕계 제6천인 타화자재천의 왕이다. 따라서 육천六天이라 하였다.
65 아래 내용은 『잡아비담심론雜阿毘曇心論』 권2(T28, 887b)에 수록되어 있다. 논서의 문장을 그대로 인용한 것이 아니라 요약 발췌한 것이다.

이고, 무열천無熱天은 2천 겁이고, 선견천善見天은 4천 겁이고, 선현천善現天은 8천 겁이고, 색구경천色究竟天은 1만 6천 겁이고, 공무변처천空無邊處天은 2만 겁이고, 식무변처천은 4만 겁이고, 무소유처천無所有處天은 6만 겁이고, 비비상천非非想天은 8만 겁이다. 모든 세계에 다 중도에 죽는 일이 있지만 오직 북주北洲와 최후의 몸을 가진 보살[66]이 거주하는 곳인 도솔천과 무상천만은 제외된다."

여기에 보충 설명을 하겠다. 만약 수명이 긴 것으로 논하자면 비비상천을 능가하는 것이 없다. 간혹 아나함과阿那含果를 얻은 사람 중에서 둔한 이들이 위로 비비상천으로 흘러들어 그곳에서 선정을 닦고 아라한과를 증득하여 분단생사를 여의고 삼계를 벗어나기도 한다. 삼계의 여러 하늘나라 가운데 유일하게 무상천은 외도만 수용한다. (그곳에서는) 더욱 나아갈 줄을 모르기 때문에 과보가 다하면 다시 떨어진다. 따라서 제3과를 얻은 사람이라도 (그곳에 들어가면) 그곳을 벗어나지 못한다. 이 무상천에서는 목숨이 중간에 단절되는 법 없이 500겁의 수명을 누리기 때문에 다른 세계에서는 무상천을 장수천이라 부른다. 참문에서 '장수천에 태어나면 복을 심을 줄 모른다'고 한 것에서 무상천이 바로 장수천임을 알아야 한다.

'수인樹因'에서 앞 글자는 수립하다(立)라는 뜻이고, 뒷글자는 복의 원인(福因)이라는 뜻이다.

'견불위난見佛爲難'에서 난難 자는 평성이다. 이 아래에서도 모두 마찬가지이다.

'해諧'는 호戶와 개皆의 반절이고, 섞이다(和), 합하다(合)라는 뜻이다.

'세상을 보호하는 사천왕'은 곧 제두뢰타提頭賴吒 등 사천왕이다. 묘고산

---

[66] '최후의 몸을 가진 보살'은 정각을 이루기까지 오직 한 번의 생애만 남은 일생보처보살을 말한다.

妙高山 중턱에 거주하며 사대주四大洲를 보호하는데, 이에 대해서는 이미 해석하였다.

'총명하고 정직한……'부터 '팔부'까지는 이미 해석하였다.

'대마왕大魔王'에 대해 변진 스님과 미수 스님은 "타화자재천의 주인이다."라고 하였다. 각명 공은 "욕계와 색계 두 세계 중간에 대마천大魔天이 있는데, 그 하늘의 주인이다. 부처님께서 도량에 앉아 계실 때[67] (마군을 거느리고) 함께 찾아와 괴롭혔다. 혹자는 이 대마천을 타화자재천에 포섭시키기도 한다."고 하였다.

'오제대마五帝大魔'는 동방의 청제마왕靑帝魔王, 남방의 적제마왕赤帝魔王, 서방의 백제마왕白帝魔王, 북방의 흑제마왕黑帝魔王, 중앙의 황제마왕黃帝魔王을 말한다.

'일체 마왕'은 시방의 마왕을 통틀어 지목한 것이다.

'염라왕'에 대해서는 이미 해석하였다.

'태산부군泰山府君'에 대해 변진 스님과 각명 공은 "동악성제東岳聖帝를 요임금이 부군府君으로 봉해 오악五岳의 수장으로 두고서 음부陰府의 일을 관리하게 하였다. 따라서 부군府君이라 칭한다."고 하였다.

'오도대신五道大神'은 태산泰山 휘하의 대신大神들이 관장하는 곳에 오도五道가 있다. 육도六道 가운데 천도天道는 제외되니, 그들이 관장하는 곳이 아니다.

'18옥왕十八獄王' 등에 대해서는 제4권 말미의 설명과 같다.

自慶第一
明公云。慶。喜也。自心生喜。故云自慶。此中有三段。一敬[1]緣三寶。二懺

---

[67] '부처님께서 도량에 앉아 계실 때'란 정각을 이루기 위해 보리수 아래에 앉아 계실 당시를 말한다.

主謝大衆。三揔發大願。從歸依已來等者。指自第一卷。至第六卷所行之
法。城東老母等者。眞師云。舍衛城東。須達長者婢老母也。邪見不信佛
法。佛愍其愚。欲化回心。佛從其家。東門而入。老母走向西門。佛往西門。
母奔南門。南門亦有佛。北門亦然。母面向空中。佛現。母便低頭下方。佛
現。兩手遮面。十指現佛。合眼心中頡現。其母稱寃大喚。世尊如是。種種
敎化。不得度之。後佛令羅睺羅。化彼老母。證須陁洹果。如來。卽過去華
光比丘也。羅睺羅。卽過去副使阿闍梨也。老母者。卽過去第[2]子快見也。
邪見餘業。作老母。不信佛也。波旬者。此云惡者。他化天中。有大魔王。
名曰波旬。懷惡謗佛。生陷地獄。龍女聞法者。法華會上。八歲龍女。聞法
華故。便成正覺。六天之貴等者。卽前云波旬也。畜生之賤者。卽前云龍女
也。長壽天者。雜阿毗曇論云。四天王天。以人間五十年。爲一晝夜。以此
日月數。壽五百歲。忉利天者。人間一百歲。爲一日一夜。壽一千歲。夜摩
天。以人間二百年。爲一日一夜。壽二千歲。兜率天者。人間四百年。爲一
日夜。壽四千歲。化樂天者。人間八百歲。爲一日夜。壽八千歲。他化自在
天者。人間一千六百歲。爲一日夜。壽一萬六千歲。梵衆天者。人間三千二
百歲。爲一日夜。壽半劫。梵輔天者。人間六千四百歲。爲一日夜。壽一劫。
大梵天者。人間一萬二千八百歲。爲一日夜。壽一劫半。小光天。如前轉倍
日月數。壽二劫。无量光天。壽四劫。光音天。八劫。小淨天。十六劫。無量
淨天。三十二劫。遍淨天。六十四劫。福愛天。一百二十五劫。福生天。二
百五十劫。廣果天。五百劫。無想天。亦五百劫。無煩天。千劫。无熱天。二
千劫。善見天。四千劫。善現天。八千劫。色究竟天。一萬六千劫。空無邊
處天。二萬劫。識無邊處天。四萬劫。無所有處天。六萬劫。非非想天。八
萬劫。一切三界。皆有中夭。唯除北洲。及兜率天。最後身菩薩所居。及无
想天。生枝曰。若論長壽。則無過非非想天。非非想天者。或鈍阿那含果人。
上流入非非想天修定。證阿羅漢果。離分段[3]出三界。三界諸天中。唯無
想天。外道別受。不知增進。報盡還墮。所以第三果人。不出其中。此無想

天。命無中夭。壽五百劫故。他處以無想天。號長壽也。懺文云。生長壽天。不知種福。當知無想天。是長壽也。樹因者[上立也。下福因也]。見佛爲難[難字。平聲。此下皆然]。諸[戶皆切。和也。合也]。護世四王者。卽提頭賴吒等。四天王。住妙高山腹。護四大洲[已釋]。聰明正直至八部[已釋]。大魔王。眞師授師云。他化天主也。明公云。欲色二界之中。有大魔天。彼天主也。佛坐道場。咸來惱害。或云此大魔天。攝入他化天也。五帝大魔者。東方靑帝。南方赤帝。西方白帝。北方黑帝。中央黃帝魔王也。一切魔王。揔指十方魔王。閻羅王[已釋]。泰山府君。眞師明公云。東岳聖帝。堯封府君。居五岳之首。理陰府事。故稱府君。五道大神者。泰山下。大神所管。有五道。於六道中。除天道。非彼所管。十八獄王等。如第四卷末。

1) ㉠ '敬'은 '警'인 듯하다. 2) ㉯ '第'는 '弟'인 듯하다. 3) ㉠ '叚'는 '段'인 듯하다.

삼보를 생각하도록 경책함

[참법] 오늘 이 도량의 동업대중이여, 다시 사람마다 삼보를 생각해야 합니다. 무엇 때문에 그러한가? 만약 삼보를 모른다면 어떻게 자애심을 일으켜 중생을 불쌍히 여길 수 있겠으며, 삼보를 모른다면 어떻게 비애심을 일으켜 일체를 구제하고 섭수할 수 있겠으며, 삼보를 모른다면 어떻게 평등심을 일으켜 원수와 친구를 똑같이 볼 수 있겠으며, 삼보를 모른다면 어떻게 미묘한 지혜를 얻어 무상도를 증득할 수 있겠으며, 삼보를 모른다면 어떻게 이공二空과 진실의 세계에는 상이 없음을 분명히 깨달을 수 있겠습니까.

부처님께서 사람 몸 얻기 어렵다고 말씀하셨으나 지금 이미 얻었고, 신심을 내기 어렵다고 하셨으나 지금 이미 내었습니다. 우리는 이제 각자 그 마음을 가지고 삼보께 귀의하여 눈으로는 탐진치의 모습을 보지 말고, 귀로는 지옥과 아귀 세계에서 고통받고 번민하는 소리를 듣지 말고, 코로는 지옥과 아귀 세계에서 몸이 터지고 고름이 썩는 냄새를 맡지 말고, 혀로는 온천하의 악취가 풍기는 더러운 음식들을 맛보지 말고, 몸으로는 확탕지옥이나 노탄지옥이나 한빙지옥의 고통과 접촉하지 말아야 합니다. 뜻으로는 부처님이 모든 중생에게 위없는 의왕이 되고, 법이 모든 중생에게 병을 치료하는 좋은 약이 되고, 현성들이 모든 중생에게 병을 보살피는 어머니가 되신다는 것을 항상 알 수 있어야 합니다. 뜻으로 항상 삼보를 생각하도록 경책하며, 식이 있는 중생들이 생각하고 있는 세상을 보호해야 합니다.

우리가 오늘 비록 부처님을 만나지 못하고 상법·말법 시대에 태어나긴 했지만 신심을 고루 갖추고 있고, 육근이 청정하여 어떤 쇠약함도 고뇌도 없으며, 취향에 따라 편안히 노닐면서 오고감에 장애가 없으니, 이런 훌륭한 과보는 숙세에 맺은 삼보의 은혜와 힘 덕분이 아닐 수 없습니다. 또 금세에 보리심을 일으키게 하였으니, 이와 같은 여러 이익은 낱낱이 다 설명할 수도 없습니다. 어찌 사람마다 은혜에 보답하며 공양하지 않을 수 있겠습니까.

警緣三寶

今日道場。同業大衆。宜復人人。緣念三寶。何以故爾。若使不知三寶。云何得起慈心。愍念衆生。若使不知三寶。云何得起悲心。救攝一切。若使不知三寶。云何得起平等心。怨親同觀。若使不知三寶。云何能得妙智。證無上道。若使不知三寶。云何明了二空。眞實無相。佛言。人身難得。今已得。信心難生。今已生。我等今者。各各有心。歸憑三寶。而眼不見。貪欲瞋恚愚癡之色。耳不聞。地獄餓鬼。苦楚熱惱之聲。鼻不聞。地獄餓鬼。剝裂膿血之氣。舌不甞。天下臭惡不淨之味。身不觸。鑊湯爐炭寒氷之苦。意常得知。佛爲諸衆生。無上醫王。法爲諸衆生。病之良藥。賢聖爲諸衆生。看病之母。意常警緣三寶。護世有識念處。我等今日。雖不値佛。生在像末。具有信心。六根清淨。無諸衰惱。優遊適性。往來無礙。此之勝報。莫非宿緣。

三寶恩力。又令今世。發菩提心。諸如此益。非可具說。豈得不人人。報恩
供養。

삼보를 생각하도록 경책함

[집해] 각명 공은 다음과 같이 말했다.

"경警은 살피다(察), 깨우치다(覺)라는 뜻이고, 연緣은 반연하여 생각하는 것(緣念)을 말한다. 경책에 두 종류가 있으니, 첫째는 스스로 경책함(自警)이요, 둘째는 남을 경책함(警他)이다. 스스로 경책함이란 세월이 무상함을 스스로 깨닫고 매일같이 지난 잘못을 성찰하면서 삼보를 반연하여 생각하는 것이다. 남을 경책함이란 일체중생이 세상 법에 미혹해 선을 닦지 않을까 걱정되어 삼보를 반연하여 생각하도록 하려는 것이다."

변진 스님은 다음과 같이 말했다.

"경警은 깨닫다(悟)라는 뜻이고, 연緣은 반연하여 생각하는 것이다. 마음이 반연하는 주체(能緣)가 되고, 삼보가 반연하는 대상(所緣)이 된다. 앞에서 축하할 일들을 서술하던 말미에서 '이렇게 장애가 없게 된 것은 모두 시방에 계신 삼보의 위력 덕분이니, 각자 마음을 다해 이 은혜를 기억해야 한다'고 하였다. 따라서 이 문단이 있게 되었다."

'약사若使'에 대해 미수 스님은 "사使 자는 어조사다."라고 하였다.

'이공二空'은 인공人空과 법공法空이다.

'유식념처有識念處'는 식이 있는 중생들이 생각하는 곳이라는 의미이다.

警緣三寶

明公云。警者。察也。覺也。緣謂緣念。警¹⁾有二種。一者自警。二者警他。
自警者。謂自覺年邁無常。日近省察前非。緣念三寶。警他者。恐於一切。
迷於世法。不修善品。欲使緣念三寶。眞師云。警。悟也。緣者。緣念。心爲
能緣。三寶爲所緣。前敍慶事末云。得此無碍。皆是十方三寶威力。宜各至

心。懷憶此恩。故有此叚。²⁾ 若使者。授師云。使字。語助也。二空。人空。
法空。有識念處。有識衆生。所念之處。

1) ㉯ '警'은 저본에 'ㅣ'로 되어 있고 그 아래 "이 획은 '警' 자로 본다."는 주가 있다.
따라서 편자가 '警'으로 고쳤다. 아래에서도 마찬가지이다.   2) ㉯ '叚'는 '段'인
듯하다.

참법 오늘 이 도량의 동업대중이여, 일체 공덕이 공양 가운데 제일입니
다. 그러므로 경에서 말씀하셨습니다.

"생각건대 지나간 세상에서
올린 공양이 변변치 못했으나
아득한 겁을 지나며 그 과보를 받고
남은 복으로 천인사를 만났네"[68]

또 경에서 말씀하셨습니다.
"가령 은혜에 보답하려는 자가 탑과 정사를 세우고 등촉燈燭·번개幡盖·
화향華香·좌구(茵褥) 등 갖가지를 공양한다면, 오는 세상에서 스스로 그
복을 받을 것이다. 비록 이것이 공양이긴 하지만 부처님의 은혜에 보답하
는 것은 아니다. 부처님의 은혜에 보답하고자 한다면 오직 보리심을 일으
키고, 사홍서원을 세우고, 한량없는 인연을 지어 몸의 상호를 장엄하고,
정토의 행을 닦아야만 한다. 이런 사람이 부처님의 은혜에 보답할 줄 아
는 지혜로운 사람이니라."

今日道場。同業大衆。一切功德。供養中最。故經說言。
　惟念過去世。供養爲輕微。蒙報歷逗劫。餘福値天師。

---

[68] 『제불복덕경諸德福田經』(T16, 777b).

又經言。設欲報者。起塔精舍。燈燭幡盖。華香茵褥。種種供養。將來之世。自受其福。雖是供養。非報佛恩。欲報佛恩。唯發菩提心。立四弘誓。造無量緣。莊嚴身相。修淨土行。是爲智者。知報佛恩。

[집해] '일체공덕공양중최一切功德供養中最'에 대해 변진 스님은 "모든 공덕 가운데 공양이 최고다."라고 하였다. 미수 스님은 "일체 공덕이란 곧 이 아래에서 말한 발보리심發菩提心 등의 공덕이니, 이것이 바로 법공양이기 때문에 최고가 된다. 중中 자를 혹자는 만나다(逢)라는 뜻이라 하였는데, 즉 해당한다(當)는 의미이다."라고 하였다.

'천사天師'는 곧 천인사天人師다. 이는 『복전경福田經』의 게송이다.
'사홍서원'은 곧 "중생이 끝없지만 맹세코 제도하기를 원합니다." 등이다.
'한량없는 인연을 짓는다'는 것은 선법의 인연을 말한다.
'몸의 상호를 장엄한다'에 대해 각명 공은 "선한 인연으로 무루신無漏身의 상호를 장엄하는 것이다."라고 하였다.
'정토의 행을 닦는다'에 대해서는 고덕의 송에 "마음과 뜻의 땅을 깨끗이 청소하는 것을 정토의 인이라고 한다."고 하였다.
미수 스님은 다음과 같이 말하였다.
"앞에서 말한 탑을 세우는 것 등의 여섯 가지 공양은 바로 재공양財供養이니, 이는 부처님의 은혜에 훌륭하게 보답하는 것은 아니다. 따라서 뒤에 법공양을 끌어들였으니, 곧 보리심을 일으키는 공양이 바로 제일가는 공양이다. 따라서 「행원품行願品」에서 '모든 공양 가운데 법공양이 최고다'[69]라고 한 것이다. 그런데 각명 공은 '삼보께 공양하는 공덕이 가장 수승하다'라고만 하였다."

---

69 『대방광불화엄경』 권40 「입부사의해탈경계보현행원품入不思議解脫境界普賢行願品」 (T10, 845a).

여기에 보충 설명을 하겠다. 위의 해석 가운데 미수 스님이 재공양과 법공양으로 분석한 것이 가장 훌륭해 규범으로 삼을 만하다. 그래도 완전히 드러내지 못한 뜻이 있다면 문답을 통해 그 뜻을 끝까지 밝히도록 하겠다.

물었다.

"지금 재공양이 법공양에 미치지 못한다고 하신 말씀은 생각할 여지도 없이 너무도 분명해 다시 가르침을 청할 필요가 없습니다. 그러나 이 법공양 가운데서는 '한량없는 인연을 짓는다'고 하였습니다. 이미 '한량없는 인연을 짓는다'고 하였으므로 하나의 인연이 아님은 확실합니다. 재공양에서 말한 탑과 정사를 세우고 등촉과 화향 등을 공양하는 여섯 가지 일은 한량없는 인연 안에 있습니까, 한량없는 인연 밖에 있습니까? 만약 안에 있다면 왜 '미치지 못한다'고 하였습니까? 만약 밖에 있다면 한량없는 인연을 지음에 있어 탑을 세우는 것 등의 이 여섯 가지 일이 최고가 되기 때문에 반드시 이런 일들로 지어야 합니다. '미치지 못한다'고 하여 이를 버린다면 무엇으로 한량없는 인연을 짓겠습니까. 그러니 공께서 이런 것들 외에 이보다 배나 훌륭한 것으로 한량없는 인연을 지어 몸의 상호를 장엄하는 것을 분명하게 지적해 보이셔서 삿된 외도의 의심을 제거해 주시기 바랍니다."

답하였다.

"그대의 질문에는 한 점의 흠집도 없어 오묘할 정도로 훌륭하다. 그러나 그저 문만 지키면서 안으로 들어가지 못하고, 하나를 잡고 하나를 버리며, 하나만 알고 눌은 모르고 있다. 다만 이치는 원만해도 말은 편벽되기 마련이니, 말이란 양쪽을 아울러 드러내지 못하기 때문이다. 그대는 모름지기 사람을 물 수 있어야지, 흙덩이를 쫓아서야 되겠는가. 앞에서 말한 탑을 세우는 등의 여섯 가지 재공양이 곧 법공양이다. 만약 이 여섯 가지 인연을 버리고 한량없는 인연을 찾는다면, 그것은 흡사 파도를 버리고 물을 찾고 그림자를 떼어 버리려고 몸을 고단하게 하는 것과 같다.

여기에서 재공양이 법공양에 미치지 못한다고 논한 것은, 다만 보시하고 공양하는 자들이 위없는 보리를 구하지 않고 그저 미래세에 천상이나 인간 세계에서 오욕락을 누리기를 희망하면서 보시하고 공양하기 때문에 법공양에 미치지 못한다고 말한 것이다. 오욕이란 곧 빛깔·소리·향기·맛·감촉으로서 전오근前五根의 대상이다. 이를 상에 머무는 보시(住相布施)라 하니, 영가永嘉 스님께서는 '상에 머무는 보시가 하늘에 태어나는 복이 되지만, 허공을 향해 화살을 쏘는 것과 같다'[70]고 하셨고, 이 본문에서도 '오는 세상에서 스스로 그 복을 받을 것이다. 비록 이것이 공양이긴 하지만 부처님의 은혜에 보답하는 것은 아니다'라고 하였다. 상에 머무는 이런 보시는 결국 생멸로 귀착되기 때문에 법공양과 비교한다면 곧 백분의 일, 천분의 일, 만분의 일에도 미치지 못한다.

고덕[71]께서 '제호醍醐의 뛰어난 맛을 세상 사람들이 진귀하게 여기지만 이런 유의 사람을 만나면 도리어 독약이 된다'고 하셨으니, 이런 경우를 두고 하신 말씀이다. 또 '맹인의 허물이지 해와 달의 허물은 아니다'라고 하였으니, 이것 역시 마찬가지이다. 그저 사람의 잘못일 뿐이지 재물이 그렇게 만드는 것은 아니다. 법화회상에서 약왕보살藥王菩薩이 분신할 때에 시방의 모든 부처님이 현신하여 '이것이 참다운 정진이고, 이를 참다운 법공양이라 한다'[72]고 찬탄하였다. 여래께서 분신한다 해도 역시 재공양인데, 시방의 여래께서는 분신공양을 법공양이라 찬탄하였다. 따라서 재공양이 법에 걸맞으면 그로 인해 법공양으로 부른다는 것을 알 수 있다. 「행원품」에서 '꽃구름 내지 천인들의 의복과 구름, 바르는 향과 가루향과 소 등불과 기름 등불……'이라 한 것을 청량 국사淸涼國師께서 『별행

---

70 『영가증도가永嘉證道歌』(T48, 376).
71 분주 무업汾州無業 국사國師를 지칭한다. 『경덕전등록景德傳燈錄』 권28.
72 『묘법연화경』 권6 「약왕보살본사품藥王菩薩本事品」(T9, 53b).

소別行疏』에서 해석하면서 '최상법의 공양이다'⁷³라고 밝은 거울처럼 지적하셨으니, 또 재공양이 곧 법공양임을 알 수 있다.

『금강반야金剛般若』에서 말씀하셨다.

'보살은 법에 머묾 없이 보시를 실천해야 마땅하니, 말하자면 빛깔에 머물지 않고 보시하고 소리·향기·맛·감촉·법에 머물지 않고 보시해야 한다. 그 복덕은 생각으로 헤아릴 수 없으니, 비교하자면 동서남북 사유상하의 허공을 생각으로 헤아릴 수 없는 것과 같다.' ⁷⁴

또 말씀하셨다.

'보살이 법에 집착하는 마음으로 보시하는 것은 마치 사람이 어둠 속에 들어가면 아무것도 볼 수 없는 것과 같다. 만약 보살이 법에 집착하지 않는 마음으로 보시한다면, 그것은 사람에게 눈이 있고 햇살이 밝게 비춰 갖가지 빛깔이 훤히 보이는 것과 같다.'⁷⁵

여기에서 '법에 집착하지 않는 마음으로 보시한다'는 것은 오로지 보리심을 일으켜 미래세의 빛깔·소리·향기·맛·감촉 등 오욕의 과보를 구하지 않고 위없는 보리를 성취하는 것만 구하면서 사홍서원을 세우고 보시와 공양을 실천한다는 것이다. 이를 상에 머물지 않는 보시와 공양(無住相布施供養)이라 한다. 만약 이와 같다면 이 본문에서 말한 탑과 정사를 세우고 갖가지를 공양하는 일들이 어찌 법공양에 방애防碍가 되겠는가. 만약 대도를 깨달아 원만히 통달한 사람이라면 성불의 바른 인연이 아닌 법은 단 하나도 보지 못할 것이다. 따라서 '불사佛事의 문에서는 한 법도 버리지 않는다'고 하며 연수 선사延壽禪師는 『만선동귀집萬善同歸集』을 만들어

---

73 『화엄경행원품소華嚴經行願品疏』(X5, 186c).
74 경문을 그대로 인용한 것은 아니고 『금강반야바라밀경』(T8, 749a)에서 발췌하여 정리한 것이다.
75 경문을 그대로 인용한 것은 아니고 『금강반야바라밀경』(T8, 750b)에서 발췌하여 정리한 것이다.

세상에 유통시켰으니, 그 뜻이 매우 분명하다.

보현문普賢의 문에서는 법과 법이 모두 만행萬行에 거두어지니, 그 모두가 불과를 장엄하는 것들이다. 따라서 「행원품」에서 열 가지 광대한 원행願行을 설하였으니, 구비하지 못한 법이 없고 두루하지 못한 원이 없고 닦지 않는 행이 없다. 저 기바耆婆가 손을 뻗어 집어 들면 묘약 아닌 것이 없었던 것처럼, 나아가 터럭 하나만큼의 선까지도 법성과 완전히 일치한다. 그러므로 삼세의 모든 부처님께서는 보현의 만행을 닦아 대원각을 증득하고 십화장미진수十華藏微塵數의 대인상大人相을 장엄하여 보련화에 앉아 대법륜을 굴리시는 것이다. 또, 시방의 모든 부처님이 상호를 성취하실 때 백 가지 복을 닦아 상호 하나를 이룬다고 했는데, 백 가지 복을 닦을 때 탑과 정사를 세우고 화향과 등촉 등 갖가지를 공양하는 것을 아울러 닦았겠는가, 닦지 않았겠는가? 백 가지 복 가운데 여기에서 말한 탑과 정사를 세우고 화향과 등촉을 공양하는 것이 최고인데, 이런 재공양을 배척하고 닦지 않는다면 장차 무엇에 힘을 써 다함없는 백 가지 복을 닦고 갖가지 상호를 성취하겠단 말인가.

다만 마음이 수승한가 하열한가에 따라 그 재공양과 법공양의 우열을 논한 것일 뿐이다. 따라서 모든 부처님은 수승한 지혜란 것을 알 수 있으니, 무슨 복인들 닦지 않았겠는가. 지금 수승한 지혜로 관한다면 탑묘를 수리하거나 혹은 등촉을 수리하거나 갖가지 공양을 올릴 때가 바로 보리심을 일으키는 것이다. 또한 이것이 사홍서원을 세우는 것이고, 또한 이것이 한량없는 인연을 짓는 것이다. 바로 그러한 때라면 곧 '몸의 상호를 장엄한다'고 해도 괜찮고, 또 '정토의 행을 닦는다'고 해도 괜찮고, 또 '은혜를 알고 은혜에 보답한다'고 해도 괜찮고, 또 '한량없는 인연을 짓는다'고 해도 역시 괜찮아 한 점의 흠집도 없으니, 다만 상에 머무는가 상에 머물지 않는가 하는 것으로써 그 우열을 논할 뿐이다.

여기에서 '여섯 가지 공양은 부처님의 은혜에 보답하는 것이 아니다'라고 한 것은 부처님께서 저 어리석은 중생들을 경책하신 것이다. 비록 많이 보시하더라도 그저 자신이 미래에 받을 수승한 과보만 구하면 얻는 복이 매우 적기 때문에 여러 중생에게 반드시 보리심을 일으키고 여섯 가지 공양을 실천하여 성불의 바른 인연을 짓도록 가르치신 것이다. 이런 공양을 배척하고 버리라는 것이 아니라 교화의 방편으로 그렇게 말씀하신 것이다."

一切功德供養中最。眞師云。諸功德中。供養爲最。授師曰。一切功德者。即下所言也。發菩提心等功德。此是法供養故爲最。中字。或云逢也。即當義。天師者。即天人師也。此是福田經偈也。四弘誓。即衆生無邊誓願度。等如常。造无量緣者。善法之緣。莊嚴身相。明公云。善緣莊嚴无漏身相也。修淨土行。古德頌云。掃除心意地。名爲淨土因也。授師云。前云起塔等。六種供養。是財供養。非是上品報佛恩也。後引法供[1]養。即發菩提心供養。是第一供養。故行願品云。諸供養中。法供養最。明公但云。供養三寶。功德最勝。生枝曰。上釋之中。授師分釋。財法供養者。最善可軌也。然尙有未露之義。須陳問答。究明斯義。問。今曰財供養。不及法供養者。明然絶慮。更無請示。此法供養中云。造無量緣者。既云造無量緣。定非一緣。財供養中云。起塔精舍。燈燭華香等六事。在無量緣內耶。在無[2]無量緣外耶。若在內者。何云不及。若在外者。造無量緣。則起塔等。此之六事爲最故。須以此等造也。以不及故。捨此。將何造無量緣。則望公。此物之外。將倍勝之物。的示造無量緣。莊嚴身相。以袪邪外之疑。答。仁之問辭。一無瑕玷。善之妙矣。然但守於門。未入於內。執一捨一。知一不知二。但理圓言偏。言不並彰故也。仁者。須得咬人。何能逐塊也。前曰。起塔等六事財供養。即法供養也。若捨此六種緣。求無量緣。則恰若弃波求水。又如弃影勞形。此中論財不及法者。但布施供養之者。不求無上菩提。只介希望。未來之世。天上人間。受五欲樂。而行布施供養。故云不及法也。

五欲者。卽色聲香味觸。前五根所對也。此云住相布施。永嘉云。住相布
施生天福。猶如仰箭射虛空。此文云。將來之世。自受其福。雖是供養。非
報佛恩。此乃住相布施。終歸生滅故。配法供養。則百分千分百千萬億分。
不及其一。古德云。醍醐上味。爲世所珍。遇斯等人。飜成毒藥。斯之謂
也。又云盲者之咎。非日月之咎。此亦如之。但人之過也。非財物之使然。
法華會上。藥王菩薩。焚身之時。十方諸佛。現身讚言。是眞精進。是名眞
法供養。如來焚身。亦是財供養也。十方如來。以焚身供養。稱法供養。故
知。財供養稱法則。因名法供養。行願品云。華雲乃至天衣服雲。塗香末
香。酥燈油燈等。淸涼國師。別行疏釋云。最上法之供養。如指明鏡。又知
財卽法供養。金剛般若云。菩薩於法。應無所住。行於布施。[3] 所謂不住色
布施。不住聲香味觸法布施。其福德。不可思量。比如東西南北四維上下
虛空。不可思量也。又云。菩薩。心住於法而行布施。如人入闇。卽無所
見。若菩薩。心不住法而行布施。如人有目。日光明照見種種色。此中言。
心不住法而行布施者。唯發菩提心。不求來世色聲香味觸等五欲之報。但
求成就無上菩提。立四弘願。而行布施供養也。此言無住相布施供養也。
若如是則。此文中云。起塔精舍等。種種供養。有何防碍。法供養也。若悟
大道。圓通之人。不見有一法。非成佛正因。故云。佛事門中。不捨一法。
延壽禪師。造萬善同歸集。流通於世。其意甚明。普賢門中。法法皆萬行所
收。皆悉莊嚴佛果。故行願品。說十種廣大行願。無法不備。無願不周。無
行不修。如彼耆婆。信手拈來。無非妙藥。乃至一毫之善。稱同法性。是故
三世諸佛。修普賢萬行。證大圓覺。莊嚴十華藏微塵數。大人之相。坐寶蓮
花。轉大法輪。又十方諸佛。成就相好。修百福成一相。修百福時。起塔精
舍。華香燈燭。種種供養。兼修耶。不修耶。百福之中。此之起塔精舍。華
香燈燭爲最。斥此財供養不修則。將何所務修無盡百福。成種種相好也。
但心之勝劣。論其財法供養之優劣。故知諸佛勝智。何福不修。今以勝智
觀之則。或修塔廟。或修燈燭。種種供養之時。便是發菩提心。亦是立四洪

誓願。亦是造無量緣。當伊麼時。卽曰莊嚴身相亦得。亦曰修淨土行卽得。亦曰知恩報恩卽得。亦曰造無量緣亦得。無一點之痕。但以住相無住相而論勝劣耳。此中云。六種供養非報佛恩者。佛警彼愚癡衆生。雖多布施。但求自身來世殊勝果報。得福甚少故。敎諸衆生。須發菩提心。而行六種供養。作成佛正因。非是此供養排弃。敎化方便言爾。

1) ㉘ '供'은 저본에 'ㅣ'로 되어 있고 그 아래 "이 획은 '供' 자로 본다."는 주가 있다. 따라서 편자가 '供'으로 고쳤다. 아래에서도 마찬가지이다. 2) ㉘ '無'는 衍字인 듯하다. 3) ㉘ '施'는 저본에 'ㅣ'로 되어 있고 그 아래 "이 획은 '施' 자로 본다."는 주가 있다. 따라서 편자가 '施'로 고쳤다. 아래에서도 마찬가지이다.

참법 오늘 이 도량의 동업대중이여, 모든 부처님의 자비로운 은혜는 진실로 보답하기 어렵습니다. 보살마하살이 몸을 가루로 만들고도 만분의 일도 갚을 수 없었는데 하물며 우리 범부들이 보답할 수 있겠습니까? 대중들께서는 사람들을 이롭게 하는 것이 으뜸이라 하신 경전의 말씀을 오로지 의지하셔야 합니다.

각자 마음을 다해 오체투지하며, 널리 시방의 끝없고 다함없는 사생의 중생들을 위해 세간의 너무도 자비로우신 아버지께 귀의합니다.

나무 미륵불

나무 석가모니불

나무 덕보불

나무 응명칭불

나무 화신불

나무 대음성불

나무 변재찬불

나무 금강주불

나무 무량수불

나무 주장엄불

나무 대왕불

나무 덕고행불

나무 고명불

나무 백광불

나무 희열불

나무 용보불

나무 의원불

나무 보월불

나무 멸이불

나무 희왕불

나무 조어불

나무 희자재왕불

나무 보계불

나무 이외불

나무 보장불

나무 월면불

나무 정명불

나무 무변신보살

나무 관세음보살

거듭 시방 온 허공계 일체 삼보께 귀의합니다. 1배[76]

今日道場。同業大衆。諸佛慈恩。固難可報。菩薩摩訶薩碎身。猶不能報萬分之一。況我凡夫而能報者。衆等唯當。依經所說。利人爲上。各各至心。五體投地。普爲十方。無窮無盡。四生衆生。歸依世間。大慈悲父。南無彌

---

76 '1배'가 누락된 것으로 추측되어 보입하였다.

勒佛。南無釋迦牟尼佛。南無德寶佛。南無應名稱佛。南無華身佛。南無大音聲佛。南無辯才讚佛。南無金剛珠佛。南無無量壽佛。南無珠莊嚴佛。南無大王佛。南無德高行佛。南無高名佛。南無百光佛。南無喜悅佛。南無龍步佛。南無意願佛。南無寶月佛。南無滅已佛。南無喜王佛。南無調御佛。南無喜自在王佛。南無寶髻佛。南無離畏佛。南無寶藏佛。南無月面佛。南無淨名佛。南無無邊身菩薩。南無觀世音菩薩。又復。歸依十方。盡虛空界。一切三寶。

참주가 대중에게 사죄함

참법 오늘 이 도량의 동업대중이여, 다 함께 이미 견고한 믿음을 내고 보리심을 일으켜 물러서지 않겠다고 맹세하였습니다. 이것이 바로 불가사의한 의지의 힘이니, 이 마음과 이 의지를 모든 부처님께서 칭찬하십니다.

아무개 등은 오늘 오로지 깊이 따라 기뻐하며 미래에도 다시 만나기를 원하고, 이 몸을 버리고 저 몸을 받더라도 부디 서로 헤어지지 않고 보리에 이르는 그날까지 영원히 법의 친척이 되고 자비의 권속이 되기를 원합니다.

아무개가 이번 기회에 이 법집法集을 건립한 것은 외람되고 부끄러운 일입니다. 지혜로는 여기에 대한 이해가 없고 몸은 여기에서 말한 행동과 어긋나면서 경솔하게도 이런 뜻을 일으켰으니, 진실로 보고 듣는 이들을 놀라게 하기에 충분합니다. 이처럼 사람은 미약하고 일은 중대해 한기와 열기가 마음에 교차하지만, 만약 강한 인연(强因)을 바탕으로 삼지 않는다면 수승하고 오묘한 과보를 획득할 방법이 없습니다. 진실로 잘못 지은 것임을 잘 알고 있지만 마음으로 선을 잊은 적이 없으니, 살펴 주시는 힘을 입어 함께 자비의 친척이 되시기를 바랍니다.

우러러 대중을 청하고 덕을 내리신 이 도량도 시간이 흐르며 머무르지 않기에 홀연히 거의 끝나가려 합니다. 인연(緣行)에 끌리다 보면 수승한 모임은 기약하기 어려우니, 스스로 독려하고 아울러 이로써 사람들을 이롭게 하십시오. 홀로 우뚝 대중을 배척했다가 후회하지 마십시오. 법음法音은 귀에 스치기만 해도 그 공덕의 과보가 여러 겁에 이르며 한 생각의 선만으로도 영원히 자신을 도우니, 한결같이 향하고 한결같이 뜻을 두면 획득하지 못할 원이 없습니다.

모든 사람이 다 함께 각자 마음을 다해 오체투지하며 세간의 너무도 자비로우신 아버지께 귀의합니다.

나무 미륵불
나무 석가모니불
나무 위덕적멸불
나무 애상불
나무 다천불
나무 수염마불
나무 천위불
나무 보중불
나무 보보불
나무 사자분불
나무 극고행불
나무 인왕불
나무 선의불
나무 세명불
나무 보위덕불
나무 덕승불
나무 각상불
나무 희장엄불

나무 향제불

나무 향상불

나무 중염불

나무 자상불

나무 묘향불

나무 견개불

나무 위덕맹불

나무 주개불

나무 인현불

나무 무변신보살

나무 관세음보살

거듭 이와 같은 시방 온 허공계 일체 삼보께 귀의합니다. 1배

懺主謝大衆

今日道場。同業大衆。相與已能。生堅固信。發菩提心。誓不退還。此是不可思議志力。此心此志。諸佛稱歎。(某甲)等今日。唯深隨喜。願未來世。復得遭遇。捨身受身。願不相離。至于菩提。永爲法親。慈悲眷屬。(某甲)今段。¹⁾ 建此法集。便成叨覬。智無其解。身乖其行。輕發此意。實足驚於視聽。然人微事重。氷炭交心。若不資籍强因。而無以獲。勝妙之果。誠知謬造。心不忘善。冀蒙念力。同爲慈親。仰屈大衆。降德道場。時運不留。忽爾垂邁。緣行所率。勝會難期。當自課勵。兼以利人。卓然排羣。莫追後悔。法音經耳。功報彌劫。一念之善。永得資身。一向一志。無願不獲。相與人人。各各至心。五體投地。歸依世間。大慈悲父。南無彌勒佛。南無釋迦牟尼佛。南無威德寂滅佛。南無愛相佛。南無多天佛。南無須炎摩佛。南無天威佛。南無寶衆佛。南無寶步佛。南無師子分佛。南無極高行佛。南無人王佛。南無善意佛。南無世明佛。南無寶威德佛。南無德乘佛。南無覺相佛。南無喜莊嚴佛。南無香濟佛。南無香象佛。南無衆炎佛。南無慈相佛。
南無妙香佛。南無堅鎧佛。南無威德猛佛。南無珠鎧佛。南無仁賢佛。南無
無邊身菩薩。南無觀世音菩薩。又復歸依。如是十方。盡虛空界。一切三寶
(一拜)。

---

1) ㉯ '叚'는 '段'인 듯하다.

집해 '금단今叚'에 대해 변진 스님은 "금도今度라 하는 것과 같다. 『북사北
史』와 『주서周書』 등에 금단이라 칭한 것이 많은데 곧 이번 차례(今度)라는
뜻이다."라고 하였다.
 '법집法集'은 참법을 건립하여 여러 경의 말씀을 찬집하였다는 의미이다.
 '도전叨靦'의 앞 글자는 칠七과 도刀의 반절이고, 외람되다(濫), 더럽히
다(汚)라는 뜻이다. 뒷글자는 타他와 전典의 반절이고, 얼굴을 마주하고 부
끄러워하는 것(面慙)이다.
 '빙탄氷炭'은 한기와 열기라는 뜻이다.
 '강인强因'의 앞 글자는 평성이다.
 '기몽염력冀蒙念力'에 대해 각명 공은 "대중이 불쌍히 생각해 주는 힘을
입기를 희망한다는 뜻이다."라고 하였다.
 '시운時運'에 대해 변진 스님은 시간이 흐른다는 뜻이라 하였다.
 '수매垂邁'의 앞 글자는 가깝다(近)는 뜻이고, 뒷글자는 지나가다(過)라는
뜻이다.
 '탁卓'은 탁濁으로 발음하고, 높다(高)는 뜻이다.
 '배排'는 나가다(出)라는 뜻이다.

今叚¹⁾者。眞師云。猶云今度也。北史周書等。多稱今叚。²⁾ 卽今度也。法集
者。建懺法集諸經義。叨靦[上七刀切。濫也。汚也。下他典切。面慙也]。
氷炭[寒熱也]。强因[上平聲]。冀蒙念力。明公云。望感大衆愍念之力。時

運者。眞師云。時光遷運。垂邁者[上近也。下過也]。卓者[音濁。高也]。排者[出也]。

---

1) ㉠'叚'는 '段'인 듯하다. 2) ㉠'叚'는 '段'인 듯하다.

다 함께 큰 원을 일으킴

[참법] 오늘 이 도량의 동업대중이 지금 참회하고 발심한 공덕으로 널리 시방 온 허공계 일체 천주天主와 일체 모든 하늘과 그 각각의 권속들이, 또 선주仙主와 일체 진선眞仙과 그 각각의 권속들이, 또 범왕과 제석과 세상을 보호하는 사천왕과 신왕神王·신장神將과 그 각각의 권속들이, 또 총명하고 정직한 천지허공과 선을 주지하고 악을 징벌하며 주를 총지하는 자들을 수호하는 일체 신왕과 일체 신장과 그 각각의 권속들이, 또 묘화妙化 용왕과 두화제頭化堤 용왕과 오방 용왕과 용신·팔부와 신왕·신장과 그 각각의 권속들이, 또 아수라왕과 일체 신왕과 일체 신장과 그 각각의 권속들이, 또 인간 세계의 일체 인왕人王과 신민臣民·장수將帥와 그 각각의 권속들이, 또 시방의 비구·비구니·식차마나·사미·사미니와 그 각각의 권속들이, 또 염라왕과 태산부군과 오도대신과 18옥왕과 일체 신왕 일체 신장과 그 각각의 권속들이, 또 지옥 세계의 일체중생과 아귀 세계의 일체중생과 축생 세계의 일체중생과 그 각각의 권속들이, 또 시방 온 허공계 미래의 세계가 끝나기까지의 크고 작은 일체중생과 그 각각의 권속들이, 또 뒤에 올 중생으로서 그 소원과 경계가 다른 자들까지 모두 대원大願의 바다로 들어가 각자 공덕과 지혜를 구족하게 하소서.

이와 같은 삼계 안과 삼계 밖의 끝없고 다함없는 일체중생으로서 명색名色에 포함되고 불성이 있는 자라면, 아무개 등이 오늘 우러러 시방 온 허공계 일체 모든 부처님의 큰 자비의 힘과 모든 대보살님과 일체 현성께서 과거에 세우신 서원의 힘과 한량없고 다함없는 지혜의 힘과 한량없고 다함없는 공덕의 힘과 자재하신 신통의 힘과 중생을 감싸 보호하는 힘과 중생을 안정시키는 힘과 모든 하늘과 모든 신선의 번뇌를 소진시키는 힘과 일체 선신善神을 거두어 교화하는 힘과 지옥 중생을 구제하는 힘과 일체 아귀를 제도하는 힘과 일체 축생을 해탈시키는 힘을 받들어 그 모든 중생들이 원하는 대로 이루게 하겠습니다.

아무개 등이 오늘 또 자비도량의 힘과 삼보에 귀의한 힘과 의심을 끊고 신심을 낸 힘과 참회하고 발심한 힘과 온갖 맺힌 원한을 풀어버린 힘과 스스로 축하한 힘과 솟구치는 기쁨으로 마음을 다한 힘과 발원하고 선근善根을 회향한 힘을 받들어 그 모든 중생들이 원하는 대로 이루게 하겠습니다.

아무개 등이 오늘 또 칠불의 큰 자애심의 힘과 시방 모든 부처님의 큰 비애심의 힘과 35불의 번뇌를 소멸시키는 힘과 53불의 마귀를 항복시키는 힘과 170불의 중생을 제도하는 힘과 1천 불의 중생을 섭수하는 힘과 12보살의 중생을 감싸 보호하는 힘과 무변신보살·관세음보살의 참법을 유통시키는 힘을 받드오니, 시방 삼계 육도의 미래가 끝날 때까지의 일체 중생으로서 크건 작건 올라갔건 내려갔건 명색에 포함되고 불성이 있는 자라면, 지금 참회한 후부터 어디에 태어나건 각자 모든 부처님과 모든 대보살님의 광대한 지혜와 불가사의하고 한량없이 자재한 신력의 몸을 얻게 하소서. 육바라밀(六度)의 몸으로 바르게 보리로 향하고, 사섭법(四攝)의 몸으로 일체를 버리지 않고, 대비大悲의 몸으로 일체 고통을 제거해 주고, 대자大慈의 몸으로 일체 즐거움을 주고, 공덕功德의 몸으로 일체를 이롭게 하고, 지혜智慧의 몸으로 그 설법이 끝이 없고, 금강金剛의 몸으로 어떤 것에도 파괴되지 않고, 정법淨法의 몸으로 생사를 멀리 벗어나고, 방편方便의 몸으로 자재한 힘을 나타내고, 보리菩提의 몸으로 삼보리三菩提를 이루게 하소서. 부디 사생 육도의 일체 중생이 모두 이와 같은 등등의 몸을 구족하여 모든 부처님의 위없는 대지혜의 몸을 구족하고 성취하게 하소서.

또 시방 일체중생이 오늘부터 어디에 태어나건 각자 모든 부처님과 모든 보살님의 불가사의한 공덕의 입(口)을 얻게 하소서. 유연한 입으로 일체를 안락하게 하고, 감로의 입으로 일체를 청량하게 하고, 헛되지 아니한 입으로 진실한 법을 설하고, 진실이 구르는 입으로 심지어 꿈에서라도 헛말이 없고, 존중하는 입으로 제석천 범천 사천왕을 공경하며 존중하고, 심오한 입으로 모든 법을 드러내 보이고, 견고한 입으로 불퇴전법不退轉法을 설하고, 정직한 입으로 변재를 구족하고, 장엄한 입으로 때를 따라 업을 따라 널리 나타내 보이고, 일체지一切智의 입으로 응할 바를 따라 일체를 해탈시키게 하소서. 부디 사생 육도의 일체중생이 모두 모든 부처님과 보살님의 청정한 구업을 구족하게 하소서.

또 시방의 일체 중생이 오늘부터 어디에 태어나건 각자 모든 부처님과 대보살님의 불가사의한 대지혜심을 얻게 하소서. 번뇌를 싫어해 여의는 마음과 매우 예리한 마음과 견고하고 강한 마음과 금강 같은 마음과 물러서지 않는 마음과 청정한 마음과 명료한 마음과 선을 구하는 마음과 장엄한 마음과 광대한 마음을 항상 가지게 하소서. 큰 지혜의 힘이 있어 법을 들으면 곧 스스로 이해하고, 자비로운 마음으로 사람들을 대해 모든 맺힌 원한을 끊으며, 수치를 아는 마음에 머물러 항상 부끄러움을 품고, 나와 남을 따지지 않고 똑같은 선지식으로 여기며, 보시·지계·인욕·정진·선정·지혜를 닦는 사람을 보면 함께 기뻐하고, 원수와 친구를 하나로 보아 마음에 교만이 없으며, 타인의 선악과 장단을 발설하지 않고, 이 사람 저 사람이 어울리고 헤어진 일들을 전하지 않으며, 하는 말이 부드럽고 나쁜 말을 내뱉지 않으며, 부처님의 공덕을 찬탄하고, 심오한 경전 배우기를 좋아하며, 중생을 사랑하고 보호하기를 자신과 다름없이 하고, 복을 짓는 이를 보면 비방하지 않으며, 성인 대중들처럼 자비로운 마음으로 화합하고, 모든 보살님과 똑같아져 등정각을 이루게 하소서. 1배

揔發大願

今日道場。同業大衆。以今懺悔。發心功德。普願十方。盡虛空界。一切天主。一切諸天。各及眷屬。又願仙主。一切眞仙。各及眷屬。又願梵王帝釋。護世四王。神王神將。各及眷屬。又願聰明正直。天地虛空。主善罰惡。守護持呪。一切神王。一切神將。各及眷屬。又願妙化龍王。頭化提龍王。五方龍王。龍神八部。神王神將。各及眷屬。又願阿脩羅王。一切神王。一切神將。各及眷屬。又願人道。一切人王。臣民將帥。各及眷屬。又願十方。比丘比丘尼。式叉摩那。沙彌沙彌尼。各及眷屬。又願閻羅王。泰山府君。五道大神。十八獄王。一切神王。一切神將。各及眷屬。又願地獄道。一切衆生。餓鬼道。一切衆生。畜生道。一切衆生。各及眷屬。又願十方。盡虛空界。窮未來際。若大若小。一切衆生。各及眷屬。又願後流衆生。異願境者。皆悉令入。大願海中。各各具足。功德智慧。如是三界內。三所界外。無窮無盡。一切衆生。名色所攝。有佛性者。(某甲)等今日。仰承十方。盡虛空界。一切諸佛。大慈悲力。諸大菩薩。一切賢聖。本誓願力。無量無盡智慧力。無量無盡功德力。自在神通力。覆護衆生力。安慰衆生力。盡諸天諸仙漏力。攝化一切善神力。救拔地獄衆生濟度一切餓鬼力。免脫一切畜生力。令諸衆生。得如所願。(某甲)等今日。又承慈悲道場力。歸依三寶力。斷疑生信力。懺悔發心力。解諸怨結力。自慶歡喜力。踊躍至心力。發願廻向善根力。令諸衆生。得如所願。(某甲)等今日。又承七佛大慈心力。十方諸佛大悲心力。三十五佛滅煩惱力。五十三佛降伏魔力。百七十佛度衆生力。千佛攝受諸衆生力。十二菩薩覆護衆生力。無邊觀世兩大菩薩流通懺力。願令十方三界六道。窮未來際一切衆生。若大若小。若升若降。名色所攝。有佛性者。從今懺悔之後。在所生處。各得諸佛諸大菩薩。廣大智慧不可思議無量自在神力之身。六度身正向菩提。四攝身不捨一切。大悲身拔一切苦。大慈身與一切樂。功德身饒益一切。智慧身說法無窮。金剛身物不能壞。淨法身遠離生死。方便身現自在力。菩提身成三菩提。願四生六道。一切衆生。皆悉具足。如是等身。具足成就。諸佛無上大智慧身。又願十方一切衆生。從今日去。在所生處。各得諸佛諸大菩薩。不可思議功德之口。柔軟口。安樂一切。甘露口。淸涼一切。不虛口。說眞實法。實轉口。乃至夢中。無有虛言。尊重口。釋梵四王。恭敬尊重。甚深口。顯示諸法。堅固口。說不退法。正直口。具足辯才。莊嚴口。隨時隨業。普皆示現。一切口。隨其所應。度脫一切。願四生六道。一切衆生。皆悉具足。諸佛菩薩。淸淨口業。又願十方。一切衆生。從今日去。在所生處。各得諸佛大菩薩。不可思議大智慧心。常有猒離煩惱心。猛利心。堅强心。金剛心。不退心。淸淨心。明了心。求善心。莊嚴心。廣大心。有大智慧力。有所聞法。卽自開解。慈心向人。斷諸怨結。住於羞恥。常懷慙愧。不計彼我。同善知識。見有布施持戒。忍辱精進。禪定智慧。咸生歡喜。怨親一觀。心無驕慢。不說他人。善惡長短。不傳彼此。和合分離。所言柔軟。不出惡詞。歎佛功德。樂學深經。愛護衆生。如己無異。見有作福。不行誹謗。慈心和合。猶如聖衆。同諸菩薩。成等正覺(一拜)。

집해 '장수將帥'에 대해 각명 공은 "앞 글자는 병사들을 거느리는 주인을, 뒷글자는 삼군三軍의 수장을 말한다. 삼군은 곧 좌군·우군·중군이다."라고 하였다.

'식차마나式叉摩那'는 식차마니式叉摩尼라고도 하며, 중국말로는 학계學戒이다. 여기에 보충 설명을 하겠다. 사미니沙彌尼는 나이 16세부터 19세까지 육계六戒를 배워야 한다. 첫째 혼자 길을 가서는 안 되고, 둘째 혼자 강을 건너서는 안 되고, 셋째 남자와 같은 방에서 숙박하면 안 되고, 넷째 남자와 웃고 떠들어서는 안 되고, 다섯째 중매를 서서는 안 되고, 여섯째 비구니가 저지른 중죄를 은폐해서는 안 된다.

'염라왕'부터 '일체 신장, 일체 축생'까지는 이미 해석하였다.

'삼계의 안과 밖'에 대해 각명 공은 "안은 일체 유정을 말하고, 밖은 인위因位에 머무는 일체 성인을 말한다."고 하였다. 변진 스님은 "이 대천세계의 삼계 안과 이 대천세계의 삼계 밖을 말한다."고 하였다. 동림 스님은 "낱낱의 소세계小世界에 모두 삼계가 있어 자신의 세계를 안이라 하고, 다른 세계를 밖이라 한다."고 하였다.

'명색에 포함된다'에 대해 미수 스님은 "오온五蘊을 명색名色이라 한다. 무엇 때문인가? 색色은 곧 색온色蘊이고, 나머지 4온蘊을 명名이라고 합해서 칭하기 때문이다."라고 하였다. 여기에 보충 설명을 하겠다. 이 4온을 명이라 하는 이유는 무엇인가? (4온은) 모두 마음(心)이니, 마음은 이름만 있기 때문에 그렇게 말한다. 색온이란 형태를 띠며 질료에 막히는 법을 색이라 한다. 14종이 있으니, 사대四大와 오근五根과 오진五塵 등이다. 수온受蘊이란 소연所緣을 인지하고 받아들이는 것을 수라 한다. 수에 6종이 있으니, 육촉六觸을 인연하여 생기는 육수六受이다. 다만 경계에 이미 위경違境·순경順境·비위비순경非違非順境의 차별이 있기 때문에 육수에도 역시 고수苦受·낙수樂受·불고불락수不苦不樂受之의 차이가 있는 것이다. 상온想蘊이란 인지한 소연의 상相을 취착하는 것을 상이라 한다. 말하자면 인지한 육진의 상을 취착하는 것을 육상六想이라 한다. 행온行蘊이란 조작하는 마음이 생각 생각 흘러가며 사라지는 것을 행이라 한다. 행行에 6종이 있어 육사六思라 한다. 사思는 곧 업業이니, 선업善業·불선업不善業·무기업無記業을 말한다. 식온識蘊이란 소연의 경계를 깨닫고 분별하는 것을 식이라 한다. 식에 6종이 있으니, 곧 이것이 육식六識이다. 동림 스님도 말하고, 변진 스님도 "십이 인연 가운데 태중위胎中位가 명색이다."라고 해석하였는데, 내 생각에는 그렇지 않은 것 같다. 말하자면 중생의 종류는 갖가지로 다르다. 혹 이름은 있지만 색은 없는 것이 있으니 이것이 명名에 포함되는 것이다. 혹 색은 있지만 이름이 없는 것도 있으니 이것이 색에 포함되는 것이다.

'또 자비도량의 힘과……선근을 회향한 힘을 받들어'는 처음부터 여기까지 참법을 닦은 공력을 지적한 것이다.

'또 칠불의……받드오니'는 제1권부터 여기까지 예배한 여러 부처님이다. 변진 스님은 "여기에서 25불이 생략되고 없는데 아마도 쓰면서 잘못된 것이리라."라고 하였다.

'무변신보살과 관세음보살의 참법을 유통시키는 힘(無邊觀音流通懺力)'에 대해 미수 스님은 다음과 같이 말했다.

"이 두 보살은 유독 많은 자비로써 중생의 고통을 제거해 주시는 분이다. 이 자비의 힘을 빌려 이 참법을 찬집했기 때문에 유통참력流通懺力이라 하였다. 혹자는 '무변신이 곧 지장地藏이니, 이 보살은 죄의 뿌리를 영원히 없애 주신다. 관음은 고통을 제거하고 즐거움을 주신다. 따라서 유통참력流通懺力이라 하였다'고 한다."

'삼보리三菩提'에 대해서는 모든 스님이 정각正覺이라 하였다. 여기에 보충 설명을 하자면, (삼보리는) 성정보리性淨菩提·원정보리圓淨菩提·방편정보리方便淨菩提라고 해도 된다. 삼신三身을 이루기 때문이다.

將帥。明公云。上主領兵者。下三軍之首。三軍。卽左右中。式叉摩那。亦云式叉摩尼。此云學戒。生枝曰。沙彌尼。年以十六。至十九歲。當學六戒。一不得獨道行。二不得獨渡水。三不得與男子同房宿。四不得與男子語笑。五不得爲謀嫁事。六不得覆尼重罪。閻羅王至一切神將一切畜生 [已釋]。三界內外者。明公云。內者一切有情。外者。一切聖人。居因位者。眞師云。此大千世界三界內。及此大千之三界外。東林云。一一小世界。皆有三界。自界爲內。他界爲外。名色所攝者。授師云。五蘊爲名色。何者。色是色蘊。餘四蘊。合稱爲名。生枝曰。此四蘊爲名者何。皆是心。心但有名故。言色蘊者。有形質碍之法。名爲色。有十四種。謂四大五根五塵等。受蘊者。領納所緣。名爲受。受有六種。謂六觸因緣生六受。但境旣有違順非違非順之別。故六受亦各有。苦受樂受不苦不樂受之異也。想蘊者。能取所領之緣相。名爲想。謂取所領六塵之相。爲六想也。行蘊者。
造作之心。念念遷謝。名爲行。行有六種。爲六思。思卽是業。謂善業。
不善業。無記業也。識蘊者。了別所緣之境。名爲識。識有六種。卽是六
識也。東林師云。眞師云。十二因緣中。胎中位名色。釋之。余恐非然。謂
衆生之類。種種不同。或有名而無色。是名所攝也。或有色而無名。是色
所攝也。又承慈悲道場力乃至廻向善根力者。指從初至此。修懺功力也。
又承七佛等者。自第一卷至此。所禮諸佛也。眞師云。此中略無。二十五
佛。恐錯書耳。無邊觀音流通懺力者。授師云。此二菩薩。偏以慈悲。拔衆
生苦。借慈悲力。集此懺法。故云流通懺力。一云。無邊身。卽地藏。此菩
薩。永滅罪根。觀音。拔苦與樂。故云流通懺力。三菩提者。諸師云。正覺
也。生枝曰。性淨菩提。圓淨菩提。方便淨菩提。亦可矣[成三身故也]。

제2. 육도를 위한 예불

하늘 세계를 받들고 그들을 위해 부처님께 예배함

참법 오늘 이 도량의 동업대중이여, 모든 하늘과 모든 신선과 일체 선신은 모든 중생에게 한량없고 불가사의한 은덕을 베풀어 모든 중생이 오래오래 안락을 누리기를 바라고, 오직 선만 따르도록 은근히 수호하시나니, 그렇다는 것을 어떻게 아는가.

부처가 제두뢰타 등 사천왕에게 명했노라
경을 수지하는 자를 자비심으로 옹호하라
자비하신 분[77]의 명호를 부르는 소리만 들어도

천자처럼 법의 신하들을 보호하라 하였노라

또 바다의 용 이발라에게 명했노라
경을 수지하는 자를 자비심으로 옹호하라
눈을 보호하듯 자기 자식을 사랑하듯
밤낮 어느 때나 멀리 떠나지 마라

또 염파 나찰의 아들과
무수한 독룡과 용녀에게 명했노라
경을 수지하는 자를 자비심으로 옹호하라
정수리와 뇌를 아끼듯 감히 건드리지 마라

또 비류륵차가에게 명했노라
경을 수지하는 자를 자비심으로 옹호하라
어미가 아들을 사랑하며 싫증내는 법이 없듯
밤낮으로 옹호하며 갈 때나 머물 때나 함께 하라

또 난타와 발난타와
사가라왕과 우바타에게 명했노라
경을 수지하는 자를 자비심으로 옹호하며
공경하고 공양하고 발을 잡고 예배하라
마치 모든 하늘이 제석을 받들듯

---

77 이 게송은 『청관세음보살소복독해다라니주경請觀世音菩薩消伏毒害陀羅尼呪經』(T20, 36c)에서 인용한 것이다. 이 게송 바로 앞에 "佛說是語已告舍利弗 我今爲此受持觀世音菩薩名號 消伏毒害無上章句 說偈讚歎"이라고 한 것으로 미루어 보아 "자비하신 분"은 곧 관세음보살을 지칭한 것으로 추정된다.

또 효자가 부모님을 공경하듯[78]

자비도량에 안락을 베풀어
모든 중생을 법의 친척으로 맺어 주셨으니
다음 생에는 부처님 앞에서 삼매에 들어
최후의 선정으로 불퇴전을 얻으리라.

부처님의 명호를 듣는 이와
무변신보살, 관세음보살의 명호를 들은 이는
세 가지 장애 소멸하여 어떤 악도 없으며
오안을 구족하고 보리를 이룬다고
모든 하늘과 신왕들 일체 중생 염려하여
항상 열심히 권장하면서 위신을 도우시네.

奉爲天道禮佛
今日道場。同業大衆。諸天諸仙。一切善神。於諸衆生。有無量不可思議恩德。願諸衆生。長保安樂。慇懃守護。唯善是從。何以知然。
佛勅[1]提頭四天王。慈心擁護受持經。
令聞慈悲名號者。猶如天子法臣護。
又勅海龍伊鉢羅。慈心擁護受持經。
如護眼目愛己子。晝夜六時不遠離。
又勅閻婆羅刹子。無數毒龍及龍女。
慈心擁護持經者。如愛頂腦不敢觸。

---

[78] 이상은 『청관세음보살소복독해다라니주경』(T20, 36c)에서 인용한 것이나 문장이 정확히 일치하지는 않는다.

又勑毗留勒叉迦。慈心擁護持經者。
如母愛子心無猒。晝夜擁護行住俱。
又勑難陁跋難陁。婆²⁾伽羅王優波陁。
慈心擁護持經者。恭敬供養接足禮。
猶如諸天奉帝釋。亦如孝子敬父母。
慈悲道場施安樂。敎諸衆生結法親。
後生佛前入三昧。畢定當得不退轉。
若聞諸佛名號者。又聞無邊觀世音。
消除三障無諸惡。五眼具足成菩提。
諸天神王念一切。恒加勸獎助威神。

---

1) ㉠ '勑'은 '勅'의 이체자다. 아래에서도 마찬가지다. 2) ㉠ 『자비도량참법』(T45, 953a)에는 '婆'가 '娑'로 되어 있다.

집해 '부처가 제두뢰타……' 이하 명령하신 내용의 다섯 게송은 『청관음소복독해다라니경請觀音消伏毒害陁羅尼經』에 나온다. 첫 번째 게송에서 말한 '제두뢰타提頭賴托'는 동방 지국천왕持國天王이다. 제두뢰타를 거론하면 통상적으로 나머지 세 왕까지도 거론한 것이 된다. 따라서 '사천왕'이라 하였다.

'천자법신자天子法臣者'에 대해 미수 스님은 "'마치 저 법신이 천자를 보호하고 지키듯이'라는 의미이다. 혹자는 '저 천자가 법신을 보호하고 지키듯이'로 풀기도 한다."고 하였다. 각명 공 역시 앞의 설명과 같다.

'이발라伊鉢羅'는 중국말로 청련화靑蓮華이다. 변진 스님은 "태어난 연못을 따라 이름을 붙인 것이다."라고 하였다.

'염파 나찰자閻婆羅剎子'에 대해 각명 공은 "중국말로 가포외可怖畏이고, 귀신의 이름이다. 이 귀신이 열 명의 아들을 낳았는데, 모든 신비한 힘이 많다."고 하였다. 변진 스님은 "독룡의 이름이다."라고 하였다.

'비류륵차가毗留勒叉迦'는 중국말로 증장增長이고, 남방의 천왕이다.

'난타難陁'는 중국말로 희喜이고, '발난타鉢難陁'는 중국말로 현의賢喜이다. 즉 남해의 용왕 형제다. 사람의 마음에 잘 응해 바람과 비를 때맞춰 제공하기 때문에 현희라 한다.

'사가라娑伽羅'는 중국말로 함해鹹海이니, 거주하는 처소를 따라 이름을 붙인 것이다. 곧 동해의 용왕이다.

'우바타優婆陀'는 중국말로 홍련화紅蓮華이다. 각명 공은 "청해靑海다. 이 바다에서 홍련화가 나온다. 서해의 용왕이다."라고 하였다.

'안락을 베푼다'는 것은 이 참법이 죄의 때를 버리게 하고 안락을 베풀어 준다는 것이다.

'모든 부처님의 명호'는 곧 앞에서 예배한 부처님들의 명호를 말한다.

'오안五眼'을 게송에서 다음과 같이 말하였다.[79]

천안은 통하니 한정되는 것이 아니고[80]

육안은 한정되니 통하는 것이 아니며

법안은 오직 속제만 관하고

혜안은 곧장 공을 반연하며

불안은 마치 천 개의 태양과 같아

다른 것들 비추어도 도리어 같아진다.

佛勅提頭已下。五勅偈頌。出請觀音消伏毒害陁羅尼經。初頌云。提頭賴托。東方持國天王也。舉提頭。通相餘三王。故云四天王。天子法臣者。授師云。如彼法臣。護持天子。一云如彼天子。護持法臣。明公亦同上說。伊鉢羅。此云靑蓮華。眞師云。從所生池得名。闍婆羅刹子。明公云。此云可怖畏。鬼名也。此鬼生十子。皆多神力。眞師云。毒龍之名也。毗留勒叉

---

[79] 『부대사송금강경傅大士頌金剛經』(T85, 6c)에서 미륵의 게송이라 하였다.
[80] 천안은 시간과 공간에 장애되지 않고 볼 수 있다는 의미이다.

迦。此云增長。南方天王。難陁[此云喜]。鉢難陁。此云賢喜。卽南海龍王
兄弟也。善應人心。風雨以時。故名賢喜。娑伽羅。此云鹹海。從處得名。
卽東海龍王也。優婆陀。此云紅蓮華。明公云。青海。此海出紅蓮。西海龍
王也。施安樂者。此懺法。能投罪垢。施與安樂。諸佛名號者。卽上來禮拜
佛號也。五眼者。頌曰。

天眼通非碍。肉眠[1]碍非通。

法眼唯觀俗。惠眼直緣空。

佛眼如千日。照異體還同。

---

1) ㉑ '眠'은 '眼'인 듯하다.

참법 오늘 이 도량의 동업대중이여, 모든 하늘과 신왕이 이와 같은 은덕으로 중생을 감싸고 보호하는데도 중생들은 발심하여 그 은덕에 보답할 생각을 하는 법이 없습니다. 옛사람은 밥 한 덩이의 은혜에도 감사할 줄 알아 결국 목숨을 버리고 몸을 잊었는데, 하물며 모든 하늘과 선신과 팔부 신장들이 모든 중생에게 베푼 이런 은덕이겠습니까. 이 은혜와 이 공덕은 끝이 없나니, 우리가 오늘 참회하고 발심한 것도 모두 이 천왕들이 신비로운 힘을 비밀스럽게 베풀어 수행자가 그런 마음을 성취하도록 도운 것입니다. 만일 돕지 않았다면 이와 같은 마음에서 일찌감치 물러났을 것입니다. 그러므로 보살마하살께서 "선지식이 바로 큰 인연입니다. 능히 저희로 하여금 도량에 오르게 하시니, 만약 선지식이 아니라면 누가 우리로 하여금 여러 부처님을 뵐 수 있게 하겠습니까. 몸을 던져도 그 넓은 자비에 보답하기 부족하고, 목숨을 버려도 그 깊은 은택에 보답하기 부족합니다." 하고 매번 찬탄했던 것입니다. 보살마하살께서도 오히려 이런 말씀을 하셨는데, 하물며 그보다 못한 이들이 보답이 없어서야 되겠습니까.

대중들께서는 오늘 이렇게 몸을 던지지도 목숨을 버리지도 못하고 있습니다. 그렇다면 장차 부지런히 노력하며 정진하기라도 해야 하니, 또한 이것이 조금이나마 은혜에 보답하는 길입니다. 다 함께 각자 더욱 마음을 쏟아 은혜를 알고 은혜에 보답해야지 세속의 흐름을 따라가서는 안 되니, (그런 뒤에는) 스스로 돌이키려 해도 방법이 없습니다. 앞에 말한 스스로 축하할 만한 일들은 다시 만나기 어렵습니다. 얻기 어려운 것들을 지금 과보로 얻었는데 다시 무엇을 기다리려 하십니까. 이 기회를 한번 잃으면 다시 어느 세계로 갈지 아십니까? 오로지 용맹하게 자신을 잊고 만물을 위해야 마땅합니다. 일은 이루어지면 부서짐이 있기 마련이라 봄이 있으면 겨울이 있는 것과 같고, 세월은 사람을 기다리지 않나니 목숨인들 어찌 장구할 수 있겠습니까. 이를 생각할 때, 한번 이별하면 다시 만날 것을 기약할 수 없으니 각각 노력하십시오.

평등한 일심으로 간절하게 오체투지하며, 시방 온 허공계의 일체 천왕과 일체 모든 하늘과 그 각각의 권속들을 받들고 그들을 위하여 세간의 너무도 자비로우신 아버지께 목숨 바쳐 귀의하며 공경히 예배합니다.

나무 미륵불
나무 석가모니불
나무 선서월불
나무 범자재왕불
나무 사자월불
나무 복위덕불
나무 정생불
나무 천승불
나무 일관불
나무 보명불
나무 대정진불
나무 산광왕불
나무 덕취왕불

나무 공양명불

나무 법찬불

나무 시명불

나무 전덕불

나무 실어불

나무 구명불

나무 선계불

나무 선중불

나무 정의불

나무 희승왕불

나무 사자광불

나무 파유암불

나무 조명불

나무 상명불

나무 무변신보살

나무 관세음보살

거듭 시방 온 허공계 일체 삼보께 목숨 바쳐 귀의합니다. 1배[81]

부디 시방 온 허공계의 일체 천주와 일체 모든 하늘과 그 각각의 권속들 모든 천왕과 일체의 하늘과 각각 권속들에게 평등한 공의 지혜가 항상 앞에 나타나게 하시고, 지혜의 힘과 방편으로 무루도無漏道를 열어 십지의 행과 원이 각자에게 더욱 밝게 하소서. 육바라밀로 마음을 닦고 사무량심을 널리 베풀어 보살도를 행하며 부처님의 행처行處에 들어가고, 사홍서원으로 중생을 버리지 않고 변재가 끊임없어 요설樂說이 무궁하며, 훌륭한 방편으로 맞이하고 교화해 사생을 이롭게 하여 함께 법운지法雲地

---

[81] '1배'가 누락된 것으로 추측되어 보입하였다.

에 올라 상주하는 과보를 증득하게 하소서. 1배[82]

今日道場。同業大衆。諸天神王。有如此恩德。覆護衆生。而諸衆生。未曾發心。念報恩德。古人尙能。感一湌之惠。遂捨命亡身。而況諸天善神。八部神將。於諸衆生。有此恩德。此恩此德。功無邊際。我等今日。懺悔發心。皆是天王密加神力。獎助行人。使心成就。若不加助。如是等心。早應退沒。所以菩薩摩訶薩每歎。善知識者。是大因緣。能令我等。登踐道場。若無善知識。云何令我。得見諸佛。投身不足報洪慈。殞命不足報深澤。菩薩摩訶薩。尙致此言。況降斯已下。而無報答。大衆今日。旣未能投骸殞命。則應且行。勤勞精進。亦是報恩之漸。相與各宜。增到運心。知恩報恩。不可隨流。自反無方。如前自慶。重遇爲難。難得今果。復欲何待。失此一會。知更何趣。唯當勇猛。忘身爲物。事成有敗。如春有冬。時不待人。命焉得久。念此一別。相見未期。各自努力。等一痛切。五體投地。奉爲十方。盡虛空界。一切天主。一切諸天。各及眷屬。歸命敬禮。世間大慈悲父。南無彌勒佛。南無釋迦牟尼佛。南無善逝月佛。南無梵自在王佛。南無師子月佛。南無福威德佛。南無正生佛。南無天勝佛。南無日觀佛。南無寶名佛。南無大精進佛。南無山光王佛。南無德聚王佛。南無供養名佛。南無法讚佛。南無施明佛。南無電德佛。南無實語佛。南無救命佛。南無善戒佛。南無善衆佛。南無定意佛。南無喜勝王佛。南無師子光佛。南無破有闇佛。南無照明佛。南無上名佛。南無無邊身菩薩。南無觀世音菩薩。又復。歸命十方。盡虛空界。一切三寶。願十方盡空法界。一切天主。一切諸天。各及眷屬。平等空慧。恒得現前。智力方便。開無漏道。十地行願。各得增明。六度修心。四等廣被。行菩薩道。入佛行處。四弘誓願。不捨衆生。辯才不斷。樂說無窮。善權接化。利益四生。俱登法雲。證常住果。

---

82 '1배'가 누락된 것으로 추측되어 보입하였다.

집해 '옛사람은 밥 한 덩이의 은혜에도 감사할 줄 알아(古人尚能……)'에 대해 변진 스님은 다음과 같이 말하였다.

"옛날에 영첩靈輒이라는 제齊나라 사람이 허기져 뽕나무 아래 쓰러져 있었다. 마침 진晉나라 영공靈公을 모시던 조순趙盾이라는 사람이 사냥을 나왔다가 뽕나무 아래 허기져 쓰러진 사람을 발견하였다. (조순은) 호리병을 기울여 먹여 주었고, 그런 뒤에야 (영첩은) 말을 할 수 있었다. 영첩은 후에 군인(甲士)이 되었다. 조순이 영공에게 간언하다가 영공이 노하여 그를 죽이려 한 일이 있었다. 조순이 수레를 타고 도망가다가 수레바퀴 하나가 빠졌는데, 영첩이 (나타나) 팔로 차축을 바치고 그를 태운 채 달렸다. 조순이 이 일로 '당신은 누군데 저를 구해 주십니까?' 하고 묻자, 영첩이 대답하였다. '옛날 뽕나무밭에서 밥 한 덩이를 베풀어 준 당신의 은혜를 입었습니다. 그것에 보답하는 것입니다.'"

'자반무방自反無方'에 대해 각명 공은 "세속의 흐름을 따라가서는 안 되니, (그런 뒤에는) 선으로 돌아오고 싶어도 방법이 없다."고 하였다.

'사성유패事成有敗'에 대해 변진 스님은 "인연이 모이는 것이 성成이고 인연이 흩어지는 것이 패敗다. 봄이면 생장했다가 겨울이면 낙엽이 지는 것과 같다."고 하였다.

古人尚能者。眞師云。昔靈輒齊人。餓在桑下。時有趙盾。從晋靈公。出獵。見桑下餓人。傾壺噉之。然後能語。靈輒後爲甲士。盾[1]諫靈公。公怒欲殺之。盾走乘車。車脫一輪。輒以臂承軸。駕而行之。盾因問。汝是何人。而能濟我。答曰。昔日桑間。蒙君一湌報之。自反無方者。明公云。不可隨於世俗之流。欲反歸善。無方便也。事成有敗。眞師曰。緣聚卽成。緣離卽敗。如春生長。冬卽凋落。

---

[1] 갑 '盾'은 저본에 'ㅣ'로 되어 있고 그 아래 "이 획은 '盾' 자로 본다."는 주가 있다. 따라서 편자가 '盾'으로 고쳤다. 아래에서도 마찬가지이다.

모든 신선을 받들고 그들을 위해 부처님께 예배함

참법 오늘 이 도량의 동업대중이 사람마다 각자 마음을 다해 평등한 일심으로 간절하게 오체투지하며 시방 온 허공계의 일체 선주와 일체 진선 眞仙과 그 각각의 권속들을 받들고, 그들을 위해 세간의 너무도 자비로우신 아버지께 목숨 바쳐 귀의하며 공경히 예배합니다.

나무 미륵불

나무 석가모니불

나무 이혜왕불

나무 수월광불

나무 위광왕불

나무 불파론불

나무 광명왕불

나무 수륜불

나무 세사불

나무 길수불

나무 선월불

나무 보염불

나무 라후수불

나무 요보리불

나무 등광불

나무 지적멸불

나무 세최승불

나무 무우불

나무 십세력불

나무 희력왕불

나무 덕세력불

나무 득세불

나무 대세력불

나무 공덕장불

나무 진행불

나무 상안불

나무 제사불

나무 무변신보살

나무 관세음보살

거듭 시방 온 허공계 일체 삼보께 목숨 바쳐 귀의합니다. 1배[83]

부디 자비의 힘으로 함께 감싸고 보호하소서. 모든 선주와 일체 진선과 그 각각의 권속들이 객진客塵을 해탈하고 악연과 장애를 청정히 하여 부처님 몸의 상호처럼 오묘한 색이 맑게 하시고, 사무량심과 육바라밀이 항상 앞에 나타나고 사무애지와 육신통력이 뜻대로 자재하게 하시며, 보살의 경계에 출입하고 유희하여 법운지와 같아지고 금강심에 들어가게 하시고, 불가사의한 힘으로 다시 육도 중생을 맞이하게 하소서. 1배[84]

奉爲諸仙禮佛

今日道場。同業大衆。人各至心。等一痛切。五體投地。奉爲十方。盡虛空界。一切仙主。一切眞仙。各及眷屬。歸命敬禮。世間大慈悲父。南無彌勒佛。南無釋迦牟尼佛。南無利慧王佛。南無殊月光佛。南無威光王佛。南無不破論佛。南無光明王佛。南無殊輪佛。南無世師佛。南無吉手佛。南無善月佛。南無寶炎佛。南無羅睺守佛。南無樂菩提佛。南無等光佛。南無全寂滅佛。南無世最勝佛。南無無憂佛。南無十勢力佛。南無喜力王佛。南無德

---

83 문맥으로 볼 때 '1배'가 누락된 것으로 보인다. 보입하였다.
84 '1배'가 누락된 것으로 추측되어 보입하였다.

勢力佛。南無得勢佛。南無大勢力佛。南無功德藏佛。南無眞行佛。南無上
安佛。南無提沙佛。南無無邊身菩薩。南無觀世音菩薩。又復。歸命十方。
盡虛空界。一切三寶。願以慈悲力。同加覆護。願諸仙主。一切眞仙。各及
眷屬。解脫客塵。清淨緣障。妙色湛然。等佛身相。四無量心。六波羅蜜。
常得現前。四無礙智。六神通力。如意自在。出入遊戲。菩薩境界。等法雲
地。入金剛心。以不思議力。還接六道。

[집해] '모든 신선'에 대해서는 이미 해석하였다.

'일체 선주'는 신선 무리의 주인을 말한다.

'진선眞仙'에 대해 각명 공은 "쇠나 돌이나 약(藥餌) 등을 복용하지 않고 도를 닦아 원만히 성취한 자를 말한다."고 하였다.

'객진客塵'에서 밖의 경계를 객客이라 하고, 내부의 때를 진塵이라 한다. 변진 스님은 "분별번뇌分別煩惱는 거칠게 움직이는 것이 나그네(客)와 같고, 구생번뇌俱生煩惱는 미세한 것이 티끌(塵)과 같다."고 하였다. 여기에 보충 설명을 하겠다. 분별번뇌는 견혹見惑이니, 바로 거친 미혹(麤惑)이다. 초과初果에서 끊어지는 것이니, 사주지四住持 가운데 바로 견일체처주지見一切處住持에 해당한다. 도를 보면 쉽게 끊어 없애기 때문에 나그네가 잠시 머물다 쉽게 떠나는 것에 빗대어 말한다. 구생번뇌는 곧 사혹思惑이니, 바로 미세한 미혹(細惑)이다. 제2과, 제3과에서 끊어지는 것이니, 사주지 가운데 욕애주지欲愛住持・색애주지色愛住持・무색애주지無色愛住持에 해당한다. 거친 수행으로는 그것을 끊기 어렵고, 심오한 이치로 정밀하게 닦아야 끊어지기 때문에 털어버리기가 또한 어려운 티끌에 빗댄 것이다. 따라서 『능엄경』에서 "머물지 않는 것을 객이라고 한다. 요동하여 그것을 털어 버리기가 또한 어려운 것을 티끌이라 한다."[85]고 하였다.

---

85 경문을 그대로 인용한 것은 아니다. 『수능엄경首楞嚴經』 권1(T19, 109c)에서 "如是思

'연장緣障'에 대해 각명 공은 "매달려 생각하는 것을 연緣이라 하고, 가로막고 오염시키는 것을 장障이라 한다. 혹은 악연惡緣과 업장業障이라고도 한다."고 하였다.

諸仙[已釋]。一切仙主。羣仙之主。眞仙者。明公曰。非服金石藥餌。乃修道圓成者也。客塵。外境名客。內垢名塵。眞師云。分別煩惱。俄動如客。俱生煩惱。微細如塵。生枝曰。分別煩惱者。見惑。乃麤惑也。初果所斷。四住持中。乃見一切處住持。見道則易。斷除故。比客暫住易去。言俱生煩惱者。卽思惑。乃細惑也。二果三果所斷。四住持中。欲愛住持。色愛住持。無色愛住持。如粗修難以斷之。甚諦精修斷故。比塵之拂去且難。故楞嚴云。不住名客。搖動拂之且難。名塵。緣障者。明公云。攀想爲緣。碍染爲障。或云。惡緣業障。

범왕 등을 받들고 그들을 위해 부처님께 예배함[86]

집해 오늘 이 도량의 동업대중이 거듭 정성을 다해 오체투지하며 범왕과 제석과 세상을 보호하는 사천왕과 그 각각의 권속들을 받들고, 그들을 위해 세간의 너무도 자비로우신 아버지께 목숨 바쳐 귀의하며 공경히 예배합니다.

나무 미륵불

惟不住名客住名主人 以不住者名爲客義 又如新霽淸暘昇天光入隙中 發明空中諸有塵相 塵質搖動虛空寂然 如是思惟澄寂名空搖動名塵 以搖動者名爲塵義"라고 하였다.

[86] 원문은 '奉爲梵王等禮佛第三'이다. 『신수대장경』에 수록된 『자비도량참법』(T45, 953~954)에는 단락의 소제목들이 '奉爲天道禮佛第一', '奉爲諸仙禮佛第二', '奉爲梵王等禮佛第三' 등으로 처음부터 차례가 매겨져 있다. 그러나 『한국불교전서』에 수록된 『자비도량참법』(H12, 125~127)에는 소제목이 '奉爲天道禮佛', '奉爲諸仙禮佛' 등으로 차례에 해당하는 기술이 삭제되어 있다. 한데 이 부분만 유독 차례를 살려 '第三'이라 하였다. 따라서 '제2. 육도를 위한 예불(爲六道禮佛第二)'에 이은 '제3'으로 오해할 여지가 있고, 위아래의 소제목 형식과 맞추기 위해 '第三'을 생략하고 번역하였다.

나무 석가모니불
나무 대광왕불
나무 전명불
나무 광덕불
나무 진보불
나무 복덕명불
나무 조개불
나무 성수불
나무 선화불
나무 집보불
나무 대해지불
나무 지지덕불
나무 의의맹불
나무 선사유불
나무 덕륜불
나무 보대불
나무 이익불
나무 세월불
나무 미음불
나무 범상불
나무 중사수불
나무 사자행불
나무 난시불
나무 응공불
나무 명위덕불
나무 대광왕불

나무 무변신보살

나무 관세음보살

거듭 이와 같은 시방 온 허공계 일체 삼보께 목숨 바쳐 귀의합니다. 1배 부디 자비의 힘으로 함께 섭수하소서. 범왕과 제석과 세상을 보호하는 사천왕과 그 각각의 권속들이 육바라밀과 사무량심이 밤낮으로 더욱 밝아지고 사무애변으로 요설樂說이 다함이 없게 하시고, 팔자재八自在[87]를 얻고 육신통력을 구족하여 삼매와 총지가 생각하면 곧바로 앞에 나타나게 하시며, 시방의 사생을 자비로 널리 감싸 백 가지 복으로 장엄하고 만 가지 선이 극도로 원만하게 하시며, 삼달三達이 열리고 오안五眼이 구족한 법륜왕法輪王이 되어 육도 중생을 거두고 교화하게 하소서. 1배

奉爲梵王等禮佛第三

今日道場。同業大衆。重復至誠。五體投地。奉爲梵王帝釋。護世四王。各及眷屬。歸命敬禮。世間大慈悲父。南無彌勒佛。南無釋迦牟尼佛。南無大光王佛。南無電明佛。南無廣德佛。南無珎寶佛。南無福德明佛。南無造鎧佛。南無成手佛。南無善華佛。南無集寶佛。南無大海智佛。南無持地德佛。南無義意猛佛。南無善思惟佛。南無德輪佛。南無寶大佛。南無利益佛。南無世月佛。南無美音佛。南無梵相佛。南無衆師首佛。南無師子行佛。南無難施佛。南無應供佛。南無明威德佛。南無大光王佛。南無無邊身菩薩。南無觀世音菩薩。又復歸命。如是十方。盡虛空界。一切三寶(一拜)。願以慈

---

87 팔자재八自在: 팔대자재아八大自在我의 줄인말이다. 열반 4덕의 아덕我德에 여덟 가지 대자재大自在가 있다. 첫째 하나의 몸으로 수많은 몸을 나타낼 수 있는 것, 둘째 하나의 티끌처럼 작은 몸으로 대천세계를 가득 채울 수 있는 것, 셋째 거대한 몸을 가볍게 움직여 멀리까지 거침없이 다니는 것, 넷째 중생의 부류에 따라 한량없는 형상을 나타내지만 늘 한 곳에 머무는 것, 다섯째 각각의 근에서 다른 근의 기능을 발휘할 수 있는 것, 여섯째 일체법을 얻었지만 얻었다는 생각이 없는 것, 일곱째 게송 하나에 담긴 뜻을 무량겁에 걸쳐 설명할 수 있는 것, 여덟째 허공처럼 그 몸이 모든 곳에 변재할 수 있는 것이다.

悲力。同加攝受。願梵王帝釋護世四王。各及眷屬。六度四等。日夜增明。
四無礙辯。樂說無盡。得八自在具六神通。三昧摠持。應念現前。慈悲普覆。
十方四生。百福莊嚴。萬善圓極。三達開了。五眼具足。爲法輪王。攝化六
道(一拜)。

상교정본 자비도량참법 권 제7
詳校正本慈悲道場懺法卷第七

제7권의 음의

묘막渺漠 : 앞 글자는 망亡과 소小의 반절이고, 뒷글자는 막莫으로 발음한다. 아득히 먼 모양이다.

자섣 : 자慈와 야夜의 반절이고, 임시로 빌리다(假籍)라는 뜻이다.

상부相符 : 뒷글자를 부扶로 쓴 것은 잘못이다.

뉵륙 : 녀女와 륙六의 반절이다.

비난성난非難成難과 시난비난是難非難 : 이 2구를 여러 본에서는 앞에 있는 난難 자를 의疑 자로 쓰고 있는데, 잘못이다.

가종可從 : 어떤 본에서는 하종何從으로 썼는데, 잘못이다.

견불위난見佛爲難 : 이하 일곱 개의 난難 자는 모두 평성이다. 문장을 살펴보면 알 수 있다.

금단今段 : 이 두 글자는 여태 어디서 나온 것인지 알지 못했다. 지금 『북사北史』와 『주서周書』, 『수서隋書』 등 사가史家의 글들을 살펴보니 흔히들 금단이라 칭하였는데, 곧 이번 차례(今度)라는 뜻이었다. 이는 바로 당시에 붓을 잡은 사람이 여기에 이르러 자신을 낮추는 겸손한 말을 붙인 것이다. 따라서 "아무개가 이번 기회에……(某甲今段……)"라고 말한 것이니, 문장을 자세히 살펴보면 알 수 있다. 여타 본에 금개今改로 쓴 것이 많은데, 잘못이다.

도전叨靦 : (뒷글자는) 타他와 전典의 반절이고, 얼굴을 마주하고 부끄러워하는 것(面慙)이다.

자자資籍 : (뒷글자는) 자慈와 야夜의 반절이고, 임시로 빌리다(假籍)라는 뜻이다.

강인强因 : (앞 글자는) 평성이다.

일관一觀 : 거성이다.

비誹 : 비非로 발음한다.

운운殞 : 우于와 민敏의 반절이고, 죽다(歿)라는 뜻이다.

해骸 : 호戶와 개皆의 반절이고, 뼈(骸骨)라는 뜻이다.

第七卷音義

渺漠(上亡小切。下音莫。深遠皃)。籍(慈夜切。假籍也)。相符(作扶者。非)。恧(女六切)。非難成難。是難非難(此二句。多本將上難字。作疑字。非)。可從(有本作何從。非)。見佛爲難(已下七箇難字。並平聲。詳文可見)。今叚[1)](此二字。自來不知所從。今觀北史周書隋書史家。多稱今叚。[2)] 卽今度也。斯是當時秉筆者。至此。寄下遜詞。故云某甲今叚[3)]云云。詳文可見。餘本多作今改。非)。叨覥(他典切。面慙也)。資籍(慈夜切。假籍也)。强因(平聲)。一觀(去聲)。誹(音非)。殞(于敏切。歿也)。骸(戶皆切。骸骨)。

1) ㉔ '叚'는 '段'인 듯하다. 2) ㉔ '叚'는 '段'인 듯하다. 3) ㉔ '叚'는 '段'인 듯하다.

상교정본 자비도량참법 권 제8
詳校正本慈悲道場懺法卷第八

양조의 여러 대법사가 찬집하다
梁朝諸大法師集撰

아수라 세계의 일체 선신을 받들고 그들을 위해 부처님께 예배함

참법 오늘 이 도량의 동업대중이 거듭 정성을 다해 오체투지하며 시방 온 허공계의 일체 아수라왕과 일체 아수라와 그 각각의 권속들을 (받들고 그들을 위해), 또 시방 온 허공계의 총명하고 정직한 일체 천지허공과 선을 주지하고 악을 징벌하며 주를 총지하는 자들을 수호하는 팔부 신왕과 팔부 신장을 (받들고 그들을 위해), 나아가 안이나 밖이나 가까운 곳이나 먼 곳이나 동서남북 사유四維 상하上下 온 허공 법계에 있는 큰 신족의 힘과 큰 위덕의 힘을 가진 이와 같은 시방의 팔부 신왕과 팔부 신장과 그 각각의 권속들까지 받들고, 그들을 위해 일체 세간의 너무도 자비로우신 아버지께 목숨 바쳐 귀의하며 공경히 예배합니다.

나무 미륵불
나무 석가모니불
나무 보명불
나무 중청정불
나무 무변명불
나무 불허광불
나무 성천불
나무 지자재왕불
나무 금강중불
나무 선장불
나무 건자불
나무 화국불
나무 법의불
나무 풍행불
나무 선사명불
나무 다명불

나무 밀래불

나무 공덕수불

나무 이의불

나무 무구불

나무 견관불

나무 주법불

나무 주족불

나무 해탈덕불

나무 묘신불

나무 선의불

나무 보덕불

나무 무변신보살

나무 관세음보살

거듭 이와 같은 시방 온 허공계 일체 삼보께 목숨 바쳐 귀의합니다. 1배 부디 자비의 힘으로 함께 감싸고 보호하소서. 아수라왕과 일체 아수라와 그 각각의 권속들이, 또 총명하고 정직한 천지허공과 선을 주지하고 악을 징벌하며 주를 총지하는 자들을 수호하는 팔부 신왕과 팔부 신장과 그 각각의 권속들이 객진客塵을 해탈하고 악연과 장애를 청정히 하여 대승의 마음을 일으켜 장애 없는 도를 닦게 하시고, 사무량심과 육바라밀이 항상 앞에 나타나고 사무애변(四辯)과 육신통력(六通)이 뜻대로 자재하게 하시며, 항상 자비로 중생을 구호하며 보살도를 행하여 부처님 지혜에 들어가고 금강심에 이르러 등정각을 이루게 하소서. 1배

奉爲阿脩羅道一切善神禮佛

今日道場。同業大衆。重復至誠。五體投地。奉爲十方。盡虛空界。一切阿脩羅王。一切阿脩羅。各及眷屬。又奉爲十方。盡虛空界。一切聰明正直。

天地虛空。主善罰惡。守護持呪。八部神王。八部神將。乃至若內若外。若近若遠。東西南北。四維上下。徧空法界。有大神足力。有大威德力。如是十方。八部神王。八部神將。各及眷屬。歸命敬禮。一切世間。大慈悲父。南無彌勒佛。南無釋迦牟尼佛。南無寶名佛。南無衆清淨佛。南無無邊名佛。南無不虛光佛。南無聖天佛。南無智自在王佛。南無金剛衆佛。南無善障佛。南無建慈佛。南無華國佛。南無法意佛。南無風行佛。南無善思名佛。南無多明佛。南無密來佛。南無功德守佛。南無利意佛。南無無懼佛。南無堅觀佛。南無住法佛。南無珠足佛。南無解脫德佛。南無妙身佛。南無善意佛。南無普德佛。南無無邊身菩薩。南無觀世音菩薩。又復歸命。如是十方。盡虛空界。一切三寶(一拜)。願以慈悲力。同加覆護。願阿脩羅王。一切阿脩羅。各及眷屬。又願聰明正直。天地虛空。主善罰惡。守護持呪。八部神王。八部神將。各及眷屬。解脫客塵。清淨緣障。發起大乘。修無礙道。四無量心。六波羅蜜。常得現前。四辯六通。如意自在。恒以慈悲。救護衆生。行菩薩道。入佛智慧。度金剛心。成等正覺(一拜)。

제8권

[집해] '아수라阿修羅'에 대해서는 이미 해석하였다.

'총명하고 정직한……(聰明正直……)'에 대해 변진 스님은 "'총명하고 ……'는 귀가 밝고(聽聰), 눈이 밝고(視明), 충심으로 바르고(忠正), 바탕이 곧다(質直)는 뜻이다."라고 하였다.

'천신天神' 등에 대해서는 이미 해석하였다.

'안이나……(若內等……)'에 대해 각명 공은 "도량의 안과 밖을 말한다."고 하였고, 변진 스님은 "하나의 사천하에 국한되지 않기 때문에 안과 밖을 말하였다."고 하였다.

第八卷

阿修羅[已釋]。聰明正直等者。眞師云。聰明等。聽聰視明。忠正質直。天神等。[已釋]。若內等者。明公云。道場內外也。眞師云。不局一四天下。故云內外。

용왕을 받들고 그들을 위해 부처님께 예배함

참법 오늘 이 도량의 동업대중이 거듭 정성을 다해 오체투지하며 시방 온 허공계의 일체 불가사의한 용왕인 묘화용왕妙化龍王·두화제용왕頭化提龍王·오방용왕五方龍王·천용왕天龍王·지용왕地龍王·산용왕山龍王·해용왕海龍王·일궁용왕日宮龍王·월궁용왕月宮龍王·성궁용왕星宮龍王·세시용왕歲時龍王·청해용왕青海龍王·호형명용왕護形命龍王·호중생용왕護衆生龍王과 나아가 안이나 밖이나 가까운 곳이나 먼 곳이나 동서남북 사유 상하 온 허공 법계에 있는 큰 신족의 힘과 큰 위덕의 힘을 가진 이와 같은 일체 용왕과 일체 용신과 그 각각의 권속들까지 받들고, 그들을 위해 일체 세간의 너무도 자비로우신 아버지께 목숨 바쳐 귀의하며 공경히 예배합니다.

나무 미륵불

나무 석가모니불

나무 묘지불

나무 범재불

나무 실음불

나무 정지불

나무 역득불

나무 사자의불

나무 화상불

나무 적지불

나무 화치불

나무 공덕장불

나무 명보불

나무 희유명불

나무 상계불

나무 무외불

나무 일명불

나무 범수불

나무 일체천불

나무 요지불

나무 보천불

나무 주장불

나무 덕유포불

나무 지왕불

나무 무박불

나무 견법불

나무 천덕불

나무 무변신보살

나무 관세음보살

거듭 이와 같은 시방 온 허공계 일체 삼보께 목숨 바쳐 귀의합니다. 1배 부디 자비의 힘으로 함께 섭수하소서. 모든 용왕과 그 각각의 권속들이 그 광명이 더욱 빛나고 신력이 자재하게 하시고, 무상無相을 이해하여 악연과 장애를 말끔히 끊고 나쁜 세계를 영원히 벗어나 항상 정토에 태어나게 하시며, 사무량심과 육바라밀이 항상 앞에 나타나고 사무애변과 육신통력이 뜻대로 자재하게 하시고, 자비의 힘으로 일체 중생을 건지며 오묘한 행으로 장엄하고 법운지를 건너 금강심으로 들어가 등정각을 이루게 하소서. 1배

奉爲龍王禮佛

今日道場。同業大衆。重復至誠。五體投地。奉爲十方。盡虛空界。一切不可思議龍王。妙化龍王。頭化提龍王。五方龍王。天龍王。地龍王。山龍王。海龍王。日宮龍王。月宮龍王。星宮龍王。歲時龍王。靑海龍王。護形命龍王。護衆生龍王。乃至十方。若內若外。若近若遠。東西南北。四維上下。徧空法界。有大神足力。有大威德力。如是一切龍王。一切龍神。各及眷屬。歸命敬禮。一切世間。大慈悲父。南無彌勒佛。南無釋迦牟尼佛。南無妙智佛。南無梵財佛。南無實音佛。南無正智佛。南無力得佛。南無師子意佛。南無華相佛。南無積智佛。南無華齒佛。南無功德藏佛。南無名寶佛。南無希有名佛。南無上戒佛。南無無畏佛。南無日明佛。南無梵壽佛。南無一切天佛。南無樂知佛。南無寶天佛。南無珠藏佛。南無德流布佛。南無智王佛。南無無縛佛。南無堅法佛。南無天德佛。南無無邊身菩薩。南無觀世音菩薩。又復歸命。如是十方。盡虛空界。一切三寶(一拜)。願以慈悲力。同加攝受。願諸龍王。各及眷屬。增輝光明。神力自在。以無相解。斷除緣障。永離惡趣。常生淨土。四無量心。六波羅蜜。常得現前。四無礙辯。六神通力。隨心自在。以慈悲力。拯接一切。妙行莊嚴。過法雲地。入金剛心。成等正覺(一拜)。

집해 '묘화용왕'에 대해 각명 공은 "널리 변화하여 중생을 제도하고 보호한다. 두화제용왕은 머리에 여의주如意珠가 있어 보배를 비처럼 끝없이 뿌려 일체 중생을 이롭게 한다."고 하였다.

妙化龍王。明公云。能廣大變化。濟護衆生。頭化提龍王。頭上有如意珠。雨無盡寶。利益一切。

마왕을 받들고 그들을 위해 부처님께 예배함

참법 오늘 이 도량의 동업대중이 거듭 정성을 다해 오체투지하며 대마왕과 오제대마五帝大魔와 나아가 동서남북 사유 상하 온 허공계의 일체 마왕과 그 각각의 권속들을 받들고, 그들을 위해 일체 세간의 너무도 자비로우신 아버지께 목숨 바쳐 귀의하며 공경히 예배합니다.

나무 미륵불
나무 석가모니불
나무 범모니불
나무 안상행불
나무 근정진불
나무 염견불
나무 대위덕불
나무 담복화불
나무 환희불
나무 선중불
나무 제당불
나무 대애불
나무 수만색불
나무 중묘불
나무 가락불
나무 세력행불
나무 선정의불
나무 우왕불
나무 묘비불
나무 대거불
나무 만원불

나무 보음불

나무 금강군불

나무 부귀불

나무 사자력불

나무 덕광불

나무 정목불

나무 무변신보살

나무 관세음보살

거듭 이와 같은 시방 온 허공계 일체 삼보께 목숨 바쳐 귀의합니다. 1배 부디 자비의 힘으로 함께 감싸고 보호하소서. 대마왕과 오제대마와 일체 마왕과 그 각각 권속들이 시작이 없는 때로부터 오늘에 이르기까지의 일체 악연과 장애를 모두 청정히 하게 하시고, 일체의 죄업을 모두 소멸하게 하시고, 일체 온갖 괴로움을 모두 해탈하게 하소서. 사무량심과 육바라밀이 항상 앞에 나타나고 사무애지와 육신통력이 뜻대로 자재하게 하시며, 보살도를 실천하며 쉬지도 않고 멈추지도 않으면서 먼저 중생을 제도한 후에 부처님이 되게 하소서. 1배

奉爲魔王禮佛

今日道場。同業大衆。重復至誠。奉爲大魔王。五帝大魔。乃至東西南北。四維上下。盡虛空界。一切魔王。各及眷屬。歸命敬禮。一切世間。大慈悲父。南無彌勒佛。南無釋迦牟尼佛。南無梵牟尼佛。南無安祥行佛。南無勤精進佛。南無炎肩佛。南無大威德佛。南無薝蔔華佛。南無歡喜佛。南無善衆佛。南無帝幢佛。南無大愛佛。南無須曼色佛。南無衆妙佛。南無可樂佛。南無勢力行佛。南無善定義佛。南無牛王佛。南無妙臂佛。南無大車佛。南無滿願佛。南無寶音佛。南無金剛軍佛。南無富貴佛。南無師子力佛。南無德光佛。南無淨目佛。南無無邊身菩薩。南無觀世音菩薩。又復歸命。如是十方。盡虛空界。一切三寶(一拜)。願以慈悲力。同加覆護。願大魔王。五帝大魔。一切魔王。各及眷屬。無始已來。至于今日。一切緣障。皆得清淨。一切罪業。皆得銷滅。一切衆苦。皆得解脫。四無量心。六波羅蜜。常得現前。四無礙智。六神通力。如意自在。行菩薩道。不休不息。先度衆生。然後作佛(一拜)。

인간 세계를 위해 부처님께 예배함

참법 오늘 이 도량의 동업대중이여, 다 함께 이미 모든 하늘과 모든 신선과 용신과 팔부를 받들고 그들을 위해 부처님께 예배하였습니다. 다음은 인간 세계의 일체 인왕人王을 받들고 그들을 위해 (부처님께 예배하여 그 은혜에 보답해야 합니다.) 또 부모님과 스승과 일체 인민을 위해 부처님께 예배하고 그 은혜에 보답해야 합니다. 무엇 때문에 그렇게 해야 하는가? 만약 국왕이 계시지 않았다면 일체중생은 기댈 곳이 없었을 것입니다. 대왕 덕분에 일체중생이 머물 곳을 얻어 국왕의 땅을 밟고 국왕의 물을 마시고 있습니다. 그 나머지 여러 이익들은 낱낱이 다 말할 수도 없을 정도이니, 대중들은 각자 은혜에 보답하려는 마음을 일으켜야 마땅합니다. 경에서 다음과 같이 말씀하셨습니다.

"만약 하루 낮 하루 밤 종일토록 고통을 참아 그 이익을 받들어 은혜에 보답하려는 자는 마땅히 다음과 같은 마음을 일으켜야 한다. 자비를 익히고 실천한 이 원력으로 감싸 주고 덮어 주신 국왕의 은혜에 보답할 생각을 하고, 공양하고 염려해 준 시주의 은혜에 보답할 생각을 하고, 사랑으로 길러 주신 부모님의 은혜에 보답할 생각을 하고, 사랑으로 가르쳐 주신 스승의 은혜에 보답할 생각을 하고, 제도해 주신 여래의 은혜에 보답할 생각을 해야 한다. 만약 마음을 다해 항상 끊임없이 생각하고 또 도를 실천한다면 이와 같은 사람은 빨리 도로 들어갈 것이다." 1배

爲人道禮佛

今日道場。同業大衆。相與已得。奉爲諸天諸仙。龍神八部禮佛竟。次應奉爲人道。一切人王。禮佛報恩。又爲父母師長。一切人民。何以故爾。若無國王。一切衆生。無所依附。由人王故。一切得住。行國王地。飮國王水。諸餘利益。不可具說。大衆宜各。起報恩心。經言。若能一日一夜。六時忍苦。爲欲利益。奉報恩者。應當發起。如是等心。習行慈悲。以是願力。念報國王。覆燾之恩。念報施主。供億之恩。念報父母。慈育之恩。念報師長。慈訓之恩。念報如來。濟度之恩。若能至心。常念不絕。又當行道。如是等人。疾得入道(一拜)。

집해 '도도燾'는 『수경』에서 "도도와 도도 두 가지로 발음한다. 덮다(覆)라는 뜻이다."라고 하였다.

'공억供億'의 뒷글자는 그 뜻이 억億 자와 같다. 또 많다(多)라는 뜻이다.

燾。手鏡云。都道二音。覆也。供億者。下意同憶字。又多也。

국왕을 받들고 그를 위해 부처님께 예배함

참법 오늘 이 도량의 동업대중이여, 모든 부처님 대성인들께서는 자비로운 은혜로 열고 깨우쳐 이와 같이 은근히 은혜를 알고 은혜에 보답하게 하셨습니다. 우리는 오늘 말세에 불법을 높이 드러내 갖가지를 공양하면서 재물과 보배를 아끼지 않고, 국토의 신하와 백성을 이끌고 교화의 풍모를 기리며 귀의하는 국왕을 이미 우러러 의지하고 있습니다. 또한 출가한 사람들이 편안한 몸으로 도를 행하도록 가고 머물고 앉고 눕는 데 애초에 어려움이 없도록 하고 모든 일에 참여시키지 않으며 오로지 선으로 권장하고 있으니, 이 모두는 우리가 속히 생사를 벗어나 한량없는 법문을 밝히고 인간과 하늘의 바른 길을 열기를 원하기 때문입니다. 국왕에게 이와 같은 은덕이 있는데, 어찌 모든 사람이 예배하며 그 은혜를 받들고 보답하지 않을 수 있겠습니까.

　다 함께 마음을 다해 평등한 일심으로 간절하게 국왕을 받들고, 그분을 위해 세간의 너무도 자비로우신 아버지께 귀의합니다.

　나무 미륵불
　나무 석가모니불
　나무 보상불
　나무 가섭불
　나무 정의불
　나무 지차제불
　나무 맹위덕불
　나무 대광명불
　나무 일광요불
　나무 정장불
　나무 분별위불
　나무 무손불
　나무 밀구불
　나무 월광불
　나무 지명불
　나무 적행불
　나무 부동불
　나무 대찬불
　나무 덕법불
　나무 장엄왕불
　나무 고출불
　나무 염치불

나무 화덕불

나무 보엄불

나무 상선불

나무 이혜불

나무 엄토불

나무 무변신보살

나무 관세음보살

거듭 이와 같은 시방 온 허공계 일체 삼보께 목숨 바쳐 귀의합니다. 1배[88]
부디 자비의 힘으로 함께 섭수하소서. 현재 자리에 계신 주상 폐하께서 성체가 강건하고 인자한 교화가 멀리까지 끼쳐 나라의 기반이 영원히 견고하고 지혜의 수명이 끝이 없게 하시며, 촉촉한 자비 끝이 없어 식신이 있는 자라면 모두 마음을 돌리고 보살님의 성대한 교화를 하늘과 인간들이 찬양하고 우러르게 하시며, 사무량심과 육바라밀이 날마다 더욱 밝아지고 사무애변으로 요설樂說이 다함이 없어 팔자재를 얻고 육신통력을 구족해 삼매三昧와 총지總持가 생각만 하면 앞에 나타나게 하시고, 이 세상에 자비를 베풂에 그 은덕 육도에 가득하여 만행이 일찌감치 원만해져 속히 정각에 오르게 하소서. 1배

奉爲國王禮佛

今日道場。同業大衆。諸佛大聖。慈恩開誘。慇懃如此。令知恩報恩。我等今日。旣仰賴國王。於末世中。興顯佛法。種種供養。不惜財寶。率土臣民。望風歸附。又令出家之人。安身行道。行住坐臥。初無留難。凡百不預。唯獎以善。皆願我等。速出生死。闡無量法門。開人天正路。而國王有。如此恩德。豈得不人人禮拜。奉報其恩。相與至心。等一痛切。奉爲國王。歸依

---

[88] 문맥으로 볼 때 '1배'가 누락된 것으로 보인다. 보입하였다.

世間。大慈悲父。南無彌勒佛。南無釋迦牟尼佛。南無寶上佛。南無迦葉佛。
南無淨意佛。南無知次第佛。南無猛威德佛。南無大光明佛。南無日光曜
佛。南無淨藏佛。南無分別威佛。南無無損佛。南無密口佛。南無月光佛。
南無持明佛。南無寂行佛。南無不動佛。南無大讚佛。南無德法佛。南無莊
嚴王佛。南無高出佛。南無炎熾佛。南無華德佛。南無寶嚴佛。南無上善佛。
南無利慧佛。南無嚴土佛。南無無邊身菩薩。南無觀世音菩薩。又復歸命。
如是十方。盡虛空界。一切三寶。願以慈悲力。同加攝受。願當今主上陛下。
聖體康御。仁風遠被。邦基永固。慧命無窮。慈霑無際。有識歸心。菩薩盛
化。天人讚仰。四等六度。日夜增明。四無礙辯。樂說無盡。得八自在。具
六神通。三昧總持。應念現前。慈悲此世。恩徧六道。萬行早圓。速登正覺
(一拜)。

[집해] '앙뢰仰賴' 두 글자는 '인천정로人天正路'까지 걸린다.[89]

 '재물과 보배를 아끼지 않는다'에 대해 각명 공은 "가람伽藍을 세우고 삼보를 안치한 것을 말한다."고 하였다.

 '보살의 성대한 교화'에 대해 변진 스님은 "양梁 무제武帝를 지칭한 것이다. 불사를 크게 일으키고 십선十善으로 만물을 교화했기 때문에 보살이라 칭하였다."고 하였다.

仰賴二字。入人天正路之下。不惜財寶。明公云。修建伽藍。安置三寶。菩
薩盛化。眞師曰。梁武帝也。興隆佛事。十善化物。故稱菩薩。

---

[89] 해석과 관련된 설명이다. 원문 '我等今日 旣仰賴國王 於末世中 興顯佛法 種種供養 不惜財寶 率土臣民 望風歸附 又令出家之人 安身行道 行住坐臥 初無留難 凡百不預 唯獎以善 皆願我等 速出生死 聞無量法門 開人天正路'에서 주어가 '我等'이고, 문장 전체의 술어가 '仰賴'라는 것이다. 『집해』의 설명에 따라 번역하면 '仰賴'의 번역인 '우러러 의지하고 있다'가 '인간과 하늘의 바른 길을 열기를 원한다' 뒤로 와야 옳다. 하지만 한글 문장으로 구성함에 있어 어색함이 많아 위와 같이 번역하였다.

모든 왕을 받들고 그들을 위해 부처님께 예배함

[참법] 오늘 이 도량의 동업대중이 거듭 정성을 다해 오체투지하며 왕태자 전하와 여러 왕가의 종실과 그 각각의 권속들을 받들고, 그들을 위해 세간의 너무도 자비로우신 아버지께 귀의합니다.

나무 미륵불
나무 석가모니불
나무 득해불
나무 범상불
나무 월개불
나무 다염불
나무 위람왕불
나무 지칭불
나무 각상불
나무 공덕광불
나무 성유포불
나무 만월불
나무 화광불
나무 선계불
나무 등왕불
나무 전광불
나무 광왕불
나무 광명불
나무 구족찬불
나무 화장불
나무 불사불
나무 일단엄불

나무 정의불

나무 위맹군불

나무 복위덕불

나무 역행불

나무 라후천불

나무 무변신보살

나무 관세음보살

거듭 이와 같은 시방 온 허공계 일체 삼보께 귀의합니다. 1배[90]

부디 자비의 힘으로 함께 감싸고 보호하소서. 왕태자 전하와 여러 왕가의 종실과 그 각각의 권속들이 몸과 마음이 안락하고 훌륭한 계획 끝이 없게 하시며, 대승의 도를 실천하고 부처님의 지혜에 들어가 사홍서원을 베풀어 일체중생을 버리지 않게 하시며, 사무량심과 육바라밀이 항상 앞에 나타나고 육통과 삼달로 근기와 성품을 잘 알게 하시며, 두 가지 장엄을 구족해 신력이 자재하고 여래의 자비를 실천해 사생을 거두고 교화하게 하소서. 1배

奉爲諸王禮佛

今日道場。同業大衆。重復至誠。五體投地。奉爲王太子殿下。諸王宗室。各及眷屬。歸依世間。大慈悲父。南無彌勒佛。南無釋迦牟尼佛。南無得海佛。南無梵相佛。南無月蓋佛。南無多炎佛。南無違藍王佛。南無智稱佛。南無覺想佛。南無功德光佛。南無聲流布佛。南無滿月佛。南無華光佛。南無善戒佛。南無燈王佛。南無電光佛。南無光王佛。南無光明佛。南無具足讚佛。南無華藏佛。南無弗沙佛。南無日端嚴佛。南無淨意佛。南無威猛軍佛。南無福威德佛。南無力行佛。南無羅睺天佛。南無無邊身菩薩。南無觀

---

[90] 문맥으로 볼 때 '1배'가 누락된 것으로 보인다. 보입하였다.

世音菩薩。又復歸依。如是十方。盡虛空界。一切三寶。願以慈悲力。同加覆護。願王太子殿下。諸王宗室。各及眷屬。身心安樂。妙算無窮。行大乘道。入佛智慧。被四弘誓。不捨一切。四等六度。常得現前。六通三達。善識根性。具二莊嚴。神力自在。行如來慈。攝化四生(一拜)。

부모님을 받들고 그들을 위해 부처님께 예배함

참법 오늘 이 도량의 동업대중이여, 다음에는 모름지기 오체투지하며 키워주신 부모님의 은혜를 생각해야 합니다. 품에 안고 젖을 먹이는 그 사랑이 무겁고 그 정이 깊어 차라리 자신이 위태로울지언정 그 자식은 안전하게 하고, 나이 들어 장성하면 인仁과 예禮를 가르치고 손을 씻고서 스승을 구해 경의 뜻을 통달하기를 바라며, 한시도 잊지 않고 사람 노릇 하기를 바라 필요한 것들을 공급함에 있어서는 집안의 보물도 아끼지 않고, 걱정이 깊은 것이 또 병이 되어 자리에 눕고도 편안히 있질 못하고 항상 자식 생각뿐이니, 천하에 그 은혜가 무겁기로 세상에 진실로 둘도 없는 것입니다. 그러므로 부처님께서 말씀하셨습니다.

"천하에 그 은혜가 부모님보다 더한 것은 없느니라. 무릇 출가한 사람이 도를 얻지 못했다면 오로지 학업에 매진하며 선을 실천하는 것을 폐하지 말고 덕을 쌓는 것을 그치지 말아야 한다. 그러면 반드시 은혜에 보답할 수 있느니라."

다 함께 마음을 다해 평등한 일심으로 간절하게 오체투지하며, 각자 부모님과 친연親緣과 일체 권속들을 받들고 그들을 위해 세간의 너무도 자비로우신 아버지께 귀의합니다.

나무 미륵불

나무 석가모니불

나무 지취불

나무 조어불

나무 여왕불
나무 화상불
나무 라후라불
나무 대약불
나무 숙왕불
나무 화왕불
나무 덕수불
나무 득차가불
나무 유포왕불
나무 일광불
나무 덕장불
나무 묘음불
나무 덕주불
나무 금강중불
나무 혜정불
나무 선주불
나무 의행불
나무 범음불
나무 사자불
나무 뇌음불
나무 통상불
나무 혜음불
나무 안은불
나무 무변신보살
나무 관세음보살
거듭 이와 같은 시방 온 허공계 일체 삼보께 귀의합니다. 1배 부디 자비의 힘으로 함께 섭수하소서. 부모님과 친연과 그 각각의 권속들이 오늘부터 보리에 이르는 그날까지 일체 죄장이 모두 말끔히 없어지게 하시고, 일체 온갖 고통에서 끝끝내 해탈하게 하시고, 결박과 습기와 번뇌가 영원히 청정해지게 하소서. 사취와 길이 이별하고 자재하게 왕생하여 모든 부처님을 직접 모시고 그 앞에서 수기를 받게 하시고, 사무량심과 육바라밀의 실천을 항상 떠나지 않고 사무애지와 육신통력이 뜻대로 자재하게 하시며, 부처님의 십력을 얻고 그 상호로 몸을 장엄하여 함께 도량에 앉아 등정각을 이루게 하소서. 1배

奉爲父母禮佛

今日道場。同業大衆。次復應須。五體投地。思念父母。育養之恩。懷抱乳哺。愛重情深。寧自危身。安立其子。至年長大。訓以仁禮。洗掌求師。願通經義。時刻不忘。企及人流。所當供給。不恪家寶。念深慮結。至亦成病。臥不安席。常憶其子。天下恩重。世實無二。所以佛言。天下之恩。莫過父母。夫捨家人。未能得道。唯勤學業。爲善莫廢。積德不止。必能報恩。相與至心。等一痛切。五體投地。各自奉爲。父母親緣。一切眷屬。歸依世間。大慈悲父。南無彌勒佛。南無釋迦牟尼佛。南無智聚佛。南無調御佛。南無如王佛。南無華相佛。南無羅睺羅佛。南無大藥佛。南無宿王佛。南無華王佛。南無德手佛。南無得叉迦佛。南無流布王佛。南無日光佛。南無德藏佛。南無妙音佛。南無德主佛。南無金剛衆佛。南無慧頂佛。南無善住佛。南無意行佛。南無梵音佛。南無師子佛。南無雷音佛。南無通相佛。南無慧陰佛。南無安隱佛。南無無邊身菩薩。南無觀世音菩薩。又復歸依。如是十方。盡虛空界。一切三寶(一拜)。願以慈悲力。同加攝受。願父母親緣。各及眷屬。從今日去。至于菩提。一切罪障。皆得除滅。一切衆苦。畢竟解脫。結習煩惱。永得淸淨。長辭四趣。自在往生。親侍諸佛。現前受記。四無量心。六波羅蜜。常不離行。四無礙智。六神通力。如意自在。得佛十力。相好嚴身。同坐道場。成等正覺(一拜)。

'회포유포懷抱乳哺'에 대해 각명 공은 "배에 품고(腹懷) 손으로 쓰다듬고(手抱) 젖을 먹이고(乳飮) 음식을 씹어서 먹이는 것(哺食)이다. 포哺는 보步로 발음하고, 음식이 입안에 있는 것이다."라고 하였다.

'손을 씻고 스승을 구한다'는 것은 서역의 법도에 물건을 남에게 줄 때에는 먼저 상대방이 손을 씻도록 물을 부어 주고, 그런 다음에 준다. 말하자면 그 물건을 깨끗이 하기 위해서이다.

'기企'는 기弃로 발음하고, 희망하다(望)라는 뜻이다.

'후瞍'는 호乎와 거去 두 가지로 발음하는데, 모두 애꾸눈(半盲)이라는 뜻이다.

> 懷抱乳哺。明公云。腹懷。手抱。乳飮。哺食。哺。音步。食在口也。洗掌求師者。西域之法。以物與人之時。先以水。灌洗彼人之手。然後與之。謂其物。爲淨故也。企[音弃。望也]。瞍[乎去二音。皆半盲也]。

과거 부모님을 받들고 그들을 위해 부처님께 예배함

참법 오늘 이 도량의 동업대중이여, 이 가운데는 혹 부모님을 어린 나이에 잃고 다시 만나기 어려워 만겁에 아득하기만 한 분들이 계실 것입니다. 죽어서 어디에 태어나는지 분명하게 아는 천안天眼을 이렇게 얻지 못하고 있으니, 부모님이 과보의 몸을 버리고 그 식신이 다시 어느 세계에 태어났는지 알지 못할 것입니다. 그렇다면 오로지 앞다투어 복덕과 공덕을 마련하여 그것을 미루어 은혜에 보답해야 마땅하니, 선을 실천하는 것을 그치지 않아 공이 이루어지면 반드시 미칠 것입니다. 경에서도 말씀하셨습니다.

"망자를 위하여 복을 짓는 것은 먼 곳에 있는 사람에게 음식을 보내는 것과 같으니라. 만약 (망자가) 인간이나 하늘에 태어났다면 그 공덕이 더욱 늘어날 것이며, 만약 삼악도에 태어나거나 팔난에 처했다면 빨리 그곳을 벗어날 것이며, 태어나 만약 부처님을 만났다면 바른 법의 가르침을 받아들이고 곧바로 초월해 깨닫게 되리라. 칠세七世의 부모님과 여러 겁의 친연이 온갖 고통을 영원히 벗어나고 근심과 두려움을 모두 제거하여 함께 해탈을 얻게 될 것이니, 이것이 지혜로운 자의 지극한 사랑이고 지극한 효도며 최상의 보은이니라."

다 함께 오늘 슬피 흐느끼며 추억하고 그리워해야 마땅합니다. 아, 목매어 통곡해야 마땅합니다.

식신이 있은 이래로 오늘에 이르기까지 나를 낳아 주셨던 여러 생의 부모님과 오랜 겁의 친연과 일체 권속들을 받들고, 그들을 위해 오체투지하며 세간의 너무도 자비로우신 아버지께 귀의합니다.

나무 미륵불

나무 석가모니불

나무 범왕불

나무 우왕불

나무 이다목불

나무 용덕불

나무 보덕불

나무 장엄불

나무 불몰음불

나무 화지불

나무 음득불

나무 사자불

나무 장엄사불

나무 용지불

나무 화적불

나무 화개불

나무 역행불

나무 덕적불

나무 사형색불

나무 명요불

나무 월등불

나무 위덕왕불

나무 보리왕불

나무 무진불

나무 보리안불

나무 신충만불

나무 혜국불

나무 무변신보살

나무 관세음보살

거듭 이와 같은 시방 온 허공계 일체 삼보께 귀의합니다. 1배

부디 자비의 힘으로 구호하고 건져 주소서. 대중들 각자의 과거 부모님과 여러 겁 동안의 권속들이 오늘부터 도량에 이르는 그날까지 일체 죄업의 인연이 모두 소멸하게 하시고, 일체 고통스러운 과보가 영원히 말끔히 없어지게 하시고, 번뇌와 결박과 업이 끝까지 청정해지게 하소서. 삼장三障의 인연을 끊고 오포외를 제거하고는 보살도를 행하여 널리 일체중생을 교화하면서 팔해탈로 마음을 씻고 사홍서원을 만물에게 베풀게 하시고, 자비로우신 얼굴을 면전에서 받들고 오묘한 가르침을 묻고 받들어 앉은 그 자리에서 모든 유루를 다하게 하시며, 생각대로 모든 부처님의 국토를 두루 소요하며 행과 원이 금방 성숙해 빨리 정각을 성취하게 하소서. 1배

奉爲過去父母禮佛

今日道場。同業大衆。其中。若有父母。少便孤背。難復再遇。萬劫悠然。旣未得天眼。死生智明。不知父母。捨報神識。更生何道。唯當競設。福力功德。追而報恩。爲善不止。功成必致。經言。爲亡人作福。如餉遠人。若生人天。增益功德。若處三途。或在八難。速令解脫。生若値佛。受正法敎。卽得超悟。七世父母。歷刼親緣。永離衆苦。悉除憂畏。同得解脫。是爲智者。至慈至孝。最上報恩。相與今日。應當悲泣。追懷懊惱。嗚呼哽慟。奉爲有識神已來。至于今日。經生父母。歷劫親緣。一切眷屬。五體投地。歸依世間。大慈悲父。南無彌勒佛。南無釋迦牟尼佛。南無梵王佛。南無牛王佛。南無梨陀目佛。南無龍德佛。南無寶德佛。南無莊嚴佛。南無不沒音佛。南無華持佛。南無音得佛。南無師子佛。南無莊嚴辭佛。南無勇智佛。南無華積佛。南無華開佛。南無力行佛。南無德積佛。南無士[1]形色佛 南無明曜佛。南無月燈佛。南無威德王佛。南無菩提王佛。南無無盡佛。南無菩提眼佛。南無身充滿佛。南無慧國佛。南無無邊身菩薩。南無觀世音菩薩。又復歸依。如是十方。盡虛空界。一切三寶(一拜)。願以慈悲力。救護拯接。願大衆各有。過去父母。歷劫眷屬。從今日去。至坐道場。一切罪緣。皆得消殄。一切苦果。永得除滅。煩惱結業。畢竟淸淨。斷三障緣。除五怖畏。行菩薩道。廣化一切。八解洗心。四弘被物。面奉慈顏。諮承妙旨。不起本處。盡諸有漏。隨念逍遙。徧諸佛土。行願早登。速成正覺(一拜)。

---

1) ㉘『자비도량참법』(T45, 956b)에는 '士'가 '上'으로 되어 있다.

[집해] '소편고배小便孤背'에서 소소는 나이가 어린 것을 말한다. 아버지가 없는 것을 고孤라 하고, 어머니가 없는 것을 배背라 한다.

'유悠'에 대해 미수 스님은 "멀다(遠)는 뜻이다. 또 생각하다(思), 근심하다(憂)라는 뜻이다."라고 하였다.

'여향원인如餉遠人'에서 향餉은 음식을 보내는 것(饋)이다. 여기에 보충 설명을 하겠다. 맛있는 음식을 잘 꾸려 멀리 있는 사람에게 보내면 비록 그 사람이 먹는 모습은 보지 못하지만 그 사람은 그 음식을 먹고 배가 부를 것이다. 음식을 보내는 것과 똑같이 본다면 망자를 위해 복을 짓는 것 역시 마찬가지다.

'비읍悲泣……'에 대해 각명 공은 "애통한 것을 비悲라 하고, 소리 없이 우는 것을 읍泣이라 하며, 아득히 기리는 것을 추追라 하고, 늘 생각하는 것을 회懷라 하며, 후회하고 한스러워하는 것을 오懊라 하고, 근심하고 번민하는 것을 뇌惱라 한다. 오호嗚呼는 탄성歎聲이다. 숨이 막히는 것을 경哽이라 하고, 곡이 지나친 것을 통慟이라 한다. 일噎은 열悅로 발음하고, 숨을 제대로 쉬지 못하는 것이다."라고 하였다.

'소진消殄'의 뒷글자는 진鎭으로 발음하고, 없어지다(滅)라는 뜻이다.

'일체 죄업의 인연(一切罪緣)'은 업장業障이고, '일체 고통스러운 과보(一切苦果)'는 보장報障이고, '번뇌와 결박과 업(煩惱結業)'은 번뇌장煩惱障이니, 곧 삼장三障을 말한다.

小便孤背。小謂幼小。無父曰孤。無母曰背。悠[授師云。遠也。又思也。憂也]。如餉遠人者。餉。饋也。生枝曰。飾饍饋餉遠人。雖不見彼之食㒵。彼人食之飽。則見饋一同。爲亡人作福。亦如是也。悲泣等者。明公云。哀痛曰悲。無聲曰泣。遠憶曰追。長思曰懷。悔恨曰懊。憂煩曰惱。嗚呼。歎聲。氣噎曰哽。哭過曰慟。噎。音悅。氣不通。消瘝[音鎭。滅也]。一切罪緣者[卽業障也]。一切苦果[卽報障也]。煩惱結業[卽煩惱障也。卽三障也]。

스승을 받들고 그들을 위해 부처님께 예배함

참법 오늘 이 도량의 동업대중이여, 다 함께 이미 부모님과 친연을 위해 부처님께 예배하였으니, 다음은 다시 스승의 은덕을 생각하며 정성을 다해 부처님께 예배해야 합니다. 무엇 때문에 그렇게 해야 하는가. 부모님께서 비록 우리를 낳아 길러 주긴 하셨지만 우리를 나쁜 세계에서 속히 벗어나게 하지는 못하십니다. 스승은 우리에게 그 은덕이 한량없어 큰 자비로 권장하고 깨우치며 항상 선을 닦게 하시고 생사를 벗어나 저 언덕에 다다르길 원하시며, 매사에 이롭게 하여 부처님을 뵙게 하고 번뇌의 결박을 제거하여 영원히 무위無爲에 자리하게 하셨으니, 이와 같은 지극한 덕을 누가 제대로 보답할 수 있겠습니까. 설령 죽을 때까지 도를 실천한다 하더라도 단지 자신을 이롭게 하는 것일 뿐이지 스승의 은혜에 보답하는 것은 아닙니다. 그러므로 부처님께서 말씀하셨습니다.

"선지식으로 스승보다 더한 사람은 없으니, 이미 스스로를 제도하고는 또 다시 남을 제도한다."

다 함께 오늘 다행히 출가하여 구족계까지 받았습니다. 이 무거운 은혜는 스승에게서 받은 것이니, 어찌 모든 사람이 그 은혜를 기리지 않을 수 있겠습니까.

다 함께 마음을 다해 평등한 일심으로 간절하게 오체투지하며 화상·아사리와 같은 계단의 존사·증사와 상좌·중좌·하좌와 그 각각의 권속들을 받들고, 그들을 위해 세간의 너무도 자비로우신 아버지께 귀의합니다.

나무 미륵불

나무 석가모니불

나무 최상불

나무 청정조불

나무 혜덕불

나무 묘음불

나무 도사불

나무 무애장불

나무 상시불

나무 대존불

나무 지력불

나무 화염불

나무 제왕불

나무 제력불

나무 위덕불

나무 선명불

나무 명문불

나무 단엄불

나무 무진구불

나무 위의불

나무 사자군불

나무 천왕불

나무 명성불

나무 수승불

나무 대장불

나무 복덕광불

나무 범문불

나무 무변신보살

나무 관세음보살

거듭 이와 같은 시방 온 허공계 일체 삼보께 귀의합니다. 1배

부디 자비의 힘으로 함께 섭수하소서. 화상·아사리와 같은 계단의 존사·증사와 상좌·중좌·하좌와 그 각각의 권속들이 오늘부터 도량에 앉는 그날까지 일체 죄장이 모두 청정해지게 하시고, 일체 온갖 고통에서 모두 해탈하게 하시고, 일체 번뇌를 모두 끊어 없애게 하소서. 생각대로 모든 부처님의 정토에 왕생하여 보리의 행과 원을 모두 구족하게 하시고, 재물의 보시가 끝이 없고 법의 보시가 끝이 없고 복덕이 끝이 없고 안락

이 끝이 없고 수명이 끝이 없고 지혜가 끝이 없게 하시며, 사무량심과 육바라밀이 항상 앞에 나타나고 사무애지와 육신통력이 뜻대로 자재하게 하시고, 수능엄삼매에 머물러 금강신을 얻으며 본래의 서원을 버리지 않고 다시 중생을 구제하게 하소서. 1배

奉爲師長禮佛
今日道場。同業大衆。相與已爲。父母親緣。禮佛竟。次復應念。師長恩德。虔誠禮佛。何以故爾。父母雖復。生育我等。不能令我。速離惡趣。師長於我。恩德無量。大慈獎諭。恒使修善。願出生死。到於彼岸。每事利益。令得見佛。除煩惱結。永處無爲。如此至德。誰能上報。若能終身行道。止可自利。非報師恩。故佛言。善知識者。莫過師長。旣能自度。亦復度人。相與今日。幸得出家。受具足戒。此之重恩。從師長得。豈不人人。追念此恩。相與至心。等一痛切。五體投地。奉爲和上阿闍梨。同壇尊證。上中下座。各及眷屬。歸依世間。大慈悲父。南無彌勒佛。南無釋迦牟尼佛。南無最上佛。南無淸淨照佛。南無慧德佛。南無妙音佛。南無導師佛。南無無礙藏佛。南無上施佛。南無大尊佛。南無智力佛。南無火炎佛。南無帝王佛。南無制力佛。南無威德佛。南無善明佛。南無名聞佛。南無端嚴佛。南無無塵垢佛。南無威儀佛。南無師子軍佛。南無天王佛。南無名聲佛。南無殊勝佛。南無大藏佛。南無福德光佛。南無梵聞佛。南無無邊身菩薩。南無觀世音菩薩。又復歸依。如是十方。盡虛空界。一切三寶(一拜)。願以慈悲力。同加攝受。願和上阿闍梨同壇尊證。上中下座。各及眷屬。從今日去。至坐道場。一切罪障。皆得淸淨一切衆苦。悉得解脫。一切煩惱。皆得斷除。隨念往生。諸佛淨土。菩提行願。皆悉具足。財施無盡。法施無盡。福德無盡。安樂無盡。壽命無盡。智慧無盡。四無量心。六波羅蜜。常得現前。四無礙智。六神通力。如意自在。住首楞嚴三昧。得金剛身。不捨本誓。還救衆生(一拜)。

시방의 비구와 비구니를 위해 부처님께 예배함

참법 오늘 이 도량의 동업대중이 지금 이렇게 예배하는 차제에, 거듭 간절하게 오체투지하며 널리 시방 온 허공계 현재와 미래의 일체 비구와 비구니와 식차마나와 사미와 사미니와 그 각각의 권속들을 위해, 또 시방 온 허공계의 일체 우바새와 우바이와 그 각각의 권속들을 위해, 또 그 동안 믿음으로 보시한 단월과 선지식·악지식과 인연 있고 인연 없는 이와 그 각각의 권속들을 위해, 이와 같은 인간 세계의 일체 인류와 그 각각의 권속들을 위해, 아무개 등이 오늘 자비로운 마음으로 널리 그들을 위해 세간의 너무도 자비로우신 아버지께 귀의합니다.

나무 미륵불

나무 석가모니불

나무 등왕불

나무 지정불

나무 상천불

나무 지왕불

나무 지해탈불

나무 금계불

나무 라후일불

나무 막능승불

나무 모니정불

나무 선광불

나무 금제불

나무 중덕천왕불

나무 법익불

나무 덕비불

나무 앙가타불

나무 미묘혜불

나무 미의불

나무 제위덕불

나무 사자계불

나무 해탈상불

나무 혜장불

나무 지취불

나무 위상불

나무 단류불

나무 무애찬불

나무 무변신보살

나무 관세음보살

거듭 이와 같은 시방 온 허공계 일체 삼보께 귀의합니다. 1배

부디 자비의 힘으로 함께 감싸고 보호하소서. 시방 온 허공계의 일체 비구와 비구니와 식차마나와 사미와 사미니와 그 각각의 권속들이, 또 원하옵건대 시방의 일체 우바새와 우바이와 그 각각의 권속들이, 또 원하옵건대 지금까지 믿음으로 보시한 단월과 선지식·악지식과 인연 있고 인연 없는 이와 그 각각의 권속들과 나아가 일체 인간 세계의 일체 인류들이 시작이 없는 때로부터 오늘까지 저질렀던 일체 번뇌를 모두 끊어 없애게 하시고, 일체 악연과 장애가 모두 청정해지게 하시고, 일체 죄업이 모두 소멸하게 하시고, 일체 온갖 고통에서 모두 해탈하게 하소서. 삼장의 업을 벗어나고 오포외를 제거하게 하시고,[91] 사부량심과 육바라밀이 항·상

---

91 '오포외를 제거하고'의 원문은 '礙五怖畏'이다. 삼장三障과 오포외五怖畏로부터 자유롭기를 기원하는 이 문구는 여러 차례 반복되고 있는데, 여러 곳에서 '除五怖畏', '無五怖畏', '滅五怖畏' 등으로 표현되고 있다. 같은 의미로 해석될 수 있는 '除', '無', '滅'과 비교할 때 여기에서 사용한 '애礙' 자는 너무 동떨어져 혹 오자가 아닐까 추측된다. 따라서

앞에 나타나고 사무애지와 육신통력이 뜻대로 자재하게 하시며, 보살의 행을 실천하며 일승의 길로 들어가 가없는 일체 중생을 제도하게 하소서. 1배

爲十方比丘比丘尼禮佛

今日道場。同業大衆。今此禮拜之次。重復增到。五體投地。普爲十方。盡虛空界。現在未來。一切比丘比丘尼。式叉摩那。沙彌沙彌尼。各及眷屬。又爲十方。盡虛空界。一切優婆塞優婆夷。各及眷屬。又爲從來。信施檀越。善惡知識。有緣無緣。各及眷屬。如是人道。一切人類。各及眷屬。(甲某[1])等今日。以慈悲心。普爲歸依。世間大慈悲父。南無彌勒佛。南無釋迦牟尼佛。南無燈王佛。南無智頂佛。南無上天佛。南無地王佛。南無至解脫佛。南無金髻佛。南無羅睺日佛。南無莫能勝佛。南無牟尼淨佛。南無善光佛。南無金齊佛。南無衆德天王佛。南無法盆佛。南無德臂佛。南無騫伽陀佛。南無美妙惠佛。南無微意佛。南無諸威德佛。南無師子髻佛。南無解脫相佛。南無慧藏佛。南無智聚佛。南無威相佛。南無斷流佛。南無無礙讚佛。南無無邊身菩薩。南無觀世音菩薩。又復歸依。如是十方。盡虛空界。一切三寶(一拜)。願以慈悲力。同加覆護。願十方盡虛空界。一切比丘比丘尼。式叉摩那。沙彌沙彌尼。各及眷屬。又願十方。一切優婆塞優婆夷。各及眷屬。又願從來信施壇越。善惡知識。有緣無緣。各及眷屬。乃至一切人道。一切人類。無始已來。至于今日。一切煩惱。皆得斷除。一切緣障。皆得淸淨。一切罪業。皆得消滅。一切衆苦。皆得解脫。離三障業。礙五怖畏。四無量心。六波羅蜜。常得現前。四無礙智。六神通力。如意自在。行菩薩行。入一乘道。度脫無邊。一切衆生。(一拜)。

---
1) ㉘ '甲某'는 '某甲'의 오자이다.

여타 문구들에 의거해 '제거하다'로 번역하였다.

시방의 과거 비구와 비구니를 위해 부처님께 예배함

참법 오늘 이 도량의 동업대중이 거듭 정성을 다해 오체투지하며, 시방 온 허공계의 일체 과거의 비구와 비구니와 식차마나와 사미와 사미니, 과거의 우바새와 우바이, 나아가 시방 일체 인간 세계의 일체 인류로서 그 목숨이 지나간 이와 그 각각의 권속들을 대신하여 아무개 등이 오늘 자비로운 마음으로, 모든 부처님과 평등한 마음으로, 모든 부처님과 똑같은 서원으로 널리 그들을 위해 세간의 너무도 자비로우신 아버지께 귀의합니다.

나무 미륵불
나무 석가모니불
나무 보취불
나무 선음불
나무 산왕상불
나무 법정불
나무 해탈덕불
나무 선단엄불
나무 길신불
나무 애어불
나무 사자리불
나무 화루나불
나무 사자법불
나무 법력불
나무 애락불
나무 찬부동불
나무 중명불
나무 각오중생불

나무 광조불

나무 향덕불

나무 묘안불

나무 의주의불

나무 영희불

나무 불허행불

나무 멸에불

나무 상읍불

나무 선보불

나무 무변신보살

나무 관세음보살

거듭 이와 같은 시방 온 허공계 일체 삼보께 귀의합니다. 1배

부디 자비의 힘으로 구호하고 건져 주소서. 과거의 일체 비구와 비구니와 식차마나와 사미와 사미니와 그 각각의 권속들이, 또 과거의 일체 우바새와 우바이와 그 각각의 권속들이 만약 지옥 세계에서 고통받고 있다면 오늘 바로 해탈하게 하시고, 만약 축생 세계에서 고통받고 있다면 오늘 바로 해탈하게 하시고, 만약 귀신 세계에서 고통받고 있다면 오늘 바로 해탈하게 하소서. 팔난의 땅을 벗어나 팔복의 삶을 받고 영원히 악도를 벗어나 정토에 태어나게 하시고, 재물의 보시가 끝이 없고 법의 보시가 끝이 없고 복덕이 끝이 없고 안락이 끝이 없고 수명이 끝이 없고 지혜가 끝이 없게 하시며, 사무량심과 육바라밀이 항상 앞에 나타나고 사무애지와 육신통력이 뜻대로 자재하게 하시고, 항상 부처님을 뵙고 법문을 들으면서 보살도를 실천하고 용맹하게 정진하며 쉬지도 않고 멈추지도 않게 하시고, 나아가 더욱 수행하여 아뇩다라삼먁삼보리를 성취해 널리 일체중생을 제도할 수 있게 하소서. 1배

爲十方過去比丘比丘尼禮佛

今日道場。同業大衆。重復至誠。五體投地。代爲十方。盡虛空界。一切過去。比丘比丘尼。式叉摩那。沙彌沙彌尼。過去優婆塞優婆夷。廣及十方。一切人道。一切人類。有命過者。各及眷屬。(某甲)等今日。以慈悲心。等諸佛心。同諸佛願。普爲歸依。世間大慈悲父。南無彌勒佛。南無釋迦牟尼佛。南無寶聚佛。南無善音佛。南無山王相佛。南無法頂佛。南無解脫德佛。南無善端嚴佛。南無吉身佛。南無愛語佛。南無師子利佛。南無和樓那佛。南無師子法佛。南無法力佛。南無愛樂佛。南無讚不動佛。南無衆明佛。南無覺悟衆生佛。南無光照佛。南無香德佛。南無妙眼佛。南無意住義佛。南無令喜佛。南無不虛行佛。南無滅恚佛。南無上邑佛。南無善步佛。南無無邊身菩薩。南無觀世音菩薩。又復歸依。如是十方。盡虛空界。一切三寶(一拜)。願以慈悲力。救護拯接。願過去一切比丘比丘尼。式叉摩那。沙彌沙彌尼。各及眷屬。又願過去一切優婆塞優婆夷。各及眷屬。若有地獄道苦。今日卽得解脫。若有畜生道苦。今日卽得解脫。若有鬼神道苦。今日卽得解脫。離八難地。受八福生。永捨惡道。得生淨土。財施無盡。法施無盡。福德無盡。安樂無盡。壽命無盡。智慧無盡。四無量心。六波羅蜜。常得現前。四無礙智。六神通力。如意自在。常得見佛聞法。行菩薩道。勇猛精進。不休不息。乃至進修。成阿耨多羅三藐三菩提。廣能度脫。一切衆生(一拜)。

상교정본 자비도량참법 권 제8
詳校正本慈悲道場懺法卷第八

집해 '팔복의 삶(八福生)'에 대해 자은 기慈恩基 스님은 "욕계 속산국粟散國[92]의 왕과 신하가 둘이 되고, 거기에 육욕천을 더한 것이다."라고 하였

---

92 속산국粟散國 : 조를 흩어 놓은 것처럼 수많은 나라들이라는 의미이다.

다. 각명 공은 "첫째는 자궁 속으로 들어가지 않는 것, 둘째는 살면서 온 갖 괴로움이 없는 것, 셋째는 큰 세력을 가지는 것, 넷째는 큰 재물과 보배를 구족하는 것, 다섯째는 몸의 상호가 단정하고 엄숙한 것, 여섯째는 안락하고 병이 없는 것, 일곱째는 항상 자유로울 수 있는 것, 여덟째는 부처님을 만나 법을 듣는 것이다."라고 하였다.

八福生。慈恩基師云。欲界粟散王臣爲二。加六欲天。明公云。一不受胎藏。二生無衆苦。三有大勢力。四具大財寶。五身相端嚴。六安樂無病。七常得自在。八遇佛聞法。

제8권의 음의

천闡 : 창昌과 선善의 반절이고, 열다(開), 밝다(明)는 뜻이다.

포哺 : 보步로 발음하고, 음식이 입에 있는 것이다.

기企 : 거去와 지智의 반절이고, 희망하다(望)라는 뜻이다.

린悋 : 량良과 인刃의 반절이고, 인색하다(鄙悋)라는 뜻이다.

유연悠然 : (앞 글자는) 이以와 주周의 반절이고, 길고 먼 모양이다.

향餉 : 식式과 량亮의 반절이고, 음식을 보내다(饋)라는 뜻이다.

소진消殄 : (뒷글자는) 도徒와 전典의 반절이고, 완전히 없어지다(絶滅)라는 뜻이다.

第八卷音義

闡(昌善切。開也。明也)。哺(音步。食在口也)。企(去智切。望也)。悋(良刃切。鄙悋也)。悠然(以周切。長遠皃)。餉(式亮切。饋也)。消殄(徒典切。絶滅也)。

상교정본 자비도량참법 권 제9
詳校正本慈悲道場懺法卷第九

양조의 여러 대법사가 찬집하다
梁朝諸大法師集撰

참법 인간 세계를 위해 부처님께 예배를 마쳤으니, 다음은 삼악도를 위해 부처님께 예배하겠습니다.

아비지옥을 위해 부처님께 예배함

오늘 이 도량의 동업대중이여, (삼보께) 귀의한 이래로 이 장 끝까지, 만 가지 법이 비록 차이가 나고 그 작용(功用)이 한결같지는 않다고 매번 말해 왔지만 밝음과 어둠으로 상대시켜 보면 오직 선과 악일 뿐입니다. 선이란 곧 인간과 천상의 수승한 길을 말하고, 악이란 곧 삼악도의 삿된 길을 말합니다. 인의仁義를 닦으면 수승한 곳으로 돌아가고, 잔악한 짓을 일으키면 하열한 곳으로 떨어집니다. 수승한 곳에 거주하는 자들은 진실로 업이 수승했기 때문이지 다투고 경쟁해서 초래한 것은 아니니, (그 결과로 그들은) 저절로 주어지는 오묘한 즐거움을 누리며 마음대로 노니는 해탈을 기약하게 됩니다. 그 하열한 곳에 떨어지는 자들은 진실로 업이 하열했기 때문이니, (그 결과로 그들은) 화성火城이나 철망鐵網 속에 갇혀 먹는 것은 쇠구슬과 달군 쇠요 마시는 것은 펄펄 끓는 돌과 구리물일 것이며, 그 세월은 하늘과 땅이 생기고 사라지는 겁수를 뛰어넘어 무궁無窮과 같을 것입니다.

또 지옥의 고통은 부모 자식도 대신 받을 수 없나니, 식신識神이 이 몸을 떠나 그 성에 던져지면 그 과보로 칼 바퀴가 신체에 가해지고, 불 맷돌이 몸을 훼손합니다. 그렇다고 수명을 재촉할 수도 없어 오랜 세월 고통을 안고 살아야만 하며, 비록 그곳을 벗어나게 된다 하더라도 또 아귀에 떨어져 입으로 불을 토하며 온전히 살아가지를 못하고, 그곳에서 죽은 다음에는 또 축생에 떨어져 온갖 고통을 골고루 받게 됩니다. 혹은 무거운 짐을 지고 먼 길을 가며 험난한 곳으로 내몰리기도 하고, 혹은 살과 고기가 나뉘어 솥으로 들어가 교자상에 올릴 음식으로 충당되기도 하니, 그렇게 살아가야 할 수명은 다 계산할 수도 없습니다. 이것이 삼악도의 극심한 고통의 실상이며 새벽이 찾아오기 힘든 긴긴 밤의 슬픔입니다. 이렇게 그 우열이 너무도 분명하건만 믿는 사람이 없으니, 나와 남을 구분하는 생각 때문에 의혹을 일으키길 좋아하고, 그 의혹 때문에 많은 이들이 선으로 향하지를 않습니다. 그래서 부처님께서 말씀하셨습니다.

"세상에는 죽어서 나쁜 세계로 들어갈 열 가지 일이 있다. 그 마음이 선에 전념하지 못해 공덕을 닦지 않고, 음식을 탐착하는 것이 저 굶주린 호랑이와 같고, 술맛에 빠져 곧잘 분노와 독을 품고, 항상 어리석은 짓을 익히며 남의 충고를 받아들이지 않고, 자신의 힘을 믿고 온갖 나쁜 짓을 다 저지르고, 중생 죽이기를 좋아해 외롭고 약한 이들을 능멸하고, 항상 악인들과 무리지어 남의 지역을 침략하고, 떠벌리는 말마다 그 말이 진실하지 못하고, 일체를 사랑하지 않아 온갖 악업을 일으키는 것이니, 만약 사람이 이와 같다면 오래 살지 못할 것이며 죽어서는 악도에 들어가느니라."

오늘 이 도량의 동업대중이여, 부처님께서 말씀하신 대로라면 누가 이를 벗어날 수 있는 자입니까. 이미 벗어날 수 없다면 저 지옥 가운데에 다들 받아야 할 죄의 몫이 있는 것이니, 대중들께서는 각자 이 뜻을 깨달아야 합니다. 오직 원하오니, 대중들께서는 시각을 다투며 보살도를 행하여 여러 법을 부지런히 구하고 중생을 이롭게 해야 합니다. 첫째 스스로 죄를 없애고 둘째 다른 이를 복되게 해야 하니, 이것이 곧 자리이타自利利他이고 남과 나를 모두 이롭게 하는 것입니다. 다 함께 오늘 용맹심을 일으키고 견고한 마음을 일으키고 자비로운 마음과 일체를 제도하려는 마음과 중생을 구제하려는 마음을 일으켜 도량에 앉는 그날까지 이 소원을 잊지 마십시오.

우러러 시방 온 허공계 일체 모든 부처님과 모든 대보살님의 큰 신통의 힘과 큰 자비의 힘과 지옥에서 해탈시키는 힘과 아귀를 제도하는 힘과 축생을 구제하는 힘과 큰 신주의 힘과 큰 위맹의 힘을 받드오니, 아무개 등이 지은 이익으로 소원을 성취시켜 주소서.

평등한 일심으로 간절하게 오체투지하며, 아비대지옥에서 고통받고 있는 중생과 나아가 18한빙지옥과 흑암지옥과 18열지옥과 18도륜지옥과 검림지옥·화거지옥·비시지옥·확탕지옥 등 이와 같은 지옥과 거기에 또 부속된 8만 4천 지옥 등에서 고통받고 있는 일체중생을 위하여, 아무개 등이 보리의 마음으로, 보리의 행으로, 보리의 원으로 그들 모두를 대신해 세간의 너무도 자비로우신 아버지께 귀의합니다.

나무 미륵불
나무 석가모니불
나무 대음찬불
나무 정원불
나무 일천불
나무 요혜불
나무 섭신불
나무 위덕세불
나무 찰리불
나무 덕승불
나무 상금불
나무 해탈계불
나무 요법불
나무 주행불
나무 사교만불
나무 지장불
나무 범행불
나무 전단불
나무 무우명불
나무 단엄신불

나무 상국불

나무 연화불

나무 무변덕불

나무 천광명불

나무 혜화불

나무 빈두마불

나무 지부불

나무 사자유희보살

나무 사자분신보살

나무 무변신보살

나무 관세음보살

거듭 이와 같은 시방 온 허공계 일체 삼보께 귀의합니다. 1배

부디 자비의 힘으로 구제하고 건져 주소서. 아비지옥 내지 흑암지옥·도륜지옥·화거지옥·비시지옥과 그에 부속된 지옥 등에서 고통받고 있는 중생들이 부처님의 힘과 법의 힘과 모든 보살님의 힘과 일체 현성의 힘으로, 그 모든 중생이 곧바로 해탈을 얻어 끝끝내 다시는 지옥에 떨어지지 않게 하시고, 일체 죄장이 모두 소멸해 끝끝내 다시는 지옥의 업을 짓지 않게 하소서. 지옥의 삶을 버리고 정토의 삶을 얻으며, 지옥의 생활을 버리고 지혜로운 생활을 얻으며, 지옥의 몸을 버리고 금강의 몸을 얻으며, 지옥의 고통을 버리고 열반의 즐거움을 얻도록 지옥의 고통을 기억해 보리심을 일으키게 하소서. 사무량심과 육바라밀이 항상 앞에 나타나고 사무애지와 육신통력이 뜻대로 자재하게 하시며, 지혜를 구족하고 보살도를 실천하며 쉬지도 멈추지도 않고 용맹정진하게 하시며, 나아가 더욱 수행하여 십지의 행을 만족하고 금강심에 들어가 등정각을 이루게 하소서. 1배

已爲人道竟。次爲三惡道禮佛。

爲阿鼻地獄禮佛

今日道場。同業大衆。從歸依已來。訖此章後。每言萬法雖差。功用不一。至於明闇相形。唯善與惡。善者則謂人天之勝途。惡者則謂三途之異轍。修仁義則歸於勝。興殘害則墜於劣。其居勝者良由業勝。非諍競之所要。受自然之妙樂。期解脫之逍遙。其墜劣者。良由業劣。處火城鐵網之中。食則鐵丸熱鐵。飮則沸石烊銅。年曆踰於。造化劫數。等於無窮。又地獄之苦。不可親要。神離此軀。識投彼城。報以刀輪加體。償以火磨毀形。命不肯促。抱苦長齡。縱復獲免。又墮餓鬼。口中火出。命不全活。從此死已。又墮畜生。備受衆苦。或負重致遠。驅役險難。或肌肉分布鼎鑊。充饌几案。命不盡算。此實三惡之重苦。悲長夜之難旦。而優劣皎然。無能信者。以彼我故。好起疑惑。以疑惑故。多不向善。所以佛言。世有十事。死入惡道。意不專善。不修功德。貪著飮食。如彼餓虎。酖嗜酒味。喜懷瞋毒。常習愚癡。不受人諫。自任其力。辦諸惡事。喜殺衆生。凌易孤弱。恒黨惡人。侵暴他界。有所宣說。言不眞實。不慈一切。起諸惡業。若人如是。不久存世。死入惡道。今日道場。同業大衆。如佛所言。誰能免者。旣不能免。於地獄中。皆有罪分。大衆各各。覺悟此意。唯願大衆。宜與時競。行菩薩道。勤求諸法。利益衆生。一自滅罪。二生他福。此則自利利他。彼我兼利。相與今日。起勇猛心。起堅固心。起慈悲心。度一切心。救衆生心。至坐道場。勿忘此願。仰承十方。盡虛空界。一切諸佛。諸大菩薩。大神通力。大慈悲力。解脫地獄力。濟度餓鬼力。救拔畜生力。大神呪力。大威猛力。令(某甲)等。所作利益。所願成就。等一痛切。五體投地。爲阿鼻大地獄受苦衆生。乃至十八寒冰地獄。黑闇地獄。十八熱地獄。十八刀輪地獄。劍林地獄。火車地獄。沸屎地獄。鑊湯地獄。如是地獄。復有八萬四千地獄眷屬等獄。其中受苦。一切衆生。(某甲)等。以菩提心。以菩提行。以菩提願。悉皆代爲。歸依世間。大慈悲父。南無彌勒佛。

南無釋迦牟尼佛。南無大音讚佛。南無淨願佛。南無日天佛。南無樂慧佛。南無攝身佛。南無威德勢佛。南無利利佛。南無德乘佛。南無上金佛。南無解脫臂佛。南無樂法佛。南無住行佛。南無捨驕慢佛。南無智藏佛。南無梵行佛。南無旃檀佛。南無無憂名佛。南無端嚴身佛。南無相國佛。南無蓮華佛。南無無邊德佛。南無天光明佛。南無慧華佛。南無頻頭摩佛。南無智富佛。南無師子遊戲菩薩。南無師子奮迅菩薩。南無無邊身菩薩。南無觀世音菩薩。又復歸依。如是十方。盡虛空界。一切三寶(一拜)。願以慈悲力。救拔拯接。阿鼻地獄。乃至黑闇地獄。刀輪地獄。火車沸屎。眷屬等獄。受苦衆生。以佛力法力。諸菩薩力。一切賢聖力。令諸衆生。卽得解脫。畢竟不復。墮於地獄。一切罪障。悉得消滅。畢竟不復。作地獄業。捨地獄生。得淨土生。捨地獄命。得智慧命。捨地獄身。得金剛身。捨地獄苦。得涅槃樂。念地獄苦。發菩提心。四無量心。六波羅蜜。常得現前。四無礙智。六神通力。如意自在。具足智慧。行菩薩道。勇猛精進。不休不息。乃至進修。滿十地行。入金剛心。成等正覺(一拜)。

제9권

집해 '귀의하고부터(從歸依)'에 대해 변진 스님은 "제1권 초편을 가리킨 것이다."라고 하였다.

'흘차장후訖此章後'에서 흘訖 자는 마치다(終)라는 뜻이다. 이 장을 마친 뒤를 말한다.

'철轍'은 철哲로 발음하고, 자취(跡)라는 뜻이다.

'요要'는 평성이고, 부르다(招)라는 뜻이다.

'연력年曆'은 세월(歲月)을 의미한다.

'조화造化'는 천지의 처음과 끝이다. 그곳에서 보내는 시한이 천지가 시작되고 끝나는 겁수를 넘어선다는 말이다.

'산算'은 헤아리다(數)라는 뜻이다.

'영嬰'은 영榮으로 발음하고, 얽히다(繞), 당하다(當)라는 뜻이다.

第九卷
從歸依者。眞師云。指第一卷初篇也。訖此章後者。訖字。終也。謂終於此章後。轍[音哲 跡也]。要[平聲。招也]。年曆者[歲月也]。造化。天地之終始也。年月時限。過於天地始終之劫數。算者[數也]。嬰[音榮。繞也。當也]。

회하지옥과 철환지옥 등을 위해 부처님께 예배함

참법 오늘 이 도량의 동업대중이 거듭 정성을 다해 오체투지하며, 회하지옥灰河地獄·검림지옥·자림지옥·동주지옥·철기지옥·철망지옥·철굴지옥·철환지옥·첨석지옥, 이와 같은 시방 온 허공계의 일체 지옥에서 오늘 현재 고통받고 있는 일체중생을 위하여, 아무개 등이 보리심으로 널리 그들을 대신해 세간의 너무도 자비로우신 아버지께 귀의합니다.

나무 미륵불

나무 석가모니불

나무 범재불

나무 보수불

나무 정안불

나무 구족론불

나무 상론불

나무 불사불

나무 제사불

나무 유일불

나무 출니불

나무 득지불

나무 변라불

나무 상길불

나무 법약불

나무 구승불

나무 지혜불

나무 선성불

나무 망광불

나무 유리장불

나무 명문불

나무 이적불

나무 교화불

나무 일명불

나무 선명불

나무 중덕상명불

나무 보덕불

나무 사자번보살

나무 사자작보살

나무 무변신보살

나무 관세음보살

거듭 이와 같은 온 허공계 일체 삼보께 귀의합니다. 1배

부디 자비의 힘으로 함께 구제하소서. 오늘 현재 회하지옥 등에서 고통 받고 있는 일체 중생이 모두 해탈을 얻어 모든 고통스런 과보가 영원히 없어지고 지옥세계의 업이 끝끝내 청정하게 하소서. 지옥의 몸을 버리고 금강의 몸을 얻으며, 지옥의 고통을 버리고 열반의 즐거움을 얻으며, 지옥의 고통을 기억해 보리심을 일으키게 하소서. (그리하여) 함께 화택火宅을 벗어나 도량에 이르러 모든 보살님과 함께 정각을 이루게 하소서. 1배

爲灰河鐵丸等獄禮佛

今日道場。同業大衆。重復至誠。五體投地。爲灰河地獄。劒林地獄。刺林地獄。銅柱地獄。鐵機地獄。鐵網地獄。鐵窟地獄。鐵丸地獄。尖石地獄。如是十方。盡虛空界。一切地獄。今日現受苦一切衆生。(某甲)等。以菩提心。普代歸依。世間大慈悲父。南無彌勒佛。南無釋迦牟尼佛。南無梵財佛。南無寶手佛。南無淨眼佛。南無具足論佛。南無上論佛。南無弗沙佛。南無提沙佛。南無有日佛。南無出泥佛。南無得智佛。南無辯羅佛。南無上吉佛。南無法藥佛。南無求勝佛。南無智慧佛。南無善聖佛。南無網光佛。南無瑠璃藏佛。南無名聞佛。南無利寂佛。南無敎化佛。南無日明佛。南無善明佛。南無衆德上明佛。南無寶德佛。南無師子幡菩薩。南無師子作菩薩。南無無邊身菩薩。南無觀世音菩薩。又復歸依。如是十方。盡虛空界。一切三寶(一拜)。願以慈悲力。同加救拔。今日現受灰河等獄受苦。一切衆生。皆得解脫。一切苦果。永得除滅。地獄道業。畢竟淸淨。捨地獄身。得金剛身。捨地獄苦。得涅槃樂。憶地獄苦。發菩提心。同出火宅。至于道場。與諸菩薩。俱成正覺(一拜)。

음동지옥과 탄갱지옥 등을 위해 부처님께 예배함

참법 오늘 이 도량의 동업대중이 거듭 마음을 다해 오체투지하며, 널리 시방 온 허공계의 음동지옥·중합지옥·규환지옥·대규환지옥·열지옥·대열지옥·탄갱지옥·소림지옥 등 이와 같은 한량없고 끝없는 지옥과 그에 부속된 지옥 등에서 오늘 현재 고통받고 있는 중생들을 위하여, 아무개 등이 보리심으로 널리 그들을 대신해 세간의 너무도 자비로우신 아버지께 귀의합니다.

나무 미륵불

나무 석가모니불

나무 인월불

나무 라후불

나무 감로명불

나무 묘음불

나무 대명불

나무 일체주불

나무 요지불

나무 산왕불

나무 적멸불

나무 덕취력불

나무 천왕불

나무 묘음성불

나무 묘화불

나무 주의불

나무 공덕위취불

나무 지무등불

나무 감로음불

나무 선수불

나무 이혜불

나무 사해탈의불

나무 음승불

나무 이아행불

나무 선의불

나무 무과불

나무 행선불

나무 견용정진보살

나무 금강혜보살

나무 무변신보살

나무 관세음보살

거듭 이와 같은 시방 온 허공계 일체 삼보께 귀의합니다. 1배

부디 자비의 힘으로 구호하고 섭수하사 음동지옥 등에서 현재 고통받고 있는 중생들이 일체 죄장을 모두 소멸하게 하시고, 일체 온갖 고통에서 모두 해탈하게 하소서. 오늘부터 끝끝내 다시는 지옥에 떨어지지 않고, 지옥의 삶을 버리고 정토의 삶을 얻으며, 지옥의 생활을 버리고 지혜로운 생활을 얻게 하소서. 사무량심과 육바라밀이 항상 앞에 나타나고 사무애변과 육신통력이 뜻대로 자재하게 하시며, 지옥의 길을 벗어나 열반의 길을 얻고 여래와 평등해져 함께 정각을 이루게 하소서. 1배

爲飮銅炭坑等獄禮佛

今日道場。同業大衆。重復至心。五體投地。普爲十方。盡虛空界。一切地獄。飮銅地獄。衆合地獄。叫喚地獄。大叫喚地獄。熱地獄。大熱地獄。炭坑燒林。如是等無量無邊。眷屬等獄。今日現受苦衆生。(某甲)等。以菩提心。普代歸依。世間大慈悲父。南無彌勒佛。南無釋迦牟尼佛。南無人月佛。南無羅睺佛。南無甘露明佛。南無妙音佛。南無大明佛。南無一切主佛。南無樂智佛。南無山王佛。南無寂滅佛。南無德聚力佛。南無天王佛。南無妙音聲佛。南無妙華佛。南無住義佛。南無功德威聚佛。南無智無等佛。南無甘露音佛。南無善守佛。南無利慧佛。南無思解脫義佛。南無音勝佛。南無梨阿行佛。南無善義佛。南無無過佛。南無行善佛。南無堅勇精進菩薩。南無金剛慧菩薩。南無無邊身菩薩。南無觀世音菩薩。又復歸依。如是十方。盡虛空界。一切三寶(一拜)。願以慈悲力。救護攝受。飮銅等地獄。現受苦衆生。一切罪障。皆得消滅。一切衆苦。皆得解脫。從今日去。畢竟不復。墮於地獄。捨地獄生。得淨土生。捨地獄命。得智慧命。四無量心。六波羅蜜常得現前。四無礙辯。六神通力。如意自在。出地獄道。得涅槃道。等與如來。俱成正覺(一拜)。

도병지옥과 동부지옥 등을 위해 부처님께 예배함

참법 오늘 이 도량의 동업대중이 거듭 정성을 다해 널리 시방 온 허공계의 일체 지옥, 상지옥·흑사지옥·정신지옥·화정지옥·석구지옥·비사지옥·도병지옥·기아지옥·동부지옥 등 이와 같은 한량없는 지옥에서 오늘 현재 고통받고 있는 중생들을 위하여, 아무개 등이 오늘 보리심의 힘으로 널리 그들을 대신해 세간의 너무도 자비로우신 아버지께 귀의합니다.

　나무 미륵불
　나무 석가모니불
　나무 화장불
　나무 묘광불
　나무 요설불
　나무 선제불
　나무 중왕불
　나무 이외불
　나무 변재일불
　나무 명문불
　나무 보월명불
　나무 상의불
　나무 무외불
　나무 대견불
　나무 범음불
　나무 선음불
　나무 혜제불
　나무 무등의불

나무 금강군불

나무 보리의불

나무 수왕불

나무 반타음불

나무 복덕불

나무 세덕불

나무 성수불

나무 세행불

나무 호박불

나무 기음개보살

나무 적근보살

나무 무변신보살

나무 관세음보살

거듭 이와 같은 시방 온 허공계 일체 삼보께 귀의합니다. 1배

부디 자비의 힘으로 함께 구호하사 도병지옥 등 일체 지옥과 그에 부속된 지옥 등에서 고통받고 있는 중생들이 곧바로 해탈을 얻게 하시고, 일체 온갖 고통이 영원히 없어지게 하소서. 지옥의 악연을 벗어나 지혜로운 삶을 얻도록 지옥의 고통을 기억해 보리심을 일으키게 하시고, 보살도를 실천하며 쉬지도 않고 멈추지도 않게 하시며, 일승의 길로 들어가 십지의 행을 만족하고 다들 신통력을 갖춰 다시 일체 중생을 맞이하게 하시며, 함께 도량에 앉아 같이 정각에 오르게 하소서. 1배

爲刀兵銅釜等獄禮佛

今日道場。同業大衆。重復至誠。普爲十方。盡虛空界。一切地獄。想地獄。黑砂地獄。釘身地獄。火井地獄。石臼地獄。沸砂地獄。刀兵地獄。飢餓地獄。銅釜地獄。如是等無量地獄。今日現受苦衆生。(某甲)等今日。以菩提

心力。普代歸依。世間大慈悲父。南無彌勒佛。南無釋迦牟尼佛。南無華藏
佛。南無妙光佛。南無樂說佛。南無善濟佛。南無衆王佛。南無離畏佛。南
無辯才日佛。南無名聞佛。南無寶月明佛。南無上意佛。南無無畏佛。南無
大見佛。南無梵音佛。南無善音佛。南無慧濟佛。南無無等意佛。南無金剛
軍佛。南無菩提意佛。南無樹王佛。南無槃陁音佛。南無福德佛。南無勢德
佛。南無聖受佛。南無勢行佛。南無琥珀佛。南無棄陰蓋菩薩。南無寂根菩
薩。南無無邊身菩薩。南無觀世音菩薩。又復歸依。如是十方。盡虛空界。
一切三寶(一拜)。願以慈悲力。同加救護。刀兵地獄。一切地獄。眷屬等獄。
受苦衆生。卽得解脫。一切衆苦。永得除斷。離地獄緣。得智慧生。憶地獄
苦。發菩提心。行菩薩道。不休不息。入一乘道。滿十地行。皆有神力。還
接一切。同坐道場。俱登正覺(一拜)。

화성지옥과 도산지옥 등을 위해 부처님께 예배함

참법 오늘 이 도량의 동업대중이 거듭 정성을 다해 널리 시방 온 허공
계의 일체 지옥, 화성지옥·석굴지옥·탕요지옥·도산지옥·호랑지옥·철
상지옥·열풍지옥·토화지옥 등 이와 같은 한량없고 끝없는 지옥과 그에
부속된 지옥 등에서 지금 고통받고 있는 중생들을 위하여, 아무개 등이
보리심의 힘으로 널리 그들을 대신해 세간의 너무도 자비로우신 아버지
께 귀의합니다.

나무 미륵불
나무 석가모니불
나무 뇌음운불
나무 선애일불
나무 선지불
나무 구족불
나무 덕적불

나무 대음불

나무 법상불

나무 지수불

나무 허공불

나무 사음불

나무 혜음차별불

나무 공덕광불

나무 성왕불

나무 중음불

나무 변재륜불

나무 선적불

나무 월면불

나무 일명불

나무 무구불

나무 공덕집불

나무 화덕상불

나무 변재국불

나무 보시불

나무 애월불

나무 불고불

나무 혜상보살

나무 상불리세보살

나무 무변신보살

나무 관세음보살

거듭 이와 같은 시방 온 허공계 일체 삼보께 귀의합니다. 1배

부디 자비의 힘으로 함께 섭수하사 도산지옥 등에서 고통받고 있는 중

생들이 곧바로 해탈을 얻게 하소서. 나아가 시방의 말로 다할 수도 없이 많은 일체 지옥에서 현재 고통받고 있고 앞으로 고통받을 일체 중생이, 부디 부처님과 법과 보살님과 현성의 힘으로 그 모든 중생들이 함께 해탈을 얻고 시방 여러 지옥의 업을 영원히 끊게 하소서. 오늘부터 도량에 앉는 그날까지 끝끝내 다시는 삼악도에 떨어지지 않게 하시고, 이 몸을 버리고 저 몸을 받을 때 항상 부처님을 만나 지혜를 구족하게 하시며, 청정하고 자재하고 용맹하게 정진하면서 쉬지도 않고 멈추지도 않게 하시고, 나아가 더욱 수행하여 십지의 행을 만족하고 금강심金剛心에 오르고 불과佛果인 일체종지一切種智에 들어가 부처님의 신력으로 마음대로 자재하게 하소서. 1배

爲火城刀山等獄禮佛

今日道場。同業大衆。重復至誠。普爲十方。盡虛空界。一切地獄。火城地獄。石窟地獄。湯澆地獄。刀山地獄。虎狼地獄。鐵牀地獄。熱風地獄。吐火地獄。如是等無量無邊。眷屬等獄。今日現受苦衆生。(某甲)等。以菩提心力。普代歸依。世間大慈悲父。南無彌勒佛。南無釋迦牟尼佛。南無雷音雲佛。南無善愛日佛。南無善智佛。南無具足佛。南無德積佛。南無大音佛。南無法相佛。南無智首佛。南無虛空佛。南無祠音佛。南無慧音差別佛。南無功德光佛。南無聖王佛。南無衆音佛。南無辯才輪佛。南無善寂佛。南無月面佛。南無日名佛。南無無垢佛。南無功德集佛。南無華德相佛。南無辯才國佛。南無寶施佛。南無愛月佛。南無不高佛。南無慧上菩薩。南無常不離世菩薩。南無無邊身菩薩。南無觀世音菩薩。又復歸依。如是十方。盡虛空界。一切三寶(一拜)。願以慈悲力。同加攝受。刀山等獄。受苦衆生。卽得解脫。乃至十方。不可說一切地獄。現受苦當受苦。一切衆生。願以佛法菩薩賢聖力。令諸衆生。同得解脫。永斷十方。諸地獄業。從今已去。至坐道場。畢竟不復。墮於三途。捨身受身。常値諸佛。具足智慧。清淨自在。

勇猛精進。不休不息。乃至進修。滿十地行。登金剛心。入種智果。以佛神力。隨心自在(一拜)。

집해 '요澆'는 고高로 발음한다.

澆[音高]。

아귀 세계를 위해 부처님께 예배함

참법 오늘 이 도량의 동업대중이 거듭 정성을 다해 오체투지하며 널리 시방 온 허공계 일체 아귀 세계의 아귀신餓鬼神 등과 일체 아귀와 그 각각의 권속들을 위하여, 아무개 등이 오늘 보리심의 힘으로 널리 그들을 대신해 세간의 너무도 자비로우신 아버지께 귀의합니다.

나무 미륵불
나무 석가모니불
나무 사자력불
나무 자재왕불
나무 무량정불
나무 등정불
나무 불괴불
나무 멸구불
나무 불실방편불
나무 무요불
나무 묘면불
나무 지제주불
나무 법사왕불
나무 대인불

나무 심의불

나무 무량불

나무 법력불

나무 세공양불

나무 화광불

나무 삼세공불

나무 응일장불

나무 천공양불

나무 상지인불

나무 진계불

나무 신감로불

나무 금강불

나무 견고불

나무 약왕보살

나무 약상보살

나무 무변신보살

나무 관세음보살

거듭 이와 같은 시방 온 허공계의 일체 삼보께 귀의합니다. 1배

부디 자비의 힘으로 함께 섭수하사 일체 아귀 세계의 고통을 구제하소서. 동서남북 사유 상하 온 허공계 일체 아귀 세계의 일체 아귀신과 그 각각의 권속들과 일체 아귀와 그 각각의 권속들이 일체 죄장을 다 소멸하게 하시고, 일체 온갖 고통에서 다 해탈하게 하소서. 몸과 마음이 맑고 시원해 다시는 뜨거운 고뇌가 없고, 몸과 마음이 배가 불러 다시는 굶주림도 목마름도 없게 하소서. 감로의 맛을 얻고 지혜의 눈이 열려 사무량심과 육바라밀이 항상 앞에 나타나고 사무애지와 육신통력이 뜻대로 자재하게 하시며, 아귀의 길을 벗어나 열반의 길로 들어서 모든 부처님과 평등해져

함께 정각을 이루게 하소서. 1배

爲餓鬼道禮佛

今日道場。同業大衆。重復至誠。五體投地。普爲十方。盡虛空界。一切餓鬼道。餓鬼神等。一切餓鬼。各及眷屬。(某甲)等今日。以菩提心力。普代歸依。世間大慈悲父。南無彌勒佛。南無釋迦牟尼佛。南無師子力佛。南無自在王佛。南無無量淨佛。南無等定佛。南無不壞佛。南無滅垢佛。南無不失方便佛。南無無嬈佛。南無妙面佛。南無智制住佛。南無法師王佛。南無大人佛。南無深意佛。南無無量佛。南無法力佛。南無世供養佛。南無華光佛。南無三世供佛。南無應日藏佛。南無天供養佛。南無上智人佛。南無眞髻佛。南無信甘露佛。南無金剛佛。南無堅固佛。南無藥王菩薩。南無藥上菩薩。南無無邊身菩薩。南無觀世音菩薩。又復歸依。如是十方。盡虛空界。一切三寶(一拜)。願以慈悲力。同加攝受。救拔一切。餓鬼道苦。東西南北。四維上下。盡十方界。一切餓鬼道。一切餓鬼神。各及眷屬。一切餓鬼。各及眷屬。一切罪障。皆得消滅。一切衆苦。皆得解脫。身心淸涼。無復熱惱。身心飽滿。無復飢渴。得甘露味。開智慧眼。四無量心。六波羅蜜。常得現前。四無礙智。六神通力。如意自在。離餓鬼道。入涅槃道。等與諸佛。俱成正覺(一拜)。

축생 세계를 위해 부처님께 예배함

[참법] 오늘 이 도량의 동업대중이 거듭 마음을 쏟아 오체투지하며 널리 동서남북 사유 상하의 이와 같은 시방 온 허공계 일체 축생 세계의 사생 四生과 물·육지·허공의 크고 작은 일체 중생과 그 각각의 권속들을 위하여, 아무개 등이 오늘 자비심의 힘으로 널리 그들을 대신해 세간의 너무도 자비로우신 아버지께 귀의합니다.

나무 미륵불

나무 석가모니불
나무 보견명불
나무 이타보불
나무 수일불
나무 청정불
나무 명력불
나무 공덕취불
나무 구족덕불
나무 사자행불
나무 고출불
나무 화시불
나무 주명불
나무 연화불
나무 애지불
나무 반타엄불
나무 불허행불
나무 생법불
나무 상호불
나무 사유락불
나무 요해탈불
나무 지도리불
나무 상정진보살
나무 불휴식보살
나무 무변신보살
나무 관세음보살

거듭 이와 같은 시방 온 허공계 일체 삼보께 귀의합니다. 1배 부디 자비의 힘으로 감싸고 보호하며 섭수하사 동서남북 사유 상하 온 허공계 축생 세계의 일체 사생과 그 각각의 권속들이 일체 죄장을 모두 소멸하게 하시고, 일체 온갖 고통에서 다 해탈하게 하소서. 함께 나쁜 세계(惡趣)를 버리고 함께 도의 기세간(道器)을 얻어 몸과 마음이 제3선처럼 안락하게 하시며, 사무량심과 육바라밀이 항상 앞에 나타나고 사무애지와 육신통력이 뜻대로 자재하게 하시며, 축생의 길을 벗어나 열반의 길로 들어서고 금강심에 올라 등정각을 이루게 하소서. 1배

爲畜生道禮佛
今日道場。同業大衆。重復運心。五體投地。普爲東西南北。四維上下。如是十方。盡虛空界。一切畜生道。四生衆生。若大若小。水陸空界。一切衆生。各及眷屬。(某甲)等今日。以慈悲心力。普代歸依。世間大慈悲父。南無彌勒佛。南無釋迦牟尼佛。南無寶肩明佛。南無梨陁步佛。南無隨日佛。南無淸淨佛。南無明力佛。南無功德聚佛。南無具足德佛。南無師子行佛。南無高出佛。南無華施佛。南無珠明佛。南無蓮華佛。南無愛智佛。南無槃陁嚴佛。南無不虛行佛。南無生法佛。南無相好佛。南無思惟樂佛。南無樂解脫佛。南無知道理佛。南無常精進菩薩。南無不休息菩薩。南無無邊身菩薩。南無觀世音菩薩。又復歸依。如是十方。盡虛空界。一切三寶(一拜)。願以慈悲力。覆護攝受。東西南北。四維上下。盡空法界。一切畜生道。一切四生。各及眷屬。一切罪障。皆得消滅。一切衆苦。皆得解脫。同捨惡趣。俱得道器。身心安樂。如第三禪。四無量心。六波羅蜜。常得現前。四無礙智。六神通力。如意自在。離畜生道。入涅槃道。登金剛心。成等正覺(一拜)。

육도를 위한 발원

참법 저희들이 지금 모든 하늘과 모든 신선과 용신·팔부를 받들고 그

들을 위해 부처님께 예배한 공덕의 인연으로, 부디 시방 온 허공계 사생 육도의 미래가 끝날 때까지의 일체 중생이 오늘부터 보리에 이르는 그날까지 억울하고 잘못된 육신으로 돌아와 온갖 고초를 겪는 일이 다시는 없게 하시고, 십악과 오역죄를 또 저질러 삼악도에 들어가는 일이 다시는 없게 하소서. 지금 부처님께 예배한 공덕 인연을 힘입어 각기 보살마하살의 청정한 신업과 구업을 얻고, 각기 보살마하살들이 가진 여러 마음을 얻게 하소서. 대지大地와 같은 마음을 얻어 온갖 선근을 일으키고, 큰 바다와 같은 마음을 얻어 모든 부처님의 지혜와 큰 법을 수지하고, 수미산 같은 마음을 얻어 일체 중생을 위없는 보리에 안주시키고, 마니보배 같은 마음을 얻어 번뇌를 멀리 여의고, 금강 같은 마음을 얻어 모든 법을 확실히 알고, 견고한 마음을 얻어 온갖 마귀와 외도들이 막거나 파괴하지 못하고, 연꽃 같은 마음을 얻어 일체 세간법에 물들지 않고, 청정한 해와 같은 마음을 얻어 일체 어리석음의 가림과 장애를 말끔히 없애고, 허공처럼 평등한 마음을 얻어 일체 중생 가운데 헤아릴 자 없게 하소서.

또 부디 사생 육도의 일체 중생이 오늘부터 식識의 성품을 깊이 헤아리고, 확고하게 믿고 이해하는 성품을 깊이 헤아려 서로 어울려 장난이나 치는 세속의 일들을 버리고 법어를 항상 사유하게 하소서. 가진 것 모두를 보시하고도 아끼는 마음이 조금도 없고 매순간 용맹한 마음으로 겁약한 생각을 품지 않게 하시고, 닦은 공덕을 일체중생에게 베풀면서 삿된 길로 돌아가지 않고 마음을 오로지해 한곳을 향하게 하시고, 선을 보아도 허깨비처럼 여기고 악을 보아도 꿈처럼 여겨 생사를 버리고 속히 삼계를 벗어나 깊고 깊은 오묘한 법을 분명히 관하게 하소서. 각기 일체 모든 부처님께 공양하고 공양할 여러 물품을 모두 만족하게 하시며, 각기 일체 존귀한 법에 공양하고 공양할 여러 물품을 모두 만족하게 하시며, 각기 일체 보살님께 공양하고 공양할 여러 물품을 모두 만족하게 하시며, 각기 일체 현성에게 공양하고 공양할 여러 물품을 모두 만족하게 하소서. 만약 뒤에 오는 일체 중생 가운데 아무개 등의 오늘 소원과 다른 이가 있다면 그들까지도 모두 큰 서원의 바다로 들어와 곧바로 공덕과 지혜를 성취하게 하시고, 부처님의 신력으로 마음대로 자재하게 하시며, 여래와 같아져서 함께 정각을 이루게 하소서. 1배

爲六道發願

(某甲)等以今。奉爲諸天諸仙。龍神八部。禮佛功德因緣。願十方盡虛空界。四生六道。窮未來際。一切衆生。從今日去。至于菩提。不復還更。枉誤形骸。受諸楚毒。不復更造。十惡五逆。却入三塗。承今禮佛。功德因緣。各得菩薩摩訶薩。淨身口業。各得菩薩摩訶薩。所有諸心。大地心。生諸善根。大海心。受持諸佛。智慧大法。須彌山心。令一切安住。無上菩提。摩尼寶心。遠離煩惱。金剛心。決定諸法。堅固心。衆魔外道。不能沮壞。蓮華心。一切世法。所不能染。淨日心。除滅一切愚癡瞖障。虛空等心。一切衆生。無能量者。又願四生六道。一切衆生。從今日去。思量識性。思量決信解性。棄捐調戱。常思法語。所有皆施。心無吝惜。心心勇猛。不懷怯弱。所修功德。悉施一切。不還邪道。專心一向。見善如化。見惡如夢。捨離生死。速出三界。明了觀察。甚深妙法。各得供養。一切諸佛。供養衆具。皆悉滿足。各得供養。一切尊法。供養衆具。皆悉滿足。各得供養。一切菩薩。供養衆具。皆悉滿足。各得供養。一切賢聖。供養衆具。皆悉滿足。若有後流。一切衆生。異(某甲)等今日願界者。皆悉令入。大願海中。卽得成就。功德智慧。以佛神力。隨心自在。等與如來。俱成正覺(一拜)。

집해 '예瞖'는 예曳로 발음한다. 구름이 해를 가리는 것이다.
'식의 성품을 깊이 헤아린다(思量識性)'에 대해 각명 공은 "자신의 심식心識에 대해 사유하고 세밀하게 헤아리는 것이니, 불성이 있기 때문이다."

라고 하고, '확고하게 믿고 이해하는 성품을 깊이 헤아린다(思量決信解性)'
에 대해서는 "확고한 믿음이 곧 이해의 성품을 일으킨다."고 하였다. 미수
스님은 "('식의 성품을 깊이 헤아린다'는 것은) 팔식으로 구성된 마음의
성품을 헤아리는 것이며, '확고하게 믿고 이해하는 성품을 깊이 헤아린다'
는 것은 깨달음을 열고 의심을 제거한다는 것이다."라고 하였다.

'기연조희棄捐調戱'는 어울려 놀면서 장난치고 희롱하는 세속의 일들을
버린다는 것이다.

'상사법어常思法語'는 세간을 벗어난 모든 부처님의 법어法語를 항상 사
유한다는 것이다.

'선을 보아도 허깨비처럼 여기고……'에 대해 변진 스님은 "선과 악은
성품이 공하여 허깨비나 꿈과 같기 때문이다."라고 하였다.

瞪[音曳。雲障日也]。思量識性。明公云。思惟忖量。於自心識。有佛性
故。思量決信解性者。決定信心。卽生解性。授師云。思量八識心性。思量
決信解性。開悟除疑也。棄捐調戱。棄捨世俗。調弄戱謔。常思法語者[出
世諸佛法語也]。見善如化。眞師云。善惡性空。如幻夢故。

무상함을 생각하도록 경책함

참법 오늘 이 도량의 동업대중이여, 다 함께 이미 육도를 위해 예배하
고 참회하고 발원하였으니, 다음은 모름지기 세상의 무상함을 깨달아야
합니다. 삼세에 걸친 죄와 복은 원인과 결과가 서로 의존하여 생기는 것
이니, 진실로 마음에 새기고 (원인과 결과 사이에) 간격이 없음을 헤아려
야 합니다. 그림자나 메아리처럼 서로 부합하니, 호胡와 월越이라 해도 선과
악의 결과는 서로 어긋날 수 있는 것이 아니라고 항상 생각해야 합니다.

오로지 바라건대 대중들께서는 이 무상함을 깨닫고 부지런히 행업을
닦아 그것으로 자신을 돕고, 나태한 마음을 일으켜 노력을 게을리하는 일

이 없도록 하십시오. 가령 천만억 년토록 오욕의 즐거움을 누리더라도 결국은 삼악도의 고통을 면하지 못한다고 지혜로운 자들은 항상 탄식합니다. 하물며 우리는 백 년에 반도 채우지 못하는데 이렇게 촉박한 세월에 어찌 스스로 느긋할 수 있겠습니까. 또한 세간은 환상이고 미혹이라 결국은 마멸되고 마니, 영원하다는 자들도 모두 없어지고 높은 자들 역시 떨어집니다. 만남에는 헤어짐이 있고 태어나면 반드시 죽어야만 하니, 높은 관직에 두터운 복록을 누린다 한들 누가 이를 면할 수 있겠습니까. 부모형제와 육친六親 권속의 사랑이 골수에 사무친다지만 목숨을 버릴 때를 당해서는 서로를 대신할 수 없으며, 부귀영화나 재물과 보물 역시 사람의 수명을 연장할 수는 없습니다. 또한 말이나 음식으로 청탁해 벗어날 수도 없으니, 상대할 형상이 없는데 누가 그를 머물게 할 수 있겠습니까. 경에서 "시체란 다한 것입니다. 숨이 끊어지고 정신이 떠나가면 그 몸뚱이는 쓸쓸히 흩어집니다. 태어났다 하면 죽지 않을 수 없는 것은 사람이건 짐승이건 매한가지입니다."[93]라고 하였습니다.

또 목숨을 버릴 때에도 큰 고통을 겪으니, 내외 육친은 둘러앉아 통곡하고 죽는 자는 당황스럽고 두려워 의지할 곳을 모릅니다. 신체에 힘이 빠지고 차가워지면서 호흡이 끊어지려 하면 앞서 지은 선악의 업보가 눈앞에 가득 펼쳐지나니 선을 닦은 그런 자들에게는 하늘의 신들이 나타나 부축하고 보호하며, 악을 저지른 그런 자들에게는 소머리를 한 아방이 나타나 곁에 서게 됩니다. 옥졸과 나찰에게 끝내 너그러운 용서란 없어 자애로운 부모도 효성스러운 아들도 서로를 구할 수 없고, 사랑하는 남편과

---

[93] 원문은 '死者盡也 氣絶神逝 形骸蕭索 人物一統 無生不終'이다. 『태자서응본기경太子瑞應本起經』 권상(T3, 474c)에 수록된 문장과 유사하나 완전히 일치하지는 않는다. 부처님께서 태자 시절 성문을 나섰다가 장례 행렬을 목격하고, 저 사람은 어떤 사람이냐고 묻자 그 노복이 한 말이다. 참고로 『태자서응본기경』에 수록된 내용을 소개하면 다음과 같다. "死者盡也 壽有長短 福盡命終 氣絶神逝 形骸消索 故謂之死 人物一統 無生不終"

아내도 끝나 가는 서로를 그저 바라볼 뿐입니다. 칼바람이 온몸을 헤집으면 그 고통은 이루 말할 수 없나니, 죽는 자에게 그때 간과 심장이 갈가리 찢어지는 한량없는 고통이 한꺼번에 모여들어 정신이 온통 두려움에 휩싸이게 되고 미친 듯 취한 듯하게 됩니다. 그때서야 결연히 한 생각 선한 마음을 일으켜 털끝만 한 복이라도 지으려고 하지만 마음에 회한만 남을 뿐 다시는 그럴 수가 없나니, 이와 같은 고통은 아무도 대신 받을 자가 없습니다. 『열반경』에서 말씀하셨습니다.

"죽은 자는 험난한 곳에서 양식이 없고, 갈 길은 아득히 먼데 동행자가 없으며, 밤낮없이 걸어도 끝이 없고, 깊고도 깊어 캄캄한데 광명이 없으며, 들어가도 막는 이가 없고, 일단 도달하면 벗어나지 못한다. 살아서 복을 닦지 않으면 죽어서 고통스러운 곳으로 돌아가게 되나니, 그 지독하고 쓰라린 수심은 치료할 수 없으며 있는 것 같기도 하고 없는 것 같기도 한 악색들이 그 사람을 공포에 떨게 한다."[94]

오늘 이 도량의 동업대중이여, 생사의 과보는 고리처럼 끝이 없습니다. 외로운 혼이 홀로 떠나면 그를 볼 수 있는 자가 없고, 그를 찾을 수도 없으며, 그에게 물건을 보낼 수도 없습니다. 그러니 오로지 각자 노력하여 수고로움을 무릅쓰고 괴로움을 참으며 사무량심과 육바라밀을 부지런히 닦아 이것으로 여러 세계로 홀로 떠나갈 때 사용할 자량資糧을 삼아야지 강건하다며 스스로 안심해서는 안 됩니다.

각각 마음을 다해 평등한 일심으로 간절하게 오체투지하며, 세간의 너무도 자비로우신 아버지께 귀의합니다.

나무 미륵불

나무 석가모니불

나무 다문해불

---

[94] 『대반열반경』 권11(T12, 679b).

나무 지화불

나무 불수세불

나무 희중불

나무 공작음불

나무 불퇴몰불

나무 단유애구불

나무 위의제불

나무 제천유포불

나무 보보불

나무 화수불

나무 위덕불

나무 파원적불

나무 부다문불

나무 묘국불

나무 화명불

나무 사자지불

나무 월출불

나무 멸암불

나무 무동불

나무 사자유희보살

나무 사자분신보살

나무 무변신보살

나무 관세음보살

거듭 이와 같은 시방 온 허공계 일체 삼보께 귀의합니다. 1배

부디 자비의 힘으로 함께 감싸고 보호하사 오늘 이 도량에서 함께 참회한 이들이 오늘부터 보리에 이르는 그날까지 모든 죄의 원인과 한량없는

고통의 과보를 모두 말끔히 끊게 하시고, 번뇌와 결박과 업이 끝끝내 청
정하게 하소서. 모든 부처님 법회에 모두들 그 몸을 나타내어 보살도를
행하면서 뜻대로 자재하게 하시며, 사무량심과 육바라밀을 말씀대로 수
행하고 사무애변과 육신통을 빠짐없이 만족하게 하시며, 백천 삼매가 생
각만 하면 앞에 나타나고 모든 총지문總持門에 들어가지 못하는 일이 없
어 일찍감치 도량에 올라 등정각을 이루게 하소서. 1배

警念無常

今日道場。同業大衆。相與已得。爲六道禮懺發願竟。次復應須。悟世無
常。夫三世罪福。因果相生。惻然在心。慮不斯隔。常謂影響相符。乃可胡
越。善惡之致。非可得而舛也。唯願大衆。覺悟無常。勤修行業。以自資身。
勿生懈怠。而不努力。智者常歎。假使千萬億歲。受五欲樂。終不得免。三
惡道苦。況我百年。而不得半。於此促期。那得自寬。且世間幻惑。終歸磨
滅。常者皆盡。高者亦隆。合會有離。生必應死。重官厚祿。誰得免之。父
母兄弟。六親眷屬。愛徹骨髓。當捨壽時。不得相代。榮華豪貴。錢財寶物。
亦不能延。人之壽命。亦不可以。言辭飲食。求囑脫者。無形之對。誰能留
者。經云。死者。盡也。氣絶神逝。形骸蕭索。人物一統。無生不終。而捨命
之時。受大苦惱。內外六親。圍繞號哭。死者遑怖。莫知依投。身虛體冷。
氣將欲盡。見先所作。善惡報相。森然在目。其修善者。天神扶衛。其行惡
者。牛頭在側。獄卒羅刹。永無寬恕。慈親孝子。不能相救。夫妻恩愛。相
看就盡。風刀解身。苦不可言。死者爾時。肝膽寸裂。無量痛惱。一時同集。
神識周惶。如狂如醉。決欲起一念善。作一毫福。懷恨在心。不復能得。如
是苦惱。無人代受。涅槃經言。死者於險難處。無有資糧。去處懸遠。又無
伴侶。晝夜常行。無有邊際。深邃幽闇。無有光明。入無遮止。到不得脫。
生不修福。死歸苦處。愁毒辛酸。不可療治。是非惡色。令人怖畏。今日道
場。同業大衆。生死果報。如環無窮。孤魂獨逝。無人見者。不可尋覓。不

可物寄。唯各努力。捍勞忍苦。勤修四等。六波羅蜜。以爲獨逝。諸趣之資。莫以强健。而自安心。宜各至心。等一痛切。五體投地。歸依世間。大慈悲父。南無彌勒佛。南無釋迦牟尼佛。南無多聞海佛。南無持華佛。南無不隨世佛。南無喜衆佛。南無孔雀音佛。南無不退沒佛。南無斷有愛垢佛。南無威儀齊佛。南無諸天流布佛。南無寶步佛。南無華手佛。南無威德佛。南無破怨賊佛。南無富多聞佛。南無妙國佛。南無華明佛。南無師子智佛。南無月出佛。南無滅闇佛。南無無動佛。南無師子遊戲菩薩。南無師子奮迅菩薩。南無無邊身菩薩。南無觀世音菩薩。又復歸依。如是十方。盡虛空界。一切三寶(一拜)。願以慈悲力。同加覆護。今日道場。同懺悔者。從今日去。乃至菩提。一切罪因。無量苦果。悉得斷除。煩惱結業。畢竟淸淨。諸佛法會。皆現身相。行菩薩道。隨意自在。四等六度。如說修行。四辯六通。無不滿足。百千三昧。應念現前。諸總持門。無不能入。早登道場。成等正覺 (一拜)。

무상을 생각하도록 경책함

집해 '경警'은 깨우치다(悟), 경책하다(策)라는 뜻이다.

'삼세에 걸친 죄와 복은 원인과 결과가……(三世罪福因果……)'에 대해 변진 스님은 "죄라는 원인에는 고통스러운 과보가 따르고 복된 원인에는 즐거운 과보가 따른다. 따라서 '서로 의존하여 생긴다(相生)'라고 하였다. 그러니 진실로 마음에 새기고 (원인과 결과 사이에) 간격이 없음을 헤아려야 한다. 죄와 복이라는 원인은 형상이나 소리와 같고 즐거움과 고통이라는 결과는 그림자나 메아리와 같아 굽음과 곧음, 높고 낮음이 낱낱이 상응한다. 따라서 '서로 부합한다(相符)'라고 하였다. '호와 월이라 해도(豈可胡越)'[95]는 호胡와 월越은 그 지역이 서로 멀리 떨어져 있지만 선과 악의 이

---

95 『집해』에는 '豈可胡越'이라 하였지만 『참법』에는 '乃可胡越'로 되어 있다.

치는 뒤섞일 수 없음을 말한다."고 하였다. 미수 스님은 "죄와 복의 원인
과 결과의 이치에는 간격이 없으니, 그림자나 메아리가 (형상과 소리에)
서로 부합하는 것과 같다고 할 수 있다. (원인과 결과 사이에 시간적으로)
호胡와 월越만큼 서로 간격이 있다 하더라도 선과 악의 이치는 어긋나거
나 뒤섞이지 않는다."고 하였다. 각명 공은 "호胡는 곧 북쪽 끝 지역이고,
월越은 곧 남쪽 끝 지역이다. 두 지역이 서로 멀리 떨어져 있는 것이 비유
하자면 원인과 결과 사이에 생애의 간격이 있는 것과 같다. 하지만 받는
과보는 매우 근사하니 어찌 어긋나거나 넘칠 수 있겠는가."라고 하였다.

'영원하다는 자들도 모두 없어진다'는 것은 색계色界 제4선천第四禪天을
두고 한 말이다. 삼재三災를 벗어났기 때문에 외도들은 이를 영원하다고
계탁하지만 그렇지 못하고 결국은 마멸되고 만다. 따라서 '영원하다는 자
들도 모두 없어진다'라고 한 것이다.

'높은 자들 역시 떨어진다'는 것은 무색계의 네 하늘이 그 과보로 색계
위에 거주하지만 윤회를 면치 못하는 것을 말한다. 따라서 '높은 자들 역
시 떨어진다'고 하였다.

'소삭蕭索'의 앞 글자는 적막하다(寂)는 뜻이다. 뒷글자는 사沙와 악惡의
반절이고, 다하다(盡), 흩어지다(散)라는 뜻이다.

'장황惶'은 장장으로 발음하고, 당황스럽고 두렵다(惶怖)는 뜻이다.

'인물일통人物一統'에 대해 미수 스님은 "사람을 비롯한 축생 등의 만물은
태어났다가 죽지 않는 자가 없다는 점에 있어서 모두 똑같다."고 하였다.

'시비악색영인포외是非惡色令人怖畏'는 있는 것 같기도 하고 없는 것 같기
도 한 악색惡色을 말한다.

警念無常

警者[悟也。策也]。三世罪福因果等者。眞師云。罪因苦果。福因樂果。故
云相生。惻然在心。思慮不隔。罪福之因。其如形聲。苦樂之果。猶若影響。

曲直高低。一一隨應。故云相符。豈¹⁾可胡越者。胡越之地。相隔乖遠。然善惡之理。不可得而雜也。授師云。罪福因果之理不隔。可謂影響相符。而可胡越相隔乎哉。善惡之理。終不舛雜。明公云。胡卽北極之地。越卽南極之地。二地相遠。喩如因果隔世。然受報彌近。豈可得而差濫。常者皆盡者。色界第四禪天。離三災故。外道計以爲常。不然終歸磨滅。故云常者皆盡。高者亦墜者。无色界四天報。居色界之上。然未免輪回。故曰高者亦墜也。蕭索者[上寂也。下沙惡反。盡也。散也]。憘。音章。惶怖也。人物一統者。授師云。人及畜生等物。皆是一般。無有生而不終死也。是非惡色令人怖畏。似是似非之惡色也。

---

1) ㉔『참법』에는 '豈'가 '乃'로 되어 있다.

노고를 마다 않고 일한 이들을 위해 부처님께 예배함

참법　오늘 이 도량의 동업대중이 거듭 정성을 다해 오체투지하면서 자비로운 마음을 일으키고 원수나 친구라는 생각 없이, 널리 오늘날 생을 거듭해 성숙하면서 노동하고 따라 기뻐하며 기술을 제공하고 힘을 쏟아 복을 짓도록 도와준 이들과 그 각각의 권속들을 위하고, 또 현재 감옥에 갇혀 근심스런 액란으로 고통받는 자들과 영어囹圄에 묶이고 갇힌 자들과 나아가 온갖 형벌刑罰을 받고 있는 자들을 위합니다.

그들이 이 세상을 살아가는 것을 생각해 보면, 비록 사람의 몸은 받았지만 즐거움은 적고 괴로움은 많으며 칼·수갑·쇠고랑·차꼬가 몸에서 떠날 날이 없으니, 어쩌다 이리 되었을까요? 혹은 금생에 악업을 지었을 것이고, 혹은 과거에 저지른 죄의 결과일 것이며, 혹은 죄에서 벗어나야 마땅하지만 자신의 억울함을 피력할 방법이 없어서일 것이고, 사형에 처할 중죄에서 구해 줄 자가 아무도 없기 때문일 것입니다.

이와 같은 중생들과 그 각각의 권속들을 위하여, 아무개 등이 오늘 자비로운 마음으로 널리 그들을 대신해 일체 세간의 너무도 자비로우신 아버지께 귀의합니다.
　나무 미륵불
　나무 석가모니불
　나무 차제행불
　나무 복등불
　나무 음성치불
　나무 교담불
　나무 세력불
　나무 신심주불
　나무 선월불
　나무 각음화불
　나무 상길불
　나무 선위덕불
　나무 지력덕불
　나무 선등불
　나무 견행불
　나무 천음불
　나무 안락불
　나무 일면불
　나무 요해탈불
　나무 계명불
　나무 주계불
　나무 무구불
　나무 사자번보살
　나무 사자작보살
　나무 무변신보살

나무 관세음보살

거듭 이와 같은 시방 온 허공계의 일체 삼보께 귀의합니다. 1배

부디 자비의 힘으로 함께 감싸고 보호하사 오늘 노동하며 따라 기뻐한 이들과 그 각각의 권속들이 오늘부터 보리에 이르는 그날까지 일체 죄장을 모두 소멸하게 하시고, 일체 온갖 고통을 끝끝내 해탈하게 하소서. 수명이 늘어나고 몸과 마음이 안락하며, 재난과 액난을 영원히 벗어나 다시는 장애와 고뇌가 없게 하소서. 대승의 마음을 일으켜 보살의 행을 닦으며 육바라밀과 사무량심을 빠짐없이 구족하고, 생사의 괴로움을 버리고 열반의 즐거움을 얻게 하소서.

또 부디 동서남북의 모든 감옥에서 노역하는 죄수들과 묶이거나 갇혀 근심스런 액란으로 고통받는 자들과 온갖 질병으로 자유롭지 못한 자들과 그 각각의 권속들이 지금 그를 위해 부처님께 예배한 공덕과 위력으로 일체 온갖 괴로움에서 모두 해탈하게 하시고, 악업으로 대했던 인행因行을 끝까지 끊어 없애게 하소서. 감옥의 문을 나서 선법의 문으로 들어와 수명이 끝이 없고 지혜의 힘이 다함이 없으며 몸과 마음이 제3선처럼 영원히 즐겁게 하소서. 감옥의 고통을 기억하고 부처님의 은혜를 기억해 악을 고쳐 선을 닦으며 모두 대승의 마음을 일으키게 하시고, 보살도를 행하며 금강의 세계에 이르러 다시 일체 중생을 제도하여 함께 정각에 올라 신력이 자재하게 하소서. 1배

참회와 보리심을 일으키는 일을 마쳤으니, 다음은 회향할 차례입니다.

爲執勞運力禮佛

今日道場。同業大衆。重復至誠。五體投地。起慈悲心。無怨親想。普爲今日。轉生作熟。執勞隨喜。施工運力。助營福者。各及眷屬。又爲卽世牢獄。憂厄困苦。囹圄繫閉。及諸刑罰。念其處世。雖獲人身。樂少苦多。枷鑽杻械。未嘗離體。由何所致。或今身造惡。或過去所追。或應免脫。無由自申。

重罪分死。無救護者。如是衆生。各及眷屬。(某甲)等今日。以慈悲心。普
代歸依。一切世間。大慈悲父。南無彌勒佛。南無釋迦牟尼佛。南無次第
行佛。南無福燈佛。南無音聲治佛。南無憍曇佛。南無勢力佛。南無身心住
佛。南無善月佛。南無覺音華佛。南無上吉佛。南無善威德佛。南無智力德
佛。南無善燈佛。南無堅行佛。南無天音佛。南無安樂佛。南無日面佛。南
無樂解脫佛。南無戒明佛。南無住戒佛。南無無垢佛。南無師子幡菩薩。南
無師子作菩薩。南無無邊身菩薩。南無觀世音菩薩。又復歸依。如是十方。
盡虛空界。一切三寶(一拜)。願以慈悲力。同加覆護。今日執勞隨喜者。各
及眷屬。從今日去。至于菩提。一切罪障。皆得消滅。一切衆苦。畢竟解脫。
壽命延長。身心安樂。永離災厄。無復障惱。發大乘心。修菩薩行。六度四
等。皆悉具足。捨生死苦。得涅槃樂。又願東西南北。諸餘牢獄。徒囚繫閉。
憂厄困苦。諸有疾病。不得自在者。各及眷屬。以今爲其。禮佛功德威力。
一切衆苦。皆悉解脫。惡業對因。畢竟斷除。出牢獄戶。入善法門。壽命無
窮。智力無盡。身心永樂。如第三禪。憶牢獄苦。念諸佛恩。改惡修善。皆
發大乘。行菩薩道。至金剛際。還復度脫。一切衆生。同登正覺。神力自在
(一拜)。已懺悔發菩提心竟。次應廻向。

[집해] '영어囹圄'에 대해 각명 공은 "곧 감옥(牢獄)이다. 진秦나라 때 영어
라 하였다."고 하였다. 동림 스님은 "앞 글자는 령슈, 뒷글자는 어語로 발
음한다. 주周나라 때 감옥 명칭이다. '뇌옥牢獄'은 소나 말을 키우는 곳이
다."라고 하였다.

'형벌刑罰'에 대해 각명 공은 "죽임을 당할 죄(刑戮)를 범하고 유배당할
죄(謫罰)를 저질러 그 중죄重罪가 사형에 해당하는 자를 말한다. 앞 글자는
거성이고, 중죄는 사형(大辟)에 해당하는 죄를 말한다."고 하였다.

'도수徒囚'에서 앞 글자는 노역하는 죄수(役囚)로서 관官에 붙잡혀 있는
자들을 말한다. 동림 스님은 "『속률俗律』에서 '둥글게 흙을 쌓고 죄인을 가

두는 것을 도徒라 한다'고 하였다."라고 하였다.

'억뢰옥고憶牢獄苦'에 대해 보충 설명을 하겠다. 동림 스님은 앞에서 "뇌옥牢獄은 곧 소나 말 등을 키우는 곳이다."라고 하였는데, 이 문장의 의미와 맞지 않는다. 여기에서는 감옥의 총칭이라 해야 당연하다.

> 囹圄者。明公云。卽牢獄也。秦曰囹圄。東林師云。上音令。下音語。周時獄名。牢獄者。養牛馬處。刑罰者。明公曰。犯於刑戮。造於謫罰。重罪分死者[上去聲。重罪大辟也]。徒囚者。上役囚。執在於官也。東林師云。俗律曰。圓土而囚曰徒。憶牢獄苦者。生枝曰。東林師上云。牢獄者卽養牛馬處。非此中義。此中。應言獄之都名。當然矣。

제3. 회향

회향을 일으킴

참법 오늘 이 도량의 동업대중이여, 이미 발심하여 해야 할 일들을 마쳤으니, 다음에는 모름지기 이전의 공덕으로 각기 회향을 일으켜야 합니다. 무엇 때문에 그런가? 일체 중생이 해탈을 얻지 못하는 까닭은 다 세간의 과보에 집착하여 버리지 못하기 때문입니다. 만약 조그만 복이나 털끝만한 선이라도 능히 회향하는 자가 있다면 과보에 대하여 다시는 집착을 내지 않아 문득 해탈하여 편안히 노닐며 자재할 것입니다. 그래서 경에서 "수행하고 회향하는 것이 큰 이익이 된다."[96]고 찬탄했던 것입니다.

---

[96] 『유마힐소설경維摩詰所說經』 권중(T14, 549c)의 게송에서 "말씀대로 수행하고 회향하

그러므로 오늘 회향을 일으키고, 아울러 일체에게 과보에 집착하지 않도록 권해야 합니다.

저희가 먼저 다 함께 마음을 다해 오체투지하며, 세간의 너무도 자비로우신 아버지께 목숨 바쳐 귀의하고 공경히 예배합니다.

나무 미륵불

나무 석가모니불

나무 견출불

나무 안사나불

나무 증익불

나무 향명불

나무 위람명불

나무 금옥불

나무 밀발불

나무 무애상불

나무 신계불

나무 지묘불

나무 요실불

나무 명법불

나무 구위덕불

나무 대자불

나무 상자불

나무 지적멸불

나무 감로주불

나무 미루명불

는 것이 큰 이익이 됩니다.(如所說修行 迴向爲大利)"라고 하였다.

나무 성찬불

나무 광조불

나무 문수사리보살

나무 보현보살

나무 무변신보살

나무 관세음보살

거듭 이와 같은 시방 온 허공계 일체 삼보께 귀의합니다. 1배

부디 자비의 힘으로 함께 감싸고 보호하사 일체 행원이 모두 원만하게 하소서. 오늘 이 도량의 동업대중은 오늘부터 보리에 이르는 그날까지 보살도를 행하면서 맹세코 물러서지 않을 것이며, 먼저 중생을 제도한 뒤에 부처가 되겠습니다.

만약 도를 얻지 못하고 중간에 생사에 머무는 자들이 있다면, 이 원력으로 그 모든 대중이 어느 곳에 태어나건 몸과 입과 뜻으로 짓는 업이 항상 스스로 청정하게 하시고, 광대하고 수승하며 오묘한 마음과 유연한 마음과 조화로운 마음과 용맹한 마음과 방일하지 않는 마음과 적멸한 마음과 진실한 마음과 복잡하지 않은 마음과 탐욕과 인색함이 없는 마음과 크게 수승한 마음과 크게 자비로운 마음과 편안히 머무는 마음과 기뻐하는 마음과 일체 중생을 먼저 제도하려는 마음과 일체를 수호하는 마음과 보리를 수호하는 마음과 부처님처럼 맹세하는 마음을 항상 일으키게 하소서. 이와 같이 광대하고 수승하고 오묘한 마음을 일으켜 다문을 오로지 구하고, 탐욕을 벗어나는 선정을 닦고, 일체중생에게 이익과 안락을 주면서 보리를 버리지 않고 함께 정각을 이루게 하소서. 1배

發廻向第三

今日道場。同業大衆。已得發心。辦所辦竟。次復應須。以前功德。各發廻向。何以故爾。一切衆生。所以不能。得解脫者。皆由着於。世間果報。不能捨離。若有片福。一毫之善。能迴向者。則於果報。不復生着。便得解脫。
優遊自在。所以經歎。修行迴向。爲大利益。是故今日。應發迴向。兼勸一
切。不着果報。我等相與。先應至心。五體投地。歸命敬禮。世間大慈悲父。
南無彌勒佛。南無釋迦牟尼佛。南無堅出佛。南無安闍那佛。南無增益佛。
南無香明佛。南無違藍明佛。南無金玉佛。南無蜜鉢佛。南無無礙相佛。南
無信戒佛。南無至妙佛。南無樂實佛。南無明法佛。南無具威德佛。南無大
慈佛。南無上慈佛。南無至寂滅佛。南無甘露主佛。南無彌樓明佛。南無聖
讚佛。南無廣照佛。南無文殊師利菩薩。南無普賢菩薩。南無無邊身菩薩。
南無觀世音菩薩。又復歸依。如是十方。盡虛空界。一切三寶(一拜)。願以
慈悲力。同加覆護。一切行願。皆得圓滿。今日道場。同業大衆。從今日去。
至于菩提。行菩薩道。誓莫退還。先度衆生。然後作佛。若未得道。中間留
住生死者。以此願力。令諸大衆。在所生處。身口意業。恒自淸淨。常發廣
大勝妙之心。柔軟心。調和心。勇猛心。不放逸心。寂滅心。眞心。不雜亂
心。無貪悋心。大勝心。大慈悲心。安住心。歡喜心。先度一切心。守護一
切心。守護菩提心。誓等佛心。發如是等。廣勝妙心。專求多聞。修離欲定。
饒益安樂。一切衆生。不捨菩提。同成正覺(一拜)。

[집해] '판소판경辦所辦竟'은 갖춰야 할 것을 갖췄다는 의미이다.

'다문을 오로지 구하고 탐욕을 벗어나는 선정을 닦는다(專求多聞 修離欲
定)'에 대해 각명 공은 "지혜를 부지런히 배워 성스러운 가르침을 널리 통
달하고, 세간법에 탐착하지 않아 마음이 항상 고요한 것이다."라고 하였
다. 미수 스님은 "'다문을 오로지 구한다'는 것은 혜학惠學이다. '탐욕을 벗
어나는 선정을 닦는다'는 것은 정학定學이고, '이익과 안락을 준다'는 것은
계학戒學이다. 이러한 삼학三學으로 보리를 버리지 않는 것으로써 행원을
총괄해 마무리하였다.

辦所辦竟者。以所辦辦竟。全¹⁾求多聞。修離欲定。明公曰。勤學智惠。博通聖敎。不貪世法。心常寂滅也。授師云。全²⁾求多聞者。惠學也。修離欲定。定學也。饒益安樂。戒學也。此之三學。不捨菩提。摠結願行。

1) ㉮ '全'은 '專'의 오자이다.   2) ㉯ '全'은 '專'의 오자이다.

회향법을 설함

참법 오늘 이 도량의 동업대중이여, 다 함께 무릎 꿇고 합장하고서 제가 지금 말하는 대로 마음속으로 생각하며 입으로 따라 하십시오.

　　시방의 모든 하늘과 신선들이
　　가지고 계신 모든 공덕의 업
　　하늘이나 인간 세계에서
　　성인의 도를 닦은 온갖 선업을
　　제가 이제 권하여 회향하고
　　함께 위없는 길로 돌아갑니다.
　　발심과 참법을
　　스스로 실천하고 남들에게 권하여
　　얻은 복이 털끝만큼이라도 있다면
　　남김없이 회향하여 중생에게 베푸옵니다.
　　부처가 되지 못한 중생이 있다면
　　이 보리의 서원을 버리지 않을 것이니
　　이와 더불어 일체 공덕을
　　남김없이 부처의 길로 회향합니다.
　　시방의 모든 보살이
　　경을 찬송하고 수지하며
　　선정에 들고 선정에서 나오며

권하고 실천했던 모든 선들
이와 같은 삼승들의
일체 공덕의 근본을
남김없이 회향하여 중생에게 베풀고
함께 위없는 길로 돌아갑니다.
육도의 중생들에게
조그만 선업이라도 있다면
제가 이제 회향하고
함께 위없는 길로 돌아갑니다.
시방의 불제자들
잘 왔구나 하셨던 비구 대중과
집착 없는 네 무리의 사문과
연각을 구하는 이들이
은밀하게 또는 드러나게 중생을 교화하고
인연법을 분명하게 깨달은 공덕을
제가 이제 회향하고
바른 깨달음의 길로 함께 돌아갑니다.
시방의 용과 귀신들이
가지고 있는 훌륭한 선업을
제가 이제 회향하고
함께 일승의 길로 돌아갑니다.
시방의 모든 인간 세계 왕들이
닦은 보리의 업을
제가 이제 회향하고
함께 위없는 길로 돌아갑니다.
일체중생이 남김없이 성불하고

그런 다음에야 정각에 오르리니
우러러 원하옵건대, 부처님과 보살님이여
무루의 여러 성인들이여
이 세상에서건 다음 생에서건
부디 섭수해 주소서.

　다 함께 마음을 다해 오체투지하며 국왕과 제주帝主를 받들어 그들을 위해 회향하고, 부모님과 친척을 받들어 그들을 위해 회향하고, 스승과 동학을 받들어 그들을 위해 회향하고, 믿음으로 보시한 단월과 선지식·악지식을 받들어 그들을 위해 회향하고, 세상을 보호하는 사천왕을 받들어 그들을 위해 회향합니다. 또 시방의 마왕을 위해 회향하고, 또 총명하고 정직한 천지허공과 선을 주지하고 악을 징벌하며 주를 총지하는 자들을 수호하는 오방의 용왕과 용신·팔부를 위해 회향하고, 또 유형·무형의 일체 영기靈祇를 위해 회향하고, 또 시방 온 허공계의 일체중생을 위해 회향하오니, 시방의 모든 하늘과 모든 신선과 용신·팔부와 일체중생들이여, 오늘부터 보리에 이르는 그날까지 항상 무상을 깨닫고 다시는 집착하지 마소서. 1배

　說迴向法
今日道場。同業大衆。相與胡跪合掌。心念口言。隨我今說。十方諸天仙。所有功德業。天上及人間。聖道諸善業。我今勸迴向。同歸無上道。發心及懺法。自行若勸人。所有微毫福。盡迴施衆生。衆生不得佛。不捨菩提願。如是兼一切。盡迴向佛道。十方諸菩薩。讚誦受持經。入禪出禪者。勸摠行衆善。如是等三乘。一切衆德本。盡迴施衆生。同歸無上道。六道衆生類。所有微善業。我今爲迴向。同歸無上道。十方佛弟子。善來比丘衆。無着四沙門。及求緣覺者。隱顯化衆生。明了因緣法。我今爲迴向。同歸正覺道。

十方龍鬼神。所有勝善業。我今爲迴向。同歸一乘道。十方諸人王。所修菩
提業。我今爲迴向。同歸無上道。一切成佛盡。然後登正覺。仰願佛菩薩。
無漏諸聖人。此世及後生。惟願見攝受。相與至心。五體投地。奉爲國王帝
主迴向。奉爲父母親緣迴向。奉爲師長同學迴向。奉爲信施檀越善惡知識
迴向。奉爲護世四王迴向。又爲十方魔王迴向。又爲聰明正直。天地虛空。
主善罰惡守護持呪。五方龍王。龍神八部迴向。又爲幽顯一切靈祇迴向。
又爲十方盡虛空界一切衆生迴向。唯願十方。諸天諸仙。龍神八部。一切
衆生。從今日去。至于菩提。恒會無相。不復耽着(一拜)。

상교정본 자비도량참법 권 제9
詳校正本慈悲道場懺法卷第九

[집해] '시방의 불제자들'은 이승의 현성들에 통한다. 이것이 통틀어 지목
한 구절이고, 아래 구절은 이를 다시 구별한 것이다.

'잘 왔구나 하셨던 이들(善來)'은 "잘 왔다."는 여래의 말씀하에 법을 얻
었던 자들을 말한다. 이들은 범부와 성인에 통한다.

'집착 없는 네 무리의 사문'은 곧 번뇌의 집착을 벗어난 자들이니, 예류
預流 · 일래一來 · 불래不來 · 아라한阿羅漢 이상이다.

'은밀하게 또는 드러나게 중생을 교화한 이들'에 대해 변진 스님은 다음
과 같이 말했다.

"은밀한 자들은 벽지불辟支佛이니, 곧 독각獨覺이다. 이들은 부처님이 계
시지 않는 세상에 출현하여 대부분 깊은 산림에 은거하거나 높은 봉우리
에 홀로 기숙하면서 무생無生을 스스로 깨닫기 때문이다. 드러난 자들은
곧 무리를 지어 다녔던 연각緣覺들이며, 또 아라한을 말한다. 부처님을 따
라 세상에 출현하여 드러나게 만물을 교화했기 때문이다."

이 회향송迴向頌에 대해 보충 설명을 하자면, 상교본詳校本에는 삼승三乘

과 육도六道 등의 차례에 있어서 앞뒤가 거꾸로 뒤섞였는데 아마도 서사한 사람의 착오가 아닐까 생각된다. 구본舊本에 있는 게송⁹⁷의 차례가 합당하니, 학자들은 자세히 살펴보라.

'항회무상恒會無相'에서 회會는 곧 증득하다(證)라는 뜻이다.

상교본詳校本 게송의 뒤집어진 차례를 지금 고쳐 써서 판각한다.⁹⁸

---

97 구본舊本의 게송이 정확히 무엇인지 확인할 방법은 없다. 참고로 현재 『신수대장경』 『자비도량참법』(T45, 962b)에 수록된 게송을 소개하면 다음과 같다.
"十方諸天仙 所有功德業 我今爲迴向 同歸正覺道 / 十方龍鬼神 所有勝善業 我今爲迴向 同歸一乘道 / 十方諸人王 所修菩提業 我今爲迴向 同歸無上道 / 六道衆生類 所有微善業 我今爲迴向 同歸無上道 / 十方佛弟子 善來比丘衆 無著四沙門 及求緣覺者 / 隱顯化衆生 明了因緣法 如是兼一切 盡迴向佛道 / 十方諸菩薩 讀誦受持經 入禪出禪者 勸總行衆善 / 如是等三乘 一切衆德本 盡迴施衆生 同歸無上道 / 天上及人間 聖道諸善業 我今勸迴向 同歸無上道 / 發心及懺悔 自行若勸人 所有微毫福 盡迴施衆生 / 衆生不得佛 不捨菩提願 一切成佛盡 然後登正覺 / 仰願佛菩薩 無漏諸聖人 此世及後生 惟願見攝受"
이를 번역하면 다음과 같다.
"시방의 모든 천인과 신선들이 / 가지고 계신 공덕의 업을 / 제가 이제 회향하고 / 함께 바른 깨달음의 길로 돌아갑니다. / 시방의 용과 귀신들이 / 가지고 있는 훌륭한 선업을 / 제가 이제 회향하고 / 함께 일승의 길로 돌아갑니다. / 시방의 모든 인간 세계 왕들이 / 닦은 보리의 업을 / 제가 이제 회향하고 / 함께 위없는 길로 돌아갑니다. / 육도의 중생들에게 / 조그만 선업이나 있다면 / 제가 이제 회향하고 / 함께 위없는 길로 돌아갑니다. / 시방의 불제자 / 잘 왔구나 하셨던 비구 대중과 / 집착 없는 네 무리의 사문과 / 연각을 구하는 이들이 / 드러나거나 은밀하게 중생을 교화하고 / 인연법을 분명하게 깨달은 공덕 / 이와 아울러 일체 공덕을 / 남김없이 부처의 길로 회향합니다. / 시방의 모든 보살이 / 경을 독송하고 수지하며 / 선정에 들고 선정에서 나오며 / 권하고 실천했던 모든 선들 / 이와 같은 삼승들의 / 모든 공덕의 근본을 / 남김없이 회향하여 중생에게 베풀고 / 함께 위없는 길로 돌아갑니다. / 하늘이나 인간 세계에서 / 성인의 도를 닦은 모든 선업을 / 제가 이제 권하여 회향하고 / 함께 위없는 길로 돌아갑니다. / 발심과 참회를 / 스스로 실천하고 남들에게 권하여 / 얻은 복이 털끝만큼이라도 있다면 / 남김없이 회향하여 중생에게 베풉니다. / 부처가 되지 못한 중생이 있으면 / 이 보리의 원을 버리지 않으리니 / 모두가 남김없이 성불한 뒤에 / 바른 깨달음에 오르겠습니다. / 우러러 원하오니, 부처님과 보살님이여 / 무루의 여러 성인들이여 / 이 생에서건 다음 생에서건 / 부디 섭수하여 주소서."

98 '상교본詳校本 게송의 뒤집어진 차례를 지금 고쳐 써서 판각한다'고 하였지만 현존 『자비도량참법집해』에는 참법 원문이 수록되어 있지 않아 그 수정 내용을 확인할 수 없다.

十方佛弟子者。通於二乘賢聖也。此是摠句。下句別也。善來者。如來善來言下得法者也。此通凢聖。無着四沙門者。即離煩惱著也。謂預流。一來。不來。阿羅漢等已上。隱現化衆生。眞師云。隱者。辟支佛。即獨覺也。此出無佛世。多隱深山。獨宿高峯。自覺無生故也。現者。即部行緣覺。又阿羅漢。隨佛出世。現通化物故也。此迴向頌。生枝曰。詳校本。三乘六道等次第。先後倒錯。恐書之者錯也。舊本中偈頌次第。當然。學者詳焉。恒會無相者[會。即證也。詳校本頌倒次。今改書開板]。

제9권의 음의

흘차장후訖此章後 : (흘訖을) 흘迄로 쓴 곳이 있는데, 잘못이다.

공용功用 : 근래 본에 공과功過로 되어 있는데, 잘못이다.

소요所要 : (뒷글자는) 어於와 요堯의 반절이고, 부르다(招)라는 뜻이다.

매번 말하는 만 가지 법이……무궁과 같을 것입니다(每言……無窮) : 이 1절의 문장에서 예전부터 그 글자가 잘못되거나 구법句法으로 볼 때 빠지거나 부족한 글자들을 지금 고본에 근거하여 수정하고 정비해 원만히 통하게 하였는데, 상세히 설명하지는 않겠다.

무요불無嬈佛 : (요嬈는) 요繞로 발음한다.

상상常償 : 상常과 상尙 두 가지로 발음하는데, 모두 빚을 갚다(還償)라는 뜻이다.

궤궤餽饋 : 구求와 위位의 반절이고, 군량(餉遺)을 말한다.

희회喜懷 : 앞 글자는 거성이고, 자주(頻)라는 뜻이다.

희살喜殺 : (앞 글자는) 거성이고, 좋아하다(好)라는 뜻이다.

차의此意 : 세의世意로 쓰는 것은 잘못이다.

사祠 : 사辭로 발음한다.

무요無嬈 : (뒷글자는) 요遶로 발음하고, 어지럽다(亂)는 뜻이다.

사유락思惟樂 : (뒷글자는) 락落으로 발음한다.

저沮 : 자慈와 려呂의 반절이다.

조희調戲 : 앞 글자는 거성으로 발음한다.

상자개진常者皆盡 : 『승천왕경勝天王經』에서 "장수천長壽天 등이 영원하고 가장 높고 가장 수승하다고 계탁하지만 그들도 오히려 타락함이 있다."[99]고 하였다.

---

[99] 경문을 그대로 인용한 것은 아니다. 『승천왕반야바라밀경勝天王般若波羅蜜經』 권2(T8, 695b)에서 "諸天計常 謂無墮落 菩薩摩訶薩行般若波羅蜜 以方便力破此執故 示現處胎 因令彼天起無常念 世間最勝最高無等不著五欲 欲不能污 尙有墮落 況復餘天"이라 하였다.

근래 본에 이 뜻을 잘 몰라 함부로 유자개진有者皆盡으로 고쳐 쓴 것이 있는데, 잘못이다.

수邃 : 수雖와 수邃의 반절이고, 깊다(深)는 뜻이다.

요실樂實 : (앞 글자는) 거성이다.

第九卷音義

訖此章後(有作迄。非)。功用(近本作功過。非)。所要(於堯切。招也)。每言至無窮(此一節文。自來文字訛舛。句法欠少。今得古本修整周圓。不及細說)。無嬈佛(音繞)。償(常尙二音。俱還債也)。饋(求位切。餉遺也)。喜懷(上去聲。頻也)。喜殺(去聲。好也)。此意(作世意。非)。祠(音辭)。無嬈(音逸。亂也)。思惟樂(音落)。沮(慈呂切)。調戲(上字去聲呼)。常者皆盡(勝天王云。長壽天等。計常最高最勝。尙有墮落。近本不善此意。妄改作有者皆盡。非)。邃(雖邃切。深也)。樂實(去聲)。

상교정본 자비도량참법 권 제10
詳校正本慈悲道場懺法卷第十

양조의 여러 대법사가 찬집하다
梁朝諸大法師集撰

보살의 회향법

참법 오늘 이 도량의 동업대중이여, 다 함께 고단함을 견디고 고통을 참아 내면서 이와 같은 한량없는 선근을 닦았으니, 다시 사람마다 다음과 같은 생각을 일으켜야 합니다.

"내가 닦은 선근 모두로 일체중생을 이롭게 하여 모든 중생이 끝끝내 청정하게 하리라. 이렇게 참회한 선근으로 일체중생이 지옥과 아귀와 축생과 염라왕의 한량없는 괴로움을 모두 말끔히 없애게 하리라. 이 참법으로 모든 중생을 위해 큰 집이 되어 고음苦陰을 없애게 하고, 큰 보호자가 되어 번뇌에서 해탈하게 하고, 귀의할 곳이 되어 공포에서 벗어나게 하고, 머무를 세계가 되어 지혜의 땅에 이르게 하고, 편안한 곳이 되어 궁극의 안온한 곳을 얻게 하고, 큰 빛이 되어 어리석음의 어둠을 없애게 하고, 큰 등불이 되어 궁극의 밝고 맑음에 편안히 머물게 하고, 큰 길잡이가 되어 방편법에 들어가 청정한 지혜의 몸을 얻게 하리라."

菩薩迴向法
今日道場。同業大衆。相與已得。捍勞忍苦。修如是等。無量善根。宜復人人。起如是念。我所修習善根。悉以饒益。一切衆生。令諸衆生。究竟淸淨。以此所修。懺悔善根。令一切衆生。皆悉滅除。地獄餓鬼畜生。閻羅王等。無量苦惱。以此懺法。爲諸衆生。作大舍。令滅苦陰。作大護。令脫煩惱。作歸依。令離恐怖。作止趣。令至智地。作安隱。令得究竟安隱處。作大明。令滅癡闇。作大燈。令得安住。究竟明淨。作大導師。令入方便法。得淨智身。

제10권

집해 '집(舍宅)'에 대해 각명 공은 "편안하게 쉬는 곳이다."라고 하였다.
'고음苦陰'은 팔고八苦를 겪는 오음五陰을 말한다. 미수 스님은 "오음이 고통을 초래하므로 고음이라 한다."고 하였다.

'머무를 세계가 된다(作止趣)'는 것은 이 참법으로 의지할 세계를 삼아 모든 중생들이 다 지혜의 땅에 도달하게 한다는 뜻이다.

'지혜의 땅(智地)'은 환희지歡喜地 등 십지를 말한다.

'구경처究竟處'에 대해 변진 스님은 보리과菩提果라 하였다. 각명 공은 피안인 열반이라 하였다.

'궁극의 밝고 맑음(究竟明淨)'은 원만하고 밝은 법성(圓明法性)을 의미한다.

第十卷
舍宅者。明公云。安息之所。苦陰者。謂八苦五陰也。授師云。五陰逼惱。故云苦陰。作止趣者。此懺法。作所依止趣向。使諸衆生。悉至智地。智地者。歡喜地等。十地也。究竟處者。眞師云。菩提果也。明公云。涅槃彼岸。究竟明淨。圓明法性也。

참법 오늘 이 도량의 동업대중이여, 이와 같은 모든 법이 바로 보살마하살이 원수와 친구를 위해 모든 선근을 차별 없이 평등하게 일체중생에게 함께 회향하는 것이고, 평등한 관에 들어가 원수나 친구라는 생각 없이 항상 사랑의 눈길로 모든 중생을 바라보는 것입니다. 중생이 원한을 품고 보살에게 나쁜 마음이나 거역하는 마음을 일으킨다 하더라도 보살은 참다운 선지식이 되어 자신의 마음을 잘 조복하고 심오한 법을 연설하나니, 비유하자면 큰 바다는 어떤 독으로도 파괴할 수 없는 것과 같습니다. 보살 역시 그러해, 어리석고 지혜가 없어 은혜를 갚을 줄 모르는 이와 같은 중생이 한량없는 악을 일으키더라도 보살의 도심道心을 동요시킬 수 없습니다. 비유하자면 밝은 태양이 중생을 널리 비출 때, 눈이 없는 자에게도 그 광명을 숨기지 않는 것과 같습니다. 보살의 도심 역시 그와 같아 나쁜 사람이라도 물러나거나 없애지 않으며, 그 중생이 조복시키기 어렵다는 이유로 선근을 버리지는 않습니다.

보살마하살은 여러 선근에 대해 청정한 믿음을 가지고 큰 자비를 길러 모든 선근을 널리 중생을 위해 깊은 마음으로 회향합니다. 그저 입으로만 하는 것이 아니라 모든 중생에게 다 기뻐하는 마음과 밝고 깨끗한 마음과 유연한 마음과 자비로운 마음과 사랑하는 마음과 거두어 주는 마음과 이롭게 하려는 마음과 안락하게 하려는 마음과 가장 수승한 마음을 일으켜 그 모든 선근을 회향합니다. 보살 마하살은 이와 같이 선근을 회향하나니, 우리도 오늘 이와 같은 회향을 우러르고 배워야 합니다.

今日道場。同業大衆。如此諸法。是菩薩摩訶薩。爲怨親故。以諸善根。同共迴向。一切衆生。等無差別。入平等觀。無怨親想。常以愛眼。視諸衆生。若衆生懷怨。於菩薩起惡逆心者。菩薩爲眞善知識。善調伏心。爲說深法。譬如大海。一切衆毒。所不能壞。菩薩亦爾。愚癡無智。不知報恩。如是衆生。起無量惡。不能動亂。菩薩道心。譬如皎日。普照衆生。不爲無目。而隱光明。菩薩道心。亦復如是。不爲惡者。而生退沒。不以衆生難調伏故。退捨善根。菩薩摩訶薩。於諸善根。信心淸淨。長養大悲。以諸善根。普爲衆生。深心迴向。非但口言。於諸衆生。皆發歡喜心。明淨心。柔輭心。慈悲心。愛念心。攝取心。饒益心。安樂心。最勝心。以諸善根迴向。菩薩摩訶薩。發如是善根迴向。我等今日。亦應仰學。如是迴向。

[집해] '기뻐하는 마음(歡喜心)'은 중생을 사랑하기 때문에 기뻐하는 것이다.
'밝고 깨끗한 마음(明淨心)'은 지혜의 광명이 환히 드러나 때와 오염을 끊은 것이다.
'유연한 마음(柔軟心)'은 선근이 성숙해 억셈과 포악함을 벗어난 것이다.
'사랑하는 마음(愛念心)'은 어머니가 아이를 사랑하듯이 항상 마음에 새기며 지키고 보호하는 것이다.
'거두어 주는 마음(攝取心)'은 거두어 가장 즐거운 땅으로 데려가는 것이다.

'이롭게 하려는 마음(饒益心)'은 유정에게 혜택을 베풀어 큰 이익을 얻게 하는 것이다.

'안락하게 하려는 마음(安樂心)'은 재난과 고통에서 벗어나 안온하고 유쾌하며 즐겁게 하는 것이다.

'가장 수승한 마음(最勝心)'은 용맹하고 예리하며 초연하게 동족과 동년배들을 벗어나는 것이다.

歡喜心。慈愛衆生。故生歡喜。明淨心。惠光現煥。絶於垢染。柔軟心者。善根成熟。離於剛暴。愛念心者。如母愛子。憶念守護。攝取心者。攝持取歸。極樂之地。饒益心者。饒施有情。得大利益。安樂心。安隱快樂。脫於危苦。最勝心者。猛利超然。出族倫匹。

참법 마음속으로 생각하고 다음과 같이 말씀하십시오.

만약 제가 가진 것이 있다면 그 공덕을 회향하오니, 모든 중생이 청정한 세계를 얻고 청정한 삶을 얻어 공덕을 만족하고 일체 세간에 파괴할 자가 없게 하시며, 그 공덕과 지혜가 끝이 없게 하소서. 신업·구업·의업을 구족하게 장엄하여 항상 모든 부처님을 뵙고 파괴할 수 없는 신심으로 정법을 듣고 받아들여 모든 의심을 벗어나고 분명하게 기억해 잊어버리지 않게 하소서. 신업과 구업을 깨끗이 하고 마음이 수승하고 오묘한 선근에 항상 안주하여 가난과 궁핍을 영원히 벗어나 일곱 가지 재물이 충만하게 하소서. 일체 보살님이 배운 것을 배워 모든 선근을 얻고, 평등을 성취하고, 오묘한 해탈과 일체종지를 얻고, 모든 중생에게 자비로운 눈길을 가지게 하소서. 신근이 청정하고 지혜롭게 말하며 모든 선근을 일으켜 마음에 물듦이 없게 하시고, 심오한 법에 들어가 일체중생을 거두어 모든 부처님과 함께 머물되 머물러도 머무는 곳이 없게 하소서. 가진 것을 회향하는 것이 실로 시방 모든 보살마하살이 일으킨 회향과 같아서 광대하기가 법성法性과 같고, 결국에는 허공과 같게 하소서. 부디 아무개 등이 소원을 이루고 보리의 원을 만족하게 하시며, 사생 육도가 함께 소원을 이루게 하소서.

거듭 간절하게 오체투지하며, 세간의 너무도 자비로우신 아버지께 귀의합니다.

나무 미륵불

나무 석가모니불

나무 위덕불

나무 견명불

나무 선행보불

나무 선희불

나무 무우불

나무 보명불

나무 위의불

나무 요복덕불

나무 공덕해불

나무 진상불

나무 단마불

나무 진마불

나무 과쇠도불

나무 불괴의불

나무 수왕불

나무 정마불

나무 중상왕불

나무 애명불

나무 보리상불

나무 지음불

나무 상정진보살

나무 불휴식보살

나무 무변신보살

나무 관세음보살

거듭 시방 온 허공계 일체 삼보께 귀의합니다. 1배[100]

부디 자비의 힘으로 함께 섭수하사 회향하는 마음이 완전히 성취되게 하소서. 아무개 등이 만약 한량없는 큰 악과 죄업을 갖추고 있어 한량없고 끝없는 고초를 겪어야만 하고 악도에서 스스로 벗어날 수 없어 오늘 일으킨 보리의 마음을 어기고 보리의 행을 어기고 보리의 원을 어기게 된다면, 시방의 대보살님과 일체 성인들께서 자비심으로 본래의 서원을 어기지 마시고 아무개 등이 그 삼악도에서 모든 중생을 구제하여 해탈을 얻게 하도록 도와주소서. 부디 괴롭다는 이유로 중생을 버리지 않게 하시고, 제가 무거운 짐을 짊어지고 평등의 원을 만족하게 하시며, 일체중생의 생로병사와 근심과 고뇌와 한량없는 재난을 제도하게 하소서. 그리하여 모든 중생이 다 청정을 얻고 선근을 구족하여 결국엔 해탈하게 하시고, 온갖 마귀를 벗어나고 악지식을 멀리하며 좋은 벗과 참되고 훌륭한 권속을 가까이해 청정한 업을 성취하고 온갖 고통을 완전히 없애고 보살의 한량없는 행원을 구족하게 하시며, 부처님을 뵙고 기뻐하여 일체지一切智를 얻고는 다시 일체중생을 제도하게 하소서. 1배

이미 회향을 마쳤으니, 다음은 육근六根에서 원을 일으켜야 합니다.

心念口言。若我所有。迴向功德。令諸衆生。得淸淨趣。得淸淨生。功德滿

---

100 문맥으로 볼 때 '1배'가 누락된 것으로 보인다. 보입하였다.

足。一切世間。無能壞者。功德智慧。無有窮極。身口意業。具足莊嚴。常見諸佛。以不壞信。聽受正法。離諸疑網。憶持不忘。淨身口業。心常安住。勝妙善根。永離貧乏。七財充滿。修學一切。菩薩所學。得諸善根。成就平等。得妙解脫。一切種智。於諸衆生。得慈愛眼。身根清淨。言辭辯慧。發起諸善。心無染着。入甚深法。攝取一切。同住諸佛。住無所住。所有迴向。悉如十方。菩薩摩訶薩。所發迴向。廣大如法性。究竟如虛空。願(某甲)等。得如所願。滿菩提願。四生六道。同得如願。重復增到。五體投地。歸依世間。大慈悲父。南無彌勒佛。南無釋迦牟尼佛。南無威德佛。南無見明佛。南無善行報佛。南無善喜佛。南無無憂佛。南無寶明佛。南無威儀佛。南無樂福德佛。南無功德海佛。南無盡相佛。南無斷魔佛。南無盡魔佛。南無過衰道佛。南無不壞意佛。南無水王佛。南無淨魔佛。南無衆上王佛。南無愛明佛。南無菩提相佛。南無智音佛。南無常精進菩薩。南無不休息菩薩。南無無邊身菩薩。南無觀世音菩薩。又復。歸依十方。盡虛空界。一切三寶。願以慈悲力。同加攝受。令迴向心。具足成就。(某甲)等。若具有無量大惡罪業。應受無量無邊楚毒。於惡道中。不能自拔。違今日發菩提心。違菩提行。違菩提願者。願十方大地菩薩。一切聖人。以慈悲心。不違本願。助(某甲)等。於彼三惡道中。救諸衆生。令得解脫。願不以苦故。捨離衆生。爲我荷負重擔。滿平等願。度脫一切衆生。生老病死。愁憂苦惱。無量諸難。令諸衆生。悉得清淨。具足善根。究竟解脫。捨離衆魔。遠惡知識。親近善友。眞善眷屬。成就淨業。盡滅衆苦。具足菩薩。無量行願。見佛歡喜。得一切智。還復度脫。一切衆生(一拜)。已迴向竟。次應於六根發願。

[집해] '청정한 세계(淸淨趣)'는 정토를 말한다.

'청정한 삶(淸淨生)'은 정토의 삶을 말한다.

'평등을 성취한다(成就平等)'는 것은 고하를 따지는 마음이 없고, 원수와 친구를 가리는 생각에서 벗어난 것이다.

'일곱 가지 재물(七財)'에 대해 변진 스님은 "믿음(信)·계(戒)·스스로 부끄러워함(慙)·남들에게 부끄러워함(愧)·지식(聞)·평정(捨)·지혜(惠)다. 이는 일곱 가지 성스러운 재물을 말한다."라고 하였다.

'오묘한 해탈(妙解脫)'은 위없는 열반을 말한다.

'머물러도 머무는 곳이 없다(住無所住)'는 머물 곳 없는 곳에서 머문다는 의미이다.

'위아하부중담爲我荷負重擔'에 대해 각명 공은 "위爲는 돕다(助)라는 뜻이다. '제가 보리의 무거운 짐을 지고 대원의 마음을 짊어질 수 있도록 모든 부처님 성인들께서 도와주소서'라는 의미이다. '평등의 원(平等願)'은 원수도 친구도 없는 것이다."라고 하였다. 보충 설명을 하자면 "대법이라는 무거운 짐과 중생이라는 무거운 짐을 짊어지는 것이다.(荷負大法 重擔充生)"라고 해도 된다. 경문에도 있다.

淸淨趣[淨土也]。淸淨生[淨土生]。成就平等者。無高下心。離寃親想。七財者。眞師云。信戒慙愧聞捨惠。此謂之七聖財也。妙解脫。無上涅槃也。住無所住者。於無所住處住也。爲我荷負重擔者。明公云。爲。助也。願諸佛聖人。助我荷負菩提重擔大願心也。平等願者[無寃親也]。生枝曰。荷負大法。重擔充生。亦可。經文有之。

제4. 발원

참법 또 오늘 이 도량의 동업대중들께서는 각자 다음과 같은 원을 일으키시기 바랍니다.

온갖 악이 어떻게 발생하는지 살펴보면 모두 육근을 인연하니, 이로써 육근이 온갖 화禍의 근본임을 알 수 있습니다. 비록 화의 근본이긴 하지만 또한 한량없는 복업福業을 불러오기도 합니다. 따라서 『승만경』에서는 "육근을 수호하고 몸과 입과 뜻을 깨끗이 한다."[101]하였으니, 이런 뜻이 (육근이) 선을 발생시키는 근본이란 걸 증명합니다. 그러므로 육근에 대해 큰 서원을 일으키는 것입니다.

發願第四
又願今日道場。同業大衆。各自發如是願。尋夫衆惡所起。皆緣六根。是知六根。衆禍之本。雖爲禍本。亦能招致。無量福業。故勝鬘經言。守護六根。淨身口意。以此義證。生善之本。故於六根。發大誓願。

먼저 안근眼根의 원을 일으킴

참법 원하오니, 오늘 이 도량의 동업대중과 널리 시방의 사생 육도 일체중생이 오늘부터 보리에 이르는 그날까지 탐욕을 부리며 만족할 줄 모르는 삿되고 헛된 모습을 항상 눈으로 보지 않고, 거짓으로 아양 떠는 삿된 모임의 모습을 (항상) 보지 않고, 검은색·노란색·붉은색·보라색 등 사람을 현혹시키는 모습을 (항상) 보지 않고, 성을 내며 싸우는 추잡한 모습을 (항상) 보지 않고, 때리고 괴롭히는 등 남에게 손해를 끼치는 모습을 (항상) 보지 않고, 중생을 도살하고 상해하는 모습을 (항상) 보지 않고, 어리석고 믿음 없는 의심과 어둠의 모습을 (항상) 보지 않고, 겸손하지 않고 공경하지 않는 교만의 모습을 (항상) 보지 않고, 96종 삿된 견해의 모습을 (항상) 보지 않게 하소서. 눈으로 이와 같은 일체의 온갖 악하고 선하지 못한 모습을 항상 보지 않게 하소서.

---

[101] 『승만사자후일승대방편방광경勝鬘師子吼一乘大方便方廣經』(T12, 218b).

부디 눈으로 일체 시방에 상주하시는 법신의 담연湛然한 모습을 눈으로 항상 보고, 삼십이상의 자마금의 모습을 항상 보고, 팔십종호 그 형상 곳곳의 모습을 항상 보고, 모든 하늘과 모든 신선이 보배를 받들고 찾아와 바치고 꽃을 흩뿌리는 모습을 항상 보고, 입에서 오색의 광명을 놓으면서 설법하고 사람들을 제도하는 모습을 항상 보고, 몸을 분산해 시방을 가득 채우는 모습을 항상 보고, 모든 부처님께서 육계肉髻의 광명을 놓고 이에 감응해 인연 있는 이들이 찾아와 모이는 모습을 항상 보게 하소서.

또 눈으로 시방의 보살·벽지불·아라한 등 여러 성현의 모습을 항상 보고, 항상 모든 중생 및 권속들과 함께 부처님의 모습을 관하며, 무교가색無敎假色인 온갖 선을 항상 보고, 칠각七覺이라는 청정한 꽃의 모습을 항상 보고, 해탈이라는 오묘한 열매의 모습을 항상 보고, 오늘 이 도량의 대중들이 기뻐하며 법을 찬탄하고 정례하며 받아들이는 모습을 항상 보고, 사부대중이 에워싸고 법문을 들으며 목마른 듯 우러르는 모습을 항상 보고, 일체가 보시하고 지계하고 인욕하고 정진하는 모습을 항상 보고, 일체가 고요히 선정과 지혜를 닦는 모습을 항상 보고, 일체 중생이 무생법인을 얻어 부처님 앞에서 수기를 받고 기뻐하는 모습을 항상 보고, 일체가 금강과 같은 지혜에 올라 무명의 어둠을 끊어 버리는 보처補處의 모습을 항상 보고, 일체가 법의 강물에 목욕하고 물러서지 않는 모습을 항상 보게 하소서.

이미 안근의 원을 일으켰습니다.

다 함께 마음을 다해 오체투지하며, 세간의 너무도 자비로우신 아버지께 귀의합니다.

나무 미륵불

나무 석가모니불

나무 선멸불

나무 범명불

나무 지희불

나무 신명불

나무 여중왕불

나무 지지불

나무 애일불

나무 라후월불

나무 화명불

나무 약사상불

나무 지세불

나무 복덕명불

나무 희명불

나무 호음불

나무 법자재불

나무 범음불

나무 묘음보살

나무 대세지보살

나무 무변신보살

나무 관세음보살

거듭 이와 같은 시방 온 허공계 일체 삼보께 귀의합니다. 1배

부디 자비의 힘으로 함께 감싸고 보호하사 아무개 등이 소원을 이루고 보리의 원을 만족하게 하소서. 1배

初發眼根願

願今日道場。同業大衆。廣及十方。四生六道。一切衆生。從今日去。乃至菩提。眼常不見貪欲無厭詐幻之色。不見諂諛曲媚佞會之色。不見玄黃朱紫惑人之色。不見瞋恚鬪諍醜狀之色。不見打扑苦惱損他之色。不見屠裂傷毀衆生之色。不見愚癡無信疑闇之色。不見無謙無敬驕慢之色。不見九十六種邪見之色。眼常不見如是一切衆惡不善之色。眼常願見一切十方。常住法身湛然之色。常見三十二相紫磨金色。常見八十種好隨形之色。常見諸天諸仙奉寶來獻散華之色。常見口出五種色光說法度人之色。常見分身散體遍滿十方之色。常見諸佛放肉髻光感有緣來會之色。又願眼常見十方菩薩辟支羅漢衆聖之色。常得與諸衆生及諸眷屬觀佛之色。常見衆善無敎假色。常見七覺淨華之色。常見解脫妙果之色。常見今日道場大衆歡喜讚法頂受之色。常見四衆圍繞聽法渴仰之色。常見一切布施持戒忍辱精進之色。常見一切靜默禪思修智慧之色。常見一切衆生得無生忍現前受記歡喜之色。常見一切登金剛慧斷無明闇補處之色。常見一切沐浴法流不退之色。已發眼根願竟。相與至心。五體投地。歸依世間。大慈悲父。南無彌勒佛。南無釋迦牟尼佛。南無善滅佛。南無梵命佛。南無智喜佛。南無神明佛。南無如衆王佛。南無持地佛。南無愛日佛。南無羅睺月佛。南無華明佛。南無藥師上佛。南無持勢佛。南無福德明佛。南無喜明佛。南無好音佛。南無法自在佛。南無梵音佛。南無妙音菩薩。南無大勢至菩薩。南無無邊身菩薩。南無觀世音菩薩。又復歸依。如是十方。盡界[1]虛空界。一切三寶(一拜)。願以慈悲力。同加覆護。令(某甲)等得如所願。滿菩提願(一拜)。

---

1) ㉠ '界'는 衍字인 듯하다. 다른 문장에서는 모두 '盡虛空界'라고만 하였다.

제4. 발원

[집해] '첨유諂諛'의 앞 글자는 청聽과 염焰의 반절이고, 뒷글자는 유有로 발음한다. 두 글자 모두 삿되다(邪)는 뜻이다. 첨諂은 속이다(誑)라는 뜻이다.

'미媚'는 미味로 발음하고, 사랑하다(愛)라는 뜻이다.

'녕佞'은 내乃와 정定의 반절이고, 삿되다(邪)라는 뜻이다.

'복扑'은 복卜으로 발음하고, 때리다(打)라는 뜻이다.

'겸謙'은 겸兼으로 발음한다.

'96종'은 외도를 말한다. 총 96종이 있는데 모두 삿된 견해에 집착하는 자들이다. 이 외도 가운데 육사六師가 있으니, 첫째는 부란나富蘭那, 둘째는 말가리末伽梨, 셋째는 산사야刪闍夜, 넷째는 아기다阿耆多, 다섯째는 가라구타迦羅鳩馱, 여섯째는 니건타尼乾陁이다. 이러한 육사와 그 각각의 15 제자를 96종 외도라 한다.

'무교가색無敎假色'은 곧 무표색無表色이다. 또 무시색無示色이라고도 하니, 선善을 말한다. 색色에 대해 보충 설명을 하자면 막고 장애한다(防碍)는 뜻을 취한 것이다. 말하자면 온갖 선은 온갖 악을 막기 때문에 색色이라 한다. 비록 색이라고는 하였지만 실재로 물질(色)이 있는 것은 아니기 때문에 가색假色이라 한다. 무교無敎란 드러내 보일 수 없다는 뜻이다. 색色에는 세 종류가 있다. 첫째는 볼 수 있고 상대할 수 있는 색(可見有對色)이니, 전오근前五根[102]과 육진六塵 가운데 빛깔(色)·맛(味)·감촉(觸)을 말한다. 둘째는 볼 수는 없지만 상대할 수 있는 색(不可見有對色)이니, 육진 가운데 소리(聲)·냄새(香) 등이다. 셋째는 볼 수도 없고 상대할 수도 없는 색(不可見無對色)이니, 곧 여기에서 말한 무교색無敎色이다. 막고 장애한다는 뜻만을 취해 색이라 하지만, 실체는 없기 때문에 가색이라 한다. 만약 온갖 선을 닦으면 곧 잘못을 막고 악을 그치기 때문에 이렇게 말한 것이다. 앞에서 말한 육진 가운데 법진法塵의 반색半色 역시 무교색·무표색·무시색이라 하는데, 이것은 과거 여러 법의 그림자와 같은 것이므로 이를 낙사진落謝塵이라 한다. 비록 명칭은 같지만 뜻은 구별되니, 여기에서 말한 뜻은 아니다.

'칠각이라는 청정한 꽃의 모습(七覺淨華之色)'은 곧 칠등각지七等覺支이니, 첫째는 염각지念覺支, 둘째는 택법각지擇法覺支, 셋째는 정진각지精進覺支, 넷째는 희각지喜覺支, 다섯째는 경안각지輕安覺支, 여섯째는 정각지定覺支, 일

---

102 전오근前五根 : 안근眼根·이근耳根·비근鼻根·설근舌根·신근身根을 말한다.

곱째는 사각지捨覺支 등이다. 팔정도라는 열매를 맺을 수 있기 때문에 '꽃'이라 하였다. 각명 공은 "칠각지가 꽃이 되고, 해탈이 열매가 된다. 팔정도를 행하면 해탈을 성취할 수 있음을 말한다."고 하였다.

'선사수지혜지색禪思修智惠之色'에 대해 미수 스님은 "사혜思惠와 수혜修惠를 말한다."고 하였다. 동림 스님은 "선禪은 온전히 말하면 선나禪那이고, 중국말로 사유수思惟修이다. 이는 중국말과 범어를 함께 거론한 것이다."라고 하였다.

'무생법인(無生忍)'에 대해서는 이미 해석하였다.

'무명의 어둠을 끊어 버린다(斷無明闇)'는 것은 최후의 한 가지 무명을 말한다.

'보처補處'에 대해 각명 공은 "법왕의 계위를 이어 부처님의 빈자리를 채우게 될 분을 말한다."고 하였다.

發願第四

謟¹⁾諛[上聽熖²⁾切。下音有。皆邪也。謟³⁾詆也]。媚[音味。愛也]。佞[乃定切。邪也]。扑[音卜。打也]。謙[音兼]。九十六種。外道者。惣有九十六種。皆着邪見也。此外道中。有六師。一富蘭那。二末伽梨。三刪闍夜。四阿耆多。五迦羅鳩馱。六尼乾陁。此等六師。各有十五弟子。名九十六種外道。無敎假色者。卽無表色。又云。无示色。謂善也。色者。生枝曰。取防碍義。謂衆善防諸惡。故云色。雖曰色。乃無實色。故名假色。無敎者。言无表示義也。色有三種。一可見有對色。言前五根及六塵中色味觸也。二不可見有對色。六塵中聲香等。三不可見无對色。卽此言無敎色也。但取防碍之義云色也。无實故云假色。若修衆善。則防非止惡故云也。上言六塵中。法塵之半色。亦名無敎色。无表色。无示色。此乃過去諸法影相。謂之落謝塵。雖名同。義別。非此中義。七覺淨華之色者。卽七等覺支也。謂一念覺支。二擇法覺支。三精進覺支。四喜覺支。五輕安覺支。六定覺支。七捨覺支等也。能結八正道果。故名華也。明公云。七覺爲華。解脫爲果。謂行八正道。
則能成解脫。禪思修智惠之色。授師云。思惠及修惠也。東林師云。禪。具
云禪那。此云思惟修。此華梵兼擧也。无生忍[已釋]。斷無明闇者。最後一
品无明也。補處。明公云。當紹法王。補闕佛處也。

---

1) ㉠ '韜'는 '謟'의 오자이다.   2) ㉠ '熖'는 '焰'의 오자이다.   3) ㉠ '謟'는 '謟'의 오자이다.

다음, 이근耳根의 원을 일으킴

참법 또 원하옵니다. 오늘 이 도량의 동업대중과 널리 시방의 사생 육도 일체중생이 오늘부터 보리에 이르는 그날까지 제곡지옥에서 근심하고 괴로워하며 슬피 우는 소리를 항상 귀로 듣지 않고, 무간지옥에서 고통받는 소리를 (항상) 듣지 않고, 확탕지옥에서 사납게 들끓으며 메아리치는 소리를 (항상) 듣지 않고, 도산지옥·검수지옥에서 칼로 베고 자르는 소리를 (항상) 듣지 않고, 18지옥 간격마다에서 한량없는 고초를 겪는 소리를 (항상) 듣지 않게 하소서.

또 오늘부터 귀로 아귀들이 굶주림과 목마름의 뜨거운 열기에 시달리며 음식을 구해도 얻지 못하는 소리를 (항상) 듣지 않고, 아귀들이 움직일 때마다 뼈마디에서 불이 타오르고 500대의 수레가 구르는 소리를 (항상) 듣지 않게 하소서.

또 오늘부터 귀로 몸집이 500유순이나 되는 축생이 온갖 작은 벌레들에게 뜯어 먹히며 고통스러워하는 소리를 (항상) 듣지 않고, 빚을 진 사실을 부정하고 갚지 않아 낙타나 나귀나 말이나 소로 태어나 몸에 늘 무거운 짐을 지고 채찍과 몽둥이로 심한 매질을 당하며 고통받는 소리를 (항상) 듣지 않게 하소서. 귀로 사랑하는 사람과 이별하고, 증오하는 사람과 만나는 등 팔고의 소리를 항상 듣지 않고, 404병으로 고통스러운 과보를 받는 소리를 (항상) 듣지 않고, 일체 모든 악하고 선하지 못한 소리를 (항상) 듣지 않고, 종·방울·나각·북과 거문고·공후·임랑·옥패 등 사람을 현혹시키는 소리를 (항상) 듣지 않게 하소서.

오직 원하오니, 일체중생이 오늘부터 귀로 모든 부처님께서 설법하시는 여덟 종류의 음성을 항상 듣고, 무상無常·고苦·공空·무아無我라는 소리를 항상 듣고, 8만 4천 바라밀의 소리를 항상 듣고, 거짓 이름만 있을 뿐인 모든 법에는 성품이 없다는 소리를 항상 듣고, 모든 부처님의 일음一音 설법에 각자 깨닫는 소리를 항상 듣고, 일체중생이 모두 불성을 가지고 있고 법신이 상주하여 소멸하지 않는다는 소리를 항상 듣고, 십지보살이 인욕하고 정진하는 소리를 항상 듣고,[103] 무생無生의 깨달음을 얻고 부처님 지혜에 들어가 삼계를 벗어나는 소리를 항상 듣고, 모든 법신보살이 법의 강물에 들어가 진제와 속제를 아울러 관하고 생각마다 만행을 구족하는 소리를 항상 듣고, 시방의 벽지불과 아라한과 사과四果의 소리를 항상 듣고, 제석이 여러 하늘을 위해 반야를 설하는 소리를 항상 듣고, 십지보처補處의 대사大士가 도솔궁兜率宮에서 물러서지 않는 지위의 행을 설법하는 소리를 항상 듣고, 온갖 선으로 함께 돌아가 부처가 된다는 소리를 항상 듣고, 모든 부처님께서 일체중생이 십선을 행하는 것을 찬탄하고 따라 기뻐하는 소리를 항상 듣게 하소서. 원하옵건대, 모든 부처님께서 "훌륭하구나, 이 사람은 오래지 않아 성불하리라." 하고 칭찬하시는 소리를 모든 중생이 항상 듣게 하소서.

이미 이근의 원을 일으켰습니다.

다 함께 마음을 다해 오체투지하며, 거듭 세간의 너무도 자비로우신 아버지께 귀의합니다.

나무 미륵불

---

[103] '십지보살이 인욕하고 정진하는 소리를 항상 듣고'의 원문은 '常聞十地菩薩忍音修進之聲'이다. 아래 집해에서 '인음忍音은 착오다. 이것은 인욕수진忍辱修進이라야 한다'고 한 설명에 따라 '음音'을 '욕辱'의 오자로 보고 수정하여 번역하였다.

나무 석가모니불

나무 선업불

나무 의무류불

나무 대시불

나무 명찬불

나무 중상불

나무 덕유포불

나무 세자재불

나무 덕수불

나무 멸치불

나무 무량불

나무 선월불

나무 무변변상불

나무 보월보살

나무 월광보살

나무 무변신보살

나무 관세음보살

거듭 이와 같은 시방 온 허공계 일체 삼보께 귀의합니다. 1배

부디 자비의 힘으로 함께 섭수하사 아무개 등이 소원을 이루고 보리의 원을 만족하게 하소서. 1배

次發耳根願

又願今日道場。同業大衆。廣及十方。四生六道。一切衆生。從今日去。乃至菩提。耳常不聞啼哭愁苦悲泣之聲。不聞無間地獄受苦之聲。不聞鑊湯雷沸振響之聲。不聞刀山劒樹鋒刃割裂之聲。不聞十八地獄間隔無量苦楚之聲。又願從今日去。耳常不聞餓鬼飢渴熱惱求食不得之聲。不聞餓鬼行動節間火然作五百車聲。又願從今日去。耳常不聞畜生身大五百由旬爲諸小虫嚼食苦痛之聲。不聞抵債不還生馳驢馬牛中身常負重鞭杖楚撻困苦之聲。耳常不聞愛別離怨憎會等八苦之聲。不聞四百四病苦報之聲。不聞一切諸惡不善之聲。不聞鐘鈴螺鼓琴瑟箜篌琳瑯玉珮惑人之聲。唯願一切衆生。從今日去。耳常得聞諸佛說法八種音聲。常聞無常苦空無我之聲。常聞八萬四千波羅蜜聲。常聞假名諸法無性之聲。常聞諸佛一音說法各得解聲常聞一切衆生皆有佛性法身常住不滅之聲。常聞十地菩薩忍音修進之聲。常聞得無生解善入佛慧出三界之聲。常聞諸法身菩薩入法流水眞俗並觀念念具足萬行之聲。常聞十方辟支羅漢四果之聲。常聞帝釋爲諸天說般若之聲。常聞十地補處大士在兜率宮說法不退轉地行之聲。常聞萬善同歸得佛之聲。常聞諸佛讚歎一切衆生能行十善隨喜之聲。願諸衆生。常聞諸佛讚言善哉是人不久成佛之聲。已發耳根願竟。相與至心。五體投地。重復歸依。世間大慈悲父。南無彌勒佛。南無釋迦牟尼佛。南無善業佛。南無意無謬佛。南無大施佛。南無名讚佛。南無衆相佛。南無德流布佛。南無世自在佛。南無德樹佛。南無滅癡佛。南無無量佛。南無善月佛。南無無邊辯相佛。南無寶月菩薩。南無月光菩薩。南無無邊身菩薩。南無觀世音菩薩。又復歸依。如是十方。盡虛空界。一切三寶(一拜)。願以慈悲力。同加攝受。令(某甲)等。得如所願。滿菩提願(一拜)。

[집해] '저抵'는 저底로 발음한다. 또 정丁과 계計의 반절이고, 배척하고(排) 거부하다(拒)라는 뜻이다.

'팔고八苦'에 대해서는 이미 해석하였다.

'종과 방울' 등 네 가지 물건에 대해서 미수 스님은 "세속의 악기다."라고 하였다. 여기에 보충 설명을 하자면, 위에서 말한 네 가지 물건은 곧 불법에서도 사용하는 악기이다. 비록 법기法器에 통하기는 하지만 지금 여기에서는 세속의 악기라는 뜻을 취한 것이다. 따라서 '듣지 않는다'고

한 것이다.

'공후箜篌'는 그 형체가 거문고(琴)와 비슷하지만 24현이다.

'임랑琳琅'은 아름다운 옥의 이름이고, 몸을 장엄하는 도구이다.

'옥패玉珮'에 대해 미수 스님은 "패옥佩玉이다. 군자는 이것을 착용해 그 덕을 빗대어 표현한다."고 하였다.

'여덟 종류의 음성(八種音)'은 이미 해석하였다.

'인음수진忍音修進'에 대해 미수 스님은 "인음忍音은 착오다. 이것은 인욕수진忍辱修進이라야 한다. 혹자는 보살이 부처님께서 설하는 무생법인의 음성을 듣고 더욱 수행하는 것이라고도 한다."고 하였다.

'벽지辟支'는 중국말로 독각獨覺이고, 연각緣覺이라고도 한다.

'도솔兜率'은 중국말로 지족知足이다.

抵[音底。又丁計切。排也。拒也]。八苦[已釋]。鐘鈴等。四物。授師云。世俗樂器。生枝曰。上云四物者。亦是法中器也。雖通於法器。今取世俗樂器故。云不聞。箜篌者。其體似琴。絃有二十四也。琳琅。美玉之名也。身莊嚴具。玉珮者。授師云。佩玉也。君子佩之。比德。八種音[已釋]。忍音修進。授師云。忍音者。錯也。此乃忍辱修進。或云。菩薩。聞佛說无生法忍之音。修進也。辟支。此云獨覺。亦云緣覺。兜率。此云知足。

다음, 비근鼻根의 원을 일으킴

참법 또 원하옵니다. 오늘 이 도량의 동업대중과 널리 육도의 일체 중생이 오늘부터 보리에 이르는 그날까지 살생하여 만든 기름지고 맛있는 음식 냄새를 항상 코로 맡지 않고, 사냥하거나 불을 놓아 중생을 살해하는 냄새를 (항상) 맡지 않고, 중생을 찌고 삶고 굽는 냄새를 (항상) 맡지 않고, 서른여섯 가지 물질이 담긴 가죽부대의 더러운 곳 냄새를 (항상) 맡지 않고, 비단과 비단실 등 사람을 현혹시키는 냄새를 (항상) 맡지 않게 하소서.

또 코로 지옥에서 가죽을 벗기고 가르고 지지고 태우는 냄새를 (항상) 맡지 않고, 아귀가 굶주리고 목말라 똥·오줌·고름·피를 먹고 마시는 냄새를 (항상) 맡지 않고, 축생의 비린내·누린내·더러운 냄새를 (항상) 맡지 않고, 병들어 누운 자리에 간호하는 사람이 없어 종기가 터져 가까이 갈 수 없는 냄새를 (항상) 맡지 않고, 대소변의 악취와 더러운 냄새를 (항상) 맡지 않고, 송장이 부풀고 벌레가 갉아먹어 문드러지는 냄새를 (항상) 맡지 않게 하소서.

오직 원하오니, 대중과 육도 중생이 오늘부터 코로 시방 세계 우두전단 牛頭栴檀의 값을 매길 수 없는 향기를 항상 맡고, 우담발라와 오색의 꽃향기를 항상 맡고, 환희원歡喜園에 있는 온갖 나무와 꽃향기를 항상 맡고, 도솔천궁에서 설법할 때의 향기를 항상 맡고, 묘법당妙法堂에서 유희할 때의 향기를 항상 맡고, 시방 중생들이 오계五戒와 십선十善과 육념六念을 실천하는 향기를 항상 맡고, 일체 칠방편七方便을 닦는 사람들의 십육행의 향기를 항상 맡고, 시방의 벽지불과 유학인·무학인의 온갖 덕의 향기를 항상 맡고, 사향四向과 사과四果가 무루無漏를 얻는 향기를 항상 맡고, 한량없는 보살의 환희지歡喜地·이구지離垢地·발광지發光地·염혜지焰慧地·난승지難勝地·원행지遠行地·현전지現前地·부동지不動地·선혜지善慧地·법운지法雲地의 향기를 항상 맡고, 여러 성인의 계戒·정定·혜慧·해탈解脫·해탈지견解脫知見 등 오분법신의 향기를 항상 맡고, 모든 부처님의 보리의 향기를 항상 맡고, 삼십칠조도품과 십이인연관과 육바라밀의 향기를 항상 맡고, 대비大悲와 삼념三念과 십력十力과 사무소외四無所畏와 십팔불공법十八不共法의 향기를 항상 맡고, 8만 4천 모든 바라밀의 향기를 항상 맡고, 시방의 한량없고 극히 오묘한 법신의 상주하는 향기를 항상 맡게 하소서.

이미 비근의 원을 일으켰습니다.

다 함께 마음을 다해 오체투지하며, 세간의 너무도 자비로우신 아버지께 귀의합니다.

나무 미륵불

나무 석가모니불

나무 리타법불

나무 응공양불

나무 도우불

나무 낙안불

나무 세의불

나무 애신불

나무 묘족불

나무 우발라불

나무 화영불

나무 무변변광불

나무 신성불

나무 덕정진불

나무 묘덕보살

나무 금강장보살

나무 무변신보살

나무 관세음보살

거듭 이와 같은 시방 온 허공계 일체 삼보께 귀의합니다. 1배

부디 자비의 힘으로 함께 섭수하사 아무개 등이 소원을 이루고 보리의 원을 만족하게 하소서. 1배

次發鼻根願。

又願今日道場。同業大衆。廣及六道。一切衆生。從今日去。乃至菩提。

鼻常不聞殺生滋味飮食之氣。不聞畋獵放火燒害衆生之氣。不聞蒸煮熬
炙衆生之氣。不聞三十六物革囊臭處之氣。不聞錦綺羅縠惑人之氣。又
願鼻不聞地獄剝裂焦爛之氣。不聞餓鬼飢渴飮食糞穢膿血之氣。不聞畜
生腥臊不淨之氣。不聞病臥牀席無人看視瘡壞難近之氣。不聞大小便利
臭穢之氣。不聞死屍胮脹虫食爛壞之氣。唯願大衆六道衆生。從今日去。
鼻常得聞十方世界牛頭旃檀無價之香。常聞優曇鉢羅五色華香。常聞歡
喜園中諸樹華香。常聞兜率天宮說法時香。常聞妙法堂上遊戲時香。常
聞十方衆生行五戒十善六念之香。常聞一切七方便人十六行香。常聞十
方辟支學無學人衆德之香。常聞四果四向得無漏香。常聞無量菩薩歡喜
離垢發光焰慧難勝遠行現前不動善慧法雲之香。常聞衆聖戒定慧解脫解
脫知見五分法身之香。常聞諸佛菩提之香。常聞三十七品十二緣觀六度
之香。常聞大悲三念十力四無所畏十八不共法香。常聞八萬四千諸波羅
蜜香。常聞十方無量妙極法身常住之香。已發鼻根願竟。相與至心。五體
投地。歸依世間。大慈悲父。南無彌勒佛。南無釋迦牟尼佛。南無梨陁法
佛。南無應供養佛。南無度憂佛。南無樂安佛。南無世意佛。南無愛身佛。
南無妙足佛。南無優鉢羅佛。南無華瓔佛。南無無邊辯光佛。南無信聖
佛。南無德精進佛。南無妙德菩薩。南無金剛藏菩薩。南無無邊身菩薩。
南無觀世音菩薩。又復歸依。如是十方。盡虛空界。一切三寶(一拜)。願以
慈悲力。同加攝受。令(甲某)等。得如所願。滿菩提願(一拜)。

집해 '코로 항상 맡지 않는다(鼻常不聞)'에서 문聞은 냄새를 맡다(嗅)라
는 뜻이다.

'전렵畋獵'의 앞 글자는 전田으로 발음하고, 날짐승을 잡는 것이다. 뒷글
자는 려呂와 섭攝의 반절이고, 들짐승을 잡는 것이다.

'오자熬炙'(의 앞 글자)는 오五와 로勞의 반절이고, 역시 굽다(炙)라는 뜻
이다.

'삼십육물혁낭三十六物革囊'에서 혁革은 가죽(皮)이다. 털을 제거한 것을 혁革이라 한다. '삼십육물三十六物'은 몸을 구성하는 안팎 모든 물질의 숫자다. 말하자면 머리카락·털·이빨·손발톱·콧물·침·가래·눈물·땀·때·대소변·피부·피·살 등이다.

'곡縠'은 곡曲으로 발음하고, 명주(紗)라는 뜻이다.

'성조腥臊'는 성조星曹로 두 글자를 발음하고, 악취(臭)라는 뜻이다.

'우두전단牛頭栴檀'에 대해 변진 스님은 말하였다. "이 향나무는 모양새가 소뿔과 비슷하다. 큰 바다 남쪽 해안가에서 나온다. 따라서 경에서 '바다의 언덕에서 전단이 자라는데, 그 향 6수銖면 그 가치가 사바세계와 맞먹는다'[104]고 하였다."

'우담발라優曇鉢羅'는 중국말로 서응瑞應이라 한다. 서응이라 하는 까닭은 전륜성왕이 세상에 출현하는 것에 감응하여 바다에서 피기 때문이다. 따라서 상서로운 감응(瑞應)이라 한다. 각명 공은 "청련화青蓮華다. 연꽃 가운데 청색이 가장 수승하고 더없이 빼어나다."라고 하였다.

'오색五色'에 대해 변진 스님은 "여타의 온갖 꽃향기를 말한다. 혹은 상서로운 감응이라 할 수 있는 오색五色의 연꽃이 있는데, 그 이름만 들었을 뿐 보지는 못했기 때문이다."라고 하였다.

'환희원歡喜園'에 대해 각명 공은 "제석의 도성 서쪽 12유순에 환희원이 있다. 이 동산은 그곳 연못에 있는 두 개의 돌로 인해 이름이 붙여졌다. 연못의 물은 여덟 가지 색깔을 갖추고 있고, 그곳에는 큰 돌이 두 개가 있다. 제석은 여러 하늘과 함께 그 물에 몸을 씻거나 그 돌에 앉거나 하면 분노와 고뇌를 제거하고 마음이 곧 기뻐질 수 있었다. 이로 인해 이런 이름을 붙였다. 그 동산은 보배나무가 줄지어 에워싸고 있다.

'묘법당에서(妙法堂上)'에 대해 각명 공은 "도솔궁兜率宮의 큰 신들이 만

---

[104] 『묘법연화경』 권6(T9, 53a), 『첨품묘법연화경添品妙法蓮華經』 권6(T9, 188a).

든 묘선법당妙善法堂이다."라고 하였다. 변진 스님은 "곧 제석의 선법당善法堂이다."라고 하였다. 여기에 보충 설명을 하겠다. 두 설명이 같지 않은데, 이 두 하늘 모두에 같은 이름의 이런 당이 있는 것이 아닐까 의심된다.

'육념六念'은 부처님을 생각하고(念佛), 법을 생각하고(念法), 승가를 생각하고(念僧), 보시를 생각하고(念施), 계를 생각하고(念戒), 하늘을 생각하는(念天) 것이다. 하늘은 육욕천과 색계천 무색계천이다.『지론智論』의 설명에 준하면, 보시하고 지계한 인연의 과보를 알기 위해 하늘을 생각한다고 하였다.[105] 여기에 보충 설명을 하겠다. 하늘(天)은 제일의천第一義天을 말한다. 무엇 때문인가?『선원집禪源集』에서 "하늘이란 높고 넓으며, 가장 수승하고, 광명이며, 만물을 덮고 가리는 것이다. 따라서 제일第一義에 빗댄 것이다. 말하자면 첫 번째로 부처님을 생각하고 법을 생각하고 승가를 생각해 수승한 덕에 귀의하고, 두 번째로 보시를 생각해 삼단三檀[106] 등을 행하고, 세 번째로 계를 생각해 잘못을 막고 악을 그치며, 네 번째로 하늘을 생각해 앞에서 닦은 공덕을 제일의에 회향한다고 해야 그 차례가 바른 이치에 합당하다."라고 하였다.

'오계五戒'는 살생하지 않고(不殺), 도둑질하지 않고(不盜), 삿된 음행을 하지 않고(不邪婬), 거짓말하지 않고(不妄語), 술을 마시지 않는(不飮酒) 것이다.

'십선十善'은 십악十惡을 그치면 십선이라 한다.

'칠방편七方便'에 대해 보충 설명을 하자면『사교의四敎儀』에서 다음과 같이 말하였다.

---

105 『대지도론大智度論』권22(T25, 227b)에서 "불자는 일심으로 부처님을 생각하고 법을 생각해야 마땅한데 왜 하늘을 생각합니까?"라는 질문에 "보시업의 인연과보로 천상의 복락을 누리게 됨을 알기 위해서이다. 이런 인연 때문에 하늘을 생각하는 것이다.(知布施業因緣果報故 受天上福樂 以是因緣故念天)"라고 하였다.

106 삼단三檀 : 세 가지 보시 즉 재물을 베푸는 재시財施, 교법을 전해주는 법시法施, 두려움을 없애 주는 무외시無畏施를 말하며, 삼시三施라고도 한다.

"삼자량三資糧과 사가행四加行[107]이다. 삼자량의 첫 번째는 오정심五停心이다. (오정심의) 첫째는 탐욕이 많은 중생이 닦는 부정관不淨觀이고, 둘째는 분노가 많은 중생이 닦는 자비관慈悲觀이고, 셋째는 산만함이 많은 중생이 닦는 수식관數息觀이고, 넷째는 어리석음이 많은 중생이 닦는 인연관因緣觀이고, 다섯째는 장애가 많은 중생이 닦는 염불관念佛觀이다. (삼자량의) 두 번째는 별상념처別相念處다. 여기에는 네 가지가 있다. 첫째는 육체가 청정하지 못함을 관하는 것이고, 둘째는 감정이 고통임을 관하는 것이고, 셋째는 마음이 무상함을 관하는 것이고, 넷째는 법에 자아가 없음을 관하는 것이니, 곧 사념처四念處이고 사념주四念住라고도 한다. 이 네 가지는 두 가지를 구별하여 관하기 때문에 별상념처라 하니, 관하는 대상(境)과 관하는 내용(觀)이 모두 따로따로 구별된다. (삼자량의) 세 번째는 총상념처摠相念處다. (총상념처의) 첫째는 육체가 청정하지 못하고, 감정과 마음과 법이 모두 청정하지 못함을 관하는 것이다.……나아가 법에 자아가 없고, 육체와 감정과 마음에 모두 자아가 없음을 관하는 것이다. 이것은 바로 관하는 대상은 구별되지만 관하는 내용은 모두 총합된 것이다. 또 관하는 대상은 총합되지만 관하는 내용은 구별되는 것이 있고, 또 관하는 대상과 관하는 내용이 모두 총합된 것이 있다. 따라서 총상념처라 한다. 이상이 바로 삼자량위三資糧位이다. 사가행四加行에 네 가지가 있으니 첫째는 난위煖位, 둘째는 정위頂位, 셋째는 인위忍位, 넷째는 세제일위世第一位이다. 이것이 곧 사가행이고, 사선근위四善根位라고도 한다."[108]

『구사바사론俱舍婆娑論』[109] 게송에서 "난위에서는 끝내 선을 끊지 않고, 정위에서는 반드시 열반에 도달하며, 인위에서는 악도에 떨어지지 않고,

---

[107] 『천태사교의天台四敎儀』에서는 삼자량三資糧과 사가행四加行이라 하지 않고 외범外凡과 내범內凡으로 구분하여 설명하였다.
[108] 『천태사교의』(T46, 777).
[109] 『구사바사론俱舍婆娑論』은 『구사론』, 즉 『아비달마구사석론阿毘達磨俱舍釋論』이다.

세제일위에서는 생을 벗어난다."[110]라고 하였다. (여기에) 위의 세 가지를 합해 칠방편이라 한다.

'십육행十六行'이란 사제四諦에 각기 네 가지 행이 있기 때문에 십육행이 된다. 말하자면 고제苦諦에 따른 네 가지 행은 고苦·공空·무상無常·무아無我이고, 집제集諦에 따른 네 가지 행은 집集·인因·연緣·생生이고, 멸제滅諦에 따른 네 가지 행은 멸滅·진盡·묘妙·리離이고, 도제道諦에 따른 네 가지 행은 도道·정正·적寂·승乘이다.

'벽지학무학辟支學無學'에서 벽지辟支는 온전히 말하면 벽지불辟支佛(pratyeka-buddha)이고, 또 벽지불라辟支弗羅라고도 하고, 비지가라豐支迦羅라고도 한다. 중국말로는 연각 또는 독각이라 하니, 위에서 설명한 바와 같다. 학무학學無學은 성문聲聞을 거론한 것이다. 처음인 견도見道의 수다원과須陁洹果에서 아나함阿那舍까지를 유학有學이라 한다. 아라한과阿羅漢果를 무학無學이라 하니, 범행이 이미 수립되고 해야 할 일을 이미 마쳐 다음 생을 받지 않는 자를 말한다. 이는 이승二乘을 함께 거론한 것이다.

'사과사향四果四向'은 수다원 등의 사과四果에 각기 1향向이 있다. 향은 취향趣向을 말하니, 앞에 있는 과위를 향하고 바라는 것이다.

'삼십칠품三十七品'은 사념처四念處·사정근四正勤·사신족四神足·오근五根·오력五力·칠등각지七等覺支·팔성도지八聖道支를 말한다. 게송으로 말하면 다음과 같다.

네 가지가 셋, 다섯 가지 둘

---

110 원문은 "暖終不斷善 頂必至涅槃 忍不墮惡道 世第一離生"이다. 『구사론』에서 인용했다고 하였지만 문장과 내용이 일치하지 않는다. 『아비달마구사석론阿毘達磨俱舍釋論』 권17(T29, 272c)에 수록된 게송은 "난위에서는 삿된 가르침을 받아들이지 않고, 정위에서는 선근을 끊지 않으며, 인위에서는 악도에 떨어지지 않고, 세제일위에서는 범부를 벗어난다.(暖不受邪教 頂不斷善根 忍不墮惡道 世第一離凡)"이다.

일곱 가지가 하나, 여덟 가지도 하나

'십이연十二緣'과 '육도六度' 등에 대해서는 이미 해석하였다.

'삼념三念'에 대해 각명 공은 "첫째는 중생의 어리석은 집착을 어떻게 제도할까 생각하는 것이고, 둘째는 중생의 죄업을 어떻게 말끔히 없앨까 생각하는 것이고, 셋째는 중생의 고뇌를 어떻게 뽑아 줄까 생각하는 것이다."라고 하였다.

'십력十力'에 대해서는 이미 해석하였다.

'사무소외四無所畏'에 대해 보충 설명을 하자면 『법계차제法界次第』에서 "첫째는 모든 것을 깨달았다고 하는 데 두려움이 없는 것, 둘째는 모든 번뇌가 남김없이 사라졌다고 선언하는 데 두려움이 없는 것, 셋째는 도를 장애하는 것들을 모두 설했다고 선언하는 데 두려움이 없는 것, 넷째는 고통을 없애는 길을 모두 설했다고 선언하는 데 두려움이 없는 것이다."111라고 하였다.

'십팔불공법十八不共法'에 대해 또 『법계차제』에서는 "첫째는 행동에 실수가 없는 것, 둘째는 말에 실수가 없는 것, 셋째는 생각에 실수가 없는 것, 넷째는 다른 생각이 없는 것, 다섯째는 안정되지 못한 마음이 없는 것, 여섯째는 선택해서 버리지 못하는 일이 없는 것, 일곱째는 하고자 하는 일에서 물러남이 없는 것, 여덟째는 정진에서 물러남이 없는 것, 아홉째는 사념처에서 물러남이 없는 것, 열째는 지혜에서 물러남이 없는 것, 열한째는 해탈에서 물러남이 없는 것, 열두째는 해탈지견에서 물러남이 없는 것, 열셋째는 일체 신업을 지혜에 따라 행하는 것, 열넷째는 일체 구업을 지혜에 따라 행하는 것, 열다섯째는 일체 의업을 지혜에 따라 행하는 것, 열여섯째는 지혜로 과거세를 아는 데 장애가 없는 것, 열일곱째는 지혜로 미래세를 아는 데 장애가 없는 것, 열여덟째는 지혜로 현재세를

---

111 『법계차제초문』 권하(T46, 694c).

아는 데 장애가 없는 것이다. 이 18법은 범부나 이승 및 모든 보살과 공유하지 않기 때문에 불공不共이라 한다."112고 하였다.

'8만 4천'에 대해서는 앞에서 해석하였다. 중생에게 8만 4천 가지의 먼지 같은 번뇌가 있기 때문에 만약 이 번뇌를 끊어 없앤다면 곧 반대로 그 숫자만큼의 바라밀이 된다. 바라밀波羅蜜(pāramitā)은 중국말로 도度이다.

鼻常不聞。聞者。卽嗅也。畋獵[上音田。取禽也。下呂攝切。捉獸也]。熬炙[五勞反。亦炙也]。三十六物革囊者。革。皮也。無毛曰革。三十六物。謂身分內外。諸物數也。謂髮毛齒爪涕唾啖淚汗垢大小便利皮膚血肉等也。縠[音曲。紗也]。腥臊[星曹二音。臭也]。牛頭栴檀者。眞師云。此香狀似牛頭。出大海南岸。故經云。海此岸栴檀。此香六銖。價直娑婆世界。優曇鉢羅者。此云瑞應。言瑞應者。應轉輪王出世。出海開發。故云瑞應。明公云。靑蓮華也。蓮華靑色。最勝無上。五色者。眞師云。餘雜華香。或可瑞應。有五色[聞名未見故也]。歡喜園者。明公云。帝釋都城西十二由旬。有歡喜園。此園從池。因二石得名。池水具八種色。中有二大石。帝釋與諸天。身浴其水。或坐石上。能除嗔惱。心卽歡喜。因此立號。園中寶樹。周匝行列。妙法堂上。明公云。兜率宮。大神所造者。妙善法堂也。眞師云。卽帝釋善法堂也。生枝曰。二說不同。疑此二天。皆有同名此堂。六念者。念佛。念法。念僧。念施。念戒。念天也。天者。六欲天。及色無色天也。准智論說。爲知施戒因緣果報。故念天也。生枝曰。天者。第一義天也。何耶。禪源集云。天者。高廣也。最勝也。光明也。覆蔭萬物。故比第一義也。謂第一念佛念法念僧。歸依勝德。第二念施。三檀等。第三念戒。防非止惡。第四念天。上來所修廻向第一□□。1) 次當正理。五戒者。不殺。不盜。不邪婬。不妄語。不飮酒。十善者。十惡若止。名十善。七方便者。生

---

112 『법계차제초문』 권하(T46, 695a).

枝曰。四教儀云。三資粮。四加行。三資粮者。初五停心。一多貪衆生不淨觀。二多嗔衆生慈悲觀。三多散衆生數息觀。四愚癡衆生因緣觀。五多障衆生念佛觀。二別相念處有四。一觀身不淨。二觀受是苦。三觀心无常。四觀法无我。卽四念處。亦曰四念住。此四二別觀。故曰別相念處[境觀俱別]。三揔相念處。一觀身不淨。受心法皆不淨。乃至觀法无我。身受心皆无我。此乃境別觀揔。又有境揔觀別。又有境觀俱揔。故名揔相念[乃三資粮位]。四加行者。有四。一煖位。二頂位。三忍位。四世第一位。此卽四加行也。亦名四善根位。俱舍婆娑論頌云。煖終不斷善。頂必至涅槃。忍不墮惡道。世第一離生。上三合。稱七方便。十六行者。四諦下各四行。故成十六行。謂苦諦下四行者。苦。空。無常。無我。集諦下四行者。集。因。緣。生。滅諦下四行者。滅。盡。妙。離。道諦下四行者。道。正。寂。乘也。辟支學無學者。辟支。具云辟支佛。又云辟支弗羅。亦云譬支迦羅。此云緣覺獨覺如上。學无學者。學聲聞。初從見道。須陁洹果。至阿那含。名有學。阿羅漢果。名無學。謂梵行已立。所作已辦。不受後有也。此兼擧二乘。四果四向者。謂須陀洹等四果。各有一向。向。謂趣向。向望前果。三十七品者。謂四念處。四正勤。四神足。五根。五力。七等覺支。八聖道支。頌云。三四二五。單七隻八。十二緣。六度等[已釋]。三念者。明公云。一念衆生愚執。云何化度。二念衆生罪業。云何 除滅。三念衆生苦惱。云何救拔。十力者[已釋]。四無所畏者。生枝曰。法界次第云。一一切智無所畏。二漏盡无所畏。三說障道無所畏。四說盡苦道無所畏。十八不共法者。又法界次第云。一身无失。二口无失。三念無失。四无異想。五无不定心。六無不擇捨。七欲无退。八精進无退。九念無退。十惠無退。十一解脫无退。十二解脫知見無退。十三一切身業隨智惠行。十四一切口業隨智惠行。十五一切意業隨智惠行。十六智惠知過去世无碍。十七智惠知未來世无碍。十八智惠知現在世无碍。此十八法。不與凡夫二乘及諸菩薩共有。故云不共也。八萬四千者。前釋。衆生有八萬四千塵勞煩惱故。若斷除此煩惱則。翻成此數波羅密也。波羅蜜。此云度。

1) ㉘ 결락된 글자는 '義也'인 듯하다.

다음, 설근舌根의 원을 일으킴

참법 또 원하옵니다. 오늘 이 도량의 동업대중과 널리 시방 사생 육도의 일체중생이 오늘부터 보리에 이르는 그날까지 살상한 일체중생의 신체의 맛을 항상 혀로 맛보지 않고, 스스로 죽은 일체중생의 맛을 (항상) 맛보지 않고, 중생들의 피와 골수의 맛을 (항상) 맛보지 않고, 원수나 맞서는 자의 독약 맛을 (항상) 맛보지 않고, 탐욕과 애착과 번뇌를 일으키는 기름진 맛 일체를 (항상) 맛보지 않게 하소서.

부디 혀로 감로의 백 가지 감미로운 맛을 항상 맛보고, 모든 하늘나라의 저절로 나타나는 음식의 맛을 항상 맛보고, 향적 세계 향기로운 밥의 맛을 항상 맛보고, 모든 부처님께서 잡수시는 음식의 맛을 항상 맛보고, 법신의 계戒·정定·혜慧로 훈습하고 수행으로 나타난 음식의 맛을 항상 맛보고, 법희法喜와 선열禪悅의 맛을 항상 맛보고, 한량없는 공덕으로 지혜로운 생활을 넉넉히 운영하는 감미롭고 조화로운 맛을 항상 맛보고, 해탈의 일미一味 등의 맛을 항상 맛보고, 지극히 즐겁고 최고로 수승한 모든 부처님의 니원泥洹의 맛을 항상 맛보게 하소서.

이미 설근의 원을 일으켰습니다.

다 함께 마음을 다해 오체투지하며, 세간의 너무도 자비로우신 아버지께 귀의합니다.

나무 미륵불

나무 석가모니불

나무 진실불

나무 천주불

나무 고음불

나무 신정불

나무 바기라타불

나무 복덕의불

나무 염치불

나무 무변덕불

나무 취성불

나무 사자유불

나무 부동불

나무 신청정불

나무 허공장보살

나무 살타파륜보살

나무 무변신보살

나무 관세음보살

거듭 이와 같은 시방 온 허공계 일체 삼보께 귀의합니다. 1배

부디 자비의 힘으로 불쌍히 여겨 감싸고 보호하사 아무개 등이 소원을 이루고 보리의 원을 만족하게 하소서. 1배

次發舌根願

又願今日道場。同業大衆。廣及十方。四生六道。一切衆生。從今已去。乃至菩提。舌恒不嘗傷殺一切衆生身體之味。不嘗一切自死之味。不嘗生類血髓之味。不嘗怨家對主毒藥之味。不嘗一切能生貪愛煩惱滋味之味。願舌恒嘗甘露百種美味。恒嘗諸天自然飮食之味。恒嘗香積香飯之味。恒嘗諸佛所食之味。恒嘗法身戒定慧之所熏修所現食味。恒嘗法喜禪悅之味。恒嘗無量功德滋治慧命恬和之味。恒嘗解脫一味等味。恒嘗諸佛泥洹至樂最上勝味之味。已發舌根願竟。相與至心。五體投地。歸依世間。大慈悲父。南無彌勒佛。南無釋迦牟尼佛。南無眞實佛。南無天主佛。南無高音佛。南無信淨佛。南無婆耆羅陁佛。南無福德意佛。南無炎熾佛。南無無邊德佛。
南無聚成佛。南無師子遊佛。南無不動佛。南無信清淨佛。南無虛空藏菩
薩。南無薩陁波輪菩薩。南無無邊身菩薩。南無觀世音菩薩。又復歸依。如
是十方。盡虛空界。一切三寶(一拜)。願以慈悲力。哀愍覆護。令(甲某)等。
得如所願。滿菩提願(一拜)。

集解 '스스로 죽은 (일체중생의) 맛(自死之味)'에 대해 말해 보겠다.『능엄
경』에서 방편으로 허락한 다섯 가지 청정한 고기(五淨肉) 중에 스스로 죽
은 짐승의 고기(自死)가 있는데 여기에서 '맛보지 않겠다(不嘗)'고 한 것은
비록 손으로 직접 살해하지 않았더라도 그것을 먹으면 계에 위반되기 때
문이다. 각명 공 역시 "비록 생명을 죽이지 않았다 하더라도 자비의 종자
를 끊기 때문이다. 혹자는 저절로 죽은 양고기를 먹으면 목숨을 잃는다고
도 한다."고 하였다.

'감로(甘露)'에 대해『열반경』에서 "감로를 복용하면 사람을 죽지 않게 한
다. 다른 물질과 섞더라도 역시 죽지 않게 한다."[113]고 하였다. 병을 없애
고 열을 제거한다. 각명 공 역시 "감로는 하늘에서 내리는 것인데, 간혹
풀이나 나무 끝에서 나오기도 한다. 그 맛은 최고로 감미롭고, 그것을 복
용하면 맑고 시원하며 사람의 수명을 연장시킨다. 혹자는 사탕수수의 즙
을 끓인 것이라고도 한다."고 하였다.

'백 가지 맛(百種味)'은 한편으로는 감로에 갖춰진 백 가지 맛을 의미하기
도 하고, 한편으로는 다른 백 가지 맛의 감미로움 등을 의미하기도 한다.

'향적(香積)'은 부처님 세계의 이름이다.『유마경(維摩經)』에서 말하였다.[114]

---

113 『대반열반경』 권26(T12, 521a).
114 아래는 경문 내용을 요약해 인용한 것이다. 수미등왕여래(須彌燈王如來)가 사자좌를
보내온 기사는『유마힐소설경(維摩詰所說經)』「부사의품(不思議品)」(T14, 527)에 수록되
어 있고, 향적여래(香積如來)가 음식을 보내온 기사는「향적불품(香積佛品)」(T14, 532)에

"상방上方으로 42항하사 세계 너머에 중향衆香이라는 세계가 있고, 그곳에 부처님이 계시니 명호가 향적香積이다. 그 나라 음식은 그 향기가 시방의 한량없는 세계까지 가득 퍼진다. 유마거사가 비야리성毗耶離城에서 병을 보이자 석가여래釋迦如來께서는 8만의 여러 대보살에게 문병하도록 지시하셨고, 문수보살이 상수가 되어 모든 보살을 거느리고 유마(淨名)의 처소로 찾아갔다. 거사는 이에 화현한 보살을 그 향적여래의 처소로 보내 한 발우의 밥을 청하고, 등왕불燈王佛 처소에서 8만 개의 사자좌를 청하였다. 8척의 방장 안에 그 자리를 배열하고는 한 발우의 밥으로 그 모든 보살들에게 공양을 올렸는데 조금도 부족함이 없었고, 그 밥을 먹은 자들은 모두 그 모공에서 다 향기가 풍겼다. 이 여러 보살들이 부처님의 처소로 돌아오자 그때 그곳에 모여 있던 대중들이 모든 보살의 모공에서 풍기는 오묘한 향기를 맡고는 그 까닭을 부처님께 여쭈었다. 이에 부처님께서 '만약 성문 가운데 유학有學의 지위에 있는 사람이 그 밥을 먹었다면 무학도無學道를 얻은 뒤에야 그 향기의 세력이 소멸하리라. 만약 무학無學의 지위에 있는 사람이 먹었다면 대승에 들어간 뒤에야 그 향기의 세력이 소멸하리라. 만약 삼현三賢의 지위에 있는 사람이 먹었다면 십지에 들어간 뒤에야 (그 향기의 세력이) 소멸하리라. 십지十地와 등각等覺 보살이 먹었다면 묘각妙覺에 들어간 뒤에야 (그 향기의 세력이) 소멸하리라'고 하셨다. 이에 미처 찾아가지 못했던 보살들은 목마른 듯 흠모하는 마음을 일으켰다."

'법희와 선열……(法喜禪悅……)'에 대해 각명 공은 "법의 체성이 공함을 깨달으면 내부에서 환희심이 일어나 법신을 돕고 이롭게 하므로 법희식法喜食이라 한다. 선정의 힘으로 말미암아 내부의 마음이 화평해지고 기

수록되어 있고, 음식을 먹은 후 모공에서 풍긴 향기에 대한 기사는 「보살행품菩薩行品」(T14, 533)에 수록되어 있다. 『유마힐소설경』에는 모공의 향기가 지속되는 시간에 대한 설명이 유마힐의 말씀으로 처리되어 있다.

쁨이 넘쳐 법신을 증장시키므로 선열식禪悅食이라 한다.

'첨화지미甛和之味'의 앞 글자는 점霑으로 발음한다. 첨甛은 감미롭다(美), 조화롭다(和)는 뜻이다.

'니원泥洹'은 곧 열반涅槃이다. 이미 해석하였다.

自死之味。楞嚴經。權許五淨肉。有自死。此云不嘗。雖手不害。食卽違戒故也。明公亦云。雖不殺命。斷慈悲種故也。或云。若食自死羊則殞命。甘露者。涅槃云。甘露服之。則令人不死。若合異物。亦能不死。除病去熱。明公云。甘露。天之所降。或出草木上。其味極美。服之淸涼。使人延壽。或云甘蔗汁煎賣。爲□□¹⁾味者。一則甘露具百味。一則餘百種味美等。香積者。佛世界名。維摩經云。上方過四十二恒河沙世界。有世界。名衆香。有佛。名香積。其國之食。香氣周流十方無量世界。維摩示疾毗耶離城。釋迦如來。以八萬諸大菩薩問疾。文殊作上首。領諸菩薩。詣淨名所。居士以化菩薩。遣彼香積如來所。請一鉢飯。燈王佛所。請八萬師子座。於八尺方丈內排座。以一鉢飯。供養彼諸菩薩。无所乏小。食此飯者。一切毛孔皆香。是諸菩薩。還佛所。時會大衆。聞諸菩薩毛孔妙香。問佛。佛言。若聲聞有學人。食此飯者。得无學道而後。香力乃消。若無學人食。則入大乘後。香力乃消。若三賢人食。則入地後乃消。十地等覺菩薩食則。入妙覺後乃消。其未赴菩薩。心生渴仰。法喜禪悅等者。明公云。悟法體空。內生歡喜。資益法身。名法喜食。由定力故。內心和悅。增長法身。名禪悅食也。甛和之味[上音霑。甛。美也。和也]。泥洹。卽涅槃[已釋]。

---

1) ㉲ 결락된 글자는 '甘露'인 듯하다. ㉠ 결락된 글자는 '百種'인 듯하다.

다음, 신근身根의 원을 일으킴

참법 또 원하옵니다. 오늘 이 도량의 동업대중과 널리 시방의 일체 중생이 오늘부터 보리에 이르는 그날까지 오욕으로 삿되게 애착하는 감촉을 항상 몸으로 느끼지 않고, 확탕지옥·노탄지옥·회하지옥 등의 감촉을 (항상) 느끼지 않고, 아귀들의 머리에서 불이 타오르고 녹인 구리물을 입에 들이부어 타고 문드러지는 감촉을 (항상) 느끼지 않고, 축생들의 가죽을 벗기고 살을 가르는 혹독한 고통의 감촉을 (항상) 느끼지 않고, 404병의 온갖 고통스런 감촉을 (항상) 느끼지 않고, 극심한 더위와 극심한 추위의 어려운 감촉을 (항상) 느끼지 않고, 모기·등에·벼룩·이 등 온갖 벌레의 감촉을 (항상) 느끼지 않고, 칼·몽둥이·독약 등 해를 가하는 감촉을 (항상) 느끼지 않고, 굶주림·목마름·고달픔·고통 등의 일체 감촉을 (항상) 느끼지 않게 하소서.

부디 몸으로 모든 하늘의 오묘한 옷의 감촉을 항상 느끼고, 저절로 나타나는 감로의 감촉을 항상 느끼고, 맑고 시원해 춥지도 덥지도 않은 감촉을 항상 느끼고, 배고프지도 않고 목마르지도 않고 병도 없고 고뇌도 없어 여유롭고 강녕한 감촉을 항상 느끼고, 잠자리도 편안하고 깨어도 편안해 근심도 없고 두려움도 없는 감촉을 항상 느끼고, 시방 모든 부처님 정토의 미풍이 몸에 불어오는 감촉을 항상 느끼고, 시방 모든 부처님 정토의 칠보 연못에서 몸과 마음을 씻는 감촉을 항상 느끼고, 늙음·병·죽음 등 온갖 고통이 없는 감촉을 항상 느끼고, 자유자재로 날아다니며 모든 보살님과 함께 법문을 듣는 감촉을 항상 느끼고, 모든 부처님의 열반과 팔자재의 감촉을 항상 느끼게 하소서.

이미 신근의 원을 일으켰습니다.

다 함께 마음을 다해 오체투지하며, 세간의 너무도 자비로우신 아버지께 귀의합니다.

나무 미륵불

나무 석가모니불

나무 행명불

나무 용음왕불

나무 지륜존불

나무 재성불

나무 세애불

나무 법명불

나무 무량보명불

나무 운상불

나무 혜도불

나무 묘향불

나무 허공음불

나무 허공불

나무 월삼계보살

나무 발타바라보살

나무 무변신보살

나무 관세음보살

거듭 이와 같은 시방 온 허공계 일체 삼보께 귀의합니다. 1배

부디 자비의 힘으로 감싸고 보호하며 섭수하사 아무개 등이 소원을 이루고 보리의 원을 만족하게 하소서. 1배

次發身根願

又願今日道場。同業大衆。廣及十方。一切衆生。從今日去。乃至菩提。身常不覺五欲邪媚之觸。不覺鑊湯爐炭灰河等觸。不覺餓鬼頭上火然烊銅灌口焦爛之觸。不覺畜生剝裂苦楚之觸。不覺四百四病諸苦之觸。不覺大熱大寒難耐之觸。不覺蚊蚋蚤蝨諸虫之觸。不覺刀杖毒藥加害之觸。不覺飢渴困苦一切諸觸。願身常覺諸天妙衣之觸。常覺自然甘露之觸。常覺淸涼不寒不熱之觸。常覺不飢不渴無病無惱休強之觸。常覺臥安覺安無憂無怖之觸。常覺十方諸佛淨土微風吹身之觸。常覺十方諸佛淨國七寶浴池洗蕩身心之觸。常覺無老病死諸苦之觸。常覺飛行自在與諸菩薩聽法之觸。常覺諸佛涅槃八自在觸。已發身根願竟。相與至心。五體投地。歸依世間。大慈悲父。南無彌勒佛。南無釋迦牟尼佛。南無行明佛。南無龍音王佛。南無持輪尊佛。南無財成佛。南無世愛佛。南無法名佛。南無無量寶名佛。南無雲相佛。南無慧道佛。南無妙香佛。南無虛空音佛。南無虛空佛。南無越三界菩薩。南無跋陁婆羅菩薩。南無無邊身菩薩。南無觀世音菩薩。又復歸依。如是十方。盡虛空界。一切三寶(一拜)。願以慈悲力。覆護攝受。令(某甲)等。得如所願。滿菩提願(一拜)。

집해 '문예蚊蚋'의 앞 글자는 무無와 분分의 반절이고, 뒷글자는 이而와 예曳의 반절이다.

'조슬蚤虱'의 앞 글자는 조루로, 뒷글자는 슬瑟로 발음한다.

'휴강休强'의 뒷글자는 평성으로 발음하고, 편안하다(寧)는 뜻이다.

'교안覺安'의 앞 글자는 교巧로 발음한다.

'팔자재八自在'에 대해서는 이미 해석하였다.

蚊蚋[上無分切。下而曳反]。蚤虱[上音早。下音瑟]。休强[下平音。寧也]。
覺安[上音巧]。八自在[已釋]。

다음, 의근意根의 원을 일으킴

참법 또 원하옵니다. 오늘 이 도량의 동업대중과 널리 시방의 일체 중생이 오늘부터 보리에 이르는 그날까지 탐욕과 분노와 어리석음이 재앙이 됨을 뜻으로 항상 알고, 살생·도둑질·음행·거짓말·꾸밈말·이간질·욕설이 재앙이 됨을 항상 알고, 아버지를 죽이거나 어머니를 해치거나 아라한을 죽이거나 부처님 몸에서 피를 흘리게 하거나 승가의 화합을 깨뜨리는 것이 바로 무간지옥에 떨어질 죄라는 것을 항상 알고, 불법승을 비방하고 인과를 믿지 않은 사람이 죽어서 다시 태어나 그에 상응하는 과보를 받는 법을 항상 알고, 악지식을 멀리하고 선지식을 가까이해야 한다는 것을 항상 알고, 96종 삿된 스승들의 법에 대해 묻고 배우는 것은 잘못임을 항상 알고, 삼루三漏[115]와 오개五蓋와 십전十纏[116]의 법이 바로 장애라는 것을 항상 알고, 삼악도는 두려운 곳으로서 수없이 태어나고 죽으며 혹독한 고통으로 (그 죄를) 보상해야 하는 곳임을 항상 알게 하소서.

부디 일체 중생이 모두 불성을 가지고 있음을 뜻으로 항상 알고, 모든 부처님은 너무도 자비로운 아버지이시고 위없는 의왕醫王이시며 일체 존귀한 법은 모든 중생의 병을 치료하는 좋은 약이며 일체 현성은 모든 중생을 간병하는 어머니임을 항상 알게 하소서.

부디 삼보에 귀의하고 오계를 받아 십선을 차례로 행하는 이와 같은 등등의 법이 천상과 인간의 수승한 과보를 불러온다는 것을 뜻으로 항상 알고, 생사를 면하지 못했으면 난법暖法과 정법頂法 등 칠방편관七方便觀을 닦아야만 한다는 것을 항상 알고, 무루無漏의 고인苦忍 등 십육성심十六聖心을 행해야 하며 그에 앞서 십육행관十六行觀을 닦아 사진제四眞諦를 관해야 한다는 것을 항상 알고, 사제가 평등하고 고정된 상이 없기 때문에 사과를 이룬다는 것을 항상 알고, 총상總相과 별상別相과 모든 종류의 법을 항상 알고, 십이 인연으로 삼세에 인과가 바퀴처럼 구르며 휴식이 없었다는 것을 항상 알고, 육바라밀과 8만 가지 온갖 행을 수행하는 것을 항상 알고, 8만 4천의 번뇌를 끊어 없애는 것을 항상 알고, 무생을 체달하여 반

---

[115] 삼루三漏 : 삼계의 번뇌를 셋으로 구분한 것으로서 누漏는 누설漏泄의 뜻이다. 첫째는 욕루欲漏로서 오욕이 치성한 세계의 번뇌이고, 둘째는 유루有漏로서 생존에 대한 갈망이 남아 있는 색계·무색계의 번뇌이며, 셋째는 무명루無明漏로서 삼계의 근본번뇌인 치번뇌癡煩惱를 말한다.

[116] 십전十纏 : 근본번뇌에 부수되어 일어나는 열 가지 번뇌로서 무참無慚·무괴無愧·질투嫉·간悭·회悔·면眠·도거掉擧·혼침惛沈·분忿·부覆이다. 중생을 얽어매어 생사의 감옥에 가둔다는 뜻에서 전纏이라 한다.

드시 생사를 끊는 것을 항상 알고, 십주十住의 계품階品을 차례로 구족하는 것을 항상 알고, 금강심으로 무명의 어둠을 끊고 위없는 과보를 증득하는 것을 항상 알고, 체體가 궁극에 이르러 하나로 관조하고 만덕을 원만히 갖추며 결박과 재앙이 모두 사라져 대열반을 성취하는 것을 항상 알고, 불지佛地의 십력과 사무소외와 십팔불공법과 한량없는 공덕과 한량없는 선법을 항상 알게 하소서.

이미 의근의 원을 일으켰습니다.

다 함께 마음을 다해 오체투지하며, 세간의 너무도 자비로우신 아버지께 귀의합니다.

나무 미륵불

나무 석가모니불

나무 천왕불

나무 주정불

나무 선재불

나무 등염불

나무 보음불

나무 인주왕불

나무 라후수불

나무 안은불

나무 사자의불

나무 보명문불

나무 득리불

나무 변견불

나무 마명보살

나무 용수보살

나무 무변신보살

나무 관세음보살

거듭 이와 같은 시방 온 허공계 일체 삼보께 귀의합니다. 1배

부디 자비의 힘으로 불쌍히 여겨 섭수하사 아무개 등이 소원을 이루고 보리의 원을 만족하게 하소서. 1배

次發意根願

又願今日道場。同業大衆。廣及十方。一切衆生。從今日去。乃至菩提。意常得知貪欲瞋恚愚癡爲患。常知身殺盜婬妄言綺語兩舌惡口爲患。常知殺父害母殺阿羅漢出佛身血破和合衆是無間罪。常知謗佛法僧不信因果人死更生報應之法。常知遠惡知識親近善友。常知諮受九十六種邪師之法爲非。常知三漏五蓋十纏之法是障。常知三途可畏生死酷劇苦報之處。願意常知一切衆生皆有佛性。常知諸佛大慈悲父無上醫王。一切尊法爲諸衆生病之良藥。一切賢聖爲諸衆生看病之母。願意常知歸依三寶。應受五戒。次行十善。如是等法。能招天上人中勝報。常知未免生死。應修七方便觀。暖頂法等。常知應行無漏苦忍十六聖心。先修十六行觀。觀四眞諦。常知四諦平等無相故成四果。常知摠相別相一切種法。常知十二因緣三世因果輪轉無有休息。常知修行六度八萬諸行。常知斷除八萬四千塵勞。常知體會無生必斷生死。常知十住階品次第具足。常知以金剛心。斷無明闇。得無上果。常知體極一照。萬德圓備。累患都盡。成大涅槃。常知佛地十力。四無所畏。十八不共。無量功德。無量善法。已發意根願竟。相與至心。五體投地。歸依世間。大慈悲父。南無彌勒佛。南無釋迦牟尼佛。南無天王佛。南無珠淨佛。南無善財佛。南無燈炎佛。南無寶音佛。南無人主王佛。南無羅睺守佛。南無安隱佛。南無師子意佛。南無寶名聞佛。南無得利佛。南無徧見佛。南無馬鳴菩薩。南無龍樹菩薩。南無無邊身菩薩。南無觀世音菩薩。又復歸依。如是十方。盡虛空界。一切三寶(一拜)。願以慈悲心。哀愍攝受。令(某甲)等。得如所願。滿菩提願(一拜)。

[집해] '아버지를 죽이는 것' 등은 오역죄다.

'삼루三漏'에서 '십전十纏'까지는 이미 해석하였다.

'무루의 고인을 행해야 하며……(應行無漏苦忍……)'에 대해 미수 스님은 "이 문장이 뜻하는 것은 마땅히 견도見道를 행해야 한다는 것이다. 무루의 십육성심은 견도 전에 자량위와 가행위에서 먼저 십육행관을 닦아 고집멸도 사진제四眞諦를 관하는 것이다."라고 하였다. 여기에 보충 설명을 하겠다. 수행자의 수행이 사가행四加行 가운데 최후의 세제일위世第一位에 이르면 십육행관을 닦아 사진제를 관한다(十六行觀 觀四眞諦). (십육행관관사진제十六行觀觀四眞諦에서) 앞의 관觀 자는 거성이고, 뒤의 관觀 자는 평성이다. 십육행관은 관하는 주체(能觀)이고 사진제는 관하는 대상(所觀)이다. 십육성심은 욕계의 사제에 각각 하나의 인忍과 하나의 지智가 있으니, 말하자면 고법지인苦法智忍·고법지苦法智·집법지인集法智忍·집법지集法智·멸법지인滅法智忍·멸법지滅法智·도법지인道法智忍·도법지道法智로서 사인四忍과 사지四智가 된다. 색계와 무색계를 합해서 하나의 사제가 되고, 그 각각에 하나의 인과 하나의 지가 있으니, 말하자면 고비지인苦比智忍·고비지苦比智·집비지인集比智忍·집비지集比智·멸비지인滅比智忍·멸비지滅比智·도비지인道比智忍·도비지道比智이다. 삼계의 사제를 합하면 팔인 팔지가 되므로 십육성심이라 한다. 이 마음은 범부를 벗어나 성인이 되는 것이므로 성심聖心이라 한다. 이 마음이 처음 발동하면 다시는 선정에서 나오고 선정에 들어가는 일 없이 찰나 사이에 삼계의 팔십팔사八十八使 견혹을 끊는다. 따라서 십육무간삼매十六無間三昧라고 하고, 또 십육무간찰나十六無間刹那라고도 한다. 인忍이라고 한 것은 곧 무간도無間道로서 미혹을 처음으로 끊는 순간이며, 지智라고 한 것은 곧 해탈도解脫道로서 미혹을 끊은 그 순간이고 진실을 증득한 것이다. 팔십팔사를 게송으로 말하면 다음과 같다.

고제에서는 십사를 구족하고
집제와 멸제에서는 3견이 제외되며[(3견은) 신견·변견·계금취견이다.]
도제에서는 2견이 제외되고[(2견은) 신견과 변견이다.]
그 위 세계에서는 분노가 현행하지 않는다.[117]

위쪽 두 세계[118]에서는 진에瞋恚가 없기 때문에 "진에가 현행하지 않는다."고 하였다. 이 팔십팔사는 십사十使 번뇌가 근본이 되니, 말하자면 신견(身)·변견(邊)·견취(見)·계금취(戒)·사견(邪)·탐욕(貪)·분노(瞋)·어리석음(癡)·교만(慢)·의심(疑)이다. 이 십사가 삼계를 편력하면서 그 사제四諦에 따라 더하고 덜함이 있어 같지 않기 때문에 팔십팔사가 된다.[119]

'사제四諦'와 '십육행十六行'은 앞에서 해석한 바와 같다. 수행자가 처음 사제에 대해 고苦·공空·무상無常·무아無我 등 십육행을 차례로 두루 관하여 아래로 도제의 승행乘行까지 이르는 것을 순관順觀이라 한다. 여기에서부터[120] 관을 일으켜 차례차례 거슬러 올라가 고제苦諦의 고행苦行에 이르는 것을 역관逆觀이라 한다. 여기에서부터[121] 다시 관을 일으켜 차례차례 밝게 관하면서 다시 아래로 승행까지 내려오면 공력이 성숙하기 때문에 이 승행 하나를 줄여서 관한다(縮觀). 다시 앞에서와 같이 관을 일으켜 차례차례 역으로 관하면서 고제의 고행까지 이르고, 앞에서와 같이 다시

---

117 원문은 "苦下十使足 集滅除三見 謂身邊戒 道除於二見 謂身邊見 上界不行瞋"이나 이 게송의 출전인 『천태사교집해天台四教集解』 권중(X57, 566b)에는 "苦下十使足 集滅除二見 道除於二見 上界不行恚"로 되어 있다. 이로 보아 원문의 "謂身邊戒"와 "謂身見邊見"은 간주로 추정된다.
118 위쪽 두 세계는 색계와 무색계를 말한다.
119 욕계에서는 위 게송에서 밝혔듯 고제에 십사, 집제와 멸제에 각기 7사, 도제에 8사가 있어 도합 32사가 된다. 색계와 무색계에서는 고집멸도 사제에서 각기 분노(瞋)가 빠지기 때문에 각각 28사가 된다. 따라서 삼계의 사使를 총합하면 팔십팔사가 된다.
120 여기에서부터의 '여기'는 도제道諦의 마지막 행인 승행乘行을 지칭한다.
121 여기에서부터의 '여기'는 고제苦諦의 첫 번째 행인 고행苦行을 지칭한다.

관을 일으켜 차례차례 순서대로 관하면서 도제의 적행寂行에 이르면 이번
에도 역시 줄여서 관한다. 다시 관을 일으켜 차례차례 앞에서와 같이 역
으로 관하여 고행에 이르고, 거기에서 다시 관을 일으켜 차례차례 앞에서
와 같이 순서대로 관하고는 앞에서와 같이 줄여서 관한다. 이 십육행관을
모두 이와 같이 역으로 관하고 순서대로 관하고 줄여서 관하면 오직 사제
四諦만 남게 되므로 사행四行이라고 부르는 것과 같게 된다. 관하는 힘이
밝아지고 성숙하면 십육성심 가운데 처음으로 고법지인苦法智忍이 발현하
여 고제에 따르는 십사 번뇌를 끊게 된다. 미혹을 처음으로 끊는 순간을
(고법지)인이라 하고, 미혹을 끊은 그 순간을 고법지라 한다. 법인法忍과
법지法智로 욕계의 사제에 따르는 32사를 끊으면 견혹이 소진한다. 그런
다음에 그 위쪽 두 세계의 사제에 들어가 고제에 따르는 9사 번뇌를 고비
지인苦比智忍으로 처음 끊고, 고비지苦比智로 완전히 끊는다. 이와 같이 비
인比忍과 비지比智로 색계와 무색계의 사제에 따르는 56사의 견혹을 끊어
도비지인道比智忍에 이른 것을 초과향初果向이라 하고, 도비지道比智에 이
른 것을 초과初果라 한다.

'사제가 평등하고 고정된 상이 없기 때문에……(四諦平等無相……)'에 대
해 미수 스님은 "사과四果를 증득할 때는 반드시 사제 전체가 공空이고 무
상無相임을 관해야 한다. 그래야 비로소 과果를 얻을 수 있기 때문에 이렇
게 말한 것이다."라고 하였다. 각명 공은 "고집멸도를 분명하게 깨달아 걸
림이 없기 때문에 '평등하다(平等)'고 하였고, 얻을 만한 법이 없기 때문에
'고정된 상이 없다(無相)'고 하였다."고 하였다.

'총상總相과 별상別相'에 대해 미수 스님은 "총상념처總相念處란 육체와
감정과 마음과 법이 모두 청정하지 못하고, 무상하고, 고통이고, 자아가
없다는 사실을 전체적으로 관하는 것이다."라고 하였다. 여기에 보충 설
명을 하자면, 이 가운데 관하는 대상은 구별하고 관하는 내용은 총합하는
방법(境別觀總)과 관하는 대상은 총합하고 관하는 내용은 구별하는 방법

(境摠觀別)과 관하는 대상과 관하는 내용 모두 총합하는 방법(境觀俱摠)이 있다. 별상념처別相念處란 육체가 청정하지 못함을 관하고, 감정이 고통임을 관하고, 마음이 무상함을 관하고, 법에 자아가 없음을 관하는 것이다.

각명 공은 "총상이란 곧 진여眞如로서 (법계의) 전체적인 모습이고 법문의 본체이니, 일체 법을 모두 포섭하기 때문이다. 별상이란 만법이 연을 따라 차별되게 현행하는 모습을 말한다."고 하였다. 여기에 보충 설명을 하겠다. 이 문단에서 말한 총상과 별상은 대승에서 논하는 총상과 별상이 아니다. 각명 공이 『기신론』[122]에서 말한 대승의 총상과 별상으로 이를 해석한 것은 아무래도 잘못인 듯하다. 앞의 칠방편 가운데 삼자량위三資糧位의 별상념처와 총상념처는 곧 성문聲聞이 수학하는 것이고, 지금 여기에서 말한 총상摠相과 별상別相은 연각緣覺이 수학하는 것을 말한다. 따라서 '사과를 이룬다(成四果)' 뒤에 설명한 것이니, 연각의 지위에 따로 배속시켜야 함을 마땅히 알아야 한다. 그래서 미수 스님이 이런 뜻으로 이를 해석한 것이니, 그 뜻이 명확하다.

'십이 인연'과 '육바라밀(六度)'에 대해서는 이미 해석하였다.

'8만'은 위에서와 마찬가지이다. 이 8만은 8만 4천이라 해야 마땅하지만 작은 숫자를 생략하고 큰 숫자를 따라 '8만'이라 한 것이다.

'체회體會'에서 체體는 곧 이해하다(解)라는 뜻이다.

'십주의 계품(十住階品)'에 대해 동림 스님은 "변진 스님은 삼현위의 십주로 이를 해석했는데, 아무래도 잘못인 듯하다. 십주는 삼현위에만 국한되지 않는다. 십지十地를 경에서 십주十住라고도 하였다. 지금 여기에서 말한 십주는 그 명칭은 비록 삼현위에서 흘러나왔지만 실재로는 십지에 해당한다. 제2권에서 '십주의 업을 만족해 외아들의 지위를 얻고'라고 하

---

[122] 『대승기신론』(T32, 576a)에서 "心眞如者 卽是一法界大總相法門體 所謂心性不生不滅 一切諸法唯依妄念而有差別"이라 하였다.

고, 또 '십주와 불지의 한량없는 공덕'[123]이라고 한 것은 모두 십지를 일컫는 것이다."라고 하였다. 미수 스님은 "……을 십지라 한다."고 하였다. 여기에 보충 설명을 하겠다. 두 스님[124]의 설명이 적확하고 오묘하며, 변진 스님의 해석은 거리가 멀다. 무엇 때문인가. 이 문단은 처음에 인간과 하늘의 수승한 과보를 불러올 수 있는 오계와 십선에서 시작해, 그 다음에 성문이 수학하는 칠방편·십육행관과 사제가 평등하여 사과를 이루는 것을 말하고, 그 다음에 연각이 수학하는 총상總相·별상別相과 십이인연 등의 법을 말하고, 그 다음에 보살이 수행하는 육바라밀과 8만 4천 번뇌를 끊어 없애는 것을 말하고, 나아가 십지가 구족해 금강심으로 무명의 어둠을 끊고 대열반을 이루는 것을 말하였다. 문장의 뜻이 너무도 분명하니, 삼현의 십주가 아님은 생각해 볼 것도 없다.

미수 스님은 "'하나로 관조하는 것(一照)'은 반야般若이고, '만덕을 원만히 갖추는 것(萬德圓備)'은 법신法身이고, '결박과 재앙이 모두 사라지는 것(累患都盡)'은 해탈解脫이다. 이 세 가지 덕이 원만한 것을 대열반大涅槃이라 한다."고 하였다.

'십력'과 '사무소외'와 '십팔불공법' 등은 이미 해석하였다. 여기에서 말한 십력十力은 십지十智라고도 한다.

殺父等。五逆也。三漏至十纏[已釋]。應行無漏苦忍。授師云。此文義云應行見道。无漏十六聖心者。於見道前。資粮加行位中。先修十六行觀。觀苦集滅道四眞諦也。生枝曰。行人修至。四加行中最後世第一位中。修十六行觀。觀四眞諦。上觀。去聲。下觀。平聲。十六行觀。能觀。四眞諦。所觀。十六聖心□。□□[1)]四諦下。各有一忍一智。所謂苦法智忍。苦□□。[2)]

---

123 '십주와 불지의 한량없는 공덕(十住佛地無量功德)'은 아래 문단에 나오는 구절이다.
124 두 스님은 동림 스님과 미수 대사를 지칭한다.

□□³⁾智忍。集法智。滅法智忍。滅法智。道法智忍。道法智。成四忍四智。色無色界。合爲一四諦。各一忍一智。所謂苦比智忍。苦比智。集比智忍。集比智。滅比智忍。滅比智。道比智忍。道比智。三果⁴⁾四諦。共成八忍八智。故云十六聖心。此心離凡作聖。故云聖心。此心始發。則更無出定入定。於刹那頃。斷三界八十八使見惑。故云十六无間三昧。亦云十六無間刹那。言忍者。即無間道。始斷惑時。言智者。即解脫道。正斷惑時。證眞也。八十八使者。頌云。

　苦下十使足。集滅除三見。謂身邊戒。

　道除於二見。謂身見邊見。上界不行嗔。

上二界无嗔。故云不行嗔。此八十八使。十使煩惱爲根本。謂身邊見戒邪貪嗔癡慢疑。此十使。歷三界。四諦下增減不同故。成八十八使。四諦及十六行。如上釋。行人初於四諦。以苦空无常无我等。十六行次第遍觀。下至道諦下乘行。則名順觀。從此起觀。次次上至。苦諦下苦行。則名逆觀。從此還起觀。次次明觀。還下至乘行。功熟故。此乘之一行。縮觀。如前起觀。次次逆觀。至苦諦下苦行。如前還起觀。次次順觀。至道諦下寂行。此亦縮觀。還復起觀。次次如前逆觀。至苦行。還復起觀。次次如前順觀。如前縮行。此十六行觀。皆亦如是逆觀順縮觀。唯留四諦。同名四行。觀力明熟。則十六聖心中。初苦法智忍發現。斷□□□□⁵⁾使煩惱。始斷惑時。名忍。正斷惑時。名苦法智。□□□□⁶⁾斷欲界四諦下三十二使。見惑盡。次入上二界四諦。於苦諦下九使煩惱。以苦比智忍始斷。以苦比智正斷。如此比忍比智。斷二界四諦下五十六使見惑。至道比智忍。名初果向。至道比智。名初果。四諦平等無相等者。授師云。證四果時。要觀四諦。摠空无相。方得果故云耳。明公云。苦集滅道。明了无碍。故名平等。無法可得。故云无相。摠相別相者。授師云。摠相念處者。摠觀身受心法。皆不淨無常苦无我也。生枝曰。此中有境別觀摠。境摠觀別。境觀俱摠。別相念處者。謂觀身不淨。觀受是苦。觀心無常。觀法無我。明公云。摠相者。卽眞如。大捴相法門體也。捴⁷⁾攝一切法故。別相者。謂萬法隨緣差別行相也。生枝曰。
此文言捴別相。非大乘所論。明公以起信中大乘捴別相釋之。恐非。前七
方便中。三資粮位。別相捴相念。乃聲聞修學也。此言捴相別相。說緣覺修
學也。故成四果後說也。當知別屬緣覺位。是以授師。以此義釋之。明然矣。
十二因緣。六度[已釋]。八萬。同上。此八萬者。應云。八萬四千。減小數。
從大數云。八萬。體會者[體卽。解也]。十住階品者。東林師云。眞師以三
賢之十住釋之。恐非。十住。非局三賢之位。十地。經亦云。十住。今云十
住。名雖濫於三賢。實爲十地。第三⁸⁾卷中云。滿十住□□□□。⁹⁾云十
住佛地无量功德。皆言十地也。授師云。□□□□¹⁰⁾名十地也。生枝曰。二
師所說之妙。眞師所釋踈矣。何也。此文初從五戒十善能招人天勝報。次
言聲聞修學。七方便十六行觀。四諦平等成四果。次言緣覺修學。捴相別
相。十二因緣等法。次言菩薩修行六度。斷除八萬四千塵勞。乃至言十地
具足。以金剛心。斷無明闇。成大涅槃。文義甚明。非三賢之十住。无慮矣。
一照。授師云。般若也。萬德圓備者。法身。累患都盡者。解脫也。三德圓
滿。名大涅槃也。十力。四無所畏。十八不共等[已釋]。此言十力者。亦曰
十智也。

---

1) ㉠ 결락된 글자는 '者三界'인 듯하다. ㉡ 결락된 글자는 '者欲界'인 듯하다. 2) ㉠ 결락된 글자는 '法智'인 듯하다. 3) ㉠ 결락된 글자는 '集法'인 듯하다. 4) ㉡ '果'는 '界'의 오자인 듯하다. 5) ㉠ 결락된 글자는 '苦諦下十'인 듯하다. 6) ㉠ 결락된 글자는 '法忍法智'인 듯하다. 7) ㉠ '捴'은 저본에 'ㅣ'로 되어 있고 그 아래 "이 획은 '捴' 자로 본다."는 주가 있다. 따라서 편자가 '捴'으로 고쳤다. 아래에서도 마찬가지이다. 8) ㉠ '三'은 '二'인 듯하다. ㉡ 『집해』의 제2권에서 십주와 십지의 통용을 설명한 바 있다. 9) ㉡ 결락된 글자는 '業得一子地'인 듯하다. ㉡ 제2권 집해에 "滿十住業 得一子地"라고 한 구절이 있다. 10) ㉡ 결락된 네 글자의 내용을 추정할 수 없다.

다음, 입의 원을 일으킴

참법 또 원하옵니다. 오늘 이 도량의 동업대중과 널리 시방 세계 사생 육도의 일체 중생이 오늘부터 보리에 이르는 그날까지 입으로 항상 삼보를 헐뜯지 않고, 경을 널리 유통시키는 사람을 비방해 그 허물을 말하지 않고, 선한 일을 해도 즐거운 과보를 받지 못하고 나쁜 짓을 해도 괴로운 과보를 받지 않는다고 말하지 않고, 사람이 죽으면 끝이고 다시 태어나지 않는다고 말하지 않고, 아무런 이익도 없고 남의 일에 손해만 끼치는 말을 하지 않고, 삿된 견해를 가진 외도가 지은 경전을 설하지 않고, 사람들에게 십악업을 짓도록 시키지 않고, 사람들에게 오역죄를 짓도록 시키지 않고, 남의 악을 칭찬하며 널리 알리지 않고, 속세의 부질없이 희롱하며 웃는 일들을 말하지 않고, 사람들에게 삿된 스승이나 귀신을 잘못 믿도록 시키지 않고, 인물의 좋고 나쁜 점을 평론하지 않고, 부모님이나 스승이나 훌륭한 벗들에게 화를 내며 꾸짖지 않고, 사람들에게 악을 지으라고 권하지 않고, 사람들이 복을 짓는 것을 끊지 않게 하소서.

부디 입으로 항상 삼보를 찬탄하고 법을 널리 유통시키는 사람을 찬탄하며 그 공덕을 말하여 사람들에게 선과 악의 과보를 보여 주고, 깨달은 사람은 몸이 죽어도 신명神明은 소멸하지 않는다고 항상 설하고, 항상 선한 말을 해 사람들을 이롭게 하고, 항상 여래의 십이부경을 설하고, 일체 중생이 모두 불성을 가지고 있으므로 미래에 상常·락樂·아我·정淨을 얻을 것이라고 항상 말하고, 사람들에게 부모님에게 효도하고 스승과 어른을 공경하라고 항상 가르치고, 사람들에게 삼보에 귀의해 오계를 수지하고 십선과 육념을 행하라고 항상 권하고, 항상 경전을 찬송하고 온갖 선법을 노래하며, 사람들에게 선지식을 가까이하고 악지식을 멀리하라고 항상 가르치게 하소서.

부디 입으로 십주와 불지의 한량없는 공덕을 항상 설하고, 항상 사람들에게 정토의 행을 닦아 궁극의 과보를 장엄하도록 시키고, 항상 사람들에게 부지런히 삼보에 예경하라고 가르치고, 항상 사람들에게 불상을 건립하며 여러 가지 공양을 받들라고 가르치고, 항상 사람들에게 온갖 선한 일들 짓기를 머리에 붙은 불을 끄듯이 하라고 가르치고, 항상 사람들에게 궁핍하고 괴로워하는 이들 구제하기를 잠시도 쉬지 말라고 가르치게 하소서.

이미 입의 원을 일으켰습니다.

다 함께 마음을 다해 오체투지하며, 세간의 너무도 자비로우신 아버지께 귀의합니다.

나무 미륵불

나무 석가모니불

나무 세화불

나무 고정불

나무 무편변불

나무 차별지견불

나무 사자아불

나무 리타보불

나무 복덕불

나무 법등선불

나무 목건련불

나무 무우국불

나무 의사불

나무 요보리불

나무 사자유희보살

나무 사자분신보살

나무 무변신보살

나무 관세음보살

거듭 이와 같은 시방 온 허공계 일체 삼보께 귀의합니다. 1배

부디 자비의 힘으로 감싸고 보호하며 섭수하사 아무개 등이 소원을 이

루고 보리의 원을 만족하게 하소서. 1배[125]

次發口願

又願今日道場。同業大衆。廣及十方世界。四生六道。一切衆生。從今日去。乃至菩提。口常不毀呰三寶。不謗弘通經人說其過患。不言作善不得樂報作惡不得苦果。不言人死斷滅不復更生。不說無利益損他人事。不說邪見外道所造經書。不敎人作十惡業。不敎人造五逆業。不稱揚人惡。不言俗間無趣好戲笑事。不敎人僻信師邪鬼神。不評論人物好醜。不瞋罵父母師長善友。不勸人造罪。不斷人作福。願口常讚歎三寶。讚歎弘通法人。說其功德。示人善惡果報。常說悟人身死。神明不滅。常發善言。使人利益。常說如來十二部經。常言一切衆生皆有佛性當得常樂我淨。常敎人孝事父母恭敬師長。常勸人。歸依三寶。受持五戒。十善六念。常讚誦經典。唄說諸善。常敎人近善知識。遠惡知識。願口常說。十住佛地無量功德。常使人修淨土行。莊嚴極果。常敎人勤禮三寶。常敎人建立形像。修諸供養。常敎人作諸善事。如救頭然。常敎人救窮濟苦無暫停息。已發口願竟。相與至心。五體投地。歸依世間。大慈悲父。南無彌勒佛。南無釋迦牟尼佛。南無世華佛。南無高頂佛。南無無偏辯佛。南無差別知見佛。南無師子牙佛。南無梨陁步佛。南無福德佛。南無法燈善佛。南無日楗連佛。南無無憂國佛。南無意思佛。南無樂菩提佛。南無師子遊戲菩薩。南無師子奮迅菩薩。南無無邊身菩薩。南無觀世音菩薩。又復歸依。如是十方。盡虛空界。一切三寶(一拜)。願以慈悲力。覆護攝受。令(某甲)等。得如所願。滿菩提願。

[집해] '벽신僻信'의 앞 글자는 벽辟으로 발음하고, 잘못되다(誤), 삿되다(邪)라는 뜻이다.

---

125 '1배'가 누락된 것으로 추정되어 보입하였다.

'십이부경十二部經'에 대해서는 이미 해석하였다.

'패설唄說'의 앞 글자는 패佩로 발음하고, 노래하다(歌)라는 뜻이다.

'십주十住'는 앞에서 십지十地라 하였다.

僻信[上音辟。誤也。邪也]。十二部經[已釋]。唄說[上音佩。歌也]。十住。上言十地也。

수행해야 할 모든 법문

참법 또 원하옵니다. 시방 온 허공계 사생 육도의 일체중생이 지금 발원한 후부터 수행해야 할 모든 법문을 각자 구족하게 하소서. 삼보를 돈독히 믿고 공경하는 법문, 의혹을 품지 않는 견고한 법문, 나쁜 짓을 끊고자 부지런히 참회하는 법문, 청정해지길 소원하며 뉘우치는 법문, 스스로 마음을 청정히 하고 몸을 보호하는 법문, 네 가지를 영원히 깨끗이 하여 입을 보호하는 법문, 세 가지 업을 훼손하지 않고 뜻을 보호하는 법문, 소원과 보리를 구족하는 법문, (십선의) 첫 번째인 해치지 않음을 실천하는 비심悲心 법문, (사람을) 교화하여 덕을 세우게 하는 자심慈心 법문, 타인을 헐뜯지 않는 환희歡喜 법문, 타인을 속이지 않고 정성을 다하는 법문, 삼악도를 없애려는 삼보의 법문, 끝내 허망하지 않은 진실한 법문, 나와 남을 구분해 교만을 부리지 않고 해치려는 마음을 버리는 법문, 머뭇거림이 없이 결박을 버리는 법문, 다투고 소송하려는 마음을 끊는 무쟁無諍 법문, 평등을 받들어 행하는 마땅하고 바른 법문을 구족하게 하소서.

또 원하오니, 중생이 이와 같은 한량없는 법문을 구족하여 심취법문心趣法門으로 마음이 허깨비와 같음을 관하고, 의단법문意斷法門으로 선하지 않은 근본을 버리고, 신족법문神足法門으로 몸과 마음이 가볍고 편하며, 신근법문信根法門으로 근본에서 물러섬을 원치 않고, 진근법문進根法門으로 훌륭한 멍에를 버리지 않고, 염근법문念根法門으로 도업道業을 훌륭히 짓고, 정근법문定根法門으로 바른 도에 마음을 거두고, 혜근법문慧根法門으로 무상하고 공함을 관하고, 신력법문信力法門으로 마귀의 위세를 초월하고, 진력법문進力法門으로 한번 가서는 돌아오지 않고, 염력법문念力法門으로 조금도 잊어버리지 않고, 정력법문定力法門으로 온갖 망상을 없애고, 혜력법문慧力法門으로 두루 돌며 왕래하고, 진각법문進覺法門으로 불도의 실천을 쌓고, 정정법문正定法門으로 삼매를 체득하고, 정성법문淨性法門으로 다른 승乘을 좋아하지 않게 하소서.

부디 모든 중생이 보살마하살의 이와 같은 등등의 8만 법문을 다 구족하여 불국토를 청정하게 하고, 욕심 많고 질투 많은 이들을 권유하고 교화해 온갖 악이 깃든 팔난의 처소에서 모두 제도하며, 다투며 송사를 벌이고 성내는 사람을 섭수하여 온갖 선한 일들을 부지런히 실천하게 하고, 게으른 자들을 섭수하여 선정의 마음과 신통으로 모든 산란한 생각들을 거두게 하소서.

이미 발원을 마쳤습니다.

다 함께 마음을 다해 오체투지하며, 세간의 너무도 자비로우신 아버지께 귀의합니다.

나무 미륵불

나무 석가모니불

나무 극세불

나무 혜화불

나무 법천경불

나무 단세불

나무 견음불

나무 안락불

나무 묘의불

나무 애정불

나무 참괴안불

나무 묘계불

나무 욕락불

나무 루지불

나무 약왕보살

나무 약상보살

나무 무변신보살

나무 관세음보살

거듭 이와 같은 시방 온 허공계 일체 삼보께 귀의합니다. 1배

부디 자비의 힘으로 구호하고 섭수하사 삼계의 육도 사생 중생들이 오늘 자비도량참법으로 발심하고 발원한 공덕 인연으로 각자 공덕과 지혜를 구족하고 신통력으로 마음대로 자재하게 하소서. 1배

이미 발원을 마쳤습니다. 다음은 널리 유통시키도록 단단히 부탁해야 합니다.

諸行法門

又願十方。盡虛空界。四生六道。一切衆生。從今發願之後。各能具足。諸行法門。篤信三寶愛敬法門。不懷疑惑堅固法門。欲斷起惡勤懺法門。欲願淸淨念悔法門。自心淸淨護身法門。永淨四事護口法門。不毁三業護意法門。具足所願菩提法門。第一不害悲心法門。化使立德慈心法門。不毁他人歡喜法門。不欺他人至誠法門。欲滅三途三寶法門。終不虛妄眞實法門。不慢彼我捨害法門。無有猶預棄結法門。斷鬪訟意無諍法門。奉行平等應正法門。又願衆生。具足如是。無量法門。心趣法門。觀心如幻。意斷法門。捨不善本。神足法門。身心輕便。信根法門。不願退根。進根法門。不捨善軛。念根法門。善造道業。定根法門。攝心正道。慧根法門。觀無常空。信力法門。越魔威勢。進力法門。一去不還。念力法門。未曾忘捨。定力法門。滅衆妄想。慧力法門。周旋往來。進覺法門。積行佛道。正定法門。逮得三昧。淨性法門。不樂餘乘。願諸衆生。悉具菩薩摩訶薩。諸如是等。八萬法門。淸淨佛土。勸化慳嫉。悉度衆惡。八難之處。攝諸諍訟。瞋恚之人。勤行衆善。攝懈怠者。定意神通。攝諸亂想。已發願竟。相與至心。五體投地。歸依世間大慈悲父。南無彌勒佛。南無釋迦牟尼佛。南無極勢佛。南無慧華佛。南無法天敬佛。南無斷勢佛。南無堅音佛。南無安樂佛。南無妙義佛。南無愛淨佛。南無慙愧顏佛。南無妙髻佛。南無欲樂佛。南無樓志佛。南無藥王菩薩。南無藥上菩薩。南無無邊身菩薩。南無觀世音菩薩。又復歸依。如是十方。盡虛空界。一切三寶(一拜)。願以慈悲力。救護攝受。令三界六道。四生衆生。以今慈悲道場懺法。發心發願。功德因緣。各各具足。功德智慧。以神通力。隨心自在(一拜)。已發願竟。次應囑累流通。

집해 '제행법문諸行法門'에 대해 각명 공은 "행行은 곧 닦아야 할 인업因業이고, 법法은 곧 규범(軌持)이라는 뜻이다."라고 하였다. 미수 스님은 "어떤 본에는 이 네 글자가 없다. 이 본이 바르다."고 하였다.

'네 가지를 영원히 깨끗이 한다(永淨四事)'는 것은 입의 네 가지 악업을 두고 한 말이다.

'세 가지 업을 훼손하지 않는다(不毀三業)'는 것은 탐욕·분노·어리석음을 두고 한 말이다. 즉 뜻의 세 가지 업이다.

'화사입덕化使立德'은 사람을 교화해 공덕을 세우게 하는 것이다.

'유예猶預'에 대해 『이아爾雅』에서 "유猶는 짐승 이름이다. 나무를 잘 타며 의심이 많다. 항상 산속에 살고, 소리만 들렸다 하면 곧 두려워한다. 또 다가가 해치려 하면 미리 나무로 올라가기 때문에 예預라고 부른다. 사람이 없어진 뒤에야 내려오려고 시도하고, 끌어 내려도 또 올라가 이렇게 일정하지 않기 때문에 지금 결정하지 못하는 자들을 유예猶預라고 칭한다."고 하였다. 각명 공은 "유猶는 여우와 비슷한데 그것보다는 작다.

행동에 있어서는 미리 나무로 올라가는 습성이 있다. 이는 의혹을 일으킨 자들이 성스러운 도 주변을 배회하는 것을 비유한 것이다."라고 하였다.

'평등을 받들어 행한다(奉行平等)'에 대해 변진 스님은 "원수와 친구에게 평등한 것이다."라고 하였다.

'응정應正'에서 앞 글자는 평성이고, 마땅하다(當)는 뜻이다. 정正은 참되다(眞)는 뜻이다. 마땅하고 바르며 참된 이치를 말한다.

'심취법문心趣法門'에 대해 변진 스님과 미수 스님은 "마음이 취향하는 바를 관하기 때문에 심취心趣라 하였다. 즉 사념주四念住이고, 또 사념처四念處라고도 한다."고 하였다.

'의단법문意斷法門'은 마음과 뜻으로 악하고 선하지 못한 법들을 확실히 끊는 것이다. 즉 사정단四正斷이고, 또 사정근四正勤이라고도 한다. 첫째는 아직 생기지 않은 악을 생기지 않게 하는 것이고, 둘째는 이미 생긴 악을 없애는 것이고, 셋째는 아직 생기지 않은 선을 생기게 하는 것이고, 넷째는 이미 생긴 선을 증장시키는 것이다.

'신족법문神足法門'은 곧 사신족四神足이고, 또 사여의족四如意足이라고도 한다. 첫째는 욕欲, 둘째는 염念, 셋째는 진進, 넷째는 혜惠다.

'신근법문信根法門'은 오근五根을 두고 한 말이니, 첫째는 신信, 둘째는 진進, 셋째는 염念, 넷째는 정定, 다섯째는 혜惠다. 신근이 오근의 우두머리이기 때문에 첫머리에 표명하고, 나머지 네 근을 차례대로 표명하였다.

'진근법문進根法門'은 곧 정진精進이다.

'액軛'에 대해 미수 스님은 "음은 액厄이고 수레의 멍에를 말한다. 이것을 소에 매어 소가 도망가지 못하게 하고 가려는 곳에 있게 한다. 선법善法 역시 이와 같아 수행자에게 멍에를 씌워 선품善品을 벗어나지 않게 하고 열반의 궁으로 가게 한다. 비유를 좇아 '멍에(軛)'라 한 것이다."라고 하였다.

'염근법문念根法門'은 정념의 뿌리에서 생긴 도업이 성장하는 것이다.

'정근법문定根法門'은 정근定根으로 동요하지 않고 마음을 거두어 바른 도로 돌아가는 것이다.

'혜근법문惠根法門'은 지혜로 법집法執을 타파하고 고苦·공空·무상無常 등을 관하는 것이다.

'신력법문信力法門'에서 오근이 성장하여 (악법을) 배척하고 막는 힘을 가지게 되면 오력五力이라 한다. 이 믿음의 힘이 오력의 우두머리이기 때문에 첫머리에 표명하고, 나머지 네 가지 힘을 차례대로 표명하였다.

'진력법문進力法門'은 정진의 힘으로 모든 해태懈怠를 벗어나는 것이다.

'염력법문念力法門'은 기억의 힘이 수승하기 때문에 끝내 그만두거나 버리는 일이 없는 것이다.

'정력법문定力法門'은 선정의 힘이 깊고 맑아 망상이 생기지 않는 것이다.

'혜력법문惠力法門'은 신령스럽고 신령스러워 혼매하지 않고 또렷또렷하게 서로 아는 것이다. 오력은 여기까지이다.

'두루 돌며 왕래한다(周旋往來)'에 대해 변진 스님은 "지혜의 힘 때문에 미혹에 머물면서 중생을 윤택하게 하고 삼계 육도를 왕래하는 것이다."라고 하였다. 미수 스님은 "지혜의 힘이 두루 미쳐 모든 법을 관하기 때문이다."라고 하였다.

'진각법문進覺法門'에 대해 변진 스님과 미수 스님은 "칠등각지七等覺支 가운데 정진각지精進覺支만 거론했다."고 하였다. 칠등각七等覺은 칠보리분七菩提分이라고도 하는데 이미 앞에서 해석한 바와 같다.

'정정법문正定法門'은 팔정도지八正道支를 거론한 것으로서 팔성도분八聖道分이라고도 한다. 이 문단에서는 정정正定만 거론하였다. 팔정도는 이미 해석하였다.

'체逮'는 체逮로 발음하고, 미치다(及)라는 뜻이다.

'정성법문淨性法門'에 대해 각명 공은 "청정한 성품이 원만히 이루어진 일승의 진리를 말한다."고 하였다.

'불국토를 청정하게 하고……'는 이 법문을 말미암아 청정한 불국토를 얻고, 다시 욕심 많고 질투 많은 이들을 권유하고 교화해 온갖 잡다한 악에서 벗어나게 한다는 것이다.

'선정의 마음과 신통으로 모든 산란한 생각들을 거둔다'에서 산란한 생각(亂想)은 곧 망상妄想이다. 제행법문 마지막에 "선정의 마음과 신통으로 모든 산란한 생각을 거둔다."고 말한 데에는 심오한 이유가 있다. 앞에서 이미 선정과 지혜 등의 법을 낱낱이 기술하였는데 지금 다시 선정의 마음 등을 말한 것은, 모든 중생이 여래의 지혜智慧와 덕상德相을 구족하게 갖추고 있으나 망상으로 집착하기 때문에 증득하지 못하는 것일 뿐이기 때문이다. 지금 제행법문諸行法門으로 중생을 교화하여 모든 중생으로 하여금 재차 삼차 모든 망상을 벗어나 필경에 여래의 지혜와 덕상을 증득하게 하려는 까닭에, 마지막에서 다시 선정의 마음과 신통으로 제행법문을 모두 관통시켜 온갖 산란한 생각들을 거둔 것이다. 따라서 "망령된 인연만 벗어나면 곧 여여한 부처님이다."[126]라고 한 것이다.

'촉루囑累'에 대해 미수 스님은 "촉囑은 부탁付託을 말하고, 누累는 곧 단단히 묶는 것이다. 보호하고 유지시켜 널리 유포하도록 그들에게 거듭 단단히 부탁했기 때문이다."라고 하였다.

諸行法門。明公云。行。卽所修因業。法乃軌持□。[1)] 授師云。一本無此四字。此本爲正。永淨四事者。口四惡業也。不毁三業。貪嗔癡也。卽意之三業也。化使立德者。化人使立功德也。猶預者。爾雅云。猶。獸名。善登木多疑。常居山中。忽聞有聲卽恐。且來害之。每預上木。名爲預。無人

---

126 복주福州 고령 신찬古靈神贊 선사가 백장百丈 선사 문하에서 참학한 후 본사로 돌아와 백장의 가풍을 찬양한 게송의 일부이다. 전문을 인용하면 다음과 같다. "靈光獨耀迥脫根塵 體露眞常不拘文字 心性無染本自圓成 但離妄緣卽如如佛"『경덕전등록』권 9(T51, 268a).

然後敢下。須曳又上。此非一故。今謂不決者。稱猶預。明公云。猶。似狐而小。行卽預上木。喩起惑者。聖道徘徊。奉行平等者。眞師云。寃親平等也。應正者。上平聲。當也。正。眞也。謂應當正眞之理也。心趣法門。眞師授師云。觀察心之所趣。故云心趣。卽四念住。亦曰四念處。意斷法門者。心意決□□□□□²⁾也。卽四正斷。亦云四正勤。一未生□³⁾令不生。□□□□⁴⁾滅。三未生善令生。四已生善令增長。神足法門。卽四神足。亦云四如意足。一欲。二念。三進。四惠。信根法門。卽五根也。一信。二進。三念。四定。五惠。言信者。五根之首。故初標。餘四根。如次所明。進根法門。此卽精進也。軛者。授師云。音厄。車軛。⁵⁾以駕其牛。令牛不出。而有所往。善法亦爾。軛修行者。不越善品。徃涅槃宮。從喩名軛。念根法門者。正念根生。道業成長。定根法門者。定根不動。攝心歸正。惠根法門者。惠破法執。觀苦空無常等也。信力法門者。五根成長。有排障力。名五力。此信力。五力之首。故初標。餘四力。如次所明。進力法門者。以精進力。離諸懈怠。念力法門者。念力勝故。終無廢捨。定力法門者。定力深淸。妄想不生。惠力法門者。靈靈不昧。了了相知也。五力齊此。周旋往來者。眞師云。由惠力故。留惑潤生。周旋往來。三界六道。授師云。惠力周遍。觀察諸法故也。進覺法門者。眞師授師云。七等覺支中。唯擧精進覺支。七等覺者。亦名七菩提分[已如前釋]。正定法門。擧八正道支。亦曰八聖道分。此文唯擧正定。言八正道者[已釋]。逮[音涕。及也]。淨性法門。明公云。淨性圓成。一乘眞理。淸淨佛土等。由此法門。得淨佛土。復能勸化。慳貪嫉妬。離諸雜惡。定意神通攝□⁶⁾亂想者。□□□□⁷⁾想者。卽妄想。諸行法門末後□。⁸⁾定意神通□□□□⁹⁾者。深有所以。前已具述。定惠等法。今復言定意等者。□¹⁰⁾諸衆生。具有如來智惠德相。但以妄想執著。而不證得。今以諸行法門。敎化衆生。令諸衆生。三復離諸妄想。畢竟證得如來智惠德相故。末後復以定意神通。貫穿于諸行法門。攝諸亂想也。故云。但離妄緣卽如如佛。囑累者。授師云。囑謂付託。累卽重累。重累付囑。令其護持流布故也。

1) ㉮ 결락된 글자는 '義'인 듯하다. 2) ㉯ 결락된 글자는 '斷惡不善法'인 듯하다. 3) ㉰ 결락된 글자는 '惡'인 듯하다. 4) ㉱ 결락된 글자는 '二己生惡令'인 듯하다. 5) ㉲ '輒'은 저본에 'ㅣ'로 되어 있고 그 아래 "이 획은 '輒' 자로 본다."는 주가 있다. 따라서 편자가 '輒'으로 고쳤다. 아래에서도 마찬가지이다. 6) ㉳ 결락된 글자는 '諸'인 듯하다. 7) ㉴ 결락된 글자 중 마지막 글자는 '亂'인 듯하다. 나머지 글자는 추정할 수 없다. 8) ㉵ 결락된 글자는 '言'인 듯하다. 9) ㉶ 결락된 글자는 '攝諸亂想'인 듯하다. 10) ㉷ 결락된 글자는 '以'인 듯하다.

제5. 촉루

참법 오늘 이 도량의 동업대중이여, 다 함께 이미 육도 사생의 중생들을 위해 서원을 일으켰습니다. 다음은 중생들을 모든 대보살님께 부촉하겠습니다.

원하오니, 자비심으로 함께 섭수하사 지금 참회하고 발원한 공덕 인연으로 일체중생이 모두 다 위없는 복전 구하기를 좋아하게 하시고, 부처님께 보시하면 한량없는 과보가 있다는 것을 깊이 믿게 하소서. 일체중생이 일심으로 부처님께 향하여 한량없는 청정한 과보를 빠짐없이 얻게 하소서.

부디 일체중생이 모든 부처님 처소에서 아까워하는 마음이 없이 구족하게 보시하며 애석하게 여기는 바가 없게 하소서.

또 일체중생이 모든 부처님 처소에서 위없는 복전을 닦고 이승의 원을 벗어나 보살의 도를 실천하여 모든 여래의 걸림 없는 해탈과 일체종지를 얻게 하소서.

또 일체중생이 모든 부처님 처소에서 다함없는 선근을 심어 부처님의 한량없는 공덕과 지혜를 얻게 하소서.

또 일체중생이 깊은 지혜를 섭취攝取하여 청정하고 위없는 지혜의 왕을 구족하게 하소서.

또 일체중생이 다니는 곳마다 자재하여 모든 여래처럼 어떤 처소건 걸림 없이 갈 수 있는 신비한 힘을 얻게 하소서.

또 일체중생이 대승을 섭취하여 한량없는 종지種智를 얻어 편안히 머물며 동요하지 않게 하소서.

또 일체중생이 제일가는 복전을 구족하게 성취하여 모두가 일체지一切智의 땅에 태어날 수 있게 하소서.

또 일체중생이 일체 부처님에게 혐오하고 원망하는 마음 없이 모든 선근을 심으며 부처님 지혜 구하기를 좋아하게 하소서.

또 일체중생이 오묘한 방편으로 장엄한 모든 부처님 세계로 찾아가 한 생각에 법계에 깊이 들어가게 하시고, 그러면서 힘들어하는 일이 없게 하소서.

또 일체중생이 비교할 바 없는 몸을 얻어 시방세계를 남김없이 두루 다니게 하시고, 그러면서 힘들어하는 일이 없게 하소서.

또 일체중생이 광대한 몸을 성취하여 뜻대로 다닐 수 있게 하시고, 일체 부처님의 신력을 얻어 궁극의 피안을 장엄하게 하시며, 한 생각에 여래의 자재하신 신력을 드러내 허공계에 가득하게 하소서.

이미 이와 같은 큰 원을 일으켰으니, 넓고 크기가 법성과 같고 결국은 허공과 같습니다. 부디 일체중생이 소원을 이루고 보리의 원을 만족하게 하소서.

다 함께 마음을 다해 오체투지하옵니다. 아무개 등이 만약 고통스러운 과보를 받아 중생을 구제할 수 없게 되거든 모든 중생을 꼭 부탁드립니다.

한량없고 끝없는 온 허공계 무생법신보살께
한량없고 끝없는 온 허공계 무루색신보살께

한량없고 끝없는 온 허공계 발심보살께
정법正法을 흥성시킨 마명대사보살께
상법像法을 흥성시킨 용수대사보살께
시방 온 허공계 무변신보살께
시방 온 허공계 고통을 구제하시는 관세음보살께
문수사리보살께
보현보살께
사자유희보살께
사자분신보살께
사자번보살께
사자작보살께
견용정진보살께
금강혜보살께
기음개보살께
적근보살께
혜상보살께
상불리세보살께
약왕보살께
약상보살께
허공장보살께
금강장보살께
상정진보살께
불휴식보살께
묘음보살께
묘덕보살께
보월보살께

월광보살께

살타파륜보살께

월삼계보살께 (꼭 부탁드립니다.)

거듭 이와 같은 시방 온 허공계 일체 모든 보살님께 꼭 부탁드립니다. 1배[127]

부디 모든 보살마하살께서는 본원의 힘과 중생을 제도하리라고 맹세하신 힘으로 시방의 무궁무진한 일체 중생을 섭수하소서.

부디 보살마하살께서는 일체 중생을 버리지 마시고 (그들이) 분별상이 없는 선지식과 같아지게 하소서.

부디 일체 중생이 보살님의 은혜를 알아 가까이하며 공양하게 하소서.

부디 모든 보살님께서 자비로 불쌍히 여기며 섭수하사, 모든 중생이 바르고 곧은 마음을 얻어 보살님을 따르며 서로 멀리하지 않게 하소서.

부디 일체중생이 보살님의 가르침을 따르며 거역하는 마음을 내지 않고 견고한 마음을 얻어 선지식을 버리지 않으며 일체 때를 벗어나 그 마음을 파괴할 수 없게 하시고, 모든 중생이 선지식을 위해 신명을 아끼지 않으며 일체를 다 버리고 그 가르침을 어기지 않게 하시고, 모든 중생이 큰 자비를 닦고 익혀 온갖 악을 멀리 여의고 부처님의 정법을 들어 모두 받아 지닐 수 있게 하소서. 모든 중생이 모든 보살의 선근 업보와 같아지고 보살의 행원과 같아져 끝끝내 청정하게 하시고, 신통을 구족해 뜻대로 자재하게 대승을 타고서 궁극의 일체종지에 이르되 그 중간에 나태하게 시는 일이 없게 하시고, 지혜의 수레를 타고 안온한 곳에 이르고 걸림 없는 수레를 얻어 끝끝내 자재하게 하소서. 1배

처음 삼보에 귀의한 것에서 시작해 의심을 끊어 믿음을 일으키고, 참회하고, 발심하고, 과보를 드러내고, 지옥을 벗어나고, 원한을 풀고, 스스로

---

[127] '1배'가 누락된 것으로 추측되어 보입하였다.

축하하고, 발원하고, 회향하고, 끝으로 단단히 부탁하기까지 이르면서 가지게 된 공덕을 모두 시방 온 허공계 일체 중생에게 보시하옵니다.

우러러 원하오니 미륵 세존께서 현신하사 저를 위해 증명하시고, 시방 모든 부처님께서 불쌍히 여겨 감싸고 보호하사 뉘우치는 바와 원하는 바를 모두 성취하게 하소서.

부디 모든 중생이 자비하신 아버지와 함께 이 국토에 태어나 첫 법회에 참석하여 법을 듣고 도를 깨닫게 하시며, 공덕과 지혜 등 일체를 구족하여 모든 보살님과 평등하고 차이가 없게 하시며, 금강심에 들어가 등정각을 이루게 하소서. 1배

囑累第五

今日道場。同業大衆。相與已爲。六道四生衆生。發誓願竟。次以衆生。付囑諸大菩薩。願以慈悲心。同加攝受。以今懺悔發願。功德因緣。令一切衆生。悉皆樂求無上福田。深信施佛有無量報。令一切衆生。一心向佛。具得無量。淸淨果報。願一切衆生。於諸佛所。無慳悋心。具足大施。無所愛惜。又願一切衆生。於諸佛所。修無上福田。離二乘願。行菩薩道。得諸如來。無礙解脫。一切種智。又願一切衆生。於諸佛所。種無盡善根。得佛無量。功德智慧。又願一切衆生。攝取深慧。具足淸淨。無上智王。又願一切衆生。所遊自在。得諸如來。至一切處。無礙神力。又願一切衆生。攝取大乘。得無量種智。安住不動。又願一切衆生。具足成就。第一福田。皆能出生。一切智地。又願一切衆生。於一切佛。無嫌恨心。種諸善根。樂求佛智。又願一切衆生。以妙方便。往詣一切。莊嚴佛刹。於一念中。深入法界。而無疲倦。又願一切衆生。得無比身。盡能徧遊。十方世界。而無疲厭。又願一切衆生。成廣大身。得隨意行。得一切佛。神力莊嚴。究竟彼岸。於一念中。顯現如來。自在神力。遍虛空界。已發如是大願竟。廣大如法性。究竟如虛空。願一切衆生。得如所願。滿菩提願。相與至心。五體投地。(某甲)等。若受苦報。不能救衆生者。以諸衆生囑累。無量無邊盡虛空界無生法身菩薩。無量無邊盡虛空界無漏色身菩薩。無量無邊盡虛空界發心菩薩。興正法馬鳴大師菩薩。興像法龍樹大師菩薩。十方盡虛空界無邊身菩薩。十方盡虛空界救苦觀世音菩薩。文殊師利菩薩。普賢菩薩。師子遊戱菩薩。師子奮迅菩薩。師子幡菩薩。師子作菩薩。堅勇精進菩薩。金剛慧菩薩。棄陰蓋菩薩。寂根菩薩。慧上菩薩。常不離世菩薩。藥王菩薩。藥上菩薩。虛空藏菩薩。金剛藏菩薩。常精進菩薩。不休息菩薩。妙音菩薩。妙德菩薩。寶月菩薩。月光菩薩。薩陁波輪菩薩。越三界菩薩。又復囑累。如是十方。盡虛空界。一切菩薩。願諸菩薩摩訶薩。以本願力。誓度衆生力。攝受十方。無窮無盡。一切衆生。願菩薩摩訶薩。不捨一切衆生。同善知識。無分別相。願一切衆生。知菩薩恩。親近供養。願諸菩薩。慈愍攝受。令諸衆生。得正直心。隨逐菩薩。不相遠離。願一切衆生。隨菩薩敎。不生違反。得堅固心。不捨善知識。離一切垢。心不可壞。令諸衆生。爲善知識。不惜身命。悉捨一切。不違其敎。令諸衆生。修習大慈。遠離諸惡。聞佛正法。悉能受持。令諸衆生。同諸菩薩。善根業報。菩薩行願。究竟淸淨。具足神通。隨意自在。乘於大乘。乃至究竟。一切種智。於其中間。無有懈息。乘智慧乘。至安隱處。得無礙乘。究竟自在(一拜)。始從。歸依三寶。斷疑生信。懺悔。發心。顯果報。出地獄。解怨。自慶。發願。迴向。終至囑累。所有功德。悉以布施。十方盡虛空界。一切衆生。仰願彌勒世尊。現爲我證。十方諸佛。哀愍覆護。所悔所願。皆得成就。願諸衆生。同慈悲父。俱生此國。預在初會。聞法悟道。功德智慧。一切具足。與諸菩薩。等無有異。入金剛心。成等正覺(一拜)。

집해 '위없는 복전(無上福田)'은 곧 부처님이다.

'제일가는 복전(第一福田)'도 위와 같다.

'무생법신보살' 내지 '마명보살' 등에 대해서는 이미 해석하였다. 이 서른한 분의 보살에게 앞에서 이미 예배했기 때문에 지금 부탁드리는 것이다.

'동선지식무분별상同善知識無分別相'에 대해 각명 공은 "선지식은 남과 나, 주체와 대상, 범부와 성인 등의 분별이 없다. 중생 역시 그와 같기를 원하는 것이다."라고 하였다.

> 无上福田者。卽佛也。第一福田。上同。無生法身菩薩。至馬鳴龍樹等。已釋。此三十一菩薩。前已禮拜。故今囑累也。同善知識無分別相者。明公云。善知識者。無彼此能所凡聖。願衆生亦同。

찬불주원讚佛呪願

참법 다타아가도多陁阿伽度 · 아라하阿羅訶 · 삼먁삼불타三藐三佛陁께서는 삼덕을 구족하사 한량없는 사람들을 제도하고 삶과 죽음의 고통에서 건져 주시니, 지금 참회하고 예불한 공덕 인연으로 모든 중생이 각각 구족하게 소원을 이루고 보리의 원을 만족하게 하소서.

아무개 등이 오늘 일으킨 서원은 모두 시방 온 허공계 일체 모든 부처님과 모든 대보살님께서 세우신 서원과 같습니다. 모든 부처님과 보살님의 서원은 다함이 없나니, 지금 저의 서원 역시 그와 같아 넓고 크기가 법성과 같고 결국은 허공과 같아 미래가 끝날 때까지 일체 겁이 다할 때까지 이어질 것입니다.

중생이 다할 수 없다면 저의 원도 다할 수 없고, 세계가 다할 수 없다면 저의 원도 다할 수 없고, 허공이 다할 수 없다면 저의 원도 다할 수 없고, 법성이 다할 수 없다면 저의 원도 다할 수 없고, 열반이 다할 수 없다면 저의 원도 다할 수 없고, 부처님께서 세상에 출현하심이 다할 수 없다면 저의 원도 다할 수 없고, 모든 부처님의 지혜가 다할 수 없다면 저의 원도 다할 수 없고, 마음의 연이 다할 수 없다면 저의 원도 다할 수 없고, 지혜를 일으킴이 다할 수 없다면 저의 원도 다할 수 없고, 세간도종世間道種 · 법도종法道種·지혜도종智慧道種이 다할 수 없다면 저의 원도 다할 수 없습니다. 만약 이 열 가지가 다할 수 있다면 저의 원도 다할 수 있을 것입니다.

일체가 삼승의 성중께 경례합니다.

讚佛呪願

多陁阿伽度。阿羅訶。三藐三佛陁。三德具足。度人無量。拔生死苦。以今懺悔禮佛。功德因緣。願諸衆生。各各具足得如所願。滿菩提願。(某甲)等今日。所發誓願。悉同十方。盡虛空界。一切諸佛。諸大菩薩。所有誓願。諸佛菩薩。所有誓願。不可窮盡。我今誓願。亦復如是。廣大如法性。究竟如虛空。窮未來際。盡一切劫。衆生不可盡。我願不可盡。世界不可盡。我願不可盡。虛空不可盡。我願不可盡。法性不可盡。我願不可盡。涅槃不可盡。我願不可盡。佛出世不可盡。我願不可盡。諸佛智慧不可盡。我願不可盡。心緣不可盡。我願不可盡。起智不可盡。我願不可盡。世間道種法道種智慧道種不可盡。我願不可盡。若十種可盡。我願乃可盡。一切和南。三乘聖衆(一拜)。

상교정본 자비도량참법 권 제10
詳校正本慈悲道場懺法卷第十

[집해] '다타多陁'는 중국말로 여如이고, '아가도阿加度'는 중국말로 래來이다. '아라하阿羅訶'는 중국말로 응應이다. '삼먁三藐'은 중국말로 정등正等이고, 삼불타三佛陀는 정각正覺으로 번역한다. 이를 모두 합해 여래如來·응應·정등정각正等正覺이라 한다.

'십호十號'에 대해서는 이미 해석하였다.

'넓고 크기가 법성과 같다(廣大如法性)'는 것은 진여 법성은 넓고 커 끝이 없고 허공의 체體와 상相이라 끝끝내 영원함을 말한다.

'중생이 다할 수 없다면(衆生不可盡)' 등은 열 가지 원이다. 여기에 보충 설명을 하겠다. 변진 스님은 열 가지를 다섯 쌍으로 묶어 해석하였다. 첫 번째는 중생과 세계를 의보依報와 정보正報의 두 과보로 묶어 한 쌍으로 삼았고, 두 번째는 허공과 법성을 법과 비유로 묶어 한 쌍으로 삼았고, 세 번째는 부처님께서 세상에 출현하시는 것과 열반에 드시는 것을 생과 멸로 묶어 한 쌍으로 삼았고, 네 번째는 지혜와 마음의 연을 진실과 허망으로 묶어 한 쌍으로 삼았고, 다섯 번째는 지혜를 일으킴과 도종 등을 경계와 지혜로 묶어 한 쌍으로 삼았다. 여기에서 지혜를 일으킴은 증득하는 주체인 지혜이고, 세 가지 도종은 증득하는 경계이다. 말하자면 가관지假觀智로써 속제의 경계(俗諦境)에 나아가는 것이 곧 세간도종이고, 공관지空觀智로써 진제의 경계(眞諦境)에 나아가는 것이 곧 법도종이며, 중관지中觀智로써 중도제의 경계(中諦境)를 증득하는 것이 곧 지혜도종이다. 이것은 곧 삼관지三觀智를 일으켜 삼제의 경계를 증득하는 것이다. 각명 공은 ……이를 해석하지 않고, 드러난 문장의 뜻으로 짝을 지워 이를 해석하였다. 이 가운데……망심이 경계를 반연하는 것이고, 뒤의 것은 곧 진여가 ……

多陁。此云如。阿加度。此云來。阿羅□。[1] 此云應。三藐。此云正等。三佛陀。飜正覺。合云如來應正等正覺。十號[已釋]。廣大如法性。眞如法性。廣大无邊。虛空體相。究竟常然。衆生不可盡等者。十願也。生枝曰。眞師十重五對釋之。初是衆生世界。爲依正二報一對。二虛空法性。爲法喩一對。三以佛出世涅槃。爲生滅一對。四以智惠心緣。爲眞妄二[2]對。五起智及道種等。爲境智一對。此中言起智者。能證智。三道種。所證境也。謂以假觀智。造俗諦境。卽世間道種也。以空觀智。造眞諦境。卽法道種。中觀智。證中諦境。卽智惠□[3]種也。斯則。起三觀智 證三諦□。[4] □[5]公不□□□釋之。偶以現文之義釋之。此中□□□□□□□

□妄心緣境。後則眞。⁶⁾

1) ㉟ 결락된 글자는 '訶'인 듯하다. 2) ㉭ '二'는 '一'의 오자인 듯하다. 3) ㉟ 결락된 글자는 '道'인 듯하다. 4) ㉟ 결락된 글자는 '境'인 듯하다. 5) ㉟ 결락된 글자는 '明'인 듯하다. 6) ㉟ '眞' 아래는 저본에서 결락되었다.

제10권의 음의

신근청정身根淸淨 : 『법화경』에서 육근의 청정을 얻은 사람은 신근身根이 가장 수승하다고 했다. 따라서 이런 원을 일으킨 것이다. 다른 본에는 신상身相으로 썼는데 잘못이다.

녕侫 : 내乃와 정定의 반절이고, 아첨하다(諂[128])라는 뜻이다.

복扑 : 보普와 목木의 반절이고, 때리다(打)라는 뜻이다. 박撲으로 쓴 것은 잘못이다.

전렵畋獵 : 앞 글자는 전田으로 발음하고, 뒷글자는 랑良과 섭涉의 반절이다. 두 글자 모두 짐승을 잡다(捕獸)라는 뜻이다.

오熬 : 오五와 로勞의 반절이고, 태우다(煎)라는 뜻이다.

성조腥臊 : 앞 글자는 성星으로 발음한다. 뒷글자는 소酥와 조遭의 반절이고, 돼지의 비계(豕息肉)를 뜻한다.

지락至樂 : (뒷글자는) 락落으로 발음한다.

교안覺安 : (앞 글자는) 고古와 효孝의 반절이고, 잠에서 깨다(睡覺)라는 뜻이다.

자呰 : 자紫로 발음하고, 또 거성이다.

벽僻 : 보普와 격擊의 반절이고, 삿되다(邪)는 뜻이다.

찬송경전讚誦經典 : (경전經典을) 경패經唄로 쓴 것은 잘못이다.

제일불해第一不害 : 십선 중 해치지 않는 것이 첫 번째니, 고뇌를 없애 주는 이것이 곧 비심悲心이다. 어떤 본에는 일체불해一切不害라 하였는데 잘못이다.

신근법문信根法門 : 이 아래는 오근五根과 오력五力이다. 오력은 온전히 기재하였으나 오근은 근根·신信·진進·염念·정定·혜慧 가운데 신과 염의 두 근만 있어 지금 진·정·혜의 세 근을 첨가하였다. 각각 양쪽의 구가 오력과 동일하다. 이 세 가지 근이 없는 것은 잘못이다.

---

[128] 원문은 '도諂'다. '첨諂'의 오자로 추정되어 수정하였다.

무분별상無分別相 : (상相을) 상想으로 쓴 것은 잘못이다.

무유해식無有懈息 : (무유無有)해식懈息은 곧 중지하지 않는 것이다. 초본草本에서 (해식懈息을) 해태懈怠로 쓴 것은 잘못이다.

삼덕구족三德具足 : 십호구족十號具足으로 쓴 것은 잘못이다.

액軶 : 어於와 혁革의 반절이다. 소에 멍에를 거는 것으로 비유하였다.

불요不樂 : 뒷글자는 거성이다.

第十卷音義

身根淸淨(法華. 得六根淸淨人. 身根最勝. 故發斯願. 餘本作身相者. 非也)。佞(乃定切. 諂[1])也)。扑(普木切. 打也作撲者. 非)。畋獵(上音田. 下良涉切. 二俱捕獸也)。熬(五勞切. 煎也)。腥臊(上音星. 下酥遭切. 豕息肉也)。至樂(音落)。覺安(古孝切. 睡覺也)。呰(音紫. 又去聲)。僻(普擊切. 邪也)。讚誦經典(作經唄者. 非)。第一不害(十善中. 不害第一. 能拔苦惱. 卽是悲心. 有本云一切不害者. 非)。信根法門(此下五根五力. 五力卽全. 五根. 信. 進念. 定. 慧. 只有信念二根. 今添進定慧三根. 各二句. 與五力同. 無三根者. 非)。無分別相(作想者. 非)。無有懈息(懈息. 卽不止. 草菴作懈怠者. 非)。三德具足(作十號具足者. 非也)。軶(於革切. 以牛軶爲喩)。不樂(去聲)。

1) 㘱 '諂'는 '諸'인 듯하다.

발문

 성화成化 10년(1474, 성종 5) 가을 8월 어느 날, 우리 대왕대비大王大妃 전하[129]께서 신에게 성지를 내리시며 이렇게 말씀하셨습니다.
 "생각건대, 우리 조종祖宗 열성列聖 영가들께서는 하늘을 밝게 비추고 음덕으로 후인을 도우심이 지극하셨건만 지금 계시질 않으니 내가 어떻게 섬길 수가 없구나. 도상이라도 섬겨 그렇게나마 우리 전대의 영왕寧王[130]들께 보답한다면 우리 전대의 영왕들께서도 옳다고 여겨 '우리에게는 후손이 있다' 하시며 국가의 기반을 튼튼하도록 우리를 도우실 것이다.
 아, 우리 세종 장헌대왕世宗莊憲大王과 소헌왕후昭憲王后께서는 내가 며느리가 되어 섬긴 분들이고, 세조 혜장대왕世祖惠莊大王께서는 내가 배필이 되어 섬긴 분이며, 의경대왕懿敬大王과 예종대왕睿宗大王은 내가 기른 아드님들이니, 어찌 감히 가슴속에서 잊을 수 있겠는가. 이제 공혜왕후

---

129 '대왕대비大王大妃 전하'는 세조비世祖妃 정희대왕대비貞熹大王大妃(1418~1483)를 지칭한다. 세조가 죽고 예종睿宗이 19세의 나이로 왕위에 등극하자 조선 최초로 수렴청정을 하였으며, 예종이 재위 1년 2개월 만에 죽자 어린 손자 성종成宗을 즉위시켜 성년이 되기까지 섭정하였다.
130 영왕寧王 : 천하를 편안하게 잘 다스린 왕이라는 뜻이다.

한씨恭惠王后韓氏[131]가 새로이 현궁玄宮으로 부임함에[132] 이 일로 내가 새삼 지금도 굽어 살피며 잠시도 마음을 놓지 않으시는 선조들을 우러르고 추모하게 되는구나. 생각건대, 『자비삼매참慈悲三昧懺』과 『미타참彌陀懺』[133]은 진실로 옛날에 개사開士[134]께서 부처님께서 남기신 가르침에 의거해 찬집한 책으로서 그것을 간행했던 당시에 분명한 징험이 드러난 일이 있었다. (그러나) 세간에 떠도는 판본은 자모字母가 이미 닳았고 글자체도 단정하지 못하니, 지중추부사知中樞府事 성임成任에게 명하여 다시 본을 뜨고 판목에 새겨 중외中外에 널리 유포하도록 하라. 이런 훌륭한 인연을 맺어 우러러 선대의 왕과 왕후들의 끝없는 은혜에 만분의 일이나마 보답하기를 기대하니, 지금 한 말들을 그대로 발문으로 쓰도록 하라."

신은 불교에 참법이 있는 것은 우리 유가에 허물을 고침(改過)이 있는 것과 같다고 들었습니다. 대개 사람이란 허물이 없을 수 없으니, 잘못을 저질렀더라도 뉘우칠 수 있고 뉘우치고서 고칠 수 있다면 훌륭한 것입니다. 경에서 "중생이 옛 허물을 없애면 곧바로 모든 부처님의 지위에 들어간다."고 한 것은 이를 두고 한 말씀입니다.

지금 우리 대왕대비 전하께서 유명계에서 도우시는 선대의 왕과 왕후들을 천도하시고자 가장 먼저 이 참법을 간행하여 장차 작은 먼지처럼 수 없는 국토의 중생들과 더불어 삿됨을 버리고 바름으로 돌아가고 악을 고쳐 선을 따르고자 하시는 것은 아마도 허물이 없는 것을 귀하게 여기지

---

[131] 공혜왕후 한씨恭惠王后韓氏(1456~1474) : 권신 한명회의 딸로 성종의 정비正妃로서 1469년에 왕비로 책봉되었으나 책봉된 지 5년 만에 슬하에 자식 없이 19살의 나이로 승하하였다.
[132] 현궁玄宮은 곧 저승의 궁궐이다. '현궁으로 부임했다'는 것은 승하하였음을 말한다.
[133] 『자비삼매참慈悲三昧懺』은 『자비도량참법慈悲道場懺法』을, 『미타참彌陀懺』은 『예념미타도량참법禮念彌陀道場懺法』을 말한다.
[134] 개사開士 : bodhisattva의 번역어이다. 정도正道를 열어 중생을 인도하는 사부士夫란 뜻이다. 고승高僧의 칭호로도 쓰인다.

않고 허물을 고치는 것을 중하게 여기는 까닭일 것이니, 이것이 곧 대보살님의 자비요 넓고 큰 사홍서원의 지극한 덕입니다. 선대의 왕과 왕후들께서 극락세계로 올라가 열반을 증득하시는 데에 이것이 그 지름길이 될 것입니다.

순성좌리공신純誠佐理功臣 보국숭록대부輔國崇祿大夫 영중추부사領中樞府事 영산부원군永山府院君 신臣 김수온金守溫[135]이 교칙을 받들어 삼가 발문을 씁니다.

成化十年秋。八月有日。我大王大妃殿下。懿旨于臣。若曰。惟我祖宗列聖之靈。昭明于天。陰翊後人克至。今休其在。予苟不事。事圖所以報。我前寧王。我前寧王。其肯曰。我有後人。弼我조不조基。嗚呼。我世宗莊憲大王。昭憲王后。則予婦事之。世祖惠莊大王。則予配事之。懿敬大王。睿宗大王。則予子育之。曷敢忘于懷。今恭惠王后韓氏。新赴玄宮。此予所以。仰追先世。俯念于今。罔或須臾之暫捨間。惟慈悲三昧懺。與夫彌陁懺。實昔開士。依佛遺敎。撰輯成書。行之當時。顯有明徵。其板本之行于世者。字母已刓。模子不端。命知中樞府事。成任。更楷鋟榟。傳布中外。庶幾因玆勝締。仰答先王先后罔極於萬一。今已告訖。爾其跋之。臣聞。釋氏之有懺

---

[135] 김수온金守溫(1410~1481) : 이색李穡의 제자인 유방선柳方善에게 학문을 배웠다. 1438년(세종 20)에 진사와, 3년 뒤 식년문과에 급제하여 교서관정자에 임명되었고, 세종으로부터 문재文才를 인정받아 곧 집현전에 뽑혔다. 세종과 세조의 두터운 신임을 받은 승려인 맏형 신미信眉의 영향으로 불교에도 깊은 지식을 가졌으며, 성삼문成三問·신숙주申叔舟 등과 한글 편찬 및 번역 사업에도 공헌하였다. 1445~1446년에 『치평요람治平要覽』·『의방유취醫方類聚』를 편찬하고 『석가보釋迦譜』 증수增修에 참여하였다. 1464년에는 노사신盧思愼 등과 함께 세조의 명으로 『금강경金剛經』을 번역하였다. 1471년(성종 2) 좌리공신佐理功臣 4등으로 영산부원군永山府院君에 봉해졌고, 1475년에는 영중추부사가 되었다. 「복천사기福泉寺記」·「도성암기道成庵記」·「상원사중창기上元寺重創記」·「여래현상기」 등 불가와 관련된 글을 많이 남겼으며, 성종 때는 이 때문에 유신儒臣들로부터 탄핵을 받기도 하였다. 저서에 『식우집拭疣集』이 있으며, 시호는 문평文平이다.

法。猶吾儒之有改過。盖人不能以無過。過而能悔。悔而能改。則善矣。經曰。衆生除舊習。卽入諸佛位。此之謂也。今我大王大妃殿下。欲薦先王先后寘祐。首刊是懺。將與微塵刹土衆生。捨邪歸正。改惡從善。盖不以無過爲貴。以改過爲重。此卽大菩薩慈悲。廣大四弘願之至德也。先王先后。所以登極樂。而證涅槃者。此其徑之歟。

　純誠佐理功臣。輔國崇祿大夫。領中樞府事。永山府院君。臣金守溫。奉教謹跋。

시주질施主秩

　주상전하主上殿下, 정의공주貞懿公主, 의숙공주懿淑公主, 명숙공주明淑公主, 인수왕비 한씨仁粹王妃韓氏, 숭수공주崇壽公主, 귀인 박씨貴人朴氏, 숙의 권씨淑儀權氏, 인혜왕대비 한씨仁惠王大妃韓氏, 숙의 신씨淑儀愼氏, 숙의 최씨淑儀崔氏, 숙의 이씨淑儀李氏, 숙의 윤씨淑儀尹氏, 숙의 윤씨淑儀尹氏, 숙의 윤씨淑儀尹氏, 영가부부인 신씨永嘉府夫人申氏, 대방부부인 송씨帶方府夫人宋氏, 상원부부인 박씨祥原府夫人朴氏, 임천군부인 김씨林川郡夫人金氏, 덕양군부인 노씨德陽郡夫人盧氏, 김제군부인 최씨金堤郡夫人崔氏, 길안현주 이씨吉安縣主李氏, 봉보부인 김씨奉保夫人金氏, 봉보부인 백씨奉保夫人白氏, 정부인 허씨貞夫人許氏, 상의 조씨尙儀曺氏, 상복 최씨尙服崔氏, 상궁 김씨尙宮金氏, 상공 방씨尙工方氏, 궁정 홍씨宮正洪氏, 궁정 윤씨宮正尹氏, 궁정 조씨宮正趙氏, 궁정 김씨宮正金氏, 상공 하씨尙工河氏, 전약 양씨典藥梁氏, 전식 이씨典飾李氏, 김씨 근비金氏斤非, 박씨 보대朴氏寶臺, 주씨 중덕周氏重德, 김씨 만덕金氏萬德, 김씨 돈전金氏頓田, 최씨 규화崔氏葵花, 고씨 대평高氏大平, 최씨 단지崔氏丹之, 박씨 옥금朴氏玉今, 박씨 종지朴氏從智, 홍씨 검덕洪氏儉德, 현씨 개질동玄氏介叱同, 김씨 이화金氏梨花, 윤씨 귀비尹氏貴非, 이씨 혜의李氏惠宜, 홍씨 지우洪氏智牛, 김씨 보배金氏寶背, 조씨 돌금趙氏乭今, 김씨 연생金氏延生, 김씨 지지金氏芷芝, 오씨 조롱吳氏曺籠, 강씨 대이姜氏大耳, 박씨 파독朴氏

波獨, 장씨 막비張氏莫非, 조씨 소금趙氏小今, 차씨 미진車氏微塵, 정씨 정향鄭氏丁香, 김씨 금이金氏今伊, 김씨 수덕金氏水德, 정씨 은금鄭氏銀金, 박씨 내은비朴氏內隱非, 이씨 약금李氏若今, 한씨 유월韓氏六月, 혜각존자 신미慧覺尊者信眉, 학열學悅, 학조學祖, 월산대군 정月山大君婷, 제안대군 현齊安大君琄, 덕원군 서德源君曙, 창원군 성昌原君晟, 남천군 쟁南川君崢, 청안군 영淸安君嶸, 회원군 쟁澮原君崢, 하성부원군河城府院君 정현조鄭顯祖, 숭덕대부 의빈崇德大夫儀賓 홍상洪常, 서평군西平君 한계희韓繼禧, 중추中樞 구수영具壽永, 홍가이洪加伊, 구춘수具椿壽,

감역監役 : 내수사 별좌內需司別坐 호종실扈從實, 액정서 사안掖庭署司案 백수화白守和, 내수사 전화內需司典貨 박양춘朴揚春, 창준 별감唱准別監 김종만金終萬

화원畵員 : 백종린白終麟, 이장손李長孫

각자刻字 : 권돈일權頓一, 장막동張莫同, 이영산李永山, 전록동全祿同, 고말종高末終, 최득산崔得山, 김귀손金貴孫, 이장손李長孫, 우인수禹仁守, 홍보천洪寶千

목수木手 : 유산석劉山石, 김귀산金貴山

연판鍊板 : 김윤생金尹生, 최말중崔末中

야장冶匠 : 산수山守

주장注匠 : 석산石山, 두이금豆伊金

도자장刀子匠 : 주금만周金萬

인출장印出匠 : 유신구지兪實仇知

칠장漆匠 : 고미라高未羅, 김무기지金無其只

主上殿下。貞懿公主。懿淑公主。明淑公主。仁粹王妃韓氏。崇壽公主。貴人朴氏。淑儀權氏。仁惠王大妃韓氏。淑儀愼氏。淑儀崔氏。淑儀李氏。淑儀尹氏。淑儀尹氏。淑儀尹氏。永嘉府夫人申氏。帶方府夫人宋氏。祥原府

夫人朴氏。林川郡夫人金氏。德陽郡夫人盧氏。金堤郡夫人崔氏。吉安縣主李氏。奉保夫人金氏。奉保夫人白氏。貞夫人許氏。尙儀曹氏。尙服崔氏。尙宮金氏。尙工方氏。宮正洪氏。宮正尹氏。宮正趙氏。宮正金氏。尙工河氏。典藥梁氏。典飾李氏。金氏斤非。朴氏寶臺。周氏重德。金氏萬德。金氏頓田。崔氏葵花。高氏大平。崔氏丹之。朴氏玉今。朴氏從智。洪氏儉德。玄氏介叱同。金氏梨花。尹氏貴非。李氏惠宜。洪氏智牛。金氏寶背。趙氏丟今。金氏延生。金氏芷芝。吳氏曺籠。姜氏大耳。朴氏波獨。張氏莫非。趙氏小今。車氏微塵。鄭氏丁香。金氏今伊。金氏水德。鄭氏銀金。朴氏內隱非。李氏若今。韓氏六月。慧覺尊者信眉。學悅。學祖。月山大君婷。齊安大君琄。德源君曙。昌原君晟。南川君𤩴。淸安君嶸。澮原君崢。河城府院君鄭顯祖。崇德大夫儀賓洪常。西平君韓繼禧。中樞具壽永。洪加伊。具椿壽。監役。內需司別坐扈從實。掖庭署司案白守和。內需司典貨朴揚春。唱准別監金終萬。畫員。白終麟。李長孫。刻字。權頓一。張莫同。李永山。全祿同。高末終。崔得山。金貴孫。李長孫。禹仁守。洪寶千。木手。劉山石。金貴山。鍊板。金尹生。崔末中。冶匠。山守。注匠。石山。豆伊金。刀子匠。周金萬。印出匠。兪實仇知。𠛬匠。高末羅。金無其只。

발문

　인혜왕대비 한씨仁惠王大妃韓氏[136]께서는 길러 주신 조모와 신숙화辛叔和의 처 김씨 영가를 위해, (그들이) 부처님의 지견을 증득해 위없는 과보를 이루기를 공경히 발원하며『법화경』과『지장경』과『참법』을 각각 7건씩 인쇄하고 매우 아름답게 단장하여 그들의 명복을 빌었습니다. 제가 생각건대,『법화경』은 삼승三乘을 높이 벗어나 구부九部를 널리 포섭하니 오시五時[137] 가운데 극치의 창설이요 일대시교一代時教 근원이며,『지장경』은 서원이 끝이 없고 위덕이 자재한 것이며,『참법』은 예배하고 참회하여 마음의 때를 깨끗이 씻는 것이니, 망자를 추모하고 천도함에 있어 이것보다 좋은 것은 없습니다. 구절 하나만 지송하고 게송 하나만 생각해도 한량없는 복을 획득하는데 하물며 그 광대한 전부全部이겠습니까. 1부만으로도 그러한데 하물며 그 많은 7건이겠습니까. 우리 인혜왕대비 전하께서는 효성이 지극하고 극진하며 법을 베푸는 마음 또한 끝이 없고 다함이 없

---

136 인혜왕대비 한씨仁惠王大妃韓氏 : 예종睿宗의 계비인 안순왕후安順王后(1445~1498)를 말한다. 예종이 20살의 젊은 나이로 승하하자 그녀도 젊은 나이에 대비로 책봉되었으며, 정식 시호는 인혜소휘제숙안순왕후仁惠昭徽齊淑安順王后이다.

137 오시五時 : 천태종에서는 세존의 설법을 말씀하신 시기에 따라 화엄시華嚴時·아함시阿含時·방등시方等時·반야시般若時·법화열반시法華涅槃時로 구분하여,『법화경』을 요의경了義經으로 존중한다.

으시니, 그 공덕의 이익이 저 허공처럼 한량없을 것입니다. 아, 지극하십니다.

용집龍集 신축辛丑(1481년, 성종 12) 9월 일에 발문을 쓰다.

仁惠王大妃韓氏。敬爲養祖母。辛叔和妻金氏靈駕。證佛知見。成無上果之願。印成法華經 地藏經。懺法。各七件。備極粧潢。追資冥福。竊惟。法華經。高出三乘。廣攝九部。五時之極唱。一化之根源。地藏經。誓願無邊。威德自在。懺法。禮佛懺悔。洗浣心垢。爲亡追薦。莫斯爲最。持一句。念一偈。尙且獲福無量。況成全部之廣乎。一部尙爾。何況七件之多乎。我仁惠王大妃殿下。誠孝至矣盡矣。而法施之心。亦無窮盡故。其功德之利。同彼虛空。無有限量矣。嗚呼。至哉。

龍集辛丑九月日跋。

옮긴이의 말

　작년 봄 묘관妙觀 스님의 초대로 선산善山 도리사桃李寺를 찾아가 차를 마신 적이 있었다. 초여름의 상큼한 풀 향기 속에서 긴 산책을 마치고 돌아올 무렵, 묘관 스님은 해후의 반가움에 이별의 섭섭함까지 더해 책을 한 권 선물하였다. 그 책이 『자비도량참법』이었다. 그리고 얼마 후, 마치 약속이라도 한 듯 한국불교전서 역주사업단에서 『자비도량참법집해』 번역 의뢰가 들어왔다. 아마도 숙세에 인연이 있었나 보다.
　이 책을 번역하면서 깨달은 바가 많다. 현재 경험하고 있는 갖가지 장애와 고난이 나의 왜곡된 견해와 집착에서 발단했음을 자각할 수 있었고, 어제의 잘못을 고쳐 오늘을 새롭게 사는 것이 곧 수행修行임을 새삼 확인할 수 있었으며, 타인의 행복을 간절히 기원하는 것이 곧 나의 행복을 구축하는 지름길임을 분명히 확인할 수 있었다.
　여러 모로 부족한 번역이지만, 이 책을 통해 무지와 탐착을 제거하고 미륵불의 한량없는 자비를 실천하는 사람이 더욱 많아지기를 기대해 본다. 사소한 원한도 결코 가볍게 넘기지 않고 뼈가 삭는 아픔을 감수하며 참회하는 사람이 더욱 많아지기를 기대해 본다. 그리한다면 원한이 사라지고 자비가 충만한 미륵불의 용화세계도 멀지 않으리란 생각이다.
　아울러 하해와 같은 은혜로 길러 주신 부모님, 학업의 길로 이끌어 주신 송찬우 선생님, 늘 가까이에서 경책을 아끼지 않은 박상준 형, 이 책이 간행되기까지 노고를 마다하지 않으신 여러 학형들과 출판부 제형들께 깊이 감사드린다.

2011. 7.
성 재 헌

찾아보기

가란타 죽원迦蘭陀竹園 / 299, 300
가섭불迦葉佛 / 107
각명覺明 / 29
감로甘露 / 195, 641
강전康戩 / 33
개광명불開光明佛 / 253
객진客塵 / 520
겁파劫波 / 59
「결교음結交吟」 / 373
『결정비니경決定毗尼經』 / 168
고귀덕왕高貴德王 / 214
고이백숙姑姨伯叔 / 376
공무변처지空無邊處地 / 37
『관불삼매경觀佛三昧經』 / 385
관상번뇌觀上煩惱 / 145
관자재觀自在 / 31
광균廣鈞 / 29
『광운廣韻』 / 81
구각鴝鵒 / 225
구결九結 / 145
구계九界 / 36
구나함불拘那含佛 / 106
구류九類 / 30
구류진불拘留秦佛 / 106
『구사바사론俱舍婆娑論』 / 634
국일 미수國一彌授 / 29
근본불각根本不覺 / 36
금강불괴불 / 132
금강산金剛山 / 351

금강심金剛心 / 124
『기귀전寄歸傳』 / 302
기바耆婆 / 129
기사굴산耆闍崛山 / 242
『기세인본경起世因本經』 / 320
『기신론起信論』 / 380
기제개보살弃諸蓋菩薩 / 161
김수온金守溫 / 682

나한羅漢 / 117
『능엄곡향초楞嚴谷響鈔』 / 287
『능엄별해楞嚴別解』 / 381
『능엄해』 / 118
『능엄환해楞嚴環解』 / 385

단월檀越 / 86
담무갈曇無竭보살 / 213
『당서唐書』 / 238
대가섭大迦葉 / 214
대마왕大魔王 / 476, 482
『대집염불삼매경大集念佛三昧經』 / 140
동림東林 / 29, 111
동업대중同業大衆 / 63

마니주摩尼珠 / 309
마라魔羅 / 82

마명보살 / 206
마제국馬蹄國 / 224
망명妄明 / 36
명행족明行足 / 208
『묘종초석妙宗鈔釋』 / 380
무교가색無敎假色 / 619, 622
무구장無垢藏 / 214
무상사無上士 / 209
무생법인無生法忍 / 379
무소유처지無所有處地 / 37
무수정진불無數精進佛 / 273
무시무명無始無明 / 143
무표색無表色 / 622
문수사리文殊師利 / 161
『미타참彌陁懺』 / 681

보처補處 / 58
보해불寶海佛 / 194
보현보살普賢菩薩 / 215
부루나富樓那 / 117
분소의糞埽衣 / 95
불도佛圖 / 299, 300
『불장경佛藏經』 / 108
비남非男 / 80
비녀非女 / 80
비비상처지非非想處地 / 37
비사문천왕毗沙門天王 / 351
비수갈마천毗首羯摩天 / 341
비시니리沸屎泥犁 / 225
『비화경悲華經』 / 83

반열반般涅槃 / 278
방구식方口食 / 133
백 가지 맛(百種味) / 641
『백법론百法論』 / 441
『백법명문百法明門』 / 146
백호상白毫相 / 241
범천불梵天佛 / 246
『법계차제法界次第』 / 146
법륜왕法輪王 / 523
법운지法雲地 / 284
『법원주림전法苑珠林傳』 / 106
벽지불辟支佛 / 604
변역생사變易生死 / 380
변진변眞 / 28, 47
보개등왕여래寶盖燈王如來 / 386

사과사향四果四向 / 635
『사교의집해四敎儀集解』 / 36
사기私記 / 29
사념청정지捨念淸淨地 / 37
사무량심四無量心 / 51
사무소외四無所畏 / 636
사무애지四無碍智 / 113
사문沙門 / 165
사미沙彌 / 303
404병 / 456
사생四生 / 30, 150
사섭법四攝法 / 62
사자향불師子嚮佛 / 203
사전도四顚倒 / 140
사제四諦 / 239
사주지四住持 / 144

사참事懺 / 30
사천왕四天王 / 73
『사초私鈔』/ 29
사취四取 / 145
『살다비바薩多毗婆』/ 129
삼념三念 / 636
삼달三達 / 429
『삼매경三昧經』/ 84
삼명三明 / 245
삼불선근三不善根 / 140
삼세양중인과三世兩重因果 / 443
삼신三身 / 36
삼십육물혁낭三十六物革囊 / 632
삼십이상三十二相 / 456
삼십칠품三十七品 / 635
삼장三障 / 264
삼주설법(三周說) / 227
상번뇌上煩惱 / 144
상생회上生會 / 108
상제常啼 / 213
서른여섯 가지 실수(三十六失) / 268
선덕불善德佛 / 122
선사수지혜지색禪思修智惠之色 / 623
선서善逝 / 208
『선원제전집禪源諸全集』/ 34
『설문說文』/ 34
섭대위의계攝大威儀戒 / 451, 453
섭선법계攝善法戒 / 451
섭중생계攝衆生戒 / 451
성수겁천불 / 340
세간해世間解 / 208
세정광불世靜光佛 / 187
『수경手鏡』/ 39
수능엄삼매 / 416

『수마제경須摩提經』/ 161
수섭불隨葉佛 / 106
순생順生 / 98
순타純陁 / 214
순현順現 / 98
순후順後 / 98
『술해述解』/ 29
승만부인勝鬘夫人 / 63
식기式弃 / 106
식무변처지識無邊處地 / 37
식신識神 / 563
식차마나式叉摩那 / 505
신근법문信根法門 / 664
신력법문信力法門 / 665
신상信相보살 / 241
신족법문神足法門 / 664
심취법문心趣法門 / 664
십번뇌十煩惱 / 360
십사十使 / 145
십악十惡 / 30
『십왕과보별문十王果報別門』/ 194
십육행十六行 / 635
십이분교十二分敎 / 399
십주의 계품(十住階品) / 653
십지十地 / 36, 37
십팔불공법十八不共法 / 636
18옥왕 / 348
쌍수雙樹 / 84

아비지옥 / 322
아사리阿闍梨 / 105

아사세왕阿闍世王 / 129
아수라阿修羅 / 91
아육왕阿育王 / 345
아일다阿逸多 / 215
아촉불阿閦佛 / 194
앙구식仰口食 / 133
『약해略解』/ 29
양 무제梁武帝 / 54
『양서梁書』/ 47
연화존풍불蓮華尊豊佛 / 291
『열반경涅槃經』/ 129
염근법문念根法門 / 664
염념법류念念法流 / 394
염라焰羅 / 233
염력법문念力法門 / 665
염부제閻浮提 / 116
영가永嘉 / 28
영략법影略法 / 51
영첩靈輒 / 517
오개五蓋 / 145
오견五見 / 360
오도대신五道大神 / 476, 482
오명五明 / 43
오복 / 103
오색五色 / 632
오안五眼 / 523
오역五逆 / 30, 328
오역죄(五逆) / 140
오인五忍 / 380
오제대마五帝大魔 / 476, 482
오체투지 / 124
오취잡거지五趣雜居地 / 37
오포외五怖畏 / 264
『옥편玉篇』/ 34

외색外色 / 288
외아들 / 188
용녀龍女 / 474
용수 / 206
용시불勇施佛 / 168
용왕龍王 / 70, 531
우담발라優曇鉢羅 / 632
우두전단牛頭栴檀 / 632
우전왕 / 341
『원각초圓覺鈔』/ 380
『원통참圓通懺』/ 194
위다圍陀 / 42
유구식維口食 / 134
유나維那 / 301, 302
유리광瑠璃光 / 214
유마힐維摩詰 / 216
유순由旬 / 165
유연무연有緣無緣 / 392
유예猶預 / 663
유위불維衛佛 / 106, 309
『유편類編』/ 81
유현대중幽顯大衆 / 63
「육근문六根門」/ 54
육념六念 / 633
육도六道 / 30, 62
육애六愛 / 145
육욕천六欲天 / 222
육취六趣 / 174
육친六親 / 327
육통六通 / 245, 429
운전송륜轉頌 / 444
응공應供 / 208
의단법문意斷法門 / 664
의보依報 / 85

694 · 고려

의정 삼장義淨三藏 / 165
이생희락지離生喜樂地 / 37
이십오유二十五有 / 142
이십팔천 / 71
『이아爾雅』 / 34
이양利養 / 311
이참理懺 / 30
이희묘락지離喜妙樂地 / 37
『인왕경仁王經』 / 380
인지因地 / 122
인혜왕대비 한씨仁惠王大妃韓氏 / 687
일곱 가지 재물(七財) / 617
일광불日光佛 / 199
일음一音 / 84
일자지一子地 / 189
일체종지一切種智 / 170, 171

자리이타自利利他 / 564
자마지신紫摩之身 / 456
자비慈悲 / 51
자비도량慈悲道場 / 31
『자비삼매참慈悲三昧懺』 / 681
자수自首 / 233
자씨慈氏 / 58
『삽아비담론雜阿毗曇論』 / 400
잡염송雜染頌 / 443
『잡장경雜藏經』 / 284
『장경음의藏經音義』 / 106
장수천長壽天 / 480
『장아함경長阿含經』 / 347
장엄겁천불 / 340

『장자莊子』 / 40
재공양財供養 / 488
정광불淨光佛 / 265
정근법문定根法門 / 665
정력법문定力法門 / 665
『정법염처경正法念處經』 / 303
정변지正遍知 / 208
정보正報 / 85
정삼업법 / 65
정생희락지定生喜樂地 / 37
정성법문淨性法門 / 665
정정법문正定法門 / 665
『정주자淨住子』 / 54
정주정행법문淨住淨行法門 / 54, 151
『제불요집경諸佛要集經』 / 161
『제승법수諸乘法數』 / 82, 146
제행법문諸行法門 / 663
조보리법助菩提法 / 147
『조상경造像經』 / 341
조순趙盾 / 517
조어장부調御丈夫 / 209
『조정집祖庭集』 / 187
종밀宗密 / 35
종자(種) / 98
『죄업보응교화지옥경罪業報應教化地獄經』 / 240
주지번뇌住地煩惱 / 143
증상만增上慢 / 56
『지세경持世經』 / 380
지옥 / 318
『지옥경地獄經』 / 347
『직림職林』 / 47
진각법문進覺法門 / 665
진근법문進根法門 / 664

진력법문進力法門 / 665
집해集解 / 30
징조澄照 / 40

참회사懺悔師 / 33, 111
천왕여래天王如來 / 54
천인사天人師 / 209
천흉국穿胸國 / 224
철망鐵網 / 563
철위산鐵圍山 / 318
『청관세음경請觀世音經』 / 132
청량 국사淸凉國師 / 34
『초문초文』 / 151
초제招提 / 302
촉루囑累 / 666
치씨서郗氏序 / 46
칠각七覺 / 619
칠루七漏 / 145
칠방편七方便 / 633

탑塔 / 345
태산부군泰山府君 / 476, 482

파순波旬 / 474, 479
팔고八苦 / 140
팔구八垢 / 145

팔난八難 / 473, 166
팔복八福 / 273
팔부八部 / 70
팔십종호八十種好 / 456
팔자재八自在 / 523
팔정도八正道 / 139
팔해탈八解脫 / 280
포대布袋 / 58

하구식下口食 / 133
한빙지옥 / 335
『한서漢書』 / 39
항사상번뇌恒沙上煩惱 / 144
행문行門 / 227
『행원별행소초行願別行疏鈔』 / 35
향적香積 / 641
현겁천불 / 340
혜근법문惠根法門 / 665
혜력법문惠力法門 / 665
혜식惠式 / 109, 161
『호구경護口經』 / 115
『홍명집弘明集』 / 106
화광 비구華光比丘 / 385
화보華報 / 285
화성火城 / 563
『화엄경기華嚴經記』 / 136
회포유포懷抱乳哺 / 546
회향송迴向頌 / 604
회향迴向 / 198
흑승지옥(黑繩獄) / 129
흑암지옥 / 335